한효석의

너무나도 쉬운

논술

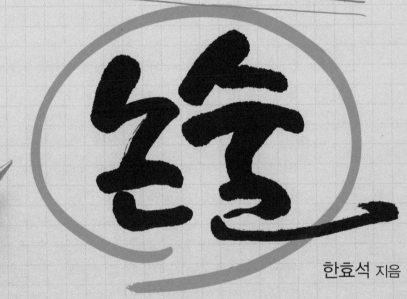

한효석의

너무나도 쉬운

논술

한효석 지음

아카넷

머리말

반갑습니다.

1998년 이 책 초판 발행 때부터 논술은 1주일이면 충분히 끝낼 수 있다고 말했습니다.

일부에서는 글이면 다 비슷한 것으로 보고 "뼈를 깎는 과정이 따라야 한다, 좋은 글을 많이 베껴 써봐라, 아는 것이 많아야 한다, 글을 많이 써보라"고 조언합니다. 한마디로 말해 이런 충고는 안 듣는 게 낫습니다. 어떻게 도와주어야 할지를 모른다는 뜻입니다.

소설은 소설가가 가공인물을 만들어 어느 한 사회를 묘사해야 하므로 '창작'이라고 합니다. 상상력이 풍부하지 않으면 수많은 인물의 갈등을 섬세하게 표현하기 어려울 겁니다. 시는 시인이 어느 순간 성찰한 정서를 짧은 글에 담아야 합니다. 그러므로 정서를 절묘하게 압축하여 드러내는 훈련을 해야겠죠.

그러나 논리는 자기주장을 이성적으로 설득하는 과정입니다. 많은 사람이 인정하고 받아들이도록 객관적인 사실을 하나하나 보탭니다. 그러므로 가장 일반적이고 보편적인 문장을 나열해야 합니다. 예컨대 일곱살 어린이가 부모에게 밥이 아니라 왜 빵을 선택했는지를 설명합니다. 노동자가 동료에게 오늘 왜 빨리 일을 끝내야 하는지를 이해시킵니다. 어르신은 청년에게 서로 돕고 살면 왜 좋은지를 말씀하십니다. 이처럼 논리가 그리 어려운 일이 아닙니다.

논술은 타고난 글솜씨와 아무 상관이 없습니다. 논술은 "독특한 주제, 참신한 구조, 뛰어난 기교"와 거리가 멉니다. 논술은 "보편적인 주제, 뻔한 구조, 객관적인 서술"로 시험을 치르는 것입니다. 백일장에 나간 것이 아닙니다.

다만 시험을 치를 때 설명할 시간(원고량)을 충분히 주지 않으면 수험생은 그 제한을 어떻게 지킬지 고민해야 합니다. 그래서 이 책은 논리논증 시험을 치르면서 어떤 것을 주장할지, 어떤 구조로 가면 좋은지, 어떤 문장이 효율적인지를 설명합니다.

이 책으로 이미 잘 하고 있는 것을 확인하고, 잘 몰랐던 것을 새로 익히면 1주일 뒤에 글솜씨가 달라집니다. 논술글은 조금만 노력하면 누구나 잘 쓸 수 있는 글입니다.

2019년 6월 한 효 석

차례

1부 논술 문장과 개요 짜기

특징

1. 일반적인 논술 지침서와 편제를 달리하여 글쓰기 단계를 설정하였다. 그래서 글쓰기에 전혀 자신 없는 중·고등학생에서부터 학부모, 입사 시험 준비생, 글쓰기 지도교사에 이르기까지 이 책으로 논술글 쓰기 모든 과정을 살펴볼 수 있게 하였다.

2. 지도교사 없이 학습할 수 있게 구성하여, 논술 시험을 준비하려면 개인 지도를 받아야 한다는 생각에서 벗어나게 하였다.

3. 단계적으로 정리하였으므로 저학년은 앞에서부터 차례대로 공부할 수 있다. 그렇게 공부하다가 어느 장에 있는 원리를 충분히 알면 그 장을 생략해도 된다. 고학년은 해결이 안 되던 곳, 약했던 곳을 먼저 집중적으로 공부하는 것이 좋겠다.

4. 학생들이 쓴 원고로 학생들이 답답해하던 부분을 설명하여, 많은 학생들이 비슷한 처지에서 자기 취약점을 확실히 알고 바로잡을 수 있도록 하였다.

5. 주로 고등학생을 대상으로 정리하였으나, 지도교사가 이 책에 있는 논술 원리를 이해하여 응용하면 초등학생과 중학생 지도 방법을 찾을 수 있다.

6. 논술글 평가 방법을 자세히 설명하여, 첨삭 원리와 요령을 익히게 하였다. 이 책을 제대로 끝내면 누구든 다른 사람이 쓴 글을 평가할 수 있다.

일러두기

1. 앞에서 차례대로 풀어 나가야 기초를 튼튼히 할 수 있다. 그럴 만한 시간이 없으면 각 장에 있는 대표 연습 문제 몇 개를 풀어도 논술글의 원리를 이해할 수 있다. 그러나 일반 상식을 넓히고 기초를 다지는 의미로, 되도록 연습 문제를 다 푸는 것이 좋겠다.

2. 논술 이론서가 아니므로 논술 용어를 자세히 설명하지 않았다.

3. 두세 사람이 한 모둠이 되어 이 책에서 시키는 대로 연습하고 서로 평가하면 효과가 아주 빠르게 나타날 것이다.

4. 혼자서 연습 문제를 풀고 모범 답안과 비교할 때, 자신이 틀린 부분을 지우지 않았으면 좋겠다. 오답을 지우지 않으면 나중에 그 부분을 다시 볼 때 자기 약점을 알 수 있기 때문이다.

5. 이 책에서 시키는 대로 글을 쓸 때는 되도록 600~800자 원고지를 이용하여야 자기 글을 조감하기 쉽다.

6. '1장. 논술 문장'에서는 학생들이 자주 실수하는 버릇을 주로 설명하고, 문장론을 모두 다루지는 않았다.

논술 문장

'아' 다르고 '어' 다르다는 것을 알아봅니다.
똑같은 뜻인데 단어와 문장 구조를 조금만 바꾸어도 의미가 달라지는 것을
확인합니다. 문장의 기본기를 익혀 효율적으로 표현할 수 있습니다.

논술 문장

논술은 논리를 글로 정리하는 것입니다. 글감을 머릿속으로 정리하여 말로 설명할 수 있는 사람도 그 모든 것을 글로 표현해야 합니다. 따라서 문장 훈련은 논술글에서 가장 기본이 되는 훈련입니다.

머릿속에 있는 개념과 논증 과정을 구체적으로 드러내는 도구가 글자입니다. 따라서 논술글을 제대로 정리하려면 기본적으로 문장력이 뛰어나야 합니다. 같은 내용이라도 어떤 어휘와 어떤 문장으로 표현하는지에 따라 결과가 아주 달라집니다.

그런데 많은 사람들이 논술 시험에 대비한다며 독서와 토론, 배경 지식에 관심을 쏟고 원고지 쓰는 법을 익히면서, 정작 문장 공부에는 소홀한 것 같습니다. 아는 것이 많고, 말하고자 하는 것을 제대로 구조화하였어도 단어나 문장을 잘 부려 쓰지 못하면 소용이 없습니다. 수험생이 자기 의견을 제대로 전달하지 못하면 채점자는 수험생이 몰라서 못 쓴 것으로 봅니다. 그러므로 남에게 평가받으려면 단어를 잘 선택하고 문장을 효율적으로 써야 합니다.

1000자 안팎으로 글을 쓸 때 문장은 25개쯤 됩니다. 그리고 그 25개를 나누면, 서론 원고량은 다섯 문장쯤 됩니다. 만약 다섯 문장 중에서 접속어 하나라도 잘못 쓰면, 자기가 말하고자 하는 것을 제대로 전달하지 못합니다. 1000자 논술은 수험생이 자신의 견해와 논리를 출제자 지시에 따라 25문장으로 잘 표현하는 시험입니다.

그런데도 다른 사람이 글에서 문장의 부실함을 지적하면 어떤 사람은 그게 아니라고 장황하게 설명합니다. "이 글은 이러이러한 내용인데 왜 이해를 못하느냐?"는 것이지요. 그러나 글을 말로 설명해야 한다면 글로는 실패한 셈입니다. 이럴 때는 '말'로 설명하려 하지 말고, 자신의 문장력이 약하다는 것을 인정해야 합니다. 그리고 전달하고자 하는 내용을 상대방에게 '글로 이해시킬 때까지 문장력을 키워야 합니다.

어휘력과 문장력을 키우려면 평소 책과 신문을 읽는 것이 좋습니다. 독서를 많이 하면 어떤 사실을 두고 다른 사람이 어떻게 생각하는지를 알 수 있습니다. 즉, '나는 이렇게 생각하는데 다른 사람들은 이렇게 보더라. 그 나름대로 일리가 있더라'처럼 어떤 사실을 객관적으로 볼 수 있는 바탕이 됩니다.

그리고 어떻게 표현해야 자기 생각을 분명히 드러낼 수 있는지를 익힙니다. 예를 들어, 어떤 어린이는 "밥 안 먹어"를 "안 밥 먹어"라고 하더군요. 어법에 맞지 않는 표현인데, 수험생도 시험장에서 마음이 조급하니까 '본능과 이성'을 '본능과 비본능', '정의와 불의'를 '정의와 비정의'로 표현하기도 합니다. 독서를 많이 하면 평소 보던 단어로 자기 생각을 표현하므로, 단어를 정확하게 쓰며 엉뚱한 단어를 만들지도 않습니다.

적어도 고등학교 2학년까지는 쓰기보다 읽기에 더 힘을 쏟아야 합니다. 논술글 형식을 갖추는 것은 하루아침에 해결할 수 있지만, 글의 깊이와 문장력은 평소에 책을 얼마나, 어떻게 읽었는지에 달려 있습니다.

어떤 책을 읽어야 할지 모르겠다면 신문부터 읽으세요. 신문을 통해 요즘 사람들이 자주 쓰는 어휘와 문장을 익힐 수 있습니다. 또한 다른 사람의 생각도 알 수 있습니다. 신문을 볼 때는 이해되는 글부터 읽으면 됩니다. 무슨 소리인지도 모르면서 억지로 '사설'을 읽을 필요는 없습니다.

신문에서 논술에 직접 도움이 되는 것은 '칼럼'이나 '독자투고' 같은 글입니다. '칼럼'은 우리 사회 지식인들이 어떤 사실을 깊이 있게 다룬 글입니다. '독자투고'는 많은 사람들의 보편적 생각을 드러냅니다. 이런 글에서 다른 사람들이 잘 쓰는 어휘와 문장을 확인할 수 있습니다. 물론 신문을 읽을 때는 한 사람이 여러 신문을 보든가, 신문 하나를 여러 사람이 평가하며 보아야 '보편적인 견해'와 '특별한 주장'을 구분할 수 있습니다.

1 문장을 짧게 하자

과거에 비해 요즘 문장 길이가 많이 짧아졌습니다. 문장을 짧게 하면 자기 생각을 분명히 드러낼 수 있지요. 현대인은 자기 생각을 상대방에게 빨리, 분명하게 전달하고 싶은가 봅니다. 특히 요즘 청소년은 기성세대에 비해 문장이 짧습니다.

문장론에서는 문장이 길면 만연체, 짧으면 간결체로 분류합니다. 만연체는 온갖 정보를 한 문장에 담을 수 있지만, 그만큼 장황하며 호흡이 깁니다. 쓰는 이가 정보를 많이 전달하려고 욕심을 부리기 때문이지요. 그 정보를 다 받아들이자니 읽는 이의 처지에서는 그 내용이 금방 이해되지 않습니다. 따라서 글로 자기 생각을 남에게 확실히, 빨리, 힘차게 전달하려면 간결체로 쓰는 것이 좋습니다.

문장을 짧게 하려면 전달하려는 정보를 하나씩 말로 설명한다고 치고, 그 말을 조리 있게 글로 정리하면 됩니다. 학자들은 우리글을 '말글이 일치(언문일치)'하는 글이라고 하지요. 그러나 따지고 보면 만연체는 말글이 일치하지 않습니다. 다음 긴 글을 중간 중간 끊어서 말로 표현해 보세요.

> 일부 언론은 보고서 가운데 교묘하게 자립형 사립고나 비평준화 고교와 일반 고교 자료를 비교해 학력 격차가 최고 네 배나 난다는 부분을 특별히 강조하며 고교 평준화 정책의 실패와 현실적으로 존재하는 학교 간 격차로서 고교 등급을 인정하라고 주장하기도 한다.

위 글 내용을 크게 바꾸지 않는다면 사람들은 대체로 다음처럼 말하겠지요.

> 일부 언론에서는 (말이야) 보고서 가운데 (말이야) 교묘하게 (말이야) 자립형 사립고나 비평준화 고교와 일반 고교 자료를 비교(한단 말이야, 그러고는) 학력 격차가 최고 네 배나 난다는 부분을 특별히 강조(한다는 거지) (그리고 결국에는 말이야) 고교 평준화 정책의 실패와 현실적으로 존재하는 학교 간 격차 (그 뭐냐, 아! 그래) 고교 등급을 인정하라고 주장(한다는 거지).

괄호에 담은 말버릇을 빼고 네 문장으로 끊었습니다.

> ① 일부 언론에서는 보고서 가운데 교묘하게 자립형 사립고나 비평준화 고교와 일반 고교 자료를 비교한다. ② 그리고 학력 격차가 최고 네 배나 난다는 부분을 특별히 강조한다. ③ 결국 고교 평준화 정책의 실패와 현실적으로 존재하는 학교 간 격차를 인정하라고 주장한다. ④ 다시 말해 고교 등급을 인정하라는 것이다.

같은 내용이라도 짧게 끊으면 이해하기 쉽고 뜻이 분명해집니다. 굳이 글자 수로 기준을 잡는다면 한 문장은 평균 40자 안팎이 적당합니다. 글을 다 쓰고 전체 문장 수를 세어 보세요. 전체 글자 수를 전체 문장 수로 나누었을 때 그 값이 40자 안팎이어야 한다는 것입니다.

이때 띄어 쓰는 빈칸과 단락 끝에 있는 빈칸도 글자 수에 넣습니다. 물론 한 문장이 10자가 될 수 있고, 50자가 넘을 수도 있지요. 그래도 한 문장이 60자가 넘는다면, 그 문장은 의미를 제대로 전달하지 못한다고 보아야 합니다.

어떤 문장가는 한 문장에 한 상황, 또는 한 견해를 담아야 읽는 이가 쉽게 이해한다고 말합니다. 그러려면 한 문장에 주어와 서술어를 하나씩만 쓰는 것이 좋습니다(홑문장). 만약 한 문장에 주어와 서술어가 각각 여러 개(겹문장)라면 어느 주어와 어느 서술어가 짝인지 헷갈려 의미를 제대로 전달하지 못합니다. 그러면 읽는 이가 자기 마음대로 내용을 짐작합니다. 대개 주어, 서술어가 복잡하게 엉키면서 만연체 문장이 됩니다. 그런 문장은 여러 번 읽어도 이해하기 힘듭니다.

다음 1번은 한 단락을 두 문장으로 구성하였습니다. 2번에서는 글을 거의 고치지 않고 각각 둘로 끊어 4문장으로 처리하고, 3번에서 이것을 다시 7문장으로 끊은 뒤 조금 다듬었습니다. 한번 비교해 보세요.

> 1. ① 자신을 돌아볼 시간조차 없이 바쁘게 살아가는 현대인들이 좀 더 가치 있는 삶을 살기 위해 삶의 본질에 대해 생각하고 자신을 돌아볼 줄 아는 태도가 필요하다. ② 물질주의에 젖어 현상적인 겉모습에만 빠져 진정한 삶의 가치를 잃어버린 사회 속에서 겉모습보다는 내면을 가꿀 줄 아는 이러한 태도는 혼탁한 삶에서 더욱 빛을 발할 수 있을 것이다.

> 2. ① 현대인들은 자신을 돌아볼 시간조차 없이 바쁘게 산다. ② 현대인들이 좀 더 가치 있는 삶을 살기 위해 삶의 본질에 대해 생각하고 자신을 돌아볼 줄 아는 태도가 필요하다. ③ 현대 사회는 물질주의에 젖어 현상적인 겉모습에만 빠져 진정한 삶의 가치를 잃어버렸다. ④ 그런 사회 속에서 겉모습보다는 내면을 가꿀 줄 아는 이러한 태도는 혼탁한 삶에서 더욱 빛을 발할 수 있을 것이다.

3. ① 현대인들은 자신을 돌아볼 시간조차 없이 바쁘게 산다. ② 그러므로 현대인들이 좀 더 가치 있게 살려면 삶의 본질을 생각해야 한다. ③ 또한 자신을 돌아볼 줄 알아야 한다. ④ 더구나 현대 사회는 물질주의에 젖었다. ⑤ 현상적인 겉모습에만 빠져 진정한 삶의 가치를 잃어버렸다. ⑥ 그런 사회 속에서 겉모습보다는 내면을 가꾸어야 한다. ⑦ 이러한 태도는 혼탁한 삶에서 더욱 빛날 것이다.

그러나 짧은 문장이 효율적이라고 짧은 문장만 계속 늘어놓으면, 호흡이 짧아지면서 긴장감이 팽팽해지고, 힘이 들어가 글이 딱딱하게 느껴집니다. 그럴 때는 내용에 따라 짧은 두 문장을 하나로 묶되, 강조하는 곳을 짧게 하는 것이 좋습니다. 글에 길고 짧은 문장을 섞어 강약을 주면서 글의 흐름도 조절할 수 있습니다. 위 3번에서 ②와 ③을 연결하고, ④와 ⑤를 묶어 한 문장으로 처리해도 됩니다.

연 습 문 제

다음 문장을 짧게 끊어 문맥을 잡아 보세요(문장을 다듬은 뒤 모범 답안과 비교하여 틀린 부분을 지우지 말고 그대로 놓아두세요. 나중에 다시 볼 때 자신의 글 버릇을 알 수 있습니다).

1. 현대인은 이웃에 관심이 없는 것보다는 이기적이라고 볼 수밖에 없다는 것이 옆집에 큰일이라도 나면 제일 먼저 구경하러 온다는 사실로도 충분히 입증될 것이다.

2. 우리나라의 인구 분포를 유의하여 볼 것은 어떤 계층의 인구가 급격히 감소하는 계층이 있는데, 그 당시 사회 변화가 심한 것이 인구 증가에 커다란 영향을 주었기 때문이다.

3. 때로는 산모의 입장만을 고려하여 태아는 불필요한 맹장과도 같아 필요에 따라서는 맘대로 없앨 수 있다는 견해는 생명의 시초의 태아를 경시하는 곧 생명의 소중함을 경시하는 행위이다.

4. 명백한 불법 행위를 한 경우에는 사법 처리가 가능하지만, 법 위반 여부가 모호하거나 중요 공약을 번복한 경우, 도덕적으로 지탄받는 처신 등에 대해서는 책임을 물을 수단이 없었다.

5. 따라서 더욱 강조돼야 할 것은, 교육 기회와 여건에서 불리한 처지에 있는 읍·면 지역을 비롯한 낙후지역 학교에 투자를 대폭 확대해 학생의 사회·경제적 배경에 따른 학력 격차를 해소하는 일이다.

6. 사업 주체가 반드시 국가 또는 공공단체만이 아니라 때로는 개인 기업인도 될 수 있도록 하는 것은 개인 기업인의 이익을 보호하기 위한 것이 아니라 오로지 그 사업이 사회 공공의 이익에 적합하고 필요하기 때문이다.

7. 과학 기술의 발달로 모든 것이 기계화되어 가는 사회에서 예술만큼은 사람의 손으로 이루어지며 점차 본모습을 잃어 가는 자연과 인류에게서 소멸되어 가는 사랑을 주제로 하기에 예술은 우리에게 참다운 인간의 가치를 일깨워 준다.

8. 우리에게 친숙한 소설 속의 인물, 홍길동은 위에서 제시한 두 가지 인생관에 비견되기에 이를 토대로 설명할 경우 먼저 홍길동의 인생관에서 볼 때, 그는 사회에서 큰 영향력을 발휘할 수 있는 관료의 위치에서 나라라는 큰 사회의 이익, 즉 공익을 위한 삶을 지향할 수 있었다.

9. 물론 어느 개인의 인생관의 옳고 그름을 판별하고 또 표준으로 삼을 만한 인생관을 규정하는 것은 옳지 않다 하더라도, 오늘날과 같은 경쟁 사회 속에서 개인이 많은 시간과 노력의 투자로 획득한 기득권자의 위치에서 만인을 부리면서 그들의 권력을 행사하려 함은 분명하다.

10. 과학이 순수하고 중립적일 경우에는 이에 대한 책임을 질 필요가 없을 것임에도 불구하고 노벨이나 아인슈타인 등의 과학자들이 자신의 연구 성과물이 평화적 이용보다는 살상용으로 이용되는 데 대하여 가슴 아프게 생각하고 그에 대한 책임을 지려 했던 것을 우리는 상기해야 할 것이다.

11. '모르는 사람과는 절대 이야기하지 말라', '누가 길을 물어봐도 절대 가르쳐 주지 말라'는 등 불특정 다수에 대한 공포감을 주입하기보다는 길을 알려 줄 수는 있지만 따라가서는 안 되며, 어른이 도움을 요청하더라도 어린이가 할 수 있는 일과 할 수 없는 일을 구분하여 자신의 의사를 명확히 표현하도록 지도해야 한다.

2 서술어를 짧게 하자

주어진 공간이 같더라도 문장을 짧게 하면 정보를 더 담을 수 있습니다. 예를 들어 1200자를 써야 할 때 한 문장 평균값이 40자이면 30문장으로 글을 완성할 수 있지요. 그런데 문장이 장황하여 평균값이 60자이면 20문장밖에 담지 못합니다. 즉, 30문장을 쓰는 사람이 20문장에 비해 더 많은 정보를 전달할 수 있습니다.

문장이 길어지는 원인은 많습니다. 그중에서 가장 흔한 것이 서술어를 장황하게 늘이는 버릇입니다. 서술어는 한 문장을 마무리하는 말입니다. 어느 글에 서술어를 늘어놓는 것은 쓰는 이가 자기 생각을 하나씩 정리하는 것입니다. 그러므로 서술어가 장황한 것은 생각을 마무리하지 못하고 방황하는 것입니다. 그렇게 되면 읽는 이도 쓰는 이와 함께 헤맵니다. 다음 두 문장의 끝 부분을 서로 비교해 보세요.

> 1. 삼숭 그룹 이 회장은 노동조합 설립을 싫어한다. 헌법에서 보장한 노동자의 권리를 여러 편법을 동원하여 막는다.
> 2. 삼숭 그룹 이 회장은 노동조합 설립을 싫어한다고 보지 않을 수 없다는 생각이 든다. 헌법에서 보장한 노동자의 권리를 여러 편법을 동원하여 막는다고 감히 말하지 않을 수 없다.

1번에서는 서술어를 짧게 하여 정보를 분명히 전달합니다. 읽는 이도 그 문장을 쉬 이해하고, 다음 문장으로 눈길을 돌리지요. 그러나 2번에서는 쓰는 이가 서술어를 빙빙 돌리면서, 자기 속내를 잘 드러내지 않습니다. 이것은 아직 판단하지 못했거나, 판단했지만 속내를 드러내고 싶지 않기 때문입니다. 이런 식으로 쓰면 읽는 이는 쓰는 이의 의도를 달리 받아들일 수 있습니다.

물론 구체적인 증거가 없을 때는 서술어를 끊지 못합니다. 짐작은 하되 자신감이 없을 때 망설이면서 말끝을 돌리거나 흐립니다. 그러나 증거 없이 추론할 수 있는데도 진실을 피한다면 아주 비겁한 일입니다. 결국 2번에서 쓰는 이는 진실을 말하고 싶지 않은데 어쩔 수 없이 자기 속내를 드러내려니까 서술어를 빙빙 돌린 것입니다.

어떤 사람은 '이 회장이 재산을 아들에게 변칙적으로 물려주려 했다고 생각하게 한다'처럼 씁니다. 그러나 생각은 자기가 하는 것입니다. 남이 강요한다고 해서 하기 싫은데 생각을 억지로 떠올리는 것이 아닙니다. 그냥 '이 회장이 변칙적으로 물려주려 했다'고 하면 그게 자기 생각입니다. 이런 문장은 "그렇게 생각하지 않으려 했는데, 당신이 그런 생각을 하게 했다"라는 식으로 변명하듯이 자기 소신을 버리고 쓴 것입니다.

이와 비슷한 서술어로 '물려주려 했다고 아니할 수 없다, 물려주려 했다고 본다, 물려주려 했다고 보아야 한다, 물려주려 했다고 보고 싶다, 물려주려 했다고 볼 수밖에 없다, 물려주려 했다고 볼 만하다, 물려주려 했다고 볼 필요가 있다, 물려주려 한 것으로 보인다' 따위가 있습니다.

심지어 이 서술어를 몇 개 엮어서 쓰기도 합니다. 예를 들면, '이 회장이 재산을 아들에게 변칙적으로 물려주려 했다고 보지 않을 수 없다' 같은 문장입니다. 이 문장을 나란히 늘어놓고 정서의 크기를 확인해 보세요. 미묘한 차이가 드러납니다.

때로는 의미를 강조하거나 겸손하게 표현하려고 문장 끝을 돌립니다. '네 주장이 틀렸다고 보지 않을 수 없다'같이 서술어를 이중 부정으로 만들면 '네 주장이 틀렸다'는 것을 강조할 수 있고, 상대방 잘못을 살짝 돌려 말할 수도 있습니다.

그러나 이런 말투는 읽는 이가 단박에 알기 어려워, 자칫하면 '네 주장이 틀렸다는 것인지, 틀리지 않았다는 것인지'가 헷갈립니다. 말하자면 의미를 강화하거나 상대방을 정중하게 대한다는 것이 오히려 상대방을 더 힘들게 합니다. 이런 이치에 따라 다음 문장을 비교해 보세요.

> 1. 이것을 경제력 집중이라 아니할 수 없다.
>   → 이것이야말로 경제력 집중이다.
> 2. 정신문화가 뒷걸음치지 않았는지 반성하지 않을 수 없다.
>   → 정신문화가 뒷걸음치지 않았는지 반성해야 한다.
>   → 정신문화가 뒷걸음쳤으니, 반성해야 한다.

어떤 사람은 자기 의견을 분명히 드러내지 않고, 문장 끝에 여운을 남깁니다. 예를 들어 '결국 환경은 인류가 모두 힘을 합해 보존해 나가야 하는 것이 아닐까?'처럼 상대방에게 되묻습니다. 논술 시험 답안지라면 수험생이 채점자에게 판단을 떠넘기는 셈입니다. 어떤 사실을 수험생이 확신하지 못하니까 태도를 분명히 하지 못하는 것이지요. 이와 비슷한 것으로 '~라고 본다, ~측면에서는 말이다, ~이 아닌가 한다, ~이 아닐까 싶다, ~했으면 한다' 따위가 있습니다.

그러므로 누군가 글을 읽고 "그러니까 네 말은 결국 이러쿵저러쿵 하자는 말이지?"라고 글 쓴이에게 되묻는다면, 그 글은 핵심을 전달하지 못하고 겉돈 셈입니다. 따라서 논리를 밝히는 글에서는 서술어를 돌리지 말아야 합니다. 자칫하면 자기주장을 분명히 드러내지 못하거나 자기 견해를 제대로 논의하지 못한 글로 간주되기 쉽습니다.

연습문제

다음 문장의 끝을 간단하게 정리하여 뜻을 분명히 해 보세요(아래 빈 곳에 직접 써 보세요. 모범 답안과 비교하고 틀린 것을 그대로 놓아두세요. 그래야 자기 글 버릇을 알 수 있습니다).

1. 폭탄선언에 다름 아니었다.

2. 그 짐을 국민에게 전가한 사례가 부동산실명제라 해석하지 않을 수 없다.

3. 사회 구조를 왜곡하는 문제점도 있었던 것을 부인할 수 없었다.

4. 지방자치제 실시 이전에 비하여 여의치 않을 우려를 떨쳐 버릴 수 없는 실정이다.

5. 가격 상승을 유발할 가능성도 배제하기 어려울 것이다.

6. 국유지 관리는 크게 3단계로 나눌 수 있다고 생각하므로 이것이 국유 재산 관리에 새로운 전환점이 될 것이라고 생각한다.

7. 그 문제를 우리 사회에서 떠맡아야 하지 않을까?

8. 실명 전환의 문제에 당면한 기업의 수가 많음을 부인하기는 어려울 것이다.

9. 결국 부담을 지게 되는 자는 국민이 되었음을 지적하지 않을 수 없다.

10. 서민 생활과 직결되는 측면이 있음을 간과해서는 안 될 것이다.

3

서술어를 부사어로 강조하자

우리말은 첨가어라는 특성 때문에 서술어가 잘 발달하였습니다. 예를 들어 '먹'이라는 기본 골격에 '-다, -고, -어, -을까, -니, -으면서' 같은 말꼬리를 붙여 뜻과 쓰임새를 구분합니다. 단어 하나에 몇백 개씩 붙여 쓰는데, 그 쓰임새가 하나하나 굉장히 섬세합니다. 예의를 담으려면 '먹자'와 '먹읍시다' 같은 말로 구별하여 상대방을 달리 대할 수 있지요.

그래서 서술어를 보면 그 사람의 태도를 알 수 있습니다. 강조, 겸손, 확신, 의심, 조바심 같은 심리가 잘 드러나기 때문입니다. 가령 '기쁩니다'보다 정서를 훨씬 더 강하게 드러내고 싶으면 '기쁨을 금치 못하겠습니다'처럼 표현하겠지요. 이것도 모자라면 '기쁨을 금치 못하겠다는 것을 강조하는 바입니다'처럼 서술어를 빙빙 돌립니다.

그러나 서술어로 기교를 부리면, 서술어가 자꾸 길어져 전달하려는 내용을 놓치기 쉽습니다. 너무 장황하여, 기쁘다는 것인지 기쁘지 않다는 것인지를 구분하기 힘듭니다. 차라리 기교를 넣지 않는 것이 좋았습니다.

따라서 서술어를 길게 돌리지 말고, 부사어로 서술어를 꾸며 주는 것이 낫습니다. '아주 기쁩니다' 또는 '천하를 품에 안은 듯 아주 기쁩니다'처럼 서술어에 부사어를 붙이는 것이 더 구체적입니다. 다음 문장은 서술어를 짧게 줄이고 부사어를 보탰습니다. 서로 비교해 보세요.

1. 남북 화해를 바라마지 않는 바이다.
   → 남북은 진정으로 화해해야 한다.
2. 진실은 드러날 것이라는 것을 믿어 의심치 않는다.
   → 진실은 언젠가 확실히 드러난다.
3. 그 기차가 느리지는 않은 것인지 의심스럽다.
   → 그 기차가 너무 느린 것 같다.

때로는 짧은 서술어가 더 강해 보입니다. 단호하게 자르기 때문입니다. 한때 어느 정치인의 말버릇 때문에 '맞습니다. 맞고요'라는 말이 유행하였습니다. 짧은 서술어를 반복하여 자기 생각을 더 확실하게 강조한 것입니다. 그 전에는 '맞다고 하지 않을 수 없는 바입니다'처럼 표현하였습니다. 이런 말은 듣는 사람마다 자기 편한 대로 받아들이기 쉽습니다. 즉, 오해하기에 딱 좋은 말입니다. 그러므로 영어식 문장인 '표절이 아니라는 것을 아무리 강조해도 지나치지 않다'보다 '표절이 정말 아니다'로 표현하는 편이 훨씬 낫습니다.

연 습 문 제

다음 문장에서 서술어를 짧게 줄이거나, 필요하면 부사어를 보태세요.

1. 그러는 것이 더 부끄럽지 않은 것은 아닌가 싶었다.

2. 우리도 맞대응할 필요가 있다는 것이다.

3. 오래전부터 쌓아온 신뢰 덕분이라는 것은 두말하면 잔소리라 하겠다.

4. 우리가 지닌 폭력성과 무관하지 않은 것은 아니었다.

5. 매운 것을 싫어하는 것이 아닌가 하는 생각이 든다.

6. 모든 여건의 실태 파악을 실시해야 한다.

7. 그 나라가 보기에는 선전 포고나 다름이 아니었다.

8. 사회 정의가 후퇴하지 않았는지 반성하지 않을 수 없다.

9. 대권 경쟁이 전투가 되지 않을지 우려를 떨쳐 버릴 수 없는 실정이다.

10. 소비자들의 항의가 쏟아지지 않을까 하는 걱정이 쌓여 가지 않을 수 없었다.

4 쉬운 말로 쓰자

언젠가 서너 살짜리 아이가 아저씨, 아줌마를 잘 구별하여 신기해한 적이 있습니다. 어떤 아줌마가 '언니'라고 불러달라고 해도 아이는 "언니 아니야, 아줌마야"라고 대답합니다. 그래서 덥수룩하게 머리 기른 아저씨를 가리키면서 "저기, 아줌마 지나간다"라며 아이를 속여 봅니다. 그러나 아이는 영리하게 "아줌마 아니야, 아저씨야"라며 속지 않았습니다.

인간은 자기가 겪은 구체적 사실을 개념화하고 언어에 연결하여 기억합니다. 그래서 '아저씨, 아줌마'뿐만 아니라 '사랑, 미움' 같은 관념적이고 추상적인 개념도 인간은 언어를 통해 기준을 정하고 정보로 저장합니다. 물론 그 아이가 자라면서 그 개념에 구체적 사실을 보태가며 외연을 넓힐 것입니다. 즉, '아줌마가 이럴 수 있구나, 남자가 저럴 수 있구나' 식으로요. 어릴 때부터 지녀 온 개념(고정 관념)을 바꿉니다.

그러니 우리나라 사람이 "정말 판타스틱하고 뷰티풀해요"라고 표현한다면, 그 사람은 구체적 사실을 '환상적인, 빼어난'이 아니라 '판타스틱, 뷰티풀' 같은 개념으로 저장해 놓은 것입니다. 그래서 말을 보면 그 사람의 격을 알 수 있습니다. 자주 쓰는 단어와 표현 습관을 통해 그 사람이 어떻게 살았는지, 어떤 개념으로 저장하였는지, 얼마나 성숙한 사람인지를 알 수 있지요.

언젠가 어떤 회사 잡지를 보았습니다. 일반인의 언어는 아주 쉽고 분명한데, 그 잡지에 글을 보낸 사람들은 딴 나라에 살았습니다. 속내를 전달하는 법을 잘못 배운 셈입니다. 그 잡지에서 뽑은 문장들을 확인해 보세요.

1. 이 제품은 콤팩트하고, 잘 정돈되었으며, 작은 디테일들이 더욱 돋보였다. 아티스트들이 작업 툴로 많이 사용한다. **문화 콘텐츠 기획자**

2. 요리와 리폼이 좋아 블로그를 열었는데, 포털 사이트 메인 화면에 이름을 걸 만큼 유명해졌다. 방문객은 이들이 올린 레시피를 스크랩하며 스스럼없이 이웃이 된다. **홍보실 근무자**

3. 그녀는 아들을 잃고 오열하면서 몸부림쳤다. 그런 모습이 사람들의 감정을 무장 해제시켜 버렸다. **영화 잡지 기자**

4. 이 작가는 자신이 말하고자 하는 것을 최대한 굴착해 가는 드라이한 어법을 구사한다. **소설가**

5. 이 노래는 크리스마스 캐럴처럼 우리 뇌리에 각인된 그의 자취다. 그 흔적이 너무도 깊은 탓

에 그의 진면목을 가리고 말았다는 사실은 아이러니다. **음악 평론가**

읽는 이가 글쓴이 속내를 제대로 헤아릴 수 없다면 그런 글은 아무리 화려해도 좋지 않은 글입니다. 어떤 사람은 일부러 어렵게 쓰는 것 같습니다. 예를 들어, 선거에 출마하여 이름을 알릴 때 후보자들은 한글 명함을 돌립니다. 그러다 당선되면 한글 명함을 버리고, 지역 주민을 만났을 때 한자와 영어가 섞인 명함을 줍니다. 이제 당선되었으니 '내 이름을 쉽게 기억하지 마라. 나는 이제 내가 보통사람이 아니니, 찾아오지 않았으면 좋겠다'는 속내를 그렇게 드러낸 것인지도 모릅니다.

'국민 배우'는 남녀노소 가리지 않고 좋아하는 배우를 일컫는 말입니다. 그러므로 누군가 글을 쓰면서 '국민 글쟁이'가 되어 많은 사람들이 읽어 주기를 바란다면 누구나 알 수 있는 말로 쉽게 써야 합니다. 언어는 사람끼리 소통하라고 있는 것이니까요.

연 습 문 제

다음 문장의 속뜻을 헤아려 좀 더 쉬운 말로 바꿔 보세요.

1. 북한과 미국이 두 차례 접촉을 가졌다.

2. 탐욕의 정도는 실패의 정도에 정비례한다.

3. 태스크포스 팀이 교육 개혁 로드맵을 작성하였다.

4. 아사 직전에 처한 난민들의 본능이 난무하기 시작하였다.

5. 포로의 위치는 오리무중이고, 협상도 결렬될 가능성을 배제할 수 없었다.

6. 우리는 텔레비전을 접하면서 매일 많은 사람을 접한다.

7. 6자회담에서 이 문제가 배제될 가능성이 높다.

8. 이 사태를 그냥 묵과할 수 없으며 용납하지도 않겠다.

5 외래어를 기준에 맞추어 쓰자

글은 자기 생각이나 뜻을 상대방에게 전달하려고 쓰는 것입니다. 그래서 사회 구성원끼리 표기 방식을 약속하여 뜻을 전달합니다. 그 사회에서 미처 생각지 못한 말은 다른 나라에서 받아들이기도 합니다. 이럴 때 대개 그 '외국어'를 그 나라 사람들은 자기 나라 말로 바꾸려 하지만, 어떤 때는 채 바꾸기 전에 원지음이 그대로 쓰입니다.

예를 들어, 우리는 영어 단어 'mobile phone'을 받아들이고 뜻을 살려 한글로 '휴대전화'로 적습니다. 한편 'bus'는 다른 말로 바꾸지 못하고 원지음을 살려 한글로 '버스'라고 적습니다. 이 경우 '버스'라는 말을 우리는 '외래어'라고 합니다.

이렇듯 외래어는 한국 사람이 미처 챙기지 못한 곳을 채워 줍니다. 알고 보면 우리말처럼 쓰이는 '버스, 빵, 중학교, 독일, 철학' 같은 단어는 다른 나라 사람이 먼저 만들거나 생각한 것을 한국 사람이 뒤늦게 받아들여 한글로 표기한 것입니다.

물론 외국 발명품인 'computer'를 우리말로 받아들일 때 '셈틀'이라고 할 수 있고, 원지음을 그대로 한글로 바꿔 '캄퓨라'라고 표기할 수도 있지요. 그런데도 우리가 지금 'computer'를 '컴퓨터'로 쓰는 것은 나중에 외국인을 만나도 같은 사물을 두고 비슷한 발음으로 쉽게 소통할 수 있으리라 생각했기 때문입니다.

그래서 1985년에 확정한 〈외래어 표기법〉에 '외래어는 되도록 그 언어권의 원지음에 충실하여 표기해야 한다'고 규정하였습니다. 물론 원지음을 살린다고 사람마다 자기 마음대로 '콤퓨터, 캄퓨라'처럼 써서는 안 됩니다. 우리끼리 약속한 외래어 표기법에 따라야 합니다.

결국 'middle school, 中學校'는 외국어이지만, '중학교'는 외래어입니다. 설령 한국 사람이 한글로 '미들 스쿨'이라고 써도 정작 영어권 사람은 그 발음을 못 알아듣기 쉽습니다. '미들 스쿨' 표기는 한국 사람끼리 약속하고 한국 사람이 발음한 것이기 때문입니다.

한글이 아무리 우수해도, 다른 나라 발음까지 정확히 표기할 수는 없습니다. 예를 들어 한글에는 'ㅅ, ㅆ'이 있는데, 영어에는 'ㅅ' 말고도 'ㅅ'과 'ㅈ'의 중간쯤 되는 소리, 'ㅅ'보다 입을 더 오므려 내는 '쉬'에 가까운 소리도 있습니다. 그러면서도 영어에는 정작 한글 'ㅆ'에 해당하는 소리가 없습니다. 그래서 다른 나라 발음을 한글로 아무리 잘 표기해도 완벽하게 재현하지 못합니다.

외래어 표기법은 처음부터 우리끼리 통하자고 약속한 것이므로, 그 기준에 따라 표기한 것을 외국인이 못 알아듣는다고 걱정할 일은 아닙니다. 이런 이치에 따라 실제로는 '촤컬릿'에 가까운 소리를 한국 사람은 '초콜릿'으로, '뫄들'에 가까운 소리를 '모델'로, '퓜'에 가까운 소리를 '필름'으로 표기하기로 약속하였습니다.

그런데도 일부에서는 이렇게 정한 '초콜릿'을 두고 '쪼코렛, 초컬릿, 쵸코레트'처럼 제각각 표기합니다. 사회에서 합의한 약속을 깨고 각자 제 마음대로 표기한다면, 책상을 놓고 어떤 사람은 하늘이라고 하고, 어떤 사람은 돌이라고 하는 것과 같습니다. 결국 언어 질서가 깨지면서 소통이 안 되겠지요.

어떤 사람은 대충 그게 그거 아니냐고 주장합니다. 그러나 약속한 'apple'을 두고 어느 영국인은 'aiple'로 쓰고, 다른 이는 'appel'로, 또 다른 이는 'aepel'로 표기한다면 우리가 보기에 그게 그거 같지는 않을 것입니다. 그러므로 다른 나라 말을 외래어로 받아들여 한글로 표기할 때는 표기법에 따라야 합니다. 다음은 외래어 표기법에 있는 몇몇 기준입니다.

1. 중국어를 한글로 적을 때 옛날 사람이면 우리 한자음대로 한글로 씁니다(예 : 이태백, 공자). 현대인이면 원지음을 살려 한글로 적되 필요하면 한자를 같이 씁니다[예 : 덩샤오핑(鄧小平)]. 영화배우 '成龍'은 '성룡'이 아니라 '청룽'이라고 써야 합니다. 중국 지명이 과거에 있었으나 지금은 사라진 곳이라면 우리 한자음대로 한글로 적습니다. 오늘날까지 남은 곳은 원지음을 살려 한글로 적되 필요하면 한자를 같이 씁니다[예 : 베이징(北京)].

2. 일본어는 사람 이름이나 땅 이름을 모두 원지음을 살려 한글로 적습니다. 어떤 때는 한자를 같이 씁니다[예 : 히데요시(秀吉)].

3. 중국이나 일본 지명 가운데 오래 써서 이미 굳어진 말은 우리 한자음을 따서 한글로 표기해도 좋습니다(복수 표준어, 예 : 上海 → 상하이 / 상해, 東京 → 도쿄 / 동경).

4. 외래어를 한글로 표기할 때 파열음(ㅂ, ㄷ, ㄱ 따위)을 된소리로 표기해서는 안 됩니다(예 : 뻐스, 떠블, 께임 → 버스, 더블, 게임).

5. 외래어를 한글로 표기할 때 'ㄱ, ㄴ, ㄹ, ㅁ, ㅂ, ㅅ, ㅇ' 일곱 자만 받침으로 씁니다. 받침에 이 글자 말고 다른 글자가 들어 있으면 잘못된 표기입니다(예 : 초코렡, 커피숖, 케잌, 테잎 → 초콜릿, 커피숍, 케이크, 테이프).

연 습 문 제

다음 문장에서 잘못된 곳을 찾아 바로 고쳐 보세요.

1. 내 자동차 본네트와 마후라를 써비스 쎈타 아저씨가 타올로 닦았다.

2. 테레비를 프라자에서 사고, 주유소에서 오일을 풀로 넣었다.

3. 서울에 왔다리 갔다리 하더니, 사람이 삐까번쩍하게 달라졌다.

4. 부페 식당에서 사라다를 먹으니, 기분이 업되어 해피했다.

5. 커피샾에서 자기 마음대로 음악 테잎을 틀어서는 안 된다.

6. 나는 화이팅을 외치는 사람보다 쿨한 사람이 좋다.

7. 프라스틱 컵에 오렌지 쥬스를 따라 마셨다.

8. 등소평은 중국 사람, 풍신수길은 일본 사람이다.

9. 후라이판에 기름을 붓고 도나쓰를 만들었다.

10. 컨닝하다가 들켜서 쟘바를 벗고 화장실 타이루를 닦았다.

11. 프라스틱 로케트와 장난감 로보트, 밧데리를 상자에 담았다.

12. 상품의 order cycle에 대해 기자와 만나서 interview하였다.

6 '의'를 줄이자

우리말에는 관형격 조사 '의'가 없었으나, 대한제국 말엽 개화기에 지식인들이 일본말 'の(노)'를 '의'로 받아들였습니다. 지금은 중요한 개념을 몇 단어로 압축하려고 '의'를 많이 씁니다.

그러나 '의'를 넣어 문장을 압축하여 경제적으로 쓰려고 하다가, 압축이 너무 심해져 자기가 전달하고자 하는 내용을 제대로 전달하지 못하는 경우가 많습니다. 그런 문장은 읽는 이가 여러 번 읽어야 내용을 겨우 짐작할 수 있으므로 오히려 비효율적입니다.

특히 '의'를 고리로 하여 한자어 명사 여러 개를 연결시키면 우리말 서술성이 사라져 의미가 제대로 전달되지 않습니다. 그런데도 어떤 사람은 '너와의 대결에서, 목표에로의 접근은'처럼 조사를 여러 개 결합하여 무리하게 뜻을 전달하려고 합니다.

수험생이 쓴 논술글은 대체로 앞쪽에 '의'가 많고 뒤로 갈수록 '의'가 적습니다. 멋있게 쓰려고 처음에는 힘이 들어가다가, 뒤로 갈수록 평소 습관대로 쓰기 때문입니다. 즉, 글 첫머리부터 잘 쓰려고 하다가 문장이 나빠진 셈입니다. 어른 앞에서 말조심하려고 긴장하면 더 실수하는 것과 비슷합니다. 다음 문장을 비교해 보세요.

1. 활동의 여건이 나빠졌다.

   → 활동(할 수 있는) 여건이 나빠졌다.

2. 시민의 권리를 보호하려면

   → 시민이 지닌 권리를 보호하려면

3. 컴퓨터는 인간의 피조물이다.

   → 컴퓨터는 인간이 만든 것이다.

4. 사고의 예방과 승객의 보호를 위해

   → 사고를 예방하고 승객을 보호하려고

1번에서는 '의'를 그냥 뺐습니다. 대개 '의'를 빼도 문장이 자연스럽습니다. 그렇지 않으면 2번처럼 '의' 대신 압축한 내용을 상술하면 뜻이 분명해집니다. 3번은 내용을 압축하려고 '의'를 넣고 한자어를 이용하였으나, 쉽게 풀어 쓴 것보다 더 나빠졌습니다. 4번에서는 '의'를 빼고 다른 조사로 바꾸어 의미를 분명히 하였습니다.

　글솜씨가 없는 사람은 한 문장에 '의'를 서너 개씩 넣고 단어를 억지로 연결합니다. 그러면 문장이 길어질 뿐만 아니라, 무슨 소리를 하는지 모를 때가 많습니다. 그런 사람은 글을 쓴 뒤 '의'를 모두 찾아 표시하고, 이 같은 요령으로 다듬어 보세요. 두세 번만 연습해도 글솜씨가 놀랄 만큼 달라집니다.

연 습 문 제

다음 문장에서 관형격 조사 '의'를 없애고, 뜻이 분명해지도록 문장을 다듬어 보세요.

1. 지식의 습득을 위해 교과서를 사용하지만…….

2. 여러 분야, 호소와 반성의 목소리가 높았다.

3. 우리나라에서의 외국인 차별은 바람직하지 않다.

4. 건축물의 부실을 줄이려면 건축물의 설계가 잘 되어야 한다.

5. 생활수준의 향상과 생활양식의 변화로 삶의 가치를 많이 따진다.

6. 일제의 통치로 인하여 아직도 일본인 이름의 재산이 많다.

7. 연극, 음악, 책 등의 대부분의 대중문화에서 공통적으로 나타나는 현상이다.

8. 잘못하면 '천국의 문' 등의 사이비 종교의 그릇된 가치관에 빠질 수 있다.

9. 위험의 가능성은 어느 정도 있지만 선의의 이용을 하면 인류의 행복을 증진시킬 수 있다.

7 주어와 서술어를 호응시키자

우리말에서는 주어를 맨 처음에 쓰고, 다음에 목적어(또는 보어)를 놓고, 끝에 서술어를 놓습니다. 이때 주어는 표현할 주체를 뜻하며, 서술어는 이 주체의 속성이나 행위를 드러냅니다. 그래서 주체−속성, 주체−행위가 제대로 묶여야 '주술이 호응한다'고 합니다.

'철수가 빵을 먹었다'라는 문장과 '빵이 철수를 먹었다'라는 문장이 모두 문법적으로는 바로 쓰였습니다. 그러나 앞 문장만 옳다고 하는 이유는 서술어 '먹었다'의 주체가 당연히 '사람'이고, 대상이 '빵'이기 때문입니다. 이럴 때 앞 문장에서 '철수가(주어)'와 '먹었다(서술어)'를 서로 호응한다고 하며, 뒤 문장에 있는 '빵이(주어)'와 '먹었다(서술어)'는 호응하지 않는다고 합니다.

물론 '내가 개를 무서워한다'와 '개가 나를 무서워한다' 같은 문장은 모두 주어와 서술어가 호응합니다. 두 내용이 현실적으로 가능하기 때문이지요. 하지만 '바람이 집을 흔들었다'와 '술이 많이 취했다'라는 문장은 주어와 서술어가 호응하지 않습니다. 무생물인 '바람, 술'이 행위 주체가 될 수 없기 때문입니다. 이럴 때는 서술어와 호응하는 주체를 주어로 써야 합니다. 예를 들어 '바람에 집이 흔들렸다, (저 사람이) 술에 많이 취했다, (저 사람이) 술을 마셔 많이 취했다'로 써야 옳습니다. 다음 문장을 비교해 보세요.

> 1. 생활이 바빠서 서로 만나지 못했다.
>   → 생활에 바빠서 서로 만나지 못했다.
> 2. 여기서 말하려는 것은 정보 사회가 인간성을 파괴하기 쉽다.
>   → 여기서 말하려는 것은 정보 사회가 인간성을 파괴하기 쉽다는 것이다.
> 3. 학교는 여러 지식을 폭넓게 익힐 수 있다.
>   → 학교는 여러 지식을 폭넓게 익힐 수 있는 곳이다.
>   → (우리는) 학교에서 여러 지식을 폭넓게 익힐 수 있다.

우리말은 주어를 잘 생략하는 언어입니다. 그래서 주술을 호응시키지 못하는 때가 많습니다. 글을 쓰다가 앞세웠던 주어를 문장 끝에 가서 잊어버리고, 서술어를 소홀히 처리합니다. 그러므로 글을 쓴 뒤에 어떤 주어를 생략했는지 살펴봐야 합니다. 주술이 호응하지 않으면 빠진 곳에 주어를 써 주는 것이 좋습니다. 대개 문장이 길어지면서 주어를 잊어버립니다. 그러므로 문장을 짧게 써야 뒤에 가서도 주체를 놓치지 않습니다.

연 습 문 제

다음 문장을 주어와 서술어가 호응하도록 다듬어 보세요.

1. 시장 개방은 한국 산업 전체를 긴장시키는 큰 요인이다.

2. 가치관이 소유에서 거주로 전환되어 가는 추세이다.

3. 이 제도는 기업의 자기 자본을 유지하자는 취지이다.

4. 돈 빌리기가 어려웠던 은행들이 대출 상품을 경쟁적으로 내놓는다.

5. 학교는 학생들을 조사하여 피해 결과가 집계되었으나 더욱 늘어나리라 전망된다.

6. 이것 역시 효를 표현하고 조상의 음덕을 기원하고자 하는 유교적 가치관에 기인한다.

7. 오히려 접근시킨 문화 자체가 관심을 잃을 가능성이 있다.

8. 여성들은 온순하고 비활동적으로 되어 갔다.

9. 묘소를 제공할 토지는 턱없이 부족한데도 사람들은 아직도 시신을 매장하려고만 한다.

10. 또 다른 특징은 인간종의 변형을 가져올 수 있다.

11. 그런 편견은 회사뿐만 아니라 사회도 그렇게 여기고 있다.

12. 우리가 싸움에 진 이유는 그쪽을 너무 가볍게 보았다.

8 관형어(관형절)을 줄이자

한 문장이 다른 문장 속에서 관형어로 쓰일 때, 관형어로 쓰인 문장을 관형절이라고 합니다. 예를 들어 '밥을 먹은 사람이 많다'라는 문장에서 '밥을 먹은'이 '사람'을 꾸며 주는 관형절이 지요. 우리말은 단어 중심으로 뜻을 전달하므로 관형절이 대체로 짧은 편입니다. 관형절이 길어 봤자 서너 단어 안팎입니다.

관형절을 이용하면 한 문장에 정보를 많이 담을 수 있습니다. 예를 들어 '경찰이 김분노 씨를 구속하였다'라는 문장에서 사람들은 어떤 경찰인지, 김분노 씨가 누구인지를 설명하려고 하지요. 그래서 '떳떳하게 법을 집행하겠다고 다짐했던 경찰이 화나 그룹 회장 김분노 씨를 구속하였다'처럼 씁니다. 물론 정보가 많아진 만큼 문장이 길어집니다. 그래도 이 정도면 괜 찮은데, 정보를 더 담고 어느 부분을 강조하다 보면 다음처럼 복잡해집니다.

> 떳떳하게 법을 집행하겠다고 다짐하고도 이번 사건에서 초기 대응에 실패했던 **경찰이** 전격적 으로 지금 재벌 그룹의 못된 행태를 질책하는 많은 **국민의** 따가운 시선을 만회하기라도 하듯 과 거에도 불법을 저질러 여러 번 법정에 섰던 화나 그룹 회장 **김분노** 씨를 구속했다.

위에서 '경찰이, 국민의, 김분노' 앞에 있는 것이 관형절입니다. 이 정도면 경찰이 못된 행태 를 질책했다는 것인지, 국민이 불법을 저질러 법정에 섰다는 것인지, 김분노 씨가 만회하려고 한다는 것인지 판단하기가 어렵습니다. 말하자면 관형절은 어떤 말을 꾸며 주면서 정보를 풍 성하게 하지만 문장을 복잡하게 만듭니다. 쓰는 이가 의도했던 것과 달리 정보가 제대로 전 달되지 않습니다.

그러므로 문장을 짧게 하여 이 관형절을 다 잘라내고 한 문장으로 독립시켜야 합니다. 예 를 들어, 위 문장 첫 부분에서 '경찰'을 꾸며 주던 관형절을 '경찰' 뒤쪽으로 보내면 됩니다. 다 시 말해 '경찰은 떳떳하게 법을 집행하겠다고 다짐했다. 그런데도 초기 대응에 실패했다'로 바꿀 수 있지요. 이러면 정보를 제대로 전달하면서 읽는 데도 부담이 없습니다. 위 문장을 이 런 원리에 맞추어 짧게 잘라 다듬어 보겠습니다.

① 경찰은 떳떳하게 법을 집행하겠다고 다짐했다. ② 그런데도 이번 사건에서 초기 대응에 실패했다. ③ 지금 많은 국민은 재벌 그룹의 못된 행태를 질책한다. ④ 경찰은 그 따가운 시선을 만회하기라도 하듯 전격적으로 김분노 씨를 구속했다. ⑤ 김분노 씨는 화나 그룹 회장이다. ⑥ 과거에도 불법을 저질러 여러 번 법정에 섰다.

이렇게 바꾸면 어떤 경찰, 어떤 국민, 어떤 김분노 씨였는지를 알려고 읽는 이가 그 단어 앞쪽으로 가지 않아도 됩니다. 즉, 문장을 짧게 끊거나, 우리말답게 문장을 구조화하면 의미를 이해하는 시간이 훨씬 절약됩니다.

관형절은 사람 머리에 쓰는 모자와 비슷합니다. 한 사람이 모자를 많이 쓰거나, 모든 사람이 너도나도 쓰면 잘 드러나지 않지요. 더구나 사람보다 모자가 먼저 보이기 쉽습니다. 그러므로 상대방에게 사람을 먼저 보게 하고 모자를 나중에 보게 하려면, 모자를 벗어 들어야 합니다. 결국 우리 문장에서 관형절을 줄이자는 것은 모자 하나는 쓰더라도 나머지 모자는 벗어서 손에 들자는 뜻입니다.

그러니 관형절을 써야 한다면 짧은 관형절을 이용하세요. 길게 써야 할 때는 긴 관형절(꾸며 주는 말)을 체언(꾸밈 받는 말) 뒤로 보내어 부사어나 서술어로 바꾸세요. 문장이 길어질 때는 행위가 일어난 순서대로 연결어미를 붙이며 주어와 서술어를 반복하면 됩니다. 그러면 문장이 길어져도 문장 구조가 단순하여 뜻을 분명하게 드러낼 수 있습니다.

연 습 문 제

다음 문장에서 관형절을 없애 보세요.

1. 새해에는 많은 복 받으세요.

2. 국회 회의실에서 만난 국회의원의 얼굴에 희색이 만연했다.

3. 시내버스 조합은 지금은 1명까지 가능한 성인이 동반하였을 때 6세 미만 어린이에 대한 무임승차를 3명까지 확대하기로 하였다.

4. 최근 경기 회복에 기여하고 있는 설비 투자가 '반짝 효과'로 그칠 가능성이 높다는 그 지속성에 의문을 제기하는 반대쪽 사람들이 있다.

5. 행정 기관에 민원 전화를 하는 시민들은 민원 전화가 업무에 지장을 준다고 생각하는 불친절한 공무원을 만나면, 담당자를 만날 때까지 문의 사항을 반복해서 말해야 하는 불편을 겪기도 한다.

6. 인간관계의 약화 현상이 나타난다.

7. 범죄 발생률이 증가하는 추세라는 통계도 이를 뒷받침한다.

8. 컴퓨터가 신속 정확한 일 처리를 하였다.

9. 대가족 중심으로 이루어진 가족생활이었다.

10. 다행히 많은 양의 비가 오지 않고 적은 비가 내렸다.

11. 불안한 출발이었으나 지금은 좋은 소통 상태를 보입니다.

12. 부모한테 용돈을 타 쓰는 대부분 학생들은 많은 물건을 살 수 없다.

13. 교통이 통제되는 관계로 심한 정체를 빚고 있습니다.

14. 지금 우리는 일류 기업만 살아남을 국경 없는 무한 경쟁 속에서 살고 있다.

15. 대중의 깊이 있는 문화에 대한 접촉을 늘리는 수밖에 없다.

16. 그런 구분이 반드시 필요하지는 않은 오늘날까지 이어져 오는 것이다.

17. 그러나 계속되는 자연 환경의 무분별한 개발로 인한 환경의 변화와 파괴는 결과적으로 인류의 파괴를 가져오게 될 것이다.

18. 안락사에 대한 올바른 판정과 장기의 공정한 이식이 이루어진다면 안락사 인정은 생명을 존중하는 일이 될 것이다.

9 영어식 글 버릇을 우리말답게 바꾸자

언어학자들은 우리말을 첨가어로 분류합니다. 첨가어는 용언을 다양하게 활용합니다. 즉, '가다, 예쁘다'에서 어간 '가-, 예쁘-'에 어미를 이것저것 붙여 나가면 얼마든지 의미를 바꿀 수 있지요. 예를 들어 '가고, 가지, 가니, 가서, 예쁘니까, 예쁘더라, 예뻐도, 예쁘면'처럼 다양하게 꼴을 바꿀 수 있습니다. 그러나 영어는 우리말처럼 용언을 적절히 활용하지 못합니다. 그래서 명사와 전치사를 주로 이용하되, 단어를 이리저리 배치하여 뜻을 전달합니다. 즉, 영어는 단어를 순서에 맞추어 제대로 놓아야 의미를 전달할 수 있습니다. 그러니 영어는 우리말에 비해 아주 복잡하고 어렵지요.

만약 우리나라 사람이 우리말 특성을 버리고, 영어식 문장에 매달리면 말하고자 하는 것이 잘 드러나지 않습니다. 쉽게 쓸 수 있는 것을 어렵게 쓰는 셈입니다. 영어 문장을 번역할 때도 우리식 문장으로 바꾸는 것이 좋습니다. 언어에 담긴 문화와 사회 배경이 서로 달라 우리 사고와 맞지 않을 때가 많습니다. 다음 문장은 영어 원문을 기계적으로 번역한 문장입니다. 다듬은 것과 비교해 보세요.

> 1. 그 사람이 나로 하여금 화나게 하였다.
>   → 그 사람이 나를 화나게 하였다. / 나는 그 사람 때문에 화가 났다.
> 2. 부모로부터 물려받은 재산이 많았다.
>   → 부모에게 재산을 많이 물려받았다. / 부모가 재산을 많이 물려주었다.
> 3. 이웃과 더불어 잘 살고자 하는 마음을 가지고 이곳에 산다.
>   → 이웃과 더불어 잘 살려고 이곳에 산다.
> 4. 문화 상품화라는 이름 하에서 대중의 흥미를 고려하였다.
>   → 문화 상품화라는 이름으로 대중의 흥미를 고려하였다.

편지 끝에 서양인이 '스미스로부터(from Smith)'라고 쓰는 것은 생략한 주어가 '편지'이기 때문입니다. 그러나 우리는 편지를 보내는 사람이 철수이므로 '철수로부터'가 아니라, '철수가'라고 쓰겠지요. 또 '나에 의해(by me) 버려진 쓰레기'라는 말보다 '내가 버린 쓰레기'가 우리말답게 쓴 것입니다.

언어가 다르면 생각이 다르고 표현하는 법도 다릅니다. 단어 하나에도 그렇게 쓰게 된 내력이 담겼습니다. 그러니 우리나라 사람끼리 소통할 때 우리말다운 표현을 버리고 영어식으로 표현하면, 자신이 말하고자 하는 바를 상대방에게 정확하게 전달하지 못합니다.

연 습 문 제

다음 문장에서 밑줄 그은 부분을 우리말답게 다듬어 보세요.

1. 현대 사회를 유지해 <u>나가는 데 있어서</u> 절대 자유를 제한하는 것이…….

2. 인간의 <u>진화론에 대해서는</u> 수긍하면서, <u>창조론에 대해서는</u> 수긍하지 않는다.

3. <u>컴퓨터로 인해</u> 정보화 사회를 이룩할 수 있었다.

4. 컴퓨터 <u>기술의 발전에 따른</u> 부정적인 측면이 드러났다.

5. 과학 기술 <u>발전에 의해</u> 정보의 홍수 현상이 나타나게 되었다.

6. 그랬더니 <u>문제점들이</u> 계속해서 늘어났다.

7. 권력 <u>집중에 의한</u> 권력 남용 현상이다.

8. 이런 짓은 사회 질서를 깨뜨리는 <u>행동의 하나이다.</u>

9. 우리 회사는 서울에 <u>위치하고(자리하고)</u> 있습니다.

10. <u>긴급 모임을 갖고</u> 대책을 논의하기로 하였다.

11. 누구도 경제 위기에 대한 <u>책임으로부터</u> 자유로울 수 없다.

10 영어식 피동문을 우리말답게 바꾸자

각 문장에는 문장의 주체가 있는데, 그 주체를 어떻게 처리하느냐에 따라 영어에서는 능동태, 수동태로 구분합니다. 우리말에서는 영어 수동태 문장을 피동문이라고 합니다. 그러나 우리말 피동문은 영어 수동태 문장과 다릅니다.

1 우리말에서는 두 사람이 등장할 때 대개 어른이나 윗사람을 문장 주체로 내세웁니다. 그래서 '장군이 정찰병한테 보고 받았다'라고 하지요. 그러나 행동 주체가 정찰병이니 '정찰병이 장군에게 보고했다'로 써야 좀 더 적극적으로 표현한 것입니다. 말하자면 '친구가 나를 때리다'라는 문장은 '내가 친구에게 맞다'와 뜻이 같지만, 행동 주체를 '친구'로 앞세운 것이 다릅니다. 즉, 글쓴이가 누구를 강조하는지에 따라 주체가 달라집니다.

2 사람과 사물이 등장할 때는 대개 사람을 주체로 앞세웁니다. 영어 '물주 구문'과 달리, 우리말은 사물을 문장에서 주체로 잘 쓰지 않습니다. 말하자면 '아버지가 지붕을 고칩니다'라고 하지, '지붕이 아버지에 의해 고쳐집니다'라고 하지 않습니다. '지붕'은 사람처럼 사고하거나 판단할 수 없습니다. 따라서 문장에서 사람을 주체로 내세우면 피동문과 능동문에 상관없이 우리말다운 문장이라고 할 수 있습니다.

예를 들어 '아기가 벌에 쏘였다'라는 문장은 영어 수동태와 같은 문장이지만, 우리가 흔히 쓰는 문장 형태입니다. 사람인 '아기'를 문장 주체로 내세웠기 때문이지요. 그러므로 '벌이 아기를 쏘았다'는 사람들이 '무엇'이 아기를 쏘았을까 궁금해할 때 '벌'을 강조한 문장입니다.

또 '많은 사람들이 그 영화를 보았다'라고 하지, '그 영화가 많은 사람들을 불러들였다'라고 하지 않습니다. 그런데도 일부에서는 영어 물주 구문처럼 '신문 기사가 내 눈을 붙들었다, 사업이 나를 엄청나게 괴롭힌다, 장마가 사람들을 짜증나게 하였다, 수많은 일이 나를 기다린다, 이랜드 매장이 봉쇄되었다'와 같이 표현합니다. 영어식 표현에 찌들었거나, 문장 주체를 숨기려 하기 때문입니다.

이 문장은 '신문 기사가 (내) 눈에 띄었다, (나는) 사업 때문에 엄청나게 괴롭다, 사람들은 장마 때문에 짜증을 부렸다, 내 앞에 수많은 일이 놓였다(내가 해야 할 일이 많다), 이랜드 매장을 봉쇄하였다'로 바꾸어야 우리말답습니다.

일부에서 물주 구문을 받아들이는 것은 '신문 기사, 사업, 장마' 따위를 생명체로 보기 때문입니다. '산들바람이 달님에게 물었습니다' 같은 문장을 동화에서 허용하는 것과 비슷합니다. 즉, 영어식 물주 구문이 우리 문법에서는 자연스럽지 않아도, 문학 세계와 현실 세계에서 일부 허용하는 셈입니다.

❸ 사물과 사물의 관계를 드러낼 때는 강조하려는 사물을 앞세웁니다. '큰 개가 작은 개를 물었다'와 '작은 개가 큰 개에게 물렸다'는 모두 일반적인 문장입니다. 피동, 능동에 상관없이 강조하는 것을 앞에 놓습니다. '과자가 개 발에 밟혔다'라고 하면 '과자'를 강조한 것이고, '개가 과자를 밟았다'라고 하면 '개'를 강조한 것입니다. 그러나 문학에서 무생물을 주체로 내세우는 것을 허용한다고 해도, 실제로는 생명체를 주체로 앞세우는 것이 더 낫습니다. 즉, '개가 빵을 먹었다'가 바람직합니다. '빵이 개에게 먹혔다'는 아무래도 어색합니다.

❹ 어떤 사람은 아무 데나 피동 접사 '-이-, -히-, -리-, -기-'를 붙이기도 하고, '-어 지다, 되다, 당하다, 받다'를 붙입니다. 심지어 '약화되어졌다'처럼 세 겹 피동을 만들기도 합니다(화, 되다, -어 지다). 특히 자기 의지와 판단을 표현할 때는 피동으로 쓸 수 없는데도 '생각되다, 당황되다, 존경되다, 추진되다, 판단되다, 전망되다, 지속되다, 예상되다, 추정되다, 서술되다'같이 표현하기도 합니다. 자기나 타인의 의지와 판단을 표현하는 문장에서는 '-되다'를 빼고 '-하다'를 붙여야 옳습니다.

물론 우리말에서도 '만들어지다, 어떤 상태에 놓이다' 같은 뜻일 때는 '되다'를 붙입니다. 그러므로 '의사가 되다, 얼음이 되다, 한 시간 정도 되다, 떨어지게 되다, 도움이 되다' 같은 것은 옳은 표기입니다.

연 습 문 제

다음 피동문을 우리말답게 다듬어 보세요.

1. 지구 환경의 급격한 변화는 인간에게 어떤 결과들을 낳게 할까?

2. 사람들은 범법자가 보이는 대로 무조건 잡아 가두었다.

3. 그런 견해는 아직도 많은 사람들에 의해 제기되고 있다.

4. 산업 사회가 정보 사회로 바뀌어지는 것으로 이해되어질 수 있다.

5. 초고속 정보 통신망이 구축되고 있어 정보 분야가 확산될 것으로 기대된다.

6. 사업이 원활히 수행되려면 재원 확보 방안도 충분히 검토되어 추진되어야 한다.

7. 한 개인의 절대적인 자유는 다른 사람의 자유의 침해를 가져온다고 할 수 있다.

8. 컴퓨터 기술 발전을 악용한 해커들에 의해 정보가 유출되기도 한다.

9. 사회적으로 안락사 인정의 목소리가 높아지는 것도 바로 이러한 이유 때문이라고 생각
된다.

10. 도로가 적절하게 관리되지 않아 여러 곳이 망가졌다.

11. 지혜가 발휘되어야 할 시점이 아닌가 생각된다.

12. 현대 사회는 정보화 사회로 불린다.

11 명사절을 줄이자

'예절이 학력보다 더 중요하다'에서 '예절, 학력'은 명사입니다. 그런데 한 문장이 통째로 명사처럼 다른 문장에 안길 수 있습니다. 예를 들어 '노동자로 인갑답게 살다'에서 서술어 끝을 '-기, -(으)ㅁ, -는(-ㄴ) 것'으로 바꾸고 다른 문장과 연결합니다. 이렇게 다른 문장에 안긴 문장을 명사절이라고 합니다. 다음 문장에서 굵은 글씨가 명사절입니다.

> 1. **노동자로 인간답게 살기**가 어렵다.
> 2. **노동자로 인간답게 삶**이 어렵다.
> 3. **노동자로 인간답게 사는 것**이 어렵다.

명사절은 여러 문장을 붙여 한 문장으로 만들 때 많이 쓰입니다. 원래 이런 상황은 문장을 잘게 쪼개는 것이 좋습니다. 즉, '노동자로 인간답게 살겠다(살고 싶다). 그게 어렵다'로 바꾸어야 뜻이 섬세해집니다.

그런데 많은 문장을 명사절로 연결하면 복잡해집니다. 예를 들어 '밥을 여러 번 먹었다. 양이 적었다. 사람들은 점점 음식에 집착했다'와 같은 세 문장을 한 문장으로 표현합니다. 즉, '**밥을 여러 번 먹었음**에도 불구하고, **양이 적음**으로 인해(양이 적기 때문에), 사람들은 점점 음식에 집착했다'처럼 씁니다.

한 문장을 명사절로 만들려고 서술어를 '먹었음, 적음(적기)'으로 바꾸자 앞뒤 관계가 모호해졌습니다. 그래서 그 부분을 보완하려고 '-에도 불구하고, -으로 인해(때문에)' 같은 말을 넣었습니다.

즉, '여러 번 먹었음'이라고 쓰니까 서술성이 사라져 어떤 속내를 담으려 했는지 잘 드러나지 않습니다. 이를 보완하려고 조사를 덧붙여 '여러 번 먹었음에도'라고 표현한 것입니다. 이 말도 불안하니까 '불구하고'라는 서술어를 덧보태 의미를 강조했습니다. 결국 '여러 번 먹었으나(먹었지만)'라고 써야 하는데, '-(으)ㅁ'을 붙인 탓에 '여러 번 먹었음에도 불구하고'처럼 늘어졌습니다.

이처럼 어느 문장에 '-(으)ㅁ, -기'를 붙여 명사절로 만들고 조사를 붙여 연결하면 문장이 장황해지고 의미를 제대로 전달하지 못합니다. 그러나 서술어미를 붙이면 문장이 길어져도 속내를 분명하게 전달할 수 있습니다. 예를 들어, '가다'에 쓰는 이의 의지를 담고 싶으면 '-(으)려고, -고자' 같은 서술어미를 붙입니다. 다음 문장을 살펴보세요.

1. 우리 회원은 다른 회원들의 경조사에 참석함이 당연하다.
   → 우리 회원은 다른 회원들의 경조사에 (꼭) 참석해야 한다.
2. 주어진 현실에서 최선을 다함이 나의 목표다.
   → 나는 주어진 현실에서 최선을 다하고자 한다.

그리고 '-기, -(으)ㅁ'을 붙인 명사절은 우리나라 사람들이 평소에 쓰는 말투가 아닙니다. 즉, '해야 한다(당위), 하고자 한다(목적)' 같은 쉬운 말이 있는데, 위처럼 '-기, -(으)ㅁ'을 붙여 명사절을 만든 탓에 문장이 어렵고 장황해진 것입니다.

그러므로 긴 문장에서 명사절 끝 부분을 서술어로 풀어 쓰세요. 문장 구조가 단순해지면서 의미를 분명하게 드러낼 수 있습니다. 위 문장에 서술어미를 붙이면 '밥을 여러 번 먹었으나, 양이 적어서, 사람들은 점점 음식에 집착했다'가 됩니다. 여기에서 '-으나, -어서'가 우리말 특성을 잘 살려 주는 서술어미입니다. 여러 문장을 굳이 명사절로 연결해야 한다면 '-기, -(으)ㅁ'을 붙이지 말고, '-는(-ㄴ) 것'을 붙이는 것이 자연스럽습니다.

연 습 문 제

다음 문장에서 '-기, -(으)ㅁ'을 빼고 앞뒤 내용을 연결해 보세요.

1. 나는 우리가 이별은 하지 않았음 한다.

2. 훌쩍 여행을 떠남이 사람들의 소원이다.

3. 언젠가 내 꿈을 이룰 수 있다는 믿음으로 인해 오늘도 땀을 흘린다.

4. 대통령은 새 질서를 만들려 하기보다 국민이 새 질서를 고민하게 함이 옳다.

5. 배불리 먹기 위해 직업을 선택함에 따라, 삶의 질이 점점 떨어짐이 느껴진다.

6. 하천을 개수함으로써 지역 여건의 변화로 인해 사람이 모였다.

7. 우리 모임은 친목을 도모함을 목적으로 한다.

8. 유출 현상에 변화를 가져오게 됨으로써 상황이 달라졌다.

9. 국민의 많은 노력에도 불구하고 진전이 없다.

10. 인정 범위가 점차 넓어지고 있는 추세임에도 불구하고 아직 좋아지지 않았다.

11. 토지 취득에 따른 어려움이 없으므로 산업 단지로 지정되었다.

12. 이 방안이 최선이며 급선무임은 말할 것도 없다고 하겠다.

13. 이러한 사례는 다목적 댐이 더욱 확충되어야 함을 대변해 준다.

14. 공급 체계를 구축함으로써 규모가 확대됨에 따라 경제가 되살아났다.

15. 가족 규모가 작아지고 세분화됨에 따라 인간 소외 현상이 나타났다.

16. 인류에게 엄청난 행복을 줌과 동시에 파멸을 가져다 줄 수도 있음이다.

17. 현대 문화를 살펴보면 말초적인 것이 그 주류를 이루고 있음을 알 수 있다.

18. 여성이라고 조용히 있기보다는 여성이 적극 나섬으로써 '기회의 평등'을 찾아야 한다.

19. 피해를 줄이기 위해 상당한 투자가 이루어지고 있음에도 불구하고 매년 피해가 반복
    되었다.

12 명사문을 줄이자

우리말에서는 문장을 서술어에 따라 3형식으로 나눕니다. 서술어를 '어찌한다(동사)'와 '어떠하다(형용사)'로 끝내기도 하며, '무엇(명사)이다'로 끝내기도 합니다. 예를 들어 '나는 바쁜 사람이다'라는 문장은 '무엇이 무엇이다' 같은 형식인데, 이런 문장을 '명사문'이라고 합니다. 즉, 명사문은 문장을 명사(명사형)에 '-(이)다'를 붙여 끝냅니다.

그런데 우리말은 서술어가 아주 잘 발달하였습니다. '먹다'에 서술어미를 붙이면 '먹고, 먹지, 먹으니, 먹어서……'처럼 다양하게 변합니다. 여기에 시제를 표시하려고 '었, 겠'을 붙이면 '먹었고, 먹었지, 먹겠고, 먹겠지……'처럼 더욱 더 다양해집니다. 말하자면 우리는 동사와 형용사 어간에 서술어미를 바꾸어 붙이면서 얼마든지 섬세하게 의미를 전달할 수 있습니다.

그러므로 우리말 특징대로라면 명사문보다 동사문과 형용사문이 더 자연스럽습니다. 따라서 문장을 '-이다'로 끝내면 동사와 형용사가 아니라서 자기 뜻을 섬세하게 드러내지 못합니다. 예를 들어 '침대는 과학이다' 같은 문장은 무엇을 말하려 했는지 정확히 알 수 없습니다.

누군가 다른 사람에게 "영화는 접근 금지다"라고 말했을 때, 그 속뜻을 다음 중에서 골라 보세요.

① 영화를 봐서는 안 된다.
② 영화를 볼 수 없다.
③ 영화를 보지 못한다.
④ 영화를 보지 않겠다.
⑤ 영화를 만들지 않겠다.
⑥ 영화에 출연하지 말라.

영화는 접근 금지라니요? 누가 접근하고, 어떻게 접근한다는 것인지요? 만약 이 말이 아버지가 자녀에게 한 말이라면 영화가 공부에 방해가 된다는 뜻으로, ①을 표현한 것이겠지요. 그러나 그 집 아이가 표현한 것이라면 아버지 뜻을 받들어 ④를 다짐하려고 책상머리에 붙여 놓은 글이겠지요. 물론 그 아이가 친구에게 속삭인 것이라면 자기 처지가 지금 ②에 놓였다는 뜻입니다.

어쩌면 흥행에 실패한 영화감독이 당분간 ⑤를 다짐한 것인지 모릅니다. 아니면 누군가가 연극인에게 영화에 무심코 출연했다가 상처받기 쉬우니 ⑥처럼 충고했을 수도 있지요. 말하자면 이런 문장은 읽는 사람마다 다양하게 해석할 수 있으므로, 글쓴이가 자기 속내를 표현했지만, 제대로 드러낸 것이 아닙니다.

예를 들어 '올림픽은 세계인을 초대하는 잔치다, 나는 학생이다' 같은 명사문은 '올림픽=잔치, 나=학생' 같은 관계를 드러낼 때 쓰입니다. 따라서 서술어에 '금지, 기원, 명령' 같은 자기 속내를 분명하게 담지 못하므로 읽는 이가 자기 마음대로 이해하기 쉽습니다. 예를 들어 '내 마음은 호수다'라는 표현은 '내 마음'이 '넓은지, 더러운지, 맑은지, 조용한지'를 읽는 이가 알아서 판단하라는 것과 같습니다. 이 문장이 문학적으로 비유가 뛰어나다 해도, 의미를 전달하는 측면에서는 실패한 문장입니다. 다음 문장을 비교해 보세요.

> 1. 문학은 그 목적에 따라 여러 개로 분류하는 것이 일반적이다.
> → 문학은 일반적으로 그 목적에 따라 여러 개로 분류한다.
> 2. 이와 같은 필요에 따라서 등장한 것이 환경 보호 운동이다.
> → 이와 같은 필요에 따라서(이래서) 환경 보호 운동이 등장하였다.
> 3. 토지 투기가 심각한 것은 이래서이다.
> → 이래서 토지 투기가 심각하다.

최근 명사문이 아주 흔하게 쓰입니다. '기뻤다, 눈물이 났다, 애달팠다, 기분이 좋았다'처럼 속내를 섬세하게 표현하지 않고, '감동이었다'는 한 마디로 끝냅니다. '(너) 잡히면 죽어' 같은 문장을 '(너) 잡히면 죽음이야'라는 식으로 표현하기도 합니다. 심지어 '그럴 수 없었다' 같은 말을 '그럴 수 없었음이다'로 개악합니다.

우리말에서 '-(이)다'를 붙여 끝내는 말로는 '먹을 것이다, 먹을 참이다, 먹었기 때문이다, 먹을 따름이다, 먹을 뿐이다, 먹는 셈이다, 먹는 편이다, 먹을 계획이다, 먹을 예정이다, 먹을 때이다, 먹는 실정이다' 따위가 있습니다. 물론 이 서술어도 주어와 제대로 호응해야 쓸 수 있습니다.

어떤 때는 문장의 어느 부분을 강조하려고 일부러 명사문으로 바꿉니다. 즉, '나는 보리밥을 먹고 싶다'를 '내가 먹고 싶은 것은 보리밥이다, 보리밥을 먹고 싶은 것은 나다'로 표현합니다. 영어 'It ~that' 강조 구문에서 영향을 받은 것 같습니다. 이런 글 버릇을 고치려면 글을 다 쓴 뒤 '-(이)다'로 끝낸 서술어를 찾아 모두 표시하세요. 그리고 '-(이)다'를 뺄 수 없는지를 판단해 보세요.

다음 문장에서 '-(이)다'를 없애고 자기 속내를 분명히 담아 보세요.

1. 절박한 상황이 대다수 비정규직 노동자가 처한 오늘이다.

2. 나는 라면이라도 먹으면 다행이다.

3. 먼저 사회 구성원의 무관심 타파이다.

4. 우리 단체 설립은 부패를 감시하기 위함이다.

5. 회원의 회비 납부는 필수이다.

6. 시대를 되돌려 놓을 후보가 당선된다는 말이다.

7. 놀기를 좋아한 것은 물론이다.

8. 동물이 살아가는 것은 본능에 따라서다.

9. 지금 기준과 동일하게 20년 상환 조건이다.

10. 빈곤의 퇴치와 기술의 축적이다.

11. 지방자치단체가 먼저 취득하는 것이 관례적이었다.

12. 그 사람들 사이에서 늘 답답하기만 하던 나였다.

13. 첫째, 계속되는 물가 상승과 이에 따른 생활고의 압박이다.

14. 둘째는 농촌의 상대적 빈곤의 심화이다.

13 | 서술어 '있다'를 줄이자

'있다'는 국어사전에 여러 모로 소개되었습니다. 형용사로는 '① 존재하다, ② 갖다'라는 의미로 쓰이고, 동사로는 '③ 어떤 동작의 상태를 계속하다'라는 뜻을 나타냅니다. 예를 들어 사람들은 '있다'를 '① 산이 있다, ② 돈이 있다, ③ 앉아 있다' 같은 곳에 씁니다. 또 '방법, 힘'을 의미하는 '수' 밑에 놓아 '할 수 있다'같이 쓰기도 합니다.

우리말은 첨가어로, 형용사와 동사를 다양하게 이용해야 자기 속내를 제대로 드러냅니다. 그리고 우리말은 우리가 몰라서 쓰지 못할 만큼 형용사, 동사가 아주 풍성합니다. 그런데도 어떤 사람은 서술어를 '있다'로만 처리합니다. 다음 서술어에서 '있다'를 어떻게 빼야 할지, 왜 빼야 할지를 궁리해 보세요.

> 1. 이 후보와 저 후보는 많은 차이가 있다.
> 2. 여러 사람이 다쳤다는 보도가 있었다.
> 3. 교육 전문가의 충고가 있었다.
> 4. 찬성론자와 반대론자의 논란이 있었다.

'있다'는 영어의 'There is~'를 직역한 듯하며, 사물을 주체로 앞세우는 영어 물주 구문의 영향을 받은 것 같습니다. 1번은 '이 후보와 저 후보는 차이가 많다'로 고치면 됩니다. 문장도 짧아졌지만, '많다'가 서술어라서 뜻도 분명해졌습니다. 2번은 '여러 사람이 다쳤다고 한다'로 바꾸면 '다쳤다'에 중점을 둔 문장이고, '보도에 따르면 여러 사람이 다쳤다고 한다'로 고치면 '보도'에 중점을 둔 것입니다. 3번은 '교육 전문가가 충고하였다'로 바꾸어 '교육 전문가'를 문장 주체로 삼아야 합니다. 4번도 '논란을 벌였다'로 바꾸어야 주체가 분명해집니다.

어떤 때는 문장 주체를 일부러 없애거나, 숨기려고 '있다' 서술어를 씁니다. 예를 들어, 어떤 기자들은 '시중에는 이 회장이 많은 사람을 돈으로 길들였다는 여론이 있다(여론이다)' 같은 문장을 좋아합니다. 이런 문장은 기자가 자기 생각을 여론으로 위장하려고 일부러 문장 주체를 숨긴 것입니다.

이처럼 '있다'를 남용하면 문장 주체를 소홀히 할 수밖에 없습니다. 예를 들어, 동사와 형용사 서술어 '만나다, 아름답다'의 주체가 제대로 드러나지 않습니다. 또한 현실 세계의 다양한 과정을 드러내지 못합니다. 서술어 '있다'는 '존재하는지, 존재하지 않는지' 결과만 표현하기 쉽기 때문입니다. 이 버릇을 고치려면 글을 쓴 뒤 '있다'로 끝낸 서술어를 찾아 표시하고, 그 말을 꼭 써야 하는지를 판단해 보세요. 두세 번만 연습해도 글 분위기가 확 달라집니다.

연 습 문 제

다음 문장에서 '있다'를 빼고 다른 서술어를 붙여 보세요.

1. 가치관 충돌로 엄청난 혼란이 있다.

2. 금융감독원의 면밀한 검토가 있었다.

3. 우리는 군사 쿠데타를 겪은 경험이 있다.

4. 승용차와 화물차가 충돌하는 사고가 있었다.

5. 그 후보는 재산 축적에 문제가 있다.

6. 그곳은 도로에 도색하는 작업이 있습니다.

7. 주최 측의 사업 과정 설명이 있었다.

8. 고소 취하를 두고 서로 다툼이 있었다.

9. 제도화해야 한다는 시민단체 견해가 있었다.

10. 위법 사항을 여러 차례 지적해도 개선하지 않는다는 여론이 있다.

11. 청소년들의 재미있는 분석이 있다.

14 객관적으로 쓰자

글을 객관적으로 쓴다는 것은 많은 사람들이 동의할 수 있도록 쓴다는 뜻입니다. 글은 자기 속내를 상대방에게 드러내는 도구이자, 나와 상대방을 연결하는 수단입니다. 누군가가 글을 썼는데, 많은 사람들이 그 글에 공감하였다면 글쓴이는 많은 사람과 객관적으로 소통한 것입니다.

그러므로 자기 생각을 많은 사람에게 드러내 동의를 얻으려면 객관적으로 글을 쓸 수밖에 없습니다. 누군가 인터넷 공간에서 '악플'이라는 폭력적인 언어를 쓸 때 많은 사람들이 불쾌해합니다. 많은 사람이 공감하지 않으므로 그 악플은 객관성을 잃었으며 '편견과 독선에 빠진 글'입니다. 자기 혼자 그 내용에 집착한 것입니다.

논술글에서 논증의 바탕은 '객관성'입니다. 논술글에서 객관성을 잃으면 다 잃은 것입니다. 글을 읽고 '그래, 그렇겠다, 누구라도 충분히 그럴 수밖에 없겠다'라고 남들이 인정하는 것이 객관성이기 때문입니다.

원래 논술이란 자기 견해를 논리적으로 정리하는 것이라서 주관을 많이 담습니다. 그래도 그 주관을 객관화하여 '보편화, 일반화' 과정을 거쳐야 비로소 '설득력 있는 글'로 인정받습니다. 남들이 인정하지 않는 내용을 진실로 착각하거나, 특별한 경험을 일반적인 양 강요하면 '엉뚱한 발상'에 매달린 것입니다.

그러므로 객관성의 반대말은 편견, 고집, 독선, 선입관입니다. 이는 자기 주관이라는 이름으로 개인 정서, 특별한 경험을 상대에게 무조건 믿으라고 들이대는 것입니다. 자기가 주장하려는 내용에 이유를 대지 않으면 어느 누구도 그 사실을 이성적으로 받아들이지 않습니다. 오히려 사람들은 "그건 네 생각일 뿐이지"라며 냉소적으로 봅니다. 가령 신문 기사가 다음처럼 보도되었다고 칩시다.

> 지난 15일 깊은 밤, 잘생긴 기사가 버스를 운전하다가, 제멋대로 달려오는 중고 승용차와 부딪쳐 크게 다쳤다. 사고 직후 험상궂게 생긴 승용차 운전자는 아무 잘못이 없다고 박박 우겨대다가 출동한 경찰관에게 초라하게 체포되었다.

이런 글을 보면 사람들은 "이게 기사야, 소설이야?" 아니면 "이게 사실이야, 의견이야?"라며 신문 기자가 흥분했다고 말할 것입니다. '깊은 밤, 잘생긴, 제멋대로, 중고차, 크게……'처럼 기자가 자기 '기준(편견)'에 따라 정보를 일방적으로 전달하기 때문입니다. 다음 글은 '문화의 상대성'을 거론한 논술글의 서론 단락입니다. 객관적으로 서술했는지 판단해 보세요.

> ① 언젠가 텔레비전에서 지구촌 오지에 사는 사람들 이야기가 방영되는 것을 본 적이 있다. ② 그 사람들은 우리나라 사람들이 이해하기 힘든 행동을 하였다. ③ 그쪽 사람들은 아무렇지 않게 행동하였다. ④ 나는 그것을 보고 깜짝 놀랐다. ⑤ 가만히 생각해 보니 그 사람들이 우리나라 사람들이 행동하는 것을 본다면 이해하지 못할 것도 많겠다는 생각이 들었다.

이 글도 생활글이지 논술글이 아닙니다. 논술글이 자기 견문을 바탕으로 자기 견해를 담는 글이라고 해도, 그 견해를 남들이 인정해야 합니다. 자기 경험과 정서를 드러내도 사람들에게 인정받을 수 있도록 자기 주관을 객관화(일반화)해야 합니다.

그러려면 모든 문장에서 먼저 '나(1인칭 주어)'를 빼는 것이 좋습니다. 문장에 '나'를 쓰는 것은 논거를 일반화하지 못하고 그때까지도 개인 수준에서 벗어나지 못했다는 뜻입니다. 위 글에서 '본 적이 있다, 깜짝 놀랐다, 생각이 들었다'의 주어가 모두 '나'입니다.

이 글에서 '나'를 빼고, 개인적인 견문을 '많은 사람들'의 보편적인 사실로 일반화하면, 수많은 사람을 설득할 수 있습니다. 수많은 사람이 그 글을 객관적인 논거로 인정한다는 뜻입니다. 비로소 사적 영역에서 벗어나 공적 담론으로 자리 잡은 것입니다.

그러므로 서술어 '~라는 생각(마음)이 든다, ~라고 본다, ~이 아닌가 한다, ~인 듯싶다, ~일 것 같다, ~라고 느꼈다, ~라고 생각한다, ~라고 주장한다, ~를 겪었다'도 주어가 모두 '나'이므로 이런 서술어를 쓰지 말아야 합니다. 위 글을 일반화하여 논술글답게 바꾸어 봅시다.

> ① 최근 들어 텔레비전에서 지구촌 오지에 사는 사람들 이야기를 많이 방영한다. ② 그때마다 많은 사람들이 다른 나라의 이질적인 풍습을 신기해한다. ③ 그쪽 사람들에게 자연스러워도 우리나라 사람들에게는 이해하기 힘든 것이 많기 때문이다. ④ 물론 그 사람들도 우리를 이해하지 못할 수 있다.

논술글에서 객관성을 잃는 것은 쓰는 이가 대체로 자기주장을 지나치게 강조하기 때문입니다. 상대방을 자기주장에 동의하게 하려는 강박 관념에 빠지기 쉽습니다. 이성적으로 설득하는 것이 어려우니까, 제대로 논증하지 못하고 여러 오류에 빠집니다. 그래도 객관적으로 설득해야지, 읽는 이에게 자기 가치관을 강요해서는 안 됩니다.

(1) 존칭어를 쓰지 말자

우리말은 존칭어가 발달하였습니다. 영어 같은 경우에는 '정중한 표현'이라는 문장 구조가 있지만, 대개 평어로 이루어지지요. 말하자면 실생활에서 'you' 하나면 모든 사람을 가리킵니다. 그러나 우리는 같은 음식이라도 어른이 잡수시면 '진지'이고, 친구들끼리는 '밥'으로 통하지요. 또 군대에서는 '식사'라고 하며, 제사상에 올리면 '메'가 됩니다.

어떤 수험생들은 논술글을 채점하는 사람이 대학 교수이니 표현을 함부로 할 수 없다고 말합니다. 그래서 문장 끝마다 '이랬습니다, 저랬습니다'를 붙입니다. 그러나 이는 잘못 생각한 것이지요. 예를 들어, 대학 입학시험에서 대학 교수가 논술글을 채점하지만, 논술은 수험생이 다수 일반인을 대상으로 설득하는 형식입니다. 따라서 존칭어처럼 인간관계를 수직으로 놓는 어휘를 써서는 안 됩니다.

예를 들어, 고등학교 2학년 남학생이 3학년 여학생을 가리키며 교사에게 "저 누나가 그랬어요"라고 말했다고 칩시다. 그 남학생에게 여학생은 누나이겠지만, 그 여학생이 교사에게도 누나는 아닙니다. 그러니 이 말에서 개인 관계를 빼고 객관적 사실로만 표현하려면 "저 3학년 여학생이 그랬어요"라고 해야 옳습니다.

따라서 논술 문장에는 '-습니다, -시오, -세요'를 붙이지 마세요. 그리고 존칭 선어말어미 '-시-'를 넣어서는 안 되며, '-님, -께서' 따위를 붙여 높임말을 만들어서도 안 됩니다.

연 습 문 제

다음 문장에서 존칭어를 빼고, 논술글답게 객관적으로 바꾸어 보세요.

1. 기성세대부터 반성해야 합니다.

2. 어느 교수님께서 발표하신 바에 따르면…….

3. 선생님께서 학생들을 혼내실 때마다 갈등이 커집니다.

4. 정상 회담 이후 대통령께서 세계화 정책을 내놓으셨다.

5. 인권 단체에서 대통령께 항의 편지를 보냈다고 하더군요.

(2) 개인 정서를 절제하자

논술글은 편견과 선입관을 담지 않아야 객관성을 인정받습니다. 어느 사실이 편견이라고 생각하면 누구나 쓰지 않겠지요. 수험생은 어떤 판단이 선입관이고 편견인지를 모르니까 그 사실을 글 속에 집어넣는 것입니다. 판단하기 어려울 때는 '내가 이러면 남들이 이 부분을 어떻게 생각할까?'를 따져 보세요. 즉, 객관성을 재는 기준으로 항상 '읽는 사람, 다른 사람'을 내세워 반론(반박)을 예상하라는 것이지요.

예를 들어 '우리 민족은 가장 우수한 문화 유산을 지녔다'라고 한다면 '가장, 우수한'의 기준을 어디에 두어야 합니까? 자기만 그렇게 보는 것인지 모릅니다. 또 '그런 몹쓸 짓을 하는 사람을 그냥 두어서는 안 된다'라고 할 때 '몹쓸, 짓'이라는 말에 쓰는 이가 이미 부정적인 판단을 담았습니다. 이에 반대하는 사람이라면 "그게 왜 '몹쓸'이야? 아니, 그 정도를 가지고 '짓'을 붙이다니?"라며 그렇게 판단한 기준에 반박할지 모릅니다. 즉, 객관성을 잃었다고 보는 것입니다.

원래 '짓'은 '행동, 행위'를 뜻하는 단어이지만, '도둑질은 나쁜 짓이다'처럼 부정적인 상황에 많이 쓰고 '좋은 행위, 바람직한 행동'에는 잘 붙이지 않습니다. 그러므로 '청소년들이 하는 짓은 대개 무책임하다'라고 서술하면, 청소년을 불신하는 태도가 은근히 드러난 셈이지요. 이렇게 일상적으로 자주 쓰지만, 객관적으로 적절하지 못한 단어가 많습니다.

따라서 글을 쓰고 객관성 정도를 판단하려면 다른 사람에게 글을 보여 주어야 합니다. 자기부터 '내가 봐도 이상해. 남들이 이상하게 볼 거야'라고 생각한다면 그 글은 객관성을 잃은 것입니다. 또한 다수가 "너무 지나쳤다"라고 지적한다면, 그 글도 객관성을 잃은 것입니다.

객관성 여부를 다수결로 결정해도 됩니다. 객관성이란 '일반화'와 비슷한 말로, 다수가 공감하는 것이기 때문입니다. 말하자면 읽는 이마다 한결같이 "그건 네 생각일 뿐이야"라고 지적한다면, 그 부분은 자기 편견이 드러나고, 객관성을 잃은 것입니다. 물론 글을 읽고 소수가 동의한다면, 그 생각은 소수가 지지하는 비주류의 견해가 되겠지요. 그때는 틀린 것이 아니라 다수 견해와 다른 것입니다.

그리고 '여러 사람'을 기준으로 논거의 '타당성(개연성, 필연성)'을 확보해야 하니, 문장에서 '나'를 빼고 '우리'나 '사람들'이 행위 주체가 되어야 합니다. '우리'라는 말도 조심스럽게 써야 합니다. '나, 청소년'의 뜻으로 1인칭 복수 '우리'를 쓰게 되면, 논술 시험의 주의 사항인 '신원이 드러나지 않도록'에 어긋날 뿐만 아니라 객관성을 잃기도 쉽습니다.

정리하면, 논술글에는 상대방을 비웃는 말('한심한, 역겨운, 주제넘은' 따위)을 넣어서는 안 됩니다. 절망이나 감탄을 드러내려고 개인 정서를 듬뿍 담은 말('안타깝다, 한스럽다, 우습다, 슬프다, 애석하다, 반갑다, 환영한다' 따위), 의성어와 의태어('펄쩍, 고래고래, 엉엉' 따위)도 쓰지 말아야 합니다. 그리고 구어체(근데, 나랑 너랑, 뭐랄까, 넘넘, 얼릉 하삼, ~라는 말이다' 따위)도 개인 정서를 담기 쉬우므로 문어체로 바꾸어야 합니다. 또 비어를 쓰지 말아야 하고, 속어와 은어도 삼가야 합니다.

연 습 문 제

다음 문장에서 편견이나 선입관이 담긴 단어를 빼고, 객관적으로 바꾸어 보세요.

1. 도덕과 가치관이 무너져 사회가 온통 개판이다.

2. 지식인들이 오히려 꼴값을 떤다.

3. 이 사실을 사람들이 알게 되면 펄쩍 뛸 것이다.

4. 학생이라는 인간들이 그런 짓을 해서 아주아주 꼴불견이었다.

5. 이를 갈며 눈에 불을 켜고 달려드는 사람들이 많다.

6. 신비주의를 내세운답시고 정신을 몽롱하게 만든다.

7. 요즘 사람들은 명품이라면 사족을 못 쓴다.

8. 그럴 수 없다느니 하면서 시답지 않은 소리를 해댔다.

9. 공항에서 화투를 치다니 정말이지 한심하기 짝이 없다.

(3) 보조사와 보조용언을 잘 쓰자

'보조사'는 앞 말에 붙어 그 문장에 특별한 뜻을 보태는 조사를 말합니다. 그래서 보조사를 잘못 쓰면 자신의 정서와 편견이 드러납니다. 예를 들어 '코끼리는 코가 길다'는 누구나 인정하는 객관적 사실입니다. 그러나 '미국 사람은 나쁜 짓을 하면 안 된다'라고 하면 다른 나라 사람은 나쁜 짓을 해도 된다는 것 같습니다. 이런 문장은 대부분 사람들이 인정할 수 없으므로 객관성을 잃었습니다.

어떤 사람들은 이런 보조사를 겹쳐 써서 의미를 더욱 섬세하게 나타냅니다. 예를 들어 '어른까지도 그럴 줄 몰랐다'라고 하면 '어른이 안 그럴 줄 알았는데 어른도 마찬가지네'라는 뜻이 되겠지요. 또 '우리마저도 중국 동포를 업신여기다니'라고 하면 '무슨 일이 있어도 우리가 중국 동포를 업신여겨서는 안 된다'는 개인 정서를 담은 것입니다.

보조용언을 붙여도 말하는 사람의 감정이나 편견이 드러납니다. 예를 들어 '빵을 먹었다'에서 서술어에 '대다'를 붙여 '빵을 먹어댔다'로 표현하면 분위기가 바뀝니다. 앞 문장이 먹는 행위를 '있는 그대로' 전달하는 데 비해, 뒤 문장은 먹는 행위를 '부정적'으로 봅니다. '안 먹을 줄 알았는데 저렇게 계속 먹는구나. 꼴 보기 싫으니까 하는 짓도 밉구나'라는 개인 정서가 들어간 것이지요.

그런데 보조사 쓰임이 비교적 일정한 데 비해, 보조용언은 쓰이는 곳에 따라 의미가 조금씩 달라집니다. 예를 들어 '주다 / 드리다'는 '봉사하다, 혜택을 베풀다'의 뜻을 지녔습니다. 음식이 얼마 없을 때 상대방에게 "내가 먹어 줄게"라고 하면, 그 사람은 "내가 언제 너한테 먹어 달라고 했냐?"라고 말할 것입니다. '주다'를 붙여 자기가 상대방에게 봉사하는 것처럼 말하지만, 상대방은 그렇게 받아들이지 않는다는 뜻입니다. 다음 대화에서 두 사람이 겉도는 이유를 생각해 보세요.

> **갑군** 그 사람이 세 개나 집어 갔어요.
>
> **을양** 예? 세 개밖에 안 집어 갔어요?

두 사람이 세 개를 받아들이는 기준이 서로 다릅니다. 갑군에게 세 개는 많고, 을양에게는 적은 것입니다. 물론 누가 보통사람인지는 이웃이 판단합니다. 즉, 사람들이 절반 이상 갑군에 동조한다면 세 개는 많은 것입니다. 그러면 사람들은 을양에게 "그건 네 기준이다, 네 주관적인 판단이다"라고 말하겠지요. 따라서 '일반화, 객관화'는 보조사와 보조용언에 상관없이 다수가 동의하는 수준을 말합니다.

연 습 문 제

다음 문장에 있는 보조사와 보조용언을 빼고, 논술글답게 바꾸어 보세요.

1. 기성세대야말로 물리적 폭력에 익숙할 수밖에 없다.

2. 우리나라만큼은 그런 방식조차 써서는 안 된다.

3. 경제 대국들이 상대방 문화를 이해하기는커녕 오히려 파괴해 대고 있다.

4. 그 사실을 알 때마다 어느 누구라도 반드시 비난하게 되지 않을 수 없다.

5. 그런 일이 자주 벌어지게 되면 사람 사이의 관계가 악화되기까지 한다.

6. 그 사람은 술만 좋아해서 하는 일마다 제대로 풀리지 않았다.

7. 다른 사람이 그 일을 거들어 주면 그나마 유지할 수는 있다.

(4) 불평하지 말자

어떤 사람은 말끝마다 "정말이야? 진짜야?"라며 상대방 속내를 확인합니다. 원래는 '믿지 못하겠다'는 말이므로 '놀랐다'를 과장한 것이지만, 심리적으로 많이 속았거나 많이 속였다는 뜻입니다. 그 사람이 "이것은 정말 비밀인데……"로 시작하면 그 말은 대개 거짓말이거나, 다른 사람에게 이미 퍼뜨린 말, 또는 헐뜯는 말이기 쉽습니다.

말을 잘하면서 글로 자기 속내를 드러내지 못하는 사람은 그쪽으로 훈련되지 않은 것입니다. 반대로, 세계적인 석학으로 훌륭한 논문을 발표하였어도, 언어 장애가 있거나 훈련하지 않으면 말을 잘하지 못합니다. 그러므로 쓰는 이는 최선을 다해 자신을 드러내면 되지, 구태여 자기 수준을 밝히면서 모자라는 부분을 상대방의 동정심으로 채우려 할 필요는 없습니다. 뭔가 모자란다고 느낄 때마다 더 노력하겠다고 마음먹는 편이 낫지요.

그런데도 어떤 사람은 버릇처럼 "제가 음치라서 노래를 못합니다"라고 전제한 뒤 노래를 시작합니다. 그러고서 노래를 잘 부르면 듣는 사람을 놀린 것이고, 못 불렀다면 상대방에게 '정말 음치구나'라고 자기 약점을 새겨 준 셈이지요. 상대방이 모르고 넘어갈 수도 있고, 그다지 중요한 문제가 아닐 수 있는데도 그 부분을 부각시킨 것입니다.

따라서 '이런 경우는 드물지만……'처럼 전제하며 글을 시작하는 것은 쓰는 이가 스스로 '현실에 거의 없는 일이고, 내가 지금 실제보다 훨씬 부풀린다'는 점을 드러낸 것입니다. 읽는 이가 이성보다 정서에 기대어 판단하도록 분위기를 몰아가거나, 사태를 극단적으로 보는 사람입니다. 말하자면 신뢰받지 못할 내용으로 상대방을 설득하는 셈이지요.

어떤 사람은 마지못해 쓴다고 불평합니다. '쓰라고 해서 쓰기는 하지만……'이라거나 '생각해 본 적이 없어서 잘 모르지만……'처럼 표현합니다. 그런 글은 읽을 가치도 없고, 읽는 이를 불쾌하게 만듭니다. 읽는 이를 순식간에 바보로 만드니까요.

때로는 예의를 갖추어 '과문한 탓에(아는 것이 적어)……'처럼 서술하기도 합니다. 그러나 똑같이 머리를 숙여도 겸손한 것과 비굴한 것은 다릅니다. 겸손한 글을 읽으면 쓰는 이와 읽는 이가 모두 즐겁습니다. 아는 것이 적으면 적은 대로 드러내고, 읽는 이가 그 수준을 판단하게 해야 합니다. '음치'라고 전제하고 노래하는 것처럼, 그 기준을 자신이 판단하여 상대방을 머쓱하게 해서는 안 됩니다.

연 습 문 제

다음 문장에서 굳이 쓰지 않아도 될 부분에 밑줄을 그어 보세요.

1. 대중문화는 모르기는 해도 대중의 욕구를 잘 반영해야 한다.

2. 많은 사람들이 요즘 청소년에게 새로운 가능성을 기대한다고 한다. 남들은 나를 오해할지 모르지만, 나는 그런 기대를 버렸다.

3. 두 사람의 관계를 사람들은 이상하게 본다. 어차피 밝혀지지 않을 테고 결국 시간이 흘러야 잊힌다.

4. 이런 소리를 하면 욕먹을지 모르나 노인은 아프면 죽는 것이 낫다.

5. 노동자들이 파업하는 것은 극단적으로 말하면 놀고먹는 것이나 다름없다.

6. 사람들은 이런 말을 허황하다고 하겠지만 미국 인디언도 우리 조상들 핏줄과 같으므로 미국도 우리 땅이다.

7. 깊은 내막을 알지 못하나 틀림없이 부정을 저질렀다.

(5) 평서문으로 쓰자

학교 문법에서는 문장을 다섯 종류로 나누지만, 논술글은 평서문으로만 써야 합니다. 자기 생각을 드러내기로 하면 아무 문장이나 쓸 수 있을 것 같으나, 다른(청유, 의문, 감탄, 명령) 문장에는 쓰는 이 정서가 진하게 담겨 객관성을 잃기 쉽습니다.

청유문은 서론 단락에서 '~에 대해서 살펴보기로 하자' 같은 곳에 많이 쓰입니다. 그러나 수험생 처지로 보나, 학문 깊이로 보나 채점 교수와 함께 글을 살펴볼 상황이 아닙니다. 이 내용을 꼭 써야 한다면 '살펴보겠다, 살펴보아야 한다'같이 바꾸는 것이 좋습니다.

어떤 사람은 의문문을 논술글에 섞기도 합니다. 그러나 논술글에 쓰인 의문문은 대부분 몰라서 묻는 것이 아니라, 의미를 강조하려고 쓴 수사의문문입니다. '정말 그럴 수 있다는 말인가? 남이 안 본다고?'라고 하였다면, '믿기 어렵다, 정말 그럴 수는 없다'는 내용을 강조한 것입니다. 더구나 이 수험생은 강조가 지나쳐 자신이 수험생이라는 사실을 잊고 채점자에게 계속 질문하였습니다. 채점자는 이런 것을 '의문문의 나열'이라며 미숙한 글로 평가합니다.

어떤 때는 자문자답하기도 합니다. 이것은 문제의 핵심을 제대로 짚어 논리적으로 정리하지 못하니까, 그때마다 자신이 문제를 제기하고 스스로 대답하는 것이지요. 말하자면, 쓰면서 그 부분에 의문을 품어야 비로소 대답할 말이 떠오르는 것입니다. 글솜씨가 아주 서툰 사람들이 이런 실수를 많이 합니다. 이런 수사의문문은 묻고 대답하는 식이라서, 내용이 한정적이고 산만하며 장황합니다. 논리적으로 설득하는 것이 아니라 변명하는 식이라서, 그만큼 자기 정서를 절제하지 못합니다.

꼭 의문문으로 넣겠다면 글에서 본격적으로 다룰 문제를 압축해야 합니다. 예를 들어, 서론 단락에서 '사형 제도의 정당성을 보장할 수 있을까?'처럼 글의 방향을 일러 주면서, 본론 단락에서는 사형 제도의 정당성을 본격적으로 다루고 결론 단락과 잇겠다는 것을 보여 주어야 합니다.

그러나 평서문으로 써도 정서를 절제하지 못하는 사람이 많습니다. 만약 '그런 상황에서 놀라지 않는 사람은 사람도 아니다'라고 썼다면 읽는 이들이 무척 당황할 것입니다. '나는 안 놀랐는데, (그러면) 나는 사람도 아니네'라고 생각하면서 자기가 '사람'이라는 것을 증명하려고 그 글에서 논리적 허점을 찾겠지요.

그러니 극단적인 정서를 담아 '반드시, 꼭, 기필코, 가장 많이, 매우 뛰어난, 절대적인, 어쨌든, 언제나, 모두 다, 최대한, 절대로, 결코' 같은 말을 써서는 안 됩니다. 따지고 보면 어떤 주장에 '필연(절대)'이라는 것은 없습니다. 그래도 단정적으로 주장하여야 한다면 그 뒤에 근거를 덧붙여야 합니다. '가령, 말하자면, 예를 들어, 왜냐하면' 같은 부사어를 붙여 보완하면 되지요.

특히 '어쨌든, 하여간, 좌우지간, 어차피' 같은 단어는 앞서 이야기한 논증 과정을 스스로 부인하는 것이므로, 논술글에 써서는 안 됩니다('필연성과 개연성'은 3장 '논증' 단원에서 자세히 설명합니다. 112쪽 참조).

평서문이라도 문장을 서술어로 분명히 마무리해야 합니다. 일부 수험생은 '그렇지 않다는 것. 그래도 의미가 크다는 것. 어쩔 수 없이 행동할 뿐.'같은 식으로 문장 끝을 제대로 마무리하지 않습니다. 논술에서 '술'은 서술을 뜻하므로 끝까지 성실하게 마무리해야 합니다.

어떤 수험생은 여운을 준다고 '누가 그 속을 이해할 수 있을지……'같이 문장 끝을 말줄임표로 처리합니다. 심지어 '갈 곳이 없다. 오늘날 청소년은. 마땅한 놀이 문화도 없다. 십대는.' 처럼 주어와 서술어 위치를 바꾸어 감탄문 못지않게 개인 정서를 듬뿍 담습니다.

이 밖에 접두사를 넣어도 정서가 드러납니다. '갓 스물이 넘은 사람'이라고 하면 나이 스물을 적게 보고 그 사람을 우습게 생각하는 것 같습니다. '짓밟다, 짓이기다, 새하얗다, 개소리, 헛소리, 드세다, 처먹다' 같은 단어에서 첫 글자를 빼면 의미가 훨씬 부드러워지고 객관성을 확보합니다.

연 습 문 제

다음 문장에서 개인 정서를 줄여 객관적으로 표현해 보세요.

1. 그런 경우가 많다는 말인가? 만약 그렇다면 어찌 좌시할 수 있으랴!

2. 시청률만을 고려한 아주 저질적인 내용을 방송한다.

3. 일본 가요를 정말 받아들여야 한단 말인가? 그래서는 안 된다. 아직은 이르다.

4. 우리나라에는 우리가 즐길 만한 문화 시설이 하나도 없다.

5. 한때 우리 사회의 지표였던 유교적 가치관은 어디에 있는가? 눈을 씻고 둘러봐도 찾을 수 없고 흔적도 없이 자취를 감추었다.

6. 내 말에 모든 사람들이 찬성한다.

7. 요즘 젊은이들이 예의가 없다.

8. 고구려는 절대로 약한 나라가 아니었다는 말이다.

9. 얼굴에 시퍼렇게 멍이 들었다.

(6) 정서를 이성으로 바꾸자

부부 문제 전문가가 텔레비전 방송에 출연하여 남성과 여성의 언어 표현법이 조금 다르다고 하더군요. 어느 부부가 겉돈다면 대개는 그 미묘한 차이를 잘 모르기 때문이라는 것입니다. 예를 들어 다음 대화가 왜 겉도는지 생각해 보세요.

> **아내** 일요일에 집안일에 매달렸더니 몸살이 났어.
> **남편** 그래? 그럼 병원에 가 봐.
> **아내** 아냐, 좀 쉬면 괜찮겠지 뭐.
> **남편** 약이라도 먹든지.
> **아내** (짜증을 내며) 됐어. 내가 알아서 할게.

아내는 몸이 좋지 않다면서 약을 안 먹습니다. 남편은 그런 아내를 이해할 수 없습니다. 아내가 왜 짜증을 내는지 전혀 알지 못합니다. 아내가 아프다고 하는 것은 정서적으로 '나를 보라(나에게 관심을 쏟아라, 나를 주목하라)'는 뜻인데, 남편은 이 숨은 정서를 모르고 '아프면 치료하자'며 인과 관계로만 판단한 것입니다. 즉, 아내가 자기 속내를 정서적으로 표현할 때, 남편은 과정을 전제로 결과를 추론하였습니다.

따라서 남편은 드러난 상황을 자기 식으로 판단하여 대처하고, 아내는 남편이 자기 정서를 몰라 주니 야속해합니다. 그러므로 아내가 에둘러 말하지 않고, 처음부터 "나를 챙기라"고 남편에게 대놓고 말하였으면 좋았을지 모릅니다. 시 같은 문학이 다양하게 해석되는 것도 작가가 은근히 정서를 드러내니까 읽는 이마다 달리 이해하고 받아들이기 때문입니다.

그런데 어떤 사람들은 상대방을 설득할 때 정서적으로 접근하는 편입니다. 예를 들어 "엄마, 용돈을 올려 주세요. 내가 엄마를 얼마나 사랑하는지 알지?"처럼 말합니다. 그러나 엄마가 용돈을 올려 주는 근거와 자식이 부모를 사랑하는 것은 직접적인 관련이 없습니다.

그러나 어떤 사람은 근거를 대고 이성적으로 접근합니다. 지금 용돈 액수에 무슨 문제가 있으며, 용돈을 올려 주면 어떤 장점이 있는지, 얼마나 올려 주어야 하는지를 설명합니다. 다음 두 단락을 비교해 보세요. 인터넷 통신 언어는 한글 맞춤법을 지켜야 한다는 주장과 지키지 않을 수 있다는 주장이 맞섰습니다.

지켜야 한다 : 사람들이 흔히 쓰는 '방가방가'는 '만나서 정말 반갑습니다'를 조금 변형시켰을 뿐이라고 생각할 수 있다. 하지만 그 사소한 변형에는 우리 한글을 대수롭지 않게 여기는 잠재된 의식이 반영되었다. 세종대왕이 집현전 학자들과 함께 창조해 낸 한글을 가볍게 여긴다는 것은 우리 역사를 사소하게 여기는 것이다. 우리 과거를 철저히 사랑하지 않으면 현재가 존재할 수 없으며 미래는 더욱이 생각할 수 없다.

안 지켜도 된다 : 언어는 시대 상황에 맞게 변하게 마련이다. 예를 들어 조선시대에 쓰이던 '가람' 같은 말이 '강'으로 바뀌거나, '어리석다'는 뜻을 가졌던 '어리다'라는 말이 지금은 '나이가 적다'라는 뜻으로 쓰인다. 즉, 시대에 따라 사람들의 생활 습관이 변하면서 언어도 변한다. 따라서 한글이 파괴된다고 보지 말고 시대에 맞게 바뀐다고 보는 것이 더욱 적절할 것이다.

'지켜야 한다'는 쪽은 세종대왕의 노고를 잊지 말자며 정서에 매달렸습니다. '안 지켜도 된다'는 쪽은 합리적인 이유를 대며 변화를 받아들이라고 합니다. 정서에 기댄 글이 호소력이 없는 것은 아니지만, 이성적인 근거를 대고 설득하는 글만 못합니다. 세종대왕을 모르는 외국인까지 포함한다면 이성적인 말이 좀 더 공적인 언어입니다.

따라서 자기 속내를 이성적으로 표현하면 상대방이 이해하기 쉽고, 정서적으로 표현하면 오해하기 쉽습니다. 물론 에둘러 정서적으로 표현하는 것이 더 살가울 때가 많습니다. 실제 생활에서 사람들은 이성과 정서를 적당히 섞습니다. 예를 들어 "저 사람은 옳은 이야기를 참 인정머리 없이 말한다"고 한다면, 논리는 이성적이라 빈틈이 없지만 정은 가지 않는다는 뜻입니다. 그래도 자기 속내를 상대방에게 분명하게 전달하려면 정서를 누르고 이성으로 표현하는 것이 낫습니다. 예쁘고 화려한 말을 이용하는 정서는 아무래도 사적 언어이니, 상대방을 제대로 설득하려면 공적 언어로 표현해야 합니다.

다음 문장에서 정서가 담긴 부분을 다듬어 의미를 정확히 전달해 보세요.

1. 주차장이 너무 좁아 불편했다.

2. 화장실은 전혀 관리되지 않았다.

3. 넓은 운동장에 학생들이 많다.

4. 식물원에 예쁜 꽃들이 아름답게 피었다.

5. 못생긴 게 말이 많다.

6. 저 사람은 참 착하다.

7. 처음에 우리 청소년들은 음료수로 콜라, 사이다 등의 청량음료를 많이 찾았었다.

8. 이 영화는 저질 3류 영화임에도 불구하고 엄청난 관객을 동원하였다.

9. 사람들은 한결같이 그들의 범죄 사실에 분노하고, 양심도 없는, 파렴치한 인간으로 그들을 몰아 세웠다.

10. 소크라테스의 논리적인 철학과 헤르만 헤세의 아름다운 문장력을 보면 경악을 금치 못할 때가 종종 있다. 과거의 완벽한 시나 소설, 철학은 여유가 낳은 결실임에 틀림없다.

11. 서구에서는 복지 제도가 발달하여 일하지 않고도 노후에 적정 생활수준을 유지하게 해 주고 심지어 실직해도 실업 수당이라는 이름으로 돈을 주기도 한다. 그런데 우리나라는 폭풍우 몰아치듯 어느 날 갑자기 실직이 코앞에 들이닥쳐도 그에 대해 아무런 대책이 없다.

(7) 언어를 순화하자

"잔대가리 굴리지 마세요."

한 국회의원이 공식 회의 자리에서 동료 국회의원에게 조용히 한 말입니다. 이 말을 듣고 동료 국회의원은 회의 중에 어떻게 그런 말을 할 수 있냐며 언성을 높였습니다. 그렇게 옥신 각신하다가 회의가 중단되었지요. 이 말은 회의를 중단시키려고 계산해서 한 발언이므로, 그 국회의원 의도대로 된 셈입니다.

'잔대가리를 굴리다'라는 말은 비공식적인 자리에서도 쓰기 힘듭니다. 상대방을 인정한다면 전혀 쓸 수 없는 쌍스러운 말이지요. 그러므로 그 국회의원은 '굴리지 마세요'처럼 존칭을 붙여 상대방을 자극하려고 일부러 이 어휘를 고른 것입니다. 이럴 때 상대 국회의원도 비슷한 수준으로 맞서려면 조용히 "아가리 닥치세요"쯤 발언하면 됩니다.

가끔 어떤 사람은 무지한 것을 내세워 "그래, 나 무식하다. 너는 유식해서 좋겠다"라고 말합니다. 그런 사람에게는 똑같이 대하는 것이 효과적입니다. 그래서 사람들이 '노는 수준이 비슷하면 생각과 말과 행동이 비슷해지고, 독재자와 맞서 싸우다가 독재자를 닮는다'고 하는 것입니다. 이 말을 교훈으로 삼는다면, 독재자가 수단 방법을 가리지 않을 때 독재자에 맞서는 사람은 싸우는 과정도 도덕적이어야 합니다. 그만큼 힘들지요.

일반인은 거친 말을 들었을 때 대체로 그 수준에 맞추지 못합니다. 점잖은 단어를 고르되, 아쉬운 정서를 목소리 높이는 것으로 채웁니다. 국회의원 발언을 조금씩 순화해 봅시다.

> ① 잔대가리 굴리지 마세요. → ② 대가리 굴리지 마세요. → ③ 잔머리 쓰지 마세요. → ④ 잔 꾀 부리지 마세요. / 엉뚱한 생각하지 마세요. → ⑤ 얼렁뚱땅 넘어가지 마세요. / 대충 하려고 하지 마세요. → ⑥ 딴 생각하지 마세요. → ⑦ 확실히 다룹시다. / 분명히 처리합시다.

마음 같아서는 자기도 ①~③처럼 드러내며 상대방 감정을 자극하고 싶겠지요. 그러나 거친 말도 버릇이 되면 그 매력에 빠져 점점 이성으로 표현하기를 포기합니다. 말하자면, 잘 다듬어진 언어는 자신을 위한 것이기도 합니다. 그러니 험한 소리를 무시하고 점잖은 말로 조용히 나무란 뒤 회의를 계속 진행하는 것이 좋습니다.

더구나 거친 말을 주고받다 보면 본질은 사라지고 말꼬리를 잡아 서로 감정만 상하기 쉽습니다. 논쟁 중에 무심코 '에이, 씨'라는 말을 하면, 지금까지 진행된 과정이 순식간에 사라지고 사람들은 그 말에 집중합니다. 그리고 그 말을 마무리(사과, 취소 등)하지 않고는 다음 과정이 진행되지 않습니다. 글에도 그런 극단적인 어휘가 있으면 다른 곳에 있는 이성과 합리가 무시되고, 그 어휘가 글 수준을 대표하기 쉽습니다.

다음 문장에 있는 거친 표현을 순화하여 좀 더 이성적으로 표현해 보세요.

1. 소위 대학총장이라면서 아주 대놓고 정치판에 줄을 섰다.

2. 할 짓 안 할 짓 다 하면서 말썽만 저지른다.

3. 부모라는 사람이 한심하게도 아이들을 방치하였다.

4. 일개 노동자들이 분수도 모르고 데모를 한다.

5. 저런 사람을 찍다니 너는 짐승 같은 놈이다.

6. 그 사람은 남자답게, 그것도 장남답게 아주 의젓했다.

7. 지도 성인이랍시고 그런 꼬라지로 도박장이란 데를 드나들었다.

(8) 문학적으로 쓰지 말자

글은 자기 생각을 상대방에게 전달하는 도구입니다. 그러므로 상대방이 이해하기 쉽게 쓴 글이 좋은 글입니다. 그런데도 일부에서는 논술글 쓰기를 백일장 글짓기로 착각하여 문학적으로 멋있게 표현하려고 합니다. 그렇게 되면 구태의연한 일반론을 장황하게 펼치고, 남들이 이해하지 못하는데도 논지와 상관없이 내용 없는 말로 원고지를 채웁니다.

논술에서 문학적인 문장이 나쁘다고 하는 것은 쓰는 이의 개인 정서를 드러내면서 객관성을 잃을 수 있기 때문입니다. 예를 들어, 누군가 '빗속을 걷는 것 같다'고 표현하면 기분이 좋다는 것인지, 우울하다는 것인지를 확실히 알 수 없습니다.

어떤 문장가는 형용사를 대담하게 깎아 버려야 한다고 말합니다. 예를 들어 '정부는 호화스러운 주택에 세금을 많이 매겨야 한다'라고 하면 '호화스러운, 많이'라는 단어 때문에 읽는 이가 혼란스럽다는 것이지요. 그것은 '호화, 많이'를 보는 기준이 사람마다 다르기 때문입니다.

그러므로 논술글은 좀 더 구체적인 단어로 서술해야 합니다. 뜻이 모호한 단어를 섞거나, 쓸데없이 겉멋에 빠져 외래어나 외국어, 한자어를 남용하면 좋은 글이 아닙니다. 그런 글은 내용보다 형식에 매달린 것이지요. 따라서 체언(명사, 대명사, 수사)을 꾸며 주는 수식어를 줄이고, 개념이 분명히 드러나는 단어를 선택하세요. 또 여러 의미로 해석할 수 있는 말을 쓰지 마세요. 다음 문장을 살펴보면서 '구체적 진술'을 좀 더 생각해 봅시다.

1. 기술자가 차를 손봤다. → 기술자가 타이어를 갈았다. → 기술자가 찢어진 타이어를 빼고 새 것으로 끼웠다.
2. 저 애는 감각이 발달했어. → 저 애는 후각이 뛰어나. → 저 애는 여러 냄새를 잘 구별해.
3. 부모가 아이를 잘 키워야 한다. → 부모는 아이를 엄하게 키워야 한다. → 부모는 기준을 확실히 하고 아이를 가르쳐야 한다.

특히 문학적 수사법으로 비유법을 쓰면 그 비유가 지닌 여러 뜻이 오히려 전달하고자 하는 논지를 방해합니다. 그렇게 되면 주장이 불분명해지고 객관성도 없습니다. 꼭 비유해야 한다면 비유한 곳 앞뒤에 구체적인 내용을 충분히 덧보태야 합니다. 다음 문장들은 같은 뜻으로 쓰였지만, 아래쪽으로 갈수록 좋은 문장입니다.

1. 썩은 흙에서는 풀이 제대로 자랄 수 없다.
2. 첫 단추를 잘못 끼우면 끝까지 잘못 끼우게 된다.
3. 왜곡된 역사 때문에 계속해서 역사를 왜곡하게 된다.
4. 왜곡된 역사를 바로잡아야 같은 잘못을 반복하지 않는다.

어떤 사람은 과거 시제 선어말어미를 두 번 겹쳐 쓰기도 하는데, 하나만 쓸 때보다 강한 단절감을 줍니다. 예를 들어 '우리가 한때는 순박했었다'라고 쓰면 '지금은 그렇지 않다'는 의미가 강합니다. 그러므로 '-었었-, -었더-' 따위는 조심스럽게 써야 합니다.

다음에서 문학적으로 표현한 곳을 찾아 밑줄을 긋고, 좀 더 정확하게 다듬어 보세요.

1. 부익부 빈익빈이 깊어지면서 우리 사회는 잿빛 하늘처럼 절망이 덮고 있다.

2. 기브 앤드 테이크라는 말이 있듯이, 정보를 주체적으로 받아들여 비판하고, 또 자신의 의견 또한 나타낼 수 있는 것이 진정한 정보화 사회에서의 바람직한 태도이다.

3. 인터넷 수업이 이루어지고 인터넷의 순기능을 최대한 계발한다면 인터넷은 지식 창출의 금은보화를 낚는 낚싯줄이 될 것이다.

4. 이해관계가 대립되는 단체가 서로 갈등하는 것은 당연하다. 말이 났으니 말이지, 비 온 뒤에 땅이 굳어지는 법이 아니던가! 진정으로 뜨거운 열정으로 만나면 해결되지 않을 수 없다.

5. 우리는 온갖 정보의 구렁텅이 속에 산다. 자칫하면 이 구렁텅이에 빠져 헤어 나올 수 없을지 모른다. 정보화 시대에 발맞춰 우리의 눈과 귀를 그 정보 의견 등의 넝쿨 속에서 참된 장미를 발견할 수 있도록 사용해야 한다. 능동적인 참여와 분별력으로 쓰레기 더미 속에 장미를 피워 낼 수 있어야 하겠다.

6. 편안하게 자유를 숨 쉴 수 있는 공간을 가져다주어야 한다. 그래서 사람들 가슴 깊은 곳에 자리 잡고 있는 인간미를 일깨워야 한다. 물도 오래 고이면 썩듯이, 예술이 없으면 마음의 평화와 여유가 넉넉하지 못하게 된다.

7. 우리 문화에 자부심을 지녀야 한다. 커다란 기둥이 없는 집은 이내 쓰러지고 만다. 거기에 아무리 많은 잔 나무를 갖다 대보았자 헛수고일 뿐이다. 그러나 큰 기둥이 있는 집에 가느다란 나무로 보강을 한다면 그 집은 결코 쓰러지지 않을 것이다.

8. 텔레비전에서 사형 집행을 앞둔 사형수들의 얼굴을 보았는데, 그 얼굴이 가을 하늘처럼 아주 평온했다. 언제 집행될지도 모르는 그날을 기다리면서 종교에 귀의해 살고 있다고 한다. 자기에게 피해를 입은 피해자들에게 속죄하는 마음으로 장기를 기증하기로 하였다니 감격스러운 일이다.

9. 넘쳐나는 정보화 사회에서 미완성 인격자들은 그들의 관념을 추종자와 일치시키고, 나아가 그것을 자기 것인 양 묻고 또 지키려 한다. 과학적 사고와 첨단 기기들이 넘쳐나는 현 시대에 정작 그것들을 우선적으로 누려야 할 학생들에게는 대다수의 시간이 소요될 원시적인 장소가 제공될 뿐이다.

사실적 이해와
함축적 이해

어떤 과정을 거쳐야 상대방을 제대로 이해하는 것인지를 알아봅니다.
여러 자료에 담긴 의미를 제대로 찾을 줄 압니다.
궁극적인 의미를 이해하여 쓰는 이와 소통할 수 있습니다.

1 통합이란 무엇인가

■ 한때 '통합'이라는 단어가 등장하면서 일부에서는 '통합'을 단순히 섞는 것으로 보았습니다. 그래서 '통합 논술 시험'이라며 성격이 다른 과목, 또는 영역을 일부러 묶었지요. 그러나 그렇게 과학과 인문학을 묶지 않아도, 현실 세계는 여러 '자료'와 '현상'이 뒤섞였습니다. 물론 그 '자료, 현상'은 글, 시, 통계표, 그림, 사진뿐만 아니라, 과학적 사실과 역사적 사건, 매일 벌어지는 생활 따위를 포함합니다. 실제로 시험장에서 수험생에게 그런 다양한 자료와 현상을 제시합니다.

원래 통합은 지식과 가치관을 이용하여 자료를 분석하고 일반적 사실을 찾아내는 과정입니다. 논술 시험에서는 뒤섞인 것들의 차이점과 공통점을 찾아 자기 견해를 드러냅니다. 시험이라는 수단을 통해 언어, 다양한 기호, 사회적 약속, 암호 따위에서 수험생이 개념과 원리를 찾아 일반화할 수 있는지를 살펴보려는 것이지요.

그러므로 통합이라는 말을 쓰지 않아도 글쓰기, 학습, 교육은 모두 통합을 전제로 합니다. 즉, 사람들이 공교육에서 통합을 제대로 배우면 주고받는 기호와 말이 서로 통하며, 해석이 일치하지 않는 일이 없을 것입니다. 논술은 수험생이 공교육을 통해 그 통합 과정을 제대로 익혔는지를 확인하는 수단입니다. 그러므로 수험생은 구체적 자료들을 한 개념으로 묶고 거기에서 일반적 사실을 찾아내야 합니다. 다음과 같은 상황에서 교사가 생각하는 것을 짐작해 봅시다.

> 어느 인문계 고교 3학년 담임교사가 출근한 뒤 그 반 학생에게 전화를 받았다. 집안에 일이 있어 결석하겠다고 한다. 담임교사는 알았다고 대답하였다. 짜증이 난다. 그러지 않아도 요즈음 조퇴하는 학생이 많이 늘어, 신경이 날카롭다. 학생들이 요즘 너무 해이해진 것 같다. 지금 그러면 안 되는데 하고 생각하니 그런 학생들 태도가 마음에 들지 않는다.

이 담임교사가 겉으로는 '결석, 조퇴' 때문에 답답해하는 것 같습니다. 그런데 만약 어느 학생이 '결석, 조퇴'를 피해, 그 교사에게 오후에 나갔다 오겠다고 '외출'을 요청하면 아무 상관 없겠냐는 것입니다. 대개 담임교사는 그 학생에게 "너도 똑같다"고 지적할 것입니다.

겉으로 드러난 사실이 '결석, 조퇴'라는 것이지, 속뜻은 '학생들 정신이 해이해졌다, 학생들이 시간을 허비한다'입니다. 즉, 담임교사의 태도를 직접적이고 사실적으로 받아들이면 학생들은 '결석, 조퇴'를 하지 말아야 합니다. 그러나 심층적이고 함축적으로 받아들이면 학생들은 '고교 3학년 학생답게' 주어진 시간을 잘 활용해야 합니다. 그리고 그 속뜻을 다른 현실에 '적용'하여 학교에 좀 더 일찍 온다든지, 수업시간에 열심히 공부해야 합니다.

2 주어진 상황을 제대로 이해하려면 '자료 분석 → 사실적(지시적) 이해 → 함축적(심층적) 이해' 과정을 거쳐야 합니다. 결국 자료를 이해하여 통합하는 과정에서 수험생이 구체적 사실을 일반화하지 못했다는 것은 '사실적 이해' 수준을 넘어 '함축적 이해'까지 도달하지 못했다는 뜻이지요. 즉, 담임교사가 왜 화를 내는지 모르는 사람은 시험장에서도 출제자가 다양한 자료를 왜 주었는지 모릅니다. 어른들이 아이에게 말귀를 못 알아듣는다고 지적하는 것이 바로 이 '함축적 이해'입니다.

글이든, 통계표든 글쓴이는 의도를 담습니다. 그래서 읽는 이는 '분석'이라는 이름으로 그 자료를 잘게 쪼개고, 그 낱낱 것에서 사실적 의미를 찾아냅니다. 그 여러 의미를 하나로 통합하여 깊이 있게 이해한 것이 함축적 의미입니다. 시를 감상할 때 시를 잘게 쪼개고, 시어에서 시작하여 한 행, 한 연씩 이해한 뒤 맨 나중에 그 시가 드러내려는 주제(함축적 의미)를 찾아내는 과정과 같습니다.

그러므로 '통합, 일반화'는 모든 자료를 통틀어 궁극적인 것을 찾는 과정입니다. 이렇게 통합하고 일반화한 것을 '개념, 원리, 본질, 관점, 논점, 명제, 이치, 화두, 담론'이라고 표현합니다. 모두 비슷한 말입니다. 결국 이 '개념'은 여러 구체적 사실, 현상, 생활에서 찾아낸 공통점입니다.

이런 공통점에 과학에서는 '원심력, 반작용, 소화, 세포, 중생대, 우주' 같은 이름을 붙이고, 인문학에서는 '혁명, 계승, 창의, 진보, 사회, 현대'라고 이름을 붙인 것뿐이지요.

2 사실적 이해와 함축적 이해

어떤 시험에서 장자의 우화, 토플러의 견해, 피카소의 그림을 자료로 주었다고 칩시다. 그러면 수험생이 그 세 자료를 분석하여 사실적 의미를 알고, 세 자료의 차이점과 공통점을 찾아야 합니다. 이 과정에서 수험생은 동서와 고금을 통합하며, 철학과 문명사 또는 철학과 예술을 통합하지요. 그래서 출제자가 자료를 왜 그렇게 묶어서 제공하였는지, 출제자가 수험생에게 궁극적으로 요구하는 개념이 무엇인지를 밝힙니다. 채점자는 수험생의 그런 과정을 잘게 쪼개 채점 기준을 만들고, 수험생의 '지식, 이해, 분석, 적용' 역량을 평가합니다.

주어진 자료를 창의적으로 해석하는 것은 이해의 세 과정(자료 분석 → 사실적 이해 → 함축적 이해) 가운데 '사실적 이해 → 함축적 이해' 단계에서 발휘되기 쉽습니다. 수험생에 따라 구체적 사실을 어떤 개념으로 통합할 것인지, 어떤 담론으로 볼 것인지가 그 단계에서 많이 달라지기 때문입니다.

다시 말해 '그 자료를 그런 식으로 해석할 수 있구나'처럼 평가되었다면 다른 수험생이 제시문을 피상적으로 이해하였을 때, 그 수험생은 함축적으로 이해하였거나, 함축적으로 이해한 정도가 다른 수험생과 많이 달랐다는 뜻입니다. 다음 그림을 감상해 봅시다.

르네 마그리트, 〈이미지의 배반〉

이 그림은 벨기에의 20세기 초현실주의 작가(르네 마그리트)가 그린 것으로 〈이미지의 배반〉이라는 작품입니다. 그림 아래쪽 글씨는 '이것은 파이프가 아니다'라는 뜻입니다. 작가는 파이프를 그려 놓고 파이프가 아니라고 합니다. 그러면 작가가 말하고자 하는 것은 무엇일까요?

사람마다 받아들이는 것이 다릅니다. 어떤 사람은 "이것은 파이프 그림이지, 진짜 파이프는 아니다"라고 합니다. 이 정도가 '사실적 의미'입니다. 그런데 누군가 "이런 사물을 파이프라고 부르면 안 된다. 파이프 모습이지만 진짜 쓰임새는 따로 있다"처럼 대답합니다. 이 정도면 '사실적 이해' 단계는 조금 벗어났지만, 함축적 이해 단계에서 초보적 수준입니다.

작가는 이 그림을 〈이미지의 배반〉이라고 하면서 '우리가 간직한 이미지는 고정 관념이며, 본질과 다를지 모른다'는 것을 말하려 했겠지요. 즉, 이 그림은 '인간은 어떤 진실을 기호(글, 그림)로 드러내려 하지만, 본질을 담지 못한다' 또는 '진실을 어떤 식으로 드러내는 순간, 본질과 멀어지거나 왜곡되기 쉽다' 따위일 것입니다. 어느 수험생이 이렇게 파악하였다면 이해 수준이 높고, 함축적 이해 정도가 뛰어납니다.

그런데 논술 시험은 백일장이 아니고 시험입니다. 수험생이 이렇게 찾아낸 '함축적 의미'가 채점 기준에 적합하면 채점자는 수험생에게 만점을 주어야 합니다. 그러니 모든 수험생이 '이해' 영역에서 만점을 받을 수 있습니다. 그것은 자료가 너무 쉬워, 수험생들이 출제자의 의도를 알고 출제자가 원하는 기준에 모두 도달했기 때문입니다.

다시 말해 수많은 수험생이 "그 자료를 그런 관점에서 그렇게 이해해야 한다고? 너도 그렇게 봤어? 나도 그렇게 봤는데"라고 말하는 상황이 얼마든지 일어날 수 있습니다. 모두 만점을 받았다면 수험생의 함축적 이해 정도를 변별하지 못한 것이지요. 출제자가 실수한 것입니다. 그럴 때 출제자는 수험생을 다른 평가 영역(논증, 창의 따위)에서 변별할 수밖에 없습니다. 다음 글을 읽고 맹자가 왕에게 궁극적으로 말하고자 하는 것을 생각해 봅시다.

양혜왕 나는 백성을 위해 마음을 다합니다. 이웃 나라에는 나 같은 왕이 없습니다. 그런데도 그 나라 백성은 줄지 않고 내 나라 백성은 늘지 않습니다.

맹자 전쟁에 비유하여 말하겠습니다. 싸움이 벌어지자 병사들이 달아났습니다. 한 병사는 오십 걸음을 물러섰고, 다른 병사는 백 걸음을 물러섰습니다. 오십 걸음을 달아난 병사가 더 멀리 달아난 병사를 비웃을 수 있습니까?

양혜왕 오십 걸음을 물러선 병사도 백 걸음이 아닐 뿐이지, 달아난 것은 마찬가지였으니 비웃을 수 없습니다.

맹자 왕께서 그리 생각한다면 백성이 이웃 나라보다 늘기를 바라지 마십시오.

오늘날 어떤 지도자는 지지도가 형편없는데 자기가 열심히 일하는 것을 국민이 몰라준다고 원망합니다. 맹자는 그런 양혜왕에게 "당신은 이웃 나라 왕보다 정치를 잘한다고 생각하지만, 백성들은 당신을 이웃 왕과 똑같이 본다"는 것을 일깨웁니다. 즉, 맹자가 비유한 오십보백보(五十步百步)는 차이가 있으나 근본적으로는 차이가 없다는 것을 뜻합니다.

따라서 수험생이 '똑같다, 비슷하다, 차이가 없다, 다르지 않다, 그게 그거다' 같은 대답을 했다면 함축적 의미를 제대로 보았으니 최고 점수를 받습니다. 그러나 수험생이 '작은 차이도 차이다, 같지 않다, 다르다, 똑같이 보면 안 된다'를 이 글의 본질로 보았다면 사실적 이해 수준에 머물렀으므로 중간 점수를 받습니다. 그리고 출제자 의도와 동떨어져 '왕은 반성해야 한다, 백성을 섬겨야 한다, 진실은 통하게 마련이다'처럼 화려해 보이지만 엉뚱한 소리를 하였다면 최하 점수를 받습니다.

수험생이 논제와 제시문을 연결하여 함축적 의미를 못 찾는 것은 평소 그런 식으로 연습하지 않았기 때문입니다. 대학수학능력시험 언어 영역에서 만점을 받아도 소용이 없습니다. 그 사람은 객관식 보기에서 고르는 연습이 잘 되었을 뿐이지, 스스로 생각하여 명제를 찾는 연습이 안 되었기 때문입니다. 객관식 보기를 가리고 명제를 스스로 생각하여야 이해력을 키울 수 있습니다.

이런 이해 과정은 글, 그림, 사진, 도표도 같습니다. 예를 들어, 도표와 그래프에는 숨겨진 의미가 있습니다. 그 자료를 이해하려면 극단적인 곳에 주목해야 합니다. 증가 속도가 갑자기 달라지는 곳, 일상적인 변화에서 벗어나는 곳에 자료에서 주장하는 내용이 담겼습니다. 다음 도표를 확인해 보세요.

항 목	상류층	중류층	하류층
1. 옷은 세일 기간을 이용하여 구입한다	53.6%	75.4 %	68.5%
2. 예정에 없어도 마음에 드는 옷을 보면 구입한다	66.1%	40.7%	18.9%
3. 비싼 옷 한 벌보다 싼 옷을 여러 벌 구입한다	16.1%	39.3%	65.5%
4. 비싸더라도 유명 브랜드 옷을 구입한다	52.7%	33.5%	9.7%
5. 음식 잘하는 집을 찾아다닌다	89.1%	72.1%	41.4%

2번 항목에서 5번 항목까지 '그렇다'고 대답한 숫자가 상류층에서 하류층으로, 하류층에서 상류층으로 늘거나 줄었습니다. 그러나 1번 항목에서는 중류층 〉 하류층 〉 상류층 순이었습니다. 시험에서는 이런 변화에 주목해야 합니다. 상류층은 경제적 여유가 있으므로 세일 기간이 아니더라도 옷을 삽니다. 하류층은 돈이 없으니까 세일 기간에도 마음 놓고 사지 못합니다.

그리고 편차가 큰 것을 골라도 됩니다. 1번과 5번 항목은 편차가 크지 않은데, 2~4번 항목은 계층 간 차이가 큽니다. 즉, 그 항목에서 선택한 결과로 계층을 분명히 판단할 수 있을 정도입니다. 2번 항목에서 하류층이 고심할 때 상류층은 충동적인 편입니다. 3번과 4번 항목에서는 상류층이 상품 질을 볼 때, 하류층은 양을 고려합니다.

이러한 자료에 담긴 의미를 아무 생각 없이 받아들이면 이는 상대방을 제대로 이해하지 못한 것입니다. "무슨 의도로 저렇게 말하지, 왜 저런 식으로 표현하지?"라며 상대방 주장을 끊임없이 되묻고 분석해야 그 말에 담긴 함축적 의미를 이해할 수 있습니다.

결국 어떤 주제를 놓고 여러 사람이 모여 토론하는 것은 주어진 자료와 사실을 분석하여 사실적 이해 단계를 지나 함축적으로 이해하자는 뜻입니다. 그렇게 하여 어떤 결론에 이르렀다면 함께 찾아낸 원리와 기준에 토론자들이 동의한 것입니다. 글을 함축적으로 이해하는 과정을 3단계로 구분해 봅시다.

1. **글의 내용을 구체적으로 파악한다** : 단어의 쓰임, 문장의 관계, 단락의 성격 등을 따져 본다. 구체적 사례로 이해시키려는 것이 어떤 단어인지를 확인하여 각 단락에서 핵심어와 핵심 문장을 찾는다.
2. **논증의 구조(큰 틀)를 확인한다** : 글 쓴 목적은 무엇이며, 수많은 관점 가운데 주로 어떤 관점에서 서술하였는지를 확인한다. 자료의 핵심 내용을 그 글에 있는 단어를 이용하여 한 문장으로 압축한다.
3. **그 문장에 담긴 숨은 뜻을 파악하여 좀 더 일반적인 단어(개념)로 바꾼다** : 어떤 원리를 숨겨 놓았는지, 왜 그렇게 보는지, 달리 볼 수는 없는지를 확인한다.

3 논술 시험은 뭘 평가할까

논술이 시험 도구로 쓰이고 10년이 훨씬 넘으면서, 기출 문제도 쌓여 갑니다. 그런데 그 수많은 문제를 분석해 보면 반복 출제되는 것 같습니다. 즉, 내용이 비슷하거나 유형이 아주 비슷합니다. 다시 말하면 올해 치르는 논술 시험 문제도 어느 정도 짐작할 수 있습니다.

그것은 교육에서 다루는 개념이 한정되었고, 논술 시험은 그 범위에서 수험생을 변별하기 때문입니다. 예를 들어, 어느 시기에 사람들은 순정 만화를 집중적으로 보거나, 무협지를 쌓아 놓고 봅니다. 그 뒤 세월이 흘러 새 순정 만화와 무협지를 만났을 때 구태여 읽지 않아도 등장인물의 성격, 줄거리, 구성 따위를 훤히 압니다. 그런 책의 기본(개념)을 알기 때문입니다.

어느 교육학자는 공교육에서 익히는 상위 개념이 15개 안팎이라고 말합니다. 예를 들어 '개인과 사회, 이성과 욕망, 질서와 행복, 소수와 다수, 국가와 시민, 문명과 인간, 자유와 평등, 풍요와 빈곤, 획일과 다양, 폭력과 이성, 절대와 상대, 차이와 차별, 예술성과 상업성, 존재와 무(無), 공유와 사유, 가정과 학교, 분단과 통일' 따위를 거론하였습니다. 물론 이런 상위 개념을 익히려고 하위 개념을 먼저 배우기도 합니다. 논술이 이런 공교육의 성과를 평가하는 것이라면 대학에서도 그 범위를 벗어나지 못합니다.

그러므로 대학이 고전 작품을 제시문으로 주어도 이는 고전 작품을 지식으로 평가하자는 것이 아닙니다. 이 상위 개념에 접근하는 도구입니다. 고전이란 공간과 시간을 초월하여 후대 사람과 소통할 수 있는 도구입니다. 그러니 주어진 고전 작품을 분석하여, 사람들이 즐겨 다루었거나 정확하게 대답할 수 없었던 것을 오늘날 문제와 결부시켜 보라는 뜻입니다. 말하자면 제시문에서 옛날과 오늘날을 연결할 수 있는 큰 흐름(상위 개념)을 찾아보라는 것입니다.

그러니 맹자의 '오십보백보'를 함축적으로 받아들이면 그것은 오늘날에도 여전히 유효한 개념입니다. 만약 어떤 사람이 '생명은 귀한 것'이라며 개를 무척 아끼면서 가족과 이웃을 함부로 대한다면, 그 사람은 아직 '생명'이라는 개념이 정리되지 않은 사람입니다. 다음 예문에서 개념을 찾아 오늘날 문제에 어떻게 적용할지를 생각해 봅시다.

인간의 뇌에 인위적으로 전기 자극을 주어 무엇보다 우선 행동하게 한다는 내용을 어느 소설에서 소개하였다. 그런데 그 소설에 나오는 것처럼 국가가 지금 로또 복권으로 다수 국민들에게 전기 자극을 준다. 로또는 당첨 확률이 아주 낮고 수익금 용도조차 명확하지 않은데도, 국민들은 사행심 때문에 복권에 빠진다. 그러므로 로또는 현대 자본주의 폐해를 극대화하며 건강한 사회 구조를 방해한다.

더구나 국가는 로또를 통해 하위 80% 계층에 기대어 재정 문제를 해결하려 한다. 작은 즐거움을 누리며 복권에 담긴 문제점을 보지 못한다면 이미 복권에 빠져 폐해를 인식하지 못하는 것이다. 우리는 정당하게 노력하여 정당하게 즐거움을 얻을 수 있어야 한다.

이 글에서 글쓴이는 로또 복권에 문제가 많다고 지적하였습니다. 로또 복권은 자극적이며, 사행심을 키우므로 사람들이 중독될 뿐만 아니라 다른 폐해도 많다는 것이지요. 결국 로또 복권은 건강한 사회, 정당한 노력, 정당한 즐거움을 방해한다는 뜻입니다. 그러므로 국가가 그런 일에 나서면 안 된다고 주장합니다.

이 글에서 찾아낸 사실은 교육학자가 거론한 개념 가운데 '국가와 시민'에서 '국가의 책임과 윤리를 무시한 채 국가가 나서서 건전 사회를 방해해서는 안 된다'입니다. 이런 기준에 따르면, 국가는 담배 사업에서 손을 떼야 합니다. 또 카지노와 경마장을 허용해서도 안 됩니다. 담배, 도박, 경마는 사행성 또는 중독성이 있어 건강한 사회를 좀먹기 쉽습니다.

학교 축제 때 학생회에서 재학생을 대상으로 바자회를 열었습니다. 그리고 커다란 상품을 한 사람에게 몰아주기로 하고 행운권을 팝니다. 하지만 그것도 이 개념을 적용하면 행운권 판매를 허용해서는 안 됩니다. 개인이 아닌데, 학생회가 나서서 학생들에게 사행심을 조장하며 건전한 풍토를 해치기 때문입니다.

이렇게 개념은 여러 구체적 사실에서 일반화한 것이므로 그때그때 적용 기준이 달라질 수 없습니다. 그런데도 누군가 이런 기준을 자꾸 바꾸면 '개념 없는 사람'으로 비난받습니다. 자기 목적을 위해 수시로 기준(개념)을 바꾸니까요. 예를 들어 사육신이 절개를 지켰다면, 그 절개는 사육신이 확신했던 개념(원칙)을 가리키는 말입니다.

따라서 '로또(구체적) → 사행심(일반적) → 도박, 경마(구체적)'로 진행되듯이, 구체적 사실에서 일반적 사실을 찾아내면 이 일반적 사실로 다른 구체적 사실을 판단하기 쉽습니다.

1990년대 초반 로버트 풀검이 《내가 정말 알아야 하는 모든 것은 유치원에서 배웠다》라는 책을 써서 아주 유명해졌습니다. 알고 보면 그 말은 아주 당연합니다. 유치원에서 익힌 개념을 중·고등학교에서 다른 구체적 사실을 통해 다시 확인하는 것입니다. 사람들은 죽을 때까지 이 상위 개념 15개 안팎을 생활 속에서 끊임없이 확인합니다.

그러므로 시험에 임박했을 때 수험생들은 기출 문제로 공부하는 것이 좋습니다. 대학에서 출제할 수 있는 개념의 범위가 한정되었으므로, 제시문이 달라져도 대학이 평가하려는 상위 개념은 같거나 비슷합니다.

　더구나 좋은 문제를 개발하기가 쉽지 않습니다. 각 대학은 다른 대학의 기출 문제를 비롯하여 기존 문제를 약간 변형해서 쓸 수밖에 없습니다. 그리고 논술 시험 문제를 수험생이 만들면 채점 기준이 없어서 평가하기 어렵습니다. 그러니 기출 문제 또는 모의 문제로 연습하는 것이 훨씬 효율적입니다.

　자신의 글쓰기에 어떤 문제점이 있는지를 모르는 사람은 먼저 문제점을 진단하여 잘 안되는 곳부터 보완해야 합니다. 진단하는 요령은 14장 '논술글 평가하기'를 참조하세요('평가 기준표'는 464쪽에 있습니다).

4 제시문을 왜 줄까

■1 **대부분 대학이 논술 시험에서 제시문을 줍니다.** 이 제시문은 길이가 짧은 편이지만, 살펴볼 만한 내용을 많이 담았습니다. 수험생의 독해 역량(함축적 이해 능력)을 평가하려고 하기 때문입니다. 출제자가 아무 자료도 주지 않고 논제만 제시하면 수험생은 자기 머릿속에 있는 생각을 모아 논증해야 합니다. 이럴 경우 그 논제와 관련하여 평소에 여러 모로 생각해 본 학생들이 훨씬 유리합니다.

따라서 대학이 제시문을 주는 것은 그 논제와 관련하여 전혀 생각해 보지 않았어도 우리가 참고 자료를 줄 테니까 이 자리에서 네 생각을 정리해 보라는 뜻입니다. 즉, 대학은 어느 논제를 두고 수험생들을 공평하게 배려하려는 것입니다. 대학이 설령 제시문을 주고 아무 소리가 없어도 제시문은 논의의 핵심이 담긴 참고 자료입니다. 공연히 준 것이 아닙니다.

따라서 제시문은 수험생에게 이정표 구실을 하지만, 그래도 이정표가 길은 아닙니다. 제시문을 읽고 각자 어느 길로 갈지를 판단해야 합니다. 이정표에 매달리면 안 됩니다. 그런데도 많은 수험생들이 길을 찾지 않고 이정표 글씨가 크다는 등, 이정표를 나무로 만들었다는 등, 이정표를 높이 달아야 한다는 등 본질(함축적 의미)과 먼 이야기를 늘어놓습니다. 달을 보라고 손을 들어 달을 가리켰더니, 사람들이 손만 보는 것과 같습니다.

예를 들어, 제시문에 (갑)과 (을) 두 사람의 갈등을 보여 주고 이 글에서 말하고자 하는 것을 논술하라고 하면, 대부분 수험생들은 제시문에 매달려 제시문을 설명하느라 바쁩니다. 제시문을 그대로 인용하고 (갑)이 잘못했다느니, (을)처럼 살아야 한다느니 하며 '사실적 이해' 수준에서 벗어나지 못합니다. 그러나 이 제시문에 담긴 함축적 의미는 '인간은 사소한 일로 갈등하기 쉽다. 인간은 갈등을 인정하고 자기 성찰을 게을리 하지 말아야 한다'입니다.

또 기계적으로 '글 (가)는, 글 (나)는, 글 (다)는' 하면서 각각 한 단락으로 독립시켜 제시문을 해설합니다. 출제자가 그 제시문을 누구보다 잘 아는데, 수험생이 출제자에게 제시문을 설명하는 셈입니다. 출제자는 수험생에게 제시문을 설명하라는 것이 아니라, 제시문을 읽고 찾아낸 개념이 무엇인지를 말하라는 것입니다. 다음 글은 어느 수험생이 본론 단락으로 쓴 글입니다. 이 수험생이 왜 실패하였는지를 설명해 보세요.

> ① 글 (가)에서는 농부와 도시인을 대비하였다. ② 농부는 자급자족 생활을 체험하며 도시인들이 지닐 수 없는 능력, 기술, 인내를 배웠다. ③ 도구와 기술을 가지고 자기에게 필요한 물건을 만들었다. ④ 반면 도시인은 재료와 도구가 주어져도 돈이 없으면 아무것도 만들지 못하는 무능력자였다.

이 수험생은 글 (가)를 사실적으로 요약하였습니다. 제시문에서 벗어나지 못한 것입니다. 즉, 수험생이 제시문에서 찾아낸 것은 없고, 제시문 내용을 간단히 줄였습니다. 이 제시문에 담긴 함축적 의미는 '경험이 가장 큰 학습이다, 인간은 환경에 좌우된다, 모든 것은 기준에 따라 평가가 달라진다' 따위였습니다.

그러므로 본론 단락에 '경험이 가장 큰 학습이다'를 논거로 제시한 뒤 그 문장을 이해시키려고 새 문장을 덧보태야 했습니다. 출제자는 제시문에 있는 '사실'이 궁금했던 것이 아닙니다. 수험생 '의견'은 무엇이며, 그 의견을 어떻게 설득하는지를 알고 싶었던 것이지요.

예를 들어, 방학 숙제로 교사가 학생들에게 영화 감상문을 쓰라고 합니다. 그런데 학생들은 대부분 영화 줄거리를 정리합니다. 누가 어쨌고, 뭐가 어떻게 되었다고 영화 줄거리에 매달려 신나게 떠들지요. 기껏해야 끝에 가서 '참 재미있었다' 정도만 덧보탭니다. 그러나 교사는 그 영화를 보았고 영화 줄거리를 잘 압니다. 그래서 학생들이 영화를 보고 뭔가를 느끼길 바라면서, 그 느낀 바를 정리하라고 숙제로 내준 것입니다.

그러므로 어떤 학생이 영화를 제대로 보았다면 그 영화에서 '인생이 어떻다는 것을 느꼈다'는 식으로 자기가 깨닫고 느낀 것을 정리해야 합니다. 그 영화에 없는 사례까지 거론하면서 자기가 느낀 것을 상대방에게 전달해야 하지요. 그리고 교사가 어떤 장면에서 그런 생각이 들었냐고 물으면 학생은 영화의 구체적 장면을 언급하면 됩니다. 즉, 출제자가 구체적으로 어느 곳이냐고 묻기 전에는 제시문을 인용하지 않습니다.

따라서 각 대학이 글 (가)와 (나)에서 양상을 찾으라거나, 특징을 설명하라고 하면 수험생은 그 글에서 핵심을 찾아내 자기 나름대로 일반화한 것을 정리해야 합니다. 말하자면 제시문에서 근거를 찾아 밝히라는 지시가 없으면 수험생은 제시문을 인용하지 말고 자기 견문과 어휘로 '일반적 사실, 함축적 의미'를 정리해야 합니다.

결국 출제자가 지시하지 않으면 수험생은 제시문을 참고하고, 곧바로 제시문에 있는 구체적 사실에서 벗어나야 합니다. 논술 시험에서 '제시문을 그대로 인용하지 말라, 자기 나름대로 소화하라, 제시문을 활용하라, 제시문을 지나치게 이용하지 말라'는 지시는 제시문에서 함축적 의미를 찾으라는 것입니다. 제시문에서 개념과 본질을 찾으라는 뜻이지요.

제시문에 있는 어휘를 조금 바꿔 쓴 것은 제시문을 그대로 인용한 것입니다. 제시문을 요약한 것도, 제시문의 잘잘못을 따지는 것도 모두 제시문에서 벗어나지 못한 것입니다. 출제자는 제시문을 함축적으로 이해하여 일반적 진술로 바꾸고, 그것을 바탕으로 자기주장을 일반화하라는 것입니다. 제시문을 짜깁기하여 대충 쓰면 당연히 자기 색깔을 드러내지도 못합니다.

2 논술 채점자는 수험생이 제시문을 함축적으로 이해하고 적절히 활용하는 과정을 점수화합니다. 즉, 함축적으로 이해하지 못하면 감점하고, 적절히 활용하지 못해도 감점합니다. 그러므로 대학에서 제시문을 두세 개 주거나, 대여섯 개 주는 것은 차이가 큽니다. 제시문이 많으면 많을수록 공통점과 차이점을 찾기 어려워 어떤 것을 함축하였는지, 그 제시문을 어떻게 활용할지가 더 막연하기 때문입니다.

그러나 제시문을 많이 준다고 해도 겁낼 일은 아닙니다. 제시문에서 함축적 의미를 제대로 찾으면 제시문의 개수는 큰 의미가 없습니다. 출제자가 잘 계산하고 준 글이니, 어떻게 계산하였는지를 알면 대처할 수 있습니다.

제시문을 다섯 개 주었다고 했을 때, 어떻게 대처해야 할지 다음 유형을 보고 잘 계산해 보세요.

> 1. 문제 제기가 같고, 구체적 사례가 다르다. 관점이 같다.
> 2. 문제 제기가 같은데, 관점이 둘로 나뉜다.
> 3. 문제 제기가 같은데, 제시문마다 관점이 다르다.

1~3번은 모두 제시문이 두 개 있는 것과 같습니다. 1번은 다섯 제시문이 관점이 같으므로 개념 하나로 묶을 수 있으며, 제시문에 없지만 반대쪽 개념을 추론하여 맞세웁니다. 2번에서는 다섯 제시문의 공통점과 차이점을 찾아 크게 두 개념으로 맞세우면 됩니다. 3번은 수험생이 다섯 제시문을 분석하여 그중 어떤 관점에서 어떤 관점을 비판하면 제시문이 두 개 있는 것과 같습니다.

이것이 힘들면 제시문 중에서 비교적 쉬운 글부터 읽고 '현대 문명에서 인간을 수단으로 본다' 같은 명제를 찾아낸 뒤 그 기준에 맞추어 다른 제시문을 분석해도 됩니다. 명제와 맞으면 좋고, 아니면 그 명제와 제시문이 왜 상관없는지가 보이면서, 어떤 개념으로 묶어야 할지를 확인할 수 있습니다.

좀 더 확인해 봅시다. 예를 들어, 출제자가 제시문에 함축적 개념 '찬성'과 '반대'를 숨겨 놓았다고 칩시다. 그 두 개념은 긍정과 부정일 수 있고 상업성과 순수성, 개발과 보존, 자율과 규제일 수 있습니다. 그 출제자는 제시문을 다음처럼 계산한 것일지 모릅니다.

> 제시문1 오늘날 '찬성'과 '반대'가 충돌한다.
>
> 제시문2 '찬성' 특징은 이렇다.
>
> 제시문3 '반대' 특징은 이렇다.
>
> 제시문4 '반대'가 다른 나라에서는 이렇다.
>
> 제시문5 '찬성'은 문제가 많다.
>
>
> 제시문1 '찬성'은 이렇고, '반대'는 이렇다.
>
> 제시문2 '찬성'에 따라 이렇게 산다.
>
> 제시문3 '찬성'이 이럴 수 있다.
>
> 제시문4 사람들이 '반대'를 많이 싫어한다.
>
> 제시문5 '찬성'과 '반대'는 나름대로 의미가 있다.

말하자면 '찬성'과 '반대'를 이리저리 보여 주었으니, 수험생이 두 개념을 찾아 '두 개념의 장단점, 또는 두 개념의 공통점과 차이점'처럼 효율적으로 정리해 보라는 것입니다. 즉, 제시문이 다섯 개라고 각 제시문에서 하나씩 개념이나 논거를 찾는 것이 아닙니다. 제시문 두 개를 묶어 한 개념으로 정리하고, 나머지 세 개가 한 개념으로 묶일지 모릅니다. 원리를 알면 대처하는 방법이 보입니다.

그러니 각 제시문에서 일반적 사실을 하나씩 찾지 마세요. 한 제시문에 여러 개가 있을지 모릅니다. 제시문이 다섯 개라도 이리저리 묶어 두 개를 찾거나, 제시문이 두 개라도 논거 세 개를 찾을 수 있습니다. 다음은 제시문 개수에 기계적으로 본론 단락 수를 맞추었으며, 제시문에 담긴 함축적 의미를 찾지 못한 글입니다.

논제 다음 세 제시문에 나타난 삶의 태도를 밝히고, 그것이 현대 사회에 주는 의의에 관해 자신의 견해를 밝혀라.

본론1 ① 제시문 (가)에서 자공은 기계를 사용하면 더욱 효율적이라고 권유하지만 노인은 기계에 얽매여 정신과 본성이 더럽혀진다고 거절한다. ② 〈방망이 깎던 노인〉이라는 글에서도 주인공은 빨리 깎아 달라고 재촉하고, 노인은 더디더라도 정성이 들어가야 된다고 한다. ③ 이것은 현대 사회의 물질문명이 신속함과 편리함을 주었지만 반성의 기회를 상실시켜 오히려 자신이 기계에 의해 소외되는 경우에 빠진 것이다.

본론2 ① 제시문 (나)에서 필자는 사람들이 새로운 소식만을 원하며 과거의 진리를 남루한 것으로 보고 외면하는 것을 비판한다. ② '온고지신'이라는 말처럼 새로운 사실도 과거의 진리로부터 창출된다는 것이다. ③ 예컨대 요즈음 집을 지을 때 온돌을 이용하는 것은 과거 선조의 지혜를 현실에 맞게 적용시킨 것이다.

본론3 ① 제시문 (다)에서 필자는 문명의 이기를 거부한다. ② 컴퓨터나 전기가 삶을 편안하게 하고 효율적이라는 측면이 있지만 소중한 것들, 즉 평화, 안정 등을 잃을 수 있다는 점에서 거부하는 것이다. ③ 현대 사회의 관료제에서 알 수 있듯이 컴퓨터 사용은 인간 간의 관계를 피상적으로 만들었고, 문서에 의한 작업 처리는 인간관계의 단절이라는 부작용을 일으켰다.

제시문 세 개에서 일반화할 수 있는 '삶의 태도'가 두 개일 수 있고, 열 개일 수도 있습니다. 또 '삶의 태도'가 하나이지만 함축적 의미는 열 개일 수 있습니다. 그 여러 개 가운데 자기가 주장하는 바를 뒷받침하려고 본론 단락에 '삶의 태도' 두 개를 정리하거나 세 개를 정리한 것뿐입니다. 각 제시문에서 반드시 하나를 찾는 것이 아닙니다.

위에 있는 본론 1에서 ①과 ②는 제시문에 있는 사실이고, ③만 수험생 소견입니다. 3문장 중에서 2문장이 제시문에 매달렸습니다. 제시문에 장황하게 매달리면 이처럼 자기 소견을 드러낼 공간이 줄어듭니다. 출제자가 평가하려는 부분이 줄어드는 셈이지요.

본론 1을 다시 써 봅시다. 먼저 제시문 (가)에 있는 '자공, 노인'이라는 구체적 어휘를 '현대인, 인간' 같은 일반적 어휘로 바꿉니다. 그리고 제시문 (가)에 있는 삶의 태도가 현대 사회에 어떤 의의가 있는지 거론하고 새 문장을 덧보탭니다. 그런 의미를 제시문 어디에서 찾았는지 마지막 문장에 그 근거를 밝혔습니다. 즉, 4문장 중에서 3문장을 수험생 소견으로 정리하고 1문장은 제시문의 사실을 활용하여, 제시문에 너무 매달리지 않도록 계산하였습니다.

본론1 ① 현대인은 효율성에 매달리다가 인간의 가치를 소홀히 하기 쉽다. ② 그러나 인간의 가치는 쓸모 있는 것, 쓸모없는 것에 달려 있지 않다. ③ 왜냐하면 인간은 자신을 둘러싼 사물과 더불어 존재하는 것만으로도 아름답기 때문이다. ④ 그래서 자공이 기계를 권했지만 노인은 기계의 효율을 쫓다가 인간 가치를 소홀히 할까 봐 거절한 것이다.

5 고전 작품을 다 읽어야 할까

사람들은 논술글을 잘 쓰려면 "많이 읽고, 많이 쓰고, 많이 생각하라"고 조언합니다. 같은 결론을 두고도 견문이 넓은 사람은 자기 생각을 쉽게 정리하고 상대방을 충분히 설득합니다. 보고 듣고 느낀 바가 많아서 어떤 것을 이용해야 하는지를 잘 알지요.

논술도 견문이 넓은 사람이 그렇지 않은 사람보다 훨씬 더 깊이 있게 글을 쓸 수 있습니다. 그래서 현재 여건에서 고등학생들이 손쉽게 견문을 넓히는 방법으로 사람들은 독서를 권하며, 그 독서 소재로 유명한 책, 특히 고전 명작을 꼽습니다.

그러나 많이 읽는다고 할 때 '많이'도 모호하고 '무엇을'도 분명치 않습니다. 생각을 북돋우면 좋은 책이지, 반드시 고전 작품으로 한정해서도 안 됩니다. 더구나 교과서에 언급된 고전 작품은 평생을 읽어도 다 못 읽습니다. 그런데도 일부 수험생은 배경 지식을 견문으로 착각하여 고전 작품 해설서를 읽고 논술 시험에 대비합니다.

하지만 해설서는 해설서일 뿐 고등학생의 사고력을 길러 주지 못합니다. 고전에 대한 배경 지식은 논술 시험에서 그다지 중요하지 않습니다. 논술 시험이 교육의 행동 영역 가운데 '지식'보다 주로 '이해, 분석, 적용'을 평가하기 때문입니다.

대학에서 논술 제시문을 고전 명작에서 뽑는다 해도, 그 글을 누가 썼고 그 사람의 사상이 무엇인지 몰라도 거의 지장이 없습니다. 공교육에서 익힌 상위 개념을 확인하려고 그 글을 제시한 것뿐입니다. 어느 대학에서는 글 대신 시와 그림을 제시문으로 주고, 수험생들에게 자기 견해를 정리하라고 합니다.

따라서 논술 시험에 대비하려고 교과서에 언급된 수많은 고전 작품, 또는 고전 해설서를 일부러 읽을 필요는 없습니다. 수험생이 그렇게 배경 지식을 쌓게 되면 그 지식을 답안지 어딘가에 담고 싶어 합니다. 즉, 화려한 지식을 그럴듯하게 '써먹고' 싶어지는 것입니다. 그러면 대개 판에 박힌 글이 되거나, 논의와 직접적으로 상관없는 글이 됩니다.

그러므로 고등학생이라면 고전 작품 해설서보다 신문 칼럼, 시사 주간지, 텔레비전 토론 프로그램을 꾸준히 보는 것이 낫습니다. 소재가 구체적이므로 상위 개념을 훨씬 더 빠르게 이해할 수 있습니다. 특히 신문은 다양한 주제와 관점을 날마다 제공합니다. 고등학생이면 하루 1시간쯤 읽어야 합니다. 자기와 상대방 의견을 조율하고 비판하며 대안을 마련하는 과정에서 생각도 깊어집니다.

'일부러 많이 생각'하려면 사람 사는 이치를 두고 친구들과 의견을 나누는 것이 좋습니다. 심층면접과 논술 지침서에 있는 주제를 놓고 하나씩 이야기하면 됩니다. 토론 동아리를 만들어 어떤 문제를 하나씩 정리해 나가면 더할 나위 없이 좋겠지요.

그리고 글을 많이 쓴다는 것은 글 한 편을 쓰고 그 글에 있는 문제점을 확인한 뒤 또다시 글을 쓰는 횟수를 뜻합니다. 누군가 자기 글을 아무 때나 평가해 줄 수 있다면 글을 많이 쓸수록 좋습니다.

혼자서 하루에 글을 열 개씩 써 보았자 같은 수준으로 여러 개 쓴 것일 뿐이므로 글솜씨는 늘지 않습니다. 그 사람은 똑같은 실수를 글마다 반복합니다. 열 개를 쓰느라고 공연히 힘만 들이고 시간만 낭비한 셈이지요. 자기 글에 무슨 문제가 있는지도 모른 채 무조건 글을 많이 쓰는 것은 오히려 해롭습니다. 자칫하면 나쁜 글 버릇이 굳어질 테니까요.

6 견문을 일반화하자

어떤 수험생은 글을 쓸 때 이야깃거리가 많이 떠오르지만, 어떤 논거가 필요하고 어떤 논거는 버려야 할지 모르겠다고 합니다. 자칫하면 신변잡기적인 사례라며 감점을 당하는 것이 아닌지 불안해합니다.

그러나 원인은 생각보다 간단합니다. 논거의 정합성을 고민하는 수험생은 목표를 분명하게 잡지 못한 사람입니다. 결론이 분명치 않아서, 서론−본론−결론에 어떤 논거로 논증할지를 구상하지 못하는 것입니다. 즉, '논증의 큰 틀'을 구조화하지 못한 것입니다.

예를 들어 '용돈을 올려 주어야 한다'를 주장한다고 합시다. 그 주장 앞에 논거를 놓아야 합니다. 그러니 지금(또는 얼마 전까지) 용돈을 얼마나 주는지(주었는지), 그래서 어떤 문제가 생겼는지를 설명할 수밖에 없지요. 이것을 정리하면 서론(이런데, 이런 실정인데)−본론(이래서, 이러저러하니까)−결론(이래야 한다) 같은 구조가 됩니다.

이렇게 목표(결론, 자기주장)를 정한 뒤 글 전체의 흐름을 생각해야 합니다. 그런데 학생들은 그냥 용돈과 관련된 것을 이것저것 떠올리며 '안 올려 주면 어떡하지, 올려 주면 뭘 할까?'까지 생각하는 것입니다. 글에 그런 내용까지 담으면 그 부분은 군더더기가 될 수밖에 없지요. 용돈을 올려 달라는 주장에 집중하기도 바쁜데, 용돈을 올려 주면 뭘 하겠다는 내용까지 담았으니 "여기에 이 소리를 왜 쓴 거야?"라고 지적받을 수밖에 없습니다. 말하자면 자신이 떠올린 수많은 논거도 목표에 따라 꼭 필요한 것이 있고, 없어도 되는 것이 있습니다.

그리고 자기 주위에서 일어난 일을 정리했는데 신변잡기로 지적받는 것은 그 사례를 일반화하지 못했기 때문입니다. 즉, 그 사례가 아주 특별한 경우라서, 보편적으로 인정할 만한 일이 아니므로 그 사람은 상대방을 설득하지 못한 것입니다. 오히려 그런 글은 편견을 강요하기 쉽습니다.

예를 들어 '감나무 밑에 누웠는데 잘 익은 감이 떨어져 입으로 들어가서, 앞으로 나는 감나무 밑에 계속 누워 있을 것이다'처럼 정리한 것입니다. 이런 특수한 경우도 일반화해야 합니다. 즉, '감'을 '행복, 불행' 같은 일반적 어휘로 바꾸고, '사람은 생각지 않게 행복이 찾아온다, 불행은 기다릴 때 오는 것이 아니다'처럼 남들이 수긍할 수 있게 바꾸면 됩니다.

결국 자기가 겪은 일을 정리하더라도 일반화하여 상대방이 '그럴 수 있겠거니' 하며 고개를 끄덕이고 동의하여야 신변잡기라는 지적에서 벗어납니다. 구체적 사실에서 함축적 의미를 찾아 일반적 사실로 바꾸는 것입니다. 가령 감나무를 키워 수확한 일을 이용한다면 '감나무를 심고 몇 년 동안 잘 가꾸면, 사람들은 감을 수확할 수 있다'처럼 일반화해야 합니다.

그래서 논술글에서는 대체로 '나'를 주어로 쓰지 않습니다. 논술에서는 사실적 이해를 뛰어넘어 함축적 이해를 드러내야 하므로, 개인의 사례를 항상 일반적 사례로 바꿉니다. 그러므로 '나'를 '우리 사회, 사람들, 인간, 현대인' 같은 주어로 일반화합니다. 예를 들어 '(내가) 매운 것을 먹어서 입 안이 화끈거렸다' 같은 문장을 '(사람들이) 매운 것을 먹으면 입 안이 화끈거리기 쉽다'로 바꾸어야 자기 견문을 일반화한 것입니다.

연 습 문 제 1

다음 단어의 사전 풀이를 보고 알맞은 쓰임새와 연결하고, 사실적으로 쓰였는지 함축적으로 쓰였는지 판단해 보세요.

1. 따뜻하다 (형용사)
   ① 덥지 않을 정도로 온도가 알맞게 높다.
   ② 감정, 태도, 분위기 따위가 정답고 포근하다.

   1) 따뜻하기로 치면 우리나라 봄 날씨가 가장 좋다. (   )
   2) 저 사람은 마음이 정말 따뜻한 사람이다. (   )

2. 소화하다 (동사)
   ① 섭취한 음식물을 분해하여 영양분을 흡수하기 쉬운 형태로 변화시키다.
   ② 배운 지식이나 기술 따위를 충분히 익혀 자기 것으로 만들다.
   ③ 고유의 특성으로 인하여 다른 것의 특성을 잘 살려 주다.
   ④ 물건 또는 상품을 팔아 없애다.

   1) 이 고기가 너무 기름져 위에서 소화되지 않았다. (   )
   2) 견문이 아무리 넓어도 제대로 소화해야 제 것이다. (   )
   3) 한복을 잘 소화하여 고운 자태가 제대로 드러났다. (   )
   4) 이 제품을 다 소화시키면 엄청난 이익을 얻는다. (   )

다음 갑과 을의 대화를 읽고, 상대방에게 어떤 말을 할 것인지 보기에서 골라 괄호 안에
넣으세요. 그리고 그 원리가 어떻게 적용되는지를 설명하세요.

1. 보기: 오십보백보, 등잔 밑이 어둡다, 바늘도둑이 소도둑 된다

> **갑** 원 세상에. 판검사, 정치인이라는 사람들이 어느 기업한테 정기적으로 떡값으로 몇
> 백만 원, 몇천만 원씩 받았다네.
>
> **을** 정말 너무했어. 1000만 원짜리 떡이 있나? 그게 바로 뇌물이지. 과일 값으로 10만
> 원이면 몰라도. 해도 너무했어.
>
> **갑** 1000만 원은 안 되고, 10만 원이면 괜찮다고? 아니야. (   )

2. 보기: 불륜, 음주 운전, 복지 사회

> **갑** 공공장소에서 휴대전화를 끄지 않아 남들에게 폐를 끼치면 감방에 처넣어야 해.
>
> **을** 아무리 그래도 구속까지? 도덕적으로 비난받을 짓이니까, 앞으로 그러지 말라고
> 이웃이 일러 주면 되지, 전과자로 만들어? 그건 모든 것을 법으로 해결하자는 '법
> 만능주의' 사고방식이야.
>
> **갑** 그래? 그럼 너는 (   )도 법이나 제도로 해결하지 말자고 하겠네?
>
> **을** 그럼.

3. 보기: 천리 길도 한 걸음부터, 우물에 가서 숭늉을 달라기, 하늘에 별 따기

> **갑** 김구 선생님은 "나는 우리나라가 세계에서 가장 아름다운 나라가 되기를 원하지,
> 가장 강한 나라가 되기를 원하지 않는다"며 그 방법으로 '문화(文化)의 힘'을 말씀하
> 셨어. 문화 국가를 꿈꾸신 것이지.
>
> **을** 우리에게 그런 날이 정말 올까? 공연히 로또 복권에 목숨을 거는 것 같아.
>
> **갑** 너는 복권을 안 사?
>
> **을** 응. 당첨되지도 않을 텐데 뭘.
>
> **갑** 옛말에 (   )라고 했어. 꿈조차 꾸지 않으면 확률은 0이야.

연습문제 3

다음 글에서 어떤 문장이 '사실적'으로 이해한 것이고, 어떤 문장이 '함축적'으로 이해한 것인지 분석해 보세요.

1. ① 앨빈 토플러는 《제3의 물결》이라는 책에서 앞으로 미래의 변화 속도가 그동안의 수백 년 동안의 변화 과정보다 빠를 것이라고 예견하였다. ② 오늘날 문명 이기의 도움으로 과거에 상상하지 못할 만큼 폭발적으로 변했다고 하였다. ③ 영화 〈모던 타임즈〉에서도 채플린이 보여 준 나사 조이는 장면이 돋보였다. ④ 현대 사회의 인간이 기계화되어 감을 잘 드러냈다.

2. ① 소설 《사람의 아들》에서 아하츠 페르츠는 예수의 기독교적인 논리를 공박한다. ② 죽은 뒤를 위해 하늘에 재물을 쌓고 원수를 사랑하라는 논리는 종교인이라면 모를까 보통 사람은 납득하기 힘들다. ③ 이처럼 현실과 동떨어진 절대적인 진리가 인간을 기만과 편협으로 몰아낸 예도 역사상에서 쉽게 찾아볼 수 있다. ④ 예를 들어 허위의식을 가진 양반의 행동들, 실생활과 관계 없는 성리학, 또한 현대의 학력 위주 풍조도 적합한 예이다.

3. ① '국경 없는 의사회'는 국가나 사상을 초월하여 의료 활동을 벌여 사람들 사이에 화제가 된다. ② 봉사자들이 드러나기를 꺼리며 묵묵히 일하는 모습에서 많은 사람들이 감탄을 아끼지 않는다. ③ 사람들은 이상을 실현하거나 다른 이들을 위해 사는 사람을 존경한다. ④ 그것은 인간이 지닌 한계를 뛰어넘는 것에 감동하기 때문이다. ⑤ 그만큼 이성이 인간의 욕망을 극복하는 것이 힘들다.

4. ① 세속적 욕망이 삶의 목적이 된다면, 자기 자신을 잃고 욕망의 노예가 되는 주객전도 현상이 일어난다. ② 죽어 가는 아이를 구하지 않고 사진을 찍은 사진 기자가 퓰리처상을 받는다. ③ 술집 주인은 돈을 벌려고 미성년자를 상대로 영업을 한다. ④ 이런 것은 결국 사회 정의를 압도하여 자신은 물론 사회 질서까지 무너뜨릴 것이다.

5. ① 대량 생산으로 인한 '획일화' 현상을 들 수 있다. ② 기계화가 진행되면서 짧은 시간 동안 많은 물건을 만들어 내는 것이 일반화되었다. ③ 그래서 대부분 공산품들은 다양성을 잃었다. ④ 집집마다 똑같은 물건을 쓰고 사람들은 똑같은 옷을 입는다. ⑤ 이런 것을 사람들은 당연하게 받아들인다. ⑥ 나중에는 무언가 다른 사람을 오히려 이상하게

생각하였다. ⑦ 이처럼 겉모습뿐만 아니라 사고방식까지 닮으면 현대 사회 발전에 걸림 돌이 된다.

6. ① 현대 사회에서 합리성은 신속이라는 말로 쓰인다. ② 오늘날 사람들은 무슨 일이든 지 빨리 끝나야 효율적이라고 생각한다. ③ 그래서 '빨라야 한다'는 강박 관념 때문에 사 람들은 스트레스를 받고 일을 즐기지 못한다. ④ 일하는 과정에서 오는 기쁨을 누리지 못하는 것이다. ⑤ 결국 현대인은 노동의 목적을 잊어버리며 속도에만 집착하면서 더 중 요한 가치를 놓치며 산다.

7. ① 최근 우리나라에는 다이어트 열풍이 불었다. ② 너도나도 헬스클럽에 등록해 몸짱을 만들려고 한다. ③ 이것은 그런 여성을 등장시켜 대중매체가 만들어낸 헛것이다. ④ 우 리 사회가 아무런 비판 의식 없이 대중매체에 너무나 의존하여 일어난 것이다. ⑤ 결국 사람들의 다양한 개성을 무시하고 사회를 획일화하고 있다.

8. ① 대기업의 중역이 갑자기 머리를 깎고 스님이 되어 신문에 난 적이 있다. ② 부유함과 권 력, 사람들의 부러움을 한 몸에 받던 그가 무엇이 아쉬워서 스님이 되었을까? ③ 이는 그 사람이 세속적 가치에는 충실했지만 자신의 내면적 가치를 놓치고 있었다는 것을 깨달았 기 때문이다. ④ 세속적 욕망은 가변적이고 순간적이다. ⑤ 사람이 자신의 고유한 가치가 없이 세속적 욕망만을 쫓는다면 뿌리가 없는 나무처럼 흔들리고 메말라 갈 것이다.

9. ① '로또 복권' 열풍도 인간이 물질에 얽매이는 대표적인 사례이다. ② 이와 비슷한 것으 로 경마, 카지노, 부동산 투기 등을 들 수 있다. ③ 우리 사회는 벼락 맞을 확률보다 더 낮은 허황된 꿈을 보고 산다. ④ 성실한 사람이 대접받지 못하기 때문이다. ⑤ 물질에 매 여 인간관계가 점점 황폐화하는 것이다. ⑥ 결국 진정한 공동체 문화는 점점 사라지고, 물질에서 벗어나지 못하면서 개인이 누릴 자유도 점점 좁아진다.

10. ① 제시문 (가)에서는 구미인들이 시간과 돈에 쫓기는 모습을 묘사하였다. ② 먹을 시간 도 모자라 차 안에서 겨우 패스트푸드로 배를 채우는 것이 대표적이다. ③ 산업 사회에 서 구미인들이 삶에 치어 여유를 잃고 사는 것이다. ④ 이것은 현대인들이 겉으로 풍요 로워도 실제로는 돈의 노예가 되었다는 것을 잘 드러낸다.

연 습 문 제 4

다음 단락이 왜 좋지 않은지, 어떻게 개선해야 하는지를 설명해 보세요.

1. ① 제시문은 외판원 '윌리'가 36년 동안 일해 왔던 직장에서 쫓겨난 후, 죽음을 선택했다는 내용이다. ② 외판원 윌리의 모습은 1930년대의 미국 중산층의 모습이다. ③ 즉, 제시문은 미국의 경제 공황 속에서 힘겹게 살아가던 중산층이 일자리를 잃고, 결국 죽음을 선택하였다는 것이다.

2. ① 제시문 (가)에서는 글쓴이가 양심에 따르는 인력거꾼을 보고 진정한 인간성의 의미를 깨닫는다. ② 그리고 그 일은 다른 사건보다 오래 기억에 남아 마음을 다듬어 준다. ③ 제시문 (나)에서도 인간의 마음에 있는 이상적인 의욕을 해방시킬, 눈에 보이지 않는 선의 힘을 강조하였다. ④ 이를 위해서는 순간순간 겪게 되는 보잘것없는 일에 소홀하지 않아야 한다고 피력하였다.

3. ① 제시문 (가)에서 필자는 모든 것은 자신의 소유가 아니라 남에게 빌려 온 것이라면서 자만하지 말 것을 강조하였다. ② 사람이 혼자서는 살 수 없으며 더불어 살아야 한다는 것이다. ③ 개인의 재산도 엄밀히 따지면 결국 사회의 몫이므로, 이기심을 버려야 한다는 것을 주장하였다.

4. ① 죽음을 대하는 인간의 태도는 매우 다양했다. ② 제시문 (가)에 나타난 죽음은 다분히 철학적이다. ③ 인간이 죽는다는 것은 본래의 자리로 돌아가는 것이라고 하였다. ④ 육체를 벗고 영혼의 해탈이라는 궁극적인 목표에 도달하는 것이며, 삶을 영원히 가치 있게 승화시키는 것이라고 정의했다. ⑤ 이는 제시문 (나)에 나타난 도교 사상과 흡사하다. ⑥ 그러나 죽음을 특별한 의미로 받아들인다는 점에서 (가)는 (나)에 비해 세속적인 편이다.

5. ① 이러한 상황 속에서 제시문(가)와 (나)는 지나치게 거대함이 가져오는 위험성에 대해 이야기한다. ② 제시문 (가)는 인간이 사회의 효율을 위하여 거대한 조직을 만들었지만 끝내는 그 조직이 인간을 짓누르고 무기력하게 만든다고 하였다. ③ 거대한 조직 속에서 인간은 주체를 상실하고 하나의 구성원으로 밖에 남지 못하기 때문이다. ④ 집단의 거대함을 내세운 나머지 정작 목적의 주체인 인간이 묻혀 버린 것이다. ⑤ 제시문 (나)는 문

화적 정체성이 모호한 현대 사회가 성찰의 대상으로 '대면 집단'에 대하여 주목하고, 그 것에서 사회 구성의 원리가 확대되어야 한다고 주장하였다. ⑥ 개인의 개성과 주체성이 보존되는 소집단인 대면 집단에서 사회가 규정되고 인간이 발현될 수 있다는 것이다.

6. ① 제시문 (가)에서는 자신이 존재하고 있는 세계가 가장 좋은 것인 줄 알고 살아가다가 더 나은 세계에 대해 알게 되고 그 세계를 동경하여 결국 그곳으로 나아간다. ② 하지만 그를 기다리는 건 절망과 좌절뿐이다. ③ 반면에 제시문 (나)에서는 자기 자신에게 주어 진 현실에 만족하고 그 안에서 최고의 행복을 누리며 삶을 낙천적으로 살아가는 태도를 보여 준다.

7. ① (가)에서 말한 창조는 이 세상에서 일어나는 일에 관심을 가지고 않고 그저 자기만 살 면 된다는 생각과 자신의 생각이 무조건 옳다고 생각하는 사람들에게 창조성이 필요하 다고 경각심을 불러일으킨다. ② 결국 이 세상에는 자기밖에 없다, 도와줄 사람도 없고 자기가 해야 할 일을 해 주는 사람도 없다. ③ 그렇기 때문에 언제나 노력하며, 자신이 할 일을 찾기 위해 준비를 해야만 한다고 글쓴이는 생각한다. ④ 고통과 인내를 겪으면 서도 끊임없이 외롭고 고독한 창조의 길을 걸어야 한다고 (가)에서는 말한다.

연 습 문 제 5

다음 구체적 사례에 담긴 함축적 의미를 찾아 한 문장으로 일반화하세요.

1. 종교에 심취한 아버지가 자신의 판단과 의지를 모두 하느님에게 맡겼다. 그리고 딸이 병 에 걸려 점점 심해졌지만, 하느님이 고쳐 줄 것으로 믿고 기다렸다.

2. 어쩌다 나는 백화점에 가면 불편하다. 화려한 조명과 깨끗하게 차려 입은 직원들. 모두 나를 압도하며 나를 초라하게 하는 것 같아서 가기 싫다. 그래서 나는 동네 할인점을 좋 아한다. 아는 사람이 많아서 좋고, 꼭 사지 않아도 된다.

3. 길거리에서 쓰레기를 줍는 데 조금 쪽팔렸다. 아는 사람을 만날지도 몰랐기 때문이다. 그래도 일을 다 끝내고 나니 좋은 일을 했다는 생각이 들어서 기분이 좋았다. 좋은 일을 많이 하자.

4. 한국 청년이 일본인을 구하려고 전철 선로에 뛰어들다니 대단하다. 나 같으면 그렇게 할 수 없을 것 같다. 못 한다. 죽는 것이 얼마나 무서운데. 그 사람이 죽는다는 것을 알았어도 그렇게 했을까? 알 수 없는 일이다.

5. 얼마 전 텔레비전에서 가수 이효리가 상 받는 것을 보았다. 열심히 활동하더니 연말에 큰 상을 받았다. 이처럼 열심히 노력하면 남들이 다 알아준다. 노력하지 않고 공연히 투정을 부리는 사람도 많다. 그래서는 안 된다.

6. 어른들은 요즘 젊은이들이 버릇이 없다고 한다. 그런데 몇천 년 전 유물에도 그런 말이 쓰였다고 한다. 동서양을 떠나 어른이 보기에 젊은이들은 그렇게 보이나 보다. 그렇지만 그 어른도 한때는 젊은이였다는 것을 생각지 못하는 것 같다.

7. 지금 도시 아이들이 축구, 술래잡기를 할까? 천만의 말씀이다. 시험 때문에 학원 가기에 바쁘다. 자기 시간이 없다. 학원 안 가는 아이들은? 아마 전자오락실에 있거나 컴퓨터 게임을 할 것이다. 요즘 애들이 다 그렇게 산다. 불쌍하다.

8. '다문화 가정'이라는 말이 외국인들에게 오히려 상처를 준다. 이미 그 말에는 이것과 저것을 구별하는 경계선이 있기 때문이다. 우리는 왜 외국인들을 이상하게 생각할까? 따지고 보면 같은 한국인들도 다 다르게 생겼는데.

9. 나는 집에서 뱀을 키우는 사람을 도저히 이해할 수 없다. 애완동물은 어디까지나 좀 귀여운 맛이 있어야 한다. 그런데도 텔레비전에서는 그런 것을 보여 주니, 참 답답하다. 다른 사람들이 그래도 좋은 것으로 알 것이다. 절대 그래서는 안 된다.

10. 어느 신문에서 외국인이 한국인에 대해서 쓴 글이 나와 있었다. 그 사람이 말하기를 한국 사람들은 매우 친절하고 인심이 좋으며 어려운 상황에서 서로 도와줄 수 있는 마음을 가졌다고 했다. 하지만 그런 마음이 주로 서로 아는 가운데 생겨날 뿐이며, 매일 옆으로 지나쳐 가는 사람들에게까지 그 마음 씀씀이가 생겨나지는 못하는 것 같다고 말했다.

다음 글을 읽고 물음에 답하여 한 줄씩 써 보세요.

1. '음성 꽃동네' 같은 사회사업 단체에 성금을 내놓거나 자원 봉사 활동을 해도 자신이 드러나는 것을 쑥스럽게 생각하는 사람들이 많다. 그러나 어떤 사람은 고아원이나 양로원에 선물을 하고 기념사진을 찍는다. 일부 정치인은 불우 이웃을 방문하고 기자들 앞에서 아이를 안고 활짝 웃는다. 유명 인사가 사회사업 단체를 방문하는 것은 많은 사람들에게 커다란 영향을 주기도 한다.

1) 선물을 주면서 사진을 왜 찍자고 할까?

2) 그 사람들이 생각하는 '자선'이나 '봉사'의 기준이 어디에 있을까?

사진 찍자는 사람 :

자원 봉사자 :

3) 자선이나 봉사의 목표는 어디에 두어야 할까?

2. 어느 학교는 오랫동안 '무감독 시험'이라는 전통을 고수해 온다. 그러나 최근 많은 고등학교에서는 평가의 신뢰도를 높이려고 학부모를 시험 감독 보조교사로 활용하여 감독을 강화하였다. 하지만 그 과정이 힘들어서 어느 학교는 시험 삼아 '무감독 제도'로 중간고사를 치렀다. 학교 당국자는 성과를 봐서 계속 실시하겠다고 말하였다.

1) 성과를 더 두고 보겠다는 것이 무슨 뜻일까?

2) 이런 풍토가 어떤 점에서 좋을까?

3) 그래도 누군가 부정행위를 한다면, 어떤 결과가 나타날까?

　　학생 :

　　학교 :

3. 음란물을 만든 것도 어른들이고, 음란물을 못 보게 하는 것도 어른들이다. "크면 다 안다"고 하면서 성을 제대로 일러 주지 않는다. 더구나 우리 사회는 아직까지 남성 중심으로 성 풍토가 형성되었다. 겉으로는 도덕적인 체하지만, 돌아서면 매매춘이 여기저기에 깔렸다. 그래서 청소년들은 잘못 알려진 상식으로 성을 배운다. 가족들이 함께 보는 텔레비전 프로그램에서는 성을 상품처럼 다룬다. 남성은 근육이 붙은 우람한 몸매여야 하며, 여성은 몸맵시가 가냘파야 한다고 모든 사람을 몰아붙인다.

1) '크면 다 알게 된다'는 말은 무슨 뜻인가?

2) 음란물이란 어떤 것이며, 그 기준을 어떻게 잡을 수 있나?

4. 한 은행의 중견 간부가 직장을 그만두며 "더 이상 장미를 돌리기가 싫다"라고 말했다. 이 은행은 그동안 예금 실적을 높이려고 아침 일찍 아파트나 약수터에서 주민들에게 장미를 나누어 주었는데, 이 행사에 이 중견 간부도 오랫동안 참석해야 했다.

1) 이 간부가 회사를 그만두며 내뱉은 말은 무슨 뜻일까?

2) 이 중견 간부가 은행을 그만둔 것에 대해 비판해 보라.

3) 이 중견 간부가 겪은 일과 비슷한 경우가 있는지 찾아보라.

5. 어느 날 줄기네 집 창문에 골프공이 날아와 유리창이 깨졌다. 누가 그랬는지 알 수 없었는데, 며칠 뒤 윗동네 어느 집에서 날아온 공이라는 사실을 확인하고 공 주인을 만났다. 그 공을 보여 주며 유리창이 깨졌다고 하자, 공 주인은 "물어 주면 될 것 아냐?"라고 말하였다. 그래서 줄기는 기분이 나빴다.

1) 원래대로 유리를 끼워 주겠다는데 줄기가 왜 기분이 나빴을까?

2) 잘못이나 실수를 바로잡으려면 어떤 과정을 거쳐야 할까?

3) 우리 주변에서 줄기가 겪었던 것과 비슷한 경우가 있는지 찾아보라.

6. '장유유서'는 어른과 젊은이 사이에 위아래로 서열이 정해졌다는 것이 아니다. 서로 제 위치에서 수평적 관계를 맺어야 한다는 뜻이다. 그런데 버스나 전철에서 학생이 자리를 양보하지 않으면, 나이 지긋한 노인이 자리를 양보하지 않는다며 화를 내기도 한다. 학생들은 창피해서 자리를 얼른 양보하지만 기분이 나쁘다.

1) 학생들이 좋은 일을 하고도 왜 기분이 나쁠까?

2) 노인의 태도에는 어떤 문제가 있을까?

3) 누구에게 자리를 양보해야 할까?

7. 고등학생이 머리에 무스를 발랐다고 담임교사가 꾸중하였다. 또 한 학생은 영어가 잔뜩 쓰인 점퍼를 입었다고 혼났다. 다른 학생은 반지와 목걸이를 했다고 야단맞았다. 이 모든 학생들에게 적용된 학교 규칙은 딱 한 줄이었다. '학생의 신분에 어긋나는 행위를 한 사람은 징계할 수 있다'는 것이다.

1) '학생의 신분'이라는 기준은 정확히 어디까지일까?

2) '포괄적인 규정(구체적으로 정하지 않아 기준이 모호한 규정)'이 왜 위험할까?

3) 우리 주변에 이런 예가 또 있는지 찾아보라.

다음 제시문을 읽고 함축적 의미를 생각해 보세요.

1. 다음 사진은 곽덕준의 〈10개의 계량기〉라는 야외 조각품이다. '계량하는 것이 계량되는 것'을 표현하였다. 다음 기준에 맞추어 이 작품이 함축한 의미를 생각하여 괄호를 채워라.

 1) 현대 문명의 속성을 비판한 관점.
 (   )

 2) 한 인간의 자아를 표현한 관점.
 (   )

 3) 인터넷 게시판 댓글의 성격을 암시한 관점.
 (   )

2. 다음은 영국 소설가 올더스 헉슬리(Aldous Huxley)가 1932년에 쓴 소설 《멋진 신세계 (Brave New World)》에서 뽑은 글이다. 과학이 발달하면서 인간을 대량 생산하며, 인간의 삶이 점점 더 황폐화하고 인간적 가치가 사라지는 것을 풍자하였다.

1) 아래에서 밑줄 그은 곳이 이 부분에 나타난 사회의 문제점을 잘 드러낸 곳이다. 그 구체적 사례에 담긴 사실적 의미를 설명하고, 현대와 연관 지어 함축적 의미를 보기에서 골라 보라.

 병들은 제각기 옮겨져서 틀 위에 올려졌다. 그 틀들은 육안으로는 볼 수 없었지만 시속 33과 1/3센티미터, 즉 하루에 8미터씩 움직여서 267일 동안 총 2,136미터를 이동하고 있었다. 1층을 한 바퀴 돌고 2층을 한 바퀴 돌고 3층을 한 바퀴 돌아서 267일째 되는 날 아침에야 햇빛을 보게 되어 있었다. "하지만 그 사이에 우리는 정말 많은 일을 해 내야 됩니다"라고 포스터 씨는 설명하였다.
 매 12미터마다 내분비를 자극하고 112미터의 코스에서 모든 병에 인공적인 태아 영양 순환 장치를 설치해야 하는 것을 설명하였다. (중략) 그리고 200미터 부근에서 실시하는 성별

검사에 관해서도 설명해 주었다. 남성에게는 T, 여성에게는 O, 생식 기능이 없도록 예정된 여성들에게는 흰 바탕에 검은 (?)를 붙이는 표지를 설명해 주었다.

① 머잖아 신분 사회가 자리 잡을 것이다.
② 계층이 확연히 구분되는 사회가 될 것이다.
③ 남성 중심, 또는 계급 중심 사회가 될 것이다.
④ 효율이 늘면서 생산성이 증대하는 사회가 될 것이다.

2) 이 글에 나타난 사회의 문제점을 찾아 밑줄을 긋고, 그 구체적 사례에 담긴 함축적 의미를 현대와 연관 지어 말해 보라.

　"매분마다 회전 속도를 감속시키고 있는 것입니다." 포스터 씨가 설명하였다. "이것은 태아에게 산소를 보다 적게 공급해 주는 셈이 됩니다. 태아를 표준 이하로 만들려면 산소 결핍처럼 좋은 방도가 없습니다." "그러나 어째서 태아를 표준 이하로 만든단 말씀입니까?" 하고 순진한 학생이 질문하였다.

　"무슨 소리!" 오랜 침묵을 깨고 국장이 말하였다. "엡실론의 태아는 엡실론의 유전과 마찬가지로 엡실론의 환경을 지녀야 한다는 생각이 군에게는 떠오르지 않는다 말인가?" "계층이 낮을수록 산소도 부족해야 합니다" 하고 포스터가 말하였다. 그럴 경우 제일 먼저 영향을 받는 기관은 두뇌였다. 그 다음은 골격의 차례다. 정상의 70%밖에 공급해 주지 않으면 난쟁이가 된다. 70% 이하로 줄이면 눈이 없는 괴물이 된다.

　그러나 만약 성숙 기간을 단축시키는 기술이 발명된다면 얼마나 큰 승리이며 사회에 대한 큰 기여일 것인가! 엡실론의 정신은 열 살이 되면 성숙한다. 신체는 열여덟이 될 때까지는 일을 할 수가 없다. 그동안의 기간이라는 것은 전혀 쓸모없이 낭비되는 것이다. 따라서 신체의 발육이 암소처럼 빨라지도록 촉진할 수가 있다면 우리 공동 사회에 얼마나 막대한 기여가 될 것인가!

연 습 문 제 8

다음 글을 읽고 물음에 답하세요.

(1) 옛날에 제가 근무하던 학교 옆에 찐빵 집이 있었어요. 값이 싸고 아주 야들야들하며 한 입에 먹기 좋을 만큼 앙증맞게 작아서, 근처 직장인이며 아파트 주민, 청소년 학생들에게 아주 인기가 좋았어요. 그래서 어떤 때는 찐빵 가마에서 찐빵이 나올 때를 기다렸다가 가져와야 할 만큼 잘 팔렸지요.

(2) 그런데 얼마 안 되어 그 옆집에 새 찐빵집이 생겼습니다. 그래서 사람들이 이 집에서 찐빵을 못 사면, 그 집에서 찐빵을 샀습니다. 그러나 생긴 것이 아주 비슷했으나, 찐빵 맛이 달랐습니다. 그리고 찐빵이 뻣뻣하고 질겼지요. 나중에 보니 찐빵집이 나란히 있는데도 한 집은 빵이 잘 팔렸으나, 나중에 개업한 집은 파리를 날렸지요.

(3) 요즈음 청소년들 중 일부는 유명한 찐빵집 옆에 새로 찐빵집을 내려는 사람처럼 삽니다. 즉, 유명한 가수, 탤런트, 운동선수들이 그 위치에 도달하기까지 피나게 노력하였으며, 그 자리를 지키려고 엄청나게 노력한다는 사실을 대수롭지 않게 생각합니다. 그리고 유명해져서 얻는 돈과 명예만 바라보고 하염없이 부러워합니다. 말하자면 그 작은 찐빵에도 빵을 만드는 사람의 10여 년 기술이 담긴 것인데, '그까짓 것' 하면서 과정을 무시하고 잘 팔리는 모습만 보면서 대충대충 찐빵집을 따라 내려는 것과 똑같습니다.

(4) 그러나 무슨 일이든 과정 없이 좋은 결과를 기대할 수는 없지요. 그러니 만약 3년 뒤 해외로 배낭여행을 떠나고 싶다면 돈은 얼마나 있어야 하고, 얼마나 힘이 드는지, 외국어를 익히고 가야 하는지를 알아보아야 합니다. 그래야 어떻게 돈을 벌어 달마다 얼마씩 저금해야 하는지, 어떻게 체력을 키워야 하는지, 어떤 식으로 외국어를 공부해야 하는지를 파악할 수 있습니다.

(5) 인생 설계도 마찬가지입니다. 청소년은 우선 10년 뒤 자기가 그 나이 때 무엇을 하며, 어떻게 살았으면 좋겠는지를 정해야 합니다. 그러면 그 목표를 달성하기 위해 바로 그 전 해인 9년 뒤에는 무엇을 해야 하는지를 결정할 수 있습니다.

(6) 이런 식으로 8년 뒤, 7년 뒤 할 일을 찾다 보면 자기가 지금 무엇을 해야 하는지를 알 수 있습니다. 해가 바뀌고 몇 달이 지나도 지금 무엇을 하는지, 뭘 해야 할지 모르는 사람은 10년 뒤 자기가 무엇을 하며 어떻게 살아야 할지 목표를 정하지 않고, 무작정 사는 사람입니다.

한효석

1. (1)과 (3)에서 각각 무엇을 이야기 소재로 삼았는가?

2. (3)에서 비교하는 두 대상의 차이는 무엇인가(차이가 왜 생겼는지)?

3. (4)에서 글쓴이가 주장하는 것은 무엇인가?

4. 이 글에서 궁극적으로 말하고자 하는 본질은 무엇인가?

다음 글을 읽고 물음에 답하세요.

(1) 한국에 살면서 느끼는 가장 큰 문제점 중 하나는 비리, 부패, 뇌물, 부정 등의 단어를 신문 지상이나 각종 매스컴 등을 통해 너무나도 쉽게 접한다는 사실이다. 경제력이 세계 10위권 이고, 문화 콘텐츠가 우수하며, 스포츠 영웅들이 나오고, 또한 정보기술(IT) 강국이라는 찬사를 받는 대한민국에 왜 이렇게 뇌물 스캔들이 끊이지 않는지 모르겠다.

(2) 2007년 12월에 발표된 국제투명성기구의 '2007년 부패인식지수 조사 결과'에서 한국은 10점 만점에 5.1점으로 112개국 가운데 43위라는 불명예를 안았다. 한국은 경제 강국이면서도 경제협력개발기구(OECD) 가맹국 가운데 기업 투명도가 매우 낮은 나라임이 확인된 셈이다. 우리를 더욱 안타깝게 만드는 것은 화려해 보이는 스포츠계의 비리와 부패이다.

(3) 동양챔피언 방어전을 승리로 장식했지만 링 위에서 쓰러져 뇌사 판정을 받고 장기를 기증하고 떠난 훌륭한 복서 최요삼 선수. 그러나 그의 가족들에게 협회 측에서 조의금이나 위로금은 한 푼도 지급하지 않았다는 충격적인 보도가 전해졌다. 그 이유가 협회 간부들의 공금횡령 등으로 기금이 고갈되었기 때문이라는 뉴스를 접한 우리는 눈부신 선수들의 업적에 들러붙어 그것을 뺏어 먹고 사는 칙칙한 존재들의 파렴치한 행위에 서글픔과 분노를 금치 못했다.

(4) 얼마 전에 공기업 감사를 나갔다가 그 기업에서 술집 여종업원들의 향응까지 제공받은 국회의원들이 구설수에 오른 적이 있었다. 다른 나라 같았으면 즉각 의원직을 사퇴해야 할 사건인데도 오랜 관습이라는 이유로 결국 유야무야되고 말았다. 공금으로 여종업원의 부적절한 향응까지 제공받는 것도 관습이란 말인가?

(5) 그런 추태가 한국의 관습이라면 한국은 시한폭탄과 같은 치명적 결함을 숨긴 채 질주하는 고속열차와도 같다. 다른 나라들에도 이와 같은 문제는 얼마든지 있다며 도외시하는 자세는 옳지 않다. 부정부패란 남의 나라와 비교할 차원의 사안이 아니기 때문이다. 국가의 근본까지도 뒤흔들 만한 파괴력을 가진 것이 부정부패라는 것을 인식하지 못하면 미래는 밝지 못하다. 아랫사람들이 아무리 훌륭하다 해도 권력을 손에 쥔 자들이 썩어 있으면 국가의 존망은 뻔하다.

(6) 어떤 신문기사 검색 사이트에서 '비리' '부패' '뇌물'이라는 검색어로 한국의 신문기사를 검색해 보았다. 그 결과 최근 한 해 동안 '비리'는 6020건, '부패'는 4391건, '뇌물'은 2577건이 검색되었다. 이 숫자를 모두 합해서 단순하게 평균을 내보면 우리는 한 달에 약 1080회, 하루에 약 36회나 이 단어들과 만나고 있다는 결과가 나온다. 이것은 신문 기사만의 숫자니

까 다른 매스컴을 다 합하면 이런 단어들과 훨씬 더 많이 접하고 있음을 알 수 있다. 어쩌면 한국인들의 윤리 감각이 마비되어 가고 있다는 것을 암시하는 것인지도 모른다.

(7) 부패지수가 낮은 선진국을 보면 사욕을 채우기 위해 공익을 해치는 행위를 수치스럽게 여기는 풍토가 정착되어 있다. 부정부패를 증오하고 비리를 저지른 사람을 용서하지 않는 응징의 정신이 자리 잡고 있다. 차기 정부는 비리 사건에 연루된 자에게 수수한 뇌물의 50배를 벌금으로 부과하겠다고 했다. 말만이 아니라 구체적인 법률화까지 이뤄지기를 바란다.

호사카 유지, 2008년 1월 12일 〈경향신문〉

1. 이야기 소재로 삼은 것을 (1)에서 찾아 한 문장으로 정리하라.

2. 비리가 만연하는 원인을 글쓴이는 (5)와 (6)에서 어떤 단어로 표현하였는가?

3. (7)에서 비리를 근절하려면 사람들이 어떻게 해야 한다는 것인지, 함축적 의미를 한 문장으로 정리하라.

다음 글을 읽고 물음에 답하세요.

(1) 난방은 어렵다. 보일러 스위치만 누르면 되지만 누르려고 하면 텔레비전에서 본 장면들이 떠오른다. 기초생활 보장 급여로 빠듯하게 사느라 겨우내 냉방에서 생활하는 홀몸 노인들, 식구는 많아도 쪼들리는 형편 탓에 연료비 감당이 어려운 집들. 해결책 없는 고민을 하는 건 착해서가 아니라 자라면서 줄곧 들어온 협박성 경고 때문이다.

(2) 제일 무서운 건 먹을 걸 버리면 벼락 맞는다는 말. 죽어서 염라대왕 앞에 가면 살아생전에 허투루 버린 음식을 모두 먹어야 한다니 똥배가 나와도 버리기가 힘들다. 그 다음엔 물. 죽어서 염라대왕 앞에 가면 그동안 낭비한 물을 다 마셔야 하고, 마시다 보면 배가 풍선처럼 부풀어 뻥! 터지는 일도 있다고 한다. 그런 식의 협박이 내 안에서 자꾸 새끼를 치는 바람에 경계해야 할 일이 갈수록 많아진다. 춥게 사는 사람 많은데 따뜻하게 사는 것도 그중 하나가 되었다.

(3) 난방을 많이 하는 집에 놀러 갔더니 몸이 적응을 못하는지 계속 땀이 났다. 젖은 몸으로 찬바람을 쏘여서인지, 우리 집이 너무 추워서 그랬는지, 독한 감기에 걸려 앓아눕고 말았다. 문밖출입 못한다는 소식을 들은 친구가 귤 한 상자를 보내 주었다. 겨우 탱자나 탁구공 크기였지만 어찌나 맛이 좋고 싱싱한지 문병 오는 사람마다 한 봉지씩 싸서 보냈다. 아무리 꺼내도 끝없이 나오는 귤, 크고 깊은 상자에 붙은 딱지를 보니 서귀포 출신이었다.

(4) 마지막 몇 개 남은 귤을 벗기며 신문을 보는데 명함만 한 사진이 눈을 끌었다. 내 손의 귤처럼 작은 귤들이 사진의 절반을 채우고 있었다. 반가운 마음에 들여다보니 '비상품 감귤 폐기'라는 제목 아래 짧은 설명이 붙어 있었다. "제주 서귀포시 쓰레기 매립장에서 지름 51㎜ 이하의 비상품 감귤을 매립하고 있다. 제주도는 감귤 값이 계속 폭락하자 비상품 감귤의 유통을 차단해 감귤값을 끌어올리기로 했다."

(5) 지름 51㎜ 이하라면 바로 내가 맛있게 먹고 있는 그 감귤 아닌가. 풍년으로 감귤값이 내려가자 상품가치가 낮은 꼬마 귤들을 땅에 묻어 값을 올리려 한다는 거였다. 애써 영글었는데 크기가 작다는 이유로 무참한 운명을 맞다니.

(6) 감기가 흔한 겨울엔 비타민C 풍부한 감귤을 먹어야 한다고 하지만, 생산지를 떠난 과일값엔 살이 붙어 사 먹기가 쉽지 않다. 저 어여쁜 귤들을 차디찬 땅에 생매장하는 대신 형편이 좋지 않은 이웃들에게 나눠 줄 순 없었을까.

(7) 기분을 바꾸려고 텔레비전을 켜니 여름 복장의 연예인들이 박장대소를 하고 있었다. 며칠 전 본 한국방송의 〈열린 음악회〉가 생각났다. 사회를 보는 아나운서도, 출연하는 가수들

도 대개 소매가 없고 가슴이 깊게 파인 드레스 차림이었다. 문밖은 영하인데 케이비에스 홀의 온도는 몇 도일까? 기름값이 배럴당 100달러를 넘나든다는데……. 냉방에서 이불을 쓰고 앉아 저 방송을 보는 사람들이 있을 텐데…….

(8) 추운 기색이라고는 없는 사회자가 웃음을 띠고 "본의 아니게 소홀했던 주변도 돌아보고" 어쩌고 하던 걸 생각하니 협박이 쏟아져 나왔다. "남들 추울 때 혼자 안 춥게 살면 벼락 맞는대! 죽어서 염라대왕 앞에 가면, 한여름에 겨울옷 입고 몸 안의 물이 다 마를 때까지 땀을 빼게 되거나, 한겨울에 비키니 입고 이를 딱딱 부딪치다 바스러진대!"

(9) 상자 속에서 끝없이 나올 것 같던 꼬마 귤이 마침내 바닥났다. 슈퍼마켓의 봉지 귤들은 꼬마 귤보다 훨씬 크고 피부엔 자르르 윤기도 흐르지만 사고 싶지가 않다. 쓰레기 매립장에 묻힌 꼬마 귤들이 자꾸 생각나 이제 남은 겨울엔 귤을 먹지 못할 것 같다.

김흥숙, 2008년 1월 12일 〈한겨레〉

1. 다음 빈칸을 채워 보라.

	(1), (2) 단락	(3)~(5) 단락	(7), (8) 단락
어떤 상황인지 본문에서 찾으면?	1)	꼬마 귤을 땅에 묻어	여름 복장, 문밖은 영하인데
왜 그런 문제가 생겼는지?	경계(춥게 사는 사람이 많은데, 따뜻하게 사는 것)	2)	3)

2. (6)에서 글쓴이 주장이 잘 드러난 말은 어느 것인가?

3. 이 글에서 궁극적으로 말하고자 하는 본질은 무엇인가?

3장

논증

상대방을 설득하는 합리적인 과정이 어떤 것인지를 익힙니다.
논리에는 질서가 있어서 몇몇 규칙만 알면
논증 과정이 이성적이라는 것을 알 수 있습니다.

1 논증의 이해

1 논술글에서 논증은 일정한 규칙에 따라 약속된 질서가 있어서, 몇몇 요령만 익히면 그다지 어렵지 않습니다. 논증은 크게 '큰 틀 잡기'와 '단락 쓰기'에서 필요합니다. 큰 틀 잡기는 글 전체의 구조(뼈대, 흐름)를 잡는 과정이고, 단락 쓰기는 각 단락 논거(중심 문장)를 이해시키는 과정입니다. 그림에 빗대면 큰 틀 잡기는 종이에 스케치하여 그림의 구도와 윤곽을 잡는 단계입니다. 단락 쓰기는 이 밑그림에 온갖 색을 덧보태 그림을 구체적으로 드러내는 단계입니다.

논술글에서 논증이 잘되었다는 것은 글쓴이가 자기주장을 뒷받침하는 논거를 잘 찾고, 제대로 늘어놓으며, 그 논거를 각 단락에서 제대로 논의하였다는 뜻입니다. 즉, '글 전체의 뼈대가 잘 잡혔다'고 하면 주장과 논거가 분명하고 객관 타당하며, 논거가 잘 배치되어 일관성을 유지하였다는 것입니다. 그리고 '글이 자연스럽다, 매끄럽다'고 평가받았다면 각 단락 논거 문장을 다른 문장으로 넉넉하고 깊이 있게 뒷받침하면서, 그 논거와 뒷받침 문장이 밀접한 관계를 유지하여 군더더기가 없다는 것입니다.

2 논증에서는 주로 '일관성, 정합성'을 평가합니다. 일관성은 큰 틀 잡기를 평가하는 기준입니다. 정합성은 그 문장(내용)이 제자리에 바로 놓였는지를 평가하는 것으로, 큰 틀 잡기와 단락 쓰기에 두루 쓰이는 기준입니다. 채점자는 먼저 일관성과 정합성을 기준으로 필요한 논거가 제대로 배치되었는지 확인합니다. 그 뒤 다시 한 번 정합성으로 각 단락에 쓰인 문장이 그 자리에 꼭 필요한 것인지를 확인합니다.

논술글은 여러 단락이 모여 주제 하나를 완성합니다. 그러므로 그 주제를 기준으로 글 전체가 일정한 흐름을 유지해야 합니다. 출발할 때 논의의 바탕으로 삼은 내용이 중간에 없어지거나 다른 내용으로 바뀌었다면 일관성을 잃은 것입니다.

때로는 어떤 견해를 느닷없이 등장시킵니다. 그런 것을 '비약'이라고 하는데, 글의 흐름이 오락가락하는 것은 글 전체를 조감하지 못하기 때문입니다. 따라서 큰 틀 잡기가 안 되면 '일관성, 정합성'에서 실패한 것입니다. 그러므로 모든 문장을 구상하여 글 한 편을 완성하기 전에 몇몇 논거 문장으로 큰 틀 잡기부터 연습해야 합니다.

즉, 각 단락에 어떤 논거를 놓을지, 그 논거를 어떻게 구조화할지를 고민하면 됩니다. 예를 들어, 어느 수험생이 서론-본론-결론 구조이되 형식 단락 5개로 논술글을 완성하려면, 먼저 다섯 문장으로 논술글의 큰 틀을 만듭니다.

③ 심층면접에서도 이 원리는 같습니다. 수험생이 면접 문제를 받으면 처음에 어떤 말로 시작하고, 어떤 말로 논의하다가, 끝은 어떤 방향으로 마무리해야겠다고 구상할 것입니다. 논술글로 치면 서술할 전체 내용을 4~5문장으로 정리하여 큰 틀을 잡는 것과 비슷합니다. 전체 내용의 큰 틀을 구조화한 셈이지요. 면접관에게 그 큰 틀을 구체적으로 설명하려고 어떤 용어를 어떻게 정의하고, 어떤 사례를 인용해야겠다고 생각하면 그것은 '단락 쓰기'를 고민한 것입니다.

그러므로 심층면접은 말로 하는 논술입니다. 제한된 시간에 수험생이 효율적으로 답변하는지를 평가합니다. 어느 질문이든 바로 '논증의 큰 틀(주장과 논거)'을 구상하여 일관성을 유지하면 됩니다. 면접자와 5분 안팎으로 만날 경우 질문 시간을 고려하면 30초짜리 답변 서너 개일 뿐입니다.

그리고 첫 1분에 큰 틀 잡기로 구조를 보여 주고, 나머지 시간에는 그 구조를 상세화합니다. 이 과정에서 면접자가 수험생에게 주장과 논거에서 확장할 곳을 묻습니다. 수험생은 그 질문에 대답하기만 하면 됩니다. 논술글보다 구상하기 쉽습니다. 수험생이 당황하지 않고 지식인끼리 대화한다는 기분으로 심층면접을 즐기면 됩니다.

④ '큰 틀'을 잡을 때 논증 구조는 아주 다양합니다. 가장 흔한 것으로 '서론-본론-결론' 3단 구조가 있습니다. '기-승-전-결'처럼 4단으로 구상할 수도 있습니다. 또는 논거를 나열한 뒤 자기 주장을 덧보태는 2단 구조로 논증할 수 있습니다. 때로는 2단 구조를 변형하여 주장을 먼저 하고 논거를 거론한 뒤, 끝에 가서 주장을 다시 한 번 쓸 수도 있습니다.

이런 구조는 대체로 논증 과정이 단순하여 읽는 이가 보기에도 좋습니다. 특히 서론-본론-결론 3단 구조는 처음에는 은근히 문제점을 제기하고, 본격적으로 논의하다가, 끝에서 확실히 마무리하는 구조라서 오랫동안 사람들에게 사랑받았습니다.

논증 구조가 다양하고 구조의 창의성을 의식해도, 수험생은 시험장에서 새로운 구조를 고안하지 않는 것이 좋습니다. 오래전부터 검증되어 효과가 잘 드러난 방식으로 글을 쓰는 것이 바람직합니다. 시험장에서 남다른 구조를 생각해 내기가 어렵기 때문입니다. 모든 수험생의 논증 구조가 같으면, 채점자는 그 구조에 담긴 내용을 놓고 우열을 가립니다.

그런데도 어떤 사람은 창의적 발상을 보여 준다며 논증 구조를 파격적으로 고안합니다. 그러나 낯선 구조를 제대로 소화하지 못하면, 내용은 진부하면서 '형식만 파괴'한 글로 끝나기 쉽습니다. 그런 열정을 논증 내용에 쏟아 남과 차별화하는 것이 낫습니다. 물론 시험 문제에서 서론-본론-결론을 갖추라고 하면, 당연히 그 구조에 맞추어 글을 써야 합니다.

기존 서론-본론-결론, 기-승-전-결 같은 논증 구조와 다른 방식도 있습니다. 수학과 화학 문제를 논증할 때 풀이 과정을 수식과 기호가 아니라 한글로 정리하는 경우입니다. 수학 교과서에 담긴 문제 풀이 과정은 인류가 오래전부터 수학 기호로 약속한 것입니다. 군더더기 없는 과정, 효율적인 과정으로 오랫동안 확인된 것이지요. 그러므로 수학 문제를 이용한 논술(면접)은 그 검증된 과정을 글(말)로 잘 정리하는지를 평가하는 시험입니다. 서론-본론-결론 구조를 고집할 필요는 없습니다.

5 논증이란 우기거나 강요하는 것이 아닙니다. 논증은 자기주장을 합리적, 객관적, 이성적으로 입증하는 과정입니다. 그러므로 자기가 뱉은 말을 자신이 분명히 책임지고 공론화해야 합니다.

예를 들어, 두 사람이 '전태삼'을 두고 '사람이 아니다, 훌륭한 사람이다'라며 극단적으로 나뉘어서 논쟁한다고 칩시다. '전태삼은 사람이 아니다'라고 주장하는 사람은 그렇게 판단하기 전에 수많은 생각을 했겠지요. 그것을 거꾸로 찾아 올라가면 다음처럼 구조화할 수 있습니다.

① 사람은 적어도 이래야 한다.

↓

② 전태삼은 그 기준에 못 미친다.

↓

③ 전태삼은 사람이 아니다.

'전태삼은 훌륭하다'고 주장하는 사람도 어떤 기준을 놓고 훌륭하다고 판단했겠지요.

① 사람은 대부분 이렇다.

↓

② 전태삼은 그 기준을 넘었다.

↓

③ 전태삼은 훌륭한 사람이다.

따라서 전태삼을 좋아하든 싫어하든 ③ 앞에 뜬금없이 '② 전태삼은 철학자다'를 논거로 놓고 설명하면 논증이 안 됩니다. 사람들이 "갑자기 그 소리를 왜 해?"라고 지적하는 것은 거론한 논거가 타당성이 없기 때문입니다. 반드시 ①과 ②가 함께 있어야 ③이 성립합니다(①+② → ③).

6 흔히 사람들은 상대방과 논쟁할 때 '말꼬리를 잡는다'고 합니다. 논증이란 자기가 뱉은 말에서 상대방이 말꼬리를 잡을 만한 곳(궁금해하는 곳, 이해가 안 되는 곳, 의심스러운 곳)에 밑줄을 긋고 깊이 있게 설명하는 것입니다. 읽는 이가 말꼬리 잡을 만한 곳에 밑줄을 긋는다고 할 때, 논증은 그 밑줄을 강화하는 과정입니다.

따라서 어떤 내용을 논증하려면 주장(방향, 주제, 논지) 문장을 먼저 결정하는 것이 좋습니다. 그 주장 문장에 밑줄을 그으면 주장 앞에 어떤 논거를 놓아야 할지를 판단하기 쉽습니다. 즉, 주장의 폭과 깊이에 따라 논거의 폭과 깊이도 달라집니다.

예를 들어, 누군가 '소크라테스는 죽는다'를 주장하면 그 문장에서 '소크라테스'가 무엇인지를 상대방에게 설명해야 합니다. 그래서 그 앞쪽에 '② 소크라테스는 (물건이 아니라) 사람이다'를 놓습니다. 그리고 글쓴이는 많은 것 가운데 '② 사람'을 왜 거론했는지를 설명하려고 다시 ①을 덧보탭니다(①+② → ③).

① 사람은 죽는다.

↑

② 소크라테스는 사람이다.

↑

③ 소크라테스는 죽는다.

결국 ③에 있는 '소크라테스'에 밑줄을 긋고 그 부분을 뒷받침하려고 ②를 덧보탰습니다. 그리고 다시 ②에 있는 '사람'에 밑줄을 긋고 그것을 뒷받침하려고 ①을 덧보탰습니다. 그런 과정을 3단으로 정리한 것이 위와 같은 구조였습니다. 생각은 ①에서 출발하여 ②를 거쳐 ③에 이르렀고, 논증은 ③을 가설로 세우고 ①과 ② 논거로 입증하였습니다.

2 논증 과정의 집중력

어떤 수험생은 논증 과정을 지루하게 생각합니다. 자기가 몇 마디만 하면 상대방이 대충 알아들어야 하지 않느냐는 것이지요. 물론 사석에서 친한 사람끼리는 정서로도 서로 충분히 이해할 수 있습니다. 같이 겪은 일이 많으니까요. 부부가 오래도록 함께 살면 눈빛만 보아도 상대방을 대충 이해합니다.

그러나 논술은 시험이므로 채점자는 논증 과정을 예상하고 수험생이 어떻게 논증하는지를 평가합니다. 그런데도 지루해할까 봐 채점자를 배려한답시고 수험생이 '이런 것까지 말씀 안 드려도 다 아시지요?'라며 논증 과정을 생략한다면 채점자가 평가할 부분을 수험생 스스로 없앤 셈이지요. 그러므로 수험생은 논증 과정을 하나하나 밝혀야 합니다.

첫째, 논증 과정이 너무 유치하면 안 됩니다. 예를 들어 '살기 좋은 나라'를 설명할 때 '물 맑고 사계절이 뚜렷하다'를 논거로 삼으면 고등학생답지 않습니다. '물을 그냥 마셔도 된다, 가을 하늘이 얼마나 파란지 아느냐' 같은 말은 상대방이 엄청나게 더럽고 험한 나라에서 온 사람이라면 모를까, 같은 한국 사람에게는 설득력이 떨어집니다.

상대방이 어느 나라 사람이든 수험생은 적어도 개인 정서보다 공적 담론에 매달려야 합니다. 즉 복지 제도, 다양성 인정, 기회 보장 따위를 설명하면서 '우리나라가 한 사람 한 사람을 어떻게 배려하는지'에 매달려야 논증 수준이 높은 것입니다.

둘째, 때로는 엉뚱한 것에 매달리고 정작 중요한 것을 놓칩니다. 수험생은 자기가 내뱉은 말에 책임져야 합니다. 그러려면 자기가 내뱉은 말에서 상대방이 궁금해하는 것을 예상하여 그 부분을 계속 보완해야 합니다.

그런데도 '인터넷을 통해 정보를 손쉽게 얻을 수 있다'를 설명할 때 느닷없이 '휴대전화'를 등장시켜 성능이 얼마나 좋아졌는지, 값이 얼마나 싸졌는지, 디자인이 얼마나 예뻐졌는지를 거론하기 때문에 상대방이 흥미를 잃는 것입니다.

셋째, 뻔한 이야기를 질질 늘리면 안 됩니다. 한 단락에서 다루어야 할 논거는 하나이며, 그 논거를 뒷받침하는 단어는 구체적이어야 합니다. 말하자면 그 단락에서 말하고자 하는 핵심을 증명하는 것이므로, 좀 더 쉬운 단어로 설명하여야 상대방을 이해시킬 수 있습니다.

그런데도 수험생이 많이 아는 척하며 서양 철학자 이름을 거론하면서 그렇고 그런 말로 계속 말장난을 하여 원고량을 늘리거나, 비슷한 사례를 나열하여 원고지를 채우면 글이 지루해집니다.

넷째, 논증 과정을 생략하고 자꾸 앞으로 나아가면 안 됩니다. 한 단락에서 한 논거를 정교하게 증명하기에도 바쁜데, 어떤 수험생은 계속 논거를 나열합니다. 마치 신문 사설이라도 쓰는 것처럼 당위를 강요하기만 하지, 상대방을 자상하게 설득하려 하지 않습니다.

예를 들어, 한 단락에 힘을 잔뜩 실어 '살기 좋다, 인터넷에서 정보를 손쉽게 얻는다, 배려할 수 있다, 반성하기 힘들다' 따위를 담습니다. 이렇게 각각 단락으로 독립시켜야 할 논거를 한 단락에 모두 담아 무리하게 밀고 나갈 때 논증에 실패합니다.

3 필연성과 개연성

필연은 어떤 일이 벌어질 확률이 100% 또는 0%라는 것입니다. 즉, 그런 일이 반드시 일어나거나 일어나지 않습니다. 이에 비해 개연은 예외가 있습니다. 확률이 매우 높아 99.99%라고 해도 100%는 아닙니다. 마찬가지로 확률이 낮아 0.001%라고 해도 0%는 아닙니다. 예를 들어, 사람들이 로또 복권을 사는 것은 개연성을 기대하는 것입니다. 즉, 사람이 살면서 벼락에 맞을 확률이라고 하지만, 누군가는 로또 복권에 당첨되기 때문이지요.

예를 들어, '모든 생명체는 죽는다'는 맞는 말입니다. 평균 수명이 하루살이처럼 짧든, 거북이처럼 길든 언젠가는 반드시 죽으므로, 이 말은 필연을 강조한 말입니다. 그러나 '모든 까마귀는 반드시 검다'는 틀린 말입니다. 환경 변화에 따라 생각지 못했던 까마귀가 등장할지 모릅니다. 그러므로 이 말에 개연성을 주어 '까마귀는 대부분 검다'로 바꾸어야 맞습니다. 다음 두 사람의 대화를 필연과 개연에 비추어 생각해 보세요.

> **힘찬** 확신이가 그렇게 말할 수 있어?
> **흔들** 그럼. 그럴 수 있지.
> **힘찬** 아냐, 그건 전혀 말이 안 돼.
> **흔들** 사람이 살다 보면 그럴 수 있지.

같은 말을 두고 힘찬이와 흔들이가 다툽니다. 확신이 말을 두 사람이 서로 달리 받아들이기 때문입니다. 힘찬이는 확신이 말에 반발하지만, 흔들이는 확신이 말에 동조합니다. '절대로 안 된다'와 '상대적으로 그럴 수 있다'가 충돌한 것이지요. 힘찬이는 필연성을 강조하며 '100% 그렇게 말해서는 안 된다'는 것이고, 흔들이는 개연성을 생각하며 예외를 인정하자는 것입니다.

'해는 동쪽에서 떠서 서쪽으로 진다'와 '사람은 죽는다'도 필연성을 강조한 말입니다. 그러나 '물을 좋아하는 사람은 물에 빠져 죽는다'고 단정하려면 물을 좋아하는 사람이 지금까지 '반드시, 100%' 물에 빠져 죽었어야 합니다. 물론 현실적으로 그럴 수 없지요. 그러므로 이 문장은 '물을 좋아하는 사람은 물에 빠져 죽기 쉽다'처럼 개연성을 담아야 정확합니다.

따라서 필연성은 과학적으로 입증된 사실, 철학적 진리, 역사적 당위처럼 누구나 그럴 수밖에 없다고 동의할 때 이용하는 것이 좋습니다. 그리고 '고문은 인간을 파멸시킨다, 반성하지 않는 역사는 반복된다'처럼 대부분 단정적인 서술어로 끝냅니다.

어떤 사람은 '밥을 먹었더니, 배가 부른 것 같다'고 말합니다. 그러나 배가 부르고 말고는 자신이 스스로 판단하는 것이니, 이럴 때는 '부르다, 안 부르다, 조금 부르다'처럼 단정적으로 표현해야 옳습니다.

이에 비해 개연성은 예외를 고려해야 하므로, 서술어를 단정적으로 끝내서는 안 됩니다. 예를 들어 '청소가 하나도 안 되었다'를 '청소가 거의 안 되었다, 청소가 안 된 편이다'처럼 바꾸어야 합니다.

이런 개연 서술어는 '추측, 가능성'을 담아 '~하기 쉽다, ~인 편이다, ~이기는 힘들다, ~인 셈이다, ~일 것이다, ~일지 모른다, ~할 수밖에 없다, ~하기는 어렵다, ~일 것 같다' 같은 형태로 쓰입니다. 이런 서술어를 이용하면 두 문장을 한 문장으로 줄일 수 있습니다. 다음 글을 비교해 보세요.

> 1. 학생들은 미숙하다. 물론 다 그렇다는 것은 아니다.
>   → 학생들은 미숙한 편이다.
> 2. 미성년자는 자기 욕구를 억제하지 못한다. 물론 예외는 있다.
>   → 미성년자가 자기 욕구를 억제하기는 힘들다(쉽지 않다).

4 논증할 때 주의할 점

1 논증할 때 글 전체의 방향을 분명히 잡아야 합니다. 쓰는 이가 글이 나아갈 목표를 제대로 잡지 못하면, 휴게실에서 수다를 늘어놓듯이 그때그때 떠오르는 글감을 늘어놓기 쉽습니다. 논증은 결론 단락에 있는 주장 문장을 입증하려고 서론과 본론 단락에 수많은 문장을 늘어놓는 것입니다. 가령 어느 글이 총 30문장으로 서술되었다면, 결론 단락에 있는 주장 한 문장 때문에 나머지 29문장이 존재하는 것이나 다름없습니다. 결론 단락에 이르렀는데도 수험생이 주장을 분명하게 드러내지 않으면 채점자는 반드시 감점합니다. 다시 말해 '태도가 모호함, 논지가 분명치 않음, 말하고자 하는 것이 드러나지 않음'으로 처리합니다.

2 논술 시험에서 찬반 어느 한쪽을 선택하라고 하면 수험생은 반드시 둘 중 하나를 선택해야 합니다. 이런 문제는 수험생이 어느 한쪽을 선택해도 충분히 논증할 수 있다고 출제자가 판단한 것입니다. 수험생이 어떤 것을 선택하고, 그 선택을 어떤 논리로 설득하는지를 평가합니다. 이때 출제자(상대방)가 반박할 만한 곳을 어떻게 봉쇄할지도 충분히 고려해야 합니다.

3 자기 논리를 증명하는 것보다 상대방 주장을 반박하는 것이 더 자극적일 수 있습니다. '내가 100% 찬성할 때, 반대론자들을 어떻게 설득할 수 있을까?'를 생각해야 합니다. 물론 반박할 때는 비중이 좀 더 큰 것에 매달려야 합니다. 가령 '범죄 예방 효과가 크다'를 반박할 때, 사람들은 대체로 '크다'에 매달리기 쉽습니다.

　그러나 내가 '크지 않다(작다)'를 증명하는 것은 '범죄 예방 효과'를 어느 정도 인정한다는 뜻입니다. 또 '100% 효과가 없다'고 말하기도 어렵습니다. 따라서 '크지 않다'를 버리고, 상대방이 주장하는 '범죄' 또는 '예방' 또는 '효과'를 반박해야 합니다. 즉, "당신이 '범죄'를 그렇게 정의하니까 범죄 예방 효과가 크겠지" 같은 상황이라면, 상대방의 '범죄' 부분을 반박하는 것이 좋습니다.

4 출제자가 지시하지 않아도 어느 한쪽을 충분히 논증할 수 있다면 자기 마음이 기우는 쪽을 선택하는 것이 좋습니다. 즉, '찬성하면 어떤 장점이 있는지, 또는 무엇을 할 수 있는지'로 상대방을 확실히 설득

할 수 있다면 그쪽을 선택합니다. 자기 태도를 분명히 하면 논증의 큰 틀을 잡기 쉬우며, 그 구조에서 자기 생각을 분명히 드러낼 수 있습니다. 예를 들어, 찬성하는 글은 다음 구조처럼 찬성 논거를 설명하면서 상대방을 설득합니다(논술 시험에서 논증은 다음과 같은 틀을 응용하면 거의 다 해결할 수 있습니다).

서론 : 사람들이 반대한다.
본론 1 : 찬성했을 때 장점 1
　　　2 : 찬성했을 때 장점 2
결론 : (나는) 찬성한다.

서론 : 사람들이 반대한다.
본론 1 : 찬성하지 않았을 때 문제점 1
　　　2 : 찬성하지 않았을 때 문제점 2
결론 : (나는) 찬성한다.

서론 : 사람들이 반대한다.
본론 1 : 찬성했을 때 장점
　　　2 : 찬성하지 않았을 때 문제점
결론 : (나는) 찬성한다.

서론 : 사람들이 갈등한다.
본론 1 : 반대론자 주장을 소개하고 반박 1
　　　2 : 반대론자 주장을 소개하고 반박 2
결론 : (나는) 찬성한다.

서론 : 사람들이 갈등한다.
본론 1 : 반대론자 주장을 소개
　　　2 : 반대론자 주장을 반박
결론 : (나는) 찬성한다.

⑤ 이러지도 저러지도 못하는 사람은 찬성과 반대에 각각 일리가 있어 어느 하나로 선뜻 결정하지 못하는 것입니다. 이럴 때는 어느 한쪽만 지지하는 것이 아니므로, 본론에 양쪽 견해를 모두 소개해야 합

니다. 그런 사람들은 다음 구조로 논증합니다.

> **서론** : 사람들이 갈등한다.
> **본론 1** : 찬성하는 근거 (찬성할 때 장점)
>   **2** : 반대하는 근거 (반대할 때 장점)
> **결론** : 신중하게 판단해야 한다. (어느 한쪽에 서기 어렵다)

이런 글은 결론 단락(주장)보다 본론 단락(논거)에 무게를 더 둡니다. 글쓴이가 본론에 이것 저것을 나열하고 자세히 소개하기 때문입니다. 이런 구조는 양쪽 태도를 절충하는 식이라서 '이것도 옳고 저것도 옳다'처럼 말할 수밖에 없습니다. 따라서 수험생 태도가 모호하거나 미약 하게 보입니다. 자칫하면 적당히 넘어가려는 것처럼 보이기도 합니다. 이런 특징 때문에 많은 사람들이 결론을 '양시양비(兩是兩非)로 끝내지 말라'고 충고합니다.

6 양시양비형 주장이라고 반드시 나쁜 것은 아닙니다. 오히려 어떤 시험에서는 이렇게 절충하기를 원 합니다. 사회가 복잡해지고 다양해지면서 어느 한 극단을 선택하는 것이 쉽지 않기 때문입니 다. 가령 '질서 있는 사회를 어떻게 생각하느냐?'고 묻는다고 칩시다. 질서를 완벽하게 통일된 구조로 보고 수험생이 '획일, 전체주의'를 연상하였다면 질서를 부정적으로 볼 것입니다. 그 렇다고 질서가 완벽하게 깨진 상태인 '무질서'를 수험생이 지지할 수도 없습니다.

따라서 '질서를 추구하더라도 개성을 보장하는 사회(질서와 무질서가 적당히 섞인 사회, 자유 와 절제가 조화를 이룬 사회)'로 답할 수밖에 없습니다. 다시 말해 '장점을 살리고 단점을 보완 해야 한다' 같은 양시양비형 주장일 수밖에 없는 것이지요. 이렇게 절충하기 쉬운 논제로는 '우리말과 외래어의 관계, 개발과 환경의 조화, 현대 사회의 소비문화, 종교에 대한 열정, 외래 문화 수용' 따위가 있습니다('결론 단락 쓰기'에서 양시양비를 좀 더 이야기합니다. 294쪽 참조).

7 논증의 큰 틀을 구상할 때 창의적이라는 것은 구조가 남다르다는 뜻이 아닙니다. 시험장에서 논증 구조 를 파괴하여 창의력을 발휘하기는 어렵습니다. 논증 과정에서 창의력을 발휘하려면 형식이 아니라 내용에서 남달라야 합니다. 특히 본론 단락에 담을 논거(주장을 뒷받침하는 논거)가 산 뜻해야 합니다. 남들이 주장을 뻔한 논거로 뒷받침할 때, 이쪽에서 남다른 논거로 뒷받침하 여 자기 색깔을 보여 주어야 한다는 것이지요. 물론 남다른 논거로 뒷받침하다가 자칫 별난 논거를 거론하여 창의 점수도 잃고, 정합성과 일관성 점수도 잃을 수 있습니다.

본론 단락에 남다른 논거를 쓰기가 쉽지 않을 때는 뻔한(일반적인) 논거로 주장을 뒷받침하 여도 좋습니다. 이럴 경우 논거의 창의 점수를 얻지 못하지만, 정합성과 일관성 점수는 잃지 않습니다. 즉, 많은 사람들이 사형 제도를 반대할 때 '오판 가능성이 크다, 생명의 존엄성을 가볍게 보기 쉽다'를 논거로 거론합니다. 그래도 남들과 똑같이 이 논거를 이용하는 것이 좋습니다. 오랜 세월 수많은 사람들에게 충분히 검증된 논거(참신하지 않지만 일반적인 논거)이기 때문입니다.

논거의 창의성은 상대적입니다. 원래 창의는 '(남과) 다르다, 산뜻하다, 참신하다, 별나다, 드물다'는 것이지, 무에서 유를 생각해 내라는 것이 아닙니다. 즉, 창조가 아닙니다. 예를 들어, 사형 제도를 반대하는 사람은 손쉽게 '오판 가능성, 생명 경시' 같은 논거를 내세웁니다. 이 논거는 결코 창의적이지 않습니다.

그래서 논술 시험장에서 대부분 수험생들이 이 논거를 피해 '범죄 예방 효과가 미흡하다, 인간은 남을 죽일 권리가 없다'는 논거를 이용하였습니다. 그러면 채점자는 그 수험생들에게 논거의 '획일성, 상투성, 천편일률'을 지적할 것입니다. 그리고 그 학생들에게 창의 점수를 똑같이 주겠지요. 그리고 '오판 가능성, 생명 경시'와 같이 모범 논거로도 채점자를 충분히 설득해 낸 수험생이 오히려 창의적이었다고 대우받을 것입니다.

8 논거는 일반화할 수 있는 것이어야 합니다. 즉, 제시한 논거가 객관성, 공정성, 보편타당성, 적절성을 유지해야 합니다. 논거는 다수가 충분히 동의할 수 있는 것이라야 논증하기 쉽습니다. 사람들이 말과 글에서 '일반적으로, 대체로, 흔히, 보통, 대부분'과 같은 단어를 많이 쓰는 것은 그 말이 오랫동안 다른 사람들에게 충분히 받아들여졌다는 것을 강조해 주기 때문입니다.

그래도 안 되면 '속담, 격언'처럼 확실히 일반화한 사례를 덧보태 논거를 강화해야 합니다. 이를 테면 '일반적으로 인간은 완벽하게 본능을 절제하지 못한다, 옛말에 사흘 굶어 도둑질하지 않는 사람은 없다고 하였다'처럼 이미 검증된 말을 이용하는 것이 좋습니다.

이런 방식이 어려우면 과학적 약속, 역사적 교훈, 보편적 진리, 과학적 사실, 통계 자료로 논거를 뒷받침할 수 있습니다. '통계에 따르면 사람은 ~한다고 한다'나 '쇠는 두들길수록 단단해진다고 한다'와 같은 식으로 논거를 강화합니다. 그렇게 거론한 내용은 오랫동안 충분히 검증된 것이므로, 글쓴이가 그 이유를 낱낱이 설명하지 않아도 됩니다. 물론 자기 견문을 적극적으로 이용한 것이 아니므로 신선한 맛은 떨어집니다.

다른 사람의 말을 인용하여 글쓴이의 논거를 일반화할 수 있습니다. 채점자도 알 만한 사람을 끌어들이는 것이 좋겠지요. 소크라테스, 니체, 칸트라든지 이율곡, 헤세를 인용합니다. '전통적으로 철학자들은 사람을 ~한 존재로 보았다'라든가, '일찍이 이율곡은 ~라고 하였다'처럼 서술하면 논거를 자세히 뒷받침해야 하는 부담을 덜 수 있습니다. 자기 논거를 드러내더라도 자기 혼자만의 생각이 아니라는 것을 다른 사람의 견해로 강조하였기 때문입니다.

9 논증은 이성적이고 합리적인 설득 과정입니다. 즉, 논증은 수단 방법을 가리지 않고 무슨 수를 써서라도 상대방을 굴복시키는 것이 아닙니다. 그러므로 논증의 모든 과정과 결과가 모두 이성적이어야 합니다. 사람들이 논증 과정에 명구(名句)를 인용하거나, 통계 숫자를 거론하는 것은 자기 의견이 독선(비이성, 비합리)이 아니라고 강조하는 것입니다. 이것은 공적 담론으로 입증하는 것이지, 개인적이며 정서적(심정적)으로 접근하지 않겠다는 뜻입니다.

문학이 정서적으로 공감대를 형성하여 주로 '호소'하는 것이라면, 논증은 이성적으로 공감대를 형성하여 '이해'하는 과정입니다. 그러므로 논증할 때 정서를 강조하는 것은 좋지 않습니다('정서를 이성으로 바꾸자', 58쪽 참조).

흑백 논리처럼 이분법적 사고, 편견, 단정적인 태도, 선입관을 논거라고 한다면 이것은 읽는 이에게 폭력을 휘두르는 것과 같습니다. 어떤 사람은 '정신적 가치와 물질적 가치, 이쪽과 저쪽'에서 반드시 하나를 선택해야 하는 것처럼 글을 씁니다. 그리고 그 허술한 곳을 화려한 글재주(말장난)로 채워 상대방을 속이려 합니다. 아무리 화려해도 다수가 동의하지 않으면 논증에 실패한 글입니다.

10 어떤 사람은 이유를 대지 않고 단정적인 서술어로 주장의 당위성만 계속 강조합니다. 논증이란 주장과 논거를 밝히며 차분히 설득하는 과정인데 '왜, 어째서'를 말하지 않고 주장을 말만 바꾸어 반복한다면 자기주장을 상대방에게 주입하려는 것과 같습니다. 논거를 댈 만큼 생각이 여물지 않았으면서 자기주장만 고집하는 것입니다. 논거 없이 허튼 소리로 원고지를 채웠을 뿐이지요.

이는 아무 생각 없이 주장을 받아들였거나, 주장에 집착하되 왜 그래야 하는지를 깊이 있게 생각지 않아 논거가 없는 것입니다. 또는 특수하고 드문 사례를 일반적인 사례로 착각하여 보편적으로 설득할 만한 논거를 찾아내지 못한 것이지요.

11 논거 제시가 적합한지, 논거가 정확한지를 수시로 검토해야 합니다. 많은 사람들이 꼭 필요한 논거인지, 틀린 말은 아니지만 굳이 필요하지 않은 논거인지를 구별하지 못합니다. 특히 수험생들은 자기 생각을 일방적으로 과시하려는 경향이 있습니다. 그러나 논증은 서로 대등한 관계에서 생각과 의견을 주고받는 것입니다.

따라서 제대로 논증하려면 먼저 주장을 분명히 하고, 그 주장 문장을 기준으로 전제가 되는 논거의 정합성을 판단해야 합니다. 적절한 논거를 찾으면 그 논거 문장에서 보완할 곳에 밑줄을 그어야 덧보태는 문장들이 논거 문장에 반드시 필요한 논의로 자리 잡습니다. 논증은 상대방과 글로 대화하면서 궁금해하는 곳을 이해시키는 과정입니다.

12 논증 방식이 타당한지를 확인해야 합니다. 주장과 논거를 구조화하였을 때, 정합성과 일관성에 맞

추어 군더더기가 없어야 합니다. 그러려면 각 단락이 제구실을 해야 합니다. 각 단락 논거가 빈약하면 그 주장의 타당성을 의심받습니다. 논거가 부실하고, 논의가 유치한 것은 견문이 모자라 사고(思考) 폭이 좁기 때문입니다. 자칫하면 아무것도 논의하지 못한 채 도덕적 훈계, 애국적 당부 같은 내용으로 원고지를 채우기 쉽습니다.

🔢 **연역 추론과 귀납 추론을 잘 활용해야** 합니다. 연역 추론은 일반적 사실에서 새로운 구체적 사실을 *끄집어내는* 과정입니다. 이때 한 사실에서 다른 사실을 바로 끌어내기도 하지만, 둘 이상의 사실에서 새로운 사실을 찾아내기도 합니다. 그래서 주로 의미에 호소하는 방식입니다. 다음은 연역 추론의 예입니다.

1. 모든 사람은 선하게 태어났다. 너도 선하다.
2. 사람은 똑똑하거나 아니면 엉뚱하다. 너는 똑똑하지 않다. 그러므로 너는 엉뚱하다.
3. 사람은 죽는다. 소크라테스는 사람이다. 소크라테스는 죽는다.

연역 추론은 철학적 관념을 정리할 때 주로 이용하는데, 일반적 사실과 구체적 사실이 명확하게 구별되지 않을 때 필연성을 판단 근거로 삼습니다. 즉, 100%(또는 0%) 가능성을 바탕으로 상대방을 설득하는 논증 과정은 연역 추론입니다. 어떤 일이 반드시 일어나거나 일어나지 않는 것을 이용하지요. 예를 들어 '언제나, 항상, 모두, 반드시, 절대로'는 추론 과정에서 예외를 인정하지 않는 말이며, '알려진 바로는, 소문에 따르면, 대개는, 일반적으로, 객관적으로'는 예외를 인정하는 말입니다.

🔢 **귀납 추론은 구체적 사실에서 일반적 사실을 끄집어내는** 과정입니다. 통계나 인과 관계를 바탕으로 일반적 사실을 찾아내기 때문에, 과학 실험이나 사회 현상을 정의할 때 많이 이용됩니다. 그래서 주로 확률과 사례에 호소하는 방식입니다. 다음은 귀납 추론의 예입니다.

1. 커피를 많이 마시는 사람이 잠을 제대로 못 자는 것으로 드러났다. 따라서 커피는 숙면을 방해하는 물질이다.
2. 지금까지 사고가 난 적이 없었다. 그러므로 이번에도 사고가 없을 것이다.
3. 정부는 정책적 판단에서 퇴보를 반복하였다. 앞으로도 기대할 것이 없다.
4. 이 고장 무덤에 부장품이 많았다. 저 무덤에도 부장품이 있다.
5. 저 개가 나에게 꼬리를 흔들며 아는 체를 한다. 저 사람에게도 꼬리를 흔드는 것을 보니 아는 사람이다.

귀납 추론도 일반적 사실과 구체적 사실을 구별하기 모호할 때 개연성을 판단 기준으로 삼습니다. 즉, 가능성이 100%인 것 같아도 조금이라도 예외가 인정되면 귀납 추론입니다. 그러므로 귀납 추론에서는 개연성이 50%를 넘어야 상대방을 설득하기 쉽습니다. 0%에 가까운 확률로 상대방을 이해시키려 하는 것은 편견을 강요하는 것입니다. 특별한 경우를 일반적인 사례로 확대한 '일반화 오류'에 사로잡힌 것이지요.

⒂ 어떤 곳에서는 사회 현상을 놓고 원인 또는 문제점을 찾아 대책을 강구하거나 대안을 제시하라고 합니다. 이럴 때 수험생은 먼저 어떤 현상, 풍토를 거론할지를 선택해야 합니다. 그래야 그런 현상의 원인(문제점)과 대책을 구상할 수 있습니다. 즉, 현상 → 원인 → 대책 순서로 구상하는 것이 편합니다. 원인(문제점)을 잘 알면 대책(대안)은 저절로 해결됩니다. 대책은 원인을 보완하는 것이기 때문입니다. 예를 들어 '세대 갈등의 원인과 대책을 찾아보라'고 하면 다음처럼 차례로 생각합니다.

사회 현상 오늘날 기성세대와 청소년이 서로 믿지 못한다.
갈등 원인 1 서로 상대 문화를 이해하지 못한다.
　　　　　 2 세대 간 대화가 거의 없다.
갈등 대책 1 다양성을 인정해야 한다.
　　　　　 2 대화 장치를 마련해야 한다.

이때 원인과 대책이 서로 맞물려야 일관성을 잃지 않습니다. 어떤 원인이 있는데 그와 상관없는 대책이 등장하면 위아래 단락이 서로 연결되지 않고, 따로 놉니다. 즉, 일관성과 정합성에서 실패한 글이 됩니다. 만약 원인을 본론 단락에 서술하고 대책을 결론 단락에 쓴다면 본론부터 구상하고, 나중에 결론을 구상해야 합니다. 논증 과정은 일반적으로 결론 → 본론 → 서론 순서로 구상하는 것이 좋습니다(4장 '구상과 개요 짜기'에서 자세히 설명합니다).

⒃ 원인과 대책을 넣어 논증하는 구조는 다음처럼 정리합니다.

서론 : 이런 일이 벌어졌다.
본론 1 : 원인 (문제점) 1
　　　 2 : 원인 (문제점) 2
결론 : (원인 1과 원인 2를 해결하는) 대책 + 전망 (제언)

이 유형은 본론에서 어떤 현상의 원인을 깊이 있게 논의할 수 있습니다. 어떤 일이 벌어지는 이유를 잘 알면 어떻게 해결할지도 안다는 뜻입니다. 가령 어느 시험장에서 '대박 심리의 사회적 원인을 살펴보라'고 했다고 칩시다. 그런데 수험생이 '성실한 삶이 대접받지 못한다, 사회적 약자를 배려하지 않는다'를 사회적 원인으로 잡았습니다. 그러면 굳이 대책을 묻지 않아도 '대접하고 배려하는 풍토(제도)'가 대책일 수밖에 없지요. 그러니 이 유형은 대책보다 원인에 비중을 두는 글에 적용할 수 있는 구조입니다. 대책을 요구하는 논제는 다음처럼 정리합니다.

> **서론** : 이런 일이 벌어졌다.
> **본론 1** : 원인(문제점) 1 + 원인(문제점) 2
> **2** : 대책 1 + 대책 2
> **결론** : 도입 + 전개 + 주장 + 전망

이 유형에서는 원인과 대책을 똑같은 비중으로 다룰 수 있습니다. 원인에 이어 대책도 확실히 논의하겠다는 것이지요. 그러므로 출제자가 대책을 분명하게 요구할 때 이용합니다. 이때도 대책은 앞에서 언급한 원인과 연계해야 합니다. 즉, 진단과 처방이 맞아 떨어져야 일관성을 잃지 않습니다. 허리가 아프다고 진단하고, 처방은 어깨를 치료하는 식이면 안 됩니다(결론 단락 '도입, 전개'는 '결론 단락 쓰기' 303쪽 참조). 그리고 한정된 본론 분량으로 원인과 대책을 함께 다루니 원인과 대책을 많이 나열하지 말고, 각각 두 개쯤 거론하여 깊이 있게 논의하는 것이 좋습니다. 이런 구조는 본론을 다음처럼 바꿀 수 있습니다.

> **서론** : 이런 일이 벌어졌다.
> **본론 1** : 원인(문제점) 1 + 대책 1
> **2** : 원인(문제점) 2 + 대책 2
> **결론** : 도입 + 전개 + 주장 + 전망

🔟 논증할 때 논거를 배치하는 형태에 따라 병렬 구조, 직렬 구조, 또는 복합 구조로 나눕니다. 병렬 구조는 결론 단락 주장을 뒷받침하려고 논거를 대되, 본론 각 단락에 대등한 가치를 늘어놓는 구조입니다. 본론 각 단락 논거 비중이 비슷하므로 서론-본론 1-결론, 또는 서론-본론 2-결론 같은 구성으로도 논증이 가능합니다. 다시 말해 병렬 구조는 결론 주장을 이런 저런 논거로 다양하게 논의하는 방식입니다(다각적 논의). 본론에서 어느 한 곳을 집중적으로 강조할 수 있어, 써야 할 글이 짧아도 '왜'를 드러내기 좋습니다. 가령 결론에서 '현대인은 소비의 주체가 되어야 한다'를 주장할 때 병렬 구조를 이용하면 다음과 같습니다.

서론 : 현대 특징, 소비의 의미

본론 1 : 주체가 안 될 때 문제점 1 (주체가 되었을 때 장점 1)

2 : 주체가 안 될 때 문제점 2 (주체가 되었을 때 장점 2)

3 : 주체가 안 될 때 문제점 3 (주체가 되었을 때 장점 3)

결론 : 현대인은 소비의 주체가 되어야 한다.

이에 비해 직렬 구조는 결론 주장을 뒷받침하려고 논거를 대되, 본론 각 단락 논거에 선후를 두어 늘어놓는 구조입니다. 즉, 본론 1에서 한 논거를 짚은 뒤, 그 본론 1을 바탕으로 본론 2를 진행하는 구조입니다. 징검돌을 밟고 개울을 건너듯, 논거를 하나씩 짚어 나가는 것입니다. 결론 주장을 향해 일정한 차례에 따라 논거를 늘어놓는 방식이므로, 본론에서 '어떻게'를 자세히 드러내기가 좋습니다(심층적 논의).

물론 짧은 글에 이런 구조를 적용할 경우 각 단락 논거를 간단히 다룰 수밖에 없으므로 자칫하면 글에 깊이가 없습니다. 다양한 논거를 깊이 있게 논의하려면 서술 공간이 아주 넉넉해야 합니다. 위에 있는 예를 직렬 구조로 구상하면 다음과 같습니다.

서론 : 일반적인 서론

본론 1 : 현대 특징

2 : 소비의 의미

3 : 주체가 안 될 때 문제점 (주체가 되었을 때 장점)

결론 : 현대인은 소비의 주체가 되어야 한다.

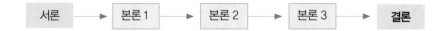

복합 구조는 병렬 구조와 직렬 구조를 섞은 것입니다. 병렬 구조와 직렬 구조의 장점을 이용하는 것인데, 대개 서술 공간이 넉넉하여 이런저런 논의를 충분히 펼 수 있을 때 적용합니다. '어떻게'와 '왜'를 다룰 수 있으므로 많은 사람이 좋아합니다. 위에 있는 예를 복합 구조로 구상하면 다음과 같습니다.

서론 : 일반적인 서론

본론 1 : 현대 특징, 소비의 의미

      2 : 주체가 안 될 때 문제점 1 (주체가 되었을 때 장점 1)

      3 : 주체가 안 될 때 문제점 2 (주체가 되었을 때 장점 2)

결론 : 현대인은 소비의 주체가 되어야 한다.

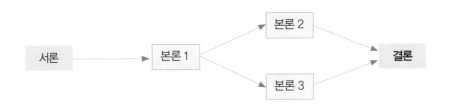

18 논증할 때 변명하여서는 안 됩니다. 자기 생각을 글로 완벽하게 정리하여 상대방을 완전히 설득하는 일은 어렵습니다. 그런 탓인지 글에 그 심정을 드러내곤 합니다. 예를 들어 '아는 것은 없지만, 깊이 생각해 본 적이 없어서' 같은 말로 자기 처지를 변명합니다. 그러나 자기가 나서서 자기 글을 깎아 내리며 이해해 달라고 해서는 안 됩니다.

오히려 그런 말 때문에 남들이 오해합니다. 즉, "아는 것이 없는 사람이 이야기한 것이니 오죽하겠나?"라며 글 전체를 대수롭지 않게 여깁니다. 변명은 겸손과 다릅니다.

변명하는 말로는 '제 짧은 소견으로 보면, 단견인지는 몰라도, 내가 어려서 그런지, 깊은 내막을 모르기 때문에, 부족한 점이 많지만, 실천하기는 힘들겠으나, 이런 말을 해서는 안 되겠지만, 어떤 인식을 바꾸기가 쉽지 않겠지만, 물론 이해는 하지만, 말처럼 쉽지는 않지만, 약간 아쉬움이 있으나, 어차피 안 되겠지만, 그래 봤자 소용없으나, 굳이 예를 들자면' 따위가 있습니다.

5 | 논증 카드를 만들자

사람들은 날마다 수많은 상황에서 가장 합리적인 결과를 예상하고 어느 하나를 선택합니다. 몇 시에 일어날지, 무엇을 먹을지, 어떤 교통편을 이용하여 출근할지, 누구를 만날지, 학원을 다녀야 할지, 집에 언제 돌아갈지 따위로 고민합니다.

아침마다 빵을 먹는다면 시행착오를 거쳐 그것이 가장 적합하다고 판단하여 고민이 해결된 것입니다. 그러다가도 여건이 바뀌어 누군가와 함께 아침식사를 해야 할 일이 생기면 또 어떤 방식을 선택할지 고민합니다.

그렇게 따지면 역사를 통해 잘 정리된 논거와 주장이 있고, 이렇게 논증하여야 가장 기본적이면서 합리적이라고 굳어진 것들이 많습니다. 그래서 어떤 주장은 어떤 논거로 뒷받침해야 할지 사람들마다 굳이 고민하지 않아도 됩니다. 이런 것을 그 사회의 상식이라고 하며, 상식이 어떻게 굳어졌는지에 따라 그 사회의 수준을 알 수 있습니다.

예를 들어, 어느 사회에서 '남녀 능력에는 생물학적 차이가 없다, 기회 불평등이 차이를 만든다'를 논거로 '남녀에게 모두 기회를 공평하게 주어야 한다'고 주장합니다. 만일 이것을 그 사회 구성원이 당연한 것으로 받아들이면 아주 성숙한 사회입니다.

그러나 '남녀는 태어날 때부터 다르다, 기회를 주어도 제대로 못한다'를 논거로 '여자들은 남자에게 복종하며 살아야 한다'라고 주장하고 이것을 당연하게 받아들인다면 그 사회는 성숙하지 못한 사회입니다.

따라서 어떤 사람이 이런 구조를 많이 이해하고 실천한다면 그 사람은 그 사회에서 지극히 '상식적인' 사람입니다. 그러므로 사람들이 상대방을 비난할 때 '무식한 사람'이라고 말하는 것은 이런 '상식'을 갖추지 못한, 또는 '상식'을 모르는 사람이라는 뜻입니다. 수많은 사람들이 보편적으로 받아들인 논거와 주장을 모른다는 것이지요.

학교는 그 사회가 약속한 상식을 학생들이 이해하고 실천할 수 있도록 가르치고 배우는 곳입니다. 그래서 학생들은 초·중·고교 12년 동안 학교에서 여러 과목과 여러 교사를 통해 수많은 것을 배웁니다.

그러나 수많은 것을 익히는 듯해도 이것은 결국 학생들이 몇몇 큰 흐름을 이해하는 과정입니다. 그래서 어느 교육학자는 초·중·고교 교과서를 분류하면 상위 개념 15개 안팎으로 정리되며, 학교는 그 개념을 반복적으로 확인하는 곳이라고 말하였습니다. 따라서 이 상위 개념을 기본기로 익히면 150개 상황, 1500개 상황에 대처할 수 있습니다.

예를 들어, 부모가 아이에게 반찬 만드는 법을 몇 번 일러 주었는데 아이가 제대로 못하면 부모는 짜증을 내기 쉽습니다. 나중에는 "그것도 못하냐?"며 화를 냅니다. 그러나 사람들은 '익숙지 않으면 서투르다'는 사실을 압니다. 그게 상식이니까요.

그런데 반대로 그 부모가 아이에게 최근 유행하는 랩을 배운다면, 나중에 아이가 부모에게 "그것도 못해요?"라며 화를 낼지 모릅니다. 랩은 부모 세대에게 익숙지 않은 노래이므로 서투를 수밖에 없습니다. 그 역시 상식입니다.

이런 상식을 이해하는 사회는 '익숙해질 때까지 상대방에게 시간을 주고 좀 더 기다려야 한다'는 것을 압니다. 이런 상식이 제대로 자리 잡은 사회는 새내기 사원이 일에 서투를 때, 장애인이 어눌할 때, 어린아이가 미숙할 때에도 아주 느긋하게 기다립니다. 낯선 것을 배우는 과정에서 '익숙지 않으면 서투르다'는 원리를 익혔고, 이 모든 것이 같은 원리이니까요.

그러므로 이렇게 보편적으로 확인된 개념을 한눈에 보기 좋게 카드로 만들어 평소 눈여겨보는 것이 좋습니다. 이때 카드는 서론-본론-결론 3단으로 구성해야 편합니다. 논술글이 거의 그런 구조로 완성되니까요.

카드는 대체로 현상(실태, 실상, 현황), 원인(이유, 문제점, 근거, 장점, 단점), 대책(자기주장, 전망) 셋으로 나누고, 서론-본론-결론으로 간주합니다. 읽기 자료가 풍성한 참고서를 읽으면서 간단히 정리하는 것이므로, 여러 사람이 나누면 정리할 내용이 100개라 해도 하루아침에 끝낼 수 있습니다. 예를 들어 '왕따' 자료를 읽고 그 내용을 다음처럼 정리합니다.

현상(서론) : 비슷한 연배의 다수가 소수를 집단적으로 소외시킨다.

　　　　정신적·육체적 고통을 준다.

　　　　인간성을 파괴하기도 한다.

원인(본론) 1 : 우리 사회에 집단주의적이며 전체주의적인 패거리 논리가 성행한다.

　　　　2 : 권위주의적이고 획일적인 교육 제도에서 파생한다.

　　　　3 : 경쟁 사회에서 인간적인 정을 잃고 산다.

　　　　4 : 약자를 배려하지 않고, 강한 것을 미덕으로 여긴다.

대책(결론) : 차이를 인정하는 공존 문화를 보급한다.

　　　　더불어 사는 공동체(보육원, 장애인 수용 시설)에서 봉사 활동을 하게 한다.

　　　　경쟁 풍토를 지양하며 학생들의 다양성을 인정하는 제도로 바뀌어야 한다.

코앞에 닥친 심층면접과 논술 시험에 대비하려면 자기가 지원하려는 곳의 기출 문제를 먼저 확인하여 특징을 알아야 합니다. 그 문제에서 큰 틀을 찾아 논증 카드로 정리하면, 굳이 완성된 글을 쓰지 않아도 됩니다. 이 핵심 문장에 뒷받침 문장을 덧보태면 글이 완성되기 때문입니다.

시험 볼 때까지 이런저런 책을 읽으면 좋다고 하지만, 막상 책을 읽으려면 어떤 책을 골라야 할지 모릅니다. 그럴 때 인문계열 수험생은 읽기 자료를 모아놓은 참고서를 두 권쯤 사서 죽 읽으며 그 글의 큰 틀을 논증 카드로 정리하는 것이 낫습니다.

보통 그런 책 한 권에 주제가 100개쯤 정리되었는데, 책을 읽으면서 주제 한 꼭지를 카드 한 장에 정리해 나갑니다. 출제 예상 주제만 30개쯤 고르면 금방 정리할 수 있습니다. 자연계열 수험생도 전공과 관련하여 이렇게 카드로 정리해 놓으면 손쉽게 예상 문제를 조감할 수 있습니다.

이렇게 정리된 카드를 가지고 다니다가, 채점자를 설득하기에 좋은 예시와 일화가 있으면 그때마다 카드에 적어 보완합니다. 시험 보기 1주일 전에 그 카드를 몽땅 꺼내 놓고, 하나씩 뽑으면서 설명할 수 있는 것과 설명하지 못하는 것으로 나눕니다. 이 과정을 반복해 설명하지 못하는 것을 점점 줄여 나갑니다. 궁극적으로 어느 카드를 뽑든지 자기 견문으로 충분히 설명할 수 있으면 자신 있게 시험을 치를 수 있습니다.

토론도 많이 하는 것이 좋다고 하지만, 전문가가 주도하지 않고 비슷한 사람끼리 모여 토론하기는 쉽지 않습니다. 그러므로 무작정 토론하는 것보다 이런 카드를 한 장씩 뽑아 가며 이야기하는 것이 낫습니다. 뽑은 주제를 놓고 서로 설명하고 질문하는 과정을 통해 주장을 뒷받침하거나 논거를 확장하는 요령을 익힐 수 있습니다. 그렇게 이야기하다가 채점자를 이해시키기 좋은 예시를 찾으면 자기 카드에 적어 넣습니다.

연 습 문 제 1

③을 주장으로 보고 그 앞에 놓인 ①, ②에 논거를 채워 3단 구조의 일관성과 정합성을 완성해 보세요.

1. ①

②

③ 사람은 남을 배려할 줄 알아야 한다.

2. ①

②

③ 사랑은 어렵다.

3. ①

②

③ 악법은 법이 아니다.

4. ①

②

③ 고문은 인간의 이성을 잃게 한다.

연 습 문 제 2

다음 문장에 개연성을 담아 바꾸어 보세요.

1. 그 사실을 전혀 몰랐다.

2. 요즘 청소년들은 예의가 없다.

3. 잘 먹어야 잘 뛴다.

4. 사람은 본능을 억제하지 못한다.

5. 그 아기는 먹을 만큼 먹었다.

6. 젊은이는 변화를 좋아한다.

7. 그 상황에서 사람은 안전을 선택한다.

8. 그 사람은 사람도 아니다.

연 습 문 제 3

다음 논거를 확인하고, 서론-본론-결론 3단 구조에 맞추어 논증의 큰 틀을 짐작해 보세요.

1. 서론 : 라면과 밥을 두고 말이 많다.
　　본론 1 : 라면은 손쉽고 간편하다.
　　　　　2 : 라면은 다양한 변신이 가능하다.
　　결론 :

2. 서론 : 적극적 안락사를 허용해서는 안 된다고 한다.
　　본론 1 : 적극적 안락사가 사회적 약자를 희생시키지 않는다.
　　　　　2 : 적극적 안락사가 인권을 더 존중한다.
　　결론 :

3. 서론 :

　본론 :

　결론 : 따라서 교육은 물질적 여유를 얻기 위한 수단이 되어서는 안 된다.

4. 서론 : 사회가 산업화하면서 계층 분화가 심해졌다.

　본론 :

　결론 : 따라서 우리 사회는 갈등을 극복해야 한다.

5. 서론 :

　본론 : 첫째, 개인주의 풍토가 냉정한 사회를 만들었다.

　　　　둘째, 경쟁 심리가 남들을 외면하게 하였다.

　결론 :

6. 서론 :

　본론 :

　결론 : 우리나라는 입시 위주 교육에서 인격이 완성된 인간을 형성하는 교육으로 바꾸어 나가도록 노력해야 한다.

7. 서론 : 왕따 때문에 자살하였다.

　본론 :

　결론 : 우리 사회는 청소년들이 남의 인격을 존중하도록 가르쳐 왕따 같은 사회악을 근절시켜야 한다. 그러려면 가정에서는 부모 자식 간에 대화를 많이 나누어야 한다.

8. 서론 : 다섯 시간 넘게 펼쳐진 우리나라 선수의 숨 막히는 혈전을 지켜보면서 승리에 환호하였다. 그런데 골프 용어가 대부분 생소한 외국어였다.

　본론 :

　결론 : 골프 용어를 우리말로 바꿔 통일시킬 필요가 있다. 그렇게 되면 골프를 제대로 이해하여 우리 선수의 위업을 좀 더 절실히 느낄 수 있을 것이다.

9. 서론 : 요즘 이해할 수 없는 현상이 나타나고 있다. 회사채와 콜 금리가 떨어지고 환율이 안정되어 가는데도 대출 금리는 떨어지지 않는다.

본론 : 중소기업은 지금 수출 비상에 이자 부담까지 겹쳐 한 달에 이천 개 이상 도산한다. 이대로 가다가는 국가 경제의 기본마저 흔들릴 판이다. 그리고 이 살인적인 금리 때문에 서민들이 받는 고통은 말할 수 없이 크다. 가계 소득이 대폭 줄었는데 이자 증가분까지 감당하여 이중으로 힘든 생활을 한다.

결론 :

연습문제 4

다음 논거를 확인하고, 서론–본론–결론 3단 구조에 맞추어 문제의 원인과 대책을 구상하세요.

1. 서론 : 기성세대의 권위가 무너져, 우리 사회에 '어른이 없다'고 한다.

　　본론 : 원인 1 –

　　　　　원인 2 –

　　결론 : 따라서 기성세대는 세태를 탓해서는 안 되며, 스스로 모범이 되어야 한다.

2. 서론 : 한국은 세계적으로 드물게 중국인(화교)이 경제권을 잡지 못한 나라라고 한다.

　　본론 : 원인 1 – 단일 민족이라는 폐쇄성 때문에 배타적이었다.

　　　　　　　2 – 제도적으로 외국인을 차별하는 경우가 많다.

　　　　　대책 1 –

　　　　　　　2 –

　　결론 : 외국인을 정당하게 대우하여야 한국이 '인권 후진국'에서 벗어난다.

3. 서론 : 댄스 음악이 우리나라 음반 시장을 대부분 차지한다.

　　본론 : 원인/대책 1 – 대중매체에서 음악의 주 소비층을 십대로 보고 시장을 형성한다. 따라서 대중매체는 좀 더 폭넓은 시장을 개척하여 다양한 계층을 배려해야 한다.

　　　　　원인/대책 2 –

　　결론 : 음악은 모든 장르가 고루 발전해야 한다. 그래야 그 상승효과가 클 것이다.

다음 문장을 직렬 구조, 병렬 구조, 복합 구조로 구상할 때 각각 어느 단락에 넣는 것이 좋은지를 판단해 보세요.

예시 문장

① '악플'로 상처받기도 한다.

② 인터넷에서 검색하면 다 해결된다.

③ 쓸모 있는 정보를 쉽게 확인할 수 있다.

④ 쌍방향 사회가 되었다. 과거에는 집단에 묻혀 일방적이었다.

⑤ 상대방을 배려할 줄 알게 된다.

⑥ 생산자가 소비자인 시대에서 결국 자신을 위한 것이다.

⑦ 공개하는 세상이다.

⑧ 인터넷이 발달하면서 정보가 넘쳐난다.

⑨ 진지하게 성찰하며 충분히 자정 능력을 갖추었다.

---

1. 〈병렬 구조〉

　서론 :

　본론 1 :

　　　 2 :

　　　 3 :

　결론 : 댓글 문화는 바람직하다. 좀 더 성숙한 사회로 가는 과정이다.

2. 〈직렬 구조〉

　서론 : 인터넷 댓글이 문제가 되어, 어떤 곳은 댓글을 차단하기도 한다.

　본론 1 :

　　　 2 :

　　　 3 :

　결론 : 댓글 문화는 바람직하다. 좀 더 성숙한 사회로 가는 과정이다.

3. 〈복합 구조〉

　서론 : 인터넷 댓글이 문제가 되어, 어떤 곳은 댓글을 차단하기도 한다.

본론 1 :

　2 :

　3 :

결론 : 댓글 문화는 바람직하다. 좀 더 성숙한 사회로 가는 과정이다.

연 습 문 제 6

다음 논증 구조에서 주장을 직접 뒷받침하는 본론 논거로 적절한 것을 보기에서 고르세요.

1. 서론 : 우리나라에서 여성, 장애인, 외국 이민자들이 차별받는다.

　본론 1 :

　　2 :

　결론 : 사회적 약자에게 유리한 조건을 마련하여 더 많은 기회를 줘야 한다(사회적 약자
　　　　를 역차별해야 한다).

> **보기**
>
> ① 모든 사람은 존엄하며 사람답게 살 권리가 있다.
>
> ② 차별 받는 사람들이 있어서는 안 된다.
>
> ③ 자신의 능력을 펼칠 기회조차 얻지 못하는 경우가 많다.
>
> ④ 현실의 가능성을 빼앗긴다. 생계조차 위협받는다.
>
> ⑤ 국민들 개개인이 자신의 능력을 길러서 맘껏 펼친다면 나라의 힘도 커진다.
>
> ⑥ 형식적으로만 동등한 기회를 제공하는 것으로는 불평등한 현실이 개선되기 어렵다.
>
> ⑦ 역차별 제도가 사회 발전을 증진시킨다.
>
> ⑧ 실질적 평등을 앞당길 수 있다.
>
> ⑨ 여성이나 장애인을 일정 비율 고용하게 하기도 한다.
>
> ⑩ 언젠가는 역차별을 하지 않아야 한다(한시적 제도이다).
>
> ⑪ 귀중한 인적 자원을 낭비하고 있다.

다음 논제를 읽고 주어진 문장을 이용하여 논증의 큰 틀을 구상해 보세요.

1. 소득이 높지 않고서는 사치·향락의 주체가 될 수 없다. 따라서 향락 산업 번창이나 과소비는 고소득층에 한정된 것이지, 우리나라 전 국민이 함께 반성하고 풀어야 할 문제가 아니다. 그런데도 모든 사람이 과소비를 걱정하는 이유는 무엇일까?

예시 문장

① 예컨대 분수를 넘게 소비한다.

② 검소하고 소박하게 살았다.

③ 부유층이 저소득층의 과소비를 부추긴다.

④ 쉽게 벌려고 하고 탈법을 저지른다.

⑤ 치유해야만 건전한 사회가 된다.

⑥ 모든 사람이 걱정해야 할 문제이다.

⑦ 소비 풍토가 어느새 달라졌다.

⑧ 사람들의 노동 의욕을 잃게 한다.

서론 :

본론 1 :

　　　 2 :

결론 :

2. 21세기에 들어서도 여전히 세기말을 주장한다. 그중에서도 어느 종교는 지금까지 지녔던 현실적 가치관을 버리고 내일을 준비해야 한다며 모든 현실을 부정한다. 이런 사회적 현상을 어떻게 해결해야 하는지 자신의 의견을 밝혀 보라.

예시 문장

① 인간적인 정이 통하는 사회로 가야 한다.

② 고통스러운 현실에서 벗어나려고 한다.

③ 사람을 효율로 평가하는 사고방식은 잘못된 것이다.

④ 물질적 풍요를 발전의 전부인 것으로 착각하였다.

⑤ 발전이란 사람을 좀 더 자유롭게 하는 것이다.

⑥ 그렇지 않으면 이런 부작용이 언제든 또 드러난다.

⑦ 사람은 수단이 아니고 자체로 존귀하기 때문이다.

⑧ 여기저기 종교 모임이 성행하고 있다.

서론 :

본론 1 :

　　　 2 :

결론 :

3. 다음 주어진 글을 읽고 실생활에서 우리나라 공교육(학교 교육)의 문제점을 찾고, 우리 공교육이 나아가야 할 방향에 대해서 자신의 의견을 서술하라.

> 사람들은 흔히 교육을 일컬어 '국가 백년대계(國家百年大計)'라고 한다. 그러나 우리나라 학교 교육은 여러 가지 상황 탓으로 하루 앞도 내다보지 못하는 경우가 많았다. '학교의 우등생이 사회에서 꼭 우등생이 되는 것은 아니다'라는 말에서 공교육의 위기 상황을 짐작할 수 있다. 오히려 학업 성적이 나빠 공교육에서 주목받지 못했던 학생들이 사회에서는 인간적으로 성공하는 경우도 많았다. 이런 사례를 통해 극단적인 비판론자들은 학교를 부정하고 "학교는 죽었다"며 비난한다.

예시 문장

① 개인의 개성과 가능성을 살려 주지 못한다.

② 학교 교육을 '진학, 출세'의 수단으로 삼아 교육이 황폐해지기 시작했다.

③ 학교에서 학생들의 창의력을 살려 주어야 한다.

④ 공교육이 과거 지식의 습득에만 매달린다.

⑤ 격변하는 시대와 다양한 가능성을 이해하지 못했기 때문이다.

⑥ 옛날에는 많이 배워야 인간으로 성숙하는 것으로 여겼다.

⑦ 과학 실험, 문학 감상조차 암기로 모두 해결하였다.

⑧ 학교 우등생이 사회에서도 우등생이 될 수 있을 것이다.

서론 :

본론 1 :

　　　2 :

결론 :

4. 다음은 우리나라 현대사에서 '언론인'의 이중성을 비판한 글이다. 본론에서 사회의 발전 방향을 검토하고, 결론에 오늘날 지식인이 지녀야 할 도리에 대해 자신의 견해를 밝혀라.

> 　1980년대 초 군인 출신 인물이 비정상적인 방법으로 대통령에 취임하였을 때, 언론인들은 '한국의 난국을 헤쳐 나갈 지도자, 역사의 필연'이라고 극찬했어요. 그러다가 정권이 바뀌어 그 전직 대통령이 구속되니까 '헌법 질서 파괴자, 역사의 심판을 받다'라고 보도하더군요.
>
> 　또 언론인 중에는 세계화를 주장하고 외화 소비를 미덕이라고 하다가, 정작 아이엠에프 사태가 터지니까 이 사태의 원인은 숨긴 채, 그러지 않아도 열심히 살아온 국민들에게 다시 뛰자고 합니다. 심지어 어느 대통령이 통치할 때는 미국 소고기를 먹지 말자더니, 대통령이 바뀌니까 미국 소고기를 먹어도 좋다는 겁니다.
>
> 　우리 속담에 '말리는 시누이가 더 밉다'고 하던데, 언론인들이 해도 너무하는 것 같습니다. 오늘날 지식인들이 역사 앞에서 부끄러운 줄도 모르고 삽니다.

예시 문장
① 지식인의 이중적인 행태가 비난의 표적이 되었다.
② 근대 사회로 올수록 시민의 권리가 대폭 향상되었다.
③ 지식인은 사회 발전 방향에 맞추어 살아야 한다.
④ 사람들이 사상적으로 자유로워진다.
⑤ 그렇지 않을 때 한 지식인의 불행에서 끝나지 않고 사회적 불행이 될 것이다.
⑥ 오늘날 과거사를 새로이 평가한다.
⑦ 사람들이 과거보다 정치적으로 자유로워진다.
⑧ 지금은 다른 생각을 하고 다른 의견을 발표해도 된다.

서론 :

본론 1 :

　　　2 :

결론 :

5. 한반도가 남북으로 분단되어 반세기가 넘었으나, 아직도 휴전선에서는 군사적 긴장이 계속된다. 그러나 일부 전문가들이 예측하기로는 남북한이 20년 안에 통일될 가능성도 아주 높다고 한다. '통일 한국'을 위해 오늘날 우리 사회가 우선 준비해야 할 과제가 무엇인지를 살펴 그 방법을 구체적으로 모색해 보라.

> **예시 문장**
>
> ① 그래야 민족의 역량을 모아 발전할 수 있다.
>
> ② 서로 상대방을 인정해야 한다.
>
> ③ 통일의 방법론을 알아보는 것도 의미가 있다.
>
> ④ 대립하면 서로 손해를 볼 뿐이다.
>
> ⑤ 두 사회를 통합하는 프로그램이 있어야 한다.
>
> ⑥ 통일 가능성을 믿고 최선을 다해야 한다.
>
> ⑦ 달라진 규범과 가치관을 일치시켜야 한다.
>
> ⑧ 얼마 전 서해안 교전으로 남북 긴장이 높아졌다.

서론 :

본론 1 :

     2 :

결론 :

6. 다음 글을 정리하여 서론-본론-결론으로 재구성해 보라.

> ① 첫째로 교육 환경이 아주 열악하다는 데 원인이 있다. ② 한 교실에서 50명 정도의 학생이 들어앉아 교육이 제대로 될 리 없다. ③ 또한 교육 목표가 대학 입학에 있는 것도 하나의 원인이다. ④ 즉, 교육이 자체의 목적이 아닌 대학을 위한 수단으로 변질되었다. ⑤ 이를 해결하기 위해서는 우선 교사들의 일방적인 수업을 학생 중심의 수업으로 바꾸어야 한다. ⑥ '상업 의식'으로 물든 사제 관계를 서로 존중하고 인정하는 마음으로 해결해야 한다. ⑦ 이와 함께 교육 환경의 개선도 병행되어야 할 것이다. ⑧ 또 교육은 사회 전반을 주체적으로 판단할 수 있는 사람을 키우는 데 목적을 두어야 한다. ⑨ 이것이 현재 여러 가지 원인 때문에 변질된 것이 사실이다. ⑩ 교육은 '백년대계'라고 한다. ⑪ 당장의 '이익'만을 위해 짜여진 우리 교육 제도에 꼭 필요한 말일 것이다.

1) 서론에 놓아도 좋은 문장을 세 개만 고르면?

(　　　,　　　,　　　)번 문장

2) 본론을 두 단락으로 쪼개면 각 단락에 놓을 문장은?

(　　　,　　　) – (　　　,　　　)번 문장

3) ①번 문장과 짝을 지어 결론에 놓는 것이 좋은 문장은?

(　　)번 문장

4) ③번 문장과 짝을 지어 결론에 놓는 것이 좋은 문장은?

(　　)번 문장

5) 본론에서 아무런 언급이 없었으므로 결론에 놓으면 안 되는 군더더기 문장은?

(　　,　　　)번 문장

6) 서론 :

　본론 1 :

　　　　2 :

　결론 :

6 일반화 오류

쓰는 이가 논증에서 가장 많이 하는 실수는 '일반화 오류'입니다. '일반화'는 구체적 사실을 일반적 사실로 바꾸는 것입니다. 누군가 어떤 상황에서 어떤 일을 겪고, 다른 사람도 그런 상황에서 그럴 것이라고 하였을 때, 많은 사람들이 그 사실을 인정하면 제대로 '일반화'한 것이지요. 결국 '일반화 오류'는 일반화에 실패한 것입니다.

가령 수업 시간에 '몇몇' 학생이 '가끔' 떠들었는데 교사가 "너희 반은 수업 태도가 항상 안 좋아"라고 지적하였다면 '너희 반, 항상'이 잘못 쓰인 단어입니다. 말하는 사람이 착각하였거나, 편견 때문에 일반적인 것으로 착오한 것이지요. 특히 청소년은 미숙하거나 경험이 적어서 단편적인 지식을 일반적인 것으로 믿고 착각하기 쉽습니다.

'일반화'는 논술과 교육에서 아주 중요하며, 논술과 교육의 궁극적 목표라 할 수 있습니다. 사실적 이해에서 함축적 이해로 넘어가는 것이 '일반화' 과정이고, 자기 견해를 남들에게 이성적으로 설득하는 논증 과정도 '일반화'를 거치기 때문이지요. 다음 글을 비교해 보세요.

1. 그 사람은 새벽에 일어나 동쪽을 향해 두 번 절하였다. 드디어 그렇게 100일이 지나고 로또 복권에 1등으로 당첨되었다. 그래서 나도 그 사람을 따라 하려고 한다. 언젠가 나도 로또가 당첨되어 부자가 될 것이다.

2. 로마 노예 출신 스파르타쿠스는 로마를 상대로 싸웠다. 한때는 스파르타쿠스 무리가 로마 정규군과 싸워 남부 이탈리아를 장악하였으나 결국 실패하였다. 인류는 이런 역사를 거치면서 오늘날 노예 제도를 없앴다.

사람들은 자기 말을 강조하려다 드문 사례를 흔한 사례로 과장하기 쉽습니다. 즉, 남들이 받아들이기 어려운 일을 강요하지요. 누군가 1번처럼 이야기한다면 그 사람을 비웃을 것입니다. 그런 경우가 있을 수 있지만, 아주 드문 일이라서 두 번 다시 반복되는 것이 쉽지 않을 테니까요. 그러나 2번에서 노예 제도 폐지는 로마 제국 시절이라면 상상할 수 없었지만, 지금은 누구나 당연한 것으로 믿습니다.

일반화는 구체적 사례를 다른 사람들이 믿기 쉽게 객관적으로 바꾸는 것입니다. 그러므로

'일반화 오류'는 구체적 사실을 과장하거나 일반적 사실로 착각하여 자신과 상대방을 속이는 것입니다. 특히 역사적 사실을 자기 식으로 왜곡하는 경우가 많습니다.

어떤 이는 선입관을 지녔으면서도 남들도 역시 그렇게 생각한다고 착각합니다. 남과 대화하지 않고, 남의 말에 귀 기울이지 않기 때문에 그것이 선입관인지조차 모릅니다. 물론 보편적 진리나 객관적 사실은 단정해도 좋고, 뒷받침하지 않아도 됩니다. '과거에는 왕이 정치적 자유를 독식했으나, 오늘날에는 많은 사람들이 자유를 누린다'라는 것은 대부분 사람이 인정하는 사실입니다.

그러나 '그 사람을 아무도 도와주지 않아 죽어 버렸다. 오늘날 비정한 세태를 잘 드러낸 사건이다'라고 단정하고서 뒷받침하지 않으면 특별한 사례를 지나치게 일반화하였는지 모릅니다. 다음 예문은 일반화에 실패한 글들입니다.

> 1. 컴퓨터 발달로 청소년들이 과거처럼 술래잡기, 자치기 같은 집단 놀이를 하지 않아 인간관계가 점점 소홀해졌다.
>   ↳ 컴퓨터가 발달한다고 무조건 인간관계가 나빠지는 것은 아니다.
>
> 2. '남녀 칠세 부동석'이라 하여 남녀가 함께 자리하지 못하게 했다.
>   ↳ 남녀가 서로 조심스럽게 지켜야 할 도리가 있다는 말이지, 무조건 같이 앉지 못하게 한 것이 아니다.
>
> 3. 요즈음 청소년들은 좋은 시절에 태어나 운이 좋게도 다양한 문화를 누리며 산다.
>   ↳ 좋은 시절인지, 운이 좋은지, 다양한지를 두고 이유를 확실히 밝혀야 한다.
>
> 4. 요즈음 세상은 능력 위주의 세상이니 출세가 아주 중요하다.
>   ↳ 옛날에도 능력 있는 사람을 우대하였을 것이다.

심지어 어떤 사람은 자기 해석이 지나치다는 것을 인정합니다. 예를 들어 '좀 과장된 면이 있으나, 극단적으로 말하자면, 드문 예이긴 하나, 찾아보기 힘들지만, 좀 엉뚱하게 보이지만, 어느 정도 허황하기는 하나, 좀 황당하기는 하지만, 믿기 어렵겠지만' 같은 표현은 현실적으로 불가능하다는 사실을 쓰는 이도 안다는 뜻입니다.

'일반화'에서 어떤 사람은 '우리나라의 연간 교통사고 발생 건수는 세계적으로 상위권에 들며, 이에 따르는 사상자 수도 많다고 한다'에서 '상위권, 많다' 같은 용어로 고민합니다. 어디까지가 사실이고, 어디까지가 의견인지 판단하기 어렵다는 것이지요. 그러나 많은 사람이 인정하면 일반적 사실이고, 많은 사람이 인정하지 않으면 개인적 편견입니다.

즉, 논술글은 보편적인 상식선에서 언급하면 되므로 그 정도면 과장한 것이 아닙니다. 시험장에서 '세계 1위, 연 60만 명'같이 신뢰할 수 있는 숫자로 서술하면 더욱 좋다는 것뿐입니다. 다음 글을 읽고 한 달 뒤 상대방을 설득한다 생각하고 기억한 정보를 이야기해 보세요.

1. 시장 개방을 반대하는 사람이 51.3%에서 62.7%를 오갔다.

2. 영국 소설가 올더스 헉슬리는 1932년 《멋진 신세계》를 발표하였다. 과학이 발달하여 인간이 모두 인공적으로 제조되는 미래 사회를 풍자적으로 그렸는데, 인간이 과학의 노예로 전락하여 마침내 인간적 가치와 존엄성을 상실하는 비극을 묘사하였다.

3. 1940년 히틀러 군대에 점령당한 지 4년 만인 1944년 8월 파리가 해방되었다. 프랑스는 즉각 '정의의 법정'을 세우고 나치 부역자 단죄에 나섰다. '나라가 애국자에게는 상을 주고 반역자에게는 벌을 주어야 비로소 국민을 단결시킬 수 있다'는 것이 망명 정부를 이끌었던 샤를 드골의 신념이었다.

  프랑스 전역에서 부역자를 색출하였다. 그 결과 나치 협력자 99만여 명이 투옥되고, 그 중 6700여 명에게 사형, 2700명에게 종신 강제 노동형, 1만여 명에게 유기 강제 노동형, 2만 2800여 명에게 징역형이 선고되었다. 또 9만 5000여 명에게는 부역죄형을 선고하고 7만여 명에게서 공민권을 박탈하였다.

4. 프랑스는 독일 점령 기간 중 15일 이상 발행한 신문은 나치에 협력한 것으로 간주하여 폐간시키고 언론사 재산을 국유화하였다. 그 결과 900여 신문 잡지 가운데 649곳이 폐간되거나 재산을 나라에 빼앗겼다. 일간지 가운데 처벌을 면한 것은 〈르 피가로〉 등 3곳뿐이었는데, 이들은 모두 나치 점령기 동안 자진 휴간함으로써 민족의 양심을 지킨 신문들이었다.

한 달 뒤라면 아주 자극적인 내용만 어렴풋이 기억할 것입니다. 그래서 자칫하면 실세보다 과장할 수 있습니다. 그렇다고 없는 사실을 넣거나 부풀리면 상대방을 속이는 것입니다. 논술 글에서는 다음 정도면 충분히 '일반적 사실'이며, 상대방에게 거짓말을 하지 않은 것입니다.

1. 시장 개방 반대론자가 절반이 넘었다.

2. 어느 영국 소설가는 1930년대에 이미 현대 사회를 풍자하였다. 과학이 발달하면서 인간이 문명사회에서 오히려 불행해진다는 것이다. 겉으로는 풍요로운 것 같으면서 인간성이 사라지는 것을 묘사하였다.

3. 프랑스는 제2차 세계대전이 끝나자 독일 점령군에 협조하였던 프랑스 사람을 단죄하였다. 그래서 100만 명 가까이 투옥하고 7000명쯤 사형시켰다. 그 밖에 수많은 사람이 각종 처벌을 받았는데, 공민권을 박탈당한 사람도 7만 명이 넘었다.

4. 프랑스는 독일 점령 기간 중 신문을 발행하면 독일에 협력한 것으로 간주하였다. 그래서 제2차 세계대전 이후 프랑스 신문 잡지가 대부분 폐간되거나 재산을 나라에 빼앗겼다. 극소수 일간지만 처벌받지 않았다.

논증에서 원래 '일반화' 또는 '상투적, 보편적, 객관적'이라는 말은 양면성을 지녔습니다. 너무 흔해 참신하지 않다는 뜻이지만, 한편으로는 사람들에게 널리, 오랫동안 쓰일 만큼 안정되었다는 소리입니다. 가령 어떤 사람이 '하늘만큼 땅만큼 많이'라고 표현하면 그 말이 아주 흔하여 새롭지는 않지만, 듣는 이는 그 사람이 표현하려는 크기를 금방 알아챕니다.

속담과 격언, 또는 그 분야 전문가의 말도 때로는 일반적이지만 상투적입니다. 예를 들어, 사람들이 '백짓장도 맞들면 낫다, 인간은 사회적 동물이다'라고 하는 것은 그 말이 지닌 안정적인 힘 때문입니다. 참신하지 않지만 오랫동안 검증된 힘, 전문가라는 힘이 담겼으므로 글쓴이가 그 힘에 기대는 것입니다.

이럴 때 안전성이라는 말은 객관성, 보편성이라는 말과 같습니다. 속담, 과학적 진리, 전문가의 말, 도덕적 당위는 구구절절 증명하지 않아도 됩니다. 이미 확인되어 많은 사람들이 쉽게 받아들이기 때문이지요. 따라서 뻔한 말을 이용하더라도 쓰는 이가 자기 관점이나 견해를 덧보태야 평범한 글에서 벗어날 수 있습니다. 예를 들어 '백짓장도 맞들면 낫다'는 말에 '아주 힘들 때는 머리카락 한 올도 버겁다' 같은 문장을 덧보태야 안정성에 참신함을 더하는 것입니다.

물론 객관성과 참신함 중에서는 객관성이 더 중요합니다. 채점자는 개성이 없으면 참신하지 않다고 평가하지만, 객관성을 잃으면 아예 평가하지 않습니다. 그러므로 논거를 확대하여 객관성을 자기 나름대로 왜곡하여서는 안 됩니다.

연 습 문 제 8

다음은 논술글에 흔히 쓰는 문장이지만, '일반화 오류'에 빠졌습니다. 왜 그런지 설명해 보세요.

1. 현대 사회는 정말 빠르게 변한다.

2. 확실히 요즈음 청소년은 자기중심적이다.

3. 중세 봉건시대와 절대 군주시대를 거쳐 근대에 이르기까지 인류는 민주 국가 건설을 위해 끊임없이 노력해 왔다.

4. 영화와 책을 통해 알았던 '인간 복제'가 가능하게 되었다.

5. 인간이 사회적 영향보다는 자기 의지의 영향을 더 많이 받는다는 것은 아담과 이브가 나오는 성서에도 잘 드러났다.

6. 컴퓨터가 발달할수록 인간성이 말살되고 말 것이다.

7. 텔레비전이 상업성을 앞세워 시청률만을 고집한다.

8. 흥선대원군이 쇄국 정치를 한 때문에 우리나라 발전이 더뎠다.

9. 만주족 청나라가 제 나라 글자를 버리고 한족에 동화되더니 결국 망했다.

10. 동양은 지금 정신적으로 서양보다 앞섰으면서도, 물질적으로 뒤떨어졌다.

11. 물질적으로 풍요해지면서 정신적 가치를 경시하였다(과학의 발달로 삶이나 정신적 가치를 가볍게 본다).

12. 문명이 진전되면서 환경오염이 심각해졌다.

13. 체벌을 인정하면 강한 자가 옳다는 논리가 생겨나게 된다. 그래서 체벌 때문에 오늘날 학교 폭력의 심각성이 극명하게 드러난 것이다.

14. 스파르타는 무력을 중시하는 교육을 강조하여 다른 도시 국가와 전쟁을 하면 이겨도, 문화에서는 수준의 열세로 곧 멸망하였다.

15. 옛날 사람들은 과학과 예술을 중시하였다.

16. 제대로 학교를 다녔다면 살인하지 않았을 것이다.

17. 공룡은 덩치에 비해 두뇌가 작아 결국 멸종하였다.

다음 문장을 자기 나름대로 재해석하여 한 문장을 보태세요.

1. 사람은 사회적 동물이다. 사람이 혼자서는 못 산다는 뜻이다. 즉,

2. 구르는 돌에는 이끼가 끼지 않는다. 돌이 구르므로 이끼 낄 새가 없다는 말이다. 그러나 오늘날 노동자들에게는 반갑지 않은 말이다. 자칫하면

3. '조삼모사'는 원숭이의 어리석음을 비웃는 말로 쓰인다. 모두 일곱 개이므로 아침에 세 개를 먹든지, 네 개를 먹든지 어차피 차이가 없다는 것이다. 정말 원숭이는 바보였을 까? 그러나 그 상황에서 원숭이는

4. 예부터 '너 자신을 알라'거나 '참는 자에게 복이 있다'고 하였다. 이 말은 사회 제도보다 개인의 도덕에 초점을 맞춘 것 같다. 그래서 이 말은 슬그머니

5. 사공이 많으면 배가 산으로 간다. 이 말은 우리 사회에서 '뜻으로 모으지 못하면 일이 제 대로 안 된다. 낭패하기 쉽다'라는 뜻으로 약속하였다. 그러나 외국인이라면 이 문장을

7 추측과 추론

어떤 사람은 추측을 추론으로 착각하여, 객관적 사실에는 관심 없고 소설 쓰듯 허구와 상상력으로만 서술합니다. 예를 들어 '머리 색깔이 저런 것을 보니, 성질이 안 좋을 거야'라는 식으로 표현합니다. 이것은 추측이며, 머리 색깔과 성질을 연결할 만한 이유를 대지 않은 채 느낌이나 선입관만으로 상대방을 평가하였습니다.

또 '컴퓨터가 점점 더 발달하면 복제 인간이 사람을 지배할 것이다'라는 말도 추측입니다. 이처럼 미래 사회를 조망하는 문제, 환경오염과 과학 발전에 관한 문제에서 추측은 더욱 심하게 나타납니다. 왜냐하면 그 상황을 잘 모르니까 짐작과 느낌(감)으로 서술하기 때문입니다. 만약 '복제 인간이 원래 인물을 대신할 것이다'라고 주장하려면 '그 복제 인간이 그렇게 한다'는 이유를 대야 합니다. 그런데도 확실한 이유를 대지 않고 그러하리라고 상상한 내용을 근거로 삼았으므로 '추측'이라고 하는 것입니다. 이런 글은 설득력이 전혀 없고, 오히려 "어째서 그렇게 보냐?"는 논쟁거리만 제공할 뿐입니다.

그러나 추론은 한 개 이상의 논거에서 다른 한 개를 판단해 내는 사고 과정입니다. 가령 모든 사람이 죽고, 소크라테스가 사람일 때 '소크라테스도 죽을 것'이라고 판단할 수 있는데, 이런 판단을 추론이라고 합니다.

미래학자 앨빈 토플러는 과거 사회의 변화를 분석하여 《제3의 물결》이라는 책에서 미래 사회가 어떻게 변할 것이라고 주장하였습니다. 오늘날 그 이론이 맞은 것도 있고, 안 맞은 것도 있습니다. 맞지 않았어도, 토플러의 주장은 몇몇 판단을 근거로 내세운 가설이므로 추론이었습니다.

그러나 1870년 원자력을 알 수 없었던 시기에 소설가 베른이 《해저 2만 마일》에 원자력 잠수함을 등장시킨 것은 작가의 상상력이 풍부하였기 때문입니다. 미래를 내다보는 능력이 뛰어났던 베른의 생각은 추측(상상, 공상)입니다. "다 보여"를 외치는 점쟁이와 비슷하지요.

그러므로 논술글 속에 '가령 ~라고 치자, 짐작컨대, 아마도 ~일지 모른다, ~일 것이다, ~하지 않으면 안 될 것이다' 같은 어휘가 있으면 확실하게 그 근거를 뒷받침해야 합니다. 객관적 근거를 대지 못하면 쓰는 이는 졸지에 미래를 예측하는 점쟁이가 되거나, 공상과학소설가가 되거나, 상상력이 풍부한 만화가가 되기 쉽습니다. 다음은 대충 짐작으로 서술한 글입니다.

1. 자기 고민을 친구들과 상의하는 것은 아마도 사회적으로 스트레스가 가중되기 때문일 것이다. 그런 우정은 추측컨대 진정한 사랑일지 모른다.

   ↘ *스트레스 없는 사람은 친구들과 상의하지 않나? '진정한'의 기준은 어디까지?*

2. 생각해 봐라. 오늘날 부모는 모두 맞벌이로 집을 비워 아이들에게 관심이 거의 없다. 그러니 친구를 더 좋아할 수밖에 없다. 그러나 친구도 믿기 어렵다. 입시 경쟁 때문에 친구를 이겨야 자신이 대학에 들어갈 수 있다.

   ↘ *억측이다. 맞벌이 부모는 모두 나쁜 부모인가? 입시 때문에 친구를 믿지 못한다면 입시와 상관없는 학생들은 마음을 터놓고 진실하게 사귀는지?*

3. 우리는 만화에서 각종 과학자 악당을 보아 왔다. 만약 몇몇 과학자들이 부귀욕이나 공명심에 빠져 있다면 그런 악당들의 출현 가능성도 많다.

   ↘ *만화에 나오는 상상의 세계를 논거로 삼을 수 없다. 사실과 허구를 착각하였다.*

연 습 문 제 10

다음 단락이 어디가 어떻게 안 좋은지를 설명해 보세요(친구에게 먼저 말하고 모범 답안을 보세요. 혼자서 공부할 때는 메모를 해놓고 모범 답안과 비교하세요).

1. 우리나라 성인 남성이라면 반드시 지켜야 할 병역의 의무를 단지 고위 공직자의 아들이라는 이유로 면제해 준다면 사회가 유지되기 힘들 것은 뻔한 이치이다. 그렇게 되면 사회는 분명 혼란과 무질서에 빠지게 될 것이다.

2. 컴퓨터를 통해 한 사람의 모든 생활을 파괴하거나 바꿔 버릴 수가 있다. 할리우드 영화 〈네트〉가 그 좋은 예이다. 또 〈이레이저〉 같은 영화에서는 거대한 기업이나 정치가의 비리 등을 폭로하기 위해 시디 한 장에 목숨을 걸기도 한다.

3. 우리 현실은 지금 교육의 본질을 잊고 있다. 교육은 전통적으로 인격을 완성하는 데 목적을 두어 왔다. 그런데도 도덕 교육을 시키지 않는다. 진리 탐구보다 학벌을 조장하는 측면이 강하다. 학문을 도구로 삼았다. 교육이 제대로 가려면 획일적인 교육에서 벗어나야 한다. 상담을 활성화해야 한다. 학벌이 최고 가치여서는 안 된다.

4. 남녀 학생을 분리시켜 놓으면 호기심이 강해져서 은밀히 만나게 되고 결국 성병, 미혼모까지 이어지게 되는 등 부작용이 엄청나게 커진다.

5. A라는 사람은 가정환경이 좋은 사람이라고 하자. 그리고 B라는 사람은 정글에서 문명을 알지 못하고 짐승들과 더불어 살던 사람이라고 하자. 그렇게 비교해 보면 교육을 받지 않은 사람과 도시에서 태어나서 교육을 받으면서 자란 사람의 차이를 확실히 알 수 있다.

6. 민주 국가에 대해 국민이 불신할 것이다. 민주 국가란 국가의 주권이 국민에게 있으며 국민의 의지로 운용되는 국가를 말한다. 그러나 이러한 민주 국가의 정의와는 어긋나게 소수 정치 집단에게 정책 결정 권한이 커진다면 국민들은 그들이 그토록 원해서 얻어낸 민주주의 국가는 결국 그들을 위해 아무런 도움도 될 수 없다는 생각에서 정치적 무관심이 확대된다. 아울러 국가 불신 현상도 나타날 수 있다.

7. 미래 사회는 오늘날보다 자신의 일을 가진 사람이 많을 것이고, 사이버 기기의 출현으로 독신자의 수가 굉장히 증가할 것이다. 또 결혼을 하더라도 자식은 낳지 않는 이른바 '딩크족'이 많아질 것이다. 이렇게 되면 미래의 가족 제도는 오늘날보다 규모는 작아지지만 가구 수는 증가할 것이다. 그리고 새로운 형태의 가구들이 더 많이 생겨 새로운 이름으로 불리어질 것이다.

8. 교육은 어느 집단에서나 존재한다. 인간뿐만 아니라 곤충, 짐승들 사이에서도 행해진다. 예를 들어, 어린 사자는 사자답게 자라기 위해 어미에게 먹이를 찾는 방법과 사냥하는 방법을 배우게 된다. 인간 사회에서의 교육과 짐승 사이에서의 교육의 차이점은 크다.

9. 교육은 '백년대계'라고 하여 한 나라에서 차지하는 비중이 아주 크다. 그러나 우리나라 같은 경우 교육의 큰 원칙이 해마다 바뀌고 있는 실정이다. 특히 점수로 모든 것을 평가하여 좋은 대학, 좋은 학과라는 말이 생겼다. 취직하는 기준이 명문 대학이어야 한다는 식이다. 명문 대학을 나오고도 인성 교육이 제대로 되지 않아 짐승과 다름없이 이성이 마비된 사람도 있다.

10. 정보화 사회의 부작용은 만만치 않을 것이다. 그때쯤이면 사람들이 정보기기만 상대할 것이다. 그래서 사람을 직접 만나는 일이 드물지도 모른다. 그렇게 되면 인간적인

정이 메마르기 쉽다. 점점 사회가 각박해지고 차가워질 것이다. 결국 인간성을 상실하게 될 것이다. 그리고 사이버 공간 속에 가상현실을 진짜로 착각하며 살 것이다. 연애나 사랑도 컴퓨터를 통해 이루어지고 사람보다 컴퓨터를 더 친숙하게 여길 것이다. 사람들은 날이 갈수록 인생무상과 허무함을 느끼게 된다. 눈물이라고는 조금도 찾아볼수 없다. 그들에게는 인생관도, 가치관도 없다. 법이 더욱 가혹해져도 흉악범은 사라지지 않을 것이다. 머리 좋은 사람 중에는 자기 능력을 사리사욕 채우는 데에 이용할것이다. 그 현실을 극복하지 못해 나약해져서 자살하거나 현실 도피를 시도하는 사람들도 많아질 것이다.

연 습 문 제 11

다음 글에 있는 전제를 바탕으로 어떤 것을 추론할 수 있을지 한 문장으로 정리해 보세요.

1. 육식이는 패스트푸드를 자주 먹고, 채식이는 거의 먹지 않는다. 두 사람은 〈슈퍼사이즈미〉라는 영화를 감상하였다. 이 영화는 2004년 미국 영화감독 모건 스펄록이 만든 다큐멘터리이다. 감독이 패스트푸드를 직접 한 달 동안 먹는 과정을 담았다. 미국이 20년동안 패스트푸드에 길들여지면서 비만 인구가 두 배 늘었다는 것을 각종 통계 자료와증거로 보여 주었다.

2. 대만은 양심적 병역 거부자를 위해 2003년 대체 복무를 허용하였다. 병역 거부자들은정부에서 지정한 사회 복지 시설에서 현역 입영자보다 더 오래 복무하지만, 부작용은거의 없는 것으로 조사되었다. 우리나라는 군 복무자 중에서 1/3가량이 비군사 분야에서 일하므로, 1년에 병역 거부자 600명이 비군사 분야에 추가되는 셈이다. 우리나라는현역 1.5배를 근무하도록 법률을 개정하려고 한다.

3. 다음 표는 노부모 부양을 누가 해야 하는지를 두고 조사한 결과이다. 이 표에 따르면,가족이 노부모를 부양해야 한다는 것이 대세이지만, 응답자 나이가 어릴수록 지지율이 떨어졌다. '60 이상' 세대의 응답 결과를 보고 어떤 사실을 추론할 수 있는지 생각해보라.

부양 주체 / 응답자 나이	스스로 해결	가족이 담당	정부와 사회가 담당	가족과 정부와 사회가 담당	기타	계
20~29	9.0	66.5	1.3	23.0	0.2	100.0
30~39	7.9	68.3	1.1	22.5	0.2	100.0
40~49	7.5	74.0	1.2	17.1	0.2	100.0
50~59	11.0	73.7	1.2	14.0	0.1	100.0
60 이상	13.6	74.8	1.6	9.8	0.2	100.0
평균	9.8	71.4	1.3	17.3	0.2	100.0

단위 : %

4. 다음 표는 미국의 2004년 주(州)별 범죄율이다. 강력범죄율은 인구 10만 명당 살인, 강간, 강도 및 폭행 건수를 합한 것이고, 살인율은 인구 10만 명당 살인 건수이다. 이 표에 따르면, 사형 제도가 없는 주에서 강력범죄율과 살인율이 최고와 최저를 각각 차지하였다. 이 결과를 놓고 사형 제도와 범죄 예방 효과의 관계를 추론하라.

주(지역)	인구(명)	강력범죄율	살인율	사형 제도
워싱턴 D.C.	55만	1,371	35.8	없음
루이지애나	452만	639	12.7	있음
메인	132만	104	1.4	없음
노스다코타	63만	79	1.4	없음

5. 통계에 따르면, 초등학생의 조기 유학이 1998년 212명이던 것이 2004년 6276명으로 30배 증가했다. 그리고 조기 유학생의 64%는 가장이 2004년 월수입으로 500만 원 이상을 받는다고 하였다. 영어 조기 교육은 최상위층에서만 가능한 일이라는 뜻이다. 경제적으로 많은 사교육비를 감당하기 어려운 계층에게는 또 하나의 짐을 얹거나 좌절감으로 작용한다. 우리 사회는 경제 격차가 자녀의 영어 능력 격차를 만들고, 영어 격차가 다시 빈부 격차를 만든다는 이른바 '잉글리시 디바이드(English Divide)' 현상이 심각하다.

6. 미국은 이라크와 전쟁을 벌여, 결국 2006년 사담 후세인 이라크 대통령을 처형하였다. 원래 이라크를 공격한 것은 이라크가 대량살상무기를 보유하였다는 이유 때문이었다. 그러나 점령한 이라크에서 대량살상무기를 찾을 수 없었다.

국제 정치학자들은 미국이 이라크를 공격한 것은 석유 화폐 때문에 석유수출국기구(OPEC)와 유럽연합에 경고한 것이라고 분석하였다. 즉, 겉으로는 군사 대결이지만, 달러가 유로를 공격하였으며, 미국이 세계 경제 패권을 두고 유럽연합에게 경고하였다는 것이다.

7. 빛나와 새롬이는 대학생 새내기가 되어 학생회에서 주관한 현대사 특강을 들었다. 강사가 광주 민주화 운동 과정을 설명하였다. 강사가 말한 돌연변이는 '현실에 맞서는 사람, 침묵하지 않는 사람'을 의미한다. 밑줄 그은 곳에서 강사가 말하고자 한 것을 추론해 보라.

> "1980년 5월 26일, 광주 시민 3만 명이 도청 앞에 모였어요. 어두워지면서 집으로 다 돌아갔지. 도청에는 사람이 얼마 남지 않았어요. 일부는 현실적으로 계란으로 바위치기라며 계엄군에 항복하자고 했지. 하지만 1)남은 사람들은 '그냥' 남았어요. 차마 집에 갈 수 없었던 거죠."
>
> "5월 27일 새벽에 20분도 안 걸려 계엄군이 도청을 함락했을 거예요. 그때 광주 시민들이 자고 있었을까? 어떻게 잘 수 있겠어요? 도청에 있는 사람들이 어떻게 되었을까 하고 밤을 지새웠겠지요. 아마도 우리 5000년 역사 중 가장 긴 새벽이었을 거예요."
>
> "결국 진 거죠. 그런데 그 이후로 우리 역사에 2)돌연변이들이 나타나기 시작했어요. 별종들이 탄생한 거야. 그때 도청에 있었던 사람들이 3)총을 내려 놨다면 우리 시대의 광주는 없었을 겁니다."

다음 물음에 답하세요.

1. 다음 이야기를 읽고, 우리 생활에서 운동할 때 일어나는 부정적인 면에 주목하여 사람들이 운동을 하면서 추구해야 할 방향에 대해 논증의 큰 틀을 작성해 보라(먼저 해 보고, 잘 안 되면 '함께 풀기'를 참고하세요. 논증의 큰 틀을 완성하면 되도록 글 한 편을 써 보세요. 모범 답안에 예시 글을 실어 놓았습니다).

> 우리 학교 행사에서 가장 큰 행사라면 체육 대회를 꼽습니다. 여러 경기를 통해 학급 성원의 단결심을 과시하지만, 솔직히 '입시'라는 울타리에서 하루쯤 벗어나 마음껏 땀을 흘릴 수 있다는 것이 더 큰 매력이지요. 어쨌든 체육 대회가 없는 학교는 상상하기 싫어요.
>
> 그런데 승부라는 것이 묘해서 경기를 하면 꼭 이기고 싶지요. 3학년 형들이 심판을 보는데 문과 선배는 문과 편을 드는 것 같고, 이과 선배는 이과 편을 드는 것 같더군요. 그래서 판정에 응하지 않을 때가 있습니다. 어떤 때는 판정 때문에 담임 선생님들끼리 다투시다가 심하면 학급 선수를 데리고 경기장 밖으로 나갑니다. 체육 대회가 끝나고도 오래도록 그 선생님들은 서로 인사도 안 하시더군요.

서론 ① :

본론 ① :

　　　 ② :

결론 ① :

함께풀기

1-1. 문제의 성격을 알아봅시다!

운동을 통해 '운동 정신'을 알게 하는 것이 학교 교육의 목표입니다. 학생들은 '학생의 날'보다 교내 체육 대회 날을 더 좋아합니다. 그리고 운동에 관심 있는 학생들은 스포츠 신문을 많이 봅니다. 그 기사문을 살펴보면 '숙적, 쳐부숴, 짓밟아, 초토화, 맹폭격'과 같이 온통 거친 말로 표현되었습니다. 스포츠 신문만 아니라면 사람들은 그 신문을 보면서 전쟁이 일어났다고 착각할 것입니다. 말하자면 요즈음 일부에서는 마치 '전투'를 치르듯 운동을 하더군요.

출제자는 운동을 없애자는 것은 아닌 것 같지요? 부정적인 면을 실생활에서 찾아보라는 것이니, 우리가 운동하면서 무심히 넘어가던 것이 있는 모양입니다. 운동 경기를 하면서, 또는 보면서 '이러면 안 된다 싶었던 것을 찾아보라'는 것입니다. 여러분은 운동을 어떻게 보세요?

1-2. 어떤 순서로 구상해야 할까요?(아래에서 시키는 대로 개요표에 직접 써 보세요. 원리를 익히려면 자꾸 써 봐야 합니다.)

① 결론부터 결정합니다 : 주어진 글을 읽고 어떤 생각부터 했나요? 대부분 학생들은 '운동이 그런 식으로 끝나면 안 되지'라고 생각했을 것입니다. '그런 식으로'라는 것이 뭔가요? 자, 이제 생각나는 것을 개요표 결론 **1**에 먼저 한 줄만 적어 보세요.

점잖게 표현하세요. 잘 생각나지 않는 학생은 도와 드릴게요. 여기서 말하는 '그런 식'이란 '부정적으로'라는 뜻입니다. 그렇다면 결론은 간단하군요. '운동은 정정당당해야 한다, 즐거워야 한다'쯤으로 잡으면 되겠군요.

② 그다음에 본론을 생각합니다 : 결론에 적은 한 줄을 보면서 '이런 주장을 하게 된 논거가 무엇일까?'를 생각해 보세요. 생각나는 것이 있으면 개요표 본론 **1**에 한 줄만 적으세요. 근거를 한 가지만 대세요. 결론을 '운동은 정정당당해야 한다'로 잡았다면, 본론에 부정적인 면을 예로 들되, 문제 지시에 따라 '실생활에서' 찾아야 합니다. 이 논거를 뒷받침하여 본론 **2**에 한 문장을 더 적으세요.

③ 그다음에 서론을 생각합니다 : 문제를 제기하세요. '이런 문제를 왜 출제했을까, 요즘 어떤 식으로 운동할까?'를 생각해 보세요. 개요표 서론 **1**에 먼저 한 줄만 적어 넣으세요. 그래도 잘 생각나지 않으면 '스포츠에 관심이 높다'라고 쓰세요.

2. 다음 글을 읽고 우리 사회의 발전 방향에 따라 앞으로 직업이 어떻게 변할지를 예측하여, 논증의 큰 틀을 생각해 보라(먼저 큰 틀을 잡아 보고, 잘 안 되면 '함께 풀기'를 참고하세요).

1. 노동부에서 〈한국 직업 사전〉을 개정하여 발간하였는데, 1996년 국내 직업 수는 11,537개로 밝혀졌다. 1986년에 직업 수를 조사하였을 때는 10,451개로 10년 만에 1,086개가 늘어난 셈이다. 통계 자료에 따르면 사회적·경제적 변화에 맞추어 색다른 신종 직업이 많이 늘었다. 예를 들어 인공위성 개발원, 광통신 연구원, 반도체 소자 연구원이 생겼고 이벤트 전문가, 행사 도우미, 애완견 미용사도 등장했다. 대추 농장 관리인, 백일홍 재배자처럼 한 직업이 세분화하는 경향도 보인다. 그러나 한편으로는 고속버스 안내원, 타자수처럼 사라지는 직업도 많았다.

2. 파트타임 구직 시장에서 성(性) 벽이 무너졌다. 아르바이트 잡지가 한 달간 직종별 채용 공고에 지원한 사람들의 성비를 조사하였다. 간병인, 유치원 교사 등 여성 중심의 직종에 남성 지원이 눈에 띄게 늘었다. 경비, 운전 등 남성 중심 분야에 여성 지원도 증가했다.

   간호, 간병인 분야의 남성 지원자 비율은 지난해 같은 기간 6.9%에서 올해 21.4%로 크게 늘었다. 역시 여성이 주류였던 텔레마케터와 유치원 교사 쪽의 남성 지원 비율은 23.6%에서 29.7%, 7.6%에서 11.9%로 각각 늘었다. 관계자는 "청년 취업난이 심해지면서 구직 전선에서 이것저것 따지는 경향이 덜해진 것 같다. 남성적 직종에 여성 진출이 늘어난 데는 남성들의 육체노동 기피 현상도 한몫한 것"으로 보았다.

서론 ①:

본론 ①:

　　② :

결론 ①:

함 께 풀 기

2-1. 문제의 성격을 알아봅시다!

우리나라 대학에는 경호(보디 가드), 카지노, 당구, 다이어트, 시계주얼리, 실버케어 복지, 바리스타 같은 이색 학과가 많습니다. 경호학과에 입학한 학생들은 무술뿐만 아니라 컴퓨터를 익혀야 하고 외국어도 잘해야 한답니다.

요즈음 사랑 고백을 대행하는 회사도 있고, 소비자 주문을 받아 물건을 사서 집에 배달하는 회사도 있습니다. 물론 과거에는 이런 세태를 상상하기조차 힘들었지요. 그러나 전문가들은 사회가 발전할수록 직업이 다양해지는 것이 당연하다고 하며, 직업 종류를 그 사회의 발전 기준으로 보기도 한다는군요. 그렇다면 여러분이 성인이 될 때쯤이면 새로운 직업이 엄청날 테고, 그만큼 세상도 다양해질 것입니다.

그러므로 출제자는 여러분이 다가올 미래를 전망할 수 있는지를 알아보고자 합니다. 여러분이 10년 전 어렸을 때와 현재를 비교할 수 있다면, 다가올 10년 뒤를 짐작할 수 있을 것입니다. 10년이나 20년 뒤에는 어떤 세상이 될지를 생각해 보세요. 그러면 여러분이 가져야 할 직업을 짐작할 수 있을 것입니다.

2-2. 어떤 순서로 구상해야 할까요?(아래에서 시키는 대로 개요표에 직접 써 보세요).

① 결론부터 결정합니다 : 주어진 글에 답이 있습니다. 예를 들어, 인공위성 개발원은 기술 혁신에 따라 생긴 직업이며, 행사 도우미는 서비스 산업이 확대되면서 탄생한 직업입니다.

지금은 사람들이 대부분 컴퓨터 워드프로세서를 다룰 줄 알아서 타자수 같은 직업이 사라졌습니다. 타자를 치는 것이 더 이상 전문적인 일이 아니기 때문입니다. 단순 노동일 뿐이지요. 자, 이제 생각나는 것을 개요표 결론 ①에 한 줄만 적어 보세요.

잘 생각나지 않는 학생을 위해 도와 드릴게요. '갈수록 직업이 아주 다양해질 것이다, 점점 세분화할 것이다.' 너무 쉽다고요? 결론을 어렵게 생각하지 마세요. 아주 상식적으로 판단하면 됩니다.

② 그다음에 본론을 생각합니다 : 결론에 쓴 한 줄을 보면서 논거를 대야 합니다. 물론 그 논거가 본론입니다. 생각나는 것이 있으면 개요표 본론 ①에 한 줄만 적으세요. 논거를 한 가지만 대세요. 개요 짜는 연습을 하는 것이니 하나만 생각해 봅시다. 이 논거를 뒷받침할 수 있도록 본론 ②에 한 문장을 더 적으세요.

③ 그다음에 서론을 생각합니다 : 문제를 제기하세요. 결론과 마찬가지로 그냥 상식적으로 생각하면 됩니다. 생각나는 것을 개요표 서론 ①에 한 줄만 적어 넣으세요. 그래도 잘 생각나지 않나요? '지금 이런데' 정도를 생각해 보세요. '맞아, 지금 세상 참 많이 변했어'쯤이면 됩니다.

3. 오늘날 우리 사회 각계각층에서 '역사를 바로 알자'는 주장을 많이 한다. 그래서 역사 기행, 역사서 출간, 역사박물관 설립 등이 우리 문화의 흐름이 되었다. 우리 사회가 역사에 관심을 쏟는 것이 어떤 의미를 지니는지 자신의 견해를 서술하라.

서론 [1] :

본론 [1] :

　　　 [2] :

결론 [1] :

함 께 풀 기

3-1. 문제의 성격을 알아봅시다!

현재 우리 사회에서 '역사를 바로 알자'는 주장이 설득력을 지닌다면, 지금까지 우리나라가 역사를 제대로 알지 못하고 살아왔다는 말이 됩니다. 역사에 대한 관심은 1993년 김영삼 정부가 새로이 집권하면서 그 이전에 군인 출신 대통령이 잘못해 온 30여 년 관행을 뜯어 고치자는 생각에서 출발하였습니다. 그러나 뜻있는 사람들은 이런 정도를 넘어 해방 이후 우리가 일제 식민 통치의 잔재를 털어 버리지 못했으니, 지금부터라도 그런 잘못까지 생각해 보자고 합니다.

청소년들은 젊기 때문에 대개 역사를 '낡은 것, 오래된 것'으로 보기 쉽습니다. 그러나 청소년 기억 속에 희미하거나 없는 1980~1990년대, 더 나아가서는 1940년대 같은 '낡은 것'에 많은 사람들이 집착하는 이유는 무엇일까요?

출제자는 수험생이 '역사를 과거로만 보아서는 안 된다'는 것을 이해하는지 알아보려고 합니다. 말하자면 현재는 과거의 연장선 위에 있으며, 오늘이 또 내일을 만드는 '과거'가 된다는 사실을 잘 인식하는지를 평가하겠다는 것이지요. '과거에 눈을 감는 사람은 미래도 없다'는 말을 되새기게 하는 문제입니다.

3-2. 어떤 순서로 구상해야 할까요?

① 결론부터 결정합니다 : 예를 들어봅시다. 어제 청소 당번이 청소를 하지 않고 슬그머니 달아나 버려서, 오늘 아침에 그 학생은 말할 것도 없고 학급 전체 학생이 담임교사

에게 꾸중을 들었습니다. 어제 있던 '원인' 때문에 오늘 이런 '결과'가 생겼지요? 그러므로 과거에서 '원인'을 찾아 지금 바로잡아야 똑같은 '결과'가 또다시 일어나지 않을 것입니다.

자, 이쯤이면 역사를 바로 알자는 까닭을 생각해 낼 수 있나요? 떠오르는 것을 개요표 결론 ①에 먼저 한 줄만 적어 보세요. 잘 안 되면 '시행착오, 잘못의 반복, 교훈, 정의' 같은 단어를 넣어 생각해 보세요.

② 그다음에 본론을 생각합니다 : 결론에 쓴 한 줄을 보면서 그 논거를 대야 합니다. 개요표 본론 ①에 한 줄만 적으세요. 깊이 있게 서술해야 한다는 점을 항상 잊지 마세요. 생각나지 않으면 결론에 쓴 한 줄을 보면서 '왜'를 붙여 보고, 머릿속에 떠오르는 것을 본론에 쓰세요. 이 문장을 뒷받침할 수 있도록 본론 ②에 한 문장을 더 적으세요.

③ 그다음에 서론을 생각합니다 : 가볍게 문제를 던져 보세요. 상대방의 호기심을 불러일으킬 만한 것이 아주 좋겠지요. 떠오르는 것을 개요표 서론 ①에 한 줄만 적어 넣으세요. 잘 안되면 '지금 이런데'를 주변에서 찾아보세요.

이런 것은 어떨까요? '어느 시민 단체에서 친일 인명사전을 만들었다, 아직도 정신대 문제가 해결되지 않았다, 일본이 독도를 자기 영토라고 한다, 과거 시국 사건 책임자가 현재 고위 공직자로 근무한다.' 어때요? 조금만 사회에 관심을 두고 유심히 살펴보면 쓸거리가 많지요?

4. 우리나라에서는 주로 어린 학생들이 위인전을 많이 읽는다. 그러나 다른 나라 위인전과 여러 모로 다른 점이 많아, 우리나라 위인전을 통해 감명 받았다는 학생은 아주 적은 편이다. 우리나라 위인전에 나타난 '비범성'에서 문제점을 찾아 자신의 견해를 서술하라.

서론 ① :

본론 ① :

　　 ② :

결론 ① :

4-1. 문제의 성격을 알아봅시다!

우리나라 위인전은 주인공인 위인이 '동에 번쩍, 서에 번쩍' 하는 재주를 지녀 무협지를 읽는 것 같습니다. 그래서 재미는 있지만 감동을 주지 못하더군요. 할리우드 영화 〈배트맨〉, 〈슈퍼맨〉을 보면 아주 통쾌하기는 하나 '나도 그 사람처럼 살아야겠다'고 생각하지는 않습니다. 우리 위인전이 왜 이런 식일까요? 위인전은 실제 있었던 사실에 바탕을 두어야 하는데도, 후대 사람들이 그 위인을 지나치게 칭찬하려다 보니 실제보다 업적을 과장할 수밖에 없지요.

출제자의 의도를 짐작할 수 있겠어요? 제대로 된 위인전에서는 '에디슨은 어렸을 때 실수를 많이 했다. 그러나 그런 실수를 딛고 성공했다'는 식으로 서술합니다. 그러나 우리 위인전에 묘사된 위인들은 태어날 때부터 보통사람과 다르지요? 태몽도 거창하고 태어날 때는 집안에 상서로운 기운도 감돌아야 합니다. 자, 이만하면 어떻게 글을 써 나가야 할지 방향이 잡히나요?

4-2. 어떤 순서로 구상해야 할까요?

① 결론부터 결정합니다 : 작가가 위인전을 썼으면 사람들에게 읽혀야 하고, 이왕이면 읽는 이에게 감동을 주어야겠지요? 여러분이 작가라면 위인전을 어떻게 쓰겠어요? 떠오르는 것을 개요표 결론 ①에 먼저 한 줄만 적어 보세요.

어려우면 '위인전은 감동을 줄 수 있어야 한다'라고 쓰세요. 아주 쉽다고요? 논술글 쓰기는 아주 쉬운데도, 사람들은 너무 어렵게 생각해서 탈입니다.

② 그다음 본론을 생각합니다 : 결론에 쓴 한 줄을 놓고 '내가 왜 이런 주장을 했을까?'를 또 생각해 보세요. 문제에서 지시한 대로 '우리나라 위인전의 비범성에 어떤 문제가 있을까, 왜 문제가 있다고 할까?'를 생각해 보아야 합니다.

떠오르는 것이 있으면 개요표 본론 ①에 한 줄만 적어 넣으세요. 결론에 '감동을 줄 수 있어야 한다'라고 썼다면, 본론 글은 '이러하면 감동을 주지 못한다, 평범함 속에 감추어진 비범함을 강조하지 못한다'라고 쓰면 됩니다. 이 문장을 뒷받침할 수 있도록 본론 ②에 한 문장을 더 적으세요.

③ 마지막으로 서론을 생각합니다 : 문제를 제기하되, 오늘날 현상을 서술하세요. 즉 '이런 문제를 왜 출제했을까, 우리 위인전은 지금까지 어떠했던가?'를 생각해 보세요. 연습하는 것이니까 아는 대로 쉽게 생각해 보세요. 개요표 서론 ①에 먼저 한 줄만 적어 넣으세요. 정 어려우면 '우리나라 위인은 대개 이랬다'쯤 담으면 어떨까요?

5. 다음 제시된 두 자료를 읽고, '봉사 활동의 제도화'에 대해 자신의 견해를 서술하라.

> (1) 법무부는 1996년 3월부터 폭력 모임에 가입한 학생들이나 비행 청소년을 골라 사회 봉사 명령제를 실시하였다. 원래는 1989년부터 형사 입건된 청소년에게 사회 봉사 명령을 하던 제도였으나, 우범 청소년까지 확대한 것이다. 비행 청소년이 이 명령을 받으면 법원이 지정하는 양로원이나 고아원에 가서 봉사 활동을 해야 하며, 길거리 청소를 하거나 병원에서 잡일을 거들어야 한다.
>
> (2) 교육부에서 학교 생활기록부에 봉사 활동을 점수로 넣으면서, 서울 어느 노인 요양원은 방학 때만 되면 새로운 일거리가 늘어난다. 중·고등학교 학생들이 봉사하겠다고 신청하여, 요양원에서 그 학생들에게 자원 봉사를 부탁하면 일부 학생들은 적당히 시간만 보내다가 나중에 집에 돌아갈 때 '봉사 활동 확인서'를 '넉넉히' 써 달라고 하였다.
>
> (3) 어느 교육청은 지역 연고 운동팀 경기를 학생들에게 관람하게 하였다. 그리고 그 관람 시간을 봉사 활동 시간으로 인정하라고 학교에 지시하였다. 그 교육청 관계자는 신문 기자에게 "인기 없는 경기를 학생들이 보러 가지 않아 이런 지시를 하였다"고 해명하였다. 이에 지역 사회에서는 "교육청이 점수를 미끼로 순수한 봉사 활동을 모독하였다. 구태의연한 학생 동원이다"라고 비난하였다.

서론 ① :

본론 ① :

　　　② :

결론 ① :

함 께 풀 기

5-1. 문제의 성격을 알아봅시다!

　시골 고등학교 중에는 대학에 갈 수 있는 학생이 한 명도 없는 곳도 있어요. 그런 학생들은 '행동 발달 상황'이 '우수'면 어떻고, '보통'이면 무슨 상관있겠어요? 그러나 대학에 가려는 학생이라면 학교 생활기록부 '봉사 활동 상황란'에 올리려고 억지로라도 '봉사'를 해야 하지요. 물론 그런 식으로 봉사하라고 교육부에서 이 제도를 도입하지는 않았을 것입니다.

출제자의 의도를 짐작할 수 있겠어요? 법무부에서 비행 청소년에게 강제로 '봉사'하게 한답니다. 친구가 마음에서 우러나온 친절을 베풀면 그것이 아무리 작아도 여러분은 기뻤지요? 그러니 '강제 봉사'라는 것이 상대방을 기쁘게 할까요? 자, 이쯤이면 눈치 빠른 사람은 어떻게 글을 써 나가야 할지 방향을 잡았을 것입니다.

5-2. 어떤 순서로 구상해야 할까요?

① 결론부터 생각하세요 : 봉사 기준을 어디로 잡아야 할까요? 봉사하는 사람에게 두어야 할까요, 봉사를 받는 사람에게 두어야 할까요? 어려운 사람을 도와주기로 한다면 그 사람에게 보탬이 되라고 행동하는 것입니다. 그런데 봉사 활동을 한 뒤 '확인서'를 써 달라고 하여 학교에 갖다 내기로 하면 결국 '나'를 위해 활동한 것밖에 되지 않습니다. 어떻게 봉사해야 할지 떠오르는 것을 개요표 결론 **1**에 먼저 한 줄만 적어 보세요.

② 그다음 본론을 생각합니다 : 결론에 쓴 한 줄을 놓고 '왜'를 붙여 보세요. 주어진 글을 다시 읽어도 좋습니다. '어떤 것이 문제가 될까, 무슨 문제가 있을까?'를 생각해 보세요. 떠오르는 것이 있으면 개요표 본론 **1**에 한 줄만 적어 넣으세요. '왜'를 자꾸 붙여 보면 도움이 됩니다.

조금 도와 드릴까요? '현재 봉사 활동 제도는 이것이 문제이다'쯤이면 됩니다. 이 문장을 뒷받침할 수 있도록 본론 **2**에 한 문장을 더 적으세요.

③ 마지막으로 서론을 생각합니다 : 문제를 제기하되, 생활 주변의 일화를 정리하세요. 짧은 글이고 연습하는 것이니까 쉽게 생각하세요. 이것도 개요표 서론 **1**에 먼저 한 줄만 적습니다. '학생들이 봉사 활동을 지금 이렇게 하더라'쯤 쓰면 어떨까요?

6. 국제 사회에서 나라 사이에 갈등이 있을 때 한 나라의 '국가적 양심'을 어떻게 보아야 할지 다음에 있는 자료를 읽고 자신의 견해를 피력하라.

> 미국은 제2차 세계대전이 끝나고 도쿄에서 일본 전범들을 재판할 때, 일본군이 중국을 상대로 저지른 독가스전 내막을 자세히 알면서도 그 죄를 추궁하지 않고 넘어갔다. 최근 공개된 미국의 비밀문서에 따르면, 미국이 그 죄를 추궁하지 않은 것은 "일본의 독가스전을 밝혀내 벌을 주게 되면, 장차 미국도 독가스를 전쟁 수단으로 삼을 수 없게 된다"는 것 때문이다. 이에 따라 당시 미국은 독가스 관련 자료를 넘겨받은 대가로 일본 전범들을 기소하지 않았다.

서론 ①:

본론 ①:

　　②:

결론 ①:

6-1. 문제의 성격을 알아봅시다!

　제2차 세계대전 후 미국과 소련 두 나라는 독일 과학자들을 자기 나라로 많이 데리고 갔습니다. 그리고 그 과학자들한테 미사일 기술을 배워, 한때는 로켓으로 두 나라가 우주 경쟁을 벌였지요. 일본 관동군 731부대는 '마루타'라고 해서 산 사람을 이용하여 여러 실험을 했습니다.

　예를 들어, 사람을 한 줄로 세워 놓고 소총으로 쏴서 총알 하나로 몇 명까지 죽일 수 있는지를 실험했지요. 우리나라 민족 시인 윤동주도 '생체 실험 마루타'로 일본에서 죽었다고 합니다. 그러나 전쟁이 끝난 뒤에 이런 비인간적인 생체 실험의 책임자가 벌을 받지 않았습니다. 생체 실험의 결과와 자료를 승전국이 가져가는 대신 죄를 묻지 않았지요. 승전국이 자국 이익을 고려하여 벌 주는 기준을 사람에 따라 '이중적'으로 적용한 것입니다.

　어떤 생각이 드나요? 힘없는 나라만 억울하다는 생각이 들지요? 출제자의 의도를 짐작할 수 있겠어요? 나라끼리 갈등할 때 여러분은 강대국이 '국가적 양심'에 따라 약소국에게 '알아서' 잘 하리라고 생각했나요? 국제 사회에서 도덕적으로 살아야 한다는 것은 이상일 뿐이고, 현실적으로는 도덕보다 이익에 따라 이해관계가 달라집니다. 이쯤이면 글의 가닥을 잡을 수 있겠지요? 출제자는 국제 사회가 아주 비정한 곳이라는 것을 여러분이 아는지 묻고 있습니다.

6-2. 어떤 순서로 구상해야 할까요?

　① 결론부터 생각하세요 : 개인 간 갈등이 잘 마무리되기를 비는 것처럼, 모든 사람들은 국가 간 싸움도 순리대로 해결되기를 바랍니다. 결론에 그런 '희망'을 써도 좋고, 그렇게 되지 않았을 때를 '전망'해도 좋습니다.

　예를 들어 '약육강식이 국제 사회의 법칙이 된다면 인류의 미래는 암담할 것이다'처럼 쓰면 되겠지요. 그러나 논술글에서는 '이상과 꿈'에만 매달리다가 자칫하면 막연하고도 공허한 소리로 끝나기 쉽습니다. 여러분은 국제 현실을 생각하여 구체적인 대안을 담아 보세요. 머릿속에 떠오르는 것을 개요표 결론 ①에 먼저 한 줄만 적어 보세요.

② 그다음 본론을 생각합니다 : 결론에 쓴 한 줄을 놓고 '왜'를 붙여 보세요. 그래도 떠오르지 않으면 주어진 글을 다시 읽어 보세요. 자꾸 '왜'를 붙여 나가면서 근본적으로 파고 드세요. 본론을 '그것은 ～이기 때문이다'와 같은 문장으로 정리해 보세요. 자, 떠오르나요? 그러면 개요표 본론 ①에 한 줄만 적어 넣으세요. 그리고 이 문장을 뒷받침할 수 있도록 본론 ②에 한 문장을 더 적으세요.

③ 마지막으로 서론을 생각합니다 : 신문이나 텔레비전을 보면서 국제 관계를 생각해 본 적이 있나요? 이곳저곳에서 '테러, 폭탄, 전쟁' 따위로 어수선하지요? 우리는 남북한이 서로 무기를 겨누며 삽니다. 생각나는 것을 개요표 서론 ①에 먼저 한 줄만 적어 넣으세요. '지금 국제 정세가 아주 복잡하다'쯤 쓰면 어떨까요?

7. 우리 사회는 지난 여러 선거를 통해 '지역주의' 풍토가 극단적으로 드러났다는 것을 실감할 수 있었다. 이러한 지역주의 풍토가 가져오는 폐해를 한 가지만 들어, 지역주의에 대한 자신의 견해를 밝혀 보라.

서론 ① :

본론 ① :

   ② :

결론 ① :

함 께 풀 기

7-1. 문제의 성격을 알아봅시다!

학생들은 생활 폭이 좁아 지역감정의 실체를 적나라하게 볼 수 없을 것입니다. 그러나 지금까지 있었던 각종 선거 결과를 보세요. 어느 특정 당 후보만 어느 특정 도에서 뽑히지, 상대 당 후보는 전혀 당선하지 못합니다. 이런 식으로 가다가 정말 고구려·백제·신라 삼국시대로 돌아가는 것이 아닌가 싶어요.

물론 어느 나라나 지역적 특성이 있습니다. 예를 들어, 19세기 중반 비스마르크가 통일하기 전에는 독일도 수많은 지역으로 나뉘어 서로 다투며 살았습니다. 막상 통일된 지금도 동·서 독일이 사이좋게 지내는 것은 아닙니다. 미국은 동부와 서부의 지역 정서가 다르다고 하며, 과거에는 남북으로 나뉘어 내전을 치렀습니다.

지각 있는 국민이라면 지역 특성을 살려 서로 조화를 이루는데, 의식 수준이 뒤진 국민은 서로 싸우며 상대방을 죽이려고 합니다. 그래서 지역감정으로 국민이 서로 쪼개져 대립하면 결국 '나라가 망한다'고 합니다.

우리나라에도 '예술을 좋아하는 고장, 충절이 뛰어난 고장, 학문이 높은 고장, 음식 솜씨가 좋은 고장' 등 동네마다 특색이 있잖아요. 그런 지역적 특색이 한데 어우러져 서로 발전하는 밑거름이 된다면 얼마나 좋을까요? 그런데 현실적으로는 부정적인 '지역주의'가 여러 곳에 다양한 모습으로 퍼졌습니다.

예를 들어, 인문계열 학생 중에는 실업계열 학생들을 얕잡아 보는 사람도 있는데, 같은 인문계열이라도 어느 동네 어느 학교에 다니는지를 따져 편을 가르기도 합니다. 나라가 동서로 갈라지고 그 동서도 또 "남도냐, 북도냐?" 하며 따집니다. 그러므로 이 문제는 지역주의가 지닌 폐단을 찾아보고, 어떻게 해야 극복할 수 있을지를 심각하게 생각해 보라는 것이지요.

7-2. 어떤 순서로 구상해야 할까요?

① 결론부터 결정합니다 : 결론은 간단합니다. 지역감정을 계속 살려서 함께 망하자는 사람은 없을 테니까요. 어떻게 하면 좋을까요? 결론에 창의적이며 별난 대안을 내기는 어렵습니다. 상식적인 결론을 원고 길이에 맞추어 범위를 좁혀 갈 뿐이지요. 생각나는 것을 개요표 결론 ①에 먼저 한 줄만 적어 보세요.

잘 떠오르지 않나요? '차별 받은 곳을 좀 더 배려하자, 서로 마음을 열고 대화해야 한다, 온 국민이 적극적으로 나서자'쯤이면 아주 좋은 내용들입니다. 이 문장보다 좀 더 좁혀 구체적으로 쓸 수 있습니다. 예를 들어 '차별 받은 곳을 좀 더 배려하자'를 '국민이 합의하여 차별 받은 곳을 정책적으로 대폭 지원하자, 소득이나 생활 여건에서 균형 있게 발전시키자'같이 써도 좋습니다.

② 그다음에 본론을 생각합니다 : 지금 결론 ①에 적어 놓은 한 줄은 지역주의에 대한 견해였습니다. 본론에는 무엇을 써야 할까요? 이 문제에서는 친절하게도 본론에 써야 할 내용을 일러 줍니다. 문제를 다시 보세요. 지역주의 풍토에서 오는 폐해 한 가지를 찾아 본론에 쓰고 그것을 비판하면 저절로 결론과 이어집니다.

말하자면 본론에 '지역주의에 이런 것이 있는데, 이러저러해서 나쁘다'를 쓰면 되고, 결론에서는 '그러니까 우리는 이래야 한다'로 이어지는 것이지요. 전체 글 흐름이 보인다면, 결론과 자연스럽게 이을 만한 지역주의 폐해를 생각하여 개요표 본론 **1**에 한 줄만 적으세요. 그리고 이 문장을 뒷받침할 수 있도록 본론 **2**에 한 문장을 더 적으세요.

③ 그다음에 서론을 생각합니다 : 가볍게 문제를 제기하세요. 생각나는 것을 개요표 서론 **1**에 한 줄만 적어 넣으세요. 그래도 생각나지 않으면 첫머리 내용을 살짝 응용해 보세요. '세상이 지금 이런 실정이더라'쯤이면 됩니다. 좀 더 구체적으로 '선거 때 보니까 지역 갈등이 심하더라'같이 쓰면 되겠지요.

8. 최근 우리나라 시장을 외국에 개방하여 수입이 자유스러워지면서 외국 상품이 많이 들어온다. 어느 기관이 조사한 바에 따르면, 소비자의 절반 이상은 품질이 같은데 값이 싸다면 외국 제품을 사겠노라고 대답하였다. 즉, 국내 산업을 보호하려고 소비자들의 애국심에 호소하는 방식으로는 한계가 있다는 것이다. 이러한 소비자들의 심리에 대해 자기 생각을 말해 보라.

서론 **1** :

본론 **1** :

　　　2 :

결론 **1** :

함 께 풀 기

8-1. 문제의 성격을 알아봅시다!

우리 주변에서 외국 상품을 아주 쉽게 찾아볼 수 있습니다. 중국산 고사리부터 태국제 장난감, 대만제 컴퓨터에 이르기까지 그 종류도 다양합니다. 여러분이 지닌 필통을 한 번 열어 보세요. 일본제 샤프나 지우개가 예사롭게 들어 있을 것입니다.

한국 사람들은 대부분 '그냥' 일본을 싫어합니다. 그런데도 사람들은 일본제 상품을 선택합니다. 이런 양면성을 어떻게 보아야 할까요?

소비자가 어느 제품을 선택하는 데는 그만한 이유가 있습니다. 때로는 충동적으로 사지만, 대부분 소비자는 여러 조건을 꼼꼼히 따지지요. 어떤 사람은 두 제품의 품질이 비슷해도 브랜드를 따져 비싼 것을 선택하고, 어떤 사람은 브랜드에 상관없이 품질과 값을 고려합니다. 또 두 제품이 여러 가지로 비슷할 때 '이왕이면' 한국산을 팔아 주기도 하고, 다른 사람은 '이왕이면' 외제가 나을 것이라고 생각합니다.

자, 지금까지 생산자는 제품을 만들고 한국 사람이라는 애국심에 호소하여 그것을 팔았는데, 지금은 그런 방식이 잘 안 먹힙니다. 한국 사람이 한국 제품을 사 주어야 '애국자'일까요? 이 문제는 한국 소비자가 한국 제품을 안 사도 괜찮은지, 그렇지 않으면 한국 제품을 사야 하는지 자기 의견을 내놓고 그 근거를 대 보라는 것입니다.

8-2. 어떤 순서로 구상해야 할까요?

① 결론부터 결정합니다 : 1960~1970년대에 우리 산업이 아주 초보적인 수준일 때 품질 좋은 외국 제품과 경쟁이 되지 않았지요. 그래서 그때는 한국 제품의 수준이 높아질 때까지 완제품 수입을 일부러 금지하였습니다. 심지어 일반인이 외국 제품을 쓰다 들키면 벌금을 냈습니다. 지금 같으면 모두 벌금을 낼 판이지요. 그렇다면 요즘 시대에는 어떻게 하면 좋을까요? 역시 계속 애국하자는 뜻에서 국산품을 애용해야 할까요? 그것이 진짜 애국일까요? 자, 생각나는 것을 개요표 결론 ①에 먼저 한 줄만 적어 보세요.

따지고 보면 결론은 아주 간단합니다. 둘 중 하나를 선택하는 문제이니까요. 어째서 둘 중 하나냐고요? '한국 사람들은 한국 제품을 팔아 주어야 한다, 한국 사람이라고 꼭 한국 제품을 팔아 주어야 할 필요는 없다' 가운데 하나를 선택하면 되지 않나요?

② 그다음에 본론을 생각합니다 : 결론을 뒷받침해 보세요. '왜' 그렇게 생각했나요? 한 줄만 생각하여 개요표 본론 ①에 쓰세요.

같이 생각해 볼까요? '한국 제품을 팔아 주어야 한다'면 그 이유는 무엇입니까? 주어진 문제에 도움말이 있군요. '국내 산업을 보호하려고'라고 썼나요? 그렇다면 방향을 잘 잡았습니다. 결론에 '외국 제품을 살 수 있다'라고 썼다면 그 이유는 무엇인가요? '세계가 국경 없는 시장이 되어 가니까'라고요? 예, 아주 좋습니다.

이 문장을 뒷받침할 수 있도록 본론 ②에 한 문장을 더 적으세요. 지금 실제로 우리나라가 외국에 제품을 수출하는 만큼 외국 제품을 수입하지 않습니다. 이렇게 소비자가 국내 생산자를 도와 국산품을 애용하는 동안 생산자가 적극적으로 투자하여 국제 경쟁력을 갖추었나요?

혹시 정부가 막아 주고 소비자가 도와주는 것에 안주했다가, 정작 시장을 여니까 경쟁력이 없어 벌벌 떠는 것은 아닐까요? 애플은 스마트폰 하나로 세계적 기업이 되었습니다. 그러나 우리나라 삼성, 현대, 엘지 같은 재벌 그룹은 아직도 전자, 중공업, 건설, 정유, 자동차, 통신, 유통, 금융 따위에 모두 참여하여 다른 기업의 싹을 말립니다.

③ 그다음에 서론을 생각합니다 : 가볍게 문제를 제기하되, 떠오르는 것을 개요표 서론 [1]에 한 줄만 적어 넣으세요. 그래도 잘 떠오르지 않으면 앞에 있는 내용을 살짝 응용해 보세요.

9. 다음 글을 읽고 우리 사회에서 전생 또는 무의식 세계에 관심이 큰 원인을 찾아보고, 이런 현상을 어떻게 보는지 자신의 견해를 서술하라.

(가) 먼 옛날 공주와 악사가 서로 사랑하였다. 공주를 짝사랑하던 장군이 이를 질투하여 악사를 죽이자 공주도 따라 죽는다. 두 사람은 은행나무로 다시 태어난다. 그러나 장군이 독수리로 태어나 이 두 사람을 방해한다. 또 천년이 지나 공주와 악사는 은행나무 침대와 악사로 다시 태어나 만난다. **영화 〈은행나무 침대〉 줄거리**

(나) 양귀자는 소설 《천 년의 사랑》에서 환생을 통한 사랑을 애틋하고 아름답게 그렸다. 아주 오래전부터 결정된 운명으로 특별한 사랑을 한다는 것이다.

(다) 그대 기다릴게요. 우리 남은 사랑, 완전해질 저 다음 세상에서. 나 저 다음 세상에서 먼저 가서 기다릴게요. 다시 내게 오실 때까지. **장혜진 가요 〈완전한 사랑〉 중에서**

서론 [1] :

본론 [1] :

[2] :

결론 [1] :

함 께 풀 기

9-1. 문제의 성격을 알아봅시다!

가요나 영화에서는 전생에 사랑을 이루지 못했던 두 사람이 현생에서 다시 만난다는 내용을 즐겨 다룹니다. 이렇게 신비한 것, 비합리적인 것, 비효율적인 것에 관심을 갖는 현상이 우리나라에만 있는 것은 아닙니다. 서양 선진국에서도 심령술, 점성술을 믿고 의지하는 국민 비율이 높지요. 심지어 미국과 유럽 일부에서는 사탄을 숭배하는 사람들도 있답니다. 사회학자들은 산업적으로 안정된 나라에서 모든 것을 합리적인 잣대로 평가하면서 공통적으로 일어나는 현상이라고 설명하더군요.

세상이 여러 모로 다원화하였지만, 세계적으로 유행하는 이 풍조를 새로운 것에 대한 호기심 때문이라고 설명하지 않습니다. 그렇다면 원인이 무엇일까요? 많은 사람들이 지금까지 인류가 쌓아온 과학적 진실을 믿지 않고 알 수 없는 것, 모호한 것에 집착하는 이유는 무엇일까요? 불교에서는 이미 오래전부터 전생을 인정하고 믿었는데, 새삼 그런 것을 신기해하는 까닭은 무엇일까요? 그리고 이런 현상이 왜 일어날까요?

9-2. 어떤 순서로 구상해야 할까요?

① 결론부터 결정합니다 : 사람들이 전생에 관심을 두는 것에 대해 어떻게 보는지 태도부터 결정하세요. 예를 들어, 현대인이 전생에 관심을 보이는 것은 불교적이지도 않고, 호기심도 아닌 듯합니다. 어떤 시대적 상황이나 사회적 현상에서 나온 결과라는 것이지요. 지금 과학 문명이 고도로 발달하였다고 하지만, 사람들이 궁금해하는 것을 다 해결하였나요? 주장하고 싶은 것을 개요표 결론 ①에 적어 넣으세요.

같이 해 볼까요? '바람직하지 않은 현상이다'라거나 '나쁠 것도 없다, 좋은 일이다, 바람직하다' 따위에서 선택하세요.

② 그다음에 본론을 생각합니다 : 왜 그렇게 주장하였나요? 그 현상이 무엇을 의미하기에 그렇게 주장합니까? 예를 들어 '그런 현상은 좋지 않은 것이다'로 결론을 잡았다면 '전생에 집착하는 것은 미신을 믿는 것과 같다. 합리적인 사고방식에서 나온 것이 아니다'가 본론이 됩니다. 먼저 개요표 본론 ①에 한 줄만 적어 보세요.

이때 조심해야 할 것은 '합리적인 사고방식에서 나온 것이 아니다'를 뒷받침하기로 하면 문제의 조건대로 그 '사회적 원인'을 반드시 짚고 넘어가야 한다는 점입니다. 자칫하면 '왜 합리적이지 않은가?'에 매달려 자기 견해만 밝히고, 객관적으로 설명해야 할 사회적 원인은 그냥 넘어가기 쉽습니다.

본론 ①을 구체적으로 설명하려면 좀 더 확실하게 뒷받침해야 합니다. 그러니 본론 ①을 뒷받침할 수 있도록 본론 ②에 한 문장을 더 적으세요. 미신은 공포와 소망에서 시작하였습니다. 죽음이나 질병을 막고 싶다는 욕구로 부적을 쓰거나, 자식을 원하는 사람이 소원을 들어 준다는 바위에 대고 소원을 빕니다. 그 주장을 그대로 받아들인다면 현대인이 전생에 대해 갖는 관심은 공포와 소망에서 나온 것은 아니니, 적어도 미신은 아니군요.

사회학자들은 현실 사회가 안정적이지 못해 사람들이 과거나 미래에 집착하게 되었다고 주장합니다. 즉, 사람들이 미래를 예측하기 힘들 만큼 현실적으로 어려움을 겪으면서 현실에서 벗어나고자 한다는 것이지요. 이런 욕구가 심해지면 새로운 세상과 낙원을 추구하는 종교에 빠지기도 하고, 종말론처럼 현실이 금방 끝날 것이라고 믿기도 합니다. 즉, 다가올 미래를 예측할 수 없어 사람들이 불안해한다는 것입니다.

그래서 전생에 관심을 두는 것을 나쁘게 생각할 수 없다고도 합니다. 현대 산업 사회에 접어 들면서 사람들이 언제 자신을 진지하게 성찰해 볼 시간이 있었냐는 것이지요. 바쁘게 살던 현대인이 비로소 자기 문제에 관심을 갖기 시작한 것이며, 현대 물질문명의 비인간적인 과정을 거부하는 데서 발생한 것이랍니다.

또 기존의 물질주의적 가치관에 반기를 들면서 정신세계에 새로이 도전하고 그것을 탐구하려는 풍조라고도 합니다. 다시 말해, 어디까지를 과학적으로 보아야 한다는 것 자체가 편견이라며, 오히려 인간이 모르는 정신세계가 더 많다는 것입니다.

③ 마지막으로 서론을 생각합니다 : 서론에서 문제를 제기하되, 앞으로 펼쳐야 할 논리의 분위기를 잡아 봅시다. 무난하기로 하면 '세상이 많이 변했다'쯤으로 서술하면 됩니다. 물론 전개할 논리가 전생에 관한 것이니, 종교나 철학 쪽으로 접근하면 좋습니다.

종교적으로 접근하기로 하면 기독교에서 '죽은 다음의 세상'을 이야기하는데, 불교는 '태어나기 전 세상'도 언급하였다는 식이지요. 그렇지 않으면 '텔레비전 프로그램 〈전설의 고향〉을 보니 저승사자가 죽은 사람의 영혼을 다른 사람 몸으로 보내더라'같이 쉽게 시작하여도 좋습니다. 그래도 생각나지 않으면 앞에 있는 내용을 참고하세요. 개요표 서론 ①에 한 줄만 적어 보세요.

연 습 문 제 13

다음 주어진 문제를 보고 서론−본론−결론 단락에 각각 한 줄씩 문장을 써 넣어 논증의 큰 틀을 구상해 보세요(본론에 논거 두 개를 구상해도 됩니다).

1. 한 여성 단체가 텔레비전 드라마와 미니 시리즈에 나오는 성에 대한 고정 관념을 다음처럼 지적하였다. '드라마에서 직장 여성을 회사 업무 지식이 거의 없는 사람으로 묘사하거나, 부유층 주부는 거의 집안일을 하지 않는 사람으로 인식시키며, 남성이 대체로 여성의 운명을 좌우하는 것으로 표현한다.' 현대 사회에서 여성의 소임은 어떠해야 하는지 자신의 의견을 제시하라.

서론 :

본론 :

결론 :

2. 민주주의 원칙으로 '다수결의 원칙'이 있는데, 국회에서 다수당은 숫자로 안건을 처리하지 않고 소수와 협상하여 처리하려고 한다. 다수결로 강행 처리하지 않는 이유가 무엇인지를 설명하라.

서론 :

본론 :

결론 :

3. 오늘날에는 하루가 다르게 새로운 기능이 덧붙은 컴퓨터며 텔레비전, 멀티미디어가 쏟아져 나와 사람들은 이런 매체를 이용하여 다양한 정보를 받아들인다. 그러면서도 한편으로는 사람들이 여전히 책을 읽어야 한다고 주장한다. 이렇게 독서를 강조하는 이유는 무엇인지 써 보라.

서론 :

본론 :

결론 :

4. 지구 여기저기에서는 매일같이 분쟁과 질병으로 수많은 사람이 죽는다. 우리나라도 최저 생계비에 못 미쳐 도움을 기다리는 사람이 많다. 우리나라 어느 종교 단체에서는 아이티 같은 나라에 구호 물품을 지속적으로 전달하는데, 일부에서는 그 단체를 두고 '제 집 어려움은 무시하고 남의 집 살림 걱정에 바쁘다'고 비판하기도 한다. 그 종교 단체가 다른 나라를 도와주는 가치는 어디에 있을지 서술하라.

서론 :

본론 :

결론 :

구상과 개요 짜기

문장을 배치하여 글을 완성하는 과정을 알아봅니다.
문장을 어디에 놓느냐에 따라 문맥이 달라지는 것을 확인합니다.
글 한 편에 문장을 효율적으로 배치할 수 있습니다.

1 논술글 쓰기는 쉽다

시험장에서 주어진 문제를 읽고 곧바로 논술 답안을 작성하는 사람은 거의 없습니다. 설령 그런 사람이 있다 해도 좋은 점수를 받기 어렵습니다. 논술글은 채점자에게 평가되는 글이라서 논증 방향이 이미 계산된 글입니다. 그러므로 논술에서 구상이란 여러 서술 조건을 지키면서 어떻게 틀을 짜고, 어떤 내용을 담아야 하는지를 계산하는 과정입니다.

그런데 논술 시험은 시조처럼 일정한 형식과 내용을 갖추라는 시험입니다. 시조는 적어도 초장−중장−종장 형식을 지키고, 글자 수를 맞추어야 하며, 지시한 소재와 내용을 꼭 넣어야 하는 글입니다. 말하자면 논술글은 자유시가 아니라 이런 정형시와 비슷합니다. 옛사람들이 시조의 틀에 맞추어 자기 정서를 담았듯이, 오늘날 수험생도 여러 조건을 지키면서 자기 견해를 담아 보라는 것입니다.

가령 미술 시간에 교사가 학생들에게 백지를 주며 사람 머리를 그리고, 즐거운 표정을 담으라고 지시하였다고 칩시다. 학생들이 별별 그림을 그릴 수 있겠지만, 평가를 전제한다면 이미 기본 틀은 정해졌습니다.

예를 들어, 백지 한 귀퉁이에 뒤통수를 조그맣게 그린 학생보다 종이 한가운데 얼굴을 크게 그린 학생이 더 유리합니다. 채점하지 않으므로 몸은 그릴 필요가 없습니다. 그런데 수험생이 몸을 열심히 그려 넣으면 시간이 모자라고 얼굴이 작아져 즐거운 표정을 그리기 어렵습니다.

〈색칠하기〉는 그림을 구상하지 못하는 어린이를 위해 출판사에서 코끼리, 학교, 자동차 같은 밑그림을 그려 놓은 책입니다. 그런데 이 〈색칠하기〉만으로도 어린이들의 수준을 충분히 평가할 수 있습니다. 그러므로 수험생이 모두 백지 한복판에 얼굴 앞쪽을 그려 놓았다고 해도 어떻게 색칠하느냐에 따라 수준 차이가 납니다.

논술 시험에서 출제자는 수험생에게 창의를 요구합니다. 일부에서는 논술 시험이 채점 기준에 맞추어 쓰는 글이라서 모두 비슷하다며, 창의가 불가능하다고 주장합니다. 그래도 시조와 〈색칠하기〉에서처럼 채점자는 수험생이 형식과 내용에서 일정한 조건을 지키면서도 충분히 자기 개성을 보여 줄 수 있다고 봅니다.

그림을 그릴 때 사람들은 백지에 색칠부터 하지 않습니다. 어린이라면 대개 흰색이나 노란

색 크레용으로 전체 틀을 대충 잡습니다. 그 틀을 뼈대로 필요한 색을 덧칠해 나가면서 사물을 좀 더 세밀하게 표현합니다. 그림을 완성한 뒤에도 처음에 잡아 놓은 전체 틀이 밑바탕에 남습니다. 따라서 그림이 시원시원하다든지, 탁 트였다든지 하는 말은 처음에 잡아 놓은 기본 틀(구조, 스케치)이 잘 되었다는 뜻입니다.

논술글 쓰기도 이처럼 큰 틀만 잘 잡으면 글쓰기가 거의 끝난 것이나 다름없습니다. 그림 그릴 때 스케치한 것에 여러 색을 덧칠하듯이, 큰 틀에 필요한 문장을 뒷받침하면서 자기 생각을 좀 더 정교하게 드러내면 되기 때문입니다.

그러려면 화가가 그림을 통해 어떤 메시지를 전달할지를 정하듯, 쓰는 이는 글 끝에서 무엇을 주장할지를 먼저 결정해야 합니다. 말하자면, 결론 단락 주장 문장부터 생각해야 큰 틀을 잡을 수 있고, 그 큰 틀을 바탕으로 여러 색을 덧칠해 나가는 것입니다. 다음 글을 분석하여 어떤 과정을 거쳐 글을 구상하는지 생각해 봅시다.

① 교육부는 교육 개혁의 일환으로 자립형 사립고 제도를 도입하였다. ② 자립형 사립고 제도는 학교에 학생 선발권뿐만 아니라 교육과정 선택권, 운영권, 등록금 책정권 등을 주는 제도이다. ③ 교육부는 이 제도가 공교육 내실화에 도움이 된다고 하였다. ④ 또 21세기 지식 기반 사회에 맞는 다양한 교육 수준을 충족하고 사학의 특수성과 자율성을 살려 교육의 질적 향상에 기여하리라는 것이다.

⑤ 그러나 이 제도는 고등학교 서열화를 부추겨 학벌 중심 풍토를 더욱 심화시킬 것이다. ⑥ 우리 사회의 큰 병폐로 꼽는 것이 학력과 학벌 중심의 사회 구조이다. ⑦ 우리 사회에서 학벌은 신분 제도에 비유될 만큼 영향력이 크다. ⑧ 지금도 소위 SKY로 불리는 명문 대학을 중심으로 형성된 학벌이 견고하며, 개인의 성공과 출세에 중요한 잣대가 되고 있다. ⑨ 학벌이 사회 곳곳에서 강력한 힘을 지니고 있는 셈이다. ⑩ 이런 상황에서 자립형 사립고가 얼마나 많은 학생을 명문 대학에 입학시켰느냐에 따라 학부모와 학생은 그 자립형 사립고를 선택하기 쉽다. ⑪ 말하자면 자립형 사립고를 중심으로 또 하나의 학벌을 형성하게 될 것이다.

⑫ 다음으로 자립형 사립고를 허용하면 과외 열풍을 중학생에게 전가시키기 쉽다. ⑬ 그렇게 되면 정상적인 학교 교육은 더욱 어려워진다. ⑭ 이미 우리 사회의 기성세대는 중·고교 입학 시험 제도가 있었던 시절에 초등학생 때부터 기계적으로 입시 문제를 풀며 보낸 적이 있다. ⑮ 그런 부담을 덜어 주려고 고교 평준화를 도입하여 좀 더 자유로운 활동과 사고를 보장하려 했다. ⑯ 그러나 특수목적고가 생기면서 중학교에 다시 과외가 성행한다. ⑰ 그리고 자립형 사립고까지 허용하면서 초·중학생 과외가 더욱 확산되고 있다. ⑱ 갈수록 중학교를 입시 학원으로 전락시켜 중학교에서 정상적으로 교육하기 어렵게 될 것이다.

⑲ 따라서 자립형 사립고 제도를 허용해서는 안 된다. ⑳ 그렇지 않으면 또 다른 학벌을 조성

이 글을 분석해 봅시다. 서론은 ①에서 ④까지이고, 본론 1은 ⑤에서 ⑪까지입니다. 본론 2는 ⑫에서 ⑱까지이며, 결론은 ⑲에서 끝까지입니다. 이 글에서 결론 단락 ⑲가 글쓴이가 궁극적으로 주장하는 내용입니다. '자립형 사립고 제도를 반대한다'는 것입니다.

그리고 그렇게 주장하게 된 근거로 본론에서 논거 두 개를 거론합니다. 첫째는 ⑤이고, 둘째는 ⑫입니다. 글을 쓰게 된 동기를 서론 단락 ①로 밝혔습니다. 이 글을 정리하면 다음과 같이 논증의 큰 틀만 남습니다.

> **서론 :** ① 교육부는 교육 개혁의 일환으로 자립형 사립고 제도를 도입하였다.
> **본론 1 :** ⑤ 이 제도는 고등학교 서열화를 부추겨 학벌 중심 풍토를 더욱 심화시킬 것이다.
>   **2 :** ⑫ 자립형 사립고를 허용하면 과외 열풍을 중학생에게 전가시키기 쉽다.
> **결론 :** ⑲ 자립형 사립고 제도를 허용해서는 안 된다.

⑲를 주장하려고 ①, ⑤, ⑫를 논거로 삼았습니다. 이 네 문장을 뺀 나머지 열여덟 문장은 이 네 문장을 이해시키려고 각 단락에서 구체적으로 뒷받침한 문장입니다. 즉, 논술글은 무엇을 무엇으로 설득할 것인지를 선택하여(논증의 큰 틀 잡기), 그것을 자기 나름대로 어떻게 집중할 것인지(단락 확장하기)를 고민하는 글입니다.

그러므로 논술글을 구상할 때는 대체로 결론 단락 방향을 먼저 정한 뒤, 그 방향을 본론에서 어떻게 논의할지를 구상하는 것이 좋습니다. 만약 글의 구조를 서론에서 시작하여 본론, 결론 순서로 잡아 나간다면, 그림에서 전체 구도를 생각지 않고 위에서 아래로 꼼꼼하게 색칠해 나가는 것과 같습니다.

위에서 아래로 구상하여 글을 쓰려면 전체 구도를 머리에 담고 각 부분을 자세히 서술해 나가야 합니다. 그렇지 않으면 그때그때 떠오르는 글감을 쓰기 쉽습니다. 자칫하면 서론 단락이 장황해지고, 본론 단락이 부실해지며, 결론 단락은 흐지부지 마무리되기 쉽습니다. 즉, 글 전체의 일관성, 각 단락의 집중력을 잃습니다.

여기에서 소개하는 개요 짜기는 '글의 큰 틀을 먼저 잡고, 나중에 좀 더 섬세하게 자기 생각을 덧보태는' 방식입니다. '단계별 줄거리 만들기'라고 합니다. 이 방식을 익히면 글 전체를 조감할 수 있어 결론 주장과 본론 논거를 구별하며, 자기 뜻대로 원고량을 조절할 수 있습니다. 그리고 글 전체의 일관성을 잃지 않아 글이 자연스럽고, 각 단락에서 자기 생각을 집중하여 앞에서 한 소리를 뒤에 가서 반복하지 않습니다.

특히 '개요만 짜면 글을 좀 써 보겠는데'라는 사람일수록 이 방식을 꼼꼼하게 익히세요. 여기에서 익히려는 개요 짜기 순서를 정리하면 '결론 → 본론 → 서론 → 본론 → 결론 → 서론'입니다. 이 원리를 익히면 초보자도 금방 논리적으로 글을 쓸 수 있습니다. 이 방식의 원리를 이해하면 그때는 '서론 → 본론 → 결론' 순서로 구상해도 됩니다.

2 개요 짜기의 실제

	구상 순서	내용	문장 개요
서론	④	시작하는 문장(화제 유도, 주의 환기)	
	⑬	④를 뒷받침하는 내용	
	⑭	④와 ⑬을 뒷받침하는 내용	
본론 1	②	①을 뒷받침하는 논거 1	
	⑤	②를 뒷받침하는 내용	
	⑥	②와 ⑤를 뒷받침하는 내용	
	⑦	②와 ⑤와 ⑥을 뒷받침하는 내용	
본론 2	③	①을 뒷받침하는 논거 2	
	⑧	③을 뒷받침하는 내용	
	⑨	③과 ⑧을 뒷받침하는 내용	
	⑩	③과 ⑧과 ⑨를 뒷받침하는 내용	
결론	①	주장하고 싶은 말(주제)	
	⑪	①을 마무리하는 제언 또는 전망 1	
	⑫	①을 마무리하는 제언 또는 전망 2	

1 결론 단락에서 주장 문장을 먼저 구상하면 논증하기가 좋습니다. 그러니 논제에서 출제자의 의도를 파악하고, 무엇을 주장할 것인지 생각하여 결론 단락 ①에 한 줄로 정리합니다. 되도록 10자 안팎으로 짧게 쓰세요. 길게 쓰다가 본론 논거까지 담기 쉽습니다. 가령 '사형 제도는 비인간적이고 비윤리적이므로 폐지해야 한다'라고 하면 '비인간적, 비윤리적'이라는 말은 사형 제도 폐지 논거로 본론에 써야 하는 단어입니다.

주장 문장에 '~이기 때문에, ~이므로, ~이라서, ~이니까' 같은 말이 있으면 그 말 앞쪽이 본론 논거이기 쉽습니다. 꼭 써야 할 말인지 다시 한 번 확인하세요.

사형 제도 존폐를 묻는 것이니 '폐지하자, 남기자' 가운데 하나를 골라 자기 태도를 결정하면 됩니다. 연습 삼아 위 개요표 결론 ①에 '사형 제도를 폐지해야 한다'라고 쓰세요.

2 다음에 본론 단락을 구상합니다. 결론 단락에서 '사형 제도를 폐지하자'고 주장했으니, 그렇게 주장하는 논거를 본론 단락에 서술해야 합니다. 원고 길이와 내용에 따라 단락 수가 달라지

겠지만, 여기에서는 두 단락을 만들기로 하고 논거를 두 개만 생각해 봅시다.

잘 생각이 나지 않으면 주장 문장에 '왜, 어째서'를 붙여 봅니다. 즉, '왜 폐지해야 할까, 어째서 존속시키자고 할까?'처럼 생각해 봅시다. 그 두 개를 본론 1과 2에 있는 ②와 ③에 각각 쓰세요. 예를 들어 ②에 '범죄자도 피해자이다'를 적고, ③에 '자칫하면 무고한 사람을 죽인다'라고 적으세요.

❸ 마지막으로 서론 단락을 생각합니다. 무엇을 쓸 것인지 막연하다면 '이런 문제를 왜 출제하였을까, 이 문제가 오늘날 왜 제기되었을까, 이 문제를 두고 어째서 말이 많을까, 이 문제를 짚고 넘어가야 하는 이유가 무엇일까?'를 생각해 봅시다. 그래도 떠오르지 않으면 '관심이 높다, 논란이 된다, 목소리가 커졌다, 우려한다' 가운데 하나를 골라 개요표 ④에 써넣어도 됩니다. 대체로 자신이 주장하는 반대쪽 상황을 언급하는 것이 좋습니다. 예를 들어, 결론에서 '(내가) 폐지하자'고 하였으니 '(지금) 사형 제도가 존속한다, (일부에서) 폐지를 반대한다'를 서론으로 삼습니다.

❹ 지금까지 정리한 네 문장이 그림으로 말하면 노란색 크레용으로 대충 스케치해 놓은 논증의 큰 틀입니다. 이 문장에 다른 문장을 좀 더 보태어 윤곽을 구체적으로 드러내 봅시다. 먼저 본론 1에 있는 ②로 갑니다. ②를 확실히 뒷받침하려면 그 위에 좀 더 진한 색으로 덧칠해야 합니다. 그러니 ②를 구체적으로 드러낼 만한 내용을 ⑤에 적어 봅시다. 이때도 '왜, 어떻게'를 붙이면 생각하기 쉽습니다.

즉, '왜 범죄자가 피해자일까?'처럼 생각해 봅시다. 뒷받침 문장으로 '오늘날 범죄가 대부분 사회 제도가 미비해서 발생한 것이기 때문이다'라고 쓰면, ②에서 '범죄자도 피해자'라고 주장하는 이유를 대는 셈입니다.

이것을 더 섬세하게 뒷받침하려면 그 ②와 ⑤를 ⑥과 ⑦에서 또다시 뒷받침합니다. 말하자면 ②를 중심으로 점점 확장하여 한 단락을 만듭니다('단락 확장하기'는 5장 '단락' 단원에서 자세히 설명합니다).

❺ 본론 2에 있는 ③으로 가서 위 요령에 따라 한 단락으로 상세화합시다. '자칫하면 무고한 사람을 죽인다'고 했으니 그 이유를 대야 합니다. 즉, ⑧에 '범죄 사실이 나중에 판결과 다르게 드러난 경우가 많았다' 같은 문장을 서술하면 됩니다. 본론을 늘릴 때는 시험장에서 요구하는 원고량을 고려하되, 충분히 뒷받침하여야 글에 집중력이 생기고 깊이도 줄 수 있습니다.

전체적인 밑그림을 그려 놓고 본론 ②와 ③부터 확장하는 것은 자기가 아는 사실을 본론 단락에 먼저 쏟아 놓아야 서론 단락과 결론 단락에 군더더기를 넣지 않기 때문입니다. 아는 것을 바탕으로 서론 단락부터 확장하면 서론이 대부분 장황해집니다.

6 그다음 **결론** ①로 가서 **뒷받침해 봅시다.** 결론에서 논의를 확장하여서는 안 됩니다. 결론은 글을 마무리하는 곳이라서 뒷받침하는 요령이 본론과 조금 다릅니다. ⑪과 ⑫에는 전망 또는 제언을 담는 것이 무난합니다. 잘 생각나지 않으면 '그렇지 않으면, 그래야만, 그렇게 하려면, 아울러' 따위를 붙여 봅시다.

　이때 본론 논거와 연결되는지를 살펴서 비약하지 않도록 해야 합니다. 그래서 전망할 때는 본론 논거 내용을 뒤집는 것이 무난합니다. 즉, '그렇지 않으면(사형 제도를 폐지하지 않으면) 사회 문제를 (계속) 개인 문제로 돌릴 것이다, 또 범죄자를 응징한다며 (계속) 무고한 사람을 희생시킬 것이다'로 마무리할 수 있습니다.

7 끝으로 **서론에 가서** ④를 **뒷받침합니다.** 결론과 본론에서 충분히 논의하였으므로 서론에서는 다른 쪽으로 쓸 말이 없습니다. 본론과 결론 단락에 방향과 논거를 잡아 놓았으니 서론에서 어느 쪽으로 분위기를 잡아야 할지 보입니다. 그러므로 '어떻게' 문제를 제기해야 할지를 생각해 보세요.

　'오늘날 실태, 현실적 배경, 얼마 전 실상'과 관련된 이야기를 생각해 내어 ⑬과 ⑭에 적어 넣습니다. 즉, '사형수 영화를 통해 사람들 관심이 커졌다' 또는 '과거보다 오늘날 인권 의식이 높아졌다'라고 적어 봅시다. 자, 그러면 다음처럼 구상되었습니다.

서론 : ④ 사형 제도가 논란이 된다.
　　　　└─▶ ⑬ 과거보다 오늘날 인권 의식이 높아졌다.
　　　　└─▶ ⑭

본론 1 : ② 범죄자도 피해자이다.
　　　　└─▶ ⑤ 오늘날 범죄가 대부분 사회 제도가 미비하여서 발생한 것이기 때문이다.
　　　　└─▶ ⑥
　　　　└─▶ ⑦

본론 2 : ③ 자칫하면 무고한 사람을 죽인다.
　　　　└─▶ ⑧ 범죄 사실이 나중에 판결과 다르게 드러난 경우가 많았다.
　　　　└─▶ ⑨
　　　　└─▶ ⑩

결론 : ① 사형 제도를 폐지해야 한다.
　　　　└─▶ ⑪ 그렇지 않으면 사회 문제를 개인 문제로 돌릴 것이다.
　　　　└─▶ ⑫ 또 범죄자를 응징한다며 무고한 사람을 희생시킬 것이다.

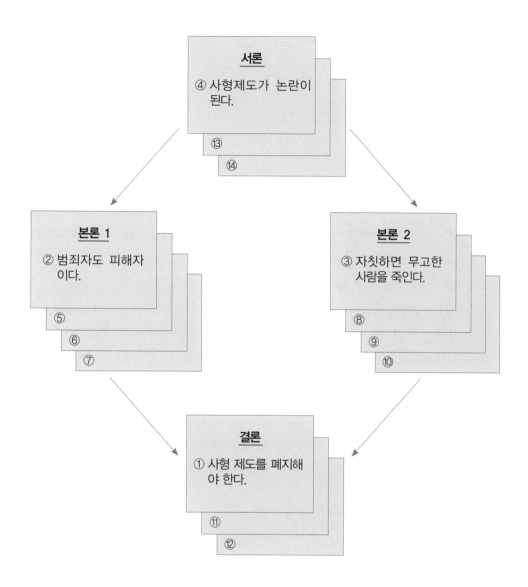

3 | 개요를 짤 때 주의할 점

■1 처음부터 긴 글을 쓰려고 하지 마세요. 성인도 처음에는 400자 글쓰기부터 시작하는 것이 좋습니다. 서론-본론 1-본론 2-결론 단락에 각각 2-3-3-2문장을 안배하는 셈입니다. 공간이 좁아서 '이것 하나라도……'라며 목표를 분명히 정할 수 있습니다. 하고 싶은 말을 빙 돌려 말할 수 없고, 엉뚱한 논거를 놓고 횡설수설할 수도 없습니다. 400자 글쓰기가 익숙해지면 200자씩 늘려 나갑니다.

■2 논술글은 대부분 '(서론) 지금 이런데, (본론) 이러하고 저러해서, (결론) 이렇게 했으면 좋겠다'라는 틀을 지닙니다. 서론에 담아야 할 '주의 환기, 흥미 유발, 문제 제기'는 바로 '지금 이런 현실(실정)이다'로 바꾸어 표현한 것입니다. 결론 주장 문장에는 '(나는) 이렇게 했으면 좋겠다'는 내용을 담습니다. 본론 단락 논거는 '이러저러하니까'에 해당합니다. 즉, 논술글은 네댓 줄로 논증의 큰 틀을 구상하고, 그 큰 틀을 바탕으로 각 단락에서 좀 더 정교하게 뒷받침해 나가는 글입니다. 다음 예시를 확인해 보세요.

서론 : 사람들이 다투는데
본론 : 어려울수록 힘을 모아야 하니까
결론 : 싸워서는 안 된다.

서론 : 지금 사람을 함부로 대하는데
본론 : 어떤 삶이든 그 자체로 가치가 있으니까
결론 : 함부로 무시해서는 안 된다.

서론 : 자식들이 자기 기준에 맞추어 효도하는데
본론 : 부모가 즐거워야 하므로
결론 : 효도는 부모 기준에 맞추어야 한다.

❸ 문장 전체를 구상하기 전에 논증의 큰 틀을 네댓 문장으로 구상해야 합니다. 이 구조를 완성하지 못하면 다른 문장을 아무리 많이 구상하여도 소용없습니다. 가장 일반적인 논거로 기본 뼈대를 만들지 못하면 글 전체를 조감할 수 없기 때문입니다. 만약 어느 문제를 두고 두 수험생이 우연히 논증의 큰 틀이 같았다면, 그 수험생들은 출제 문제를 잘 이해하여 제대로 가는 것입니다.

❹ 결론 문장을 잘게 쪼개서 그 어휘 하나하나를 논거로 이용하여도 좋습니다. 결론 단락에서 '현대 여성은 직업이 있어야 한다'를 주장하였다면 글쓴이가 그렇게 주장하는 이유가 있을 것입니다. 즉, 왜 '현대'로 정하였는지, 왜 '여성'을 말하는지, '직업'은 어떤 것이며 무슨 의미가 있는지, '있을 때' 장점은 무엇인지를 논거로 정리하는 식입니다. 말하자면 결론 주장 문장을 쓰는 이가 책임지고 하나하나 논증하는 식입니다. 단순하게 구조화하면 다음과 같습니다.

> **서론** : 현대 사회의 특징
> **본론 1** : 여성의 위치
>   **2** : 직업의 의미
>   **3** : 직업이 있을 때 장점
> **결론** : 현대 여성은 직업이 있어야 한다.

　그러나 출제자가 어느 것을 중점적으로 묻는지, 써야 할 원고량이 어느 정도인지에 따라 결론 단락 앞에 있는 논거를 효율적으로 배치해야 합니다. 원고량이 넉넉할 때는 위 구조를 다음처럼 바꿀 수 있습니다.

> **서론** : 현대 사회와 여성의 관계
> **본론 1** : 직업의 의미
>   **2** : 직업이 있을 때 장점 1
>   **3** : 직업이 있을 때 장점 2
> **결론** : 현대 여성은 직업이 있어야 한다.

❺ 개요는 반드시 문장 개요로 정리해야 합니다. 1200자는 30문장 안팎으로 구상합니다. 대충 핵심어로 간단하게 정리한 개요는 머릿속으로 문장을 완성하며 서술해야 하는데, 시간을 정확히 지키기가 어렵습니다. 그리고 원고지에 일단 쓰면 고칠 수 없습니다. 대충 적은 것을 보면서 글을 쓰다가 글의 흐름(일관성, 집중력)이 바뀌기 쉽습니다. 특히 문장 훈련이 안 된 사람은 문장이 길어지고 주어와 서술어가 호응하지 않으면서 비문이 드러나기 쉽습니다.

6 10자 안팎으로 간단하게 정리한 문장도 좀 더 구상하여 필요에 따라 2~3배 늘립니다. 마냥 늘리면 글이 장황해지고 지루해집니다. 원고지를 채우려고 억지로 문장을 늘렸다는 것을 채점자가 금방 알아챕니다. 요약하는 요령을 반대로 적용하면 확장 원리가 됩니다. 아래 문장은 거의 비슷한 내용인데 문장 길이가 다릅니다.

> ① 광고의 영향력이 크다(문장 개요 한 문장).
> ② 사람들은 각종 매체를 통해 전달되는 광고의 영향을 많이 받으며 산다.
> ③ 현대인들은 신문, 잡지, 텔레비전 광고 속에 묻혔으며, 광고의 절대적인 영향력에서 벗어나지 못한다.
> ④ 과거와 달리 현대인들은 각종 대중매체가 전달하는 정보 속에서 산다. 그중에서 광고라는 이름으로 전달되는 수많은 정보는 현대인들이 자의로 무시할 수 없는 실정이다. 따라서 광고는 절대적 위치에서 현대인이 살아가는 방식을 좌우한다고 해도 과언이 아니다.

7 짜 놓은 개요표를 보고 원고지에 문장을 옮기다가, 문득 좋은 글감이 떠올라도 처음 구상한 대로 쓰는 것이 좋습니다. 중간에 끼워 넣으면 전체 구조에서 그 부분이 튀기 쉽습니다. 그 내용을 꼭 넣고 싶으면 개요표에 그 부분을 집어넣은 뒤 지금까지 옮긴 부분, 앞으로 써야 할 부분과 자연스럽게 연결되는지를 확인해야 합니다. 즉, 개요표 뒷부분을 다시 짜고, 써야 할 나머지를 손질하여 글의 흐름을 다시 잡아야 합니다. 중간에 끼워 넣는 일이 없도록 시간을 충분히 들여 처음부터 개요를 확실하게 짜는 것이 더 낫습니다.

8 논술 시험은 '문제 분석 → 구상(개요 짜기) → 정서(옮겨 쓰기) → 확인' 절차를 밟아야 합니다. 이때 원고량을 제대로 계산하지 못하면 애써 구상한 개요를 뒤늦게 다시 흔들어야 합니다. 즉, 시간이 모자라기 쉽고, 깊이 있는 내용을 담기 어렵습니다.

따라서 큰 틀을 잡은 뒤, 그 뼈대를 확장하려고 전체 문장을 모두 구상할 때 시간을 넉넉히 안배해야 합니다. 문제를 분석하고 논제를 이해하여 개요표를 완성하는 시간은 시험 시간의 절반 이상을 써도 좋습니다. 문장 전체를 원고지에 옮기는 시간은 얼마 안 걸립니다. 1000자(25문장 안팎)를 다른 원고지에 옮기는 데 20분쯤 걸립니다. 구상한 문장을 원고지에 빨리 옮기면서도 또박또박 쓸 수 있으면 아주 바람직합니다.

예를 들어, 90분에 1000자를 써야 한다면 문제 분석과 구상에 50분 안팎, 문장 개요를 원고지에 단순히 옮기는 데 20분 안팎, 옮긴 글을 다시 한 번 읽고 손보는 데 10분 안팎으로 안배하는 식입니다(뒤에서 좀 더 자세히 이야기합니다. 454쪽 참조). 물론 사람마다 다르므로 평소에 이 시간을 확인해 놓아야 합니다. 그래야 자기 기준에 맞추어 시험장에서 시간을 효율적으로 나누어 쓸 수 있습니다.

⑨ 시험장에서 개요표를 짤 때는 다른 종이에 정리하는 것이 좋습니다. 연습지를 주는 곳도 있습니다. 시험지 여백에 써 놓으면 복잡할 뿐만 아니라, 시험지 뒷면에 써 두면 원고지에 글을 옮길 때마다 시험지를 뒤집고 문장을 찾아다녀야 합니다. 그러면 글 전체를 조감할 수 없습니다.

⑩ 개요표를 잘 짜 놓고도, 글을 쓸 때 정작 개요표를 무시하는 사람이 많습니다. 개요표를 보면서 끝까지 글의 흐름을 잃지 말고 조금 쓴 뒤 읽어 보고, 또다시 조금 쓴 뒤 읽어 보는 식으로 진행하여야 흐름을 놓치지 않습니다.

⑪ 지시하는 조건에 따라 달라지지만, 한 단락이 적어도 200자(4~6문장)는 되어야 합니다. 그래야 논거 하나를 설명하여도 확실히 짚고 넘어갈 수 있습니다. 한 단락이 너무 짧으면 깊이가 없습니다. 전체 글이 600자 안팎이면 본론 단락은 두 개만 만들고, 1000자 이상이면 본론 단락을 세 개쯤 만들어야 확실히 짚고 넘어갈 수 있습니다. 가령 본론에 '자신의 이익을 챙기기도 하지만 대개 여론을 바르게 이끌어 간다'를 서술할 때는 본론을 '이익을 챙길 때, 여론을 바르게 이끌어 나갈 때'처럼 둘로 나누어야 분명히 정리할 수 있습니다.

⑫ 뒷받침하려고 몇 문장을 더 보탠 다음, 나중에 그 문장들끼리 이리저리 서로 바꾸어 보세요. 한 단락에서 핵심 문장을 앞에 놓을 것인지(두괄식), 뒤에 놓을 것인지(미괄식)를 결정해야 합니다. 이때 각 단락에 있는 문장을 그 단락 안에서 바꾸어야 합니다. 서론 단락 문장이 본론 단락으로 가면 제대로 쓰이지 못합니다. 서론을 확장하려고 뒷받침한 문장이 본론을 뒷받침할 리 없습니다.

⑬ 구상해야 할 문장은 40으로 나누면 됩니다. 즉, 1000자를 쓰라고 하면 25문장 안팎으로 구상합니다. 그러므로 문장을 간결하게 쓰는지를 평소 확인해 두어야 합니다. 글 한 편 길이를 문장 수로 나누면 그 글의 한 문장 길이 평균값을 알 수 있고, 글 3~4편을 확인하면 최근 자신의 한 문장 길이 평균값을 짐작할 수 있습니다.

⑭ 정리해야 할 문장 수를 확인한 뒤, 서론 – 본론 – 결론 단락에 문장을 각각 얼마나 안배할 것인지를 계산해야 합니다. 예를 들어 20% : 60% : 20%로 나누거나, 15% : 70% : 15% 같은 비율을 이용합니다. 총 1200자(30문장)를 20 : 60 : 20으로 정리하려면 서론-본론-결론에 각각 6문장 : 18문장 : 6문장을 안배해야 합니다. 물론 글의 성격과 취향에 따라 원고량 안배가 달라집니다.

⒖ 논술글에 담으려는 내용을 30문장으로 정리하여 개요를 짰으면, 반드시 그 30문장을 원고지에 옮겨 자신이 예상한 대로 1200자가 되는지 평소에 확인해야 합니다. 1200자에서 10%쯤 오차가 나면 문장 길이가 아주 바람직한 상태입니다.

만약 10% 오차 범위를 넘어서면 그 원인을 찾아야 합니다. 예를 들어, 문장 길이 평균값이 40 안팎이어야 하는데, 50 안팎이거나 60 안팎이면 문장이 장황한 편입니다. 그럴 때는 한 문장에 안긴문장이 많은 것은 아닌지, 서술어를 뱅뱅 돌린 것은 아닌지, 수식어를 많이 붙인 것은 아닌지를 살펴보고, 평균값이 40 안팎이 될 때까지 문장을 간결하게 써야 합니다.

문장 공부는 아주 중요합니다. 시간 여유가 있는 수험생은 평소에 연습을 해 두어야 합니다. 시험이 코앞에 닥친 고학년은 논술 공부 맨 끝, 시험 치르기 직전에 확인하여 고쳐야 합니다. 고학년은 문장력보다 논증의 큰 틀 짜기와 단락 확장하기가 더 중요하기 때문입니다.

⒗ 시험장에서 글자 수를 세면서 원고량을 맞출 수 없습니다. 그런 사람은 글을 제대로 구상할 시간이 모자랍니다. 또 자신이 가져 간 원고지에 구상한 문장을 써서 원고량을 확인한 뒤 시험장에서 나누어 준 원고지에 다시 글을 옮겨 적는 것도 바람직하지 않습니다. 그러기에는 시간이 모자랍니다.

⒘ 전체 문장을 다 구상하고 원고지에 옮기기 전에 서론 단락부터 죽 읽어 내려가면서 반론에 대비하여 보충할 곳을 찾아보아야 합니다. 결론 단락을 정하고 본론 단락에 논거를 서술하여 흐름이 옆으로 새지는 않으나, 자칫하면 결론 주장을 먼저 정한 탓에 본론 단락에서 사고(思考) 폭을 한정하기 쉽습니다.

⒙ 구상한 문장을 옮기기 전에 서론, 본론, 결론에서 논거의 일관성을 확인해 보세요. 서론에서 문제를 제기해 놓고, 본론에서 아무런 논의가 없다가 갑자기 결론에 가서 마무리하지 마세요. 그것은 주장은 있지만 논거가 없는 글입니다.

또 어떤 글은 서론 단락에서 문제를 제기해 놓고 본론, 결론에서 아무런 언급도 없습니다. 예를 들어, 서론에 '오늘날 ~의 원인과 그 해결 방안에 대해 생각해 보겠다'라고 쓰고, 뒤에 가서 '해결 방안'은 없이 '전망'만 서술하기도 합니다.

다음 개요에서 주장과 논거의 관계를 확인하여 어디가 어색한지를 찾아 바로잡으세요.

1. '알몸, 나체, 누드'라는 말은 비슷한 뜻을 가졌다. 그러나 사람들이 순수한 우리말보다 외래어를 고상한 말로 받아들이는 경향이 있다. 이런 사고방식을 비판하라.

　　서론 [1] : 서구 문물이 밀려 들어오면서 사고방식이 많이 바뀌었다.
　　본론 [1] : 일상생활에서 외래어가 남용된다.
　　　　 [2] : 외래어 때문에 사회에 계층이 생긴다.
　　　　 [3] : 우리말은 과학적이고 가장 발달한 언어이다.
　　결론 [1] : 외래어를 받아들여도 주체적인 태도가 필요하다.

2. 청소년들의 비행이 갈수록 성인보다 대담해져 사회 문제가 되었다. 이 문제의 원인을 사회 구조에서 찾아 비행을 막을 만한 대책을 세워 보라.

　　서론 [1] : 청소년 비행이 왜 점점 대담해질까?
　　본론 [1] : 사회 범죄가 늘어 청소년이 물들고 있다.
　　　　 [2] : 청소년을 위한 문화 공간이 있어야 한다.
　　　　 [3] : 사회 분위기가 향락적이다.
　　결론 [1] : 청소년 문화 공간을 만들어야 한다.

3. 현대 사회에서는 새로운 상품이 쏟아져 나와 소비자들이 현명하게 상품을 사들이기 어렵다. 소비자들은 주로 신문·방송 광고를 보고 상품 정보를 얻는데, 이 광고에 문제점이 많다고 한다. 그 실례를 찾아보고 상품 광고의 방향을 논하라.

　　서론 [1] : 현대 사회는 광고에 많이 의존하여 소비한다.
　　본론 [1] : 과대 광고로 과소비를 충동질한다.
　　　　 [2] : 성을 이용하여 광고 효과를 높이려고 한다.
　　　　 [3] : 소비자가 신뢰할 수 있도록 상품 광고를 정확히 해야 한다.

4 : 소비자가 비판적으로 수용해야 한다.

결론 1 : 자사의 이익보다 소비자를 먼저 생각해야 한다.

2 : 광고주가 양심을 회복해야 한다.

4. 우리나라 전체 인구의 약 8할이 1953년 휴전 협정 이후 세대이다. 한 조사에 따르면, 이 전후 세대 가운데 언젠가 통일이 된다고 대답한 사람이 83.8%이며, 15년 안에 통일된다가 70%나 되었다. 어느 사람은 청소년을 통일의 밑바탕으로 삼아 남북한이 교류해야 한다고 주장한다. 만약 남북한 청소년이 서로 오고 간다면 교류하는 방향을 어떻게 잡아야 할까?

서론 1 : 청소년이 앞으로 통일 주체가 될 것이다.

2 : 전후 세대는 통일에 대해 희망적이다.

본론 1 : 남북 청소년들이 서로 다른 환경에서 자랐다.

2 : 서로 적대하고 살아 이질적이다.

3 : 교류가 잦아지면 통일을 앞당길 수도 있다.

4 : 문화 교류부터 시작해야 한다.

결론 1 : 동질감을 찾고 서로 이해하는 차원에서 시작해야 한다.

2 : 서로 충분히 대화하고 타협해야 한다.

5. 어린아이와 함께 자살하는 부모들의 기사를 신문에서는 '동반 자살'로 보도한다. 동반 자살이란 죽음을 함께 동의하였을 때 붙이는 말이므로, 위와 같은 경우는 부모가 미성년자인 어린아이를 먼저 죽이고 부모 자신만 자살한 셈이다. 즉, '형사적 타살'인데도 동반 자살로 표현한다. 어른들이 어린아이를 죽이고 자신도 죽는 심리적 배경을 살펴보고, 어린아이의 인격에 대해 어른들이 지녀야 할 태도에 대해 논하라.

서론 1 : 현대에 들어 생명과 인격을 가볍게 여기는 일들이 일어나고 있다.

2 : 부모가 가난이나 가정 불화로 아이들과 함께 자살한다.

본론 1 : 전통적으로 공동체 의식이 강했다.

2 : 어른 중심으로 판단하며 자식을 소유물로 생각한다.

3 : 자식을 사랑하지 않는 이기적인 태도이다.

결론 ① : 어린아이를 한 인격체로 대해야 한다.

　　　② : 어린아이를 무시하지 않는 사회를 만들어야 한다.

연 습 문 제 2

다음 글은 '역사 기록의 객관성'을 거론한 글이다. (나) 부분에 들어갈 내용을 두 단락으로 나누어 각각 250자 안팎으로 채우되, 아래 주어진 문장 개요를 이용하라.

(가) 《국사》 교과서의 현대사 부분이 크게 바뀌었다. 단순 수정이 아니라 전면 개편되었다. 사무적으로 수정한 부분도 있으나 새 정부 출범 이후 불어온 새로운 사회적 분위기가 많이 반영되었다. 어제의 현대사를 오늘날 어떻게 기록하느냐는 다음 세대에게 어떤 역사를 가르치고 싶으냐를 담고 있는 것이다. 그러므로 바뀐 부분에 대해 앞으로 더욱 철저한 검증이 요구된다.

(나)

(다) 따라서 어떤 역사를 훌륭히 담으려면 역사적 진실과 역사적 평가라는 두 작업이 함께 진행되어야 한다. 이 두 가지 방식을 적절히 배합하여 어제의 잘잘못을 객관적으로 서술해야지, 시대적 분위기에 휩쓸려 과거를 무조건 오늘날의 가치관으로 평가해서는 안 될 것이다. 어느 한 사건의 두 면을 보지 않으면 역사는 역사다운 가치를 잃기 쉽기 때문이다.

예시 개요

서론 ① : 《국사》 교과서가 크게 바뀌었다.

　　　② : 바뀐 부분을 철저히 검증해야 한다.

본론 ① : 첫째,

　　　② : 둘째,

결론 ① : 역사는 진실과 평가라는 기준으로 재야 한다.

　　　② : 객관성을 잃으면 역사적 가치를 잃게 된다.

오래전 아이돌 그룹 '서태지와 아이들'이 해체되었지만, 아직도 그 영향력이 크다. 우리 사회에서 '서태지 현상'이 일시적인 것이 아니었다. 다음은 서태지와 아이들이 부른 〈교실 이데아〉의 전문이다. 이 가사를 통해 사람들이 서태지와 아이들을 좋아하게 된 근거를 찾아보라. 주어진 문장에 각각 한두 문장을 덧보태고 그것을 바탕으로 600자 안팎으로 서술하라.

> 됐어, 이제 됐어, 이제 그런 가르침은 됐어, 그걸로 족해 이젠 족해. 매일 아침 일곱 시 삼십 분까지 우릴 조그만 교실로 몰아넣고 전국 구백만 아이들의 머릿속에 모두 똑같은 것만 집어넣고 있어. 막힌 꽉 막힌 모두가 막힌 널 그리곤 덥석 우릴 먹어 삼킨 이 시커먼 교실에서만 내 젊음을 보내기는 너무 아까워. 좀 더 비싼 너로 만들어 주겠어. 네 옆에 앉아 있는 그 애보다도 더 하나씩 머리를 밟고 올라서도록 해. 좀 더 잘난 네가 될 수 있어.
>
> 왜 바꾸진 않고 마음을 조이며 젊은 날을 헤맬까. 왜 바꾸진 않고 남이 바꾸길 바라고만 있을까. 초등학교에서 중학교로 들어가며 고등학교를 지나 우릴 포장 센터로 넘겨 겉보기 좋은 날 만들기 위해 우릴 대학이란 포장지로 멋지게 싸 버리지. 이젠 생각해 봐. '대학' 본 얼굴은 가린 채 근엄한 척할 시대가 지나 버린 건 좀 더 솔직해 봐. 넌 알 수 있어.

예시 개요

서론 ① : 서태지와 아이들은 다른 가수와 다르다.

본론 ① : 첫째, 적극적으로 비판할 수 있는 용기가 있었다.

　　　② : 둘째, 주어진 현실을 피하지 않고 대안을 제시하였다.

결론 ① : 꼭 하고 싶었던 말을 대신해 준 가수였다.

다음 내용을 확인하고 서론-본론-결론 3단 구조에 맞추어 빈 곳을 채우세요.

1. 한 조사에 따르면, 기자 열 명에 여섯 명이 외부 압력이라는 보도 통제를 경험했으며, 자기 기사가 보도되지 못했다고 한다. 또 열 명에 세 명은 보도와 관련하여 외부에서 신변의 위협을 경험했다. 이처럼 어느 문제를 다루지 못하게 하여 세상에 드러내기를 거부하는 사회 풍토를 비판하라(300자 안팎).

서론	사람들은 이해관계에 따라 움직인다. 그래서 어떤 때는 자신이나 자신이 속한 집단의 이익을 위해 어느 일이 알려지기를 꺼리며 진실을 숨기려고 한다.
본론	
결론	참다운 사회는 모든 것을 열어야 한다. 모든 문제점을 드러낼 수 있어야 정의가 살아 있는 성숙한 사회로 나아갈 수 있을 것이다.

2. 일부 사람들이 한때 '시한부 종말론'을 주장해 사회를 떠들썩하게 하였다. 상식적으로 믿기 어려운 말을 사람들이 믿고 따르는 심리적 배경을 알아보고, 우리 사회가 나아가야 할 방향을 제시하라(300자 안팎).

서론	
본론	산업 사회에서는 모든 것을 물질적 가치로 평가하기 쉽다. 사람도 도구화하여 쓸 만한 가치로 따진다. 이런 세상에서 낙오하여 자신의 존재 가치를 잃을 때 사람들은 위로받고자 한다. 그리고 그 사람이 현실에서 마음의 평화를 얻지 못했다고 스스로 판단하면, 자신을 배척한 현실 세계의 종말을 원하게 된다. 어떤 때는 현실 세계에서 벗어나 절대자가 있는 곳으로 도피하여 새로운 안식을 꿈꾸기도 한다.
결론	따라서 '종말론'은 낙오한 사람을 다른 사람들이 인간적으로 감싸 안지 못해 나온 것이다. 그러므로 인간적인 사랑이 오고 가는 사회가 되어야 한다. 그렇지 않으면 보통사람의 상식으로 이해하기 힘든 일들이 앞으로도 계속 일어날 것이다.

3. 임진왜란 직전 통신사로 일본에 갔던 김성일과 황윤길이 귀국한 뒤 서로 다른 내용을 보고하여 조정에서 국제 정세를 제대로 판단하지 못한 적이 있었다. 일본을 선진국으로 인정하여, 일본을 무시하는 태도를 비판하라(300자 안팎).

서론	한때 우리나라 사람들은 일본을 잘 안다고 생각하면서 일본을 함께 살아갈 수 없는 나라로 여겼다. 또 일본을 그렇게 대하는 것을 애국으로 알았다.
본론	
결론	우리는 역사를 더 이상 감정적으로 보아서는 안 된다. 불행했던 역사는 잊지 않되, 겸허한 자세로 일본의 장점을 인정하고 배워야 우리나라도 진정으로 도약할 수 있을 것이다.

4. 정부는 한 가지 사실을 두고 어느 정권이 들어서는지에 따라 찬성과 반대를 오간다. 예를 들어 미국 소고기를 들여오지 말자고 했다가, 들여오는 식이다. 그런데 이 과정에서 일부 지식인조차 정권에 영합하여 그 근거를 제공하고, 나중에 그 일이 잘못되었다고 역사적으로 평가되면 자기도 그 정권의 피해자라고 강변한다. 지식인의 이중적인 사례를 알아보고, 현대 사회 지식인상을 제시하라(300자 안팎).

서론	옛날에는 백성들이 선비의 행동을 사람답게 사는 기준으로 믿고 삶의 지표로 삼았다. 그런 유교적 전통 속에서 지식인이 우리 사회에 끼치는 영향력은 아직도 매우 큰 편이다.
본론	
결론	사회가 변해도 지식인은 신념에 따라 실천해야 한다. 지식인이 도리를 실천하지 않고 자기 이익을 위해 살면, 마찬가지로 다른 모든 사람들이 인간적 도리를 버리고 이익에 매달리게 될 것이다.

5. 힌두교도는 암소를 신성하게 여기고, 회교도는 돼지고기를 싫어한다. 또 한쪽에서는 가장 한국적인 것이 가장 세계적인 것이라고 한다. 세계가 점점 좁아진다고 하면서 이렇게 서로 다른 민족 문화를 강조하는 것은 무슨 까닭인지 설명하라(300자 안팎).

서론	'지구촌'이라 할 만큼 세계가 좁아지고, 한 나라의 문화가 다른 나라로 빠르게 퍼졌다. 그런데 일부에서는 이런 문화의 세계화 추세를 자기 문화를 버리고 남의 문화를 받아들이는 것으로 착각하기도 한다.
본론	문화는 한 나라에서 오랫동안 축적해 온 전통적 가치라고 할 수 있다. 이런 민족 문화가 다른 문화와 적극적으로 결합할 때 보편적인 문화로 다시 태어난다. 다시 말해, 한 걸음 더 성숙한 세계 문화로 변화하며 발전하는 것이다. 그러므로 자기 전통 문화를 제대로 이해하여야 다른 나라 문화에서 보편적 가치를 찾을 수 있다.
결론	

단락

단락의 성격을 압니다.
한 단락에서 한 문장이 다른 문장과 어떤 관계여야 하는지를 익힙니다.
문장을 어떤 규칙에 따라 배치하여야 좋은 단락인지를 알 수 있습니다.

단락의 이해

1 **한 단락은 한 토막글인데, 보통 대여섯 문장으로 구성됩니다.** 학자들은 단락을 '구체화 과정'이라고 말합니다. 한 단락에서 드러내려는 일반적 진술을 구체적으로 뒷받침하는 과정이라는 것이지요. 즉, 단락은 어려운 말을 쉽게 풀어 나가는 과정입니다.

예를 들어 갑돌이가 '사랑'을 실천하며 사는데, 다른 사람들이 그것을 잘 알아듣지 못합니다. 이 말이 너무 평범하고 일반적이라, 어떤 사랑을 말하는지 사람들이 못 느낍니다. 그럴 때 갑돌이가 '① 사랑하라 ② 이웃을 네 몸처럼 여겨라 ③ 네가 가진 것을 나눠 주어야 한다 ④ 콩한 톨이라도 나눠 먹어라'처럼 말할 수 있습니다.

궁극적으로 갑돌이는 ①을 말하는 것이지만, 그것을 못 알아들을까 봐 ②를, ②를 못 알아들으면 ③을, ③을 못 알아듣는 사람은 ④로 '사랑'을 이해하라는 것이지요. 이것은 알고 보면 모두 비슷한 말이므로, 단락은 한 명제를 집중적으로 강조하는 과정입니다.

2 **이런 단락이 모여 글 한 편이 완성됩니다.** 긴 글을 몇 단락으로 나누면 읽는 이가 글의 흐름을 정리하면서 전체 내용을 쉽게 이해합니다. 즉, 문장을 계속 잇고 단락을 나누지 않으면 글을 이해하기가 어렵습니다. 따라서 글 한 편에서 말하고자 하는 주제가 있을 때, 단락은 놓인 위치에 따라 제 몫이 있습니다. 한 단락에서 궁극적으로 드러내려는 일반적 사실을 그 단락의 '논거(중심 생각, 소주제)'라고 합니다. 말하자면 여러 단락에 있는 여러 논거가 제 몫을 하여 글한 편의 주제를 드러냅니다.

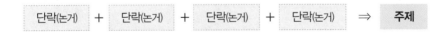

3 **논술글을 1200자 안팎으로 쓸 때 단락은 네댓 개쯤 됩니다.** 서론 단락과 결론 단락을 빼면 본론은 두세 단락이지요. 결국 결론 단락에서 말하고자 하는 방향(주제)이 있을 때, 그 방향을 뒷받침하려고 서론 논거 한 개, 본론 논거 두세 개를 정리하면 글 한 편이 완성됩니다.

예를 들어, 결론 단락에서 주제를 '우리나라는 살기 좋은 나라이다'로 잡았을 때, 이 '살기 좋은'을 본론에서 논증해야 합니다. 그러므로 본론에 정리해야 할 논거는 '인정이 많다, 물가가 싸다, 배려한다' 따위가 될 것입니다. 이것을 구조화하면 다음과 같습니다.

> **서론** : 우리나라는 살기 좋은 나라일까?
> **본론 1** : 인정이 많다.
>   **2** : 물가가 싸다.
>   **3** : 배려한다.
> **결론** : 우리나라는 살기 좋은 나라이다.

4 어떤 단락이든 논거를 하나만 담아야 그 논거를 엮어 주제를 드러내기 쉽습니다. 그러므로 한 단락에서 논거가 둘이 넘으면 좋지 않습니다. 그럴 때 군더더기 논거를 과감히 없애야 합니다. 만약 본론 단락 하나에 논거가 여러 개 대등하게 묶였으면 그 논거를 따로 떼어 새 단락으로 독립시켜야 합니다. 따라서 서론에서 결론까지 논거를 네댓 줄로 정리하여 논증의 큰 틀을 만들 수 있다면 누구라도 논술글 한 편을 쓸 수 있습니다. 다음 글에는 한 단락에 논거가 두 개 있습니다.

> ① 청소년들이 주체가 되는 문화가 존재하지 않는다. ② 흔히 청소년은 자신들의 고유한 문화 영역이 있다고 한다. ③ 그러나 대부분 다른 문화 영역을 모방한 것이다. ④ 다시 말해 어른들의 문화 영역을 모방한 것이다. ⑤ 그렇다면 청소년 고유문화 영역은 존재하지 않는 것이다. ⑥ 이래서 청소년들은 인터넷 게임을 많이 한다. ⑦ 게임을 자주 하다 보면 게임에 중독되는 것이다.
> ↘ *①에서 ⑤까지가 한 내용이고, ⑥부터 갑자기 게임을 언급하며 흐름이 바뀌었다.*

5 논술이란 '논리적으로 이야기한다'는 뜻입니다. 즉, 어떤 사실을 이치에 맞게, 객관적으로 근거를 대며 설득해 나가는 일이지요. 그리고 '논리, 이치, 객관적'이라는 말은 상대방을 설득하려고 자기주장과 논거를 이성적으로 펼친다는 뜻입니다. 그러므로 어떤 사람이 일상생활에서 합리적이고 이성적으로 사고한다면, 한 단락에서 어떤 논거를 뒷받침하며 논의하기가 그리 어려운 일이 아닙니다. 가령 어느 학생이 어머니에게 용돈을 올려 달란다고 가정합시다.

대화 1

학생 1 엄마, 용돈 좀 올려 주세요.
엄마 1 용돈이 그 정도면 됐지, 뭘 더 바라니? 공부나 좀 그렇게 관심을 가져 봐라.

학생1 공부 소리 그만하세요. 짜증나요. 그러지 말고 용돈 좀 올려 주세요.

엄마1 공부 잘해 봐. 용돈만 올려 주냐? 더 큰 것도 해 주지.

학생1 알았어요. 관둬요. 그까짓 용돈 안 받으면 될 것 아녜요!

대화2

학생2 엄마, 용돈 좀 올려 주세요.

엄마2 용돈이 그 정도면 됐지. 뭘 더 바라니?

학생2 그 돈으로 살 것이 없어요. 학용품 값이 얼마나 올랐는데요.

엄마2 학용품을 매일 사니?

학생2 알아요. 그리고 친구들에게 떡볶이 사 줄 때도 많아요.

엄마2 친구들한테 떡볶이를 왜 사 줘?

학생2 다른 날에는 친구들이 사 주거든요.

위 두 대화를 비교해 보세요. 첫 번째 대화는 두 사람이 서로 감정적으로 대립하여 전체적인 흐름을 잃었습니다. 즉, 용돈을 올려 달라는 이유도 없고, 안 올려 주겠다는 이유도 없이 자기 정서만 감정적으로 상대방에게 강요합니다.

그러나 두 번째 대화는 자기주장이 옳다는 것을 뒷받침하려고 서로 이유를 댑니다. 용돈을 올려 달라는 근거(물가가 올랐다, 교우 관계를 유지하려면 비용이 든다)가 있고, 올려 주지 않으려는 근거(학생은 용돈이 그 정도면 됐다, 학용품 사는 비용은 얼마 안 된다)도 있습니다.

글도 이와 같습니다. 어떤 글을 보고 사람들이 "이건 너무 유치해, 생각이 짧아, 그렇게 밖에 못 보나?"라든가 "깊이가 없어, 너무 단순해, 그렇게도 할 이야기가 없나?" 또는 "여기에서 갑자기 왜 이런 소리를 해, 이 소리를 여기에 꼭 써야 하나?"라고 지적합니다. 심지어 "아휴, 지겹다, 그만했으면 좋겠다"라고도 하지요.

그것은 논거가 없거나, 논거를 제대로 뒷받침하지 못했기 때문입니다. 뒷받침을 해도 아주 빈약하거나, 유치하거나, 엉뚱하거나, 자꾸 반복합니다. 그래서 글이 풍성하지 않고, 깊이도 없으며, 중간에 흐름이 바뀌거나 지루해진 것이지요. 뒤에서 하나씩 자세히 설명할 것입니다. 한마디로 말해 논술글은 네댓 줄로 정리한 논증의 큰 틀을 어떻게 뒷받침하느냐에 따라 글의 깊이, 집중력, 창의성이 결정됩니다.

2 │ 다른 사람과 이야기하기

1 논술글에서 중요한 것은 한 논거를 제대로 뒷받침하여 한 단락을 만들고, 그 내용을 풍성하게 하는 것입니다. 한 단락을 제대로 만들지 못하면 쓰는 이와 읽는 이가 따로 놉니다. 쓰는 이는 자기가 잘 아는 내용인 데다, 읽는 이도 자기만큼 알 것이라고 착각하여 자세히 설명하지 않습니다.

낯선 외국인과 이야기한다고 칩시다. 외국인이 내뱉는 말에서 쉬운 단어를 겨우 알아들을까 말까 하는데, 외국인이 자꾸 다음 내용으로 넘어갑니다. 앞에 있는 단어가 뒤 어떤 것과 연결되는지 알 수 없지요. 결국 그 외국인이 말을 다 끝내도 무슨 소리를 했는지 모릅니다.

이와 마찬가지로 글에서도 읽는 이가 어떤 부분이 무슨 뜻인지 몰라 궁금해하는데, 쓰는 이가 그 부분을 자세히 일러 주지 않고 계속 다른 내용으로 넘어가면 읽는 이는 답답할 수밖에 없습니다. 그러므로 쓰는 이가 한 단락씩 천천히 짚어 나가며 한 단락에 있는 문장의 관계를 분명히 밝혀 주어야, 글 전체를 통해 '말하고자 하는 주제'를 드러낼 수 있습니다.

그러므로 글에서 생각이 짧은 것은 어떤 주제, 또는 논거와 관련하여 제대로 뒷받침하지 못한 것입니다. 그러므로 화제를 풍성하게 담아 성숙하게 표현하려면 신문을 많이 읽거나 견문을 넓혀야 합니다. 어떤 주제를 두고 다른 사람과 적어도 30분 이상 이야기할 수 있어야 합니다. 그래야 자신이 미처 생각지 못한 부분을 다른 사람들이 채워 주면서, 그 주제를 두고 쓸거리가 풍성해집니다. 깊이 생각해 본 적이 없거나, 겪어 본 적이 없으면 쓸 말도 없습니다.

2 친구와 2인 1조가 되어 단락의 원리를 알아봅시다. 한 사람이 주도하여 설명하고, 한 사람은 이해되지 않는 곳을 묻습니다. 말하는 사람이 자기 생각을 드러낼 때 듣는 사람은 상대방이 설명하는 말에서 좀 더 보완해 달라는 기분으로 어느 부분을 콕 집어서 되묻습니다. 다음 문장 개요를 바탕으로 논술글 한 편을 완성해 봅시다.

> **서론** : 요즘 국회의원을 보면, 누가 국가의 주인인가 의심스럽다. *(문제 제기)*
>
> **본론 1** : 국가는 다수 국민을 바탕으로 하니까, 다수의 지지를 받아야 정당성을 얻는다. *(주장 뒷받침 1)*
>
> **2** : 현대는 과거와 달리 소수 전문가가 정책을 결정할 수밖에 없다. *(주장 뒷받침 2)*
>
> **결론** : 소수가 정책을 결정하더라도 다수의 뜻을 반영해야 한다. *(주장)*

이 글에서 쓰는 이는 결론 단락에 있는 '주장'을 드러내려고 합니다. 그 주장의 논거를 대고 설득하는 곳이 본론 단락이지요. 그래서 쓰는 이는 본론을 두 단락으로 쪼개 '첫 단락 : (원칙적으로) 이래야 되지만, 둘째 단락 : (현실적으로) 이럴 수밖에 없다'는 것을 설명하려고 합니다.

그렇다면 이 사람이 확실히 설명하고 싶은 것은 본론 두 줄과 결론 한 줄입니다. 그래서 무식한 친구를 앉혀 놓고, 이 친구를 이해시키면 모든 사람을 이해시킬 수 있다는 기분으로 설명하려고 합니다.

나   민주 국가에서는 소수가 정책을 결정하더라도 다수의 뜻을 반영해야 해. (주장-결론)

친구   왜?

나   민주 국가는 국민을 바탕으로 하니까, 다수 국민의 지지를 받아야 정당성을 얻거든. (본론 1)

친구   민주 국가가 뭔데?

나   국가의 주권이 국민에게 있고, 국민의 의사로 운용되는 국가야.

친구   그런 민주 국가가 다수가 아니라 소수의 이익을 위해 운용된다면?

나   그렇게 되면 나머지 다수가 불만을 품을 테니까 정책 결정에 승복하지 않겠지. 일을 원만히 추진하지 못할 것이고, 추진한다 해도 다수가 제대로 동의하거나 지지하지 않을 거야.

친구   알겠어. 지금까지 네가 나에게 한 말을 정리해 볼게.

> 민주 국가는 국민을 바탕으로 하기 때문에, 다수 국민의 지지를 받아야 정당성을 얻을 수 있다. 왜냐하면 민주 국가는 국가의 주권이 국민에게 있고, 국민의 의사로 운용되는 국가이기 때문이다. 만약 국가가 다수가 아니라 소수의 이익을 위해 운용된다면 다수가 불만을 가질 것이다. 정책 결정에도 승복하지 않을 것이다. 결국 일을 원만히 추진하지 못할 것이고, 추진한다 해도 다수가 제대로 동의하거나 지지하지 않을 것이다. (본론 첫째 단락)

친구   이야기(단락)를 바꾸어 볼까? 그러면 민주 국가는 되도록 많은 사람의 뜻을 반영해야 되겠네?

나   그래. 실제로 아테네에서는 정책 결정에 모두 참여했다고 하는데, 오늘날은 과거와 달라서 소수 전문가가 정책을 결정할 수밖에 없어. (본론 2)

친구   과거와 다르다니?

나   많은 사람들의 뜻을 완벽하게 반영하는 것 자체가 불가능하고, 지금은 정책 결정 하나 하나가 전문적이지 않은 것이 없거든.

친구   왜 완벽하게 반영하지 못해? 또 전문적이라니?

나   즉, 국민 전체가 참여하자면 시간이 많이 걸려 효율이 떨어져. 설령 그렇게 결정한다 해도 다수를 만족시키는 것이지, 결국 모두를 만족시키는 것은 아니야. 더구나 오늘날 논의해야 할 문제들은 일반 상식으로 알 수 없는 것들이 많아서 국민이 쉽게 판단하기 어렵지.

친구 잘못 결정하면 오히려 국민이 더 불편하겠군.

나 그렇지. 그래서 소수 전문가 집단이 주어진 정책을 결정하는 것이 더 효율적이라는 것이지.

친구 좋아, 알겠어. 지금까지 네가 한 말을 다시 정리해 볼게.

> 오늘날 소수 전문가 집단이 정책을 결정하는 것이 더 효율적일 수밖에 없다. 옛날 아테네에서는 자유민이 모두 참여하여 정책을 결정했다고 한다. 그러나 오늘날은 상황이 다르다. 왜냐하면 한 나라 국민 전체의 뜻을 완벽하게 반영한다는 것 자체가 불가능하며, 정책 결정 하나 하나가 모두 전문적이기 때문이다. 즉, 국민 전체가 참여하자면 시간이 많이 걸려 효율이 떨어진다. 그렇게 결정한다 해도 다수를 만족시킬 뿐이지 모두를 만족시키는 것은 아니다. 더구나 오늘날 논의해야 할 문제들이 일반 상식을 뛰어넘어 대부분 국민이 판단하기조차 힘들다. *(본론 둘째 단락)*

친구 어때, 잘 정리되었니?

나 응.

친구 네가 뭘 주장하는지 이제 알겠어. 이 두 가지 이유 때문에 결론에서 네가 '소수가 정책을 결정하더라도 민주 국가이니까 다수의 뜻을 늘 잊지 말자'고 했구나.

쓰는 이가 친구에게 자기주장을 드러내려고 본론을 두 단락으로 쪼갠 뒤 알아들을 때까지 천천히 설명합니다. 말하자면 한 단락에는 말하려는 논거가 하나인데, 그것을 상대방이 궁금해하지 않도록 어려운 곳을 구체적으로 뒷받침합니다. 결국 단락에서 논증이란 앞서 말한 문장에 밑줄을 그으며 다른 내용을 계속 덧보태 이해시키는 과정입니다.

그러니 한 단락에서 논거를 뒷받침하지 못하는 것은 그 하나를 상대방에게 자상하게 일러 주지 못한다는 뜻입니다. 즉, 자기가 말하고자 하는 것을 충분히 전달하지 못한 채 자꾸 다른 말로 넘어갑니다. 그러므로 누군가 "이 소리 하다가, 왜 저 소리를 해?"라고 지적한다면, 글쓴이가 어느 하나를 충분히 설명하지 않고 다른 쪽으로 넘어가는 상황을 지적한 것입니다.

❸ 이런 원리대로 한 주제를 놓고 친구와 연습해 보세요. 짝이 되는 친구는 상대방이 한 문장씩 설명할 때마다 설명하는 사람의 말을 못 알아듣는 것처럼, 그 문장에서 어느 한 부분을 꼬집어 되물어야 합니다. 글이라면 그곳에 밑줄을 긋고 좀 더 뒷받침하라고 하면 됩니다.

혼자 연습할 때는 문장 어느 곳에 밑줄을 긋고 '왜 그렇지, 어째서 그렇지, 이게 무슨 의미가 있지, 그러면 어떡해야 하는데, 이렇게 설명할 수밖에 없나, 혹시 무심히 넘어간 것은 없을까, 만약 이게 사실이 아니라면, 이걸 믿을 수 있을까, 이런 경우가 또 있을까, 누가 그렇게 주장하는지, 다른 사람도 이 말에 동의할까, 이 정도면 충분히 설명한 것일까, 이 말이 이 일과 직접 관계가 있나?' 따위를 반문해 보세요.

4 본론 단락을 확장하는 것이라면 마음속으로 '왜냐하면, 가령, 그 이유는, 다시 말해, 즉, 예를 들어, 만약에, 말하자면' 따위의 전환구를 붙이면서 설명할 말을 덧보태세요. 이 전환구들이 본론 논거 하나를 한 단락으로 확장할 때 손쉽게 붙일 수 있는 것들입니다. 즉, 본론 논거의 '뜻을 풀이하거나, 의문을 풀어 주며 합리화하거나, 예를 드는 방식'을 이용하는 것입니다.

혼자 연습할 때는 결론 단락에서 주장할 내용을 정하고, 그 주장에 맞추어 본론 논거를 '첫째, 둘째'를 붙여 가며 두세 개 생각한 뒤 그 '첫째, 둘째'에 각각 대여섯 문장을 뒷받침해 보세요. 그리고 처음에는 한 줄만 보태다가, 점점 익숙해지면 두 줄 보태는 식으로 양을 늘려 가세요. 녹음(메모)하며 이야기하다가 나중에 자기가 설명한 말을 한 단락씩 묶어도 됩니다.

3 논거와 뒷받침 문장

■ 부잣집 아이가 먹을 것을 넉넉하게 싸 왔습니다. 한 아이가 그 부잣집 아이를 몹시 부러워하며 말하였습니다. 그러자 다른 아이가 맞장구를 쳤습니다.

아이1 나도 우리 집이 부자면 맛있는 것을 많이 싸 올 수 있어.

아이2 맞아, 돈을 많이 벌어야 부자가 된다. 그런데 우리 집에 자전거 있다.

아주 우습지요. 아이 2는 아주 엉뚱합니다. 돈 많이 벌면 부자 되는 것을 누가 모릅니까? 그리고 부자 이야기를 하는데 자전거 이야기를 굳이 꺼내야 할까요? 이런 대화를 들으면 청소년은 그 꼬마들이 아직 어려서 생각이 모자라느니, 생각이 짧다느니, 엉뚱하다느니 말하겠지요? 그런데 채점자가 보기에 고등학생 글에서도 '아니, 요즘 청소년들 사고 수준이 이 정도밖에 안 되나?'라는 생각이 들 때가 많습니다. 다음 글을 살펴봅시다.

① 세상에는 여러 종류의 사람이 함께 산다. ② 체육인, 정치인, 언론인, 종교인 등 이루 헤아릴 수 없을 만큼 다양한 사람이 산다.

①에 있는 '여러 종류의 사람'을 이해시키려고 ②로 뒷받침하였습니다. 그러나 고등학생 수준으로는 너무 유치합니다. 글을 읽는 사람들이 '아니, 누가 이 정도도 모르나?'라고 생각할 것입니다. 뒷받침 문장은 남들이 "맞아, 그 나이에 잘 봤네. 정말 그렇겠군" 하고 자연스럽게 인정하는 것이어야 합니다. 읽는 이, 특히 채점자가 "어, 나를 겨우 이 정도로 보나?"라고 할 만큼 초보적인 수준에 머물러서는 안 됩니다. 다음 글을 보세요.

③ 법과 질서를 지키지 않으면 인간 사회가 흔들릴 것이다. ④ 예를 들어 운동회에 나오지 않고 교실에 들어앉아 있으면 안 된다.

이런 면에서 ③도 마찬가지입니다. 뭔가 대단한 것을 언급할 듯 거창하게 시작하더니, ④에서 '법과 질서를 지키지 않으면'을 겨우 '교실에 있으면 안 된다'는 이야기로 뒷받침하였습니다. 이 학생은 언젠가 학교에서 운동회를 하는데 친구가 비협조적이라서 가슴 아팠던 모양입니다만, 그 정도로는 사회가 흔들리는 예로 언급하기에 적합하지 않습니다. 위에서 ②와 ④를 빼고 좀 더 일반적인 문장으로 뒷받침해 봅시다.

> ① 세상에는 여러 종류의 사람이 함께 산다.
> ② 꿈을 버리고 사는 사람과 꿈을 이루며 사는 사람이 있다.
>
> ③ 법과 질서를 지키지 않으면 인간 사회가 흔들릴 것이다.
> ④ 법과 질서는 사회 구성원이 지켜야 할 최소한의 약속이기 때문이다.

물론 ②와 ④로 뒷받침하였는데도 설명이 부족하다 싶으면 ①과 ③을 더 뒷받침할 수 있고, 뒷받침한 ②와 ④를 다시 더 뒷받침할 수 있습니다. 다음에 있는 문장을 살펴보고 무엇을 어떻게 뒷받침하였는지 살펴봅시다.

> ① 세상에는 여러 종류의 사람이 함께 산다.
> └─▶②-1 꿈을 버리고 사는 사람과 꿈을 이루며 사는 사람이 있다.
> └─▶②-2 그리고 자기 분수를 지키며 사는 사람도 있고, 헛된 꿈에 빠져 사는 사람도 있다.

②-2는 논거 ①을 좀 더 뒷받침한 것입니다. 이처럼 논거 ①을 ②-1과 ②-2로 뒷받침하는 방식을 '병렬식 뒷받침'이라고 합니다. 이것은 논거 ①의 어느 부분을 이해시키려고 뒷받침 문장을 계속 붙여 나가는 방식이지요. 쉽게 말하면 논거 ①을 집중적으로 이해시키려고 논거 ①에서 상대방이 궁금해하는 곳에 밑줄을 그은 뒤 그곳을 보완(강화)하는 것입니다. 보통 한 단락에서 '글의 풍성함(다각적 논의)'을 재는 기준이 됩니다.

> ③ 법과 질서를 지키지 않으면 인간 사회가 흔들릴 것이다.
> └─▶④ 법과 질서는 사회 구성원이 지켜야 할 최소한의 약속이기 때문이다.
>   └─▶⑤ 예컨대 강자가 약자의 재산을 함부로 빼앗을 수 없다고 규정하여야, 그 사회가 추구하는 인간다운 삶이 보장될 것이다.

이 단락에서는 논거 ③을 뒷받침하려고 ④를 덧보탰습니다. 그 ④에 있는 '약속'을 다시 ⑤로 뒷받침하였습니다. 뒷받침한 문장을 다시 뒷받침하여, 꼬리에 꼬리를 물고 뒷받침하는 방식을 '직렬식 뒷받침'이라고 합니다. 새로 뒷받침한 문장을 다시 뒷받침하면서 계속 파고 들어가므로 그 분야를 깊이 생각한 적이 없으면 금방 바닥이 드러납니다. 그리고 엉뚱한 데로 새기 쉽습니다. 보통 한 단락에서 '글의 깊이(심층적 논의)'를 재는 기준이 됩니다.

대개 한 단락은 이 두 방식을 섞어 완성합니다. 즉, 아래 그림처럼 논거 ①을 ②와 ③으로 병렬 뒷받침하고, 그 ②와 ③을 좀 더 보강하려고 다시 직렬(②를 ④, ⑤)로, 또는 병렬(③을 ⑥, ⑦)로 뒷받침할 수 있습니다.

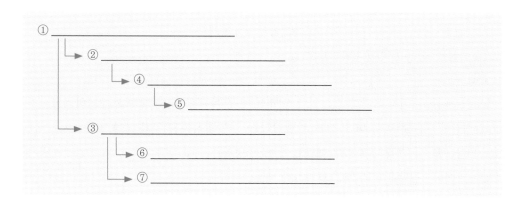

2 한 단락은 보통 대여섯 문장으로 구성합니다. 그러므로 한 단락은 병렬과 직렬 관계로 만나는 문장이 각각 두세 개쯤 있는 셈입니다. 그런데 한 논거를 직렬식으로만 뒷받침하면 '깊이가 있으나 풍성하지 못하다, 굳이 거기까지 논의할 필요는 없었다'고 지적받기 쉽습니다. 왜냐하면 자꾸 새로 등장하는 문장에 매달려 옛 문장을 소홀히 하기 때문입니다. 옛 문장을 넉넉히 뒷받침하지 않아 논거에서 점점 멀어지기 쉽습니다. 다음 글을 살펴봅시다.

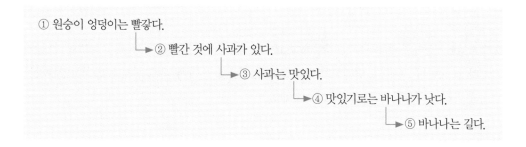

'① 원숭이 원덩이가 빨갛다'를 논거로 삼아 문장을 덧보태는데, 계속 새 문장 새 어휘에 매달려 뒷받침하다가 '⑤ 바나나는 길다'까지 이야기하였습니다. 말하자면, 여기에 ⑤가 굳이 필요한지를 따지지 못하였습니다. 나중에 "내가 지금 이 말을 왜 할까?"라며 글쓴이조차 이해할 수 없는 곳으로 논의가 흘러간 셈이지요.

그러나 한 논거를 병렬식으로만 뒷받침하여도 문제가 많습니다. 논거 한 문장, 또는 그 문장에 있는 한 어휘에 매달려 뒷받침 문장을 늘어놓으면 '논의는 풍성하나 깊이가 없다'고 지적받기 쉽습니다. 왜냐하면 그 논거(어휘)에서 더 이상 논의가 진전되지 않기 때문입니다. 더구나 구조가 단순하여 자칫하면 지루하고 장황합니다. 다음 글을 살펴봅시다.

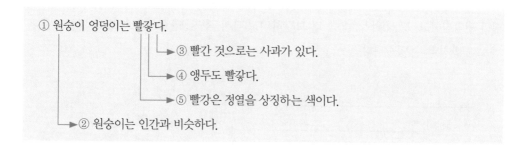

'① 원숭이 엉덩이가 빨갛다'를 논거로 삼아 ①에 있는 '원숭이, 빨갛다'를 강화하려고 ②와 ③을 병렬식으로 덧보탰습니다. 그리고 '빨갛다'를 더 강화하려고 ④와 ⑤를 병렬식으로 덧보탰습니다. 그러나 '빨갛다'에 너무 매달린 탓에 '엉덩이는 어떻게 생겼는지, 왜 빨간지'처럼 정작 좀 더 이야기해야 할 의문에는 답변하지 못했습니다.

❸ 따라서 본론 단락이라면 한 단락에서 되도록 병렬 및 직렬식 뒷받침 방식을 섞어 논거를 확장하는 것이 좋습니다. 적당히 깊이도 주고 풍성함도 잃지 않기 때문입니다. 그러므로 논술 시험장에서 논거를 확장하다가 생각이 막히면 그 부분에서 벗어나 다른 문장, 다른 어휘로 눈을 돌려야 합니다.

예를 들어, 그 논거 문장 앞 또는 뒤로 가서 어느 부분을 더 뒷받침할지를 고민해야 하지요. 이미 정리해 놓은 문장의 다른 부분을 더 보완해도 됩니다. 단락 확장은 한 문장을 덧보탠 뒤 좀 더 강화하고 싶은 곳에 밑줄을 긋고 다른 문장을 덧보태는 것입니다.

❹ 첫 뒷받침 문장이 한 단락의 성패를 좌우하기 쉽습니다. 논거를 처음 뒷받침하였는데 그 두 문장의 관계가 모호하면 그 둘을 연결하기에 바쁩니다. 즉, 그 논거에 왜 그렇게 뒷받침하였는지를 설명해야 하기 때문입니다. 다음 글을 보세요.

① 자칫하면 인간을 도구화하기 쉽다.
② 카드 빚 때문에 사람을 납치하여 돈을 요구하기도 한다.

글쓴이는 ①을 보고 어떤 생각에 생각을 거듭하다가 뜻한 바가 있어 ②를 덧보탰습니다. 그러나 읽는 이는 너무 황당하여 갑자기 이 소리를 왜 하느냐고 물을 것입니다. 그러면 글쓴이는 그 두 문장을 연결하려고 변명하듯이 쫓기며 수많은 문장을 정리해야 하고, 그중 어느 한 문장이라도 놓치면 그곳에 '비약'이 생기게 됩니다. 즉, '원숭이 엉덩이는 빨갛다 → 사과는 맛있다'처럼 되는 것이지요.

이런 상황을 만들지 않으려면 ①에 밑줄을 긋고 출발하는 것이 좋습니다. 즉 '인간, 도구화' 같은 단어를 좀 더 강화하며 첫 뒷받침 문장을 궁리하는 것이지요. 그러면 다음 글처럼 됩니다. 뜬금없는 문장을 덧보태지 않고 쉽게 뒷받침해 나갈 수 있습니다.

① 자칫하면 인간을 도구화하기 쉽다.
　　└▶ ② 도구화는 인간을 그 자체로 판단하지 않고 다른 가치의 수단으로 보는 것이다.
　　└▶ ③ 예를 들어 노동자를 인간으로 보지 않고 생산 요소로 본다.

연 습 문 제

다음 단락에서 ①번 문장을 논거라고 할 때, 그 뒤에 덧보탠 문장이 '직렬, 병렬' 중 어떤 방식으로 뒷받침하는지 분석해 보세요.

1. ① 영철이는 부지런하다.
　② 새벽 다섯 시에 일어나 신문을 배달한다.
　③ 집에 돌아와서는 아버지 구두를 닦는다.

2. ① 영순이는 부지런하다.
　② 새벽 다섯 시에 일어나 신문을 배달한다.
　③ 새벽 다섯 시면 청소년들이 대부분 깊이 잠들어 있는 때이다.

3. ① 갈등은 이기심이 지나쳐 생긴 것이므로 상대방의 욕구를 인정하는 상대주의적 태도를 지녀야 한다.
　② 한쪽이 자신의 욕구를 추구하며 타인의 이익을 무시해 버린다면 그 사회는 파국으로 치달을 수 있다.
　③ 예를 들어, 노사가 타협점을 찾지 못해 공장 가동이 중지되면서 사업자는 구속되고, 수많은 노동자가 졸지에 실업자가 되기도 한다.
　④ 말하자면 어느 조직의 구성원들이 상대방과 타협할 줄 알아야 함께 살 수 있다.

4. ① 갈등은 정신적, 물질적 보상 차이에 따라 생기므로 이를 해소하기 위한 사회적 장치가 있어야 한다.

② 가령 똑같은 과정을 거쳤으나 자기에게 돌아오는 결과가 다르면, 구성원이 그 사회를 공정한 사회로 받아들이지 않는다.

③ 왜냐하면 구성원이 그 과정에서 느끼는 차별이 갈등의 원인이 되기 쉽기 때문이다.

④ 그러므로 갈등을 빨리 해소하려면 고소득자에게 누진세를 적용하고, 저소득자에게 각종 사회 보장을 마련해 주어야 한다.

5. ① 정보의 부익부 빈익빈 현상이 발생한다.

② 왜냐하면 경제적 격차가 정보 격차로 드러나기 때문이다.

③ 통계에 따르면 상위 20%가 정보의 80%를 소유하는 것으로 드러났다.

④ 다시 말해 인터넷을 이용할 줄 모르는 세대와 저소득층은 정보화에서 소외되기 쉽다.

본론 단락 쓰기

본론 단락의 성격을 익힙니다.
풍성하고 깊이 있게 논의하려면 본론 단락에 어떤 문장을
어떻게 배치해야 하는지를 알 수 있습니다.

1 본론 단락의 확장

1 본론 논거를 확장하여 한 단락을 만들 때, 어떤 것이 논의를 효율적으로 잘 드러내는 구조이며 문장인지를 고민해야 합니다. 상대방을 말로 설득할 때는 일부러 억양을 높이거나 낮추기도 하고, 특별한 단어로 상대방을 자극하기도 합니다.

글도 한 단락 처음에는 조용히 시작하였다가 단락 끝에서 단호히 끊을 것인지, 어떤 내용을 구체적인 예로 삼을 것인지, 어떤 단어가 상대방에게 자극적인지를 확인해야 합니다. 자기 생각을 어려운 단어로 표현하여 읽는 이를 제한하면 잘 쓴 글이 아닙니다. 김소월 시인처럼 쉬운 단어로도 얼마든지 자기 정서를 정교하게 드러낼 수 있습니다. 글솜씨는 타고나는 것이 아니라 노력하는 정도에 따라 달라집니다.

2 논술글은 제한된 시간, 원고량, 조건을 지키며 논거를 효율적으로 늘어놓되, 자기 색깔을 분명하게 담아야 합니다. 그런데 이 여러 제한과 출제자 의도 때문에 논술글 결론 단락에서 독특하게 방향을 잡기가 어렵습니다. 그러므로 논술 시험은 결론 단락의 뻔한 주장(일반적 사실)을 두고 수험생이 논증 과정을 만들어 상대방을 제대로 설득하는지를 평가하는 시험에 가깝습니다.

예를 들어 '더불어 살아야 한다'처럼 상식적인 것을 자기 나름대로 어떻게 설득할지를 고민해야 합니다. 그러므로 논술글에서 독창성이란 논거와 주장이 남달라야 하지만, 그것이 안 되면 논거를 뒷받침하는 문장이 남달라야 한다는 것을 의미합니다.

3 논거는 사실 논거와 소견 논거로 나뉘지만, 구별이 모호할 때가 많습니다. 사실 논거는 많은 사람들이 인정하는 객관적이고 보편적인 논거입니다. 대체로 통계 자료, 연구 보고서, 여론 조사 결과, 자연 현상처럼 사람들에게 타당성을 인정받은 논거입니다.

소견 논거는 사실 논거를 바탕으로 내린 평가입니다. 주로 한 개인의 주장과 의견을 담은 논거이지요. 어떤 일을 겪었거나 목격한 사람이 주장한 것입니다. 소견 논거가 제대로 입증되면 사실 논거로 바뀌기도 합니다. 예를 들어 '지구가 태양을 돈다'는 한 과학자의 소견이었지만, 지금은 사실로 판명되었습니다. 소견 논거가 제대로 입증되지 않으면 쓰는 이의 선입견(편견)이 드러난 것입니다.

따라서 '맛있다'처럼 지극히 정서적인 단어도 어떻게 뒷받침하는지에 따라 사실일 수 있고, 소견일 수 있습니다. 맛있는 이유에 다른 사람이 제대로 동의하지 않으면 소견 논거이고, 그 이유를 대다수 사람들이 충분히 인정하면 사실 논거입니다.

4 본론 단락 논거는 아주 일반적인 것입니다. 본론 단락 논거는 대체로 고등학생이 윤리, 사회 시간에 이미 익힌 것이므로, 옆자리 수험생과 같거나 비슷하여야 정상입니다. 그런데도 이런 보편적 논거를 버리고 '남과 달라야 한다'고 생각하면, 엉뚱한 논거를 대기 쉽습니다. 잘 아는 것을 버리고 머리를 쥐어짜서 거론한 논거는 나중에 제대로 뒷받침하기 어렵습니다. 본론 단락에서 횡설수설하는 수험생들은 대부분 엉뚱한 논거를 뒷받침하느라고 자기도 확신하지 못하는 내용을 계속 덧보태는 사람들입니다.

채점자는 본론 단락에 있는 보편적 논거를 수험생이 구체적으로 어떻게 덧보태며 설명하는지를 봅니다.

그러므로 설령 모든 수험생이 똑같은 논거를 거론하여도 그 논거를 뒷받침하는 문장은 사람마다 다릅니다. 남녀, 사는 곳, 성격과 정서, 성장 배경, 풍토, 견문, 가치관에 따라 관점과 취향이 다르기 때문입니다.

채점자가 "모범 답안을 외워 쓴 것처럼 똑같다"고 지적하는 것은 논거(일반적 진술)뿐만 아니라 뒷받침하는 문장(구체적 진술)도 비슷하기 때문입니다. 예를 들어, 수많은 수험생이 자기 견문을 이용하지 않고 참고서에 잘 정리해 놓은 로크, 루소, 홉스의 말을 인용합니다. 채점자에게 잘 보이려고 제대로 알지도 못하면서 단편적으로 외운 '매끈한' 말에 매달리지요.

그러나 그런 말보다 '구체적 사례'가 수험생의 개성을 훨씬 잘 드러냅니다. 채점자는 로크나 홉스의 말보다 수험생이 그런 이치를 언제 깨달았는지, 어디에서 절실하게 이해하였는지를 알고 싶어 합니다. 논술 채점자는 구체적 예시를 통해 수험생이 지닌 '지식의 깊이'보다 '삶(견문)의 깊이'를 확인하려는 것입니다. 로크와 홉스를 이용하려면 남들이 일상적으로 외운 것과 달라야 합니다. 다음 두 글을 비교해 보세요.

> 1. **어떤 사람은 주한 미군을 인계철선으로 이용하자고 한다.** 인계철선이란 폭발물에 연결되어 건드리면 폭발하게 하는 철선을 말한다. 원래 미국 국방성에서 전쟁 자동 개입 상황을 규정하면서 널리 쓰인 말이다. 그러니 우리는 주한 미군을 이용하여 누구든 우리를 침략하려는 의도를 사전에 저지하여 전쟁을 억제하자는 것이다.

> 2. **어떤 사람은 주한 미군을 인계철선으로 이용하자고 한다.** 누군가 우리를 공격해 오면 미국이 가장 먼저 그 싸움에 자동 개입할 것이기 때문이다. 예를 들어, 어린아이가 울면 부모가 집에

서 뛰어나온다. 그러니 우리가 그 어린아이를 끌어안고 있으면 그 아이의 부모를 의식하여 누구든 우리를 공격하지 않는다는 것이다.

1번처럼 굳이 어렵게 쓰지 않아도 수험생이 2번처럼 구체적 견문으로 예시하거나 비유하면 이해하기 쉽습니다. 그러므로 본론 논거를 뒷받침할 때 수많은 견문에서 채점자를 설득하기에 좋은 것을 골라야 합니다. 자기 생각을 강요하는 것이 아니므로, 이 교사와 저 교사에게 들은 것, 자기가 체험한 것, 자기 나름대로 생각해 본 것에서 고릅니다. 그것이 우연히 다른 수험생과 같을 수 있습니다. 본론 단락에서 창의력 점수가 높았다면 그날 다른 수험생이 그런 견문을 쓰지 않고, 자기 혼자만 그 견문을 이용하여 주목받은 것입니다.

결국 본론 단락에서 창의란 대체로 일반적 논거를 남과 다른 사례로 이해시키는 것입니다. 즉, 수많은 예시를 이용하여 누가 더 알기 쉽고 재미있게 설명하느냐는 것입니다(이공계열 수험생은 예시와 비유를 이용하여 쉽게 설명하는 정도가 창의력입니다). 그래서 예시를 '단락의 꽃'이자 '논술의 꽃'이라고 합니다.

⑤ 글을 참신하게 하려면 평소에 견문을 넓혀야 합니다. 논술글은 견문 싸움입니다. 뻔한 논리를 어떻게 맛깔스럽게 전달하느냐가 논술 시험의 관건이기 때문입니다. 과거 우리 사회가 대체로 획일적이고 단순하였다면, 현대 사회는 다양하며 변화가 심합니다. 과거에는 어떤 상황을 남과 다르게 보는 것이 쉽지 않았습니다.

예를 들어, 개발 논리에 익숙한 사회에서는 환경을 보존하자는 주장이 사치스러운 소리였습니다. 그러므로 10년 전 논술 시험 출제자는 수험생이 이런 개발론자들의 획일적인 논리에서 벗어나기를 원하였지요. 즉 '환경을 보존해야 한다, 체벌을 없애자, 지역감정은 나쁘다, 편견을 버려야 한다' 같은 견해가 결론 단락 주장이 되도록 하였습니다.

그러나 오늘날 이런 주장은 너무 당연한 이야기이므로, 이런 결론을 두고 왜 그런지를 설명하는 것이 각자 달라야 합니다. 따라서 중3 학생보다는 고2 학생이, 고2 학생보다는 고3 학생이 나이 한 살이라도 많으므로 더욱 성숙하게 답변해야 합니다.

예를 들어, 중3 학생과 고3 학생이 안락사를 찬성하더라도, 중3 학생이 교실에서 배운 대로 대답할 때 고3 학생은 실제로 고통 받는 환자 옆에서 수발을 들거나 그런 사람들 이야기를 통해 자기 것으로 확신한 내용을 서술해야 합니다. 견문 싸움은 단순히 책상에 앉아 편하게 지식을 습득하라는 것이 아니라, 몸으로 지식을 느껴야 하는 것입니다. 그만큼 오늘날 논술글은 자기가 확신하지 않고는 상대방을 설득하기가 쉽지 않습니다.

⑥ 어떤 예시가 좋은지 충분히 고려해야 합니다. 구체적인 사례이되 구석진 사례, 잘 알려지지 않은

사례를 거론하여야 '그런 것까지 아는 거야?'라는 대견함으로 채점자에게 호평을 받습니다. 남들이 대부분 '가'라는 사실을 '나'라는 사례로 설명할 때, '가'를 '다'라는 사례로 설명하는 식입니다. 비슷한 무리 속에서 채점자에게 도드라져 보입니다.

예를 들어, 사법 정의를 설명할 때 재판에서 '판사'의 몫이 크므로 사람들은 대부분 판사에 비중을 두어 설명합니다. 그럴 때 나 홀로 '검사'에 비중을 두고 설명하는 식입니다. 또는 '판사, 검사' 같은 사람 차원에서 벗어나, 사법 정의를 국민의 참여 의식과 관련하여 제도 차원에서 설명하여도 돋보일 것입니다.

7 **구체적 사례는 설득력이 뛰어나므로 한 단락에서 한 개만 언급해도 충분합니다.** 많아야 두 개입니다. 구체적 사례를 쓰라고 지시하지 않더라도 쓰는 것이 좋습니다. 본론 한 단락을 대여섯 문장으로 완성해야 할 때 한 개념을 이해시키려고 구체적 사례를 많이 늘어놓으면(병렬식으로 뒷받침하면) 풍성하기는 해도 깊이는 없습니다. 아래 두 예문을 비교해 보세요.

> **게임을 통해 성취감을 얻는다.**(논거) 가상현실인 게임에서는 현실에서 이루지 못했던 것들을 할 수 있다. 장사를 해서 돈을 벌 수 있다. 게임 사회에 커다란 영향을 미치는 지배자가 될 수 있다. 가장 강력한 무기를 지닌 영웅이 될 수 있다. 많은 사람을 거느린 군주가 될 수 있다. 심지어 남성이 여성도 될 수 있다.
>   ↘ '성취감'이란 논거를 뒷받침하려고 여러 사례를 죽 나열하는 바람에 장황해지고 깊이가 없다.

> **게임을 통해 성취감을 얻는다.**(논거) 현실 사회에서는 사람들의 처지가 다양하다. 그런데 모든 사람이 같은 노력을 해도 결과는 같지 않다. 그러나 게임에서는 일단 모든 참여자가 동등한 조건에서 출발한다. 그러므로 특별한 기회와 운을 제외하고 같은 노력으로 비슷한 결과를 성취한다. 심지어 남성이 여성도 될 수 있다.
>   ↘ 한 사례만 거론하고, 나머지 공간을 다른 논의로 채워 내용에 깊이가 있다.

8 **어떤 사람은 거리가 먼 사례를 거론합니다.** 가령 어느 할머니가 어느 단체에 재산을 기부하였다면 그 사례가 드러내려는 개념은 '사회 공헌, 헌신' 따위입니다. 그런데 '성실'에 그 할머니 사례를 거론한다면 읽는 이는 '재산 기부'를 '성실'과 어떻게 연결하는지에 주목할 것입니다. 이를 입증하지 못하면 실패한 글입니다.

이와 비슷한 오류로는 소설이나 영화 속 허구를 현실적 사례로 예시하거나(인조인간, 마법사 따위), 종교적 비유 또는 극히 드물어서 다시는 벌어지지 않을 사례(동정녀, 늑대인간 따위)를 현실적 사례로 예시하는 경우입니다.

사례가 부적절한 것은 여러 구체적 사실을 묶어 한 개념으로 일반화하지 못한 것이며, 그 구체적 사례에 담긴 함축적 의미를 이해하지 못했다는 뜻입니다. 이것은 평소에 어떤 주제를 두고 다른 사람과 충분히 이야기하여 바로잡아야 합니다.

⑨ 논제에서 자신의 구체적 경험을 활용하라고 지시하는 것은 자기 견문을 일반화하여 서술하라는 뜻입니다. 지극히 주관적이고 편협한 개인 경험('어디서 놀았다. 겪었다, 보았다' 따위)을 서술하면 설득력이 떨어지고, 자칫하면 생활글이 되기 쉽습니다. 그러므로 그런 지시는 개인적(주관적)인 것을 일반적(보편적)인 것으로 바꾸라는 뜻입니다.

가령 영화를 보려고 영화관에 갔다가 캄캄해서 넘어진 사례를 이용한다고 칩시다. 그럴 때는 개인적인 사례를 수많은 사람들이 겪을 만한 사례로 바꾸어 '사람들이 캄캄한 곳에서는 넘어지기 쉽다(넘어지게 마련이다)' 또는 '인간은 난관 앞에서 좌절하기 쉽다'처럼 진술해야 합니다. 개인적인 사례로 끝나면 '주관의 객관화(일반화)'에 실패한 것입니다.

그러므로 자기 주변에 넘쳐나는 수많은 사례와 비유, 예시, 견문을 어떻게 일반화할 것인지를 고민해야 합니다. 할 말을 하면서, 자기 나름대로 독특한 색깔을 보여 주어야 합니다. 제시문과 견문에서 찾아낸 구체적 사실을 제대로 일반화하는지를 평가하는 것이 논술 시험이기 때문입니다.

다음 일반화 단계를 보세요. 출제자가 ① 같은 사례에서 함축적 의미를 찾으라고 할 때 수험생이 ②로 대답하면 하, ③으로 대답하면 중, ④로 답변하면 상으로 평가됩니다.

> ① 노인은 100만 원이 있어야 잘 지낸다. (구체적 사실)
> ② 누구든 돈이 넉넉하여야 사는 것이 풍성하다.
> ③ 오늘날 사람들은 생활비가 충분하여야 생활이 윤택해진다.
> ④ 현대인은 경제력을 갖추어야 삶의 질이 높아진다. (일반적 사실)

⑩ 논거가 쉬우면 단락이 장황해지기 쉽고, 논거가 어려우면 건성으로 설명하기 쉽습니다. 본론 단락은 일반적 사실은 구체적으로, 구체적 사실은 재미있게 설명하는 곳입니다. 그러므로 논거를 뒷받침할 때 마음속으로 다음과 같은 질문을 해 보세요.

'예시를 충분하게 들었을까, 낱말은 정확히 정의하였을까, 원인과 조건 또는 결과를 충분히 설명하였을까, 알맞은 제재를 설명하였을까, 제재를 잘 나누고 잘 늘어놓았을까, 인용은 정확하였으며 근거는 객관적이었을까, 예시는 적절하고 참신하였을까?' 다음 단락을 비교해 보세요.

인간은 더불어 살아야 한다.(논거) 인간이란 단어는 사람 인(人)과 사이 간(間)이 합친 것으로, 인간은 '사람 사이'에서 의미가 있다는 뜻이다. 많은 사회학자들이 인간을 사회적 동물이라고 일 컫는 것은 인간은 사회에 구축된 인프라를 제대로 이용할 줄 알기 때문이다.

    ↳ '더불어 살아야 한다'는 말을 어렵게 뒷받침하였다.

인간은 더불어 살아야 한다.(논거) 더불어 산다는 것은 서로 배려하자는 뜻이다. 남이 있어야 나도 있다. 계급 때문에 상하 관계가 분명한 군인도 따지고 보면 서로 배려하며 더불어 산다. 부 하가 없으면 장수도 없기 때문이다.

    ↳ '더불어 살아야 한다'를 예시로 쉽게 뒷받침하였다.

이것이 어려우면 구체적인 단어를 일반적인 단어로, 일반적인 단어를 구체적인 단어로 바 꾸어도 좋습니다. 예를 들어 '남대문 화재는 개발 지상주의를 경고하였다'를 논거로 하면 '남 대문 화재'는 구체적인 단어이고, 개발 지상주의는 일반적인 단어입니다. 그러므로 '남대문'을 '역사, 긍지, 자존심' 같은 일반적인 단어로 바꾸고, '개발 지상주의'를 '돈, 물질' 같은 구체적 인 단어로 바꾸어 뒷받침합니다.

남대문 화재는 개발 지상주의를 경고하였다. 우리 사회는 그동안 '개발이 곧 돈'이라는 환상에 젖어 살았다. 그러는 사이 인간은 수단이 되고, 어느새 전통과 미덕은 낡고 보잘것없는 가치가 되었다. 결국 우리의 자존심이던 남대문이 자신을 불태워 물질에 매달려 살지 말라고 우리 사회 를 일깨운 것이다.

🔢 어떤 때는 채점자가 본론 각 단락에서 당위만 나열하지 말라고 지적합니다. 이 소리는 논거 하나를 제대 로 뒷받침하지 못한 채 또 다른 논거(일반적 진술)를 계속 늘어놓는다는 뜻입니다. 즉, 논거 하 나를 구체적으로 뒷받침하지 못하고 다른 논거를 또 붙이니, 글에 깊이가 없고 다루는 범위 만 자꾸 넓어지는 것이지요. 말하자면, 논거를 아예 뒷받침하지 않고 새 논거만 나열하는 식 입니다.

예를 들어 '아이들을 키운다. 무척 힘들다'라는 문장은 '아이들이 있다'는 것을 전제로 합니 다. 그런데 상대방이 "너, 애가 있었니?"라고 물었다면 '아이들을 키운다' 다음에 '힘들다'라 는 문장을 덧보태기 전에 '아이들이 있다'는 정보조차 상대방에게 전달하지 못한 셈입니다.

한 가지를 깊게 파고들어 정확하게 논의하여야 그것을 바탕으로 다음 정보를 제공할 수 있 는데도, 많은 수험생들이 다음 정보를 바삐 전달하느라고 앞 정보를 제대로 전달하지 못한 채 다음 정보로 넘어갑니다. 다음 글을 보세요.

1. ① 대부분 학교에서 입시에 매달려 교육의 본질을 잊는다. ② 입시는 교육이 아니다. ③ 남을 위하는 마음을 키워 주어야 한다. ④ 올바른 사고를 키워 주고 행동하도록 해야 한다.

2. ① 환경에 따라 문화가 달라진다. ② 그 문화에 따른 적당한 윤리나 규범이 존재한다. ③ 어떤 문화에 속해 생활하는 사람은 그 문화를 따라야 한다. ④ 문화는 상대적이다.

위 예시가 본론의 어느 한 단락이라면 깊이가 없는 글입니다. ①이 논거라면 ②부터는 그 논거를 뒷받침해야 합니다. 그런데 새로운 논거를 계속 덧붙여 당위만 강조하였습니다. 그 뒤 어느 문장도 ①을 놓고 '그것이 어떻다는 것인지, 무슨 문제가 있는지, 왜 그런지' 따위를 뒷받침하지 않았습니다. 이 글은 수많은 당위만 늘어놓았지 실제로는 뒷받침하지 않아, 본론 단락이라고 할 수 없습니다.

그리고 일방적인 말, 단정적인 말을 계속 열거하면서 당위를 강요하면 글에 개성을 담을 수 없습니다. 일반적인 진술만 늘어놓기 때문입니다. 그런 글은 웅변 원고 같아서 수험생은 계속 '그 다음 문장에서 뭐라고 할까, 또 뭐라고 쓰지?'를 궁리해야 합니다. 나중에는 수험생도 지치고 채점자도 지칩니다.

이런 실수는 성질이 급한 사람들이 많이 합니다. "아, 그거 당연한 건데 무슨 설명이 필요해"라며 우깁니다. 이런 사람들은 논술글을 신문 사설이나 웅변 원고로 착각하고, 방향만 계속 제시합니다. 읽는 이에게 근거를 대며 이해시키려 하지 않고, 훈계하며 자기주장을 강요합니다.

그러므로 본론 단락에서 서술어가 '~해야 한다, ~이 최선의 방법이다, ~일 것이다(이다)' 따위로 끝나면 자신이 '왜' 이렇게 단정하는지를 검토해 보아야 합니다. 모자라면 그 '왜'를 집요하게 설명해야 합니다.

⑫ 글에 깊이가 없는 것은 상대방에게 자상하게 일러 주지 못하는 것입니다. 즉, 읽는 이가 궁금해하지 않도록 읽는 이가 되물을 만한 의문을 사전에 여러 모로 설명하여야 '깊이가 있는' 글입니다. 앞에서 배운 원리를 이용하여 위에 있는 ①을 좀 더 다양하게 뒷받침해 봅시다. 물론 뒷받침 문장은 논거보다 항상 구체적으로 진술해야 합니다.

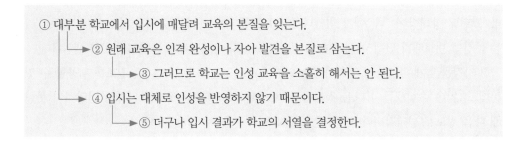

① 대부분 학교에서 입시에 매달려 교육의 본질을 잊는다.
└→ ② 원래 교육은 인격 완성이나 자아 발견을 본질로 삼는다.
　　└→ ③ 그러므로 학교는 인성 교육을 소홀히 해서는 안 된다.
└→ ④ 입시는 대체로 인성을 반영하지 않기 때문이다.
　　└→ ⑤ 더구나 입시 결과가 학교의 서열을 결정한다.

①에 ②와 ③을 보태 직렬로 뒷받침하였습니다. ②, ④ 같은 큰 뒷받침 문장은 ①에 '왜, 어떻게'를 붙여 설명한 문장이고, ③, ⑤ 같은 작은 뒷받침 문장은 ②, ④를 설명하려고 또 '왜, 어떻게'를 붙인 것입니다. 그러므로 작은 뒷받침 문장은 큰 뒷받침 문장보다 좀 더 구체적이어야 하며, 한 다리 건너면 서로 관련이 있어야 합니다.

🔢 위 글에서 만약 ② 없이 바로 ①에 ③이 연결되면 문맥이 건너뛰기(비약하기) 쉽습니다. 대체로 머리가 잘 돌아가는 사람이 중간 문장을 생략하고 그 다음 문장을 보탭니다. 머릿속에서 제대로 정리하지 못한 상태에서 이것저것 많이 쓰려고 합니다. 그러다가 조급하여 중간 문장을 생략해 버리는 것이지요.

단락을 완성하고 글쓴이가 문장 관계를 설명할 수 있으면 잘 쓴 글입니다. 그러나 어느 문장이 이웃 문장 어느 단어와 연결되지 않으면 군더더기 문장입니다. 만약 글쓴이가 두 문장을 이해시키려고 '그게 아니라~' 하면서 말로 다른 내용을 좀 더 보완하려 한다면 그 부분이 빠진 것입니다. 그곳에 그 내용이 필요했습니다.

🔢 한 단락에서 '문장이 거칠다, 논리 연결이 안 된다, 집중력이 떨어진다, 단락의 구성 원리를 모른다'라고 평가된 글도 채점자가 비약을 지적한 것입니다. 두 문장 사이에 다리를 놓지 않고 건너뛰어, 논증 과정을 생략하면 읽는 이는 굉장히 당황합니다.

예를 들어, 농담 삼아 어떤 사람이 친구에게 "네가 그렇게 밥을 많이 먹으니, 남북통일이 안 되지"라고 말했을 때 '밥 많이 먹는 것'과 '남북통일'은 정말 거리가 멉니다. 비약이 심했습니다. 이 둘을 연결시키려고 머릿속에 수많은 다리를 놓을 것입니다. 연결되었다면 그 사람은 쓸거리가 풍부한 사람입니다.

물론 자기 혼자서 연결을 못했는데, 농담을 건넨 친구가 나중에 설명해 준다면 연결할 수 있겠지요. 다른 사람과 이야기를 많이 하여 몰랐던 부분을 이해하고 연결한다는 것은 그만큼 쓸거리가 풍성해진다는 뜻입니다. 아래 일곱 문장 중에서 하나라도 빠지면, 그곳은 갑자기 건너뛰는 곳입니다.

① 밥을 많이 먹어 쌀 소비가 늘어난다. → ② 그만큼 쌀 생산에 들어가는 노동력이 늘어난다. → ③ 그 생산성만큼 다른 상품을 만들지 못해 수출액이 줄어든다. → ④ 외화가 늘지 않아 재정이 넉넉지 못하다. → ⑤ 나라에서 통일 사업에 쓸 예산을 확보하지 못한다. → ⑥ 통일 사업이 활발하지 못하다. → ⑦ 그만큼 통일이 늦어지게 된다.

🔢 본론 단락은 채점자가 요구하는 수준에 맞게 서술해야 합니다. 논거를 뒷받침하지 못하는 것이 아니

라, 뒷받침하였는데 그 수준이 떨어지는 경우가 많습니다. 앞에서 설명한 것처럼 고등학생이 '법과 질서'를 이야기하다가 느닷없이 '운동회 불참'을 예시하면 나잇값을 못하였다고 보는 것과 같습니다. 가령 '쓸쓸하다'라는 말을 청소년이 쓰면 일상적인 말이지만, 어린이가 쓰면 조숙한 말로 봅니다. 같은 단어, 같은 내용이라도 누가 쓰느냐에 따라 그 수준이 드러나는 셈입니다. 다음 글을 살펴보세요.

> ① 오늘날 청소년들의 놀이 문화가 빈약하다.(논거) ② 예전에는 산과 들에서 놀았다. ③ 그런데 지금은 청소년들이 안전하게 놀 만한 공간이 사라져 집에서 맴돈다. ④ 게임에만 빠진다.

①을 논거로 삼아 ②~④로 뒷받침하였는데, 이 글을 초등학생이 썼다면 잘 쓴 글입니다. 그러나 고등학생이라면 청소년의 특징, 오늘날 청소년이 옛날과 어떻게 다른지, 놀이 문화란 무엇인지, 왜 빈약한지 따위를 좀 더 형이상학적으로 뒷받침해야 합니다.

다음 예문을 위 예문과 비교해 보세요.

> ① 오늘날 청소년들의 놀이 문화가 빈약하다.(논거) ② 청소년은 놀이 문화를 통해 사회화한다. ③ 오늘날 청소년은 과거와 달리 심신 발육 상태가 좋으므로 그에 맞는 놀이 문화를 배려해야 한다. ④ 그런데도 우리 사회는 아직도 청소년을 어린이로 대한다. ⑤ 그래서 청소년 놀이 문화는 먹고 노는 장소만 있으면 된다고 본다.

⑯ 원고량을 계산하여 본론 단락에서 논의 범위를 한정해야 합니다. 결론 단락에서 주장 방향을 너무 넓게 잡으면 본론 단락에서 논거를 좁히기 어렵습니다. 논거 범위가 넓어지면 대여섯 문장으로 한 단락을 만들 때 깊이 있게 뒷받침할 수 없습니다. 말하자면 대충 '잘해 보자'는 정도로 서술하는 글이 됩니다.

무난하게 정리하면 모범 답안은 되겠지만 독창적인 글은 되지 못합니다. 두 답안이 비슷한 구조에 논의조차 비슷하다면 결론에서 잡은 주장이 너무 넓은 것은 아니었는지 의심해 보아야 합니다.

더구나 본론에서 논거 범위가 넓으면 그만큼 뒷받침을 많이 해야 하니, 원고량에 따라 본론 논거의 범위를 조정해야 합니다. 단락의 성격, 서술 분량에 따라 논거 범위를 잡으면 그에 따라 뒷받침해야 할 범위가 계산됩니다.

즉, 한 단락에 담아야 할 뒷받침 문장 수가 대여섯 개라면 논거 범위를 좁혀야 하고, 그 이상이면 넓혀야 합니다. 다음 예문에서 아래쪽으로 갈수록 진술이 구체적이라 뒷받침 문장이 적어도 됩니다.

① 이번에 정말 좋은 대표를 뽑아야 한다. → 범위가 넓어 뒷받침을 많이 해야 한다.

　이번에 주민을 잘 섬기는 대표를 뽑아야 한다.

　이번에 주민 숙원 사업을 해결할 수 있는 대표를 뽑아야 한다.

　이번에 지하철을 유치할 수 있는 대표를 뽑아야 한다. → 아주 구체적이다.

② 잘못된 교육의 폐해가 너무나 크다. → 범위가 넓어 뒷받침을 많이 해야 한다.

　학벌 우대 풍토가 사회를 분열시킨다.

　입시 위주 교육이 공교육을 무너뜨린다.

　주입식 교육이 개성을 죽인다. → 아주 구체적이다.

17 뒷받침 문장이 논거보다 훨씬 더 구체적이어야 합니다. 자기 글을 읽고 상대방이 "네가 그렇게 말하니까 더 못 알아듣겠다"고 지적하였다면 뒷받침 문장이 논거보다 더 막연하고 모호하게 표현되었다는 뜻입니다. 가령 '성 문제가 심각하다'고 하면 무엇을 말하려고 하는지 알 수 없습니다. '도덕적으로 타락하였다'든지 '성 풍토가 개방적으로 변했다'처럼 구체적으로 써야 합니다.

　단락이란 논거를 풍성하게 확장하는 곳입니다. 그러므로 뒷받침하면서 논거보다 더 막연하고 넓은 개념을 이용하여서는 안 됩니다. 이것은 채점자를 설득하려 하지 않고, 멋있게 보이려고 할 때 드러나는 버릇입니다. 예를 들어 '하늘이 아름답다'보다 '파란 하늘에 뭉게구름이 가득하다'가 훨씬 더 바람직한 문장입니다. 단락에서는 모호하고 막연한 어휘보다 구체적이고 분명한 어휘를 이용해야 합니다.

　어휘가 부족하여 어떤 논거를 구체적으로 진술하지 못하는 것은 그 문제를 깊이 있게 사고하지 않았기 때문입니다. 즉, 어떤 문제를 '다 그렇고 그런 것 아니냐?'는 식으로 익혀 막연히 알기 때문에 정확하게 표현하지 못합니다. 예를 들어 '노동에 대한 의욕을 잃고 거리를 배회하며 일탈 행동을 하기도 한다'라는 문장에서 '일탈'이라는 단어가 어렵습니다. '범죄에 (쉽게) 빠지기도' 또는 '반사회적으로 행동하기도' 같은 단어가 좀 더 구체적입니다.

　다음 1번 글은 같은 이야기를 반복하면서 글을 진전시키지 못합니다. 이 문제가 지닌 현실은 알겠는데 왜 그런지, 어떻게 해야 하는지는 깊이 생각해 본 적이 없기 때문입니다. 좀 더 깊이 있게 다듬어 2번처럼 바꾸어야 합니다.

1. 요즈음 청소년들은 학업으로 인한 스트레스를 풀 방법이 없다. 학교가 끝나고 학원을 거쳐 밤늦게 집으로 돌아온다. 밤늦게 스트레스를 풀 만한 놀이가 없어 게임을 하게 된다. 집에서 게임을 하며 스트레스를 푼다. 게임으로 스트레스를 푸는 것은 큰 문제이다. 게임을 많이 하면 중독된다.

2. 가장 큰 원인으로 입시만을 강조하는 교육 제도를 들 수 있다. 학생들은 항상 진학이라는 목표가 주는 중압감에 시달린다. 그리고 학교라는 폐쇄된 공간에서 생활하며 스트레스를 받는다. 학생들은 이런 부담감을 덜려고 손쉬운 방법을 찾게 되고 그 대안으로 게임을 선택한다. 그리고 스트레스가 심할 경우 게임에 더욱 매달리면서 게임에 중독되는 것이다.

이런 버릇은 특정 주제를 놓고 다른 사람과 깊이 있게 대화하면 고칠 수 있습니다. 이해되지 않는 곳을 서로 질문하기 때문입니다. 어떤 주제를 놓고 대화하면 견문이 넓어질 뿐만 아니라 효율적으로 설득하는 법도 익힐 수 있습니다. 다음 예문을 살펴보고, 어느 어휘가 모호하게 쓰였는지 찾아보세요.

1. 기성세대는 화장보다는 전통적인 매장을 선호한다.
   ↳ 서둘러 쓰느라 단어와 단어를 제대로 연결하지 못하였다. '기성세대는 화장하는 것보다 아직도 전통적인 방식에 따라 매장하기를 좋아한다' 정도로 바꾸어야 한다.

2. 어머니의 행복이 어려워지자, 아이에 대한 애정이 점점 낮아진다.
   ↳ '행복, 애정'이란 단어가 너무 모호하다. 좀 더 구체적으로 지적하여 '어머니가 경제적으로 어려우니까, 아이 돌보기가 점점 소홀해졌다' 정도로 바꾸어야 뜻이 분명해진다.

3. 오늘날 시대의 선진화에 따라 윤리관이 급격히 변화하고 사회가 도덕적 혼란에 빠졌다. 그러므로 우리 사회가 원시화하기 전에는 이 문제를 근본적으로 해결하기 어렵다.
   ↳ '선진화, 도덕적 혼란, 원시화'를 좀 더 확실한 단어로 바꾼다. '오늘날 시대가 좀 더 편리한 생활로 바뀌면서 윤리관이 급격히 변하고 도덕이 과거와 다르게 변했다. 그러므로 우리 사회가 좀 더 성숙하여 남을 서로 배려하기 전에는 이 문제를 근본적으로 해결하지 못한다.'

⓲ 긴 글이 아니면 본론 단락을 둘 또는 셋 이상 만들면 안 됩니다. 결론을 뒷받침하려고 본론에 논거를 댈 때 '첫째, 둘째, 셋째, 넷째, 다섯째'를 붙이며 단락 수를 무작정 늘리는 사람들이 있습니다. 논술 시험은 논거를 많이 늘어놓는 것이 중요하지 않습니다. 두세 개 논거라도 자기 나름대로 깊이 있게 설명하면 됩니다.

수험생이 본론 단락에 안배한 원고량이 15문장이고 본론이 두 단락이면, 한 단락을 7~8문장으로 정리할 수 있습니다. 그러나 다섯 단락으로 나누면 세 문장밖에 쓰지 못합니다. 결코 깊이 있는 글을 쓸 수 없습니다. 논거를 선택하고 집중하는 것이 논술글입니다.

⓳ 본론은 논거를 대고 상대방을 설득하는 곳이되, 함부로 단정하지 않는 곳입니다. 그래서 개연 서술어 '~하기 쉽다, ~인 편이다, ~이기는 힘들다, ~인 셈이다, ~일 것이다, ~일지도 모른다, ~할 수밖에 없다, ~하기는 어렵다' 따위가 많이 쓰입니다. 그리고 논거를 구체적으로 뒷받침하여 설득

하는 곳이므로 전환구로는 '예를 들어, 다시 말해, 가령, 말하자면, 즉, 특히, 게다가, 심지어, 왜냐하면, 비록, 그것은, 이를테면' 따위가 많이 쓰입니다.

그러나 이 같은 특징은 보편적인 것이므로 꼭 그래야 하는 것은 아닙니다. 즉, 본론 단락에서 반대쪽 주장을 소개하자면 '~라는 것이다, ~라고 한다'처럼 인용 서술어로 끝내야 합니다.

⑳ 자기 글은 '남'이 평가하므로 쓰는 기준을 '나'로 잡지 말아야 합니다. 자기가 아는 사실을 상대방도 안다고 볼 수 없습니다. 꼭 필요하다면 아주 간단하고 쉬운 것이라도 설명해야 합니다. 이런 것까지 설명해야 하는지를 판단하는 것도 상대방입니다.

> 국산품을 무조건 애용하는 것이 반드시 애국은 아니다. 왜냐하면 소비자들의 그런 태도를 믿고 품질 향상에 힘쓰지 않을 수 있기 때문이다. 더구나 **국산은 한국 제품이라는 뜻이지만**, 오늘날 외국 부품이 섞이는 상황에서 어디까지를 국산품이라고 해야 할지 판단하기가 어렵다.

어떤 용어를 구체적으로 설명하지 않고 글쓴이만 알고 넘어가면, 읽는 이가 용어를 받아들이는 기준에 따라 논거가 흔들리게 됩니다. 그러므로 용어를 객관적으로 정의하거나, 글쓴이가 기준을 새로 잡아야 합니다. 물론 용어에 묶여 그 어휘를 설명하느라고 원고지를 지나치게 낭비하여서는 안 됩니다. 그러면 자기 나름대로는 잘해 보겠다고 한 것이 오히려 화근이 되기 쉽습니다.

1. 오늘날 교육은 개념이 정립되지 않은 채 교육과 배움을 혼동하여 혼란에 빠졌다. 교육과 배움이 엄연히 다른데도 현재 고등학교에서는 배움만을 중요시한다. 그래서 자율 학습이나 보충 수업 같은 방식을 선호한다. 그러나 봉사 활동도 중요한 일이다.
   ↘ 어휘를 제대로 정의하지 못했다. 교육과 배움이 어떻게 다른지?

2. 왕따란 집단 해코지, 집단 학대를 일컫는 말로 일본에서 유래하였다. 이 왕따 때문에 일본은 아직도 골치 아프다고 한다. 일본 어느 학교에서는 괴롭힌 학생 앞에서 당한 학생의 장례식을 치러, 결국 그 학생도 충격을 받아 자살하였다고 한다. 그래도 일본에서 왕따는 너무 흔한 일이라 고통 받는 아이에게 관심을 쏟지 않는다고 한다. 여러 사람이 한 개인을 괴롭히기 때문에 피해가 크고, 그 후유증도 아주 오래 간다고 한다.
   ↘ '왕따' 현실을 너무 자세히 설명하느라고 정작 다루어야 할 문제에는 접근하지 못하였다.

㉑ 본론 논거를 뒷받침할 때 문장 어느 한 부분에 밑줄을 긋고 뒷받침하는 것이 좋습니다. 그 부분을 강화하며 시작하는 셈입니다. 본론 단락에서 확장에 실패하는 것은 수험생들이 대부분 앞뒤 문장

의 관계를 생각지 않기 때문입니다. 앞 문장의 어떤 부분을 좀 더 보완하여야 할지를 생각지 않고, 머릿속에 떠도는 생각을 끄집어내 나열합니다. 말하자면, 여러 문장을 늘어놓지만 서로 겉도는(관계가 모호한) 문장으로 한 단락을 채웠을 뿐입니다.

그러므로 논거를 처음 뒷받침하는 문장은 아주 중요합니다. 자칫하면 옆길로 새는 첫걸음(비약, 문장 관계가 모호)이 될지 모르기 때문입니다. 그러니 첫 문장을 머리에서 짜내려 하지 말고, 논거 문장에 밑줄을 긋고 시작하세요. 논술 시험은 떠오른 생각을 죽 쓰는 것이 아니라, 한 문장씩 정합성을 계산하는 것입니다. 논거 문장을 보면서 어디를 보완하며 시작할지를 생각하세요. 시험장에서 '뭘 쓸까?'라며 천장을 쳐다보지 말고, '여기를 어떻게 설명할까, 어디를 보완할까?'라며 이미 서술한 문장을 들여다보아야 합니다.

22 논거 문장 중 뒤쪽 서술어에 밑줄을 긋고 뒷받침하다가 곧바로 막히는 사람이 많습니다. 우리말 문장은 주로 서술어에 본질(궁극적 주장, 마무리)이 담깁니다. 예를 들어 '오판할 가능성이 크다'고 하면 문장의 무게가 '크다'에 있지요. 그래서 뒷받침 문장으로 '왜냐하면 인간은 완벽하지 않기 때문이다'라고 붙입니다. 그러면 할 말을 다하였다는 느낌이 들면서 더 이상 뒷받침할 것이 없어 보입니다. 그럴 때는 앞에 있는 '오판' 또는 '가능성'을 좀 더 설명하거나, 뒷받침한 문장에서 '인간, 완벽' 따위에 밑줄을 긋고 보완해야 합니다.

> 오판할 가능성이 크다.
> └▶ 왜냐하면 인간은 완벽하지 않기 때문이다.

23 논거 문장 중 앞쪽(주어), 또는 중간(목적어, 보어)에 밑줄을 그으면 뒷받침하는 본질을 놓치기 쉽습니다. 논거 앞쪽에 매달리다가는 서술어 확장에 소홀하고, 정작 언급해야 할 방향을 잃습니다. 예를 들어, 어떤 사람은 논거로 '오판할 가능성이 크다'를 거론하고 '오판, 가능성'의 정의, 의미, 원인을 장황하게 설명하다가 '왜 큰지, 그래서 무슨 의미가 있는지'를 전혀 언급하지 않습니다. 그러므로 한 단락에 있는 논거를 확장할 때는 원고량을 고려하여 문장 앞뒤를 두루 보완하고 병렬식, 직렬식 방식도 계산해야 합니다. 다음은 앞쪽 어휘에만 매달려 확장한 글입니다.

> 오판할 가능성이 크다.
> └▶ 오판은 국어사전에 '잘못 보거나 잘못 판단함'으로 풀이되었다.
> └▶ 오판이란 관습, 편견 따위로 진실을 보지 못하는 것을 의미한다.
> └▶ 예를 들어 백인 사회에서 흑인 범죄자가 판결에 불리할 것이다.

24 논거를 뒷받침할 때 예시를 먼저 떠올리면 확장하기가 쉽습니다. 글쓰기가 서툰 사람은 일반적 어휘를 다시 일반적 어휘로 뒷받침합니다. 함축적인 말을 쉽게 풀지 못합니다. 다음 문장에서 먼저 어느 부분에 밑줄을 긋고 뒷받침할지를 생각해 보세요(아래 해설을 가리고 줄을 그어 보세요. 그리고 어떤 문장을 보탤 것인지 간단히 적어 보세요).

청소년 비행은 대부분 사회 탓이다.

사람마다 각자 취향에 따라 밑줄 긋는 곳이 다릅니다. '청소년'에 밑줄을 긋기도 하고, '비행' 또는 '사회'에 긋거나, '사회 탓이다'에 그을 수도 있습니다. 그리고 각자 청소년의 특징을 설명하거나, 비행을 정의하거나, 사회의 의무를 지적하거나, 사회의 문제점을 이야기합니다.

어느 하나 만만치 않습니다. 어떤 사람은 청소년이라는 일반적 어휘에 밑줄을 긋고 '과도기, 사춘기, 질풍노도' 같은 일반적 어휘로 뒷받침합니다. 물론 '만 13세에서 18세까지'라는 구체적 어휘를 쓰면 좀 낫습니다. 그 말도 어디에 쓰려고 생각했는지, 쓰는 이가 잘 모릅니다.

이 문장에서 중요한 어휘는 '비행'과 '사회 탓'입니다. 그러므로 이 두 단어를 잘 설명해야 합니다. 그런데 '청소년' 또는 '사회'를 잔뜩 설명하다가 '비행'을 갑자기 사회 탓으로 돌리려니 연결이 잘 되지 않습니다. 억지로 꿰맞추니까 그 단락에 있는 문장끼리 잘 연계되지 않습니다.

그러므로 이 문장에서는 '비행'부터 출발해야 합니다. 물론 비행을 정의하지 말고, 비행에 어떤 것이 있는지 구체적 사례를 떠올립니다. '그래, 가출을 이야기하자' 하였으면 그 다음에는 쉽습니다.

'청소년이 가출을 왜 하는지, 청소년 시기에 왜 많은지, 사회가 가출을 어떻게 대처하는지?'를 정리합니다. 그러면 청소년의 특징에서 어떤 부분을 거론하고, 사회 문제점에서 어떤 곳을 지적해야 할지 방향이 보입니다. 그리고 청소년 비행을 사회 탓으로 연결하면 됩니다.

이때 구체적인 비행 사례를 하나만 이야기해야 합니다. 나중에 그 사례를 일반화하면 되기 때문입니다. 사례를 많이 들면 글을 깊이 있게 쓰지 못합니다. 가령 '가출, 폭력, 약물 중독'을 거론하면 각 비행의 사회적 원인이 다르므로 같이 묶어서 이야기해야 합니다. 즉, 집중력이 떨어지고 일반적 사실만 강조하기 쉽습니다. 일반적 논거를 또다시 일반적 어휘로 뒷받침하면서 점점 어려워지는 셈이지요.

25 문장을 어떻게 배열하여야 논리적인지를 따질 때 미괄식과 두괄식 구조를 이용합니다. 두괄식/미괄식이라는 말을 연역법/귀납법, 또는 구체화/일반화라는 말로 바꾸어 쓰기도 합니다.

두괄식(연역법, 구체화)은 논증에서 가장 일반적인 형태로, 많은 사람들이 이 구조를 좋아합니다. 단락 앞쪽에 논거를 먼저 드러내고 그 뒤에 뒷받침 문장을 덧보탭니다. 그래서 '첫째,

이런 점이 나쁘다. 이러하고 저러할 때 이렇게 되기 쉽기 때문이다'처럼 일반적 진술을 앞에 내놓고 구체적 문장을 덧보탭니다. 쓰는 이의 태도를 확실히 드러낼 수 있습니다. 단락 앞쪽에 논의 방향을 드러내고 그 뒤로 보완해 나가는 식이라서 읽는 이도 편합니다.

미괄식(귀납법, 일반화)은 구체적 사례로 설명하다가 그 논의를 바탕으로 단락 끝에서 그 사례들을 일반화합니다. 예를 들어 '동물은 죽는다. 식물은 죽는다. 모든 생명체는 죽는다' 같은 식입니다. 처음에 구체적 사실을 이야기하고 뒤에서 말하고자 하는 개념을 밝히므로 끝이 단호해 보입니다.

미괄식은 한 단락에 문장이 너무 많아 처음에 논거를 드러내고 뒤에서 잊혀지는 것보다, 끝에 가서 태도를 분명히 드러내고 싶을 때 이용합니다. 그러나 단락 앞쪽에서 속내를 드러내지 않아 속내를 알 때까지 읽는 이가 지루할 수 있습니다. 그리고 읽는 이는 단락 끝에서 쓰는 이의 태도를 확인한 뒤 단락 앞쪽을 다시 확인할 때도 있습니다.

양괄식은 단락 맨 앞뒤에 일반적 진술을 놓습니다. 그래서 첫 문장과 끝 문장이 개념은 같되, 비슷한 말입니다. 처음에 한 말을 끝에 가서 다시 한 번 강조하는 셈입니다. 양괄식은 한 단락에 담아야 할 문장 수가 넉넉하여 처음에 밝힌 논거가 끝에서 잊힐 것 같을 때 이용할 수 있습니다. 다음 단락을 비교해 보세요.

두괄식: ① **사회 구성원은 언제나 법 앞에서 평등해야 한다.** ② 왜냐하면 법은 사회 구성원이 스스로 자기 권리를 제한한 약속이기 때문이다. ③ 그래서 법은 사회 질서와 안녕을 위해 집행된다. ④ 그러므로 법은 최대 다수의 최대 행복을 목표로 삼아야 한다. ⑤ 법이 없다면 인간과 사회는 안전을 보장받기 어려울 것이다. ⑥ 그런데도 사람들이 서로 자기 권리를 온전히 누리려 한다면 사회는 밀림이 될 것이다. ⑦ 그곳에서는 강한 자가 약한 자 위에 군림할 뿐이다.
↳ ①-논거, ②~⑦-뒷받침

미괄식: ② 법은 사회 구성원이 스스로 자기 권리를 제한한 약속이다. ③ 그래서 법은 사회 질서와 안녕을 위해 집행된다. ④ 그러므로 법은 최대 다수의 최대 행복을 목표로 삼아야 한다. ⑤ 법이 없다면 인간과 사회는 안전을 보장받기 어려울 것이다. ⑥ 그런데도 사람들이 서로 자기 권리를 온전히 누리려 한다면 사회는 밀림이 될 것이다. ⑦ 그곳에서는 강한 자가 약한 자 위에 군림할 뿐이다. 그러므로 ① **사회 구성원은 언제나 법 앞에서 평등해야 한다.**
↳ ①-논거, ②~⑦-뒷받침

양괄식: ① **사회 구성원은 언제나 법 앞에서 평등해야 한다.** ② 왜냐하면 법은 사회 구성원이 스스로 자기 권리를 제한한 약속이기 때문이다. ③ 그래서 법은 사회 질서와 안녕을 위해 집행된다. ④ 그러므로 법은 최대 다수의 최대 행복을 목표로 삼아야 한다. ⑤ 법이 없다면 인간과 사회는

안전을 보장받기 어려울 것이다. ⑥ 그런데도 사람들이 서로 자기 권리를 온전히 누리려 한다면 사회는 밀림이 될 것이다. ⑦ 그곳에서는 강한 자가 약한 자 위에 군림할 뿐이다. ⑧ **따라서 다수의 행복을 위해 법에 예외를 두어서는 안 된다.**

↳ ①, ⑧ – 논거, ②∼⑦ – 뒷받침

㉖ 한 단락에 있는 뒷받침 문장을 어떻게 배열하는지에 따라 효과가 달라집니다. 문장 수를 계산하여 문장을 다시 배치할 수 있습니다. 물론 그 단락에 있는 문장을 다른 단락으로 옮겨서는 안 됩니다. 그 단락에 필요하여서 계산한 문장이기 때문입니다. 재배치하기가 복잡하면 논거에 있는 어휘 순으로 늘어놓는 것이 무난합니다. 즉, 주어를 뒷받침한 문장은 단락 앞쪽에, 서술어를 뒷받침한 문장은 단락 뒤쪽에 놓습니다.

① **여성을 성 상품화해서는 안 된다.** ② 왜냐하면 여성을 인격체로 대하는 것이 아니기 때문이다. ③ 예를 들어, 원래 목적과 상관없이 여성의 몸매를 심하게 드러내는 경우가 많다. ④ 상품 선전과 연예 분야에서 가장 심하다. ⑤ 특히 젊은 여성이 대상이 된다. ⑥ 그것은 여성을 언제든지 사고파는 존재로 보는 것이다.

↳ ① – 논거, ②∼⑥ – 뒷받침

이 단락에서 ①을 논거로 삼았을 때 ①의 '안 된다'를 ②가 뒷받침합니다. ③은 ①에 있는 '성 상품화'를 설명한 문장입니다. ④는 ③을 좀 더 강화한 문장입니다. ⑤는 ①에 있는 '여성'을 좀 더 구체적으로 지목하였습니다. ⑥은 그 앞에 있는 '상품, 인격체'를 뒷받침하는 문장입니다. 즉 ①과 ②, ③, ⑤는 병렬 관계입니다. 그리고 ①과 ③, ④는 직렬로 연결되었고 ①과 ②, ⑥도 직렬로 연결되었습니다. 이 단락을 논거 문장에 있는 어휘 순서에 맞추어 배치하면 다음과 같습니다.

① **여성을 성 상품화해서는 안 된다.** ⑤ 상품화는 특히 젊은 여성이 그 대상이 된다. ③ 예를 들어, 원래 목적과 상관없이 여성의 몸매를 심하게 드러내는 경우가 많다. ④ 상품 선전과 연예 분야에서 가장 심하다. ⑥ 그것은 여성을 언제든지 사고파는 존재로 보는 것이다. ② 다시 말해 성 상품화는 여성을 인격체로 대하는 것이 아니다.

↳ ① – 논거, ②∼⑥ – 뒷받침

그러나 같은 문장이라도 정교하게 계산하지 않고 대충 늘어놓으면 엉뚱해집니다. 다음 글은 단락 끝에 있는 ⑥을 ②와 ③ 사이에 옮겨 놓았을 뿐입니다. 그런데도 단락 끝에서 ⑤를 강조하는 것처럼 보이면서, 마치 '젊은 여성'만 빼 준다면 나머지 여성은 성 상품화해도 되는 것처럼 느껴집니다.

> ① **여성을 성 상품화해서는 안 된다.** ② 왜냐하면 여성을 인격체로 대하는 것이 아니기 때문이다. ⑥ 그것은 여성을 언제든지 사고파는 존재로 보는 것이다. ③ 예를 들어, 원래 목적과 상관없이 여성의 몸매를 심하게 드러내는 경우가 많다. ④ 상품 선전과 연예 분야에서 가장 심하다. ⑤ 특히 젊은 여성이 대상이 된다.
> ↳ ①-논거, ②~⑥-뒷받침

27 논거 문장에서 생략된 단어를 뒷받침할 수 있습니다. 논거 문장에 직접 드러나지는 않았으나, 문맥으로 미루어 짐작할 수 있는 내용이 많습니다. 다음 문장에서 ①, ②, ③의 관계를 확인해 봅시다.

> ① 여성을 성 상품화해서는 안 된다.(논거) ② 과거에 우리는 자본주의 사회가 아니었다.(뒷받침)
> ③ 스웨덴은 양성 평등을 가장 잘 실천하는 나라로 손꼽힌다.(뒷받침)

대충 보기에는 ①, ②, ③이 서로 연결되지 않는 것 같습니다. 그러나 ①에 생략된 어휘를 보완하여 완성하면 '(앞으로) (우리나라는) 여성을 성 상품화해서는 안 된다'로 바꿀 수 있습니다. 따라서 ②는 ①에 있는 '앞으로'와 관련하여 과거 현실을 밝히려 한 것입니다. ③은 ①에 있는 '우리나라'와 관련하여 다른 나라 사례를 비교하는 내용입니다. 이 수험생은 이 뒤로 ②를 강화하여 '자본'과 '성 상품화'가 어떤 관련이 있는지, 또는 ③과 관련하여 우리는 성 상품화를 어떻게 극복하여 어디로 가야 하는지를 서술하겠지요.

28 한 단락에서 스스로 묻고 대답하는 경우도 있습니다. 무엇을 서술해야 할지 막연하니까 스스로 묻고 답하며 단락을 완성한 것입니다. 사고(思考) 과정이 드러나는 글이라 바람직하지 않습니다. 그 분량만큼 글에 깊이가 없습니다. 원고량이 같을 때 질문 문장 때문에 다른 내용을 더 담을 수 없기 때문입니다. 다음 글을 비교해 보세요.

> 1. 오늘날 청소년은 어떻게 지내는가? 컴퓨터 게임을 여가로 삼는다. 그걸 왜 할까? 단순한 조작으로 즐거움을 얻고, 힘들이지 않아도 재미가 있기 때문이다. 꼭 해야 할까? 우리 사회는 청소년들이 쉽게 할 수 있는 건전 문화가 형성되지 않았다. 어떤 문제가 있는가? 많은 청소년들이 게임 중독에서 벗어나지 못할 수밖에 없다.

2. 오늘날 청소년은 컴퓨터 게임을 여가로 삼는다. 단순한 조작으로 즐거움을 얻고, 힘들이지 않아도 재미가 있기 때문이다. 우리 사회는 청소년들이 쉽게 할 수 있는 건전 문화가 형성되지 않았다. 많은 청소년들이 게임 중독에서 벗어나지 못할 수밖에 없다. **컴퓨터 게임 중독은 오늘날 청소년 문화를 보여 주는 비극적인 현실이다.**

↳ 질문 문장을 빼고 그 공간에 한 문장을 덧보탰다.

㉙ **한 단락을 도입–논의–마무리 문장으로 구분할 수 있습니다.** 한 단락 첫머리에 놓여 이야기 물꼬를 터 주는 문장을 도입 문장이라 합니다. 그 도입 문장을 좀 더 풀이하거나 의미를 부여하는 문장을 논의 문장, 그 논의 문장을 바탕으로 그 단락의 목적을 분명히 밝히는 문장을 마무리 문장이라고 합니다.

어느 단락을 두괄식, 미괄식 구성이라고 하는 것은 이 마무리 문장을 단락 머리에 놓는지, 꼬리에 놓는지에 따라 구분한 것입니다. 물론 비슷한 마무리 문장을 단락 머리와 꼬리에 놓으면 양괄식 구성이라고 합니다. 다음 글은 미괄식으로 구성된 단락입니다.

① 요즈음 언론에서 '정직'이라는 단어를 부쩍 많이 쓴다. ② 정직이 단순히 머릿속 개념에서 벗어나, 행동으로 실현되어야 할 가치로 점점 부각되기 때문이다. ③ 또한 우리 사회가 점점 사회 성원끼리 신뢰하지 않는 것을 반증하기도 한다. ④ 그러나 물질적으로 사회가 풍요해져도 정직은 성숙한 사회의 가장 기본적인 덕목이다. ⑤ 미숙한 사회의 사람들은 그것을 알면서 실천하지 못하는 것뿐이다. ⑥ **따라서 우리 사회가 좀 더 성숙한 사회로 나아가려면 먼저 정직해야 한다.**

도입 문장은 ①인데, 이 단락에서 서론 구실을 합니다. 단락을 시작하는 동기를 밝히거나 실태, 현황을 거론하면서 흥미를 불러일으킵니다. 찬성할 때는 반대쪽 주장을 정리하고, 논의 문장으로 반박하면 됩니다. 서론 단락처럼 '최근, 요즈음, 오늘날' 같은 전환구로 시작하여도 됩니다.

논의 문장은 ②에서 ⑤까지인데, ①에서 거론한 '정직'을 병렬과 직렬 방식을 이용하여 뒷받침하였습니다. 논의 문장은 대개 '왜냐하면, 예를 들어, 다시 말해, 그것은' 같은 전환구를 많이 붙입니다.

마무리 문장은 ⑥이며, 논거(소주제, 중심 생각)를 담은 문장입니다. 대개 '~해야 한다'처럼 잘라 말합니다. 그리고 '따라서, 그러므로, 결국' 같은 전환구를 많이 붙입니다.

이런 특징을 잘 이용하면 단락, 또는 글을 구상하기 쉽습니다. 예를 들어, 글 한 편을 400자(10문장)로 구상할 때 '도입 둘, 논의 여섯, 마무리 둘'로 배치하자고 계산할 수 있습니다. 취향에 따라 두괄식, 미괄식, 양괄식으로 처리하면 됩니다.

그러나 도입을 서론으로 삼고, 논의를 본론 1과 2로 삼으며, 마무리를 결론으로 삼는다면 형식 단락이 네 개여야 합니다. 그래서 10문장을 두 단락으로 처리하려면 취향에 따라 각 단락에 '도입-논의-마무리' 문장을 달리 배치하면 됩니다. 이런 원리에 따라 본론 단락의 전형적인 모습을 정리하면 다음과 같습니다(최근-그것은-그러나-왜냐하면-다시 말해-예를 들어-그러므로).

최근 헌법재판소에서 사형 제도를 합헌으로 판단하였다. **그것은** 부분적으로 개선할 곳은 있으나 아직 유효한 제도라는 것이다. **그러나** 세계가 문명국가로 가는 길목에서 스스로 역행한 것이다. **왜냐하면** 인권과 생명의 원칙을 저버리는 것이기 때문이다. **다시 말해** 사형 제도 폐지는 범죄자에게 벌을 주지 말자는 것이 아니라, 죽이지 말자는 것이다. **예를 들어** 많은 나라에서는 '가석방 없는 종신형'으로 대신한다. **그러므로** 우리도 사형 제도를 더 이상 허용해서는 안 된다.

다음 대화를 도입-논의-마무리 문장으로 분류하고, 한 단락 미괄식으로 정리할 때와 두 단락 미괄식으로 정리할 때 각각 어떻게 배치할지를 구상해 보세요(아래 설명을 가리세요).

① 그 영화? 거의 다 보았어. ② 배경 음악이 멋있더라. ③ 영화와 어울려 장면의 특징을 잘 살리던데. ④ 그 영화, 잘 만들었어. ⑤ 그래, 주인공의 연기력도 괜찮았어. ⑥ 삶이 주는 무게를 아주 섬세하게 드러냈다고나 할까. ⑦ 본 사람들이 대부분 호평하였지. ⑧ 결점? 글쎄. 컴퓨터 그래픽이 좀 아쉬웠어. ⑨ 영화 수준에 비해 좀 조잡한 편이야. ⑩ 물론 세계 시장에 내놓으려면 좀 더 보완해야 할 것 같아.

도입 문장은 ①입니다. 논의 문장은 ②, ③, ⑤, ⑥, ⑧, ⑨입니다. 마무리 문장은 ④, ⑦, ⑩입니다. 이것을 한 단락으로 처리할 때는 '도입-논의 1(장점)-논의 2(문제점)-마무리'로 구조화할 수 있습니다.

① 그 영화를 사람들이 거의 다 보았다. ② 첫째, 배경 음악이 멋있었다. ③ 영화와 어울려 장면의 특징을 잘 살렸기 때문이다. ⑤ 둘째, 주인공의 연기력이 괜찮았다. ⑥ 삶이 주는 무게를 아주 섬세하게 드러냈다. ⑧ 다만 컴퓨터 그래픽이 좀 뒤떨어졌다. ⑨ 영화 수준에 비해 조잡한 편이었다. ④ 그래도 그 영화는 대체로 잘 만들었다. ⑦ 본 사람들이 대부분 호평하였다. ⑩ 물론 세계 시장에 내놓으려면 좀 더 보완해야 한다.

그리고 두 단락으로 처리할 때는 '도입-논의 1(장점)-마무리, 논의 2(문제점)-마무리'로 구조화할 수 있습니다.

> ① 그 영화를 사람들이 거의 다 보았다. ② 첫째, 배경 음악이 멋있었다. ③ 영화와 어울려 장면의 특징을 잘 살렸기 때문이다. ⑤ 둘째, 주인공의 연기력이 괜찮았다. ⑥ 삶이 주는 무게를 아주 섬세하게 드러냈다. ④ 그 영화는 대체로 잘 만들었다. ⑦ 본 사람들이 대부분 호평하였다. ⑧ 다만 컴퓨터 그래픽이 좀 뒤떨어졌다. ⑨ 영화 수준에 비해 조잡한 편이었다. ⑩ 물론 세계 시장에 내놓으려면 좀 더 보완해야 한다.

🉑 각 단락 논거가 독특하기는 쉽지 않습니다. 글쓰기 평가 기준에 창의력이 들어 있으므로, 많은 수험생들이 남들은 모두 '예'라고 대답할 때 자신만 '아니요'라고 대답해야 하는 것으로 착각합니다. 그런 수험생들은 엉뚱한 것을 주장하거나 무리하게 논증하고, 일상적인 구조와 형식에서 벗어나려고 합니다. 마치 무에서 유를 만들어야 하는 줄 압니다.

그러나 창의력만큼 모호한 말도 없지요. 차라리 '좋은 데 착안하였다, 예시가 좋았다, 소재가 참신하였다, 비유가 산뜻하였다, 시작이 좋았다' 같은 말이 알아듣기 쉽습니다. 창의력은 무엇을 다루는지, 어떻게 표현하는지, 어떤 형식을 갖추는지에 따라 아주 다양하게 드러날 수 있기 때문입니다.

가령 지독하게 돈을 아끼는 사람이 있다고 칩시다. 그런 사람은 아까워서 생선을 먹지 않고 천장에 달아 놓은 뒤 보기만 하였을 것이라고 상상하여, 누군가 '자린고비'라고 부릅니다. 그러자 많은 사람들이 그 기발한 생각에 감탄하며 그 말을 따라 씁니다.

그런데 세월이 흘러 지금은 그런 발상이 고리타분합니다. 지금은 '짠돌이, 짠순이'라는 말을 더 많이 씁니다. 즉, 요즈음 사람에게 자린고비는 진부해지고, 짠돌이와 짠순이가 참신하게 다가온 것이지요.

어떤 어린이가 "젓가락이 기찻길처럼 놓였다. 우와! 기찻길이 짧다"라고 말하였다고 합시다. 그 어린이는 젓가락과 기찻길이 지닌 공통점과 차이점을 본 것입니다. 눈썰미가 뛰어난 아이겠지요. 그러나 고등학생이 이 말을 하면 사람들은 정신 연령이 낮다고 비난할 것입니다. 나이에 맞는 사고라야 창의로 평가되기 때문입니다. 다음 문장에서 괄호 안의 어느 단어를 이용하는 것이 상대방을 산뜻하게 자극할지를 설명해 보세요.

> 1. 사람은 자기를 희생하여 남을 이롭게 하기도 한다. 예를 들어 (조선시대, 오늘날)
> 2. 많은 사람이 눈여겨보는 직업일수록 스트레스가 크다. 가령 (연예인, 국회의원)은

1번에서는 '오늘날'이 낫습니다. '남을 이롭게 하자'는 말은 너무나 당연한 덕목이라 참신할

것이 없습니다. 그래도 이 말이 설득력을 지니는 것은 시대에 맞게 상대방을 이해시킬 수 있기 때문입니다. 그렇다면 서로 잘 아는 사람, 요즘 사람을 예시로 선택하여 설명하는 것이 낫습니다.

2번에서는 '국회의원'이 '연예인'보다 낫습니다. 현대인은 연예인의 영광과 그늘을 잘 아는 편입니다. 국회의원은 영광만 누릴 자리인 것 같은데 그늘을 설명할 수 있다면, 눈썰미가 남다른 사람입니다.

결국 창의력은 어떤 사람의 생각을, 어느 시기에, 얼마나 많은 사람이 참신하다고 공감하는지에 달렸습니다. 구체적으로 말하자면 사람들이 절반 넘게 산뜻하다고 인정하면 '참신한 것'이고, 대부분 사람들이 감탄하면 '아주 참신한 것'이지요. 그와 반대로 대부분 사람들이 시큰둥하게 반응하면 '아주 진부한 것'입니다.

논술 시험에서도 채점자 절반 이상이 참신하다고 인정하면 참신한 것입니다. 다른 수험생도 그렇게 인정받으면 같은 점수를 받습니다. 내용의 창의력이든, 형식과 방향의 창의력이든 모두 똑같습니다. 창의력은 '참신함, 진부하지 않음'이지 '거의 없음, 새로움(창조)'이 아니므로, 다른 수험생도 얼마든지 눈썰미에 따라 충분히 발휘할 수 있습니다.

소재가 창의적이라고 평가받았다면 아주 희귀한 사례라서 거의 언급되지 않았는데 거론하였다는 것입니다. 관점이 창의적이었다면 대부분 그렇게 보기가 쉽지 않았다는 뜻이지요. 즉, 그런 사실을 재해석하거나 의미를 부여하는 역량이 남달랐다는 것입니다.

그래도 창의력은 그 사회의 보통사람 수준을 넘지 않습니다. 즉, 창의력은 서로 비교하는 집단에서 다르다는 것이지, 아주 천재적이라는 뜻이 아닙니다. 그러므로 수험생이 창의를 발휘하려면 자기 세대가 생각하기 쉬운 것을 피하면 됩니다. 예를 들어 그 또래가 휴대전화, 컴퓨터로 설명할 때 김치냉장고로 설명하는 식이지요. 김치냉장고는 기성세대에게 익숙한 물건이지, 청소년에게 익숙한 것이 아니기 때문입니다.

그러므로 남을 알아야 남다르게 대답할 수 있습니다. 남의 말에 귀를 기울이지 않거나 토론에 동참하지 않는 사람은 자기 견해(견문)가 남과 어떻게 다른지 모릅니다. 자칫하면 엉뚱한 것을 독특한 것으로 착각하기 쉽습니다. 생활에서 보편과 특수를 익히는 것이지, 창의를 따로 특별하게 배울 일이 아닙니다. 결국 독특한 논거를 찾으려 하지 말고, 상식적인 논거를 독특하게 뒷받침하는 것이 더 낫습니다.

다음 문장에서 괄호 안의 어느 단어를 이용하는 것이 상대방을 산뜻하게 자극할지를 설명해 보세요.

1. 가까이 있는 사람을 더 모를 때가 많다. 비유하자면 (잘 쓰던 도끼가, 늘 먹던 라면이)

2. 사람은 더불어 살아야 한다. 특히 우리 사회에서 (장애인, 동성애자) 같은 경우

3. 뭐라도 쥔 것이 있어야 뜻을 펼 수 있다. 가령 (놀부는, 춘향은)

4. 일자리를 늘리겠다. (경제 성장률을 10% 끌어올려, 경제 성장률을 높이지 않아도)

5. 여러 요인 때문에 재판 결과가 좌우되기도 한다. 가령 (판사는, 증인은)

6. 수많은 제국주의 국가가 망했다. 예를 들어 (소련, 미국)은 망했다.

다음에 주어진 문장들은 모두 한 단락입니다. 수험생이 '사실'로 밝힌 문장과 '소견'으로 드러낸 문장을 구분해 보세요.

1. ① 서울은 한국의 수도이다.

② 그만큼 모든 것의 중심지라고 할 수 있다.

③ 통계에 따르면, 우리나라 경제력이 거의 서울을 중심으로 하는 수도권에 의존한다.

④ 그만큼 문제가 많을 것이다.

2. ① 역사는 과거에서 현재까지의 인간 사회를 기록하여 후세에 전달한다.

② 그러나 기록된 역사가 절대적인 진리이고, 영원한 것은 아니다.

③ 그러므로 역사는 모든 의미 있는 사물의 존재를 기록해야 한다.

④ 앞으로 재해석될 가능성을 충분히 반영해야 하기 때문이다.

3. ① 〈성북동 비둘기〉에 드러난 것처럼, 인간은 자연을 파괴하면서 산다.

② 인간에게 주어진 특권을 남용하는 것이다.

③ 자연이 파괴되어 세상이 더욱 황폐해져야 인간은 그 사실을 반성할 것이다.

④ 지금이야말로 인간은 좀 더 자연 친화적으로 사는 방식을 고민해야 한다.

4. ① 프랑스 대혁명은 구제도의 모순을 인식하고 시민 계층이 주도하였다.

② 미국 독립 혁명은 계몽사상에 입각하여 시민 계층이 주도하였다.

③ 우리나라 동학 농민 운동은 수탈과 착취의 대상이었던 농민들이 주도하였다.

④ 그래서 우리나라 동학 농민 운동을 혁명이라고 부를 수 없는 것이다.

5. ① 우리나라 사람들은 순수 혈통을 고집한다.

② 혼혈인에 대한 인식이 좋지 않으며, 외국인을 혐오한다.

③ 끊임없이 외세의 침입을 겪으며 민족의 동질성을 강조한 탓이다.

④ 이제는 다문화를 당연한 것으로 받아들여야 한다.

보기를 참조하여 다음 구체적 사례를 일반화하면 어떤 말로 바꿀 수 있을지를 생각해 보세요.

> **보기:** 요즘 사람들은 다방을 찾지 않고 인터넷 카페를 이용한다.
> → 세태가 변했다. / 정보화 시대의 생활상이 드러났다. / 휴식하는 방법이 다양해졌다.

1. 장애인일수록 용돈이 넉넉해야 한다.

2. 저 사람은 돈보다 꽃을 원한다.

3. 미국은 전 세계 무기 판매량의 30%를 차지하여 세계 1위이며, 2위는 러시아로 23%를 차지하였다.

4. 청소년들이 원조 교제를 한다.

5. 성형하는 사람들이 점점 늘었다.

6. 사람들이 너도나도 로또 복권을 산다.

7. 한 배우가 자살하자 어떤 누리꾼은 "배가 불렀지, 사회적 여파도 생각해야 하는 것 아냐?"라며 비웃었다.

다음은 주어진 본론 논거 문장에 수험생들이 각각 뒷받침한 문장입니다. 뒷받침 문장에 어떤 문제점이 있는지 설명해 보세요(먼저 생각해 보고, 모범 답안을 맞추어 보세요. 모범 답안을 보고 문제점을 확인하면, 이해력은 늘지만 글솜씨는 늘지 않습니다).

1. 현행 학교 교육은 학생들의 창의력을 제대로 살리지 못한다.

① 예를 들어 학생들에게 교복을 착용하라고 강요한다.

② 왜냐하면 암기식 교육만 지향하기 때문이다.

③ 학교 교육이 획일화되어 있다.

④ 입시에 대비하여 암기만을 강조하였다.

⑤ 개성을 살려 주지 못한다.

⑥ 학생들이 창의적인 생각을 하도록 교육이 개선되어야 한다. 그러려면 정부, 학생, 교사가 모두 노력해야 한다.

⑦ 예를 들어 일방적으로 교사가 주도하여 수업이 진행된다. 그렇게 되면 학생들이 참가하지 않는 수업이다.

2. 운동할 때 꼭 이기려고 하면 문제가 생긴다.

① 지나친 승부욕은 운동 정신을 흐리게 한다.

② 인간은 승리에 따른 쾌감을 추구한다. 그래서 운동할 때 규칙을 잘 지키지 않는다.

③ 예를 들어 지난 올림픽 경기에서 여러 문제가 드러났다.

④ 선수들이 부상당하는 수가 많다. 그러다가 크게 다칠지도 모른다.

⑤ 승부에 집착하다가 엉뚱한 문제를 일으키기 쉽다.

⑥ 그러므로 운동할 때는 승부에만 집착해서는 안 된다.

⑦ 운동 목적에서 벗어나기 쉽다.

3. 장애인에게 더 많은 것을 배려해야 한다.

① 장애인이 스스로 처리할 수 있는 일이 많지 않기 때문이다. 그러나 너무 간섭하면 장애인이 싫어할 것이다.

② 장애인은 몸이 불편하므로 행동에 많은 어려움이 있다.

③ 자기 자신도 장애인이 될 수 있다는 생각을 갖고 배려해야 한다.

④ 신체가 부자유하다고 해서 남보다 더 낮게 평가되어서는 안 된다.

⑤ 만약 그들을 보살피지 않는다면 이 사회에서 소외될 것이다. 장애인도 이 사회의 구성원이기 때문에 소외되어서는 안 된다.

⑥ 인간적 도리로, 약한 사람을 도와주는 것이 당연하다.

⑦ 장애인과 정상인이 더불어 사는 사회를 만들어야 바람직한 사회가 이룩된다.

4. 우리나라 사람들은 시신을 땅에 묻으려는 사고가 뿌리 깊었다.

① 땅을 많이 차지하므로 비경제적이다.

② 조상을 존중하는 태도가 뿌리 깊었기 때문이다.

③ 농경민족이었던 까닭에 우리는 조상에게 풍년과 생활의 안녕을 기원해 왔다.

④ 명당을 찾을 수 있는 풍수지리설이 발달하였다. 선조들의 무덤을 명절 때나 제사 때 찾는 풍습이 있다.

⑤ 불교는 우리의 사상적 기반이었다. 윤회 사상이 자리 잡아 '돌고 돈다'고 생각해 왔다.

⑥ 그러나 지금은 산업 사회이므로 이사도 자주하고 묘 관리도 어렵다. 인구 밀도도 높다. 묘가 많아진다면 사회 문제가 아주 커질 것이다. 대안을 생각해야 한다.

⑦ 전통적으로 유교 사상에 젖어 살았기 때문이다.

5. 개인의 행위가 다수에게 해를 끼치게 되면 얼마든지 규제할 수 있다.

① 다수가 개인보다 강하기 때문이다.

② 개인이 아무리 뛰어나더라도 다수가 낫다.

③ 개인의 행동을 규제하면 훨씬 이익이 된다.

④ 개인의 자유도 중요하지만 자유가 지나치면 방종이 된다.

⑤ 더불어 살기 때문이다.

⑥ 각자의 이익을 위해서라면 쉽게 단합한다. 다수는 단합된 힘으로 개인의 행위를 규제할 수 있다.

⑦ 개인의 자유는 남에게 해를 끼치지 않는 한도 내에서 허용된다. 만약 규제하지 않는다면 사회는 개인의 행위로 무질서해질 것이다.

6. 농지 축소와 농사 포기를 더 이상 방치해서는 안 된다.

① 자급자족하던 농산물을 수입에 의존하게 되어 경제적 부담이 커진다.

② 사람들이 필요한 양식을 제공하지 못해 살 수 없게 되기 때문이다.

③ 그러면 우리는 쌀을 수입해야 할 것이다.

④ 왜냐하면 농업은 모든 산업의 기본이 되기 때문이다.

⑤ 농사를 포기하는 것은 삶을 포기하는 것이다. 먹을거리가 없으면 누구도 살 수 없다.

⑥ 공업 개발이 되어 환경오염을 야기한다.

⑦ 이런 상태가 계속된다면 언젠가 우리는 식량을 모두 해외에 의존하는 시대가 올지도 모른다. 식량이 무기화될 것으로 보인다.

연 습 문 제 5

다음 주어진 문장들은 모두 한 단락입니다. 그중에서 논거, 큰 뒷받침 문장, 작은 뒷받침 문장을 찾아보고 어떤 문제점이 있는지 설명해 보세요.

1. ① 양심이란 어떤 사람이 속해 있는 문화권의 반영일 뿐 실재하거나 절대적 기준이 될 수 없다.
② 즉, 이는 어떤 이가 속한 사회의 정당 행위만이 그 사람에게 내면화되는 것으로, 일종의 관습과 같은 것이다.

2. ① 첫째, 오염되면 인간은 토양에서 식량을 생산해 낼 수가 없다.
② 그렇게 되면 인간은 굶어 죽게 된다.
③ 또 다른 환경오염도 마찬가지이다.
④ 둘째, 생태계의 파괴 또한 인간들이 생존해 나가는 데 지대한 영향을 끼친다.
⑤ 한 가지 예를 들어보자.
⑥ 미국의 어느 마을에서 야생 사슴으로 생계를 유지해 가고 있었다.
⑦ 그런데 그곳에서 늑대가 자꾸 야생 사슴을 잡아먹어 그 마을에 피해를 주었다.

3. ① 왕따로 다른 학생을 괴롭히는 것은 열등감 때문이다.
② 어느 집단이든지 자기보다 잘난 사람이 있게 마련이다.
③ 예컨대 학교에서 성적으로 등급을 매길 때 공부를 못하는 아이들은 잘하는 아이를 시기한다.
④ 그래서 미워하기도 한다.

4. ① 문화란 그 시대 구성원이 공유하는 생활양식을 말한다.
② 이를 다른 시각에서 보면 문화는 우리를 비추는 거울에 비유할 수 있다.

③ 그런데 지금의 문화를 살펴보면 저질스럽고 말초적인 것이 그 주류를 이루고 있음을 알 수 있다.

5. ① 우리는 지금 경쟁 사회에서 살고 있다. 학교에서 학생들이 시험을 보며 순위를 정하는 것도 일종의 경쟁이라 할 수 있다.
② 나도 초등학생 때부터 그런 풍토 속에서 성장하며 답답해한 적이 한두 번이 아니다.
③ 그러므로 청소년들에게 경쟁의식을 던져 버리도록 여건을 만들어 주어야 한다.

6. ① 평소에 할 수 없는 것들을 게임 속에서는 자기 분신을 통해 할 수 있다.
② 예를 들어 모험도 할 수 있고, 스키나 축구도 할 수 있다.
③ 화성에 가서 집을 짓고 살 수 있다.
④ 이를 통해 평소 자신이 하고 싶었던 욕구들을 해소할 수 있어 게임을 더욱 많이 하게 된다.

7. ① 정보의 부익부 빈익빈 현상이 발생한다.
② 왜냐하면 경제적 격차가 정보의 격차로 드러나기 때문이다.
③ 정보 격차는 사회 구성원의 사회적, 경제적 불평등을 심화시킨다.
④ 불평등이 심화되면 사회는 안정이 깨진다.

8. ① 청소년들은 상상력이 풍부하지만 그것을 발휘할 공간이 부족하다.
② 학교에서는 획일화, 단순화를 강조한다.
③ 학원도 마찬가지이다.
④ 단순한 일상을 보내는 청소년들은 자신의 상상력을 발휘할 수 있고, 현실보다 자유로운 게임 세계를 찾는다.
⑤ 쭉 뻗은 평지를 걷는 나그네에게는 오솔길이 간절한 법이다.

9. ① 모든 국민은 국가의 주인으로서 정치에 참여할 권리가 있다.
② 종교인도 마찬가지로 국민이기 때문에 정치 문제에 참여할 수 있다.
③ 또 누구나 언론의 자유가 보장된다.
④ 종교인이라도 누구든지 자유롭게 표현하여 정책 결정에 도움을 줄 수 있을 것이다.
⑤ 오히려 정치가가 생각지 못한 부분을 보완할 수도 있다.
⑥ 국민은 정치에 참여해야 할 의무도 있다.

⑦ 정치적 현안에 무관심하고 이의를 제기하지 않으면 국민의 도리를 다하는 것이 아니다.

10. ① 경쟁적인 풍토에서 많은 청소년들이 타율 학습을 강요받고 있다.

② 교육의 목적은 무엇인가?

③ 정부 정책에 문제가 많다.

④ 밀고 나가는 측면이 강해 이성적으로 자리 잡지 못한다.

⑤ 그리고 교육 풍토가 경쟁적이라 인간 교육이 어렵다.

⑥ 특히 입시에서는 약육강식이 있을 뿐이다.

⑦ 또 부모의 맹목적인 교육열도 무시할 수 없다.

⑧ 대부분 출세를 목적으로 자식을 뒷바라지하고 있다.

⑨ 교육은 이런 방향으로 나아가서는 안 된다.

⑩ 참교육을 위해 모든 사람이 잘 조화를 이루어야 한다.

11. ① 성적으로 학생을 평가하면서 왕따가 극성을 떨고 있다.

② 경쟁 사회 원리가 학생들을 자극하여 최고를 목표로 하여 살기 때문이다.

③ 즉 열등한 것, 하찮은 것을 공격하는 풍토 속에서 우리 아이들이 이렇게 고통 받고 있다.

④ 이렇게 점점 심각해져 가는 왕따 때문에 우리나라를 이끌어 갈 청소년들의 꿈과 희망이 무참히 짓밟히고 있다.

⑤ 앞으로 우리나라가 어떻게 되어 갈지 걱정스러운 일이다.

⑥ 따라서 왕따는 경쟁 원리인 입시제도 따위를 개선하여야 없어질 것이다.

12. ① 성이란 것은 지켜져 있을 때 고결하고 성스러운 것이지 다 드러내 놓으면 아무런 가치도 없다.

② 옛 여인들이 한국적이고 아름다워 보이는 것은 그들의 시대에 내놓았던 사회 전통 윤리를 지켰기 때문이고, 그 윤리들이 지켜졌기 때문에 사회는 어느 정도 안정을 누렸다고 본다.

③ 적어도 성적인 측면에서는 말이다.

④ 지금 시대는 너무 개방해 놓고 '성'을 상품화시켜서 팔고 사는 매매의 수단으로 이용하고 있기에 성범죄는 더 가속화되는 것이 아닌가 한다.

⑤ 성이란 개인의 윤리관이 어떤지에 따라 가치 있을 수도 있고, 무가치하거나 저속한 것이 될 수도 있다.

다음 주어진 문장들은 모두 한 단락인데, 계속 논거만 늘어놓았습니다. 이 중에서 한 문장만 남겨 구체적으로 뒷받침해 보세요.

1. ① 한 나라에 수많은 종교가 있다.
  ② 그러므로 어느 특정 종교의 종교인이 정치에 참여한다면 다른 종교의 반발이 클 것이다.
  ③ 종교인이 정치에 참여하려면 각 종교에서 한 명씩 참여시켜야 한다.

2. ① 사람이 교육을 받지 않으면 짐승과 다름없다.
  ② '늑대 소년'의 경우 인간답게 사는 법을 몰랐다.
  ③ 그래서 다른 사람들이 '인간'으로 봐 주지 않았다.

3. ① 왕따가 등장한 이유로 힘의 논리를 들 수 있다.
  ② 힘이 센 사람이 자기보다 약한 사람을 괴롭히게 마련이다.
  ③ 싸움을 잘하니까 약자에게 심부름을 시키고 따돌리기도 하고 심지어 구타도 한다.

4. ① 환경에 따라 문화가 달라진다.
  ② 그 문화에 따른 적당한 윤리나 규범이 존재한다.
  ③ 어떤 문화에 속해 생활하는 사람은 그 문화를 따라야 한다.

5. ① 현대 가정은 이기적인 마음이 팽배해 있다.
  ② 한 집에 한두 자녀가 있을 뿐이라서 아이들이 자기만 중요한 사람으로 생각하는 편이다.
  ③ 강자가 최고이며 가장 확실한 결과를 높이 사는 사회 풍토가 잘못되었다.

6. ① 사춘기 몸의 변화나 이성 교제 같은 일을 부모와 상의하기가 쉽지 않다.

　② 건전한 이성 교제는 청소년의 정서 순화에 아주 좋다.

　③ 그래서 청소년들은 대부분 부모보다 친구를 대화상대로 삼는다.

7. ① 사회가 경쟁적인 풍토로 바뀌었다.

　② 그리고 우리 사회가 감당하기 힘들 만큼 빠르게 변한다.

　③ 시대가 바뀔수록 정말 살기가 힘든 것 같다.

8. ① 우리나라 교육열은 다른 나라에서 인정할 정도로 높은 편이다.

　② 그만큼 민감하면서도 중요한데도 정책이 수시로 변하여 혼란을 주고 있다.

　③ 교육이 왜 백년대계로 자리 잡지 못하는지 답답한 노릇이다.

9. ① 창조론이 종교적 배경을 둔다고 해서 신빙성이 없다고 하는 것은 개인적 판단일 뿐이다.

　② 옳고 그름을 판단할 수 없다면 학생들에게 생각할 수 있는 시각을 넓혀 주어야 한다.

　③ 그래야 좋은 결론이 나올 것이다.

2 집중력

1 한 단락에 있는 여러 문장을 한 가지 논거에 집중하여 '일정하고 뚜렷한 기준'에 따라 긴밀하게 결합하는 것을 '집중력(응집력)'이라고 합니다. 단락 논거 문장과 뒷받침 문장은 서로 끈끈한 관계를 지녀야 합니다. 그러므로 단락에서 논거를 논증할 때 '일정하고 뚜렷한 기준'에 맞추어 그 문장이 꼭 필요한지를 따져야 합니다. 그때그때 대충 언급하면, 내용은 장황하나 깊이가 없습니다.

만약 읽는 이가 한 단락에서 어느 문장을 두고 '여기에서 갑자기 이 말을 왜 하는 거야? 여기에 이 소리를 꼭 해야 할까?'라고 생각하였다면, 글쓴이가 '기준'에서 벗어나 군더더기를 담았다는 뜻입니다. 이런 글은 읽는 이를 설득하기는커녕 따질 것(논쟁거리)만 제공합니다. 그러므로 한 단락에서 집중력을 잃으면 단락의 완성도가 떨어지며, 이는 원고지를 낭비하는 것입니다. 집중력을 높일 때는 문장을 서로 연결하는 연결어미, 전환구 따위를 잘 이용하여 그 관계를 분명히 하는 것이 좋습니다('전환구 활용'은 250쪽 참조).

2 첫째, 글을 쓰다가 잘 아는 것이 나오면 순간적으로 거기에 매달리면서 집중력을 놓칩니다. 가령 '학교에 갔다. 가다가 빵을 샀다. 지각했다. 혼났다'고 가정해 봅시다. 이 일은 '등교하다가 딴짓을 하느라고 늦었다. 다음에는 그러지 말아야겠다'가 글의 흐름이 되어야 합니다.

그런데 어떤 사람은 '빵을 샀는데 값은 얼마고, 어떤 재료를 썼으며, 맛이 얼마나 좋았고' 같은 것을 아주 자세히 씁니다. 어떤 사건에서 어떤 것이 더 중요한지 모르고, 자기가 아는 것에 관심이 큽니다. 어린이들이 그림을 그릴 때 몸은 조그맣게 그리고, 눈·코·입은 크게 그리는 것과 비슷합니다. 글의 균형을 잃고 작은 것에 매달리다 큰 것을 놓쳤습니다.

이럴 때는 그 단락에서 논거 문장을 찾고, 나머지 문장이 어떤 문장을 어떻게(병렬식, 직렬식) 뒷받침한 것인지를 분석하여 보세요. 예를 들어, 한 단락에서 어느 문장이 이웃 문장과 아무런 관계도 없이 겉돈다면 '군더더기' 문장입니다. 즉, '그러지 말아야겠다'와 '빵의 크기, 값' 따위가 직접 관련이 없으므로 집중력을 잃은 것입니다. 다음 글을 살펴보세요.

① 학생들은 공부에 찌든 몸과 마음의 스트레스를 풀려고 게임에 매달린다. ② 게임을 시작한 학생들은 온라인으로 같은 또래의 게임 유저를 만난다. ③ 같은 또래인 만큼 통하는 것들이 많

다. ④ 온라인을 통해 동질감을 느낀다.

↳ 처음에는 ①에서 '게임 중독의 원인'을 이야기하려고 했다. 그런데 ②부터 '또래 집단, 동질감'으로 방향이 바뀌었다.

① 우리 사회가 과거와는 다르게 경제적으로 커다란 어려움을 겪는다. ② 여러 이유가 있겠지만 과소비 풍조가 사회 전체에 퍼진 때문이다. ③ 과소비 풍조는 지난 1980년대 들어 지하 자금이 겉으로 드러나지 못하는 상황에서 쓰고 보자는 식으로 출발한 것이다. ④ 그러므로 지하의 음성 자금을 제도적으로 차단하면 실물 자금으로 돌아설 수 있다. ⑤ 이제부터라도 건전한 소비 문화를 다시 익히지 않으면 경제 난국을 이겨내기 어렵다.

↳ ①, ②, ⑤가 '과소비, 건전'을 중심으로 자연스럽게 연결된 곳이고, ③과 ④의 '지하 자금'이 흐름에서 벗어난 곳이다. 글의 흐름을 무시하고 아는 것에 매달렸다.

둘째, '도덕적'으로 짚고 넘어가려다 집중력을 잃습니다. 초등학교 시절에 일기를 쓰다가 일기 끝에 반성글을 붙이는 것과 비슷합니다. 글을 객관화하지 못한 채 읽는 이를 훈계하고 가르치려 합니다. 즉, 말이 나온 김에 도덕적으로 발언하거나, 나라를 걱정하며 한 마디 덧붙입니다. 도덕적 발언에 매달려 자기가 드러내야 할 논거의 본질을 놓친 셈입니다.

어떤 사람은 이런 문제를 잘 알면서도 아까워서 이것을 놓지 못합니다. 그러나 한 단락에서 집중력을 유지하려면 자기 글에서 필요 없는 곳은 과감히 털어 내야 합니다. 논술글은 남을 가르치는 글이 아니라, 자기 생각을 조리 있게 드러내고 읽는 이가 그 논리를 판단하게 하는 글입니다. 즉, 자기주장을 강요하는 글이 아니라, 설득하는 글이지요.

그러므로 한 단락에 '~라는 것을 알아야 한다, ~라는 것을 명심해야 한다, ~라는 것을 잊지 말아야 한다, ~라는 것을 반성해야 한다'같이 계몽하고 훈계하는 말투가 있는지 살펴보세요. 있으면 그 부분을 빼야 합니다. 그렇지 않으면 그렇게 당부하는 이유를 뒷받침해야 합니다.

① 과학의 목적은 인류 공동체의 공존에 두어야 한다. ② 그러므로 자유롭게 연구한 결과를 여러 학자로 구성된 심의 위원회에 제출하도록 절차를 만들어야 한다. ③ 모든 가능성을 검토하고 이용 범위에 엄격한 제한을 둔 후에 이용하는 것이 이롭기 때문이다. ④ 과학자들은 연구할 때 이런 것을 바탕으로 인류에 대한 사명감을 잊지 말아야 한다. ⑤ 이것을 소홀히 하여 과학 기술이 인류에게 여러 모로 폐해를 끼친 것이다.

↳ ④와 ⑤에서 도덕적으로 당부하거나 반성을 촉구하다가 집중력을 잃었다.

셋째, 사고를 논리적 순서에 따라 정리하지 못해 방황하다가 집중력을 잃습니다. 한 이야기를 뒷받침하다가 갑자기 견해가 바뀌면서 다른 이야기로 넘어갑니다. 이것은 깊이 생각해 본 적이 없어서 상대방 논리를 반박하지 못하기 때문입니다. 본심은 반대인데도, 반대 논리에 자신이 없어 상대방 쪽에 섭니다. 반대하지만 찬성하는 주장도 일리가 있다는 식이지요. 생각해서 글을 쓰지 않고, 글을 쓰면서 생각하는 탓에 찬성과 반대를 오고 가다가 집중력을 잃습니다. 자기 논거에 확신이 없어서 변명하기에 바쁜 것입니다.

이런 사람들은 친구들과 한 주제를 놓고 깊이 있게 토론하거나, 그와 관련된 내용을 읽어 자기 견문을 넓혀야 합니다.

한 단락에서 '그러나, 하지만, 그런데' 같은 접속어를 찾아보세요. 그 접속어 앞에 있는 자기 생각을 스스로 뒤집는 것은 아닌지 살펴보세요. 이런 접속어를 꼭 써야 한다면 내용으로 묶어서 단락 앞쪽에 상대방 논리를 모아놓고 그 뒤에 자기 논리를 덧보태며 반박하는 형식으로 구상하면 됩니다.

다음 글은 쓰는 이가 '생각나는 대로' 찬성과 반대를 오가면서 집중력을 잃었습니다. ①에서 ③까지는 임신 중절을 반대하는 것 같더니 ④에서 ⑥까지는 찬성하다가, ⑦에서 반대하고 ⑧에서 다시 찬성하였습니다.

① 태아와 산모 중 어느 한쪽도 소홀히 할 수 없다. ② 가장 이상적인 방법은 태아를 출산하여 아이에게 펼쳐질 앞날을 보장하는 것이다. ③ 그러면 자연히 산모도 건강할 것이다. ④ 그러나 이것은 지극히 비현실적이다. ⑤ 왜냐하면 미성년인 학생이 뭇 사람의 부정적인 이목을 견디지 못할 것이기 때문이다. ⑥ 출산하더라도 아기를 양육하기 힘들다. ⑦ 물론 태아의 생명을 소중히 여겨 출산을 해야 할지 모른다. ⑧ 그러나 이번처럼 피치 못할 사정이 있을 때는 임신 중절이 가능할 것이다.

넷째, 논거 하나를 다양하게 뒷받침하지 않고, 여러 논거를 늘어놓아 집중력을 놓칩니다. 단락의 원리를 제대로 익히지 못해, 한 단락에 무언가를 늘어놓아야 한다고 생각하는 것이지요. 가령 '문화유산이 풍부한 우리나라는 살기 좋고 아름다운 곳이다'라는 내용을 한 단락에 담는다면, 그 단락에서 말하고자 하는 것이 '풍부한, 살기 좋고, 아름다운'에서 어떤 것인지를 알 수 없습니다.

그러므로 이 중에서 하나만 선택하여 논거의 폭을 좁혀야 합니다. 예를 들어 '우리나라는 살기 좋은 곳이다'처럼 전달하려는 내용을 좁혀 거기에 매달려야 집중력을 잃지 않습니다. 물론 다른 단락으로 '우리나라는 문화유산이 풍부하다'와 '우리나라는 아름다운 곳이다'를 독립시킬 수 있습니다.

논술글은 몇 논거를 선택하여 깊이 있게 논증하는 글이지, 수많은 논거를 많이 늘어놓고 대충 서술하는 글이 아닙니다. 그러므로 논거를 나열하지 말고, 하나라도 제대로 집중해야 합니다. 다음 글은 한 단락에 담고자 하는 논거가 너무 많습니다. 각 문장을 한 단락으로 독립시켜도 좋을 만큼 한 단락에서 다루기에 벅찹니다.

> ① 범죄자들이 범죄를 저지르는 것은 정신적 결함에서 나온 것이다. ② 우리는 그 사람들을 정신적으로 안정되게 할 수 있다. ③ 그런데도 그 사람들을 '사회의 암'으로 보고 제거하려고만 하였다. ④ 사형이란 이름으로 쉽게 처리하려 한다는 인상을 지울 수 없다. ⑤ 그 사람들도 우리와 같은 사람이다. ⑥ 흉악한 범죄를 일삼는다고 그 사람들을 없앨 수 없다. ⑦ 그 사람들이 우리와 같아지도록 기회를 주어야 한다.

다섯째, 마음이 약하거나 소심하여 갑자기 태도를 바꾸면서 집중력을 잃습니다. 예를 들어, 사형 제도에 반대하는 사람이 '사형 제도는 비인간적인 제도이다. 물론 사형 제도가 어느 정도 사회 질서를 바로잡는 데 기여하였다'고 서술하였을 때, '물론 ~ 기여하였다'가 상대방 견해에 동조하는 부분입니다. 자기 견해로 밝힌 '비인간적인'을 뒷받침하지 않고, 오히려 반대쪽에 동조한 것이지요.

'비인간적'이라는 말을 해 놓고 그 말이 너무 강하니까 자기 스스로 놀라서 얼른 상대방 쪽을 지지하였습니다. 상대방이 그것을 비난(반박)할지 모르니까 말마음을 한 것입니다. 그러므로 '물론'이 들어간 문장이 있으면 그 문장을 빼고 앞 문장을 확실히 뒷받침하거나, 그 문장을 빼고 앞 문장에 있는 자기주장을 좀 약하게 줄여야 합니다. 즉, 필연 서술어를 개연 서술어로 바꿉니다.

> 사형 제도는 비인간적인 제도이다. 물론 사형 제도가 어느 정도 사회 질서를 바로잡는 데 기여하였다.
> **빼고 뒷받침하기**: 사형 제도는 비인간적인 제도이다. 질서라는 이름으로 인간이 다른 인간을 죽여야 하기 때문이다.
> **빼고 약하게 줄이기**: 사형 제도는 비인간적인 편이다.

여섯째, 문장이 장황하여 집중력이 떨어집니다. 한 문장은 대체로 40자 안팎이 바람직하며, 적어도 60자를 넘지 않는 것이 좋습니다. 그런데 장황해진 탓에 한 단락을 240자 안팎으로 정리하면서 3문장으로 쓰면 자기 견해를 세 개밖에 드러내지 못한 것입니다. 정작 하고 싶은 말을 다하지 못하고 단락을 마치므로 집중력이 떨어집니다. 각 문장에서 거품을 빼고 그만큼 다른 견해를 더 뒷받침하여야 집중력이 높아집니다.

다음 1번 단락은 '명문 대학 졸업자'를 대우하는 현실 사회의 문제점을 드러냈으나 문장이 길고 장황합니다. 그래서 1번을 간결하게 세 문장으로 줄이고, 그 공간에 두 문장을 덧보탰습니다. 비교해 보세요.

1. ① 하버드, 스탠포드, 예일. 이것들의 공통점은 세계에서 내로라하는 수재들만 모인 대학이라는 것이다. ② 우리나라에도 소위 명문이라 불리는 대학이 있고, 이곳에 입학하는 것을 목표로 하여 피땀 흘려 아침부터 밤늦게까지 노력하는 사람들이 많다. ③ 이런 대학을 나온 사람들은 사회에서 배운 사람, 무언가를 아는 사람으로 대접 받는다.

2. ① 하버드, 스탠포드는 세계 수재들이 모인 대학이다. ② 우리나라에도 '명문' 대학이 있으며, 많은 사람들이 그 대학에 입학하려고 최선을 다한다. ③ 그곳을 졸업하여야 사회에서 대접하기 때문이다. ④ 아직도 사회는 명문 대학으로 그 사람의 모든 가치를 규정한다. ⑤ 즉, 왕조 시대 신분이 오늘날 명문 대학이라는 학력으로 부활한 셈이다.

연 습 문 제 7

다음 주어진 문장들은 모두 한 단락입니다. 흐름에서 벗어난 문장을 찾고, 그 이유를 설명해 보세요.

1. ① 일방적으로 전달하는 교육 풍토에서 벗어나야 한다.
   ② 대화가 오가며 개성을 키워 주는 교육이야말로 미래를 위한 가치 있는 방식이 될 것이기 때문이다.
   ③ 물론 개성을 지나치게 존중하다가 아이들의 자만심을 부풀려 이기적인 사회로 갈 수도 있으니 조심해야 한다.

2. ① 위인의 뛰어난 점을 서술하다가 일상적인 교훈을 소홀히 하는 경우가 많다.
   ② 그러나 21세기에는 어떠한 사람이 필요한가?
   ③ 아이들이 자랐을 때 어떤 사람이 되기를 원하는가?
   ④ 한 사람의 영웅이 아니라 조직 속에서 다양한 사고를 하는 창조적인 개인이다.
   ⑤ 그러니 우리는 위인전을 서술할 때 한 인간의 있는 모습 그대로를 보여 주어야 할 것이다.

3. ① 우리말을 우리가 아껴야 한다.

② 왜냐하면 우리말에는 우리 문화가 담겨 있어 우리말이 사라지면 우리 문화도 자취를 감추기 쉽기 때문이다.

③ 그러므로 지식인부터 솔선수범해야 한다.

④ 오늘날 서구 문화가 널리 퍼진 것도 모두 지식인이 우리말을 업신여겼기 때문이다.

⑤ 따라서 일상 언어에서 우리말을 깔보고 외래어를 남용하는 것은 우리 문화의 독창성을 잃는 것이다.

⑥ 결국 독창성을 잃으면 '국제화'는 서구 문화의 모방에 불과하다.

4. ① 먼저 컴퓨터 기술 발전의 부정적 측면에 대해 서술하겠다.

② 컴퓨터 기술이 인간을 위해서 쓰이지 않고, 인간이 컴퓨터에 맞추기 쉽다.

③ 특히 컴퓨터에 대한 확신이 클수록 인간이 컴퓨터에 종속될 것이다.

④ 이는 잘못된 것이다.

⑤ 그것은 '컴퓨터는 완벽하다, 컴퓨터는 오류가 없다'는 것을 전제로 하기 때문이다.

5. ① 현대 사회는 여러 사람이 더불어 사는 사회인 만큼 개개인의 절대 자유를 추구하면서 살 수 없다.

② 그런 이유로 국가에서 무분별한 자유를 제한하기 위해 법이 등장하게 되었다.

③ 법은 사회 구성원들에 대한 제한적 자유를 의미한다.

④ 그러면 이러한 제한적 자유를 어느 선까지 인정해야 하는 것일까?

6. ① 물론 어떤 사람은 가장 기본이 되는 규범 위에 다양한 형식을 빌려 나타나게 될 뿐이라고 주장한다.

② 당연히 이도 사실이다.

③ '부모님께 효도를 해야 한다'는 절대 규범을 바탕으로 효도하는 방식이 각 사회마다 나름대로의 방식을 지닌다는 것이다.

④ 그러나 사실 절대 규범이 다를 수도 있다는 데 문제가 있는 것이다.

⑤ 예를 들어, 에스키모들은 겨울철에 다른 곳으로 주거지를 옮길 때 늙은 부모를 동행하지 않아 그곳에서 죽게 한다고 한다.

3 대립과 동의

1 사람들은 "아 다르고 어 다르다"고 말합니다. 때로는 "같은 말을 어떻게 그렇게 할 수 있냐?"며 서운해하지요. 예를 들어 "말조심하라"는 말을 "주둥이 함부로 놀리지 말라"로 표현하면 상대방이 느끼는 정서의 크기는 엄청나게 다릅니다. 어떤 때는 뜻이 비슷하여도 문장 구조가 바뀌면 정서가 아주 달라집니다. 다음 두 사람 말에서 좀 더 강하게 느껴지는 것이 있습니다.

연인 1 당신과 영원히 함께 하겠습니다.
연인 2 당신과 헤어지는 일은 결코 없습니다.

교사 1 공부하고 싶으면, 조용히 하세요.
교사 2 공부를 망치지 않으려면, 떠들지 마세요.

연인 1과 교사 1이 긍정문을 이용하고, 연인 2와 교사 2는 부정문을 이용합니다. 의미는 비슷하지만, 부정문이 긍정문보다 강하게 느껴집니다. 사랑하는 사이라면 연인 1보다 2처럼 속삭여 주기를 바랄 것이고, 학생들은 교사 2보다 1처럼 말하기를 바랄 것입니다. 물론 교사는 처음에 1처럼 말하지만, 학생들이 계속 떠들면 2처럼 말하겠지요.

부정문과 긍정문을 함께 붙여 쓰면 상대방이 내용을 더 빨리 파악합니다. 즉, 어떤 연인은 "당신과 영원히 함께 하겠습니다. 당신과 헤어지는 일은 결코 없습니다"처럼 같이 붙여 씁니다. 말하는 이는 비슷한 내용을 반복하여 강조한 것이고, 듣는 이는 긍정문과 부정문에서 자기 정서에 맞는 것을 선택하겠지요.

이때 '당신과 영원히 함께 하겠습니다'에 맞세워 부정문으로 처리한 '당신과 헤어지는 일은 결코 없습니다'를 '대립 문장'이라고 합니다. 그러나 어떤 사람은 이처럼 맞세우지 않고 비슷한 정서를 반복합니다. 그런 사람은 '당신과 영원히 함께 하겠습니다'에 이어, '함께 하면 어떤 어려움도 헤쳐 나갈 수 있어요. 세상 모든 것을 다 얻은 겁니다' 같은 문장을 덧보탤 수 있습니다. 이런 문장을 '동의 문장'이라고 합니다.

좀 더 자극적으로 강조하려면 '당신과 영원히 함께 하겠습니다'로 시작하더라도 정서를 계속 맞세워 '함께 하지 않으면 어떤 어려움도 헤쳐 나가지 못해요. 세상 모든 것을 다 잃은 겁니다' 같은 대립 문장을 덧보탤 수 있습니다.

결국 연속된 문장도 내용으로는 '아' 아니면 '어'인데, 취향에 따라 '아'를 계속 덧보태거나 '어'만 계속 나열하기도 하고(동의), '아'와 '어'를 적당히 섞기도 합니다(대립). 물론 '아'와 '어'를 섞어 정서를 대립시켜야 문장끼리 긴장감이 높아져 전달하려는 내용을 좀 더 분명하게 드러낼 수 있습니다.

2 각 단락에 쓰인 뒷받침 문장은 모두 구체적인 문장입니다. 어려운 내용을 상대방에게 이해시키자면 좀 더 친절하고 쉽고 자상하게 서술해야 하니까요. 그래서 학자들은 한 단락 만들기를 '상세화 과정'이라고 정의합니다. 말하려는 것을 단락에서 '상세히' 풀어 나가야, 나중에 글 전체 주제를 상대방에게 이해시킬 수 있습니다.

어떤 사람은 아무렇게나 서술하여도 뜻만 통하면 되지 않느냐고 합니다. 그러나 뜻이 통하려면 사람들끼리 서로 약속한 형태를 지켜야 효율적이지, 그렇지 않으면 의사를 전달하기가 힘듭니다. 얼굴을 표현하자면 위에서 아래로 묘사하는 것이 낫습니다. 머리카락에서 이마, 눈썹을 거쳐 눈, 코, 입 순서대로 묘사하여야 상대방이 빨리 이해합니다.

효율적으로 자기 생각을 전달하려면 '예시, 인용, 비교, 대조, 분석, 분류, 구분, 설명, 가정, 열거, 강조, 단정, 비유, 첨가, 부연, 삽입, 유추, 증명, 정의, 논증' 같은 형식을 여러 모로 이용해야 합니다. 논거를 확실히 뒷받침하는 데 어떤 것이 가장 좋다고 말할 수 없으니, 이 가운데 취향에 맞게 골라 쓰면 됩니다.

이 방법들이 아주 다양하고 복잡해 보여도, 내용으로는 둘로 나눌 수 있습니다. 상대방이 알아들을 때까지 논거와 대립시키거나, 논거에 동의하는 것입니다. 즉, 뒤집은 말을 붙이거나, 비슷한 말을 반복하는 것이지요.

예를 들어 '쉬운 것부터 착수하자'를 뒷받침할 때 상반된 것을 덧붙여 '왜냐하면 어려운 것은 착수하기 힘들기 때문이다'라고 하면 대립시킨 것이고, 비슷한 내용을 반복하여 '쉬운 것부터 착수하는 것이 일반적이다'라고 하면 동의한 것입니다. 다음 예문을 보고 '대립'과 '동의'를 다시 한 번 확인해 봅시다.

① 식량난에 허덕이는 북쪽을 도와주어야 한다. ② **왜냐하면** 어려움에 빠져 있을 때 거들어 주는 것이 인류애이기 때문이다. ③ **더구나** 북쪽은 오랫동안 떨어져 살아왔다 해도 같은 민족이 아닌가? ④ **가령** 지금 발 벗고 돕지 않는다면 앞으로 갈등이 더욱 커질 것이다. ⑤ **바꾸어 말하면** 남들이 다 도와줄 때 모르는 척하면 두고두고 원망하는 것도 사람이기 때문이다. ⑥ **말하자면** 남북 관계가 지금보다 더욱 적대적인 상태로 갈 수도 있을 것이다.

이 글에서 논거를 ①이라고 할 때 각 문장 첫머리를 유심히 살펴보세요. 이 글은 형식적으로 '설명, 환언, 부연, 가정, 유추, 열거' 같은 방법을 이용하여 뒷받침하였습니다. 그러나 내용으로는 '동의'와 '대립'을 이용하였을 뿐이지요.

즉, ②와 ③은 ①과 비슷한 내용입니다. 도와주어야 한다는 말을 ①보다 좀 더 진전시켜 반복하였지요. ④부터는 ①과 대립시킨 문장들입니다. ①을 뒤집고, 도와주지 않으면 어떻게 되리라는 내용을 담았습니다. ⑤와 ⑥은 ④를 기준으로 하면 동의하는 문장입니다. 대립시킨 내용에 동의하였습니다.

이 글은 '도와주자 → 도와주어야 한다 → 도와줄 수밖에 없다 → 안 도와주면 안 된다 → 안 도와주면 야단난다 → 안 도와주면 정말 큰일 난다'같이 서술한 글입니다. 결국 논리적인 글도 내용으로 따지면 뒤집거나 반복하는 과정을 통해 상대방을 설득해 나가는 셈이지요.

❸ 대립이 동의보다 훨씬 자극적입니다. 부정문이 긍정문보다 강한 느낌을 줍니다. 그렇다면 논거 하나에 대여섯 문장을 뒷받침하여 한 단락을 만든 뒤, 이 방법을 이용하여 한두 문장을 부정문으로 바꾸어 그 문장을 강조할 수 있습니다.

예를 들어 '만약 우리가 서로 돕는다면'으로 시작하는 문장을 '만약 우리가 서로 돕지 않는다면'으로 바꾸는 식입니다. 그러나 강조하려고 모든 문장을 부정문으로 바꾸면 어느 것을 강조하는지 알 수 없습니다. 게다가 그런 단락은 다른 단락을 약하게 만들기 때문에 좋지 않습니다.

연습문제 8

다음 논거를 보고, 뒷받침한 문장이 논거에 대립시킨 것인지, 또는 동의한 것인지 따져 보세요.

논거 : 사람들은 자기 능력에 닿는 대로 최선을 다하려고 한다.

1. 자신을 둘러싸고 있는 환경이 좋지 않으면 그 환경을 바꾸려고 한다. (   )

2. 실제로 세상에는 자기 의지를 관철한 사람들이 많다. (   )

3. 예컨대 나폴레옹이나 링컨은 자기에게 주어진 불리한 상황을 극복하고 성공했다.
(   )

4. 그러나 최선을 다해도 자기 인생이 이미 결정되어 있어 바꾸지 못한다면, 사람들은 아무도 최선을 다하지 않을 것이다. (   )

5. 말하자면 동물처럼 먹고 뒹굴며 본능에 따라 살게 된다. (   )

6. 그러므로 사람들이 최선을 다하는 것은 동물 같은 삶에서 벗어나고자 하는 몸부림이라 할 것이다. (   )

연 습 문 제 9

다음 문장을 뜻은 같되, 부정문으로 표현해 보세요.

1. 당선시켜야 한다.

2. 그것은 내 일이다.

3. 친구 사이에서 소외되었다.

4. 중심을 잘 잡아야 성공한다.

5. 현대인은 정보에 빠져 산다.

6. 사람들은 인문학을 가볍게 본다.

7. 한국은 명문대에 진학해야 인생을 보장 받는다.

다음 문장을 대립 문장으로 바꾸어 보세요.

1. 심성이 반듯한 이를 사람들은 좋아한다.

2. 남북이 서로 싸우지 않았으면 좋겠다.

3. 맹자는 돈보다 도덕을 앞세웠다.

4. 어떤 사람은 석궁을 쏘며 사법부를 질타하려 했다.

5. 역량을 집중하여야 선거를 치를 수 있다.

4 전환구 활용

1 전환구는 한 문장을 다른 문장으로 뒷받침할 때, 문장과 문장을 이어 주는 말입니다. 앞 단락과 뒤 단락을 이어 줄 때도 쓰입니다. '그러므로, 하지만, 왜냐하면, 예를 들어, 게다가, 더구나, 가령, 이것이야말로, 그것은, 더욱, 끝으로, 반면에, 과거에는, 의심할 것 없이, 첫째로, 덧붙인다면, 오히려, 다행히' 따위가 대표적인 전환구들입니다. 다음 예문을 살펴봅시다.

> **논거 :** 우리는 좀 더 남을 배려해야 한다.
>
> (왜냐하면) 타인을 배려하는 것이 곧 자신을 위하는 것이기 때문이다.
> (다시 말해) 이웃을 더욱 사랑해야 한다는 것이다.
> (예를 들어) 약속을 꼭 지키는 것도 남을 배려하는 것이다.
> (그래야) 성숙한 사회로 갈 것이기 때문이다.
> (그래서) 우리 사회가 궁극적으로 작은 이해관계에서 벗어나야 할 것이다.
> (그리고) 우리는 좀 더 시야를 넓혀야 한다.
> (그러나) 남을 위한다고 한 것이 남을 힘들게 하는 때도 있다.
> (그런데) 남을 배려한다고 하면서 자기 이익만 챙기는 경우가 많다.

이처럼 다양하게 연결되지만 내용에 따라 갈래를 나눕니다. 즉, 자연스럽게 잇거나(순접 : 그리고 따위), 뒤집거나(역접 : 그러나 따위), 인과관계를 알려주거나(인과 : 그래야 따위), 말을 새로 바꾸거나(전환 : 그런데 따위), 예를 들거나(예시 : 예컨대 따위)로 분류합니다.

전환구마다 성격이 많이 다릅니다. 대체로 '오늘날, 그러나, 더구나'는 논의를 확대할 때 붙이는 전환구입니다. '또한, 그리고, 덧붙여, 더군다나'를 붙이면 앞 문장과 내용이 바뀌니 단락을 새로 잡아야 할지 모릅니다.

반대로 '이를테면, 말하자면, 더욱이' 따위는 앞 문장을 좀 더 강조하는 것이라서, 새 단락으로 독립하지 않아도 될 것입니다. 다음 전환구의 성격을 확인해 보세요.

1. 나는 폭력을 거부한다. (그래서) 나는 존재한다.

2. 나는 한국을 비판한다. (그것이) 한국을 제대로 사랑하는 것이다.

3. 나는 지금 기다린다. (과거에는) 맹목적으로 집착했다.

4. 현대인은 군중 속에서도 외롭다. (외로움이야말로) 현대를 이해하는 본질이다.

위에서 괄호에 있는 말이 전환구인데, ①처럼 접속어를 전환구로 이용하거나 ②처럼 지시어를 전환구로 이용합니다. 때로는 ③처럼 사고 과정을 드러내는 낱말을 전환구로 삼습니다. ④에서는 앞 문장 핵심어를 전환구로 이용하여 뒤에서 다시 강조한 것입니다.

2 이런 전환구가 있어야 앞뒤 문장의 관계를 분명히 알 수 있습니다. 괄호에 있는 말을 빼면, 문맥을 전혀 알 수 없거나 대충 그런 뜻이려니 하고 짐작할 수밖에 없습니다. 더구나 앞뒤 관계가 단절되어 문장이 따로 놀면서, 기분 나빠 툭툭 던지는 말투처럼 딱딱하게 느껴집니다. 전환구를 잘 붙이면 문장의 연결이 자연스러우며 효율적입니다. 말하자면, 전환구는 읽는 이가 내용을 쉽게 파악하게 도와줍니다. 다음 글을 보세요. 두 사람이 대화하며 서로 상대방 말을 끊습니다. 이해할 수 있습니까?

명수 무조건 내 말대로 해. 이것은…….

재석 아니야, 만약…….

명수 오히려 다른 생각은…….

재석 하지만…….

명수와 재석이 상대방에게 말할 틈을 주지 않습니다. 그것은 '이것은, 만약, 오히려, 하지만' 같은 전환구만 있어도 그 다음에 무슨 말을 덧보탤지 알 수 있기 때문입니다.

그러므로 글에서 서너 글자로 된 전환구를 덧보태 앞뒤 문장의 관계를 분명히 해야 합니다. 그래야 읽는 이를 제대로 배려하고, 자기 속내를 섬세하게 전달할 수 있습니다.

따라서 한 논거에 다른 문장을 뒷받침할 때 '전환구'를 붙이면서 연습하는 것이 좋습니다. 몇 글자만 보태도 문장의 연결 관계가 확실히 드러나면서 단락의 집중력을 높여 줍니다. 게다가 한 단락에 전환구는 서너 개, 15자 안팎이므로 공간도 많이 차지하지 않습니다.

물론 문장 사이에 반드시 전환구를 넣어야 하는 것은 아닙니다. 때로는 전환구를 쓰지 않아도 '왜냐하면, 예를 들어, 다행히, 더군다나'가 생략된 문장이라는 것을 알 수 있습니다.

오히려 한 단락에서 같은 전환구를 반복하면 글이 장황해지고 단조로우니, 그때는 전환구를 빼거나, 의미가 비슷한 전환구로 바꾸어 주는 것이 좋습니다.

연 습 문 제 11

다음 괄호에 알맞은 전환구를 넣어 문맥을 자연스럽게 잡아 보세요.

1. 빵을 먹었다. 그리고 밥을 먹었다. (　　　) 국수도 먹었다. (　　　) 과일도 먹었다.

2. 너를 사랑한다. (　　　) 너의 모든 것을 좋아한다. (　　　) 너의 약점까지도 이해한다.

3. 사람들은 대부분 대학에 가야 한다고 말한다. (　　　) 우리 부모님은 대학은 선택할 수 있다고 한다. (　　　) 우리 사회가 학력보다 능력을 더 높이 평가하리라는 것이다.

4. 우리 차가 고속도로에서 다른 차와 부딪쳤다. (　　　) 크게 다친 사람은 없었다.

5. 지금 나는 불씨라도 되었으면 좋겠다. (　　　) 누가 나서서 들불로 키울 것이다.

연 습 문 제 12

다음 보기를 참조하여 주어진 논거를 구체적으로 뒷받침하세요. 전환구를 모두 이용하여 한 단락을 완성해 보세요(주어진 전환구를 넣기 힘들면 전환구를 각자 자유롭게 붙이면서 한 단락으로 확장해 보세요).

> **논거** : 자칫하면 광고는 소비자를 수동적으로 전락시킨다.
>
> 왜냐하면 (광고는 많은 사람들을 유혹하려는 특성이 있기 때문이다.)
> 그래서 (광고에서 일방적으로 전달하는 정보를 소비자가 무심히 받아들이기 쉽다.)
> 예를 들어 (그 물건이 있으면 마치 자신도 광고 주인공이 된 것처럼 느낀다.)
> 말하자면 (소비자가 합리적으로 판단하여 상품을 선택하지 못한다.)

1. 교육의 본질은 사람답게 사는 데 있다.

가령 (　　　　　　　　　　　　　　　　　　　　　　　　　　　　)

다시 말해 (　　　　　　　　　　　　　　　　　　　　　)

예컨대 (　　　　　　　　　　　　　　　　　　　　　　)

이를테면 (　　　　　　　　　　　　　　　　　　　　　)

2. 잘못된 역사를 배우면 사람들이 또 잘못을 저지르게 마련이다.

　　잘못은 (　　　　　　　　　　　　　　　　　　　　　)

　　역사란 (　　　　　　　　　　　　　　　　　　　　　)

　　그것은 (　　　　　　　　　　　　　　　　　　　　　)

　　일찍이 (　　　　　　　　　　　　　　　　　　　　　)

3. 친구들과 사이좋게 지내야 한다.

　　왜냐하면 (　　　　　　　　　　　　　　　　　　　　)

　　친구란 (　　　　　　　　　　　　　　　　　　　　　)

　　예를 들어 (　　　　　　　　　　　　　　　　　　　　)

4. 사람은 성실해야 한다.

　　가령 (　　　　　　　　　　　　　　　　　　　　　　)

　　다시 말해 (　　　　　　　　　　　　　　　　　　　　)

　　그것은 (　　　　　　　　　　　　　　　　　　　　　)

5. 장애인을 더 많이 배려해야 한다.

　　장애인은 (　　　　　　　　　　　　　　　　　　　　)

　　무엇보다도 (　　　　　　　　　　　　　　　　　　　)

　　즉 (　　　　　　　　　　　　　　　　　　　　　　　)

5 형식 단락의 이해

❶ 논술글에서 어떤 틀을 지켜야 하는 것은 아니지만, 효율적이라고 검증된 틀은 있습니다. 그 기본을 알아야 자기 취향에 맞게 바꿀 수 있습니다. 먼저 서론−본론−결론 단락을 확실히 구분해야 합니다. 어떤 글은 어디까지가 서론이고, 어디까지가 본론인지 구별이 안 됩니다. 서론, 본론, 결론 단락을 시작할 때는 한 칸 들여 씁니다.

논술 시험 문제에서 '본론부터 시작하라'는 지시가 없으면 논술글은 대체로 서론−본론−결론 틀을 갖추어야 합니다. 그리고 서론에서 본론으로, 본론에서 결론으로 바꿀 때는 줄만 바꾸면 됩니다. 원고지 한 줄을 비우고 그 다음 줄부터 시작하는 것이 아닙니다. 지시하지 않으면 줄을 띄워 간격을 두어서는 안 됩니다.

❷ 완결된 글 한 편만으로도 말하려는 것을 상대방에게 전달할 수 있어야 합니다. 예를 들어, 수험생이 '글 (가)에서 지적하였듯이'라고 표현하면, 그 답안지와 '글 (가)'가 있어야 읽는 이가 논술글을 제대로 이해할 수 있습니다. 결국 논술 시험에서 '완결된'이라는 지시는 답안지만으로 모든 것을 분명히 드러내야 한다는 뜻입니다.

따라서 출제자가 '완결된 글 한 편'으로 쓰라고 지시하였다면 답안지에 '글 (가)에서 주장한 대로, 글 (나)에서 분석하였듯이, 주어진 글에 있는 것처럼' 같은 말을 아예 넣지 말아야 합니다. 다음 문장을 보고 수험생이 제시문을 어떻게 이용하였는지를 살펴보세요.

> 1. 제시문 (가)는 한겨레복지관 김갑돌 복지사가 청소년 비행의 원인을 분석한 글이다.
>   ① 오늘날 청소년 비행의 원인은 제시문 (가)에서 지적한 대로이다.
>   ② 오늘날 청소년 비행의 원인은 제시문 (가)에서 지적한 대로 청소년 자체에 있지 않다.
>   ③ 오늘날 청소년 비행의 원인이 청소년 자체에 있지 않다. 제시문 (가)에서 지적하였듯이 기성세대의 무관심, 기성 사회의 냉대가 청소년 비행의 직접적 동기였다.
>   ④ 오늘날 청소년 비행의 원인이 청소년 자체에 있지 않다. 김갑돌(어느) 복지사가 지적하였듯이 기성세대의 무관심, 기성 사회의 냉대가 청소년 비행의 직접적 동기였다.

2. 글 (가)는 박갑순 작가가 쓴 《사막》이라는 소설의 일부이다.

　① 우리 사회가 글 (가)처럼 되지 말라는 법은 없을 것이다.

　② 우리 사회가 글 (가)처럼 삭막하게 변할 것이다.

　③ 대화가 단절되면 우리 사회도 글 (가)처럼 인간관계가 삭막해지면서 사회 구성원이 더욱 더
　　소외를 느낄 것이다.

　④ 대화가 단절되면 우리 사회도 박갑순이 《사막》이라는 소설에서 묘사한 것처럼 인간관계가
　　삭막해지면서 사회 구성원이 더욱 더 소외를 느낄 것이다.

　①이 가장 흔한 사례인데, 글 (가)를 읽고 출제자도 자기 생각과 같다고 판단하여 수험생이 아무 설명 없이 무심하게 표현한 것입니다. 채점자에게 채점 근거를 제공하지 않은 셈이지요. ②에서는 글 (가)에서 말하고자 하는 것을 수험생이 '청소년 자체, 삭막'이라는 말로 압축해 표현하였습니다. 그러나 너무 간단하여, 뭔가를 말하려다 그냥 넘어가 버렸습니다. 함축적 의미는 찾았으나 구체적으로 논의하지는 않은 것이지요.

　③과 ④는 글 (가)에서 말하고자 하는 내용을 수험생이 잘 요약해 표현하였습니다. 물론 이 문장이 그 단락의 논거라면 좀 더 뒷받침하여 한 단락으로 확장할 수 있습니다. ③은 '다음 글에서 근거를 찾아'처럼 제시문을 이용하라는 지시가 있을 때 쓸 수 있는 문장입니다. ④는 '완결된'을 강조하였을 때 쓸 수 있는 문장입니다.

❸ 서론 – 본론 – 결론 각 단락의 원고량을 적절히 조절해야 합니다. 취향과 조건, 내용에 따라 다르지만, 아무 지시가 없다면 전체 원고량 중 서론에 20%쯤, 본론에 60%쯤, 결론에 20%쯤 안배하는 것이 적당합니다. 써야 할 원고량이 1500자일 경우 서론 – 본론 – 결론을 각각 300자, 900자, 300자로 나누어 생각하면 개요를 짤 때 글감을 어떻게 얼마나 정리해야 할지를 짐작할 수 있습니다. 말하자면 '이 글감으로 본론 900자를 채울 수 있을까?'를 판단할 수 있지요.

　물론 주어진 문제에 따라 서술 형식도 달라집니다. 가령 논술 시험 문제에 주어진 내용이 풍부하여 이미 다루어야 할 것이 충분히 거론되었다면, 서론 부분을 20% 이하로 잡아도 됩니다. 논술글이 아니라 설명문에 가까운 글을 서술할 때는 전체를 15% – 70% – 15%쯤으로 안배하여 본론에 몇 문장을 더 보태는 것이 유리합니다.

　그리고 주어진 문제에서 결론을 한정하고 '그 사회적 원인을 찾아보라'고 지시하였다면 정리해야 할 것이 많기 때문에 본론 부분이 커지고 결론 부분은 작아집니다. 즉, 결론 주장이 뻔한 것은 특별히 써야 할 말이 없으므로 결론 부분이 작아질 수밖에 없습니다. 그런데도 결론 원고량을 억지로 채우려고 하면 쓸 말이 궁색하니까 '우리 모두 반성해야 할 것이다, 지금이야말로 환경 보호에 앞장서야 한다, 사회는 대처 방안을 마련해야 한다'는 식으로 '도덕적

설교, 애국적 훈계, 막연한 대안' 따위를 서술하여 논술글을 망치기 쉽습니다.

4 '원인을 찾아 대책을 강구하라'는 문제에서 대책은 대체로 일반적 사실입니다. 예를 들어, 사회적 약자를 배려하지 않는 원인을 찾아 대책을 마련하라고 할 때, 사회적 약자에 대한 인식 부족과 제도적 허술함 따위를 지적하면 됩니다. 출제자가 특별히 지시하지 않으면 '보조금을 100만 원씩 주자, 마을마다 진료소를 짓자, 특별법을 빨리 제정하자'처럼 구체적 대안을 제시하지 않아도 됩니다. 출제자는 원칙을 알고 싶은 것이지, 방법을 찾아보라는 것이 아닙니다.

'원인−대책' 문제는 각종 시험에서 여러 모습으로 변형됩니다. 예를 들어 '다음 글에서 현대 사회의 문제점을 찾아 비판하고, 현대 사회 발전 방향에 대해 자기 견해를 밝히시오' 같은 문제도 '원인−대책' 문제입니다. 이런 문제를 풀 때 수험생들은 대개 다음과 같은 틀에 맞추어 글감을 정리합니다.

> **서론** : 문제 제기, 관심 유발
> **본론 1** : 원인 (문제점) 거론
>   **2** : 대책 (해결 방안) 강구
> **결론** : 요약과 전망

이런 구조에 따르면, 대부분 수험생들이 본론 2(대책)까지 그리 어렵지 않게 글감을 정리합니다. 그것은 원인을 찾아 본론 1에 제대로 정리하면 그에 맞추어 본론 2에서 대책을 강구할 수 있기 때문이지요. 예를 들어 '아이가 배고프다, 아프다'가 원인이었다면 그 대책은 자동적으로 '밥을 먹이자, 치료해 주자'일 것입니다.

그런데 이런 틀에서 수험생들이 힘들어하는 것은 결론 단락입니다. 본론 2까지 진행하면서 할 이야기를 다 쏟아놓았으므로 결론에서 할 말이 더 이상 떠오르지 않습니다. 결론 원고량을 어느 정도 채워야 하므로 결론 단락 첫머리에서 본론을 다시 요약합니다. 본론에서 충분히 이야기한 것을 원고량을 채우느라 다시 언급하는 셈이지요.

더구나 결론 단락을 채울 때 전망을 늘어놓다가 교훈적 당위, 애국적 충고를 담게 되면 채점자에게 잘 보이려고 아부하는 것 같습니다. 그러므로 원인−대책 문제에서 그런 정서를 없애고 글에 깊이를 주려면 다음처럼 구조화하세요.

> **서론** : 문제 제기, 관심 유발
> **본론** : 원인 (문제점) 거론
> **결론** : 대책 (해결 방안) 강구 + 전망

이런 구조대로 정리하면 본론에서 원인을 좀 더 깊이 있게 다룰 수 있습니다. 또 전망은 한두 문장으로 정리하므로, 쓸데없는 내용을 덧보태며 비약하지 않습니다. 이때 원고량을 본론에 40%쯤, 결론에 40%쯤 안배합니다. 본론에서 원인을 두 개로 분석하였다면 그에 따라 결론에 대책 두 개를 서술하고, '이렇게 되면 이렇게 될 것이다'라고 전망하는 내용을 담습니다 (본론에 원인과 대책을 서술하고, 결론 단락을 창의적으로 작성하려면 305쪽을 참조하세요).

⑤ 본론에서도 원고량을 안배해야 합니다. 본론이 세 단락이면 그 세 단락의 길이를 서로 비슷하게 맞추어야 합니다. 대부분 첫째 단락이 길고, 뒤로 갈수록 짧아집니다. 첫째는 잘 아는 것이라 쓸거리가 많았으나, 둘째부터는 슬쩍 언급하고 넘어가는 식입니다. 심지어 한 문장으로 한 단락을 만들기도 하고, 한 문장을 쓰고 습관적으로 줄을 바꾸기도 합니다.

그러나 논술글의 형식을 갖추느라고 '첫째, 둘째, 셋째'로 나눈 것이라면 똑같이 대우를 해주어야 합니다. 본론 각 단락 원고량이 현저하게 다르면 채점자는 수험생의 사고력이 균형을 잃었다고 봅니다. 그러므로 서너 가지를 슬쩍슬쩍 언급하는 것보다 한두 가지라도 확실히 짚고 넘어가야 내용도 풍성하고 글에 깊이도 생깁니다.

예를 들어 본론 첫째 단락이 14줄, 둘째 단락이 9줄, 셋째 단락이 4줄로 모두 27줄을 서술하였다면, 각 단락을 되도록 9줄로 맞추는 것이 좋습니다. 그렇지 않으면 셋째 단락을 없애고 첫째 단락을 14줄 안팎, 둘째 단락을 14줄 안팎으로 언급하면 둘째 단락에서 논의가 풍성해지고 첫째 단락과 균형도 맞습니다. 물론 같은 내용이라서 나눌 수 없는데도, 단락의 원고량을 비슷하게 맞추려고 적당히 줄을 바꾸어서는 안 됩니다.

다음 글은 '첫째, 둘째'로 단락을 나누었으나 둘째 단락에서 한 가지 논거를 정리하기 전에 또 다른 논거를 계속 덧붙여 전체 균형이 깨지고, 논거도 부실해졌습니다(논거의 나열).

> 첫째, 체벌은 비교육적이다. 어떤 문제를 이성적으로 판단할 기회를 주지 않기 때문이다. 즉, 체벌에는 어떤 문제를 대화로 풀면서 무엇을 잘못하였는지 문제점을 찾으면서 익힐 수 있는 이성적 과정이 없다. 한마디로 말해 체벌을 당하는 청소년들은 대부분 성숙해 가는 과정을 거치지 못한다.
>
> 둘째, 체벌은 일이 벌어진 현장에서 일어나기 때문에 학생들이 감정적으로 반응하기 쉽다. (어떻게, 왜를 서술하지 않고 또 다른 논거를 덧붙여) 그리고 체벌은 청소년에게 큰 상처를 남기는 경우도 많다. (얼마나, 왜를 서술하지 않고 또 다른 논거를 덧붙여) 게다가 폭력 앞에서 복종을 강요당하는 것은 바람직한 일이 아니다. (왜, 어째서가 없다.)

이 글을 한 가지 논거에 집중하고, 원고량을 비슷하게 맞추면 다음과 같습니다.

둘째, 체벌은 일이 벌어진 현장에서 일어나기 때문에 학생들이 감정적으로 반응하기 쉽다. 교사가 아무리 이성적으로 체벌한다고 하여도 청소년은 정서적으로 미숙하기 때문이다. 그래서 대부분 청소년들은 체벌을 육체적 고통으로 받아들이지, 이성적 훈육으로 받아들이지 못한다.

6 관점이 다른 글을 제시하고 본론에서 비교하거나 대조할 때는 한 단락에 한 관점을 모아서 정리하는 것이 좋습니다. 장점을 언급하다가 단점을 서술하고, 다시 장점이 어떠한데 단점은 무엇이다라는 식으로 서술하는 사람이 많습니다. 그렇게 되면 비교하는 기준에 따라 본론 단락이 수없이 많아집니다. 이런 방식은 서로 마주 보고 말할 때는 효율적이지만, 글로 정리해 놓으면 이 소리 하다가 저 소리 하는 것 같아서 산만해 보입니다. 한군데로 묶어야 단단해 보이고 한눈에 파악하기 좋습니다. 예를 들어 '장점에는 이런 것 저런 것이 있는데, 문제점으로 이런 것 저런 것이 있다'로 각각 모아서 정리해야 합니다. 또는 본론 1 단락에 공자를 정리하고, 본론 2 단락에 맹자를 정리하는 식입니다. 그렇지 않으면 본론 단락마다 '글 (가), 글 (나)' 또는 '공자, 맹자' 또는 '장점, 단점'이라는 말을 계속 반복하여, 한 단락의 집중력을 떨어뜨리기 쉽습니다.

다음 글은 A-B-A-B같이 주고받는 식으로 서술한 글입니다.

① 체벌이라고 하는 것은 학생에게 단순히 육체적 고통만 주려는 것이 아니라, 그 육체적 고통을 통해 잘못을 반성하는 계기를 마련해 준다. ② 그러나 체벌은 학생들에게 반감을 불러일으킬 수도 있다. ③ 체벌의 고통이 클수록 자기 잘못을 잊어버리고 육체적 고통만 기억하기 쉽다. ④ 그래도 학생들을 좀 더 올바른 방향으로 유도하려면 체벌은 반드시 필요하다. ⑤ 물론 매만 기억하지, 잘못을 고치려고 하지 않을 수도 있다. ⑥ 그러나 체벌은 효과가 아주 빠르다. ⑦ 때로는 매를 대지 않고 청소를 시키자고 하지만, 청소를 벌로 하는 것으로 인식하게 되어 청소를 당연히 해야 할 일로 여기지 않는다.

이 글을 A-A-B-B로 모으고 순서를 새로 잡았습니다.

④ 학생들을 좀 더 올바른 방향으로 유도하려면 체벌은 반드시 필요하다. ① 체벌이라고 하는 것은 학생에게 단순히 육체적 고통만 주려는 것이 아니라, 그 육체적 고통을 통해 잘못을 반성하는 계기를 마련해 준다. ⑥ 더구나 체벌은 효과가 아주 빠르다. → 체벌의 긍정적인 점만 모았다.

② 그러나 체벌은 학생들에게 반감을 불러일으킬 수도 있다. ③ 체벌의 고통이 클수록 자기 잘못을 잊어버리고 육체적 고통만 기억하기 쉽다. ⑤ 매만 기억하지, 잘못을 고치려고 하지 않을 수도 있다. ⑦ 매를 대지 않고 청소를 시키자고 하지만, 청소를 벌로 하는 것으로 인식하게 되어 청소를 당연히 해야 할 일로 여기지 않는다. → 체벌의 부정적인 점만 모았다.

다음 글에서 둘째를 좀 더 보완하여 첫째와 원고량을 비슷하게 맞추어 보세요.

1. 첫째, 기업이 세계를 시장으로 삼으려면 기술 개발에 힘을 기울여야 한다. 새로운 경제 질서로 개편되는 오늘날, 값싼 노동력을 이용하여 물건의 단가를 떨어뜨리는 방식이 더 이상 통용되지 않기 때문이다. 말하자면, 지금 기업이 기술에 대한 인식을 좀 더 적극적으로 바꾸지 않으면 세계무대를 꿈꿀 수 없다는 뜻이다.

　둘째, 교육 부분에서도 세계를 시장으로 생각해야 한다. 예를 들어, 일본에서 개발한 학습 방식이 우리나라 학습지 시장을 상당 부분 점유하였다. (

）

2. 첫째, 매를 대는 것은 순간적으로 개인감정이 많이 개입되기 때문에 체벌해야 했던 문제 자체를 아주 쉽게 처리할 우려가 있다. 즉 때려야 된다든지, 맞으면 끝난다는 식으로 생각하기 쉽다. 또 매를 맞는 사람은 육체적 고통 때문에 여러 생각을 하지 못해 잘못을 쉽게 시인할 수밖에 없다. 말하자면, 매를 드는 사람이나 맞는 사람 모두 문제 해결의 본질에서 멀어지는 것이다.

　둘째, 매를 맞으면서 자라면 입으로만 잘못을 인정하게 된다. 그래서 가슴속으로는 기성세대를 불신하면서도 겉으로는 잘못을 시인하는 이중인격자로 자라기 쉽다. 가령 (

）

다음 글을 내용에 따라 두 단락으로 나눈다면 어느 문장끼리 묶어야 할지 생각해 보세요.

1. ① 인간과 짐승은 차이점이 많다.

② 인간은 그들이 살아온 전통, 문화, 역사 등을 후세에 교육한다.

③ 그러나 짐승은 그렇지 못하다.

④ 인간은 그때까지 창조해 온 것을 전할 수 있다.

⑤ 짐승은 본래 주어진 능력, 즉 본능에 따라 살아간다.

⑥ 인간은 선악과 도덕이 무엇인지를 배워 지키려 한다.

⑦ 그러나 동물은 그것이 무엇인지 모르고 행동한다.

2. ① 사람들은 '인간 시대'와 같은 평범한 이야기 속에서 더 많은 교훈을 받는다.

② 아이들에게 재미와 감동을 동시에 주는 위인전을 가까이 하도록 하려면 '위인전'이라는 딱딱한 말부터 고쳐야 한다.

③ 태초에 인간은 자연을 모방했다지만 지금은 비슷한 처지에 있는 사람에게서 가장 많은 것을 모방한다.

④ 이런 좋은 취지의 위인전을 자라나는 청소년에게 읽히려면 위인전도 '사람 이야기' 같은 부드러운 제목으로 바꿔야 한다.

3. ① 나라마다 문화는 다르다.

② 특히 더운 곳과 추운 곳에 따라 차이가 크다.

③ 그런데 나라마다 자기 나라 문화를 최고로 치는 경향이 있다.

④ 이런 문화 차이는 생활환경이 다르기 때문이다.

⑤ 문화적 차이를 이해하려고 하지 않으면 상대방을 오해하게 될 것이다.

⑥ 소를 숭상하는 것을 미개한 것으로 보기도 한다. 즉, 다른 나라 문화를 배척할 수 있다.

연 습 문 제 15

다음 문장을 본론 논거로 보고 두세 문장을 덧보태 한 단락으로 확장해 보세요(글쓰기가
잘 안 되면 친구를 이해시킨다고 가정하고 먼저 말로 정리해 보세요. 혼자 연습할 때는 소리 내어
말한 것을 글로 바꾸면 됩니다. 쓴 글은 다른 친구들에게 채점을 부탁하세요. 짧은 글이라 '상중하'
로 채점할 수 있습니다).

1. 사회는 혼자 살 수 없는 곳이다.

2. 일본을 이성적으로 보아야 한다.

3. 사람은 항상 겸손해야 한다.

4. 우리나라는 반드시 통일되어야 한다.

5. 인간은 더불어 살아야 한다.

6. 땅을 일부 계층이 독점해서는 안 된다.

7. 여성을 상품화해서는 안 된다.

8. 인간이 지켜야 할 윤리가 절대적인 것은 아니다.

9. 사회는 누구에게나 공평한 기회를 주어야 한다.

10. 동양 사상이 서양 사상보다 앞선다고 보는 것은 편견이다.

11. 우리 사회는 공동체 의식이 부족하다.

12. 권리에 따르는 의무를 충실히 이행해야 한다.

13. 언론의 상업주의에서 파생되는 폐해가 크다.

14. 지식인은 다른 사람보다 사회적 책임이 크다.

15. 초등학교 모든 어린이가 영어를 배우는 것은 잘못된 것이다.

16. 거짓말이 반드시 나쁜 것은 아니다.

17. 청소년 비행은 사회 책임이 더 크다.

18. 언론은 진실을 바탕으로 존재해야 한다.

19. 과정은 결과 못지않게 중요하다.

20. 전통 문화를 올바로 계승해야 한다.

21. 인간은 환경에 따라 행동이 바뀐다.

22. 청소년은 건전하게 성장해야 한다.

23. 외래문화를 주체적으로 받아들여야 한다.

24. 소비가 미덕이라는 말은 잘못된 것이다.

25. 남녀를 차별하지 말아야 한다.

26. 성에 따라 인간성까지 다른 것은 아니다.

27. 인간의 존엄성은 보장되어야 한다.

28. 개고기를 먹는다고 야만스럽다고 볼 수 없다.

29. 공직자는 다른 직업보다 좀 더 윤리적이어야 한다.

다음 문장을 본론 논거로 보고, 문장 끝에 주어진 괄호 안의 단어를 넣어 두세 문장을 덧보태 한 단락으로 확장해 보세요.

1. 우리 문화의 우수성만 강조해서는 안 된다. (고립)

2. 현대 사회는 옛날보다 인간적인 정이 부족한 편이다. (산업 사회)

3. 역사를 정확하게 기술하는 것이 쉽지 않다. (관점)

4. 제도가 합리적이지 못하면 그 사람만 손해 보는 것이 아니다. (인력 낭비)

5. 장애인 시설을 동네에 들어오지 못하게 하는 것은 잘못된 사고방식이다. (물질적 도움)

6. 공교육에서 학생들의 개성을 제대로 살려 주어야 한다. (획일적 사고)

7. 한 사회는 법과 질서가 살아 있어야 온전한 사회가 된다. (약속)

8. 지식인은 사회를 선도할 책임이 있다. (방향)

9. 국가 간 갈등은 피할 수 없다. (편견)

10. 우리나라는 '같은 핏줄'이라는 의식이 강하다. (족보)

11. 사회 구성원의 욕구가 점점 다양해진다. (소득)

12. 물질적인 뒷받침 없이 '삶의 질'을 완벽하게 추구하기 어렵다. (선택의 폭)

13. 부모는 자녀 위에 군림해서는 안 된다. (강요)

서론 단락 쓰기

서론 단락의 성격을 익힙니다.
글을 산뜻하게 시작하려면 어떤 문장을 어떻게
배치해야 하는지를 알 수 있습니다.

1 서론 단락의 이해

1 서론 단락은 글의 첫머리로, 글을 쓰는 의도와 동기를 밝힙니다. 즉, 앞으로 논의할 내용의 방향을 잡거나, 문제를 제기하거나, 논의하는 이유를 설명하는 곳입니다. 서론 단락은 전체 글 분량의 20%쯤이므로 1000자를 써야 한다면 서론은 200자 정도밖에 안 됩니다. 그러므로 가볍게 출발하되, 읽는 이가 관심을 갖도록 분위기를 잡습니다.

2 처음에 일반적 진술로 시작하여도 뒤에서는 논의를 좁혀 구체적으로 방향을 제시해야 합니다. 물론 앞뒤 진술이 서로 밀접하되 너무 막연하여도 안 되고, 너무 먼 곳을 다루어서도 안 됩니다. 가령 책에 관한 것이라면 첫머리를 '전통 문화'에서 출발하지 말고 '독서' 정도에서 시작해야 합니다.
　다음 서론 단락은 '과학 기술 → 생명 과학 기술 → 복제양, 식량 증산' 같은 단계를 거쳐 논의를 점점 좁혔습니다. 서론 단락에서는 이 같은 역삼각형을 이상적인 구조로 봅니다.

> ① 현대 사회는 과학 기술의 눈부신 성장으로 많은 변화를 겪었다. ② 앞으로도 과학 기술은 성장을 계속할 것이지만, 최근에는 생명 과학 기술 발전이 두드러진다. ③ 영국에서 복제양을 처음 만들었을 때 인류는 커다란 충격을 받았다. ④ 그러나 지금은 실용화를 눈앞에 두었다. ⑤ 특히 생명 과학은 식량 증산 분야에서 괄목할 진전이 있었다.

3 수험생이 서론 쓰기를 어려워하는 것은 출제자가 논제에 문제(논쟁거리)를 제기하여 특별히 더 언급할 말이 없는 것처럼 느껴지기 때문입니다. 그럴 때는 문제를 자기 나름대로 구체적으로 소화하여 다른 내용으로 표현하세요. 가령 논제에서 '일부에서 종교인의 사회 참여를 반대한다'고 문제를 제기하였다면 수험생은 '오늘날, 최근, 얼마 전' 그런 갈등으로 '우리 사회에 어떤 사건, 사고, 일화가 있었지?'라고 견문을 떠올린 뒤 구체적으로 서술하면서 시작합니다.

> 과거 암울했던 시기에 명동성당은 우리나라 민주화 운동의 보루였다. 쫓기고 소외된 많은 사람들이 이곳을 기점으로 하여 싸웠다. 그래서 한때 권위적인 정부는 명동성당을 곱지 않은 시선으로 보았다. 나아가 종교의 사회 참여에 노골적으로 반대하였다. 종교인은 종교에만 관심을 가

지라는 것이다.

↘ '종교인의 사회 참여'라는 일반적 사실이 우리 현실에서 어떻게 구체적으로 드러났는지를 보여 주었다.

4 서론 단락 끝에 '이 글에서 무엇을 알아보고, 어떤 것을 살펴보겠다'와 같은 상투적인 문장을 되도록 쓰지 마세요. 서론 단락은 전체 글 분량의 20%쯤이며, 본론 원고량의 3분의 1쯤이라서 아주 절제된 문장으로 깔끔하게 정리해야 합니다. 이런 표현은 원래 논문 같은 긴 글에 넣어야 하는 것이므로, 짧은 글에 이런 문장을 넣느라고 원고지를 낭비하여서는 안 됩니다.

특히 논술 시험에서는 원고량을 제한하므로, 문장 수와 내용을 철저히 계산해야 합니다. 예를 들어, 600자 글을 15문장 안팎으로 정리하면서 서론 단락과 결론 단락에 각각 세 문장, 본론 단락에 아홉 문장을 안배하였다고 칩시다. 그런데 서론 단락 끝에 '여기에서 무엇을 살펴보겠다, 알아보겠다'는 상투적인 표현을 쓰면 겨우 한 문장 정도 다른 수험생과 다를 뿐입니다. 차라리 자기주장의 반대쪽을 좀 더 소개하거나, 용어를 좀 더 구체적으로 설명하는 것이 좋습니다.

5 서론 단락은 문제를 제기하거나 호기심을 유발하는 곳입니다. 그래서 대부분 얼마 전에 있었던 일화를 소개하거나, 최근 동향을 거론하거나, 논의할 내용과 관련된 이야기를 인용하거나, 반대쪽 주장을 소개합니다.

어떤 사람은 서론 단락 도입 문장에서 '삶과 죽음'을 이야기하면 자극적이라고 주장합니다. 이 밖에 '동물이나 물건, 성공 또는 실패한 사람, 연예인, 황당한 뉴스, 엽기적인 일, 광고 이야기, 드라마와 영화 내용'을 거론하는 것이 신선하다고도 합니다.

서론 단락 문장은 대체로 '과거, 현재진행, 인용' 서술어로 끝냅니다. 예컨대 '~라고 주장하였다, ~라는 것이다, ~라고 한다, ~인 것 같다, ~라고 말하였다, ~하고 있다' 따위가 많이 쓰입니다. 전환구로는 '최근, 요즈음, 얼마 전, 과거에는, 일찍이' 따위가 있습니다.

6 서론에 사건, 사고, 일화를 소개하며 시작하더라도 먼 과거보다 '가까운 과거'가 훨씬 설득적입니다. 엊그제 벌어진 테러가 조선시대 전쟁보다 훨씬 더 절실하고 참혹하게 받아들여지는 것과 같습니다. 물론 '가까운 과거'는 쓰는 이 처지에 따라 다릅니다.

오늘날 고등학생이 어떤 문제를 1500자 안팎으로 정리한다면 서론 단락에서 1950~1960년대 산업 사회 정도는 언급하여도 좋습니다. 그보다 더 멀면 출제자와 수험생이 서로 모르는 시대라 일반적이고 관념적인 말로 정리하게 됩니다. 언급하는 시대가 너무 멀면 몇 문장으로 사건이 빠르게 진행되어 쓰는 이와 읽는 이가 소화하기 힘듭니다. 다음 예문에서 시대를 눈여겨보세요.

> ① 우리는 농경 사회의 느긋한 삶을 즐기던 사람들이라 '해질녘, 서리가 내릴 때' 같은 추상적인 시간만 존재하였다. ② 그런데 광복이 되고, 미군정이 실시되면서 '코리안 타임'이라는 말이 생겼다. ③ 시간을 제대로 지키지 않는 한국인을 비하하는 말이다. ④ 농경 사회 한국인은 2시에 만나자는 약속이 정확하게 지키기 힘든 것이었다. ⑤ 그러나 오늘날 한국인은 외국인들에게 지나치게 조급하다고 지적 받는다. ⑥ 한국인은 삶의 질을 생각지 못하며, 삶 자체를 버거워하고 여유도 잃었다는 것이다.

②의 배경이 1945년 이후이므로, ①은 조선시대 또는 1930~1940년대 일제 강점기 당시 한국인의 특징일 것입니다. 출제자와 수험생이 직접 겪지 않은 사례라 관념적으로 이해하지요. ⑤에서 비로소 오늘날을 다루므로 여섯 문장으로 70~80년간을 조감한 셈입니다.

만약 ①에서 '고려가요에서 여인들은 삶을 ~' 하는 식으로 고려시대를 이야기하였다면 여섯 문장으로 수백 년을 조감할 뻔했습니다. 즉, 한 문장에 백 년씩 정리해야 합니다. 이 단락을 뒤쪽 ⑤~⑥은 그대로 남기고, 앞쪽의 시대를 오늘날로 바꾸었습니다. 비교해 보세요.

> ① 얼마 전 텔레비전 공익 광고에서 우리가 사는 모습을 보여 주었다. ② 에스컬레이터에서 뛰는 모습, 엘리베이터 닫힘 버튼이 닳은 모습 따위였다. ③ 그것은 오늘날 한국인들이 얼마나 서두르는지를 상징적으로 드러냈다. ④ 그리고 외국인 노동자가 우리나라에서 가장 먼저 배우는 말이 '빨리 빨리'라고 한다. ⑤ 오래전부터 많은 외국인이 우리가 지나치게 조급하다는 사실을 지적하였다. ⑥ 한국인은 삶의 질을 생각지 못하며 삶 자체를 버거워하고 여유도 잃었다는 것이다.

7 채점자는 서론 단락에서 수험생이 논제를 잘 이해하고 서술 방향을 제대로 잡았는지를 평가합니다. 만약 방향을 잘 잡고 분위기를 잘 띄워 채점자가 흥미롭게 읽었다면 '만점 서론'을 작성한 셈이지요. 그래서 수험생은 어떻게든 채점자 눈에 띄려고 속담과 격언을 인용하고, 칸트와 홉스의 주장을 끌어옵니다. 이런 과정을 통해 수험생은 서론 단락에 자기 취향을 드러낼 수 있습니다.

그래서 서론 단락에서는 논의 방향보다 방향을 구체화하는 과정이 더 창의적입니다. 논의 방향이 같더라도 그 방향을 드러내는 과정이 사람마다 다르기 때문입니다. 예를 들어, 서론 단락에서 '적극적 안락사'를 설명하려고 어떤 사람은 일화(사건, 사고)를 소개하며 풀어 나갑니다. 어떤 사람은 넉 자 성어 또는 속담을 인용하면서 시작합니다. 어떤 사람은 서론 단락에 상대방 주장을 정리하여, 반박할 기준을 읽는 이와 공유합니다.

즉, 제기하려는 방향과 논거가 같아도 취향에 따라 출발 모습이 다릅니다. 다음 글은 적극적 안락사를 찬성하는 사람들이 쓴 것입니다. 어떤 것이 좀 더 산뜻한지, 자기 취향에 맞는지를 비교해 보세요.

1. 얼마 전, 연명 치료를 중단했던 할머니가 200여 일만에 사망하였다. 이 할머니는 국내에서 존엄사 또는 안락사에 대한 기준이 없을 때 법원 판결에 따라 치료를 중단하였다. 이를 두고 우리 사회도 이제 적극적 안락사를 본격적으로 논의해야 한다고 말한다.

   ↳ 일화를 소개하며 시작하였다.

2. '아니 땐 굴뚝에서 연기 나랴?'라는 속담에서 볼 수 있듯, 원인 없이 결과도 없다. 그러므로 적극적 안락사는 환자를 죽여 주는 것으로 보지 말고, 환자가 소생할 수 없는 것에 먼저 눈을 돌려야 한다. 그러므로 우리 사회도 이제 적극적 안락사를 본격적으로 논의해야 한다.

   ↳ 속담을 인용하며 시작하였다.

3. 종교계에서는 '적극적 안락사'를 '제도적 살인'으로 규정한다. 신이 관장하는 죽음을 인간이 나서서 조정하려 한다는 것이다. 더구나 사람을 살려야 하는 병원에서 죽음을 권하는 것이야말로 역설이라고 하였다. 적극적 안락사는 우리 사회에서 첨예하게 부딪치는 사회 문제인 것이다.

   ↳ 반대론자의 주장을 소개하며 시작하였다.

8 서론 단락을 만들 것인지, 안 만들 것인지를 분명히 해야 합니다. 어떤 논술 시험에서는 우리가 문제를 제기하였으니 '서론을 생략하고 본론 단락부터 서술하라'고 수험생에게 지시합니다. 그럴 때는 서론 단락을 빼고 바로 본론부터 시작해야 합니다. 논증할 때는 구태여 서론 단락이 필요 없으나, 노래하기 전에 운을 떼듯 서론은 도입부로서 의미가 있습니다.

그러므로 서론 단락(또는 도입 단락) 원고량을 줄이더라도 아예 없는 것보다 서론-본론-결론 형식을 갖추는 것이 좋습니다. 평소에 서론 단락 없이 논증하는 연습을 하지 않았다면, 시험장에서 느닷없이 서론 단락 없이 써 보겠다고 해서는 안 됩니다. 실패하기 쉽습니다.

출제자가 서론과 결론을 생략하고 본론만 쓰라고 하는 것은 논거 확장 능력만 보겠다는 것입니다. 그럴 때 본론 단락 앞 또는 뒤에 주장 문장을 넣어 쓰는 이의 태도를 밝혀야 합니다. 물론 공간이 넉넉하면 주장 문장을 앞뒤에 넣어 양괄식으로 처리할 수 있고, 서론 성격의 도입 문장을 넣을 수도 있습니다. 다음은 본론 단락에 주장(마무리) 문장을 앞 또는 뒤에 넣은 것입니다.

1. **자립형 사립고 제도를 허용해서는 안 된다.** (주장) ① 이 제도는 고등학교 서열화를 부추겨 학벌 중심 풍토를 더욱 심화시킬 것이다. ② 우리 사회의 큰 병폐로 꼽는 것이 학력과 학벌 중심의 사회 구조이다. ③ 우리 사회에서 학벌은 신분 제도에 비유될 만큼 영향력이 크다. ④ 지금도 소위 SKY로 불리는 명문 대학을 중심으로 형성된 학벌이 견고하며, 개인의 성공과 출세에 중요한 잣대가 되고 있다. ⑤ 거기에 자립형 사립고를 중심으로 또 하나의 학벌을 형성하게 될 것이다. (본론)

2. ① 자립형 사립고를 허용하면 과외 열풍을 중학생에게 전가시키기 쉽다. ② 그렇게 되면 정상적인 학교 교육은 더욱 어려워진다. ③ 이미 우리 사회의 기성세대는 중·고교 입학시험 제도가 있었던 시절, 초등학생 때부터 기계적으로 입시 문제를 풀며 보낸 적이 있다. ③ 그런 부담을 덜어 주려고 고교 평준화를 도입하여 좀 더 자유로운 활동과 사고를 보장하려 했다. ④ 그러나 특수 목적고가 생기면서 중학교에 다시 과외가 성행한다. ⑤ 자립형 사립고까지 허용하면 초·중학생 과외가 더욱 확산될 것이다.(본론) **따라서 자립형 사립고 제도를 허용해서는 안 된다.**(주장)

🢒 서론이 길어지고 장황하면 읽는 이가 지루해합니다. 쓰는 이가 실태, 현상, 현황만 계속 단순하게 늘어놓을 때 서론이 장황해집니다(사례의 단순 나열). 한 가지 사례라도 그것을 왜 거론하는지, 무슨 의미가 있는지를 깊이 있게 서술해야 합니다. 서론에서 다 언급하지 못한 것은 단락을 바꾸어 본론 1 단락에서 좀 더 확실히 처리하면 됩니다.

물론 원고량이 넉넉할 때여야 합니다. 그 단락은 서론의 연장이지만, 본론 2 이후를 위해 기본을 다지는 것입니다. 즉, 본론 1에서 문제점을 좀 더 다루지만, 기다리면 본론 2 이후에 본격적으로 논의하겠다는 것이지요.

🢒 서론에서 문제를 제기한 김에 주장을 드러내면서 장황해집니다. 서론 단락에 주장과 논거를 밝히지 않아도 본론 단락에서 충분히 서술할 수 있습니다. 만약 본론 단락에 '서론에서 언급하였듯이, 서론에서 이미 말했듯이, 서론에서 살펴본 것처럼, 앞서 말한 바와 같이, 서론에서 지적한 것처럼'이라고 하였다면, 본론에서 다루어야 할 말을 서론에서 거론하였다는 뜻입니다.

이런 버릇을 고치려면 논증의 큰 틀을 잡은 뒤, 본론부터 단락을 확장하고 결론 단락을 늘린 뒤 마지막에 서론 단락을 늘려야 합니다.

🢒 서론이 너무 단정적이면 읽는 이들이 흥미를 잃기 쉽습니다. '지금 이런 일이 있다, 이런 문제가 시끄럽다'쯤으로 가볍게 시작하는 것이 좋습니다. 어깨에서 힘을 빼고 방망이를 가볍게 휘둘러야 홈런이 나옵니다. 자칫하면 본론 단락에서 본격적으로 논의하기 전에 논쟁거리를 만듭니다. 서론 단락에서 필연 서술어로 단정할 수 있는 것은 속담, 과학적 진리처럼 많은 사람들이 보편적으로 인정하는 것들입니다. 또 도덕적 당위, 보편적 진리 같은 것도 그렇게 표현할 수 있습니다. 다음 서론 단락에서 서술어를 눈여겨보세요.

1. 인간은 '사회적 동물'이다. 인간은 오랜 역사를 거치면서 언제나 개인이 아닌 공동체의 구성원으로 존재해 왔다. 어느 시대이든 인간은 '사회'라는 집단을 형성하고, 그 속에서 안정과 행복을 추구하며 살았다. 이렇게 개인에게 안정감과 행복을 누리게 하는 사회적 기능과 요인은 무엇일까?

2. 오늘날 시대 변화는 격랑의 시대라 할 만큼 아주 험난하다. 왕조 말기에 흥선대원군이 쇄국 정책을 펴면서 조선 왕조는 멸망하는 길로 들어섰다. 스스로 시대 조류를 멀리 하면서 문명 시대를 받아들이지 않았다. 결국 외부 세계와 소통, 불통하는 문제는 선택하는 것이 아니라 필연이라는 것을 잘 보여 주었다.

1번은 필연 서술어로 단정하였지만, 충분히 인정할 만한 내용입니다. 2번을 보면 본론 단락에서 '외부 세계와 소통해야 하는 논거'를 서술할 참입니다. 그런데 '조선 왕조의 멸망'과 '흥선대원군'을 너무 단정적으로 서술하면서 그곳부터 다른 사람과 논쟁하기 쉽습니다. 그럴 때는 다음처럼 개연 서술어나 인용 서술어로 바꾸어 논쟁거리를 없애야 합니다.

2. 오늘날 시대 변화는 격랑의 시대라 할 만큼 아주 **험난한 편이다.** 어느 역사학자는 왕조 말기에 흥선대원군이 쇄국 정책을 펴면서 조선 왕조는 멸망하는 길로 **들어섰다고 주장하였다.** 스스로 시대 조류를 멀리 하면서 문명 시대를 받아들이지 **않았다는 것이다.** 결국 외부 세계와 소통, 불통하는 문제는 선택하는 것이 아니라 필연이라는 것을 잘 **보여 준 셈이다.**

⓬ 어떤 사람은 '결론부터 말하면'처럼 시작하여 결론 단락에 써야 할 주장을 서론 단락에 드러냅니다. 가령 '요즈음 이러한데, 나는 반대한다'와 같이 도전적으로 출발하면 쓰는 이와 읽는 이는 글이 끝날 때까지 긴장합니다. '그것에 반대한다'는 결론 단락의 주장 문장에 해당하므로, 서론 단락에 쓰기에는 너무 강합니다.

주장 문장을 서론 단락에 쓰는 것은 논증의 한 방법이지만, 결론 문장을 서론에 쓰는 것은 그만큼 원고량을 낭비하는 셈입니다. 그리고 서론 단락에서 미리 결과를 드러내면 흥미가 떨어지기 쉽습니다. 다음 글은 서론 단락이지만 문제가 많습니다.

① 제시문에서 정의는 자발적인 것이 아니라 강요되는 것이라고 주장하였다. ② 그러나 이는 타당하지 않다. ③ 제시된 이야기는 정의롭지 못한 사람의 이야기일 뿐이지, 정의의 가치를 논하기 위한 적절한 근거 자료가 되지 못한다. ④ 제시문의 주장이 설득력을 얻으려면 과학적인 사회 탐구 방법을 통해 신빙성 있는 자료를 제시해야 한다. ⑤ 더구나 '한 사람도 없을 것', '누구나' 같은 말을 쓰면서 일반인이 받아들일 만한 객관성을 잃었다.

↘ 제시문 내용을 ①처럼 일반화하였으면, ②부터는 그것을 좀 더 구체화하여 서술하는 것이 낫다. ②는 결론 문장이고 ③, ④, ⑤는 본론에서 다룰 문장이다. 즉, '② 타당하지 않다(정의는 자발적인 것이며 강요되지 않는다)'는 결론 단락에 놓아야 한다.

⑬ 서론 단락에서는 중립적인 태도가 무난합니다. 머잖아 결론 단락에서 태도를 분명히 할 것이니까, 서론 단락에서 굳이 드러내지 않아도 됩니다. 가령 서론 단락에서 '이 글에서 사형 제도의 문제점을 고찰하겠다'고 하면 쓰는 이가 앞으로 '사형 제도 폐지' 쪽에 서서 논의를 펼 것입니다.

그러므로 서론 단락에서는 '사형 제도 존폐를 두고 논란을 벌인다' 정도로 표현하여야 양쪽 주장을 균형 있게 다루겠다는 의지를 보여 줄 수 있습니다. 물론, 강하게 보이려고 '그것에 반대한다'며 일부러 태도를 분명히 밝힐 수도 있습니다.

⑭ 서론 방향은 결론 주장과 짝이 맞아야 합니다. 만약 글쓴이가 결론 단락에서 '젊은이는 사회에 좀 더 적극적으로 대처해야 한다'를 주장한다고 칩시다. 그것은 수험생이 논제와 제시문에서 '젊은이들이 그러지 않아서 문제가 크다'는 것을 찾아냈기 때문입니다. 따라서 서론은 결론 주장과 짝이 맞되, 반대쪽을 이야기하는 것이 좋습니다. 반대쪽에 초점을 맞출 경우 논증의 큰 틀은 다음과 같습니다.

> **서론** : 젊은이들이 사회에 적극적으로 대처하지 않는 편이다. (현황, 실태)
> **본론 1** : 소극적일 때 문제점 (논거 1)
> **　　2** : 적극적일 때 장점 (논거 2)
> **결론** : 젊은이들은 사회에 좀 더 적극적으로 대처해야 한다. (주장)

결론 주장과 반대쪽에서 시작하는 것이 같은 쪽보다 훨씬 자극적입니다. 그것은 '(서론) 사람들이 이것을 나쁘다고 하는데―(본론) 이러저러해서―(결론) 좋다고 본다'와 같은 구조입니다. 말하자면 서론 방향을 뒤쪽에서 뒤집는 것이라 반전 효과를 얻을 수 있습니다.

그러나 결론 주장과 같은 쪽에서 시작하면 '(서론) 사람들이 이것을 좋다고 하는데―(본론) 이러저러해서―(결론) 좋다고 본다'와 같은 구조입니다. 즉, 남들이 좋아하는 것에 자기도 동의하는 것이라 반전 효과가 없습니다. 결론 주장과 서론 방향이 같을 때 논증의 큰 틀은 다음과 같습니다. 위 구조와 비교해 보세요.

> **서론** : 젊은이들이 사회에 적극적으로 대처하여 호평을 받았다. (현황, 실태)
> **본론 1** : 소극적일 때 문제점 (논거 1)
> **　　2** : 적극적일 때 장점 (논거 2)
> **결론** : 젊은이들은 사회에 좀 더 적극적으로 대처해야 한다. (주장)

⓵ 거창하고 멋있게 쓰려고 하지 마세요. 서론 단락이 글 첫 부분이라서 대부분 베토벤의 〈운명 교향곡〉 첫머리처럼 거창하고 멋있게 쓰려고 합니다. 그래서 실제보다 힘이 들어가기 쉽습니다.

예를 들어, 상식적인 이야기를 어렵게 말하거나, 문학적으로 화려하게 표현합니다. 그러다 정작 뒤에서는 뒷심이 모자라 자기가 던진 화두를 감당하지 못합니다. 논술글에서 정성을 기울이고, 창의적으로 정리해야 할 곳은 본론 단락입니다. 본론 단락에서 주장의 논거를 대고 자기 견문을 이용하여 제대로 논증해야 하기 때문이지요. 서론에 힘을 다 쏟아서는 안 됩니다.

⓶ 너무 상투적이거나 유치한 것은 아닌지 고민해야 합니다. 예를 들어 서론 부분에서 루소, 홉스, 로크를 거론하거나, 속담을 인용하는 것이 너무 뻔한 방식은 아닌지 판단해야 합니다. 자칫하면 채점자에게 잘 보이려고 내용보다 형식에 매달려 단편적인 지식을 자랑하는 것 같습니다.

어떤 사람은 모두 다 아는 사건을 마치 새삼스러운 것처럼 너스레를 떱니다. 적절하지 못한 것, 엉뚱한 것, 지극히 개인적인 것을 거론하면서 흥미를 강요하면 수험생 자신의 수준을 드러낼 뿐입니다.

⓷ 빙빙 겉돌며 뭘 다루려는지 드러나지 않을 때도 있습니다. 심지어 논의 방향이 모호하거나 아예 없습니다. 서론은 본론에서 논의할 방향을 짚어 주어야 하므로 '은근하게'라도 방향이 드러나야 합니다.

구체적인 예시가 많고 현상은 거론하면서 그런 것을 왜 늘어놓는지를 일반화하지 않으면 서론과 본론이 연결되지 않습니다. 다음 글은 거창하게 멀리서 논의를 시작하였지만, 본론에서 어떤 문제를 논의할 것인지 알 수 없습니다.

> 현대 산업 사회의 큰 특징 중 하나가 대중화 사회가 되어 간다는 점이다. 문화 전반에 걸친 대중화는 독서도 예외가 아니다. 다양한 읽을거리가 끊임없이 쏟아져 나온다. 많은 종류의 책들 중에서 대부분 사람들은 어린 시절에 위인전 한 권쯤은 읽어 보았을 것이다. 위인전은 어린이에게 큰 꿈을 품게 하는 데 일조를 한다. 책이 꿈을 꾸게 하고 사람을 바꾼 셈이다.
> ↘ '산업 사회'부터 출발하였지만 궁극적으로 책을 이야기할 것인지 위인전, 또는 독서를 이야기할 것인지 알 수 없다.

⓸ 의문문을 남용해서는 안 됩니다. 서론 단락은 문제를 제기하는 곳이므로 한 문장쯤은 '인류에게 과학은 정말 가치중립적이었을까?'와 같이 묻는 방식으로 논의 방향을 드러낼 수 있습니다. 그러나 그 정도로 끝내야지 자신이 묻고 답하거나, 묻고 또 묻는 식으로 정서를 늘어놓아서는 안 됩니다. 자칫하면 이성과 합리, 객관성을 놓치기 쉽습니다.

더구나 수험생이 쓴 글을 채점자가 읽습니다. 수험생은 논술글에 자기 견해를 드러내는 사람이므로, 채점자에게 물을 수 없고 자기 견해를 강요할 수 없습니다. 다음은 의문문으로 채운 서론 단락과 스스로 묻고 대답하는 서론 단락입니다.

1. 왜 체벌과 폭력을 동일시하는가? 교사가 체벌을 하면 교육은 더 이상 인격적 만남의 과정이 안 되는 것인가? 만약 교사가 체벌을 하면 교사는 조련사일 뿐 더 이상 교사일 수 없는 것인가? 정말 체벌은 필요 없는가?

2. 언젠가부터 항상 빠지지 않는 뉴스가 있다. 그것은 무엇일까? 지진, 산불, 테러? 다 틀렸다. 무엇이냐고? 그것은 부정부패와 관련한 사건들이다. 항상 그렇다. 왜 우리나라에는 이런 일들이 자주 발생하는 것일까? 그리고 해결책은 없는가? 물론 있다. 그것이 무엇인지 알아보자.

서론 단락 문장의 종류

서론 단락은 실태와 현황, 현상 따위를 밝혀 문제를 제기하는 곳입니다. '무슨 일이 있었는지, 어떤 일이 벌어졌는지, 어떤 식으로 굴러 왔는지, 무엇이 어떻게 되어 지금 결과가 어떤지'를 서술합니다. 그래서 그 내용에 따라 '도입, 전개, 문제 제기' 문장으로 분류합니다.

도입 문장은 단락 첫머리라서, 이곳에 놓인 내용에 따라 서론 색깔이 달라집니다. 즉, 도입 문장에 자신의 경험이나 사실을 담으면 생활글(수필)과 비슷해집니다. 대체로 용어를 설명하는 문장, 남의 말이나 격언 따위를 인용하는 문장, 최근 사건과 사고를 거론하는 문장, 글의 주제를 곧바로 질문하는 문장 따위를 놓으면 됩니다.

전개 문장은 도입 문장의 배경을 설명하거나 의미를 부여하는 곳입니다. 본격적으로 도입 문장을 해설하여 서론답게 만드는 곳이지요. 그러므로 도입 문장의 의미를 깊이 있게 정리해야 합니다. 대체로 도입에서 거론한 구체적 사례를 일반화하여 정리하되, 남의 말로 처리하는 것이 무난합니다.

문제 제기 문장은 논의 방향을 제시하는 곳입니다. '~을 살펴보겠다, ~을 알아보겠다'라며 방향을 분명하게 드러내거나, 때로는 '이런 처지에 놓였다, 이렇게 갈등한다'는 식으로 은근히 드러냅니다. 서론 단락과 본론 단락을 연결하는 다리 구실을 합니다.

1200자 글을 서론 단락 원고량으로 20%쯤 안배하면 240자 안팎으로 써야 합니다. 240자는 보통 6문장 안팎이므로, 수험생은 '첫째와 둘째 문장이 서론 단락의 도입, 셋째와 넷째 문장이 전개, 다섯째와 여섯째 문장에서 문제 제기' 식으로 계산하면 됩니다.

예를 들어 첫 문장에서 최근 벌어진 사건을 소개하고, 둘째 문장에서 찬반으로 엇갈린 사람들이 어떻게 대립하는지를 부각시킵니다. 셋째 문장에서 어느 사회학자의 주장을 인용하여 그것이 우리 사회에 어떤 의미가 있는지를 정리하고, 넷째 문장에서 본론 내용과 어떻게 관련이 있는지를 말합니다. 마지막으로, 다섯째와 여섯째 문장에서 찬성 및 반대의 장단점이 정말 그런지를 알아보겠다며 논의 방향을 드러냅니다. 이런 구조에 따르면 서론 단락의 전형적인 모습은 다음과 같습니다.

① 우리나라 '성형 수술'은 해외 언론에서 화젯거리로 오를 만큼 우리에게는 아주 흔한 일이다. ② 애초 성형 수술이 나쁜 것이 아니었는데, 문제점이 드러나면서 최근 부정적인 시각이 늘었다. ③ 의술조차 욕망의 도구가 되어 상업적으로 이용된다는 것이다. ④ 이를 두고 한쪽에서는 신데렐라 콤플렉스라며 성형의 주소비자인 여성을 원색적으로 비난한다. ⑤ 그러나 여성을 비난하는 것으로 이런 풍토가 해결되지 않는다. ⑥ 특히 사회적 풍토를 고려하지 않고는 분명한 해답을 얻지 못한다.

↳ 도입 문장은 ①, 전개 문장은 ②~④, 문제 제기 문장은 ⑤와 ⑥인데 본론 단락에서 '성형과 사회 풍토'를 논의하겠다는 것을 드러냈다.

연습문제 1

다음은 서론 단락입니다. 이 단락이 서론 단락으로 왜 좋지 않은지를 이야기해 보세요.

1. ① 현대는 고독한 시대다. ② 모든 사람은 외로움을 느끼며 산다. ③ 특히 청소년은 더욱 외롭다. ④ 친구를 사귀어도 고독이 가시지 않는다.

2. ① 청소년 시기는 인생의 중요한 고비이다. ② 그런데도 헛되이 보내는 사람이 있다. ③ 왜 그렇게 사는지 한심스러울 때가 많다. ④ 그러므로 청소년은 친구를 잘 사귀어야 하는데, 여기에서는 진정한 우정이란 무엇인지 검토해 보자.

3. ① 왕따 같은 형태가 옛날에도 있었다고 하며, 성장 과정에 흔히 있는 일로 보기도 한다. ② 하지만 이것은 잘못된 생각이다. ③ 우리 사회에 왕따라는 이상한 현상이 만연되어 있어 큰일인데, 그것을 용납하는 풍토가 만연되어 있다는 사실도 큰 문제가 아닐 수 없다. ④ 특히 초등학교 어린이들에게까지 왕따 현상이 확산된 것은 큰일이 아닐 수 없다.

4. ① 달라지는 세계 흐름에 맞추어 우리나라에서는 '교육 개혁'이라는 이름으로 교육 정책을 여러 차례 바꾸었다. ② 그러나 우리 교육의 최종 관문인 대학 입시가 어느 정도 '수준 있는' 시험으로 바뀌었어도 그것을 현 교육 제도가 따르지 못해 부작용이 있기도 하

다. ③ 그것이 또 다른 교육 개혁을 초래하는 원인이 되고 있다. ④ 개혁해야 할 문제, 즉 한국 교육의 문제점은 어디에 있는지 알아보자.

5. ① 과거 농경 사회에서는 많은 인력이 필요하였기 때문에 부락을 이루어 친족끼리 모여 살았다. ② 그러나 오늘날의 사회는 개방적이고 세분화된 사회라 적은 식구가 살기에 편하다. ③ 그래서 오늘날은 핵가족 제도가 보편화되었다. ④ 그렇다면 더욱 진보되고 발전된 미래 사회의 가족 제도는 어떻게 변할지 생각해 보자.

6. ① 중세 봉건시대와 절대주의시대를 거쳐 근대에 이르기까지 인류는 사람답게 사는 권리를 확보하려고 끊임없이 노력해 왔다. ② 그 결과 국민의 대표가 그 나라 국민의 의사를 반영하는 대의(代議) 민주 정치가 확립됐다. ③ 그러나 국민의 대표로 구성된 소수의 정치 집단이 국민의 여론을 반영하지 않은 채 국가의 중대사를 함부로 결정하고 있다. ④ 이로 인해 발생하는 부정적 영향에 대해 살펴보자.

7. ① 미래 사회가 요구하는 인간은 이제 더 이상 신속함만을 갖춘 인간은 아니다. ② 앨빈 토플러는 《제3의 물결》에서 모든 작업은 세분화, 다양화되고 어떠한 일들은 탈분업화된다고 하였다. ③ 이제는 신속함이 아니라 정확함, 그리고 창의성이 요구되는 것이다. ④ 다행히 우리나라에서도 여유 있게 살고자 하는 사람들이 늘어나고 있다. ⑤ 무엇인가에 맹목적으로 집착하고 그것에 조급함을 느끼기보다, 한 번씩 여유를 가지고 주의를 둘러보는 것이 필요하다는 것이다.

8. ① 《혼불》에서 주인공 할머니가 자신의 창씨개명을 정당화하는 대목이 있다. ② 그녀는 비록 창씨개명을 해서 현상은 변하지만 가문의 긍지라는 본질은 변하지 않는다고 주장한다. ③ 그러나 분명 그녀는 조국에 대한 사랑 같은 자기만의 신념, 즉 본질을 지키기 위해 창씨개명을 거부한 사람들과 구분된다. ④ 그녀는 좀 더 편한 삶을 살기 위해 그녀의 본질을 조금 양보한 것이다. ⑤ 후자는 일체의 고문과 억압을 이겨내면서 분명히 본질을 더 강화하였을 것이다. ⑥ 여기에서 현상만 변하고 본질은 변하지 않는다거나 둘이 동떨어진 개념이 아니라는 것을 알 수 있다.

9. ① 현재 살고 있는 세계는 현상과 본질에 싸여 있다. ② 또한 우리는 현상과 본질 중 어느 하나에 우열을 두고 살아간다. ③ 그러나 사람마다 생각하는 것이 달라서 각 개인은 어느 것에 우열을 두었는지를 놓고 혼란을 겪는다. ④ 혼란이란 자고로 해결하기 위해 있

는 것이므로 우리는 이에 대한 방안을 찾아야 한다. ⑤ 그중 하나가 현상과 본질에 대해 모두가 가져야 할 올바른 관점을 찾는 것이다.

10. ① 개인의 목적은 매우 다양하며, 목적을 달성하기 위한 수단도 사람마다 다르다. ② 가령 집에서 학교로 가는 수단은 여러 가지다. ③ 버스를 이용하거나 지하철을 타거나 자가용을 타거나, 걷거나 등 여러 가지 방법이 있을 수 있다. ④ 지금 이 예에서 우리는 목적과 수단의 아무런 갈등도 볼 수 없다. ⑤ 학교에 가려는 목적과 수단의 아무런 갈등도 볼 수 없다. ⑥ 학교에 가려는 목적과 교통수단의 모두 정당한 가치 위에 있기 때문이다. ⑦ 어떠한 목적을 바탕으로 제안된 여러 가지 수단들 가운데 그 수단 안에 존재하는 어떠한 악이 목적 가운데 존재하는 어떠한 선과 균형을 잘 이룬다고 하여 그 악이 선한 것으로 관해 언급하고 있다.

11. ① 현대를 살아가는 사람에게는 다양한 역할이 요구된다. ② 예를 들어 어떠한 사람은 학생이면서 자식이고, 또한 한 집단의 구성원일 수 있다. ③ 이러한 개개인에 대한 다양한 역할 요구는 여러 가지 불일치가 발생한다. ④ 예를 들어, 제시문에도 언급됐듯이 지구상으로서 야생의 강에 댐을 만드는 것은 반대하지만, 사회의 한 사람으로서는 자신이 소속한 사회의 법과 가치에 어긋나는 시위는 자제해야 한다. ⑤ 이러한 상황은 인간이 사회를 이루어 살면서 필연적으로 생긴 것이다.

12. ① '여러분, 부자되세요'라는 광고 카피가 있었다. ② 이 말은 우리나라가 안고 있는 물질만능주의 풍조를 여실히 나타낸다. ③ 물질만능주의로 신용불량자 수백만 시대가 열렸고, 수단과 방법을 가리지 않고 돈을 벌려는 범법자가 무수하다. ④ 이러한 문제들은 현상과 본질을 이분하는 서구 사상의 유입에 그 원인을 두고 있다. ⑤ 그리고 현재 간통제 폐지에 관한 논란이 끊이질 않고 있다. ⑥ 남녀평등이라는 주장 하에 현 국가의 제도와 법의 변경을 현실을 고려하지 않은 채 주장하고 있다. ⑦ 이러한 문제점들은 현상과 본질의 관계에 대한 정확한 인식이 결여되었기 때문에 비롯되었다. ⑧ 현상과 본질 어느 한 극단에 서지 않고 중도의 통합적 관점이 가장 필요하다.

연 습 문 제 2

다음 단락은 주어진 논제에 맞추어 서술한 서론입니다. 이 글이 서론 단락으로 왜 좋지 않은지를 이야기해 보세요.

1. 우리말보다 외래어가 더 격이 높다고 보는 사고 방식을 비판하라.

　① 맞벌이 부부의 증가와 경제 성장에 따라 외식 문화에 대한 관심이 높아지고 있다. ② 예를 들어 저녁을 한 끼 먹더라도 좀 더 분위기 있고 깨끗한 곳에서 먹으려 하는 경향이 많다. ③ 우리나라에는 여러 가지 음식점들이 많이 있다. ④ '밥집, 식당, 레스토랑' 등이 있다. ⑤ 특히 각 이름별로 그 격을 달리 생각하는 경향이 있다.

2. 우리나라 위인전이 나아가야 할 방향은 무엇인지 써 보라.

　① 모 출판사에서 독일 위인전의 명판 《로로로 시리즈》가 출간된다고 한다. ② 굳이 《로로로 시리즈》가 아니더라도 외국 위인전을 보면 우리나라 위인전에 비해 소설 같은 흥미진진함과 긴장감을 느낄 수 있다. ③ 근래에는 학생 시절 교훈을 얻기 위해 위인전을 보던 것과 달리 독자층도 넓어졌고, 위인전을 읽음으로써 한 개인이 겪은 치열하고 고뇌가 가득한 실화를 보고자 하는 생각이 많아지고 있다고 한다. ④ 외국 위인전에 비해 국내 위인전은 다양한 독자를 만족시킬 만큼 다양한 위인전도 몹시 아쉽지만, 내용도 아쉬움이 많다.

3. 사형 제도의 존폐에 대하여 서술하라.

　① 인간의 수명은 과학적 기술의 발전으로 예년에 비해 많이 연장되었다. ② 지금도 세계 과학자들이 그 방면의 연구를 끊임없이 하고 있으니 더 연장될 것은 두말할 나위 없을 것이다. ③ 인간이 가지는 존엄성이 약화되어 가는 것들이 이런 것들과 무관하지는 않다. ④ 태어날 때 지닌 인간의 본성은 순수하다. ⑤ 어린아이의 해맑은 미소는 보는 이로 하여금 모든 것을 다 잊게 해 준다. ⑥ 그러나 인간이기에 살아가면서 여러 문제에 부딪치다 보면 자기도 모르는 사이에 죄의 구렁텅이에 빠지게 되는 것이다.

4. 쉽게 변절하는 지식인이 사회 발전에 어떤 영향을 미치는지 써 보라.

①사회와 개인의 관계를 말할 때 흔히 물과 물고기의 그것에 비유한다. ②물고기가 물을 떠나서는 살 수 없듯이 개인도 사회라는 울타리에서 벗어나 살 수 없다. ③또 개인과 사회는 서로의 운명에 지대한 영향을 끼친다. ④사회적 상황이 개인의 운명을 바꾸어 놓을 수 있고, 개인의 노력이나 태도가 사회를 변화시킬 수 있다. ⑤가령 전광용의 소설 《꺼삐딴 리》에 나오는 이인국 박사의 삶의 태도도 사회적 상황이 개인의 운명을 바꾸어 놓았다고 볼 수 있다. ⑥그는 일제 강점기에는 철저한 황국 신민으로 살았으며, 해방 후에는 친소파로 변하여 아들을 소련에 유학 보낸다. ⑦그리고 육이오 전쟁 이후에는 친미파로 변하여 시대를 기회주의적으로 산다.

5. 종교인이 정치에 참여해도 좋은지에 대해 서술하라.

①우리나라는 삼국시대부터 종교 교리가 국가의 통치 이념으로 확립되어 약 1,500년 동안 종교와 정치는 밀접한 관계를 맺게 되었다. ②그러나 정치·사회 체제가 민주주의로 바뀌게 되면서 공동체를 조절하는 국가의 통치 이념으로서의 종교 교리가 쇠퇴하여 지금은 정치에서 종교적 교리는 더 이상 존재하지 않는다. ③그런데 최근에는 종교인이 정부 정책에 이의를 제기하는 등 정치적 개입이 활발해지고 있다. ④이에 종교인이 정치에 참여하는 것이 정당한 것인지에 대해 논란이 일고 있다.

연 습 문 제 3

다음 서론 단락을 분석하여 도입 문장, 전개 문장, 문제 제기 문장으로 분류해 보세요.

1. ① 요즘 '인문학의 위기'가 문제가 되고 있다. ② 현실적인 면을 생각하여서 실생활에 도움이 되는 응용학문을 중시하는 경향 때문에 순수학문인 인문학이 무시되는 것이다. ③ 그것은 우리 사회가 본질보다는 현상적 가치를 더 중시하기 때문이다. ④ 이런 본질과 현상에 대한 문제는 어디에서나 일어날 수 있다. ⑤ 이러한 문제를 해결하려면 본질과 현상에 대한 올바른 관점이 필요하다.

2. ① 쓰레기통에서 장미가 피어날 수 없다. ② 이 말은 불가능한 것을 비유한 말이다. ③ 그런데 지금 우리 사회에 놓인 비민주적인 퇴행을 놓고 이 말이 다시 의미를 지닌다. ④ 지난 세월, 사람들은 절차의 민주주의는 완성된 것으로 보았다. ⑤ 그런데 오늘날 새 정부가 들어서면서 불법과 탈법이 벌어져 많은 사람들이 절망하였다. ⑥ 그러나 우리 사회에 참된 민주주의 실현이 힘들다는 주장에는 문제가 많다.

3. ① 요즘 길거리에는 한결같이 명품 일색이다. ② 특정 회사의 상품들이 주류를 이루며 가격이 싼 무명 상표는 찾기 힘들다. ③ 그래서 길거리 상표를 입는다면 주위 사람에게 무시당하기 일쑤이다. ④ 이를 두고 한 사회학자는 우리 사회가 내면보다 외모에 치중해 산다고 혹평하였다. ⑤ 소비자로서 단순히 유행에 휩쓸려 능동적인 선택을 포기한다는 것이다. ⑥ 소비자는 많은 빚에 시달리면서도 왜 명품을 사는 것일까?

4. ① 인간은 '사회적 동물'이라고 한다. ② 그것은 인류가 시작되면서 사회를 꾸렸다는 사실을 지적한 말이다. ③ 구석기에 함께 사냥을 한 것을 시작으로 신석기 이후 정착 생활을 하면서 인간 사회는 더욱 복잡해지게 되었다. ④ 그런데 최근 들어 개인이 사회에 묻혀 사회에 희생되는 경우가 많아졌다. ⑤ 그러면서 '개인이 먼저인가, 사회가 먼저인가'를 두고 의견이 분분하다.

5. ① 요즘 우리 사회에서는 대중매체와 뉴미디어라고 불리는 인터넷 등을 통해 많은 정보와 지식이 쏟아져 나오고 있다. ② 이런 엄청난 정보들은 옳고 그름이 채 판단되기도 전에 사람들에게 전달된다. ③ 이 때문에 사람들은 잘못된 지식 체계를 형성하거나, 도덕성이 결여된 생각을 갖게 되기도 한다. ④ 이런 상황을 두고 사람들은 정보를 어떻게 받아

들여야 할지 되돌아보며 고민하고 있다.

6. ① 미국의 언어학자 노암 촘스키는 '국민을 소극적이고 순종적으로 만들어 가는 최적의 방법은 허용 가능한 범위를 엄격하게 제한하되, 그 안에서 활발하게 토론을 허락하는 것'이라고 하였다. ② 그러면 대중은 자유로운 분위기에서 자신들의 의견이 반영되는 민주적인 사회에 사는 것으로 착각하며 산다는 것이다. ③ 그래서 정당이 정권을 잡으면 대중의 사고를 교묘하게 통제하려고 미디어를 장악하려 한다는 것이다. ④ 그만큼 미디어는 오늘날 대중에게 밀접하고 소중한 것인데도, 대중은 미디어를 가볍게 보는 경향이 있다.

7. ① 우리나라는 '성형 왕국'이라고까지 할 만큼 성형이 성행한다. ② 그런데 최근 들어 성형 중독자가 늘면서 문제가 되고 있다. ③ 그들은 처음에 마음에 들지 않았던 부위를 수술하는 데 그친다고 한다. ④ 그러나 수술이 성공하면 더 아름다워지고 싶은 욕망 때문에 다른 수술까지 계속 받는다. ⑤ 몇 달치 수입을 수술비로 쓰는가 하면, 심지어 수술비를 마련하려고 윤락 행위까지 나서는 사례도 있다. ⑥ 대부분 사람들은 성형 중독자들을 비난한다. ⑦ 그러나 근본적으로 우리 사회는 문제가 많다.

8. ① 사회적 약자의 의견은 무시되어도 좋을까? ② 사람이 입은 하나인데 귀가 두 개인 것은 필요한 말은 적게 하더라도 남의 말은 많이 들으라는 뜻이라 한다. ③ 그러나 현대 사회에서는 다원화 사회라는 명분 아래 자기 정보를 상대방에게 전달하려는 경향이 강하다. ④ 진보와 보수, 광고와 이데올로기의 정당화까지 현대인은 너무도 많은 주장을 뱉는다. ⑤ 그 속에서 상대적으로 사회적 약자는 말할 기회를 잃고 산다. ⑥ 지금은 다수의 일방적 주장을 견제하고 사회적 약자에게 발언한 기회를 주어야 할 시점이다.

연 습 문 제 4

다음 논제를 보고 서론 단락에 담을 만한 견문을 찾아보세요(먼저 결론 주장 문장을 생각한 뒤 서론을 같은 방향으로 시작할지, 반대 방향으로 시작할지를 결정해야 합니다).

1. 어떤 특정 나라와 운동 시합을 할 때면 '숙적'이니 '국민적 열광' 같은 표현으로 열기를 북돋운다. 이렇게 운동 시합에서 한판 승부를 '죽기 아니면 살기'로 벌이는 태도에 대해 의견을 서술하라.

2. 오늘날은 권위가 땅에 떨어졌으며, 정치 지도자를 비롯하여 존경할 만한 사람이 없어 원로가 없는 사회라고도 한다. '권위'라는 말을 정의하고 참다운 권위의 방향을 제시하라.

3. 님비(NIMBY : Not In My Backyard) 현상을 우리나라에서는 집단 이기주의나 지역 이기주의로 풀이해 쓴다. 집단 이기주의의 실체를 알아보고 그 극복 방안을 논하라.

4. 소설 속 '홍길동'은 사회 구조가 잘못되어 결국 도적이 되었으나 백성들은 홍길동을 '의적'이라고 부른다. 부패한 사회와 관리를 혼내고 약자인 백성들을 도왔기 때문이다. 조직적이고 거대한 폭력에 항거하려고 홍길동처럼 다시 폭력으로 대항할 때 그 정당성을 인정받을 수 있을지 자신의 의견을 제시하라.

5. 우리나라에 외국인 노동자가 많다. 그러나 아직 언론과 일반 국민의 무관심 속에서 여러 사회 문제가 발생한다. 외국인 노동자 국내 유입이 우리 산업에 끼치는 영향을 알아보고, 외국인 노동자의 국내 유입에 어떻게 대처해야 할지 서술하라.

6. 우리 형법에 '진실한 사실로 오로지 공익에 관해 보도할 때는 처벌하지 않는다'고 규정하였다. 그러나 언론 자유를 최대로 보장하여 언론이 진실을 보도하면 할수록 개인의 명예와 사생활 같은 기본권을 침해하기 쉽다. 보도는 신속해야 하나, 보도하는 순간에 기사가 정확한지를 확인할 수 없기 때문이다. 우리 사회에서 참다운 언론이 누릴 자유를 보장해야 할지, 제한해야 할지 어느 한쪽을 선택하여 자신의 의견을 서술하라.

다음 논제를 보고 주어진 문제 제기 문장을 서론 단락 마지막에 넣되, 서너 문장을 덧보태
서론 단락을 완성하세요.

1. 청소년의 사인(死因) 중에서 자살이 상위를 차지한다. 청소년이 자살 충동을 느끼는 때
는 잔소리를 들었을 때 21.7%, 열등한 인간이라는 생각이 들었을 때 15.4%, 장래에 희
망이 없다는 생각이 들 때가 11.5%였다. 청소년의 자살 원인을 심리적, 사회적으로 나
누어 분석하고 자살을 막는 방안을 서술하라.

> 그렇다면 청소년 자살은 우리나라의 미래를 잃는 것으로 국가적으로도 큰 손실이니, 우
> 리 사회가 더 이상 방관하여서는 안 된다.

2. 교육부에서는 '3불 정책'을 고수하며 '기여 입학제'를 허용하지 않는다. 대학에서는 기여
입학을 주장하지만, 자칫하면 기부금 입학으로 변질될 것을 우려하기 때문이다. 기부
금 입학이 사회에 끼치는 영향을 알아보고 찬반에 대해 말하라.

> 일부에서는 대학 입학의 방편으로 사람들에게 기부금을 내게 하여 입학도 시키고 사학
> 의 재정난도 덜어 주자고 하였다.

3. 최근 법원은 어느 사립 고등학교 교사가 학교 재단의 비리를 폭로한 사건에 무죄 판결
을 내렸다. '양심선언'의 제도화를 두고 자신의 의견을 제시하라.

> '양심선언'을 법원이 인정하면서 부정부패 방지에 획기적인 전환점이 되었다.

4. 노동 조합의 필요성 여부에 대하여 어느 한쪽에 서서 상대 쪽 주장을 비판하라.

> 우리 사회가 아직까지 이 관계를 극복하지 못하고 많은 문제를 일으킨다.

5. 팬클럽인 '오빠부대' 현상의 심리적, 사회적 배경을 알아보고, 청소년 문화를 위해 우리 사회가 어떻게 나아가야 할지 자신의 의견을 제시하라.

   이 '오빠부대'는 우리나라 청소년 문화를 정의하는 데 빠질 수 없는 용어로 등장하였다.

6. 직업에 귀천이 없다며 장인 정신을 북돋우지만, 실제로는 여기저기 삼디(3D) 현상이 일어나면서 일손이 귀한 직종이 생겼다. 우리 사회 풍토에서 삼디 현상의 원인을 두 가지만 찾아보라.

   실업이 늘어도 삼디 직종만은 일손이 달려 사회 문제가 되었다.

결론 단락 쓰기

결론 단락의 성격을 익힙니다.
논의해 온 내용을 분명하게 마무리하려면 어떤 문장을
어떻게 배치해야 하는지를 알 수 있습니다.

1 결론 단락의 이해

1 논술글에서 결론 단락은 글쓴이가 서론과 본론에서 수없이 논의한 것을 마무리하는 곳입니다. 그래서 글쓴이의 태도가 분명하게 드러납니다. 가령 어떤 사람이 한참 동안 전화로 수다를 떨다가 끝에 가서 "(결론적으로 말해) 나는 그 사람이 행복했으면 좋겠어"라고 하는 것과 비슷합니다. 또는 다른 사람과 이야기하다가 끝에 가서 "아무리 그래도 난 싫어"라고 하거나, 텔레비전 뉴스를 보다가 "야, 저 사람 정말 잘 한다"처럼 내뱉은 말이 결론입니다. 논의 과정을 충분히 거쳤으므로 끝에서 자기가 궁극적으로 말하고자 하는 것이 드러납니다.

2 결론 단락에는 주장 문장을 반드시 넣어야 합니다. 주장 문장은 글쓴이가 그 글을 통해 말하고자 하는 최종 방향이고 목표입니다. 그러니 주장 문장을 쓰지 않으면 글쓴이의 태도가 드러나지 않거나, 모호해집니다. 앞에서 충분히 논의하였어도 정작 '그러니까 어쩌라고' 단계에 와서 수험생이 침묵하는 셈입니다. 그럴 때 채점자는 '말하고자 하는 바(주제)가 분명치 않음'이라고 지적하며, 아주 싫어합니다(주장의 명료성).

한 아이가 학교 수업이 끝나고 집 현관에 들어서면서 "엄마, 배고파"라고 말하였습니다. 이 아이가 궁극적으로 주장하는 것이 무엇인지 다음에서 골라 보세요.

> ① 밥을 주세요.
> ② 통닭을 시켜 주세요.
> ③ 도시락을 싸 주세요.
> ④ 오랜만에 외식해요.

"배고파"는 아이가 아직 뭔가를 주장하지 않고, 지금 상황만 거론한 상태입니다. 그러므로 이어 나올 말이 최종 주장이 되겠지요. 가령 다음 말이 ③이라면, 이 아이는 체중을 조절하느라고 온종일 물만 마시다가, 엄마가 조언한 대로 내일부터 칼로리가 잘 계산된 도시락을 싸 가겠다고 엄마 말을 받아들인 것입니다. 그런데 "배고파"를 엄마가 ①로 받아들여 밥을 차려 주면 "누가 밥 달래"라며 아이가 투정을 부립니다. 엄마가 "그럼, 어쩌라고?" 하였다면 그때서야 아이 주장을 확인하는 셈입니다. 아이가 "배고파"라고 한 뒤 다음 말을 하지 않으면, 엄마는 "그렇구나. 엄마가 뭘 도와줄까?"라며 다음 말을 이끌어내야 했습니다.

❸ 누군가를 오해한다는 것은 저쪽이 뭔가를 주장하기 전에 이쪽에서 자기 기준으로 저쪽 주장을 추측하는 것입니다. 즉, 엇비슷한 소리를 아무리 늘어놓아도 주장을 분명히 하지 않으면 아무도 그 속내를 정확히 알지 못합니다. 사람들이 '뭘 어쩌라고, 그래서 어떡하자고, 주장하는 것이 뭐냐고'같이 받아들이는 것은 글쓴이가 자기 글에 '주장'을 넣지 않았거나, 주장이 분명하지 않기 때문입니다.

어떤 사람은 논거만 나열하거나 이런저런 넋두리를 늘어놓고 상대방에게 자기주장을 알아서 판단하라고 합니다. 그 정도 말하였으면 알았을 것이라고 합니다. 그런데도 상대방이 못 알아들으면 상대방을 탓합니다. 예를 들어 "한 번도 놀러간 적이 없다. 정신없이 산다. 이건 사람 사는 게 아니다"라며 장황하게 늘어놓습니다. 간단히 "이제 좀 쉬겠다"라고 말하면 될 일이었습니다.

결국 결론 단락에는 반드시 주장 문장을 넣어야 합니다. 출제자가 결론 단락에 주장을 분명히 밝히라고 하는 것은 수험생이 어떤 주장(가설)을 내세우고 어떻게 논증하는지를 평가하고 싶기 때문입니다. 글쓴이가 어떤 주장을 담았어도, 읽는 이가 계속 '그게 구체적으로 뭐냐고? 어떻게 하라고?'를 되묻는다면 그것도 제대로 주장하지 못한 것입니다. 다음 주장 문장에서 모호한 어휘에 밑줄을 그어 보세요.

1. 정보공급자는 정보를 적절히 제공할 수 있어야 한다.
2. 정책적 대안을 빨리 세워야 한다.
3. 필요한 조치를 강구하여 불필요한 낭비 요소를 없애야 할 것이다.
4. 정책 결정에 현명한 판단이 뒤따라야 한다.
5. 청소년들의 열정을 좀 더 생산적인 활동으로 돌려야 한다.
6. 이제는 근본적인 대책을 강구해야 한다.
7. 사회가 노약자들에게 밝은 미래를 열어 주어야 한다.
8. 이 문제를 좀 더 진지하게 논의해야 한다.

이런 주장은 읽는 이에게 알아서 판단하라고 떠넘긴 주장들입니다. 정답은 '적절히, 빨리, 필요한/불필요한, 현명한, 생산적인, 근본적인, 밝은, 진지하게'입니다. 글쓴이가 자기 기준에 맞춘 것이므로 어느 정도가 '적절한' 것인지 분명치 않습니다. 대개 본론에서 논의한 것이 막연하니까, 결론 단락에 와서 주장을 이렇게 모호하게 처리합니다.

4 '주장을 분명히 하라'고 평가되었다면 주장이 명료하지 않았거나, 없었다는 뜻입니다. 결론 단락에 이르러도 '뭘 어쩌자는 건지'가 드러나지 않은 것입니다. 그런 글은 출제자가 무엇을 묻는지 모르고 쓴 글로 간주합니다. 즉 '논지 이탈, 논제 파악 미숙'으로 처리하여 최하점을 줍니다.

무엇을 주장하는지가 분명하지 않은 글은 목적지를 정하지 않고 항해하는 배와 같습니다. 채점자가 보기에는 수험생이 어떤 것을 열심히 서술하였으나, 그 최종 목표를 알 수 없습니다. 그런 글은 대개 결론 단락에서 '어쨌든, 하여간, 좌우지간, 어차피' 같은 단어를 등장시켜 본론에 벌였던 논증 과정을 스스로 무너뜨립니다. 자기도 모르게 본론과 상관없는 주장이라는 것을 인정합니다. 즉, 본론에서 횡설수설하다가 급히 엉뚱한 결론을 끌어다 붙였다고 시인한 셈입니다.

5 채점자는 가장 먼저 결론 단락에서 주장(주제) 문장을 찾아 수험생이 논제와 제시문을 함축적으로 이해하였는지를 가늠합니다. 엉뚱한 주장, 모호한 주장이라고 판단하면 그 글 전체를 볼 필요가 없습니다. 주어진 문제를 이해하지 못하고 썼기 때문입니다. 따라서 결론 단락에서는 남과 같거나 비슷하더라도 자기 태도를 분명히 밝혀야 합니다.

6 결론 주장 문장에 억지로 자기 취향을 넣었다간 엉뚱하게 주장하기 쉽습니다. 상식선에서 자유롭고 편하게 주장해야 합니다. 원래 독창적으로 주장할 수 있는 논제는 거의 없습니다. 출제자가 터무니없는 것을 묻지 않을뿐더러, 몰라서 묻는 것이 아닙니다.

출제자가 결론 방향을 예측하고 평가 기준을 마련한 뒤 수험생 답변을 기다리는 것입니다. 수험생이 충분히 대답할 수 있는 것으로 수험생이 주장하는 것입니다.

그런데도 남다르게 결론을 내리려고 하기 때문에 선뜻 떠오르지 않습니다. 설령 그런 결론을 억지로 끌어냈다 해도, 자기가 충분히 이해하지 못한 것으로 상대방을 설득하는 셈입니다. 깊이 있는 글이 되지 않고 이리저리 방황하기 쉽습니다.

7 '보편적(상식적) 주장'이라는 말을 '교훈'이나 '도덕적, 애국적'으로 받아들여서는 안 됩니다. 예를 들어 '우리는 통일해야 할 것이다'라는 말은 보편적(상식적) 내용이지만, 그 말에 덧붙여 '이런 사실을 명심해야 한다'를 쓰게 되면 '도덕적인' 글이 됩니다. 자칫하면 '논리적 일관성'에서 벗어나 갑자기 엉뚱한 소리를 하면서 '비약'하게 되지요.

결론 단락은 대개 본론을 요약하고, 주장을 담고, 전망(또는 제언)하는 말로 마무리합니다. 그래서 대부분 본론에서 거론한 내용을 다시 서술하기 쉽습니다. 옆자리 수험생과 주장이 같고 전체 논증 구조가 비슷하면 지극히 정상적입니다.

2 주장 문장의 창의성

1 결론 단락에서 어떤 주장을 해도 상관없을까요? 그것은 수업 시간에나 있을 수 있습니다. 시험장에서는 출제자가 정해 놓은 방향이 있습니다. 채점자는 그 시험 문제를 통해 수험생이 출제 의도를 파악하였는지, 어떤 과정을 거쳐 그 사실을 논증하는지, 그 과정이 논리적인지, 그런 과정에서 수험생이 창의를 잘 발휘하는지, 주어진 공간을 잘 활용하여 적절하게 표현하는지를 평가합니다.

따라서 수험생이 출제자의 의도를 모른 채 엉뚱하게 주장하면 채점하지 않습니다. 물론 출제자 의도는 알았으나 논증 과정이 서투르면 채점은 하지만, 감점을 합니다. 우리 사회가 장애인을 어떻게 대해야 할지 다음 주장에서 골라 보세요.

> ① 가문의 수치, 나라 발전의 걸림돌이므로 박대하자.
> ② 일반인과 같은 인격체로서 일반인과 동등하게 대우하자.
> ③ 온몸으로 사랑을 일깨워 주는 사람이므로 우대하자.

이 문제를 두고 평범한 사람은 ②를 고를 것입니다. 설마 ①을 고를까 싶지만, 나치 독일에서 히틀러는 유대인뿐만 아니라, 독일 장애인도 학살하였습니다. 지금 어느 독일 정치인이 ①처럼 주장하였더라도 대부분 독일 사람들이 동의하지 않는다면 독일은 장애인에 대한 과거 기준을 버린 것입니다. 따라서 ①은 별난 주장이며 남다르지만, 오늘날 사고방식으로는 객관성을 잃고 편견에 머무른 주장입니다.

③을 선택한 사람도 지금 수준으로는 독특한 사람입니다. 현실적으로 어려운 것을 논증해야 합니다. 언젠가 교도소 수형자를 포교하는 스님이 훈장을 받았습니다. 그 스님은 "처음에는 수형자들이 불쌍했는데, 10년을 넘으면서 동등한 인격체로 보이고, 20년을 넘기니 진흙 속 연꽃으로 보이더라"고 말하였습니다.

그 스님처럼 우리 사회가 장애인을 두고 ①과 ②의 중간쯤인 '불쌍하다'에서 출발하여, '동등'을 지나 언젠가 '우대'로 진전시킬 수 있을 것입니다. 그때는 남달랐던 주장이 보편적이고 일반적인 가치관으로 바뀝니다. 객관성을 확보한 것이지요.

결국 주장의 창의성이란 '평범하지 않다, 보통사람의 보편적 주장과 다르다'는 것입니다. 즉, 창의성은 ②의 양쪽 끝으로, 일상적이지 않다는 뜻입니다. 평범한 사람들에게 천재와 바보가 모두 별난 사람처럼 보이는 것과 같습니다.

그러나 이런 구분도 시험장에서는 사정이 달라집니다. 출제자가 아무 생각 없이 수험생에게 불쑥 묻는 것이 아닙니다. 즉, 시험 문제에 출제자 의도를 담기 때문에 수험생이 어떤 주장을 할지 출제자는 충분히 예측할 수 있지요. 그래서 때로는 출제자가 수험생을 슬쩍 떠보기도 하고, 수험생이 다른 쪽에 눈길을 돌리도록 함정을 파기도 합니다.

그리고 이런 상황에서 출제자는 '주장이 이 정도여야 한다'는 기준을 정합니다. 창의적인 주장이어야 하지만 객관성을 요구하는 셈이지요. 즉, 가장 객관적인 주장이 수험생이 대답해야 할 가장 창의적인 주장입니다. 평소에는 다른 사람들의 보편적 생각과 다르면 창의적이라고 할 수 있습니다. 그러나 논술 시험에서는 수험생 다수가 선택하든, 소수가 선택하든 출제자가 창의적이며 객관적이라고 정한 기준을 넘어서야 창의 점수를 받습니다.

가령 모든 수험생이 논술 시험 문제를 읽고 똑같이 주장하였다면 주장의 창의성 점수는 모든 수험생이 똑같습니다. 모든 수험생이 '예'라고 할 때, 어느 수험생이 혼자 '아니요'라고 주장한다면 자기 편견을 창의적인 주장으로 착각한 것입니다. 그러므로 수험생은 시험장에서 출제자 의도를 뛰어넘어 창의적으로 주장하기가 어렵다고 인정해야 합니다. 다음 문제를 읽고 출제자가 수험생에게 어떤 것을 선택하게 한 것인지 추론해 보세요.

> 1. 오늘날 어떤 남자가 "여자는 어릴 때에 부모 말을 듣고, 결혼해서 남편 뜻에 따르며, 나이 들면 자식들 생각을 좇아야 한다"고 주장하였다. 수험생은 이 주장을 놓고 찬성, 반대 어느 한쪽을 선택하여 자신의 견해를 서술하라.
>
> 2. 어느 경제학자가 다음과 같이 주장하였다. "오늘날 빈부 격차는 제도적 문제이며, 우리 사회는 충분히 제도적 결함을 극복할 수 있다." 이런 주장의 가능, 불가능을 두고 자신의 견해를 서술하라.

1번은 '반대'를 선택하고 논증해야 합니다. 조선시대라면 '삼종지도'를 찬성하는 것이 당연하지요. 오늘날에는 후진국조차 여러 면에서 여성의 가능성을 배려합니다. 그런데도 오래전에 버린 사고방식을 어느 청소년이 찬성한다면 공교육에서 '양성 평등'을 제대로 배우지 못한 사람이지요.

말하자면 찬성 또는 반대 중에서 수험생이 아무거나 선택할 수 있을 것 같지만, 여기에서는 '반대'를 선택해야 합니다. 그래야 왜 반대하는지, '삼종지도'의 문제점은 무엇인지를 충분히 논증할 수 있습니다. 이 주장에 찬성하여 여성을 '삼종지도'에 매어 놓으려 하면 정서적 편견을 강요하기 쉽지요.

2번은 '가능'을 선택해야 합니다. '가난이 숙명이냐?'를 두고 출제자는 수험생에게 사람의 능력, 도덕, 가치관보다 제도, 사회, 구조(시스템)에 주안점을 두라는 것입니다. 그러므로 수험생은 '극복할 수 있다'고 주장하고, 사회 어느 곳에 문제가 있으며 어떻게 개선할 것인지를 대답해야 합니다. 제도적 결함을 극복하는 과정에서 사람마다 방법과 속도가 달라질 수 있지만 '불가능하다'고 대답하여서는 안 됩니다. 그러면 주장을 입증하는 것이 아니라, '절망'이 글의 방향이 되어 '자포자기, 숙명' 같은 정서적 편견을 드러내기 쉽습니다.

2 대부분 논술 시험은 수험생에게 넓고 막연한 논제를 제시하고 그 논제를 좀 더 구체화할 수 있는 제시문을 함께 줍니다. 수험생은 그 의도를 파악하여 논제와 제시문을 읽고 어떤 형식에 어떤 내용을 담아야 할지를 구상할 뿐입니다. 그래서 논술글 결론 단락에서 글의 방향(주장)을 독창적으로 잡기가 어렵습니다.

일부에서는 '창의적인 주장'이 가능할 것처럼 말합니다. 그러나 손오공이 자유로이 돌아다녀 보았으나 나중에 보니 부처님 손바닥 위였지요. 즉, 출제자가 정한 방향과 조건을 지키는 선에서 수험생이 자유로울 수 있을 뿐입니다. 시험장에서 그 기준을 제대로 지키면 수험생들의 주장이 비슷할 수밖에 없습니다.

그러므로 채점 기준표에 있는 '독창성(창의력)'은 대체로 주장이 새로워야 한다는 것이 아닙니다. 주장이 같아도 논거가 새롭다거나, 논거까지 같다면 그 논거를 자기 나름대로 달리 해석하였다는 뜻입니다. 만약 해석마저 같았다면 그 해석을 좀 더 남다른 견문(예시, 비유)으로 설명하였다는 것입니다.

결국 논술 시험은 답변해야 할 주장이 정해졌으므로, 출제자 지시를 잘 이해하여 수험생은 자기 태도를 분명히 드러내야 합니다. 출제자가 찬성과 반대로 한정하면 수험생은 그 둘 중에 하나를 선택할 수 있을 뿐입니다.

어떤 수험생이 주장 방향을 수많은 수험생과 달리 독창적으로 잡았다면 대개는 엉뚱한 주장이기 쉽습니다. 어느 대학에서 '정의가 현대에도 가치가 있을까?'를 물었습니다. 이때 '정의가 현대에도 가치가 있다, 정의는 현대에도 의미가 크다'를 글의 방향으로 잡은 논술글만 평가하였습니다.

그러나 '정의롭게 살겠다, 정의롭게 살아야 한다, 정의를 지켜야 한다'를 주장한 논술글은 모두 0점 처리하였습니다. 정의의 가치를 판단해 보라고 지시하였는데 이 수험생들은 당위성을 강조한 것입니다. 논지를 이탈한 주장이며, 논제를 파악하지 못한 주장이라는 것이지요.

따라서 수험생들은 논술글 결론 단락의 방향을 잡을 때 출제자가 숨겨 놓은 의도를 찾되,

지나치게 자기 기준으로 확대하여서는 안 됩니다. 논술글 결론 단락에서 주장 문장은 일반적인 것 가운데 자기 역량에 따라, 필요한 만큼 선택하는 것입니다. 창작하여서는 안 됩니다.

물론 한정된 방향이라도 요구 조건에 따라 좀 더 적극적으로 잡을 수 있습니다. 가령 '차별' 같은 사회 현상을 놓고 가치를 판단하라고 하면 '좋다, 나쁘다, 당연하다' 정도에서 머물러야 합니다.

그러나 수험생의 견해를 밝혀 보라고 하면, 그 선에서 더 나아가 '극복해야 한다, 버려야 한다, 평등을 제도화해야 한다'처럼 당위성을 강조하는 것이 좋습니다. 다시 말해 경우에 따라서는 '지역감정은 나쁘다'처럼 가치를 판단하는 것보다 '지역감정에서 벗어나야 한다'처럼 행동 방향을 제시하는 것이 훨씬 강해 보입니다.

다음 세 문제를 비교하여 수험생이 결론 단락에서 어떻게 주장하여야 태도를 분명히 하는 것인지를 생각해 보세요. 아래 설명을 가리고 먼저 한 줄을 써 보세요.

> 1. 대중문화의 긍정적인 측면을 살펴보시오.
> 2. 대중문화의 양면성을 살펴 당신의 견해를 서술하시오.
> 3. 대중문화를 어떻게 보는지 당신의 견해를 밝히시오.

1번은 대중문화를 긍정적으로 보라고 한계를 그었습니다. 즉, 결론 단락에서 '대중문화는 긍정적이다, 바람직하다, 유익하다'라고 주장해야 합니다. '대중문화는 삶을 윤택하게 한다, 대중의 삶을 잘 반영한다, 동질성을 준다' 따위는 본론에 담아야 할 논거이지, 결론 단락에 쓸 주장이 아닙니다. 물론 '대중문화는 부정적이다, 나쁘다, 문제가 많다'는 숨은 전제를 무시한 것이므로 뭘 묻는지를 모르는 주장입니다.

2번은 서론과 본론 단락에서 대중문화의 양면성을 충분히 살펴보고, 결론 단락에서 태도를 밝혀야 합니다. 1번보다 좀 더 넓게 대답할 수 있습니다. 적어도 '(살펴보니까 정말) 대중문화는 양면성이 있다'고 주장해야 합니다. 좀 더 적극적으로 '대중문화는 장점이 많다, 장점을 살려야 한다, 문제점을 보완해야 한다, 장점을 살리고 문제점을 보완해야 한다'같이 쓸 수 있습니다.

3번은 2번보다 더 넓게 물었으므로 다양하게 주장할 수 있습니다. '대중문화는 생명수이다' 처럼 극찬할 수 있고, '대중문화는 삶을 윤택하게 하는 도구이다'처럼 쓸 수도 있습니다. 물론 '대중문화는 문화가 아니다'처럼 극렬하게 비판할 수 있습니다. 그러나 이런 것은 시험 문제로 출제될 가능성이 낮습니다. 수험생이 자유로이 대답할 수 있어서 출제자가 평가 기준을 잡기가 어렵습니다.

❸ 양 극단에서 어느 한쪽을 선택하기 어렵거나, 논술 시험에서 둘 중 하나를 선택하라고 구체적으로 지시하지

않으면 찬성과 반대를 절충해도 됩니다. 가령 '잘 가르치는 교사가 있고, 잘 어울리는 교사가 있는데 어떤 교사가 바람직한가?'라고 묻는다면 양쪽 교사의 장점을 결합하여 '잘 가르치면서 잘 어울리는 교사가 좋다'고 답변하는 식입니다.

어떤 것은 중도적 견해로 결론을 잡을 수밖에 없습니다. 모든 견해에는 장단점이 있고 양면성이 존재하므로, 때로는 이것도 옳고 저것도 옳은 것 같아 어느 한쪽에 서기가 쉽지 않습니다. 양쪽이 팽팽하게 맞설수록 어느 한쪽을 선택하기 어렵지요. 예를 들어 '우리말에 외래어 섞기' 같은 문제는 '적당히'가 결론이어야 합니다. 언어 현실에서 그 '적당히'의 정도가 사람에 따라 조금씩 다를 뿐입니다.

일부에서는 이런 답변을 양시양비론(兩是兩非論) 주장, 절충하는 주장이라며 무조건 피하라고 충고합니다. 그러나 현실은 대부분 어느 하나를 선택할 수 없습니다. 예를 들어, 나무가 울창한 산에 골프장을 건설한다고 할 때 환경론자들은 반대하고, 개발론자들은 찬성할 것입니다. 그러나 좀 더 들여다보면 환경론자들은 이 땅에 아무것도 들이지 말자는 사람이 아니며, 개발론자들은 국토를 사정없이 파괴하자는 사람들이 아닙니다.

즉, 환경론자들은 자연 친화에 가까운 개발론자이고, 개발론자들은 개발에 좀 더 비중을 두는 환경론자입니다. 그러므로 둘 다 똑같이 궁극적으로는 '자연 친화적인 개발, 환경 피해를 최소화하는 개발, 지속가능한 개발'을 주장합니다. 다만 '자연 친화, 환경 피해'를 재는 기준이 서로 다릅니다.

이와 비슷하게 '외래어를 주체적으로 수용하자, 우리말로 쓸 수 있는 것은 우리말로 쓰자, 외래어를 지나치게 수용하여서는 안 된다, 외래어를 되도록 쓰지 말아야 한다'는 찬성과 반대 주장을 절충한 것입니다. 현실적으로 우리말에 외래어를 전혀 안 넣을 수 없고, 그렇다고 마구 섞어 쓸 수도 없기 때문입니다. 그러므로 '적당히'로 논증하여야 상대방을 설득하기 쉽습니다. 이처럼 절충하는 태도로 결론을 삼는 문제로는 '일본 대중문화 수용, 국토 개발과 환경 보존, 외국인 노동자 수용, 고아 해외 입양' 따위가 있습니다(116쪽 참조).

4 출제자가 찬성과 반대 가운데 하나를 선택하라는 것은 그렇게 극단적으로 선택하고도 수험생이 제대로 논증하는지를 평가하겠다는 것입니다. 이는 물에 빠진 사람 중에서 "부모를 구할래, 자식을 구할래?"라고 묻는 것과 같습니다. 물론 현실에서 그런 극단적인 상황에 놓이는 경우는 거의 없습니다. 출제자가 그렇게 묻는 것은 채점하기가 편하기 때문입니다. 어느 한쪽을 지지하면 논증 구조가 단순하여 평가 기준을 잡기가 아주 쉽습니다.

둘 중 하나를 선택할 때 보수적인 결론보다는 진보적인 결론을 선택하는 것이 좋습니다. 원래 보수는 사회 발전의 지혜를 공동체 윤리관에서 찾습니다. 그래서 합리적 가치를 존중하며, 타인에게는 베풀고 자신에게는 엄격합니다. 또 계층을 인정하며 불평등을 받아들입니다.

발전을 거부하지 않고, 더디더라도 절차를 밟습니다.

그러나 자칫하면 기득권에 집착하다가 변화를 부정하고, 자기와 공동체를 미화하며, 이질적인 것을 배척하기 쉽습니다. 나중에는 수구가 되어 혈통을 강조하고 집단주의에 빠집니다. 심지어 기득권층의 이익만 대변하고, 개발에 집착하며, 전통과 인습을 자의적으로 해석하고, 상대방을 인정하지 않습니다. 그러니 이런 태도로 글을 써 보았자 상대방을 설득하기가 아주 어렵습니다.

진보적인 태도를 선택하면 오랫동안 우리 사회를 지배해 온 논리에서 벗어날 수 있습니다. 일상적으로 익숙하던 사고에서 벗어나므로 자기 생각을 좀 더 남다르게 정리할 수 있어 창의력과 성숙함이 잘 드러납니다.

예를 들어, 스물 살 안팎인 수험생이 강자의 논리를 대변하면서 약자가 겪는 고통을 몰라라 한다면 출제자는 자기들이 바라는 청소년으로 보기 어려울 것입니다. 출제자는 좀 서툴고 투박하더라도 발전 가능성이 큰 청소년을 뽑지, 인생을 다 겪은 듯한 애늙은이를 뽑지 않을 테니까요.

일본에서 한국 유학생이 전철 선로에 떨어진 일본 사람을 구하고 죽었습니다. 그런 사실이 드러나면 많은 사람들이 감동합니다. 대부분 사람들이 시간을 허비하며 사는데, 어떻게 살 것인지를 자극하기 때문이지요. 글에서도 강자의 논리에 맞서 약자를 배려하려는 진정성을 드러내면 채점자를 훨씬 더 자극할 수 있습니다. 이런 원리에 따라 결론 단락에서는 다음 표에서 왼쪽을 거드는 것이 낫습니다.

	구체적 사례	
미래 지향적	장례 풍습, 악법, 복지 제도	과거 지향적
변화(개혁)	학력 파괴, 양심선언	안정(안주)
소수	외국인 노동자, 다문화가정	다수
개인의 행복	노동조합, 이름표, 개병제	국가 질서
사회 탓(제도, 여건, 구조)	학교 폭력, 신용 불량, 자살	개인 탓(사람, 도덕)
약자	여성, 청소년, 노인, 노동자	강자
자율(투명)	집회, 창작, 복장과 머리	규제(기준, 금기)
다양	직업, 취향	획일
원칙(이상)	파병, 해외 원조, 인권	타협(현실)
비주류	동성애자, 양심적 병역 거부	주류
상호적(소통)	인터넷 댓글	일방적(단절)
대상 신뢰(긍정적)	청소년 발달	대상 불신(부정적)
과정 중심	봉사 활동, 성금, 업적	결과 중심
참여	출마와 투표, 시민단체, 제도 개선	방관

5 논제에서 '비판하라'는 것은 우리 사회를 부정하라는 것이 아닙니다. 비판은 일상적인 현실을 좀 더 다른 시선으로 보라는 것입니다. 그러므로 비판 대상을 진정으로 사랑하여야 제대로 비판할 수 있습니다. 즉, 비판은 인간에 대한 사랑, 사회 진전에 대한 확신, 우리 사회를 긍정적으로 보는 믿음, 이웃에 대한 배려를 일컫는 말입니다.

그러므로 '너는 그래서 욕을 먹는다'보다 '너는 그것만 고치면 더 좋다' 같은 태도로 글을 써야 합니다. 비판은 비난하는 것이 아니라 사랑하는 것이기 때문입니다. 단, 비판 수위를 조절하여 지나치게 겸손하거나 자세를 낮추는 것은 좋지 않습니다. 그런 비판은 자신과 상대방을 망칩니다.

좀 더 객관적, 이성적, 논증적으로 비판하려면 동서양의 고전을 읽으면서 인문을 확인하는 것이 좋습니다. 인문학이란 인간의 삶과 관계 등을 확인하는 과정입니다. 사람들이 어떻게 살았고, 왜 그렇게 살며, 지금은 어떻게 사는지를 확인할 수 있습니다. 현대 사회와 문명에 어떤 특징이 있는지, 무엇이 바람직한지, 구체적으로 어떻게 살아야 할지도 알 수 있습니다.

예를 들어, 과거에 장애인을 차별하였다면 지금은 어느 나라든 장애인을 차별하지 않으려고 합니다. 그것이 시대의 변화이자 바른 길이니까요. 따라서 지금 새삼스럽게 '장애인을 평등하게 대해야 한다'고 막연하게 주장하지 말고, '장애인을 평등하게 대하려면 이런 제도를 만들어야 한다'고 구체적으로 주장해야 합니다. 정서와 가치관의 정도를 논증하기는 어렵지만, 어떤 제도를 왜 만들어야 하는지를 논증하기는 쉽습니다.

6 주장 문장에 글쓴이의 주장, 관점을 분명히 담아야 전체적으로 논의하기가 좋습니다. 주장 문장은 글 전체를 통해 드러내려는 주제이기 때문입니다. 그러므로 주장 방향이 막연하거나 넓으면 본론에서 아주 일반적인(너무 넓어서 아주 상투적인) 논거로 증명할 수밖에 없어, 글의 깊이가 얕습니다.

그러므로 주장은 원고량을 고려하여 충분히 논의할 수 있을 만큼 구체적으로 잡아야 합니다. 가령 결론 단락을 비유와 상징으로 마무리하면 수험생이 태도를 분명히 드러내지 않은 것이며, 주장에 담긴 함축적 의미를 채점자에게 알아서 판단하라고 떠넘긴 것입니다.

어떤 사람은 결론 단락 첫머리를 '이상으로 이것을 살펴보고, 저것을 알아보았다' 같은 말로 채웁니다. 옆 사람과 주장 문장도 비슷하면 결론 단락에서 이미 두세 문장이 옆 사람과 같은 셈입니다.

그러므로 짧은 글을 쓸 때는 결론 단락에서 본론을 요약하지 말아야 합니다. 상투적인 틀을 버리고 어떤 것으로 그 부분을 채워야 할지 좀 더 고민해야 합니다. 이런 이치에 따르면 긴 글보다 짧은 글 쓰기가 더 어렵습니다. 짧은 글에 자기 생각을 확실하게 담되, 객관적이면서도 자기 색깔을 드러내야 하기 때문입니다.

7 주장이 엉뚱해지는 것은 출제자가 요구하는 것을 모르기 때문입니다. 예를 들어 '비판하라'는 논술 시험은 '문제점'을 거론하고 '대안'을 생각해 보라는 뜻입니다. 어느 수험생이 본론 단락에 장점을 나열하면 결론 단락에 가서 '좋다, 고칠 것이 없다'라고 주장해야 합니다. 하지만 이는 출제자가 원하는 것이 아닙니다.

출제자가 우리 현실을 비판하라는 것은 우리가 살던 방식에 문제가 있다고 본 것입니다. 그러므로 수험생은 그 문제점을 찾고 어떻게 고쳐 어떤 세상으로 바꾸어야 하는지를 드러내야 합니다. 거기에 대고 '아무런 문제가 없다'고 주장하면 논제를 파악하지 못한 것입니다.

8 결론 범위를 되도록 좁혀야 합니다. 주장 방향을 넓게 잡으면 주장이 모호해집니다. 주장이 넓으면 본론 논거도 넓어집니다. 논거 범위가 넓으면 일반적 진술을 늘어놓다가 끝나기 쉽습니다. 개성도 드러내지 못하고, 깊이 있게 서술하기 전에 한 단락을 끝내면서 본론이 부실해집니다. 본론이 부실하면 결론을 제대로 마무리하지 못하고, 구체적인 방향 없이 일반적 진술로 적당히 채웁니다. 본론에서 논의한 것이 없으니까, 결론 삼을 만한 것이 없는 셈입니다.

따라서 요구하는 원고량에 따라 결론 방향의 범위를 한정해야 합니다. 예를 들어 '놀이는 즐거워야 한다' 같은 주장은 원고량이 적을 때 잡을 수 있습니다. 그러나 '놀이는 교육의 일환으로 교훈을 담아야 한다'처럼 잡으면 본론에서 '놀이, 교육, 교훈'을 충분히 설명해야 하므로 원고량이 많아야 합니다. 다음 주장 문장을 보고 논의 방향을 좀 더 좁힐 수 있도록 괄호 안에 적당한 말을 넣어 보세요(아래 설명을 가리고 직접 써넣어 보세요).

> 1. 장애인은 (   ) 홀로 설 수 있어야 한다.
> 2. 사회는 비정규직 노동자를 (   ) 배려해야 한다.
> 3. 현대 여성은 (   ) 좀 더 적극적이어야 한다.

이 주장들은 괄호 안에 아무것도 넣지 않아도 너무나 당연한 말입니다. 그래서 본론에서 무엇을 논의하여야 결론에서 이런 주장을 할 수 있을지 막연합니다. 그러나 괄호 안에 '경제적으로(문화적으로)' 같은 낱말을 넣으면 본론에서 다룰 내용이 뚜렷하게 보입니다. 예를 들어, 장애인이 경제적으로(문화적으로) 홀로 서지 못해 삶이 얼마나 힘든지를 서술해도 됩니다. '왜 홀로 서지 못했는지, 어떻게 해야 해결되는지, 홀로 서면 뭐가 달라지는지'도 쓸 수 있습니다.

이렇게 논의를 좁히면 자기 색깔을 분명히 드러낼 수 있습니다. 2번은 '제도적으로, 정책적으로, 복지적인 측면에서' 따위를 넣어 보세요. 글쓰기가 훨씬 편할 것입니다. 3번은 '정치 참여에, 차별 철폐에, 직업 갖기에' 따위를 넣어 보세요.

3 결론 단락을 만들 때 주의할 점

1 결론 단락을 한 문장으로 처리하여서는 안 됩니다. 물론 글이 아주 짧아 한 단락에 서론−본론−결론 내용을 다 담을 때는 가능합니다. 그리고 결론 단락을 형식적으로 완성할 때 몇 문장을 더 보태려고 도입 문장을 '앞에서 말한 바와 같이, 이상으로 무엇을 살펴보았다'로 시작하는 경우도 많습니다. 그러나 이 말이 결론 단락에 있긴 하지만, 내용으로는 본론을 다시 쓴 것입니다. 논문처럼 긴 글에서 읽는 이를 배려하려고 본론 내용을 일반화하여 정리하는 방식입니다. 짧은 글에서는 굳이 넣지 않아도 됩니다.

2 글을 마무리하며 비약하여서는 안 됩니다. 어떤 사람은 갑자기 당위를 나열하며 앞에서 거론하지 않은 내용까지 등장시킵니다. 말이 나온 김에 다른 내용을 덧보태거나, 결론 단락을 채우려고 새 문장을 덧보태면서 머리를 쥐어짜기 때문입니다. 결론 단락에서 새로운 문제를 꺼내지 마세요. 결론 단락은 지금까지 논의한 것을 마무리하거나, 논의를 바탕으로 전망(제언)하는 곳입니다. 다음 글은 비약이 섞여 본론과 결론이 따로 놀았습니다.

> **본론** : 교육의 목적에 대해 언급했는데……
>
> 1. ① 이제는 우리 사회도 이와 같은 교육 목적에 부합하는 교육이 하루빨리 이루어져야 하겠다.
>
>   ② 그래야 우리 사회는 한층 밝은 사회를 이룩할 수 있을 것이다.
>   ↘ 이 학생은 우리 사회가 그렇지 못해 그동안 서운했나? '교육'을 거론하다가 '밝은 사회'를 왜 걱정할까?
>
> 2. ① 그러므로 자기 본분에 충실한 것이 사회에 더 크게 기여하는 일이라는 것을 알아야 할 것이다. ② 분수를 알아야 사회에 좀 더 적응하기가 쉽다.
>   ↘ 자신을 벌써부터 알았다는 말인가? 이 소리를 왜 하지? 이런 진리를 너희도 좀 깨달으라는 뜻인가?
>
> 3. ① 따라서 교육은 인격을 닦아 가는 과정일 것이다. ② 그러므로 우리는 인격 완성을 위하여 교육하고 교육받는 것을 잊지 말아야 한다.
>   ↘ 쓰다 보니까 좀 알 것 같은가 보지? '교육'을 말하다가 갑자기 '우리'를 왜 거론하지? 다른 학생들에게 학교에 다니는 것을 불평하지 말라고 하는 말인가?

❸ 서론–본론–결론 단락을 유기적으로 연결하였는지 확인해 보세요. 즉, 서론에서 제기한 문제가 본론에서 충분히 논의되고, 그 본론을 바탕으로 결론에서 주장해야 합니다. 서론에서 거창하게 문제를 제기하고 본론에서 다루지 않는 경우도 많습니다. 또 앞에서 전혀 거론하지 않은 내용이 결론에 등장하여서도 안 됩니다. 다음은 결론 단락에서 본론을 마무리하지 않고 논의가 다시 진행되는 글입니다.

본론 : 청소년 게임 중독 원인을 사회적 여건에서 찾고……

1. ① 이렇듯 청소년들이 게임에 빠지게 된 것은 사회적으로 문제가 있기 때문이었다. ② 그러므로 청소년들을 위해 사회가 청소년들이 마음 놓고 놀 곳을 만들어 주어야 한다. ③ 스키 캠프나 축구 교실 같은 여러 이벤트를 제공해야 한다.

  ↘ '스키 캠프, 이벤트'는 본론에서 논의되지 않았는데, 주장 문장에서 '놀 곳'을 이야기하다가 갑자기 등장시킨 말이다.

본론 : 청소년 게임 중독의 문제점을 진단하고……

2. ① 게임 중독이 심각해지기 전에 이에 대한 대책을 강구해야 한다. ② 먼저 청소년들이 여가를 위해 이용할 생활 시설을 많이 마련해야 한다. ③ 청소년들이 게임보다 활동력 있는 여가를 즐기기에 힘써야 한다. ④ 그 다음 게임 문화를 올바르게 정착시켜 게임의 중독성을 낮추어야 한다. ⑤ 게임으로 프로게이머같이 생계를 꾸려 나가는 것이 아니라면, 게임 중독이 되지 않도록 자제해야 한다.

  ↘ 본론에서 진단한 문제점과 상관없이 글쓴이가 즉석에서 떠올린 대책을 계속 나열하며 당부하였다.

결론 단락에서 딴소리를 하지 않으려면 주장 문장, 전망 문제를 구상할 때 본론 단락에서 논의한 내용에 동의하거나 대립시키면 됩니다. 즉, 본론에서 '무조건 개발하려고 한다, 보완할 수 있는 제도적 장치가 없다'를 다루었다면, 결론에서는 '개발 기준을 마련해야 한다, 제도적 장치를 만들자'를 서술해야 합니다.

특히 전망 문장에서 비약이 심한 것은 쓰는 이가 논의를 바탕으로 하지 않고 말 나온 김에 생각을 덧보태기 때문입니다. 가령 '(서론) 네가 나한테 대든다. (본론 1) 남들이 너를 욕한다. (본론 2) 내가 화내면 너는 다친다. (결론) 나에게 대들지 마라' 같은 구조를 예로 들어봅시다.

'나에게 대들지 마라' 뒤에 '내가 한 번 더 참지, 너 집에 가라, 내가 그렇게 우습니?' 같은 말을 보태면 모두 비약입니다. 그 말을 본론에서 논의한 적이 없기 때문입니다.

그런데 내가 그 사람에게 '나에게 대들지 마라'고 했는데, 그 사람이 대들면 어떻게 됩니까? 본론 논거에 따르면 남들이 그 사람을 욕하거나, 그 사람이 나한테 다치겠지요. 즉, '대들지 않아야 욕먹지 않으며, 다치지 않을 것이다'가 전망 내용입니다.

결국 전망이란 본론에서 논의한 내용을 '그래야만, 그렇지 않으면' 같은 접속어를 붙여 동의하거나 대립시켜 주장 문장 뒤에 덧보탠 것입니다. 그런데 본론 단어가 반복되므로, 이 말을 일반화하여 '인간은 갈등하지 않아야 공적 영역에서 자유로우며, 상생하는 길에 들어설 것이다'처럼 표현하는 것입니다.

4 읽는 이를 가르치려 하지 마세요. 논술글은 이성적으로 설득하는 글이므로, 글 끝에 와서 '우리 모두 최선을 다해야 한다, 지금이야말로 우리 모두 반성해야 한다'처럼 도덕적으로 훈계하며 계몽해서는 안 됩니다. 그 대상에서 자기는 쏙 빠진 채 '너 이런 것 모르지, 나는 안다'는 식으로 상대방을 가르치면 오히려 상대방을 불쾌하게 할 뿐입니다.

아무런 근거 없이 도덕적 당위를 나열하는 것은 할 말을 다한 뒤 결론 단락을 형식적으로 완성하려고 무리하게 문장을 덧보태기 때문입니다. 이런 말은 차라리 넣지 않는 것이 낫습니다. 다음 글은 본론을 요약하고 교훈을 담아 멋지게 마무리하려고 하면서, 읽는 이에게 설교하는 내용을 담았습니다.

> ① 지금까지 청소년들이 친구를 사귀면서 고민을 이야기하다가도 한편으로는 친구가 없다고 외로워하는 이유에 대해서 알아보았다. ② 바야흐로 한국은 선진국 대열에 올라서고 있다. ③ 그래서 21세기에는 우리나라에 창의적인 삶이 보편화될 것이다. ④ 우리는 이런 사실을 잊지 말고 친구와 고민을 함께하며 함께 상의해야 한다. ⑤ 그것이 문제점을 해결하고, 개인과 나라가 발전하는 지름길인 것이다.

5 솔직하고 겸손하게 주장해야 합니다. 판단은 읽는 이에게 맡기고 자기 생각을 강요하지 마세요. 상대방을 합리적으로 설득하지 않고, 웅변처럼 주장을 계속 늘어놓으면서 자기 생각을 소리 높여 외쳐서는 안 됩니다. 그러므로 짧은 글에 너무 넓고, 크고, 많은 주장을 담은 것은 아닌지를 검토해야 합니다. 원고량은 한정되었는데 넓은 것, 많은 것을 주장하게 되면 자기 생각을 강요할 수밖에 없습니다.

작은 것 하나라도 확실히 설득하자는 생각으로 서술하여야 힘이 덜 들며, 결론에서 과장하지 않습니다. 다음은 결론 단락을 주장 문장으로만 채운 글입니다.

> ① 수단과 목적이 같은 가치 위에 있어야 한다. ② 그렇지 않으면 갈등과 다툼이 끊이지 않을 것이고 다툼에 의지해서는 세상의 변화가 이루어지지 않는다. ③ 목적과 정신에 합당한 정책과 수단을 찾기 위해 노력해야 한다. ④ 그리고 그 합당한 정신과 가치를 붙들 수 있어야 한다. ⑤ 전도된 가치와 줄서기 귀신으로부터 자유로워져야 한다.

6 나이에 맞는 어휘로 서술해야 합니다. 예를 들어 '공부 일등보다는 성격 일등을 중시해야 한다. 그렇지 않으면 공부 못하는 아이는 매일같이 찬밥 신세가 된다'라고 표현하는 것은 어린이답습니다. 청소년이라면 이런 주장을 일반화하여 '학력보다 인간성을 더 소중하게 여겨야 한다. 그렇지 않으면 공부 못하는 학생은 늘 소외될 것이다'라고 표현해야 합니다. 그러려면 일간지 칼럼, 시사 주간지 같은 글을 읽으면서 우리 사회가 약속한 어휘들을 평소 눈여겨보는 것이 좋습니다.

7 본론에서 두 가지 원인을 찾았으면, 결론에서 대책도 두 가지를 서술해야 합니다. 결론 단락 끝에 그 두 가지 구체적 진술을 하나로 묶어 일반적 진술로 행동 방향을 전망하거나 제언하는 것이 좋습니다. 다음 글은 '도입(논의 정리) — 주장(대책) — 전망'으로 계산되었습니다.

> **본론** : 사회적 갈등이 이기주의 풍토가 퍼져 있고 계층 간에 이익을 고집하기 때문에 생긴 것이라고 지적하고……
>
> ① 따라서 사회적 갈등은 상호 간의 이해관계가 부딪치면서 나타나는 현상인 것이다. ② (뒷받침 생략) ③ 이를 극복하려면 첫째, 사회적으로 공동체 의식과 연대감을 고취하도록 여건을 형성해야 한다. ④ (뒷받침 생략) ⑤ 둘째, 계층 간에 서로 다양한 욕구를 지녔다고 인정해야 한다. ⑥ (뒷받침 생략) ⑦ 그렇게 해야 사회 구성원이 서로 공존 공생할 것이며, 나아가 상대방을 배려하는 사회로 성숙해 갈 것이다.

4 결론 단락 문장의 종류

　결론 단락은 결론에 이르기까지 다양하게 논의된 내용을 묶어 정리하고, 글쓴이 태도를 분명히 밝히는 곳입니다. 그래서 결론 단락 서술어는 '~해야 한다, ~하지 않으면 안 된다, ~인 것이다, ~일 것이다'가 많습니다. 전환구로는 '따라서, 그러므로, 그렇지 않으면, 그래야만, 아울러' 따위가 많이 쓰입니다. 내용에 따라 '도입, 전개, 주장, 전망(제언)' 문장으로 분류합니다.

　도입 문장은 결론 단락 첫머리라서, 본론과 결론을 연결하는 다리 노릇을 합니다. 대체로 본론에 있는 내용을 요약하여, '이상으로 ~을 알아보았다, ~을 살펴보았다'와 같이 상투적으로 도입부를 채웁니다. 이런 방식은 논거가 같으면 요약도 비슷하여 결론 단락 전체가 비슷해집니다. 그러므로 좀 더 다양한 방식을 찾아 자기 색깔을 드러내야 합니다.

　전개 문장은 도입 문장을 좀 더 해설하거나 의의를 설명합니다. 결론 단락 도입 문장과 본론 단락에서 논의한 것을 일반화하는 곳입니다. 주장 문장과 확실히 연결될 수 있도록 논의를 끝냅니다. 본론 논거를 강조하고 종합하여 마무리하는 곳입니다. 본론 단락에서 언급한 방향을 이곳에서 좀 더 보완할 수 있습니다.

　주장 문장은 논증의 전제가 되는 문장입니다. 이 주장 문장을 위해 나머지 다른 문장이 존재합니다. 그러므로 본론 논거와 확실히 구별해야 합니다. 논거를 주장으로 헷갈려서 결론 단락에 논거 문장을 쓰고 주장 문장을 빼면 주장이 없는 글이 됩니다.

　전망(제언) 문장은 본론에서 논의한 것을 바탕으로 가능성, 부작용, 방향 등을 언급하는 문장입니다. 반드시 본론을 근거로 삼아 구상해야 합니다. 그렇지 않으면 뜬금없이 애국적 충고, 도덕적 당부, 교훈적 훈계를 담기 쉽습니다. 엉뚱한 내용을 늘어놓고 비약하기 쉬운 곳입니다.

　가령 1200자 글에서 결론 단락 원고량으로 20%쯤 안배하면 240자 안팎으로 써야 합니다. 240자는 6문장 안팎이므로, 수험생은 '첫째와 둘째 문장이 결론 단락의 도입, 셋째와 넷째 문장이 주장, 다섯째와 여섯째 문장에서 전망'처럼 구체적으로 구상해야 합니다. 취향에 따라 문장 개수를 조정하거나 순서를 바꾸어도 됩니다.

예를 들어, 첫 문장에 본론을 요약하여 정리합니다. 둘째와 셋째 문장에서 그런 논의를 강조하려고 논의를 좀 더 일반화하거나 구체적으로 뒷받침합니다. 넷째 문장에 글 전체를 통해 말하고자 하는 주장을 담습니다. 다섯째와 여섯째 문장에서는 글쓴이가 주장하는 것이 실현되었을(실현되지 않았을) 때 어떤 일이 벌어질지를 추론하여 정리합니다.

결론 단락을 개성 있게 확장하기

1 논술글에서 수험생 개성이 잘 드러나지 않는 곳이 결론 단락입니다. 도입－전개－주장－전망 문장들이 대체로 일반적 진술이기 때문입니다. 즉, 결론 단락은 글을 마무리하는 곳이라서, 예시와 비유처럼 자기 색깔을 분명히 드러내는 구체적 진술을 담기가 어렵습니다. 더구나 옆 사람과 주장이 같고 본론 논거까지 같으면 결론 단락 문장은 거의 비슷한 문장으로 구성됩니다.

특히 도입－전개 부분에 습관적으로 본론을 요약하는 버릇 때문에 더욱 비슷합니다. 여기에서는 '우리는 지금까지 ～을 살펴보았다, 이상으로 ～이라는 사실을 알 수 있었다'와 같은 상투적인 말을 빼려고 합니다.

채점자가 글을 읽고 내용을 파악하는 데는 5분이 안 걸립니다. 그런데도 이렇게 같은 말을 반복하면 사고가 빈약해 보입니다. 더구나 1000자는 자기가 하고 싶은 말을 담기에 넉넉지 않은 양이니, 상투적인 말로 지면을 낭비해서는 안 됩니다.

더구나 본론을 요약한 것은 본론이지, 결론 단락에 쓸 내용이 아닙니다. 결론 단락 주장 문장을 쓰기 전에 본론과 결론 단락을 연결한 것일 뿐입니다. 요약이 결론 단락 첫머리를 채우는 데는 무난하지만, 내용을 다시 반복하므로 실제로는 공간을 낭비합니다. 그 양만큼 다른 내용을 담아 자기 생각을 좀 더 섬세하고 정교하게 드러낼 수 있습니다. 다음 글을 읽고 결론 단락에 있는 문장이 각각 어떤 성격을 지녔는지 분석해 보세요.

서론 : ① 우리나라는 세계에서 일을 가장 많이 한다고 한다. ② 그래서 1960년대 이후 기아와 빈곤에서 벗어나 물질적인 풍요와 경제적인 여유를 가지게 되었다는 것이다. ③ 그러나 사회가 변하고 장시간 노동에 따른 부작용이 커지면서, 최근 노동계는 삶의 질과 생산성을 높이려고 주 5일 근무제를 전면적으로 실시하자고 주장한다. ④ 이에 사용자 쪽에서는 비용 부담이 커서 아직 이르다며 반대를 하는 실정이다.

본론 1 : ⑤ 그러나 주 5일 근무제가 경제에 미치는 영향은 크다. ⑥ 과거에는 기업들이 장시간 노동으로 제품을 생산해 온 편이다. ⑦ 그러나 노동 시간이 단축되면 이러한 방법으로 생산 목표를 이룰 수 없다. ⑧ 장시간 노동을 할 경우, 잘못하면 시간만 때우는 노동으로 전락하여 상품의 질에는 전혀 관심을 두지 않기 쉽다. ⑨ 결국 주 5일 근무제는 기업의 체질 개선을 촉진시키고 생산성을 높일 것이다. ⑩ 그것은 노동 시간이 단축되면서 충분히 휴식을 취하여 생산 활동에서 집중력이 높아지기 때문이다.

본론 2 : ⑪ 사회적 측면에 미칠 영향도 아주 크다. ⑫ 주 5일 근무제를 실시하면 여가 시간이 늘어나 자기 개발과 가족을 위해 투자할 수 있는 시간이 늘어날 것이다. ⑬ 다시 말해 독서나 운동 등 자기의 취미 생활을 즐기고 전문 지식을 쌓을 수 있으며, 가족과 여행을 즐길 수 있다. ⑭ 사람다운 삶이 무엇인지를 절실하게 느끼면 남들에게 어떻게 배려해야 하는지도 알게 될 것이다. ⑮ 즉, 인간관계가 성숙해지면서 사회 전반적으로 의식 수준이 높아지게 된다.

결론 : ⑯ 최근 어느 조사에 따르면 젊은 직장인들이 봉급 인상보다 토요 휴무제, 즉 주 5일 근무제를 원했다고 한다. ⑰ 이는 우리 사회가 이제는 경제적 풍요보다 삶의 질을 더 소중히 여긴다는 것을 증명한다. ⑱ 따라서 주 5일 근무제를 실시해야 한다. ⑲ 주 5일 근무제를 잘 활용하면 우리 사회 전반에 바람직한 변화를 가져올 수 있을 것이다.

이 글에서 결론 단락 도입을 예전처럼 본론 내용을 요약하여 채우면 '⑯ 이상으로 주 5일제를 살펴보았다. ⑰ 그리고 경제, 사회적 영향력이 크다는 사실도 알았다'가 될 것입니다. 그러나 여기에서는 결론 단락 도입에 ⑯처럼 최근 현황을 소개하고, ⑰에서 그 사실에 어떤 의미가 있는지를 설명하면서 본론과 연계하여 다시 한 번 강조하였습니다.

결론 단락에 꼭 필요한 '⑱ 주장, ⑲ 전망' 문장은 손대지 않았습니다. 도입-전개 부분에 글쓴이의 견문을 이용하여 구체적인 문장을 덧보태 글쓴이의 색깔을 담았습니다. 이렇게 도입-전개 부분만 바꾸어도 결론 단락 절반쯤을 글쓴이 취향에 따라 구체적인 문장으로 담을 수 있습니다.

2 결론 단락 도입은 서론 도입 방식을 응용하면 됩니다. 즉, 도입 문장에 구체적 경험이나 사실을 담아도 됩니다. 또 용어를 설명하는 문장, 남의 말이나 격언 따위를 인용하는 문장, 최근 사건과 사고를 소개하는 문장을 놓으면 됩니다. 물론 서론 단락 도입에 있는 것을 반복하여서는 안 되므로, 성격은 같되 사례는 달라야 합니다. 예를 들어 서론 도입은 격언을 인용하며 시작하고, 결론 도입은 사건과 사고를 소개하며 시작하는 식입니다.

결론 단락 전개 문장도 서론 단락 전개 문장의 서술 방식을 응용합니다. 즉, 도입 문장의 배경을 설명하거나 의미를 부여하되 좀 더 일반화하는 것이 좋습니다. 도입 문장의 의미를 확실히 정리하는 곳이므로, 글쓴이의 견해여야 합니다. 서론 단락에서는 인용 서술어를 붙여 대체로 남의 견해로 처리하였습니다.

이 전개 부분이 넉넉하면 본론 단락에서 미처 뒷받침하지 못한 내용을 써도 됩니다. 물론 새로운 논의가 시작되는 것이 아니라, 본론 단락 논거를 좀 더 강화하는 것이어야 합니다. 결론 단락 도입−전개 부분에 구체적인 견문을 넣는 방식은 다음과 같은 장점이 있습니다.

첫째, 결론 단락 도입에서 다시 한 번 분위기를 끌어올립니다. 도입을 요약문으로 채우는 방식은 내용이 반복되어 진부합니다. 그러나 이 방식은 도입−전개 부분에 또 다른 견문을 소개하므로 서론에서 느꼈던 신선함을 다시 느낍니다. 서론 단락 도입부에 담지 못했던 소재를 이곳에 활용할 수 있습니다.

둘째, 결론 단락에서 자기 색깔을 분명히 합니다. 사람마다 견문이 다르기 때문에 구체적 사실이 다릅니다. 견문에 따라 분위기가 달라집니다. 서론 단락처럼 결론 단락에서도 도입 내용에 따라 창의력을 발휘할 수 있습니다. 즉, 주장 문장이 같더라도 일화를 소개할지, 속담을 넣을지, 학설을 인용할지에 따라 자기 취향을 드러낼 수 있습니다.

셋째, 구상한 문장을 원고지에 옮기다가 끝에서 원고량을 조절할 수 있습니다. 시험장에서 글을 옮기다가 마지막 순간에 길이를 조절하려면 결론 단락 도입−전개 부분을 늘리거나 줄이면 됩니다. 이곳은 결론 단락 주장−전망 부분을 보완하는 곳입니다. 뒤늦게 손보더라도 서론과 본론 내용에 영향을 주지 않습니다. 이런 구조에 따르면 결론 단락의 전형적인 모습은 다음과 같습니다.

---

① 요즘음 '포스트모더니즘'이라는 말이 흔히 쓰인다. ② 이 말은 지나친 효율성에서 벗어나 좀 더 인간답게 살자는 생각에서 탄생하였다. ③ 이런 생각은 전 분야에 확산되고, 사람들은 그 자연스러운 모습에서 정을 느낀다. ④ 따라서 우리 사회는 더 이상 합리성, 효율성에 집착하여서는 안 된다. ⑤ 우리 공동체가 꿈꾸는 사회는 인간에 바탕을 두어야 한다. ⑥ 그렇지 않으면 공동체가 수단이 되면서 우리 사회는 더욱 삭막해지고 공동체의 미덕은 점점 사라질 것이다.

↘ 도입 문장은 ①, 전개 문장은 ②와 ③, 주장 문장은 ④와 ⑤, 전망 문장은 ⑥이다.

다음 말에는 '주장'이 없고, 그렇게 주장하는 '이유, 근거'만 있습니다. 이 사람이 상대방에게 궁극적으로 주장하는 것을 추론해 보세요.

1. "시험 감독 선생님, 답안지 틀렸어요. 정답을 답안지에 옮기다가 한 줄씩 밀려 썼습니다."

2. "너는 먹는 것은 정상인데 너무 살이 쪘다. 몸이 둔해지면 못하는 일도 많아. 아침에 일찍 일어날 수 있지?"

3. "다수가 반드시 옳은 것은 아니야. 그러니 숫자만 믿고 밀어붙이면 안 돼. 언젠가 다수도 소수가 될 수 있어. 뭐든 상대가 있는 거야. 요즘 여당이 그걸 모른단 말이야."

4. "이민은 더 큰 기회를 찾아 떠나는 거지. 이사를 좀 멀리 간다고 치자고. 따지고 보면 여기에 남은 사람보다 떠나는 사람이 더 힘들어. 낯선 곳에 적응해야 하거든."

5. "병들고 늙은 사람을 국가가 왜 배려하냐고? 가족이 부양하기 힘들지. 가족 부담을 덜어 주면 사회와 삶에 활력이 넘쳐. 그리고 복지 서비스가 늘면서 일자리도 대폭 늘어난다니까."

6. "비판은 껄끄러워. 그래도 고마운 거지. 잘못을 지적해 주거든. 그러니 잘 되라고 하는 말로 받아들여야 해. 도요타 자동차도 소비자들 지적에 귀를 기울여야 했는데."

7. "엊그제 한 어머니가 장애 아이와 자살했어. 얼마나 힘들었으면 그랬을까? 참 안 됐어. 서로 힘든 처지라 누가 나서서 도와주기도 어렵고. 어쩌지?"

8. "쓰레기를 몰래 버리면 그 사람을 관청에 신고하고 포상금을 탄다는군. 그런 방법을 가르치는 파파라치 학원이 있대. 그건 시민 의식으로 해결할 일 아닌가? 관청이 돈을 주어서 시민들끼리 서로 고발하게 하는 것은 비겁해."

9. "머리카락 길이가 이 정도면 괜찮지. 선생님도 그걸 인정하셨어. 그래도 교칙이 그러니 어쩔 수 없다는 거야. 바꾸기 전에는 일단 지키라는 거지. 도대체 언제 바꾼다는 거야? 대부분 사람들이 잘못되었다고 생각하면 그게 법일까?"

10. "말도 안 돼. 우리끼리 사는데 한국 공무원이 왜 영어를 해야 해? 그럼 법원 판결도, 판결문도 한글과 영어를 써야겠네. 영어를 잘하는 것이 좋고, 영어를 잘하자는 것은 이해하겠는데, 이건 아니야."

11. "이번에 민족문제연구소에서 《친일인명사전》을 냈어. 사회 정의를 바로 세우고 역사 왜곡을 시정할 수 있겠지? 우리가 과거사를 외면하여 독립군 후손들이 거지처럼 살고, 친일파 후손들이 떵떵거린다면 앞으로 누가 애국을 하겠냐고."

12. "지방 대학에 다니는 것이 창피하지 않았으면 좋겠어. 이 대학이 잘하는 것이 있고, 저 대학이 잘하는 것이 있을 텐데, 지금은 서울 몇몇 종합대학교가 모두 가졌어. 그러니 까 나머지 대학교는 저절로 2류가 될 수밖에."

13. "에이, 이상해. 그 의원이 전화 여론 조사 1위라고? 내가 아는 사람들은 그 의원을 다 욕하는데. 누가 조사했어? 낮에 집에서 전화 받는 사람이 누구야? 휴대전화와 인터넷 으로는 안 알아봤어? 어쩐지. 그러니까 그렇지."

14. "660년에 백제가 망했지. 그래도 전쟁터 옆에 살지 않으면 백제 백성은 나라 잃은 것이 뼈저리게 와 닿지 않았을 거야. 그런데 10년, 20년 뒤에 지배층이 다른 제도와 관습을 강요하자 불편해지기 시작했을걸. 1910년에 대한제국이 망한 뒤, 1919년에 온 백성이 일본에 저항한 것도 그런 식일 거야."

다음 논증의 큰 틀에서 결론 단락 주장 문장을 확인한 뒤, 주장 뒤에 놓을 전망 문장을 '동의, 대립' 방식으로 구상해 보세요(한 문제를 풀고 모범 답안과 비교한 뒤, 다음 문제를 푸세요).

1. 양성 평등

서론	남녀를 차별하여 논란이 되었다.
본론	1) 남녀에 인격적, 생물학적 차이가 없다. 2) 어느 한 성이 세상을 주도하지 못한다.
결론	양성이 서로 조화를 이루어야 한다. • 전망 동의 : • 전망 대립 :

2. 지역주의

서론	현실적으로 편 가르기가 심하다.
본론	1) 균형 있는 발전이 어렵다. 2) 분열이 분열을 부른다.
결론	지역주의를 극복해야 한다. • 전망 동의 : • 전망 대립 :

3. 애완동물 키우기

서론	아이 대신 개를 키우기도 한다.
본론	1) 생명의 소중함을 이해한다. 2) 단조로움을 깬다. 삶에 활력을 준다.
결론	애완동물 키우기를 긍정적으로 보아야 한다. • 전망 동의 : • 전망 대립 :

4. 댓글 문화

서론	인터넷 댓글 전성시대인 것 같다.
본론	1) 쌍방향 사회로 바뀌었다. 2) 진지하게 성찰하고 귀를 기울인다.
결론	댓글은 앞으로 더 발전할 것이다. 　• 전망 동의 : 　• 전망 대립 :

5. 좋은 교사

서론	스승의 그림자를 밟지 않는다고 하였으나, 지금은 입시 성적이 좌우한다.
본론	1) 학생은 독립된 인격체이자 아직 완성되지 못한 인격체이다. 2) 서로 개성과 사고방식이 다르다.
결론	좋은 교사는 학생을 있는 그대로 인정한다. 　• 전망 동의 : 　• 전망 대립 :

6. 세대 차이

서론	기성세대와 청소년이 서로 믿지 못한다.
본론	1) 상대 문화를 서로 이해하지 못한다. 2) 세대 간 대화가 거의 없다.
결론	1) 다양성을 인정해야 한다. 2) 대화 장치를 마련해야 한다. 　• 전망 동의 : 　• 전망 대립 :

다음 결론 단락을 분석하여 도입 문장, 전개 문장, 주장 문장, 전망(제언) 문장으로 분류해 보세요.

1. ① '시간은 금'이라는 속담을 오늘날 많은 현대인은 회의적으로 본다. ② 그것은 시간이 없으면 생각할 여유가 없어 일을 거칠게 마무리하기 때문이다. ③ 따라서 밀란 쿤데라가 주장한 '느림'의 철학이 현대 사회 문제점의 해답이 될 것이다. ④ 그렇지 않고 현대인들이 성급한 생각을 행동으로 실천하면 성숙한 사회로 가지 못한다. ⑤ 또한 잘못을 계속 반복할 수밖에 없다.

2. ① 삶의 진정한 방향은 여유에서 찾아야 한다. ②그런데도 같은 시간에 많은 것을 빨리 해야 시간을 가치 있게 쓰는 것이라고 현대인은 생각한다. ③ 하지만 맹목적으로 시간에 매달리는 것은 진정한 삶에서 벗어나는 것이다. ④ 이제는 "급할수록 돌아가라"는 말을 되새기며 살아야 한다. ⑤ 그래야 현대인이 삶을 좀 더 멀리 내다보며 살 수 있을 것이다.

3. ① 플라톤은 "덕은 군인이 군인답고 목수가 목수다울 때 생겨난다"고 하였다. ② 이것은 무슨 일을 하더라도 최선을 다하여 긍지를 지니는 것이 중요하다는 것을 나타내는 말이다. ③ 따라서 우리가 일을 할 때 이런 의식을 바탕으로 해야 일에서 즐거움을 얻고, 남에게 도움이 될 수 있을 것이다.

4. ① 근래 들어 정부는 도로건설 같은 국책 사업을 실시할 때 반드시 환경 영향 평가를 한다. ② 정부가 추진하는 사업이 자연 환경에 악영향을 주는지 검토하는 것이다. ③ 이것은 과학이 맞다면 그대로 행하는 기계적 사고방식이 아니다. ④ 자연을 생명체로 보고 유기적인 부분을 살피는 유기적 사고방식이라고 할 수 있다. ⑤ 결국 유기적 세계관은 현대 생명, 생태 위기를 극복할 수 있다. ⑥ 더불어 이러한 세계관을 견지할 때 후손에게 더 나은 환경을 물려줄 수 있을 것이다.

5. ① 청소년들은 자기 의지와 상관없이 모니터 앞으로 내몰린다. ② 왜냐하면 청소년 문화를 지원하는 정책과 제도가 열악하기 때문이다. ③ 따라서 우리 사회는 청소년 놀이 문화를 확장하는 데 좀 더 관심을 가져야 한다. ④ 이러한 배려를 하지 않으면 우리나라 꿈나무에게 거름을 주지 않은 결과를 초래할 것이다. ⑤ 사회가 노력하지 않고서 청소년이 반듯하게 자랄 수는 없을 것이다.

6. ① 역사적으로 볼 때 자유와 평등이 항상 조화롭게 발전하지는 못하였다. ② 어느 때는 자유가 강조되었으며, 어느 때는 평등이 최고의 가치로 작용하였다. ③ 이것은 각 사회가 제기한 시대적 과제가 달랐기 때문이다. ④ 따라서 자유와 평등의 관계는 시대적 상황에 따라 다를 수 있다. ⑤ 오히려 극단적이고 절대적인 자유와 평등이야말로 진정한 사회 발전을 이끌어 낼 수 없을 것이다.

7. ① 이렇듯 학교 생활에 인터넷이 깊숙이 침투하여 밀접한 관계를 맺고 있다. ② 그러므로 학생들이 인터넷을 활용할 때 많은 관심을 가지고 올바른 인터넷 윤리를 정립하는 데 힘써야 한다. ③ 이에 교사는 수업 활동에 효과적인 교수 매체를 개발하고 학생들이 흥미를 가질 수 있도록 순기능을 최대한 살려야 한다. ④ 그래야 청소년에게 인터넷은 새로운 세상을 여는 도구로 자리 잡을 것이다.

8. ① 옛 속담에 '벼룩 잡다 초가삼간 다 태운다'라는 말이 있다. ② 작은 것에 집착하다가 큰 것을 잃는다는 뜻이다. ③ 우리 사회에 만연한 획일화된 아름다움에 대한 집착도 이에 해당한다. ④ 겉으로 보이는 신체적 아름다움을 극단적으로 좇다가 자신을 잃어버리기 때문이다. ⑤ 아름다움을 인간의 존엄성이 훼손되지 않는 범위에서 추구해야 한다. ⑥ 그러기 위해서 우리는 일반화된 미의 기준을 비판적 태도로 선택해야 한다. ⑦ 이제 우리 사회에도 아름다움의 다양성이 바로 서야 할 것이다.

다음 단락은 결론 단락입니다. 이 단락이 결론 단락으로 왜 좋지 않은지 이야기해 보세요.

1. ① 옛날 우리나라의 성현들이 자신이 처해 있는 환경을 극복하고 자기 의지를 다스릴 수 있는 수양을 한 것도 위와 같은 맥락에서 이해할 수 있을 것이다.

2. ① 성은 완전한 상태의 결합에서 부부 사이에 가졌을 때, 뒤에 있을 2세의 탄생이 자연스럽고 건전한 것이다. ② 그렇지 않다면 사회는 심각한 문제를 껴안고 살아가게 될 것이다. ③ 그 문제는 뿌리까지 치료하지 않으면, 결국 사회가 붕괴되는 일까지 초래하게 될 것이다.

3. ① 위에서 살펴본 바와 같이 소수가 정치를 좌우하는 국가는 권력 남용을 하기 쉽다. ② 그러므로 이 나라의 정치적 발전과 정직한 민주주의 정의 실현을 위해서는 정책 결정 권한을 국민 대표에게 주어 서로 협력하여 바람직한 방향으로 이끌도록 하는 것이 중요하다.

4. ① 사형 제도는 사형수 개인의 목숨을 빼앗는 행위이다. ② 사형수가 남의 생명을 뺏었다고 해서 법이, 인간이 사형수의 생명을 뺏을 어떤 정당한 이유도 없다. ③ 사형수를 나와 같은 인간, 이웃이라 생각하고 그들에게 기회를 주어야 한다.

5. ① 사회 복지 제도의 이러한 문제점을 치유하려면 평등을 근본적으로 해결해야 한다. ② 즉, 일시적으로 돈을 지급하지 말고 기술 습득의 기회를 확대하고 일자리를 마련해 주어야 한다. ③ 또 국민 개개인의 의식 개혁도 필요하다. ④ 빈곤 문제는 국가에서 해결해야 할 문제일 뿐 나와는 상관없다는 생각을 버려야 한다. ⑤ 이웃과 더불어 잘 살고자 하는 마음으로 노력한다면 진정 평등한 사회가 도래할 것이다.

6. ① 앞서 살펴본 바와 같이 성형 수술 중독의 원인은 대중매체가 만들어 내는 왜곡된 인간상이다. ② 대중매체가 원인이 되었으니 해결도 대중매체를 이용하면 효과적일 것이다. ③ 이제부터 대중매체는 외모가 아름다운 사람보다는 심성이 아름답고 지식이 충실한 사람이 진정한 역할 모델이 될 수 있도록 해야 한다. ④ 사람들이 영향을 가장 많이 받는 텔레비전 드라마부터 신데렐라 콤플렉스의 요소를 제거하자. ⑤ 외모를 가꾸는 노력보다는 내면을 가꾸는 노력이 진정한 가치가 있음을, 내면이 충실한 사람이 성공한다는 것을 부각시킨다면 우리 사회의 외모 지상주의와 성형 중독증이 해결될 것이다.

7. ① 우리는 정보의 구렁텅이 속에 산다. ② 자칫하면 우리는 정보의 구렁텅이에 빠져 헤어 나올 수 없을지도 모른다. ③ 인간이 정보에 빠져 인간만의 고유한 특성과 가치를 잃어버리고 살지도 모르는 일이다. ④ 정보화 시대에 발맞춰 우리의 눈과 귀를 그 정보, 의견 등의 넝쿨 속에서 참된 장미를 발견할 수 있도록 사용해야 하겠다. ⑤ 능동적인 참여와 분별력으로 쓰레기 더미 속에 장미를 피워 낼 수 있어야 하겠다. ⑥ 정보에 쉽게 흔들리기보다는 정보를 이용해서 사회를 이끌어 나갈 수 있는 능동적 수집가가 되도록 하자.

8. ① 이상으로 헤아릴 수 없이 많은 주장과 의견, 정보가 난무하는 사회에서의 바람직한 삶의 자세를 알아보았다. ② 기브 앤 테이크라는 말이 있듯이, 정보를 선별하여 주체적으로 받아들여 비판하고, 또 자신의 의견 또한 나타낼 수 있는 것이 진정한 정보화 사회에서의 바람직한 태도이다. ③ 앞으로 현대 사회를 살아가는 사람 모두 이러한 사회 상황에서 실제적 관심과 행동으로 건전한 여론 형성에 기여하기를 바란다.

다음 단락은 주어진 논제에 맞추어 서술한 결론입니다. 이 글이 결론 단락으로 왜 좋지 않은지 이야기해 보세요.

1. 청소년 게임 중독의 사회적 원인을 살펴보라.

> ① 따라서 청소년들이 즐길 수 있는 사회적인 시설과 제도가 필요하다. ②그렇지 않으면 게임에 중독되는 청소년들이 점점 많아져 대한민국은 힘이 없는 나라가 될 것이고 미래가 밝을 수 없다. ③ 좀 더 심각한 사회 문제로 대두될 것이다.

2. 오늘날 우리나라 교육 현실에 대해 자신의 견해를 밝혀 보라.

> ① 지금까지 우리의 교육은 규범을 정해 놓고 그 안에 학생을 몰아넣는 인위적인 것이었다. ② 일부러 규범을 만들고 그것에 맞추어 사는 것이 도리어 역효과를 낳는다는 노장 사상에서 힌트를 얻어 우리의 교육이 나아가야 할 방향을 생각할 수 있다. ③ 학생이 자율적으로 개성을 표출하고 조화 정신을 가질 수 있도록 가르치는 것이 우리의 삶의 질을 향상시키는 진정한 교육으로 가는 길이다.

3. 민족주의를 어떻게 생각하는지 논술하라.

> ① 따라서 적당한 민족주의는 여러 가지로 도움이 된다. ② 그래야만 세계화 시대에 발맞추어 살아갈 수 있을 것이다. ③ 지나친 민족주의에 빠진다면 세계적 흐름 속에서 갈등이 깊어져 결국 국제적인 고립에 처하게 될 것이다.

4. 인터넷을 이용할 때 많은 사람들이 겪는 언어 폭력에 대해 말해 보라.

> ① 인터넷상의 무분별한 언어 사용은 익명성이라는 정보화 시대의 특성에 기인한다. ② 그러나 그것은 기본 인권을 해치는 비도덕적인 행위라는 문제점을 갖고 있다. ③ 우리가

인본주의에 입각한 인터넷 윤리 의식을 가질 때, 정부와 관리자가 제도적 차원의 개선에 힘쓸 때, 비로소 모든 사람들이 맘 놓고 컴퓨터를 켤 수 있을 것이다.

5. 루소는 한 국가나 사회 제도가 아동의 발달과 교육에 부정적인 영향을 준다고 주장하였다. 루소 사상의 장단점을 알아보고 바람직한 교사상을 논하라.

① 그러므로 교사는 현실을 고려하면서도 학생 중심의 교육을 펼 수 있어야 한다. ② 공교육이 불신 받는 시점에서 교사가 학생 개인을 존중해 주는 교육은 교사와 학생 간에 불신을 해소하는 데 반드시 필요하다. ③ 그러려면 교사들은 학생을 단순히 가르쳐야 할 무지한 존재로 보는 것이 아니라 하나의 인격체로 대해야 한다. ④ 학생들의 목소리에 귀 기울이고 최대한 각자의 소질과 재능을 배려하고 도와주는 입장에 서야 한다. ⑤ 강요가 아닌 자유를 주어야 한다. ⑥ 현재의 교육 여건이나 제도를 획기적으로 바꾸기는 어렵지만 교사들의 사명감은 높일 수 있다. ⑦ 그리하여 신뢰받는 교사와 학교가 되어야 할 것이다.

6. 파에톤은 태양신의 아들이다. 그런데 파에톤은 태양신의 전차를 몰다가, 하늘 궤도를 벗어나 땅을 불태울 상황에 놓인다. 이에 제우스가 번개를 쳐서 파에톤을 강물에 떨어뜨린다. 이 신화는 인류가 무모하게 과학을 이용하여 자연을 개발하는 것으로 비유할 수 있다. 자연 개발을 두고 자신의 견해를 밝혀 보라.

① 최근에 체세포만으로 인간을 만드는 기술이 개발되어 화제가 되고 있다. ② 신을 닮으려는 인간의 끝없는 노력이 결국 신의 영역이라는 인간 창조에 이르게 된 것이다. ③ 하지만 이 새로운 아폴론의 이륜차가 또 어떤 부작용을 가져올지 더욱 두려워진다. ④ 위에서도 말했듯이 무분별한 개발은 결국 스스로를 파멸로 이끌 것이다. ⑤ 이런 인간에 대한 경고로 최근에는 〈The day after tomorrow〉라는 영화가 개봉되어 우리의 가슴을 섬뜩하게 한다. ⑥ 따라서 자연을 도구로만 생각하는 그런 오만함은 버리고 자연과 공존하려는 노력을 기울여야 할 것이다. ⑦ 다시 말해서 서양의 자연관과 동양은 자연관을 결합시켜야 하는 것이다. ⑧ 물론 개발 자체를 포기하는 것은 불가능할 것이다. ⑨ 그러므로 리우 환경회의의 예처럼 지속가능한 개발을 위해 노력해야 한다. ⑩ 그래야만이 인류는 제우스의 번개를 피할 수 있을 것이다.

다음 결론 단락을 어떤 주장과 전망으로 채워야 할지 구상해 보세요.

1. 하루에 수십 번씩 마음을 다져 먹지만 사흘도 안 되어 무너져 내린다. 그러면서도 한쪽에서는 인간이 갈대처럼 약해 보여도 우주를 담았다고 말한다. 변하지 않고 흔들리지 않는 '절대 의지'가 있는지에 대해 자신의 의견을 서술하라.

서론	사람들이 오늘날 자기 뜻대로 사는 것은 점점 어려워진다. 다가오는 순간마다 상황이 다르고 사람들을 수없이 만나며 살아야 하기 때문에 때로는 자신의 의지가 흔들리게 된다. 하지만 인간이 나약하기만 할까?
본론	1. 절대 의지가 없으면 살아가는 이유도 모르고 본능의 노예가 될 것이다. 2. 사람들은 노력하면서 꿈을 현실로 만들기도 한다.
결론	

2. 고등학교 졸업식 날 어떤 졸업생들은 자기가 입고 있는 교복을 찢고 '감옥을 벗어났다!'라고 소리치는가 하면, 또 한쪽에서는 가족들과 사진을 찍고 졸업을 아쉬워한다. 같은 학교를 다니고도 두 부류의 학생들이 나타나는 것은 학교 교육을 받아들이는 태도가 다른 데서 온다. 오늘날 우리나라 학교 교육이 갖는 역기능과 순기능을 살펴보고 학교 교육이 나아가야 할 방향에 대해서 자신의 의견을 제시하라.

서론	우리나라는 예로부터 학문을 숭상하던 전통이 있었다. 그래서 나라에서는 교육을 '국가 백년대계'로 여겨 늘 중요하게 생각했으며, 관심을 갖지 않는 사람이 없다. 그러나 요즘 '학교 망국론'이라고 할 정도로 역기능이 심각하며, 특히 고등학교 교육은 망가질 대로 망가졌다고 한탄한다.

본론	학교 교육 순기능 : 1. 축소된 예비 사회로서 공동체 의식을 길러 준다. 　　　　　　　　 2. 학습 내용이 사회 발전의 원동력이 된다. 학교 교육 역기능 : 1. 신분 상승을 위한 수단으로만 본다. 　　　　　　　　 2. 지나치게 보수적이어서 변화에 수동적이다.
결론	

3. 해외에 나간 우리 기업이 호평만 받는 것은 아니다. 한국은 1980년대 이후 해외로 활발히 진출하였는데, 대부분 자본이 영세하여 저임금과 장시간 노동에 초점을 맞추어 아시아로 많이 나갔다. 우리나라가 아시아 여러 나라와 협력해야 하는 의미는 무엇인지 알아보라.

서론	냉전 종식 후 세계적으로 다극화 시대에 접어들어 국제 협력이 절실해졌다. 우리나라도 발전과 생존을 위해 국제 협력은 필수 요소가 되었다. 그러나 아시아 개발도상국에 진출한 한국 기업을 비난하는 목소리가 높아졌다. 한국 기업들이 현지의 값싼 노동력을 이용하면서 현지 노동자들의 권리를 함부로 무시한다는 것이다.
본론	1. 경제적으로 국가 간 상호 보완할 수 있다. 2. 정치적, 문화적 유대가 두터워진다.
결론	

4. 어떤 사람이 강도를 만나 상처를 입고 길거리에서 죽게 되었다. 《성서》에 따르면 사마리아 사람만 그 부상당한 사람을 치료해 주었으며, 다른 사람들은 보고서도 그냥 지나쳐버렸다. 이럴 경우 도덕적 의무를 법으로 규정하여 그냥 지나쳐 버린 사람들을 처벌할수 있을지 자신의 의견을 밝혀 보라.

서론	현대인은 산업 사회 이후 과거에 누리지 못했던 물질적 풍요와 번영 속에서 산다. 그 대신 과거에는 상상하기 힘든 범죄가 예사로 발생하고, 인간성을 새로이 정의해야 하는 도덕 문제에 부딪혔다. 일부에서는 개인의 도덕성 마비와 사회의 인간미 상실로 황폐해질 대로 황폐해졌고 인정은 찾아보기 힘들다고 개탄하는 실정이다.
본론	1. 법은 최소한의 도덕을 규정한 것이다. 2. 사회는 여러 사람이 모여 사는 곳이다.
결론	

5. 핵무기를 두고 한국은 미국과 협조하여 북쪽을 압박한다. 핵무기는 어떤 의미를 지니는지 검토하고 자신의 견해를 밝혀 보라.

서론	세계적으로 냉전이 무너졌다고 하나, 우리나라는 반세기에 걸쳐 남북 분단이라는 특수한 상황에서 냉전이 끝나지 않았다. 한편으로는 남북이 개성 공단을 공동 운영하면서, 또 한편으로 서해 교전 같은 긴장 속에서 적대하며 산다. 이런 가운데 강대국은 전쟁 시나리오를 작성하고, 핵무기 사용을 검토하기도 하였다.
본론	1. 핵무기는 인륜적으로 용납할 수 없는 무기이다. 2. 핵무기는 약소국과 강대국을 구별하지 않는다. 3. 핵무기를 또 다른 핵무기로 해결하려고 한다.
결론	

6. 세계 50개 대형 교회 중에 한국 교회가 절반이 넘는다. 어느 교회는 신도가 1백만에 가까워 단일 교회로 세계 1위를 차지한다. 한쪽에서는 세계에서 가장 큰 불상을 세운다. 사회 일부에서는 종교가 이렇게 양적으로 성장한 만큼 내실이 있었는지 반성해야 한다고 주장하고 있다. 우리 사회에서 종교 또는 종교인이 가져야 할 자세에 대해 논하라.

서론	종교는 인류가 세상에 출현하면서 함께 발생했다고 보아도 과언이 아니다. 구석기 시대의 토템을 시초로 해서 현대의 불교, 기독교, 힌두교 따위의 종교가 인류와 맥을 같이해 왔다. 따라서 종교가 사회에 미치는 영향력도 컸다. 그러나 오늘날에 와서 종교계의 세속적 타락이나 양적 성장을 보면서 종교가 정신적인 면을 소홀히 하는 것이 아닌가 하는 회의도 늘었다.
본론	1. 종교는 정신적인 가치에 목적이 있다. 2. 양적 성장은 혼란을 부추긴다.
결론	

7. 고문은 한 인간을 파멸시킨다. 그러나 고문 기술자로 알려진 경찰관도 동네에서는 착한 이웃으로 평범하게 살았다고 한다. 이 사례를 가지고 비인간적인 행위가 일어나는 사회적 원인을 살펴보라.

서론	오늘날 각종 비인간적인 범죄가 여기저기에서 벌어진다. 대상을 가리지 않고 사람을 죽이기도 하고, 미국에서는 어제까지 친구이고 동료였던 사람을 향해 총을 난사하기도 하였다. 이런 파괴의 주체가 인간이라는 사실에 많은 사람들은 인간의 본성을 회의적으로 본다.
본론	1. 인간은 짐승과 다르다. 2. 목적을 위해 수단을 가리지 않는다. 3. 경쟁 사회에서 도덕보다 이익을 앞세운다. 4. 새 가치관을 준비하지 못했다.
결론	

요약

긴 글을 짧게 줄이는 방법을 익힙니다.
관점에 따라 원 글에 담긴 내용을 효율적인 구조에 담아 다양하게
요약할 수 있습니다.

1 요약의 이해

1 논술은 논증의 큰 틀을 만든 뒤, 그 틀을 좀 더 뒷받침하는 과정입니다. 그러므로 논술글을 쓰려면 쓰는 이가 먼저 주장을 분명히 정하고 논거를 마련한 뒤, 그 논증의 큰 틀에 이리저리 논의를 덧보태야 합니다. 결국 논술은 자기주장을 일반화하여 논증의 큰 틀을 만들고, 그것을 남에게 이해시키려고 좀 더 문장을 붙이면서 구체화하는 과정입니다.

이에 비해 요약은 긴 글에서 군더더기를 줄여 글쓴이가 말하고자 하는 뼈대를 찾아 핵심만 남기는 과정입니다. 그러려면 장황한 글에서 구체적 논의를 과감히 빼고 주장과 논거를 찾아 논증의 큰 틀을 이해한 뒤, 글쓴이의 생각을 한눈에 알아볼 수 있게 일반화해야 합니다.

결국 논술글을 줄이면 요약문이 됩니다. 반대로 요약문에 구체적 논의를 덧보태면 논술글이 됩니다. 이렇게 다시 쓴 논술글이 원 글과 똑같지는 않으나 논증의 큰 틀은 같습니다. 그러므로 요약하는 요령을 익히면 논술글 쓰기에 큰 도움이 됩니다. 긴 글을 요약하는 것은 논술글을 구상할 때 논증의 큰 틀을 조감한다는 뜻입니다.

2 다른 사람의 글을 제대로 요약하면 글 길이에 상관없이 글쓴이가 말하고자 하는 것을 빨리 파악할 수 있습니다. 대부분 논술 시험에서 수험생은 다양한 자료를 분석해야 합니다. 각 자료에서 글쓴이가 의도하는 것은 무엇이며, 여러 자료의 공통점과 차이점은 무엇인지, 출제자가 이 자료로 수험생을 평가하려는 의도는 무엇인지를 알아야 합니다. 즉, 긴 글을 제대로 볼 줄 알아야 출제 의도를 파악하고 논제 방향을 제대로 잡습니다. 그 자료에 논제의 방향, 논거 따위가 함축되었기 때문입니다.

논제 방향을 이해하지 못하면 0점입니다. 예를 들어, 출제자가 '수학여행을 가야 하나? 사형 제도는 윤리적인가?'라고 물을 때, 수험생은 '가야 한다(또는 가지 말아야 한다), 윤리적이다(또는 윤리적이지 않다)'라고 대답해야 합니다. 그런데 질문 의도에서 벗어나 수험생이 '설악산에 가야 한다, 사형 제도는 폐지되어야 한다'처럼 대답하는 것과 같습니다. 논제 방향을 벗어나면 출제자는 '논지 이탈, 논제 파악 미숙'으로 판단하여 글 전체를 '최하'로 평가합니다.

따라서 요약을 단순히 글을 줄이는 것으로 보아서는 안 됩니다. 글에 저장된 다양한 지식을 일반화하여 한 개념을 찾아내는 과정입니다. 논술글을 제대로 쓰지 못하는 것은 주어진 자료를 제대로 이해(요약)하지 못했다는 뜻입니다. 출제자가 잘 계산하여 제시한 자료를 보고도 '어쨌다고? 어쩌자고? 그래서 나보고 어쩌라고?'라고 생각한다면 그 수험생은 출제 의도를 파악하지 못한 것입니다.

자신이 뭘 주장해야 하는지 모르므로 엉뚱한 소리로 원고지를 채울 수밖에 없습니다. 배가 목적지를 정하지 않고 출발하여 방황하는 것과 같습니다. 요약이 잘 안 되면 논술 시험에서 제시문을 보고 시험을 치러야 할 때, '이해/분석' 평가 항목에서 높은 점수를 얻지 못합니다. 그리고 제시문을 이해하지 못하면 '표현' 평가 항목에서도 점수를 제대로 얻지 못합니다.

2 요약 과정

(1) 요약의 일반적 과정

1) 문장에서 단어를 삭제하고 압축할 때

① 독립어, 접속어, 수식어, 군더더기는 뺀다.

예 : 아, 가을이 갔구나. 그리고 하얀 겨울, 차가운 계절이 소리 없이 다가왔다. → 가을이 가고 겨울이 왔다.

② 같은 말을 계속 반복하여 표현하는 경우에는 하나만 남겨 둔다.

예 : 쓸데없이 세월을 낭비하고 헛되이 보내며 → 세월을 헛되이 보내며

③ 비슷한 여러 어구를 상위 개념 하나로 줄인다.

예 : 그 고장에서는 철따라 사과, 복숭아, 배, 수박, 딸기 등을 심었다. → 그 고장에서는 철따라 과일을 심었다.

연 습 문 제 1

다음 글을 한 문장으로 요약하세요.

1. 현재 학교에 다니고 있는 많은 학생에게 "학교에 왜 다니세요, 교육하는 목적이 무엇일까요?"라고 물어보면 십중팔구 출세를 위해 공부한다고 할 것이다.

2. 종교인이 정치에 참여할 수 있다. 종교인이라는 위치에서 언론이나 매스컴에 발언하여 영향을 끼칠 수도 있다. 그러나 국가 정책에 영향을 끼친다고 종교인들의 발언을 제한하거나 묵살한다면 국민 권리를 침해하는 것이다.

3. 우리나라는 자본주의 국가로, 개인 능력에 따라 모든 일이 좌우된다. 초등학교에서 고

등학교까지 우리나라 학생들은 시험을 보며, 그에 따라 석차가 나온다. 그 석차로 개인의 내신 등급을 매기는데, 좋은 성적을 받으려고 서로 경쟁한다. 고3이 되면 더 좋은 대학에 들어가려고 전국 수험생들과 다투며, 사회생활을 할 때는 승진하려고 경쟁하고 회사에서 쫓겨나지 않으려고 다른 사람과 경쟁한다.

2) 긴 글을 요약하는 과정(형식 단락에서 문장을 비교하여 삭제하고 압축할 때)

① 글의 각 형식 단락에서 핵심 문장을 찾아 밑줄을 긋습니다. 한 단락에 여러 문장이 있어도 그중 어느 한 문장이 논거이고, 나머지는 그 논거를 뒷받침하려고 덧보탠 문장입니다. 즉, 어느 일반적 진술 하나를 이해시키려고 그 문장 앞뒤에 구체적 진술을 늘어놓는 식입니다. 형식 단락이 아무리 길어도, 논거 하나를 상대방에게 전달하려고 다른 문장으로 쉽게, 자세히, 구체적으로 설명한 것입니다.

② 한 단락에 대여섯 문장이 넘으면 그 단락에서 핵심 문장을 두 개 찾아 밑줄을 긋습니다. 그러려면 먼저 형식 단락을 적당히 비슷하게 둘로 나눕니다. 그리고 앞쪽에서 핵심 문장을 찾아 밑줄을 긋고, 뒤쪽에서도 핵심 문장을 선택하여 밑줄을 긋습니다. 이렇게 찾은 문장에서 핵심어를 눈에 잘 띄게 표시해 놓으면 더 좋습니다.

전환구 중에서 '마치, 다시 말해, 즉, 예를 들어, 가령' 같은 말로 시작하여 예시, 삽입, 비유, 부연, 인용, 비교, 대조 방식으로 다른 문장을 강화하려는 문장은 대체로 빼도 좋습니다.

③ 한 단락에 논거가 두 개라면 쓰는 이가 형식 단락을 제대로 나누지 못한 것입니다. 그런 것도 위처럼 둘로 나누어 각각 밑줄을 그으면 논거를 놓치지 않습니다. 물론 그 논거를 언제든지 각각 한 단락으로 독립시킬 수 있습니다.

형식 단락에 문장이 너무 많아 논거를 찾기가 어려우면 자신이 감당할 수 있을 만큼 형식 단락을 더 잘게 쪼갭니다. 그리고 논거를 여러 개 찾는다는 기분으로 밑줄을 자주 그으면 됩니다. 한 문장이 너무 길어서 밑줄을 긋기가 어려울 때는 대충 40자를 기준으로 사선을 그어 그 문장을 좀 더 잘게 끊습니다. 그리고 어느 한 부분에 밑줄을 그으면 됩니다.

④ 각 단락에서 밑줄 그은 문장을 비교하여 정리합니다. 예컨대 뒤 문장이 앞 문장을 좀 더 구체적으로 설명하는 것이라면 어느 한 문장을 빼도 됩니다.

이렇게 각 단락에서 논거에 밑줄을 그었는데, 그 문장에 쓰인 어휘로 그 단락을 이해할 수 없다면 그 단락에서 좀 더 구체적인 어휘를 찾아보세요. 그리고 그 어휘에 밑줄을 그어 놓으세요. 나중에 그 어휘를 이용하여 내용을 좀 더 보완할 수 있습니다.

⑤ 이렇게 각 형식 단락의 세 문장에서 한 문장씩만 남겨도 원 글이 3분의 1로 줄어듭니다. 밑줄 그은 문장에서 서론에 놓아야 할 도입 문장, 본론에 놓을 만한 논거 문장, 결론이면서 쓰는 이가 궁극적으로 드러내려는 주장 문장으로 분류합니다. 그 문장을 재구성하여 도입－논거－주장(또는 서론－본론－결론)으로 정리합니다.

⑥ 출제자가 특별히 지시하는 분량이 있으면 그 기준에 맞추어 줄입니다. 만약 원 글을 120자로 줄이라면 한 문장 평균값을 40자로 따져, 요약문을 3문장으로 정리합니다. 또는 500자 안팎으로 요약하라면 요약문을 12~13문장으로 정리하되, 도입－논거－주장을 어떻게 안배할지를 계산합니다. 예를 들어 도입 3문장, 논거 6~7문장, 주장 3문장으로 구상하는 식입니다.

(2) 빨리 요약하는 방법(위 방법을 충분히 연습하였을 때)

숲 전체를 보아야 솎아 줄 나무가 보이듯이, 글 전체의 흐름을 알아야 어떤 부분을 빼고 어떤 부분을 남길 것인지 판단할 수 있습니다. 그러므로 본격적으로 요약문을 작성하기 전에 글의 밑에서 위로 논증의 큰 틀을 먼저 살펴보는 것이 더 쉬울 때가 있습니다.

① 글 전체에서 주장 문장을 파악합니다. 글을 처음부터 가볍게 읽어 나가되 주장이 담긴 결론 단락을 찾습니다. 대체로 맨 끝 단락이 결론 단락입니다. 그 결론 단락에서 주장 문장을 찾아 밑줄을 긋습니다. 물론 글쓴이가 그 글을 통해 궁극적으로 드러내려는 주장이어야 합니다. 주장이 많아 판단하기 어려우면 모두 밑줄을 그어 놓습니다. 나중에 글을 쓰게 된 동기를 찾아 서론과 짝을 지어 한 문장만 남기면 됩니다.

② 그리고 그 주장을 뒷받침하는 논거 단락을 찾습니다. 대체로 문제점, 원인, 근거, 장점, 이유, 특징 따위를 설명한 단락을 찾으면 됩니다. 주장을 뒷받침하는 논거 단락을 찾으면 각 단락에 있는 핵심 문장을 확인하여 밑줄을 긋습니다. 그 문장에서 핵심어를 찾고, 그 단락 앞뒤 문장에서 그 핵심어를 어떻게 풀이하는지 살펴봅니다. 좀 더 설득력 있는 어휘에도 밑줄을 그어 표시해 둡니다. 형식 단락에서 논거는 대체로 그 단락의 맨 앞(두괄식)이나 맨 뒤(미괄식)에 있습니다.

③ 형식 단락이 너무 크면 그 단락을 두세 개로 쪼갭니다. 형식 단락을 쪼개 내용 단락으로 나누고, 각 내용 단락에 있는 핵심 문장에 밑줄을 긋습니다. 자기 눈에 들어올 만한 크기로 쪼갠다고 생각하고 대충 나누어도 됩니다. 한 단락에서 쓰인 줄 수를 센 뒤 비슷하게 나누면 쉽습니다. 예를 들어 일곱 줄을 넷, 셋으로 나누는 식입니다. 그리고

앞쪽에서 한 문장에 밑줄을 긋고, 뒤쪽에서 한 문장에 밑줄을 긋습니다.

밑줄 그은 문장끼리 내용이 겹쳐도 상관없고, 다르면 더욱 좋습니다. 나중에 밑줄 그은 문장만 놓고 다시 정리하면 됩니다. 즉, 서너 문장 가운데 핵심 문장을 하나씩 찾는다는 기분으로 밑줄을 긋습니다. 드문드문 밑줄을 긋는 것보다 자주 긋는 것이 낫습니다. 이것이 쉽지 않으면 16줄을 8줄로, 다시 4줄로 줄인다고 생각합니다.

④ 마지막으로 글을 쓰게 된 동기가 드러난 단락을 찾아 핵심 문장에 밑줄을 긋습니다. 이때는 주장 문장과 연결하여 판단하는 것이 좋습니다. 가령 글 끝에서 '사회적 약자를 좀 더 배려해야 한다'고 주장하였다면, 글 첫머리에서 '사회적 약자를 배려하지 않는다'로 시작하였을 것입니다. 즉, '사회적 약자는 누구를 말하는지, 어떤 처지에 놓였는지, 우리 사회의 복지 수준은 어떤지, 요즈음 사회적 약자에게 어떤 일이 벌어졌는지' 따위로 시작하였을 것입니다.

⑤ 밑줄 그은 곳을 처음부터 끝까지 연결하여 읽으면서 글의 흐름을 알아봅니다. 내용이 겹치면 어느 하나를 빼도 됩니다. 흐름이 막히는 곳은 본문에 있는 어휘를 바탕으로 자신이 잘 아는 단어로 바꿉니다. 글의 흐름을 파악하여 어떤 동기로 글을 썼으며, 무엇을 논거로 삼아 어떤 것을 주장했는지 확인합니다. 그래서 논증의 큰 틀을 확인합니다.

⑥ 밑줄 그은 문장을 배치하여 도입 – 논거 – 주장 순서로 구조화합니다. 즉, 전체 내용을 '지금 이런 일이 있는데(실태, 문제 제기, 현상), 이러저러하므로(문제점, 원인, 근거, 장점, 이유, 특징), 이렇게 하자(대책, 주장, 전망)'처럼 정리합니다. 물론 출제자가 '이 글에서 말하고자 하는 공통점과 차이점은?'처럼 특별한 조건을 요구하면 그에 맞추어야 합니다. 원 글 순서대로 요약하여도 좋으나, 수험생이 재구성하는 것이 더 낫습니다.

⑦ 요약문을 작성합니다. 출제자 요구에 따라 각 단락에서 밑줄 그은 부분을 어떻게 표현할지를 생각하여 정리합니다. 요약문의 단락 수를 정하고 어휘를 바꿀 것인지, 수험생의 견해를 넣을 것인지를 구상하고, 글자 수를 고려해야 합니다. 이때 요약문에 도입, 논거, 주장 요소가 빠지지 않았는지 확인해야 합니다.

3 요약할 때 주의할 점

1 주어진 글을 단순히 요약하라고 했을 때 원 글에 없는 내용을 덧보태거나 왜곡해서는 안 됩니다. 또 요약하면서 원 글을 비판하거나 원 글에 자기주장을 덧보태도 안 됩니다. 있는 내용을 단순히 줄여 구조화하는 것이지, 자기 논리를 펴는 것이 아니기 때문입니다.

본문에 쓰인 단어를 다른 말로 정확하게 바꾸기 어려우면 되도록 그 글에 쓰인 어휘를 그대로 이용하는 것이 좋습니다. 같은 뜻으로 쓰인다고 생각한 어휘가 때로는 편견을 드러내 원 글이 말하고자 하는 본질을 바꾸기 쉽습니다. 예를 들어 '상대'와 '반대', '다르다'와 '틀리다'처럼 어휘를 바꾸면 내용이 달라질 수 있습니다.

2 주어진 글을 그대로 인용하지 말라거나, 자기 목소리로 표현하라거나, 자기 견해를 밝히라고 할 때는 주어진 글을 '적극적으로' 소화해야 합니다. 이런 문제는 요약 형식으로 논술 시험을 치르는 것이며, 출제자는 수험생에게 원 글의 '함축적 이해'를 요구한 것입니다. 따라서 간단히 추린 문장을 자기 나름대로 '일반화'해야 합니다.

외국어를 번역할 때도 곧이곧대로 우리말로 바꾸면 원문을 더 이해하기 어렵습니다. 이럴 때 직역한 단어를 다른 말로 바꾸고, 문장 구조를 우리말답게 바꾸면 원문을 훨씬 쉽게 이해할 수 있습니다. 즉, 요약도 직역하지 말고, 의역하는 것이라고 생각해야 합니다. 이런 과정을 거쳐 '설명문식 요약'에 이르면 주어진 글의 내용을 수험생이 완전히 다른 말로 바꿀 수 있습니다('설명문식 요약'은 347쪽에서 이야기합니다).

3 각 단락에 있는 문장이 60자가 넘을 때는 문장 중간에 사선을 그어 짧은 문장 여러 개로 나누어야 합니다. 그래야 글의 흐름을 파악하기 쉽습니다.

4 글 전체를 단숨에 읽고 요약하지 마세요. 단박에 통찰하기가 어렵습니다. 글을 크게 몇 단락으로 나눌 수 있는지 살펴야 합니다. 즉, 어디까지가 서론이고, 어디까지가 본론인지를 알아야 하지요. 그것이 어려우면 앞에서 차례대로 글을 잘게 쪼개 나갑니다. 긴 글을 읽고 한 번에 중심(핵심) 문장을 찾기 어렵습니다. 원래 분석이란 잘게 쪼개 살펴보는 것입니다. 출제자 지시에 따라

단락을 나누어야 할 때 매우 도움이 됩니다.

5 글을 요약할 때 각 단락 논거를 연결하면 요약 문장이 길어지기 쉽습니다. 머릿속에 있는 것을 한꺼번에 전달하려고, 떠오른 생각을 끊지 않기 때문입니다. 요약 문장은 되도록 40자 안팎으로 서술해야 합니다. 문장이 길어져도 띄어쓰기를 포함하여 60자가 넘지 않아야 합니다. 한 문장에 자기 견해를 하나만 담되, 문장에 군더더기가 없어야 합니다.

6 요약문에 제목을 붙이라고 하면, 처음부터 제목을 붙이지 마세요. 글을 조감하지 못한 상태에서는 제목을 붙이기 어렵습니다. 각 단락의 관계를 따져야 논제 방향을 찾을 수 있습니다. 그 글에서 어떤 주장을 하려고 어떻게 논거를 댔는지를 알아야 제목을 붙이기 쉽지요. 즉, 요약문을 완성한 뒤 제목을 붙여야 합니다.

7 요약문을 완결된 글 한 편으로 작성하라는 것은 출제자가 준 제시문을 보지 않고 요약문만으로 원 글을 이해할 수 있도록 정리하라는 뜻입니다. 만약 요약문에 '글 (가)의 주장에 따르면'이라고 언급하면 '글 (가)'가 있어야 요약문이 완결되므로 지시에 따르지 않은 것입니다. 그럴 때 '글 (가)의 주장에 따르면'을 '사형 제도 폐지론자 주장에 따르면'처럼 바꾸어 써야 합니다.

8 두 글의 공통점이나 차이점을 찾을 때, 본문에 없는 말로 바꾸고 싶거나 두 단어를 뭉뚱그려 하나로 쓰고 싶으면 일반적 어휘를 구체적 어휘로 표현할 수도 있습니다. 그럴 때는 예시나 비유가 가장 편합니다. 예를 들어 '우리 사회의 개성이나 민족 주체성을 기준으로 외래문화를 수용하자' 같은 것은 '우리 사회에 맞는 체로 한 번 걸러서 수용하자'처럼 바꾸면 됩니다. 물론 요약 원리에 따라 구체적 어휘를 상위 개념인 일반적 어휘로 표현할 수 있습니다.

9 신문으로 요약하기를 연습하세요. 대체로 독자 투고는 2~3단락에 8~10문장, 사설은 4~5단락에 16~20문장, 칼럼은 8~9단락에 30~40문장으로 구성되어 있습니다. 그중 독자 투고와 칼럼이 서론-본론-결론 구조를 잘 갖추어 사설보다 요약 연습하기가 좋습니다.

독자 투고와 칼럼을 요약하면서 자신과 다른 생각, 가치관을 만나고 세상 이치를 조감할 수 있습니다. 그리고 효율적인 논증 구조와 확장하기(단락 만들기)를 익히며, 기성세대와 지식인이 주로 쓰는 현실적인 언어를 통해 어휘력과 문장력도 높일 수 있습니다. 또 현실 사례를 간접 체험하여 나중에 자기 논술글에 견문으로 활용할 수도 있습니다.

10 요약문을 작성할 때 반드시 '도입-논거-주장' 순서로 늘어놓아야 하는 것은 아닙니다. 세 요소를 어떻게

배치할 것인지는 요약하는 사람의 취향에 따라 달라집니다. 어떤 때는 주장 문장을 단락 앞뒤에 놓고 양괄식으로 처리합니다. 양괄식 구성이 훨씬 단단하고 분명해 보이기 때문입니다.

때로는 요약문을 두 단락으로 처리하면서 한 단락에 도입-논거-주장을 담고, 나머지 한 단락에도 도입-논거-주장을 담을 수 있습니다. 다음 글을 비교해 보세요. 같은 내용을 양괄식 한 단락으로 정리하고, 미괄식 두 단락으로 정리하였습니다.

양괄식: 노동 문제는 상식적인 판단을 넘어선 전체적인 시각이 필요하다.(주장) 그런데도 일부에서는 노동자 시위를 부정적으로 본다. 시위가 사회 안정을 깬다는 것이다.(도입) 그러나 시위에 대응하는 사고방식 때문에 시위를 불러일으킨 적이 많았다. 원인의 원인이 따로 있었다.(논거1) 또 시위 그 자체가 사회의 불안정을 초래하지는 않는다. 그 정도는 우리 사회가 충분히 감당할 수 있다.(논거2) 따라서 역지사지 정신, 즉 궁극적인 원인을 통찰하려는 노력이 따라야 한다.(주장)

미괄식: 일부에서는 노동자 시위를 부정적으론 본다.(도입) 그러나 시위에 대응하는 사고방식 때문에 시위를 불러일으킨 적이 많았다. 원인의 원인이 따로 있었다.(논거1) 따라서 역지사지 정신, 즉 궁극적인 원인을 통찰하려는 노력이 따라야 한다.(주장)

또 노동자 시위가 사회 안정을 깬다고도 한다.(도입) 그러나 시위 그 자체가 사회의 불안정을 초래하지는 않는다. 그 정도는 우리 사회가 충분히 감당할 수 있다.(논거2) 그러므로 노동 문제는 상식적인 판단을 넘어선 전체적인 시각이 필요하다.(주장)

⓫ 주어진 글에 글쓴이가 드러내려는 주장과 논거가 분명하지 않을 때는 보완해야 합니다. 즉, 주장이 아예 없거나 논거를 에둘러 표현하였을 때는 수험생이 주장과 논거를 확실하게 드러내 구조화하는 것이 좋습니다.

⓬ 밑줄을 긋다가 이해가 안 되는 문장은 그냥 넘어가면 됩니다. 요약할 때 어느 문장에 밑줄을 긋는 것은 글에서 중요한 문장을 표시하는 것입니다. 평소 연습할 때는 형광펜을 이용하여 도입-논거-주장 문장을 서로 다른 색으로 표시하면 글의 구조가 더 잘 보입니다. 물론 글을 읽다가 이해되지 않는 곳에 밑줄을 그어서는 안 됩니다. 나중에 그런 문장을 연결하면 글이 더욱 이해되지 않습니다.

⓭ 영문 제시문도 요약하는 원리는 같습니다. 영어는 한 문장이 무척 긴 편이므로, 짧게 두세 문장으로 끊습니다. 그 뒤 눈에 들어오는 크기로 나누고, 나눈 부분에서 각각 핵심 내용을 찾아 밑줄을 긋습니다. 대체로 문장의 첫 부분이 핵심 내용이며, 단락에서는 맨 앞 또는 맨 뒤 문장

에 핵심 내용이 있습니다. 밑줄 그은 곳을 연결하면 그 단락의 내용을 이해할 수 있고, 단락을 연결하면 글의 흐름을 알 수 있습니다. 다음 영어 제시문을 무조건 두 줄씩 끊어 핵심 내용에 밑줄을 그은 다음, 글의 흐름을 확인하여 요약해 보세요. 어려우면 한글로 해 보세요.

① Secondly, economic and social inequalities are only justified if they benefit all of society, especially its most disadvantaged members. ② Furthermore, all economically and socially privileged positions must be open to all people equally. ③ For example, it is only justified that a doctor makes more money than a grocery clerk so far as if this were not the case, no one go through the training to be a doctor, and there would be no medical care. ④ Therefore, the doctor's greater salary benefits not only him, but all of society, including the grocery clerk, since it permits him to get medical care. ⑤ Thus this particular economic inequality benefits all of society, and leaves all its members better off. ⑥ Unlike the utilitarians, Rawls does not allow some people to suffer for the greater benefit of others.

단어 : justify 정당화하다, care 치료, benefit 이득을 주다, disadvantaged 혜택을 받지 못하는, privilege 특권, grocery clerk 식품점 점원, be the case 사실이다, better off 더 나은 상태의, utilitarian 공리주의자

① 둘째, 경제적, 사회적 불평등은 그것이 사회 전체의 이익, 특히 사회에서 가장 혜택 받지 못한 구성원에게 이득이 될 때 정당하다. ② 또한 경제적, 사회적으로 특권을 누리는 모든 지위는 모든 사람들에게 똑같이 열려 있어야 한다. ③ 예를 들어, 의사가 식품점 점원보다 돈을 더 버는 것은 그 반대 상황을 가정하였을 때 정당하다. 즉, 아무도 의사가 되는 교육을 받지 않아서 치료를 받지 못하는 상황이 발생한다는 것이다. ④ 따라서 의사가 봉급을 더 많이 받는 것은 의사뿐만 아니라 식품점 점원을 포함하여 사회 모든 이에게 이득이 된다. 사람들이 치료를 받으려고 그것을 인정한다. ⑤ 이처럼 특정한 경제적 불평등은 모든 사회에 이득을 주고 모든 사회구성원들을 더 나은 상태에 이르게 한다. ⑥ 공리주의자들과 달리, 롤스는 다른 사람들의 더 큰 이익을 위해서 몇몇 사람이 고통 받는 것을 인정하지 않는다.

①에서는 'inequalities are only justified if they benefit all of society'라고 합니다. 즉 '불평등은, 정당하다, 이익, 모두에게' 같은 말이 핵심 단어였습니다. ②에서는 'privileged positions must be open to all people equally'입니다. 즉 '특권이, 보장되다, 모두에게, 똑같이'였습니다. ③부터 ⑤까지는 이 두 문장을 이해시키려고 예를 들며 뒷받침한 문장입니다. '의사가, more money, 점원보다, 불평등, 이익을, 모두에게' 같은 말이 핵심 단어입니다. ①~②와 겹치므로

요약할 때는 다 빼도 됩니다.

⑥에 궁극적으로 말하려는 것이 있습니다. 롤스는 "다수가 소수를 희생시켜서는 안 된다"고 합니다. 그런 롤스가 공리주의자와 다르다고 합니다. 그러면 공리주의자는 '대를 위해 소가 희생될 수 있다'고 보는군요. 그러므로 이 영어 제시문을 간단히 요약하면 '불평등은 모든 구성원에게 이익일 때 용납된다. 그렇지만 롤스는 다수를 위해 소수가 희생되는 것도 반대한다'로 줄일 수 있습니다.

연 습 문 제 2

다음 글을 읽고 물음에 답하세요(먼저 풀어 보고, 잘 안 되면 '함께 풀기'를 보면서 푸세요).

> ① 갈수록 신문에 영어 사용이 늘어나는 것 같아 걱정스럽다. ② 어느 신문은 하루에 등장한 영어 단어가 150여 개였다. ③ 이 중에서 명확하게 구분하기는 어렵지만, 외래어로 거의 우리말이 된 단어를 제외하면 20개 정도의 생소한 영어 단어가 쓰였다. ④그러나 외래어로 분류한 130여 개 단어도 처음에는 생소한 단어에 속했다는 것을 알아야 한다. ⑤ 자꾸 쓰면서 점점 익숙해진 것이다. ⑥ 물론 컴퓨터 용어같이 우리말 표현이 없는 전문 용어를 사용하는 것에 시비를 걸 수는 없다. ⑦ 그러나 집에 머무르는 것을 '홈스테이'라 하고, 사물함을 '라커'라고 쓰는 것은 옳지 않다. ⑧ 결국 신문에서 영어 단어를 계속 사용하면 영어가 점차 국민에게 낯익은 단어가 되고 우리말이 밀려나고 말 것이다. ⑨ 우리말 표현이 있는 것은 우리말로 적어야 한다. ⑩ 신문이 우리말 지키기에 앞장섰으면 한다.

1. 다음 빈칸을 채워라.

	성 격	중심 문장
도입	무엇이 문제인가?	1)
논거	그렇게 주장하는 근거는 무엇인가?	2)
주장	주장하는 것이 무엇인가?	3)

2. 이 글을 사실적으로 이해하여 요약하라(100자 안팎).

2-1. ⑨와 ⑩이 모두 주장 문장이라서, 어느 것이 궁극적인 주장인지 모릅니다. 그러니 본론으로 가 봅시다.

2-2. 글 끝쯤에 '신문이 우리말 지키기에 앞장서야 하는' 이유를 '⑧ 신문에서 영어 단어를 계속 쓰면 우리말이 밀려나고 만다'라고 표현하였지요. 결론 ⑨와 ⑩ 두 주장 중에서 '⑨ 우리말로 적어야' 하는 이유는 분명히 드러나지 않았습니다.

2-3. 이 글을 쓰게 된 동기는 '① 신문에 영어 사용이 늘고 있다'로 표현하였습니다. 그것이 도입 문장입니다. 늘어나는 정도를 이해시키려고 '150여 개, 20개'같이 구체적인 숫자로 뒷받침하였습니다.

2-4. 정확한 주장을 결론 단락에서 다시 찾아봅시다. 서론에서 글쓴이는 '신문, 영어' 두 문제를 제기하였습니다. 이 두 단어와 관련 있는 문장은 결론 단락에서 '신문이 우리말 지키기에 앞장섰으면 한다'뿐입니다.

2-5. 본론 단락 다른 문장들은 '⑧ 낯익은'이라는 단어를 설명하느라고 뒷받침한 것들입니다. 즉 '④ 130여 개'도 처음에는 생소했으나 자꾸 쓰다 보니 낯익었으며 '⑦ 홈스테이, 라커'도 쓰다 보면 낯익게 된다는 것이지요.

2-6. 구조를 살펴보면 도입, 논거, 주장으로 넘어가면서 일관성을 유지하였습니다.

서론 : 도입 – 신문, 영어 많이 써서 걱정스럽다.

↓

본론 : 논거 – 신문, 영어 쓰면 우리말 밀린다.

↓

결론 : 주장 – 신문, 영어 쓰지 말라(우리말 써라).

2-7. 끝 두 문장에서 '⑨ 우리말 표현이 있는 것은 우리말로 적어야 한다'는 궁극적 주장이 되지 못합니다. 그 앞에 논거가 없고, 또 앞에 있는 '신문'이라는 단어와 연결되지 않습니다.

다음 글을 세 단락을 나누고, 물음에 답하세요.

> ① 예년 같지 않은 경제 현실을 감안하여 바닷가가 아닌 한강 둔치에 있는 대중 수영장을 찾았다. ② 그런데 상당히 불쾌하였다. ③ 수영장 안에 있는 물에 기름이 둥둥 떠다녔다. ④ 자세히 살펴보니 일부 젊은 여성들이 선탠 기름을 몸에 바르고 그대로 물에 들어가 생긴 결과였다. ⑤ 이러한 모습은 타인에게 피해를 주는 지극히 이기적인 행동이다. ⑥ 학교에서 환경 보존과 더불어 사는 삶에 대한 교육을 받은 학생들의 눈에 어떻게 보일지 걱정스럽다. ⑦ 기름을 바르고 물에 들어가지 말자. ⑧ 수영장 관계자의 엄격한 조처도 필요하다.

1. 다음 빈칸을 채워라.

	성 격	어디에서 어디까지	중심 문장
서론	무엇이 문제인가?	① ~	1)
본론	그렇게 주장하는 근거는 무엇인가?	~	2)
결론	주장하는 것이 무엇인가?	~ ⑧	3)

2. 이 글을 사실적으로 이해하여 요약하라(150자 안팎).

3-1. 형식적으로 먼저 세 단락으로 끊어 보세요.

서론 : '예년 같지 ~ 결과였다.'

본론 : '이러한 모습은 ~ 걱정스럽다.'

결론 : '기름을 바르고 ~ 조처도 필요하다.'

3-2. 맨 끝 두 문장이 주장인데, 어느 것이 글쓴이의 궁극적인 주장인지 모릅니다. 서론으로 가 봅시다.

3-3. 서론에서 '일부 여성들이 기름을 바르고 물에 들어간다'며 문제를 제기하였습니다. 그러므로 서론과 짝지어 생각해 보면 이 글에서 궁극적으로 주장하는 것은 '기름을 바르고 물에 들어가지 말자'가 될 것입니다.

3-4. 본론에서 학생들이 보고 배울까 걱정스럽다고 했지만, 그것이 '기름을 바르고 물에 들어가지 말자'는 주장의 근거가 되기는 어렵습니다. 그러므로 '타인에게 피해를 주는 이기적인 행동'이므로 들어가지 말자고 해야 옳습니다.

3-5. 구조를 잘 살펴보면 서론에서 본론으로, 본론에서 결론으로 연결될 때 일관성이 있습니다.

서론 : 일부 여성들, 기름 바르고 물에 들어간다. (문제 제기)

↓

본론 : (한 사람이) 그렇게 하면, 타인이 피해를 본다(이기적이다). (논거 제시)

↓

결론 : (사람들이여), 기름 바르고 물에 들어가지 말자. (주장, 결론)

3-6. 그러므로 '예년 같지 않은 경제 현실, 바닷가, 젊은 여성, 환경 보존 교육, 학생, 수영장 관계자' 같은 어휘는 글 전체 흐름에서 조금씩 벗어난 어휘들입니다.

다음 글을 읽고 물음에 답하세요.

> ① 방송은 국민의 정서와 교육에 큰 영향을 준다. ② 그런데 최근 어느 드라마를 보다가 눈앞이 아찔하였다. ③ 드라마 주인공이 고급 술집에서 양주를 마신 뒤 고급 승용차를 운전하고 밤늦게 귀가한다. ④ 운전 도중 휴대전화를 사용하는 모습을 보았다. ⑤ 운전 중 휴대전화 사용은 아주 위험하다. ⑥ 텔레비전에서 그 같은 장면을 계속 내보내면 휴대전화 사용자들은 위험에 무심해진다. ⑦ 방송부터 모범을 보여야 한다. ⑧ 국민이 휴대전화 사용을 올바르게 할 수 있도록 유도해 주어야 한다.

1. 이 글에서 글쓴이가 궁극적으로 주장하는 것을 휴대전화와 관련된 것으로 보면, 그렇게 주장하는 근거가 담긴 문장은 어느 것인가?

2. 이 글을 쓰게 된 동기가 담긴 문장은 어느 것인가?

3. 다음 빈칸을 채워라.

도입	지금 무엇이 문제인가?	1)
논거	그렇게 주장하는 근거는?	2)
주장	글쓴이는 어떻게 하자는 것인가?	⑧ (방송은) 국민이 휴대전화 사용을 올바르게 할 수 있도록 유도해 주어야 한다.

4. 이 글을 사실적으로 이해하여 요약하라(120자 안팎).

다음 글을 읽고 물음에 답하세요.

① 우리나라 휴대전화 가입자가 4천만 명을 훌쩍 넘어 '1인 1전화 시대'가 되었다. ② 정보 통신 수준이 높다고 기뻐할 일인가? ③ 더구나 10대들의 휴대전화 가입이 문제가 많다. ④ 절약과 절감을 끊임없이 강조하면서도 휴대전화는 이와는 먼 얘기인 듯하다. ⑤ 나 같은 30대 주부들은 10원이라도 아끼기 위해 애쓴다. ⑥ 그러나 10대들이 비싼 휴대전화를 쓰는 것을 이해할 수 없다. ⑦ 10대라면 한창 공부할 나이거나 직장 초년생에 지나지 않는다. ⑧ 한 달에 몇만 원 정도 드는 휴대전화 요금을 10대들이 어떻게 감당하는지 알 수 없다. ⑨ 더구나 휴대전화 요금도 비싸지만 많이 쓰면 쓸수록 외국에 지불하는 로열티도 막대하다. ⑩ 10대가 너도나도 휴대전화를 쓰는 것은 우리 사회의 과시욕과 과소비를 상징한다. ⑪ 우리나라 경제 수준과 인구 수를 고려할 때 10대 휴대전화 사용자가 많다는 것은 부끄러운 일이다.

1. 다음 빈칸을 채워라.

	어디에서 어디까지	중심 문장
서론	① ~	1)
본론	~	2)
결론	~ ⑪	3)

2. 이 글을 사실적으로 이해하여 요약하라(100자 안팎).

다음 글을 읽고 물음에 답하세요.

① 젊은 여성으로서 신문에서 '부끄러운 분유 천국'이라는 기사를 읽었다. ② 우리나라는 모유 수유율이 아주 낮다는 것이다. ③ 그러나 그 기사의 방향이 실망스러웠다. ④ 아기를 키우는 여성들 중에서 분유가 모유보다 좋다고 생각해 분유를 먹이는 여성은 거의 없다. ⑤ 분유 수유율이 높은 것은 전적으로 사회 복지 제도가 잘못되어 여성들이 모유 수유를 할 수 없기 때문이다. ⑥ 육아 휴직은 거의 보장받지 못하며, 육아 휴직이 보장되어도 길어야 1년이 안 된다. ⑦ 그런 여건에서 아기를 낳으면 바로 직장으로 돌아가야 하는 여성에게 모유 수유는 꿈일 뿐이다. ⑧ 게다가 직장 탁아소도 우리나라에는 거의 없다. ⑨ 그러므로 사회 복지가 잘 되어 있고 언제라도 모유 수유를 할 수 있도록 보장된 나라와 육아, 직업을 병행할 수 없는 우리나라를 단순 비교하는 것은 무의미하다. ⑩ 언론은 부디 이런 점을 추가하여 보도하기를 바란다.

1. 이 글에서 글쓴이가 궁극적으로 주장하는 것이 담긴 문장은 어느 것인가?

2. 그렇게 주장하는 근거가 담긴 문장은 어느 것인가?

3. 이 글을 쓴 동기가 드러난 문장은 어느 것인가?

4. 다음 빈칸을 채워라.

도입	지금 무엇이 문제인가?	1)
논거	그렇게 주장하는 근거는?	2)
주장	글쓴이는 어떻게 하자는 것인가?	⑩ 언론은 부디 이런 점을 추가하여 보도하기를 바란다.

5. 다음 빈칸을 채워라.

사실적 이해	함축적 이해
모유 수유	2)
1)	복지 제도

6. 이 글을 함축적으로 이해하여 요약하라(120자 안팎).

다음 글을 읽고 물음에 답하세요.

> ① 과거 우리나라에 인터넷 대란이 일어나 수많은 컴퓨터가 마비된 적이 있었다. ② 그것은 인터넷망이 한정되었고, 운영 체제로 마이크로소프트 윈도만 쓰면서 같은 바이러스 하나에 당한 것이다. ③ 생태계는 서로 연결되어, 한쪽이 흔들리면 다른 쪽도 흔들린다. ④ 따라서 다양성이 높을수록 피해가 적거나, 복원력이 커진다. ⑤ 1845년 아일랜드에서는 재배하던 감자가 한 병충해에 피해를 보아 대기근이 일어났다. ⑥ 이와 마찬가지로 현대 농업은 수확량을 늘리면서 몇몇 품종만 남겼다. ⑦ 그 결과 오늘날 농작물이 각종 병충해에 시달린다. ⑧ 따라서 우리는 다양성이 얼마나 훌륭한 덕목인지를 깨달아야 한다.

1. 이 글에서 글쓴이가 궁극적으로 주장하는 것이 담긴 문장은 어느 것인가?

2. 그렇게 주장하는 근거가 담긴 문장은 어느 것인가?

3. 이 글을 쓰게 된 동기가 담긴 문장은 어느 것인가?

4. 다음 빈칸을 채워라.

	현황	목적	결과	대책
현대 농업	몇몇 품종	1)	병충해 무방비	다양성 확보
인터넷	마이크로소프트 윈도 운영 체제	2)	바이러스 무방비	여러 운영 체제 운영

5. '윈도'는 획일성을 대표하는 단어이다. 이와 같은 뜻으로 쓰인 단어를 더 찾아서 써 보라.

6. 이 글을 함축적으로 이해하여 요약하라(120자 안팎).

다음 글을 읽고 물음에 답하세요.

18세기 초 런던에는 3천 개가 넘는 커피하우스가 생겼으며 점포마다 고정적으로 출입하는 고객들이 있었다. 법률가들은 웨스트민스트 사원 근처의 커피하우스 '난도'나 '그리시언'에 모여 법이나 문학에 관해 토론하고 새로운 연극을 비평하였으며, 또한 웨스트민스트 홀에서 흘러나온 최신 뉴스를 서로 전하기도 하였다. 사제들은 성 바울 교회 묘지에 있는 커피하우스 '트러비'나 '차일드'에서 대학의 화제와 강의에 대한 견해를 나누었으며, 군인들은 채링크로스 가(街)의 커피하우스 '영맨'이나 '올드맨'에서 자신의 불만을 털어 놓기도 하였다. '게러웨이'나 '조나단'은 일반 시민들이 주로 드나드는 커피하우스였다. 그곳에서는 주식의 등락이나 보험료율과 관련된 정보들이 교환되었다. 그레이트러셀가(街)의 커피하우스에서는 연극이 끝난 후 한밤중까지 문인재사(文人才士)들의 자유롭고 열띤 논쟁이 지속되었다. 이처럼 1680년과 1730년 사이에 번창했던 커피하우스는 처음에는 문예 비평의 장이었으나 점차 정치에 관한 비판의 장으로 확대되었다. 커피하우스는 물론, 살롱이나 지식인 만찬회, 학회, 협회 등도 활성화되었다. 모임마다 구성원의 범위와 성격, 주요 관심사와 토론의 주제는 서로 달랐다. 그러나 그 모임들은 모두 사적 개인들 간에 형성된 의사소통의 장으로 자리 잡았다.

1. 이 글에서 글쓴이가 궁극적으로 주장하는 것이 담긴 문장은 어느 것인가?

2. 그렇게 주장하는 근거가 담긴 문장은 어느 것인가?

3. 이 글을 쓰게 된 동기가 담긴 문장은 어느 것인가?

4. 다음 빈칸을 채워라.

사실적 이해	함축적 이해
문예 비평 → 정치 비판	1)
수많은 모임이 활성화	2)

5. 이 글을 자신의 표현으로 바꾸어 요약하라(150자 안팎).

4 단순 요약과 설명문식 요약

(1) 단순 요약

'단순 요약'은 출제자가 수험생에게 글을 주고 '글을 요약하라, 요지를 간략하게 말하라'처럼 아주 간단하게 요구하는 형식입니다. 그러므로 수험생은 주어진 글을 '사실적(또는 함축적)'으로 줄이더라도 자기 견해를 덧보탤 수 없습니다.

이때 수험생은 글쓴이가 구체적으로 예시한 문장, 비유하면서 설명한 문장 따위를 일반적 어휘로 압축합니다. 그리고 원 글에서 '도입, 논거, 주장' 요소를 파악해야 합니다. 그 요소가 없으면 원 글 흐름에 맞추어 순서대로 줄입니다. 원 글이 없어도 내용을 이해할 수 있게 줄이면 됩니다. 다음 글을 이용하여 요약 과정을 다시 확인해 봅시다.

> ① 정부는 매년 5천억 원을 투자하여 이공계 대학생 3분의 1에게 장학금을 주겠다고 한다. ② 그러나 이런 발상은 이공계 위기의 본질을 모르는 것이다. ③ 자칫하면 이런 정책은 바로 "어이, 원숭이! 오늘 아침에 바나나 4개 주고 저녁에 3개 줄게" 하듯 이공계를 우롱하는 정책이 될 수 있다. ④ 이공계의 위기는 이공계 학생 수가 감소했기 때문이 아니다. ⑤ 우수 학생들이 이공계 지원을 기피하고 의대나 법대에 가기 때문이다. ⑥ 이공계 진학 학생들을 눈앞에 놓인 현금으로 유혹하지 말고, 자신의 진로에 희망을 갖게 하는 방안을 찾아야 한다. ⑦ 의대생들이 의사라는 직업에서 희망을 찾고, 법대생들은 판사·검사·변호사에서 비전을 찾는다. ⑧ 이공계 대학생들도 그런 비전을 찾을 수 있도록 그 방안을 먼저 강구해야 한다.

이 글에서 글쓴이의 궁극적인 주장을 먼저 찾습니다. ⑧(방안을 강구)입니다. 그다음에 그렇게 주장하는 근거를 찾습니다. ④(지원 감소 때문이 아니다)와 ⑥(희망을 갖게)입니다. 그리고 마지막으로 글을 쓴 동기를 찾습니다. ①(정부가 장학금을 준다)입니다. 이를 바탕으로 단순 요약문의 큰 틀을 완성합니다. 이런 골격을 갖추어 자신이 소화한 단어로 줄이면 됩니다.

도입 : 정부가 매년 일부 이공계 대학생들에게 장학금을 주려고 한다.

논거 : 그러나 우수 학생들이 이공계를 기피하여 학생 수가 감소하는 것이 이공계 위기의 본질이 아니다. 이공계 학생들이 대학 졸업 후 진로에서 희망을 보지 못하기 때문이다.

주장 : 그러므로 정부는 이공계 재학생을 지원하는 방안보다 이공계 졸업자에게 희망을 주는 방안을 먼저 찾아야 한다.

(2) 설명문식 요약

시험장에서 '제시문을 요약하고 설명하라, 약술하라, 해석하라, 해설하라, 비교하라, 제시문 1을 바탕으로 2를 설명하라'는 요구가 설명문식 요약 방식을 원하는 것입니다. 원래 단순 요약은 수험생의 견문을 보태면 안 됩니다. 그러나 설명문식 요약은 수험생이 제시문을 '사실적(또는 함축적)'으로 요약하되, 자기 견문을 보태 상대방을 이해시킵니다. 즉, 원 글을 확실히 이해하였다는 것을 보여 주는 방식입니다. 그러므로 설명문식 요약에서는 원 글에서 말하고자 하는 핵심 문장들을 찾아 논증의 큰 틀을 완성하고, 그 틀에 자기 나름대로 구체적인 내용(어휘, 문장)을 뒷받침합니다.

따라서 설명문식으로 요약하려면 수험생은 글을 분석하여 '도입, 논거, 주장' 문장을 찾아 논증의 큰 틀부터 확인해야 합니다. 거기에 자신이 지닌 구체적이고 객관적인 정보를 덧보태 원고량을 늘립니다. 이때 원 글에 있는 사례를 다시 쓰면 진부합니다. 원 글과 성격은 같되, 다른 사례여야 합니다.

이 방식은 논술글에서 논거에 뒷받침 문장을 덧보태 한 단락으로 확장하는 과정과 비슷합니다. 각 단락에 논거를 놓고, 수험생이 그 문장을 뒷받침하여 원고량을 늘리기 때문입니다. 논술 시험은 수험생이 논증 과정을 일반화하여 원고량을 늘린다면, 설명문식 요약 시험은 원 글쓴이의 논증 과정에 수험생의 견문을 덧보태 원고량을 늘립니다. 즉, 수험생은 원 글을 요약하여 '서론–본론–결론' 구조로 글쓴이의 논증 과정을 일반화하되, 그 뼈대에 수험생이 구체적 문장을 덧보태 각 형식 단락을 완성하는 방식입니다.

그러므로 설명문식 요약은 단순 요약과 논술글 쓰기의 중간쯤에 있는 글쓰기 방식입니다. 그래서 설명문식 요약문은 단순 요약문에 구체적 문장을 덧보태 확장하면 됩니다. 물론 설명문식 요약문을 작성할 때도 반드시 '도입–논거–주장' 순으로 늘어놓아야 하는 것은 아닙니다. 주장 문장을 단락 앞뒤에 놓고 양괄식으로 처리할 수도 있습니다. 그것이 때로는 훨씬 단단하고 분명해 보입니다. 앞에 나온 단순 요약문에 구체적인 문장을 덧보태 설명문식 요약문으로 바꿔 봅시다.

단순 요약문

도입 : 정부가 매년 일부 이공계 대학생들에게 장학금을 주려고 한다.

논거 : 그러나 우수 학생들이 이공계를 기피하여 학생 수가 감소하는 것이 이공계 위기의 본질이 아니다. 이공계 학생들이 대학 졸업 후 진로에서 희망을 보지 못하기 때문이다.

주장 : 그러므로 정부는 이공계 재학생을 지원하는 방안보다 이공계 졸업자에게 희망을 주는 방안을 먼저 찾아야 한다.

설명문식 요약문

도입 : 정부가 매년 일부 이공계 대학생들에게 장학금을 주려고 한다. 우수 학생들이 이공계로 좀 더 지원할 수 있도록 제도적으로 유인책을 쓰겠다는 것이다.

논거 : 그러나 우수 학생들이 이공계를 기피하여 학생 수가 감소하는 것이 이공계 위기의 본질이 아니다. 즉, 우수 학생이 학비를 대지 못해 이공계를 기피하는 것이 아니다. 이공계를 지원하고 싶지 않은 것이다. 그것은 이공계 학생들이 대학 졸업 후 진로에서 희망을 보지 못하기 때문이다. 다시 말해 우리 사회는 이공계 쪽으로 미래가 안정되지 못하며 존경받지 못한다. 사회가 아무것도 보장하지 않는 분야를 학생들이 전공하기는 힘들다.

주장 : 그러므로 정부는 이공계 재학생을 지원하는 방안보다 이공계 졸업자에게 희망을 주는 방안을 먼저 찾아야 한다. 정부는 이공계 전공자들에게 현금이라는 현실보다 진로라는 미래를 배려해야 한다.

(3) 설명문식 요약문 응용하기

설명문식 요약문을 논술글 본론 한 단락처럼 정리할 때는 제시문에서 '이러저러해야 한다'는 주장 문장을 하나만 찾아내, 그 문장을 본론 단락의 논거로 여기고 확장해 나갑니다. 예를 들어 '정부는 이공계 졸업자들에게 희망을 주어야 한다'가 주장 문장이라면 그 문장에 '왜냐하면, 그것은, 다시 말해, 예컨대, 결국' 같은 전환구를 붙여 나가며 자기 생각을 덧보탭니다. 이때 양괄식, 미괄식으로 끝내면 주장 문장을 뒤로 보낼 수 있으며 끝이 단단해 보입니다.

　다음 글은 ①과 ⑤를 주장 문장으로 보고 논술글 본론 한 단락처럼 양괄식으로 확장한 예문입니다.

① **정부는 이공계 졸업자들에게 희망을 주어야 한다.** ② 왜냐하면 자기가 추구하는 것이 미래에 아무것도 보장하지 않는다면 사람들이 자기 분야에 온 힘을 쏟지 않기 때문이다. ③ 지난 10년 동안 중국이 고도성장을 지속한 것도 이공계 졸업자들이 자기 분야에서 가능성을 기대하며 역량을 집중한 결과였다. ④ 그러므로 정부가 이공계 재학생들을 지원하겠다는 것은 이공계 기피 현상의 본질을 제대로 파악하지 못한 것이다. ⑤ 따라서 **정부는 이공계 재학생 지원에 앞서 이공계 졸업자들이 미래를 꿈꿀 수 있는 여건부터 마련해야 한다.**

설명문식 요약문을 300자 안팎 논술글처럼 쓸 때도 단락을 확장하는 요령은 위와 같습니다. 그 대신 뒷받침 문장 중에 서론 성격을 지닌 도입 문장을 단락 첫머리에 내세워야 합니다. 그리고 그 뒤에 그것이 무슨 의미가 있는지 논의하는 문장을 나열한 뒤, 맨 끝에 주장 문장을 배치합니다. 즉, 한 단락에 서론(도입)—본론(전개)—결론(마무리)을 갖춘 셈입니다. 이때도 양괄식, 미괄식으로 구성하는 것이 좋습니다.

다음 글은 ①과 ②가 도입 문장이고, ③과 ④가 전개 문장이며, ⑤와 ⑥이 마무리 문장입니다. 한 단락을 '지금 이런데—이러하니까—이래야 한다'로 구성하여 미괄식으로 확장하였습니다.

① 최근 중국이 고도성장을 지속하면서 다른 나라의 부러움을 산다. ② 놀라운 것은 이를 주도하는 중국 정부의 고급 관료 중에는 이공계 졸업자가 많다는 사실이다. ③ 지난 10년 동안 중국이 급성장한 것도 중국 이공계 졸업자들이 자기 분야에서 가능성을 기대하며 역량을 집중한 결과였던 셈이다. ④ 이것은 자기가 추구하는 분야가 미래를 보장해야 국가 체제에 상관없이 사람들이 온 힘을 쏟는다는 사실을 입증한 것이다. ⑤ 따라서 우리 정부가 이공계 재학생들을 지원하겠다는 것은 이공계 기피 현상의 본질을 제대로 파악하지 못한 것이다. ⑥ 이공계 졸업자들에게 희망을 주지 않고서는 이공계 기피 현상을 근본적으로 해결하지 못한다.

다음 글을 읽고 '논증의 큰 틀'에 각각 한 문장을 덧보태요(설명문식 요약문을 작성하는 연습입니다. 먼저 해 보고 모범 답안을 확인하세요).

1. 어느 대학은 농어촌 출신 학생들이 특별 전형을 치르고 입학 정원 2% 안에서 쉽게 입학할 수 있도록 허용한다. 또 외교관 및 해외 주재원 자녀를 대학 정원 외 특례 입학시키기도 한다. 공평한 기회 제공을 민주 사회의 가치로 보면서도 농어촌 학생에게 예외를 두는 것이 정당할까?

서론 1 : 우리 사회에서 기회 균등의 의미가 퇴색한다.

본론 1 : 근대화 이후 농촌에 대한 지원이 거의 없었다.

　　 2 : 농어촌 학생은 교육 환경이 나빠 입학이 어려웠다.

결론 1 : 농어촌 학생을 특별 전형으로 예외를 두는 것은 정당하다.

2. 오늘날처럼 과학이 발달하고 풍요로운 시대가 없었으며, 지금처럼 인류 평화가 위협받고 인간 소외 현상이 심한 적도 드물다. 그래서 사람들은 절대자에 의지하려 종교를 찾고, 여기저기에서는 새로운 종교가 새로운 교리로 사람들을 손짓한다. 이 신흥 종교가 기성 종교에 대하여 어떤 가치를 지녔을까?

서론 1 : 산업 사회의 발달로 인간 소외가 깊어진다.

본론 1 : 기성 종교가 세속화하고 상업화하여 타성에 빠져 있다.

　　 2 : 기성 종교는 복잡하고 빠르게 변하는 현실에 미처 적응하지 못했다.

결론 1 : 신흥 종교는 긍정적인 면이 있다.

3. 문명 발전사에 텔레비전같이 인간에게 큰 영향을 준 것도 드물다. 한쪽에서는 최대 찬사를 보내는데 한쪽에서는 '바보상자'라고 혹평한다. 이런 텔레비전이 사회에 끼치는 긍정적인 면과 부정적인 면을 검토해 보라.

서론 1 : 많은 사람들이 텔레비전을 통해 세상을 알게 된다.

본론 1 : 어떤 가치를 보편화한다.

　　 2 : 정보 전달이 일방적이다.

결론 1 : 문명의 이기로 활용해야 한다.

연 습 문 제 10

다음 글을 읽고 물음에 답하세요.

> (가) 이번 전기 대학 시험에서 특기할 만한 상황은 소위 명문 대학의 입시 경쟁률이 근래 몇 년 동안과는 비교할 수 없을 정도로 치솟았다는 것이다. 그 외형적인 원인은 전기 대학 입시 날짜가 4~5일 간격으로 황금 분할돼 3복수 지원이 가능해졌고, 특히 서울대의 입시 날짜가 연세대·고려대·포항공대·이화여대와 달리 잡혀, 상위권 성적 수험생들이 좀 더 나은 대학에 도전할 수 있는 기회가 보장됐기 때문이다.
>
> (나) 이러한 복수 지원제의 활용은 상위권 수험생들의 낙방을 방지하고 대학 선택의 폭을 넓혀 놓았다는 측면에서는 매우 긍정적이고 순기능적이랄 수 있다. 그러나 그것이 수반하는 역기능이나 부정적인 측면이 전혀 없는 것은 아니다. 그중에서도 가장 우려되는 것은 대학을 맹목적으로 서열화하고 '명문 대학 선호 열기'를 가열시킨다는 것을 꼽을 수 있다.
>
> (다) '명문 대학'이 무엇인가. 우수한 교수가 많고 도서관, 실험 실습 시설, 강의실 등 대학의 시설이 좋고 우수한 학생이 많이 모이고 졸업생의 사회 진출과 활동이 화려하고 건학 이념과 학풍이 독창적이며 개교 연륜이 오랜 대학을 지칭하는 것이 아니겠는가. 대학 진학 희망자들이 가급적이면 이러한 명문에 입학해 더 나은 미래를 보장받고 싶은 것은 인지상정이랄 수 있다. 구태여 나무랄 것이 못 된다. 하지만 모든 수험생들이 명문 대학 입학만을 선호해 자질과 능력을 무시한 채 그 엉뚱한 열기에 휘말린다면 그것은 과도한 '고학력 열기'만큼이나 해로울 수 있다.
>
> (라) 21세기는 '명문'이라는 간판보다는 특정 분야가 필요로 하는 특수한 재능과 기술을 요구하는 시대이다. 대학들은 어느 한 분야만은 자신하는 특성화를 도모해야 하고, 대학 진학자들도 명문 대학의 아무 학과나 진학하기보다는 자질과 특성을 살릴 수 있는 특성화한 대학에 가는 지혜를 터득해야 할 것이다. '명문 간판'이 더 나은 삶을 보장하는 시대는 곧 끝난다는 것을 알아야 한다.

1. 형식 단락에서 중심 문장을 찾아 밑줄을 그어 보라.

2. 전체적으로 어떤 내용인가 앞에서부터 이야기해 보라(각 형식 단락에서 핵심 문장을 연결하여 글의 흐름을 정리해 봅시다).

3. 형식 단락을 내용 단락으로 나누어 보라.

    서론 :

    본론 :

    결론 :

4. 이 글의 주제를 말해 보라.

5. 이 글에 충실하게 요약하되 요약문을 한 단락으로 작성하라(300자 안팎).

연 습 문 제 11

다음 글을 읽고 물음에 답하세요.

  (가) '세월 참 빠르다'는 말은 어른들의 탄식에 섞여 옛날부터 들어온 말이다. 그런데 이젠 세상 바뀌는 속도에 밀려 세월 흐름에 그야말로 멀미가 날 지경이다. 앞을 내다보는 학자들은 수십 년 전부터 이 변동을 감지해 이른바 산업 후 사회로의 이행이라고 규정했다. 그리고 그 변화의 원동력을 기술 혁신으로 보아 정보 사회라 이름 붙였다. 요컨대 이런 급격한 변동은 새로운 문명 형태로의 일대 전환기를 기록하고 있다.

  (나) 여기서 역사의 교훈은 금과옥조이다. 중세 이후 기술 혁신의 격동기마다 거기에서 앞서간 나라 또는 문화권이 선진으로 발돋움했다는 것, 그리고 다시 사회 변동의 격변기에서 그 흐름을 잘 타는 계층과 그렇지 못한 계층 사이에 격차가 더욱 벌어진다는 것이다.

  (다) 기술 혁신에 따르는 영향 평가의 논의가 어찌 그리 단순하고 명쾌할 수 있으랴만, 역사 이래로 적어도 인구의 절반을 차지하면서도 줄곧 소수 계층으로 머물러 왔던 '여자들' 이야기에 초점을 맞추면 그것은 더 이상 미룰 수 없는 시급한 사회 현안이 되고 만다.

  (라) 우리가 자랑할 만한 것 중에 뜨거운 교육열을 빼놓을 수 없다. 그 탓에 여성 취학률은 130개 나라 중에서 27위이고, 대학 교육의 여성 비율은 127개 나라에서 43위로 높다. 그런데 정작 여성의 경제 활동 참여율은 47%로 선진국 수준 60%에 크게 못 미쳐 127개 나라에서 59위이며, 행정 관리직의 여성 비율은 116개 나라에서 112위를 차지해 거의 꼴찌이다.

(마) 유엔 개발 계획의 인간 개발 보고서에서도 우리의 여성 세력 지수는 116개 나라 중 90위로 매겨졌다. 한마디로 우리의 여성들은 정책 결정을 좌우하는 '좋은 자리'에서는 저만치 밀려나 단순 기능·저생산성 부문에 치우쳐 있다.

(바) 우리의 상황은 어떠한가. 산업 현장에서 해외 인력의 유입이 날로 늘어나고 고급 인력의 수요도 계속 증가하리라 예측되는 가운데 단지 여자라는 이유로 사장돼 온 아까운 인력이 너무 많다.

(사) 원인이 무엇인가. 어떻게 풀어야 할 것인가. 우리보다 앞서 여성 인력 활용 문제로 고민했던 나라들은 자연적인 개선 추세에 맡기기에는 너무 다급하다는 인식 아래 일종의 충격 장치로서 한시적인 적극 조치를 도입했다. 그것은 성차별이 의식, 관행, 제도 등에서 얽히고 섞여 그 뿌리가 깊을 뿐만 아니라 미묘하게 구조화돼 있다는 인식을 바탕으로 한 것이었다. 미국은 1990년 국립연구회의(NRC) 안에 '과학·공학 여성 인력 위원회'를 설치하여 지속적이고 체계적으로 이 문제를 다루고 있다.

(아) 그러므로 우선 제도적으로 밀어 줘야 할 것이 많다. 여성 인력 양성 체계의 혁신을 위한 하부 구조 개혁, 인력의 자질 향상 및 활용을 촉진하기 위한 개입 프로그램과 홍보 프로그램의 개발, 정보 기술의 급속한 확산에 부합되는 '일'의 다양화와 그 지원 체계의 구축 등을 기둥으로 구체적인 전략이 마련돼야 한다.

(자) 그리고 우리 사회는 역사의 이때가 여성 인력의 예비군을 현역화해 국가 발전에 참여시키고, 의식 선진화와 평등 사회 실현의 이상에 더 가까이 다가설 수 있는 결정적 시기임을 깨달아 남성과 여성이 함께 힘을 모아 총력전에 나서야 한다.

1. 형식 단락에서 중심 문장을 찾아 밑줄을 그어 보라.

2. 내용을 네 단락으로 나누고, 핵심 내용을 한 문장으로 정리해 보라.
   1단락 – 서론 ① :
   2단락 – 서론 ② :
   3단락 – 본론 :
   4단락 – 결론 :

3. 이 글 내용을 자신의 표현으로 바꾸어 요약하라(180자 안팎).

다음 글을 읽고 물음에 답하세요.

(가) 서구에서 절대 왕권을 타파하기 위하여 일어선 시민들이 손에 쥔 것은 몽둥이가 아니고 신문이었다. 신문은 민주 사회로의 이행이 역사적 소명임을 시민들에게 일깨웠고 그 목적을 달성하였다. 그리하여 근대 헌법에서 언론은 자유 이상의 특권을 누리게 되었다. 미국 헌법이 언론 자유에 대하여는 어떠한 법적 제한도 가할 수 없음을 천명한 것이 단적인 예이다.

(나) 그러나 자유가 커질수록 책임도 그만큼 커지는 것이다. 1835년 〈뉴욕 선〉이라는 신문은 창간 직후 판매 부수를 늘리기 위하여 의도된 오보 기사를 게재하였다. 저명한 천문학자가 망원경으로 달을 관찰하는 과정에서 생명체를 발견하였고, 드디어 인간과 비슷한 날개 달린 동물을 발견하였다는 기사였다. 이 기사로 〈뉴욕 선〉은 최고의 판매 부수를 자랑하는 신문이 되었지만 과학계로부터 두고두고 지탄의 대상이 되었다.

(다) 오보가 명예 훼손, 프라이버시 침해, 초상권 및 성명권 침해 등 인격권을 침해하는 경우에는 문제가 심각하다. 아무리 민주 사회를 유지, 발전시키는 임무를 담당하는 언론이라고 하여도 민주 사회의 목적인 개인의 존엄성 보장, 즉 인격권의 보장을 침해할 수는 없기 때문이다.

(라) 언론의 영향력이 커지고 개인의 권리 의식이 신장되면서 양자의 긴장 관계는 날이 갈수록 고조되고 있다. 언론 기관을 형사상으로 문제 삼는 이외에도, 민사상으로 정정 보도나 손해 배상을 청구하는 경우가 늘고 있다. 손해 배상의 경우 종전과는 달리 위자료 액수가 고액화하는 추세이다.

(마) 제한된 시간 내에 쏟아지는 정보들 속에서 어떤 정보를 기사화한다는 것은 항시 오보의 문제를 안고 있다. 어느 언론학자의 분석에 따르면, 선진국의 경우에도 세세한 부분까지 포함시켰을 경우 오보율은 20%에 육박하고 있다고 한다. 오보에 대한 정정을 다 해 주거나 사소한 오보에 대하여도 일일이 손해 배상을 해야 한다면 언론 기관은 문을 닫지 않으면 안 될 것이다. 실제로 미국 같은 경우에는 언론사의 운명이 법원의 판결에 좌우되기도 한다. 손해 배상의 액수가 수십억 원에 달하기 때문이다.

(바) 명예 훼손 등의 경우 법은 '보도된 기사가 진실이고 공공의 이익을 위한 경우'에만 언론이 책임을 면한다고 규정하고 있지만, 법원은 '보도된 기사가 진실은 아니라도 '진실이라고 믿은 데 상당한 이유가 있는 경우'에는 민·형사상의 책임을 면한다고 판시하고 있다. 언론의 자유와 인격권의 보호라는 두 마리 토끼를 잡기 위한 방법을 제시한 것이다. 진실이라

고 믿은 데 상당한 이유가 있는 경우란 언론 기관이 최선의 노력을 다하였지만 더 이상의 사실 확인이 불가능한 경우를 의미한다.

(사) 모든 자유를 수호하는 언론의 자유는 어떠한 형태이든 타율적인 제약이 가하여졌을 경우 위축될 수밖에 없다. 그렇다고 하여 마냥 방임할 수도 없다. 그렇다면 언론 기관 스스로가 스스로를 통제하는 방법이 최선의 방법이 될 수밖에 없다.

(아) 한국의 언론 현실에서 자율적인 통제가 어느 정도 이루어지고 있는지, 향후 자율적인 통제를 위한 노력이 어느 정도 이루어질 것인지가 언론의 자유와 인격권 보호의 조화라는 문제를 해결하는 실마리가 될 것이다. 외국의 경우에는 신문사에서 명예 훼손 등 법률적인 문제를 전담하는 변호사를 각 분야마다 고용하여 오보의 문제를 최소화하려고 하고 있다. 이는 우리나라의 언론 기관도 본받을 만한 제도라고 생각한다.

1. 형식 단락에서 중심 문장을 찾아 밑줄을 그어 보라.

2. 서론 – 본론 – 결론 단락으로 나누고, 핵심 내용을 한 문장으로 정리하라.

　　서론 :

　　본론 :

　　결론 :

3. 이 글 내용을 자신의 표현으로 바꾸어 요약하라(200자 안팎).

다음 글을 읽고 물음에 답하세요.

(가) 최근 통계청이 발표한 〈보건 복지 부문 사회 통계〉를 보면 조사 대상 여성의 26.6%가 자신이 정상 체중보다 더 나간다고 했다. 또 다른 통계는 정상 체중의 여자 중·고생 중 88%가 자신이 뚱뚱하다고 생각하는 것으로 나타났다. 이제 나이에 상관없이 대부분 여성에게 '체중 공포증' 또는 '살빼기 신드롬'이 번지고 있는 느낌이다.

(나) 전문가들이 얘기하는 표준 체중은 키에서 100을 뺀 뒤 0.9를 곱한 숫자이다. 즉 키가 160㎝인 여성이라면 54㎏이 표준이다. 여기서 10%쯤의 가감은 문제가 되지 않는다고 한다. 따라서 요즘 우리 사회에 불고 있는 다이어트 열풍은 건강보다는 주로 미적인 관점에서 비롯한 것이다. 젊은 여성들이 선호하는 '완벽한 몸매'는 대부분 패션모델 같은 극도의 말라깽이를 지칭한다.

(다) 그래서 한 달 회비가 30만~40만 원씩 하는 헬스클럽에 가 보면 정상적인 여성들까지 더 날씬하고 섹시한 몸매를 위해 땀을 흘린다. 그러니 표준 체중을 넘는 여성들의 살빼기는 그야말로 전쟁이다. 단식원은 방학이면 크게 붐비고 1개월치가 기십만 원에 이르는 식욕 저하제·특수차·살빼는 기계·체지방 용해 크림 등 다이어트 관련 상품은 많고도 많다. '몸짱'이란 이름 아래 날씬한 몸매를 만드는 이야기가 사람들의 관심을 불러 모으고, 해외 다이어트 캠프까지 생겼다. 살빼기 관련 사업의 연간 시장 규모가 몇천억에서 몇조 원에 이를 정도다.

(라) 한국 소비자 보호원은 최근 다이어트 식품 대부분이 별 효과가 없거나 부작용이 많다고 발표했지만 여전히 무리한 다이어트가 행해지고 부작용을 둘러싼 화제도 분분하다. 실제로 14~18세 한국 여성의 0.5~1%가 신경성 식욕 부진 환자라고 한다. 사춘기에 식욕 부진증이 심하면 성장이 멈춰 키가 크지 않고 생리도 없는 미성숙 상태를 만든다고 전문가들은 경고한다. 한 산부인과 전문의는 미숙아를 낳은 엄마의 상당수가 깡마른 몸매였다고 해 다이어트와의 상관관계를 유추케 한다. 또 외신은 50대 중년 여성이 평소 체중의 10%를 빼면 65세 이후 골다공증(骨多孔症)으로 골절할 가능성이 2.8배라고 경고한다.

(마) 그러나 여성들은 갈수록 날씬하고 섹시한 몸매를 열망한다. 이는 여성의 가치를 겉모습에 두는 우리 사회의 빈곤한 의식, 또 여성의 몸을 상품화하고 여성을 상품 소비자로만 인식하려는 상업주의의 영향이 큰 것 같다. 몸매가 여지없이 드러나는 초미니와 배꼽티가 유행하고, 젊은 여성용 기성복은 허리 사이즈 24~25인지 일색이어서 옷에 몸매를 맞추도록 강요한다. 매스 미디어들도 '살찐 것은 추하다'라는 분위기를 조성한다. "뚱보라는 자격지심

에 소개팅에도 한 번 못 나갔어요. 남자 친구도 없이 이렇게 청춘을 보낼 수는 없다 싶어 결심하고 프로그램에 참가하기로 했어요." 텔레비전의 다이어트 프로그램에 참가한 어느 여대생의 고백은 그런 분위기가 미치는 효과를 잘 드러낸다.

(바) 그러나 지력과 체력을 단련해야 할 나이의 여성들이 몸매 만드는 일에 신경·시간·돈을 낭비한다면, 더구나 그렇게 가꾼 날씬한 몸매가 자만심의 근원이 되고 조건 좋은 남자를 잡아 결혼하는 수단이 된다면 그것은 스스로를 비하(卑下)하고 상품화하는 일이다. 이제 무조건 화석같이 깡마른 몸매를 선망하는 일은 그만 두자. 그 대신 공부·일·운동 등으로 다져진 건강하고 균형 잡힌 몸매, 사려 깊고 자신 있는 눈빛을 지향하자. 그것만이 여성이 인간답게 살아갈 수 있는 삶의 방법이기 때문이다.

1. 형식 단락에서 중심 문장을 찾아 밑줄을 그어 보라.

2. 이 글을 다음 표에 맞추어 정리하되, 본론에는 결론을 뒷받침할 만한 논거를 좀 더 보완하여 괄호를 채워라.

　　서론 1 : 여성들이 자신을 뚱뚱하다고 본다.

　　　　2 : 사회적 분위기 때문에 부작용을 감수해 가며 살을 빼려고 한다.

　　본론 1 : (　　　　　　　　　　　　　　　　　)

　　　　2 : (　　　　　　　　　　　　　　　　　)

　　결론 1 : 여성들이 스스로 상품이기를 거부해야 한다.

　　　　2 : (　　　　　　　　　　　　　　　　　)

3. 이 글 내용을 자신의 표현으로 바꾸어 요약하되, '몸의 상품화'가 사회에 끼치는 부정적인 영향을 구체적으로 설명하라(400자 안팎).

다음 글을 읽고 물음에 답하세요.

① 효순이와 미선이 살해자가 법정에서 무죄 판결을 받고 지은 미소를 보았다. ② 그때 필자의 머릿속에서는 동양 성현들의 '하나 속에 모든 것이 포함돼 있고, 모든 것은 하나의 개체로 표현된다(一卽多 多卽一)'라는 명언이 떠올랐다. ③ 왜냐하면 '미군으로서의 자긍심'으로 가득 찬 살인자의 미소 속에서 한 인간을 그처럼 비인간화시켜 버리는 집단의 내력을 읽을 수 있었기 때문이다. ④ 그 순간에도 웃을 수 있는 것은, 그가 속한 집단이 무기와 돈의 힘을 빌려 전 세계에서 수백만, 수천만 명의 목숨을 짓밟았으면서도 이에 대해 한 번도 제대로 참회하지 못한 것과 무관하지 않다. ⑤ '열등 인종'을 살인하는 것이 왜 나쁜지 모르겠다는 그 얼굴 속에서, 살인적인 경제 제재로 굶어죽거나 약이 없어서 죽은 수백만 명 이라크 효순이와 미선이들의 부어 버린 배가 보였다. ⑥ 폭격과 기아로 사지가 찢어지거나 아사하거나 노예로 팔려 버린 아프간 효순이와 미선이 신음소리가 들렸다. ⑦ 이 모든 대형 국가 범죄에 유죄 판결을 내리기는커녕 '테러와의 전쟁'을 찬양하는 그들의 무수한 신문과 방송들의 자만에 가득 찬 어조가 기억났다. ⑧ 장갑차를 몰고 다니는 살인자뿐만 아니라 그들을 '자유세계의 수호천사'라고 치켜세우는 펜과 카메라의 살인마들도 전 세계의 효순이와 미선이를 깔아뭉개고 있다. ⑨ 이 폭력과 오만은 우리뿐만 아니라 전 세계로 하여금 지속적인 '인신 제사'를 요구하는 지구적 차원의 힘과 죽임의 사교(邪敎)다. ⑩ 그 사교의 광신도들이 우리에게 강요한 희생이 우리의 분노를 일으키게 된 것은 당연한 일이다. ⑪ 그러나 한 해 동안 전 세계 수많은 효순이와 미선이를 굶어 죽게 만들거나 폭격·지뢰로 죽이는 광신도들에게 분노할 때, 우리의 아픔만 생각하는 것은 과연 올바른 마음가짐인가? ⑫ 이라크나 아프간의 효순이와 미선이는 비록 얼굴과 피부가 다르게 생겼지만, 살인주의자의 손에 억울하게 죽을 때 우리의 효순이, 미선이와 같은 고통을 받으며, 그 부모의 통곡 소리도 결코 다르지 않다. ⑬ 우리가 효순이와 미선이를 추모하는 시위를 하면서 우리의 요구인 한미주둔군지위협정(소파) 개정 등을 내세우는 것은 당연하다. ⑭ 하지만 이와 함께 이라크와 아프간, 그 외 수많은 나라의 무고한 아이들 고통을 줄이기 위해 살인주의자들의 침략을 규탄하고 그들 희생자들과 연대와 동감의 뜻을 나타내는 것은 더 순리가 아닐까? ⑮ 그들은 자신들의 집단을 최고의 진리이자 유일한 선(善)으로 생각한다. ⑯ 그런 그들과 달리, 우리가 우리의 아픔뿐 아니라 다른 희생자들의 아픔도 함께 나누는 바로 그 순간, 우리의 마음속에서 진정한 '극미(克美)'가 이루어진다. ⑰ 우리 안의 집단·민족 이기주의를 극복하고 전 세계 상처를 우리 상처로 인식할 때, 그들이 뿌린 악의 씨를 조금씩 제거할 수 있지 않을까? ⑱ 그들의 '철권(鐵拳)'은 민족과 국적을 가리지 않는다. ⑲ 어제는 아프간, 오

늘은 이라크가 희생되고, 내일은 북녘 아이들이 폭탄에 맞아 죽는 비명 소리가 들릴지도 모른다. ⑳ 그들의 주먹이 전 세계를 위협하는 만큼 우리도 민족과 국적을 가릴 형편이 못된다. ㉑ 미군의 폭력에 의해 무고하게 죽는다는 의미에서 우리들은 이라크인들이고, 아프간의 청소년들은 모두 우리 아이들이다. ㉒ 미선이와 효순이를 추모하는 우리 목소리에 '민족 감정'뿐만 아니라 그들이 오래전부터 내동댕이쳐 버린 인류의 보편적 가치들이 담겨 있다. ㉓ 이 사실을 그들이 이해한다면 그들의 태도는 달라질 수밖에 없을 것이다. ㉔ 그들에게 맞서는 것이 개별적인 국가나 민족이 아닌 몇몇 공범들을 제외한 전 세계라는 사실을, 전 인류가 하나가 돼서 그들의 악행을 규탄한다는 사실을 안다면, 살인을 기뻐하는 웃음은 꼬리를 감출 것이다.

박노자

1. 각 문장에서 말하고자 하는 것에 밑줄을 그어 보라.

2. 글 처음부터 단순하게 서너 문장에서 중심 문장을 하나씩 찾는다는 기분으로 선택한 뒤, 중심 문장만 연결하여 전체적으로 어떤 내용인지 앞에서부터 이야기해 보라.

3. 문장과 문장의 관계를 살펴 앞에서부터 세 단락으로 나누어 보라. 각 단락에서 궁극적으로 말하고자 하는 것을 한 문장으로 정리하라.

    1단락-도입 :

    2단락-주지 :

    3단락-주지 반복 :

4. 이 글을 바탕으로 이 글에서 말하고자 하는 것을 두 단락으로 정리하라(400자 안팎).

다음 두 글을 읽고 물음에 답하세요.

> (가) 20세기에 들어서면서 인류 문명이 급격히 발전하자, 여러 나라의 문화가 활발히 교류하게
> 되었다. 새로운 지식, 철학, 사상, 예술 양식이 놀라운 속도로 휩쓸려 들어왔다. 그 결과
> 동서양의 문화 차이가 줄어들고 각 민족 문화 사이의 차이도 계속 줄어들게 되었다. 더구
> 나 중국이 과거처럼 동양 문화의 중심지 또는 자극제 구실을 못하는 문화 무력자로 전락
> 했기 때문에, '동양의 서양화'는 아주 빠르게 진행되었다. 우리의 생활환경도 불과 반 세기
> 가 못 되어 완전히 서양화하였다.
>
> 　생활환경이나 생활방식은 사고방식에 영향을 주고 그래서 문화 내용이나 성격을 변하게
> 한다. 초가지붕의 부드러운 선이나 평화롭고 조용한 색감을 대하고 살 때와 슬래브 지붕
> 의 직선적이고 강한 원색을 대하고 살 때 사람의 감정이나 성품에는 큰 차이가 생길 것이
> 다. 그래서 빠르게 없어지는 예스런 한국을 슬퍼하거나 비관하는 사람도 많다. 그러나 발
> 전해 나가는 세계에서 남과 동떨어져 옛날의 생활환경이나 방식을 그대로 고수해 나갈 수
> 는 없다. 이런 고민은 시대가 변할 때마다 겪어 온 것이다. 문화는 성장해야 하고, 성장은
> 곧 새롭게 발전적으로 변하는 것을 의미한다.
>
> 　그러나 새로운 것을 수용하는 것이 전통 또는 민족 문화를 파괴하는 것은 아니다. 우리
> 전통 문화로 알고 있는 불교도 처음에는 다른 나라 종교였으며 순교자가 피를 흘리고 나서
> 야 우리 땅에 자리 잡게 되었다. 게다가 새로운 것이라고 모두 받아들이는 것도 아니다. 그
> 민족의 생활에 필요하고 발전에 도움이 되는 것만 받아들인다. 외래문화가 쏟아져 들어와
> 민족 문화 기반이 흔들리는 것 같아도 시간이 쓸데없는 것을 추리고 가려낸다. 결국 흩어
> 진 문화 요소를 다시 모아 민족 문화로 재편성하여 새로운 민족 문화로 자리 잡는 것이다.
>
> (나) 새로운 역사는 인간이 자신을 둘러싸고 있는 허위의식이나 왜곡된 상황을 지적하고 바로
> 잡으려 할 때 이루어진다. 결국 문화란 생활 공동체가 집단적으로 형성하고 발전시켜 온
> 것이며, 공동체의 생산 활동과 생활 감정을 반영한 것이다. 그런데 아메리칸 인디언들이
> 모든 생활에서 각자 가치 있는 존재로서 문화 전반에 참가한다면, 그들은 문화의 창조자
> 이면서 향유자인 셈이다. 그러나 현대 대중 사회 인간들은 정신적 환멸이나 무기력, 무관
> 심 속에서 수동적으로 생활하며, 일방적으로 제공되는 대중문화 속에서 통일감을 느끼
> 지 못하기가 쉽다. 인류학자 사피어는 이런 인디언의 문화를 '진정한 문화'라고 하고, 이런
> 현대 사회의 문화를 '가짜 문화'라고 불렀다.

예를 들어 우리나라 대중문화가 해방 이후 처음에는 미국 대중문화의 영향을 받았으나, 1965년 한일 회담 이후에는 일본의 경제적, 사회적 영향을 받았다. 뜻있는 사람들이 우리나라 대중문화를 걱정하는 것도 우리가 미국과 일본의 대중문화에 무방비하게 노출되어 있었기 때문이다. 그 두 나라의 철저한 자본주의 상업성 때문에 우리를 지탱해 온 전통적인 가치관이 혼란에 빠져 있다. 그래서 지금 우리나라 국민은 대중문화와 일치감을 느끼지 못하고 '가짜 문화' 속에 살고 있다는 것이다. 대중문화가 우리나라 대중의 삶을 반영하지 못하고 외래적이고 상업적이며 감각적인 내용을 담고 있다.

'가짜 문화'가 만연되어 있는 사회는 안일을 평화로 착각하고 저속한 오락을 문화로 받아들인다. 그래서 대중은 이성적이고 창조적인 존재로서 자기 회복을 꾀하려고 노력하게 된다. 말하자면 '진정한 문화'를 회복하려는 운동을 전개한다. 그리하여 자각한 문화 주체들이 고립에서 벗어나고 집단적으로 유대감을 회복할 때 '진정한 문화'를 누리는 것이다.

1. 원 글에 충실하게 각각 350자 안팎으로 요약하라.

(가)

(나)

2. 글 (가)와 (나)가 각각 어떤 내용인지 설명해 보라(400자 안팎).

3. 이 두 글의 공통점과 차이점을 400자 안팎으로 정리하라.

다음 두 글을 읽고 물음에 답하세요.

(가) 대중가요 자체에 대한 객관적인 파악, 거리 유지에 도움을 주는 노래 문화가 소위 '민중가요'이다. 왜냐하면 민중가요는 대중가요와는 본질이 다른 노래이기 때문이다. 민중가요는 대중매체에 의해 전달되지 않으므로 대자본에 의해 생산되지 않으며 제도적인 통제를 받지도 않는다. 대중가요처럼 남녀 사랑과 이별 등 개인적인 인간관계로 제재가 획일화되어 있지도 않으며, 숙명론과 체념의 태도도 없다.

(나) 민중가요는 남녀 사랑을 다룬 노래에서부터 일하고 먹고사는 삶의 고통과 즐거움, 우리의 과거 역사와 미래를 노래한 작품에 이르기까지 아주 다양하다. 민중가요는 처참한 고통은 처참한 대로, 극복의 의지는 힘차게, 일상적인 삶의 고통과 낙관을 모두 그려낸다. 민중가요는 대중 스스로 만들어 입에서 입으로 전파되고 전승되는 노래이다.

(다) 즉, 어찌 보면 앞에서 이야기한 대중가요의 한계 때문에 대중가요로는 채워지지 않는 부분이 이러한 자생적인 노래 문화를 만들어 냈다고도 볼 수 있다. 그리고 민중가요는 대중가요가 채우지 못하는 부분을 보완하는 것에 그치지 않고, 노래 운동과 음악 운동이라는 집단적 움직임을 만들어 대중가요 문화 자체의 문제점에 대한 문제 제기와 그 해결까지를 내다보고 있다.

(라) 민중가요라고 해도 유별난 노래는 아니다. 작품 내적으로 볼 때 그 원천은 대중가요에 있다. 〈아침 이슬〉은 포크송과 찬송가에 뿌리를 두고 있다. 〈마른 잎 다시 살아나〉는 1960년대 발라드 가요에, 〈포장마차〉는 뽕짝에, 〈임을 위한 행진곡〉은 군가에, 〈제발 제발〉은 록에 뿌리를 두고 있다. 즉, 그것은 대중가요 속에 담겨 있는 대중의 취향과 세상살이를 받아 오고 있다. 단지 그것을 대중가요처럼 같은 방향으로 몰고 가지 않는다는 것이 다를 뿐이다.

(마) 그러나 민중가요는 아직 대중가요만큼 대중적이지는 못하다. 대중가요가 모든 대중의 일상적 삶 곳곳까지 파고 들어가 있는 것에 비해, 1970년대 후반에 이르러서야 본격적으로 시작된 민중가요는 아직은 일정한 부류의 사람들에게는 한정된 공간 안에서만 향유된다. 물론 늦게 출발한 데 비해 빠른 속도로 확산되고 있기는 하지만, 대자본과 대중매체의 힘을 빌리지 않는 민중가요가 갑작스럽게 확산되리라 기대할 수는 없을 것이다. 1987년 이후 주로 대학생에게 국한되어 있던 민중가요의 수용층이 노동자층에까지 확산되고, '노래를 찾는 사람들'의 활동으로 대중가요의 공간으로 존재 영역을 확대해 보고자 하는 노력이 이루어지고 있다. 그러나 역시 대중가요의 엄청난 대중성과는 비교가 되지 못한다.

그래서 아직까지는 대중이 살아가는 취향이나 욕구를 반영하는 면에서 대중가요에 비해 양적으로 부족하다. 민중가요는 대중가요가 채워 주지 못하는 어떤 부분을 채워 주기는 하되, 대중가요의 특징까지 모두 다 포용해 버릴 정도로 통이 크지는 못하다.

(바) 대중가요와 민중가요는 현재 우리 사회의 가장 중요한 노래 문화의 자산이다. 대중가요는 대중매체의 노래 문화를 대표하며 욕구와 경험, 고통의 한 측면을 민감하고 풍부하게 받아들인다. 민중가요는 그 존재 자체가 자칫 대중의 유일한 노래 문화로 절대화될 수 있는 대중가요에 객관적 거리를 유지하게 해 주는 대립항이 되어 준다는 점에서 의미가 있다. 또 대중가요의 한계와 문제점을 극복할 단서를 제공한다. 가만히 있어도 자연스럽게 향유하게 되는 대중가요에 비해 민중 가요는 일정한 노력을 기울여야만 향유할 수 있다. 그러나 대중가요를 객관적으로 파악하고 노래 문화에 대한 균형 감각을 찾기 위해 이러한 의식적 노력은 필요하다.

1. 형식 단락에서 핵심 문장을 찾아 밑줄을 그어 보라.

2. 이 글을 서론−본론−결론으로 나누되, 각 단락이 각각 어떤 몫을 하는지 설명해 보라.

서론 :

본론 :

결론 :

3. 두 가요의 공통점과 차이점을 500자 안팎으로 설명하라.

다음 글을 읽고 물음에 답하세요.

① 비약적인 경제 성장과 함께, 1960년대에서 1980년대까지 한국의 성공적 근대화를 대표하였던 척도의 하나가 바로 유래를 찾아볼 수 없는 인구 정책의 성공이었다. ② 전문 용어로 여성 1명이 가임 기간 중 갖게 되는 평균 출생아의 수를 합계출산율이라 한다. ③ 그런데 1970년 4.5명이던 합계출산율이 1980년 2.8명, 1990년 1.6명으로 급격히 줄어들었다. ④ 그러니 한국의 인구 억제 정책은 경제 성장 과정만큼이나 압축적이었다고 볼 수 있다. ⑤ 2001년 현재 합계출산율은 세계 최저 수준(1.3명)을 기록하고 있다. ⑥ 무조건 많이 낳자던 풍토가 불과 20년 만에 출산의 '질'로 전환되었으니, 정부의 인구 정책은 이러한 측면에서 성공적이었을지 모른다.

⑦ 하지만 현시점에서 우리는 이제 저출산의 위험에 대해 심각히 생각해 보아야 한다. ⑧ 저출산은 인구 노령화와 함께 미래 세대의 부양 부담을 급격히 증가시키는 주요 원인이 될 것이기 때문이다. ⑨ 인구가 줄지도 늘지도 않는 평형점을 유지하기 위해서는 여성 1명이 평생 평균 2.1명의 아이를 낳아야 한다.

⑩ 그러나 현재 한국의 합계출산율 수준은 이탈리아, 스페인, 일본, 독일과 더불어 세계 최저 수준이다. ⑪ 이러한 국가들은 공통적으로 아동양육의 사회화 수준이 낮다. ⑫ 또한 사회복지 서비스에 있어서 가족의 일차적 책임을 강조하는 전통을 갖고 있다. ⑬ 여성의 경제활동 참여가 강조되는 후기산업사회로 이행되고 있음에도 전통적인 가족 중심의 아동양육 시스템을 고집할 경우, 여성들은 경제활동과 출산·양육 사이에서 하나만을 선택해야 한다. ⑭ 이러한 상황은 궁극적으로 출산율 감소를 불러왔다. ⑮ 반면에 모성보호의 수준이 높고 아동양육의 책임이 사회화되어 있는 스웨덴의 경우 합계출산율이 2.1명 정도로 유지되고 있다.

⑯ 현재의 저출산 문제가 더욱 심각한 이유는, 일단 억제된 출산율을 회복하는 것이 인구를 억제하는 것보다 훨씬 더 어렵다는 점에 기인한다. ⑰ 현재의 저출산 행태는 사회 전체적으로 뿌리를 내린, 일종의 전형적 행위 규범으로 굳어지는 경향을 보인다. ⑱ 요즘 한 아이를 키우는 데 들어가는 직접적인 비용만 계산해 보아도 둘 이상은 무리라는 결론이 나온다. ⑲ 나아가, 여성 근로자들이 아이를 낳고 키우는 데 희생해야 하는 기회비용까지 고려하면, 현재 한국의 합계출산율 1.3명은 대다수의 젊은 부모가 선택할 수밖에 없는 현실이다.

⑳ 최근, 정부는 공식적으로 인구 억제 정책을 폐기하고, 여성의 모성을 보호하기 위한 몇 가지 정책을 내놓았다. ㉑ 하지만 대다수의 여성에게 일과 출산 사이의 선택을 강요한다는 본질을 바꾸기에는 역부족으로 보인다. ㉒ 무엇보다 정부의 출산 장려 정책에 소요되는 비용의 대부분을 고용주가 떠맡아야 한다는 점이 문제의 본질로 인식되어야 한다.

㉓ 한국의 법정 유급 출산 휴가는 90일이다. ㉔ 이 중 처음 60일은 고용주가 전적으로 부담해야 하고, 후반부의 30일은 고용보험의 재정에서 충당된다. ㉕ 결국 대부분의 사회 복지 정책이 그러하듯이, 정부의 모성보호 정책 역시 고용주의 비용 부담이 정부의 비용 부담에 우선한다. ㉖ 그러나 모성보호는 근본적으로 고용주와 여성 근로자 사이의 개별 근로계약의 문제가 아니다. ㉗ 현 세대가 현재의 노령인구와 아동인구를 부양하고 있듯이, 현재의 아동은 미래에 현재 근로계층을 부양하게 되는 일종의 세대간 계약의 차원으로 이해되어야 한다. ㉘ 사회적 차원의 계약으로 발생되는 비용 부담의 책임을 일차적으로 개별 고용주에게 부과하는 것은 명백히 모순이다.

㉙ 이러한 측면에서, 출산과 양육의 책임 및 비용은 마땅히 사회화되어야 한다. ㉚ 유급 출산 휴가의 사용을 장려하고, 고용주의 위법 행위를 단속하는 것만으로 저출산이라는 사회적 경향을 돌이킬 수는 없다. ㉛ 저출산의 사회적 추세를 반전시킬 수 있는 유일한 대안은 모성을 철저히 보호하되, 그 직간접 비용을 정부가 일차적으로 부담하고, 아동양육의 책임을 사회화하는 것이다.

1. 이 글을 앞에서부터 중심 문장을 찾되, 한 단락이 짧으면 중심 문장 하나를, 한 단락이 길면 중심 문장 두 개를 찾아 밑줄을 그어라.

2. 제시문에 충실하게 150자 안팎으로 요약하라.

5 ┃ 논평

1 논평은 다른 사람이 쓴 글을 읽고 논평 기준에 따라 비판하는 글입니다. 다시 말해 다른 사람의 견해를 먼저 사실적으로 이해한 뒤, 다시 함축적으로 해석하고, 마지막으로 일정한 관점에 맞추어 수험생이 옳은지 그른지를 평가하는 글입니다. 이해 단계에서 차원이 가장 높은 비판적 이해라고 할 수 있습니다.

시험에서는 '추론하라, 글 (가)를 평가하라, 그 태도를 비판하라, 제시문 1의 기준으로 2를 비판하라, 논평하라'는 형식으로 묻습니다. 그러면 수험생은 글쓴이가 궁극적으로 말하고자 하는 것을 찾아서 '정당화' 요건을 갖추었는지를 확인해야 합니다. 즉 '명확성, 정확성, 유관성, 타당성, 합리적 수용 가능성, 논의의 폭과 깊이'라는 논평 기준에 맞추어 글쓴이의 주장을 평가하면 됩니다.

> **논평 기준**
>
> **명확성** : 핵심어 혹은 핵심 문장의 의미가 명확한가?
> **정확성** : 글에 있는 사실적 정보와 자료가 정확한가?
> **유관성** : 전체적인 논의 내용이 논점 혹은 문제에 집중되어 있는가?
> **타당성** : 근거를 바탕으로 필연적 또는 개연적으로 주장하는가?
> **합리적 수용 가능성** : 근거는 합리적으로 받아들일 만한가?
> **논의의 폭과 깊이** : 가능한 반론을 충분히 고려했는가?

그러므로 논평은 주어진 자료를 적극적으로 해석하는 글쓰기입니다. 예를 들어, 영화를 보고 영화를 비평한다고 생각하면 됩니다. 그러나 논평은 인상적인 장면을 정서적으로, 느낀 대로, 생각이 떠오르는 대로 평가하는 것이 아닙니다. 논평 기준을 합리적이고 이성적으로 분명히 밝혀야 합니다. 위에 있는 여섯 기준을 모두 적용할 수 있지만, 시험처럼 원고량이 제한되었을 때는 그중 어느 한두 기준을 선택하여 집중적으로 논평하는 것이 좋습니다.

2 대개는 논평 기준을 출제자가 따로 지정합니다. 그래야 채점 기준을 정하기가 쉽습니다. 예를 들어

'글 (가)의 관점으로 글 (나)를 평가하라' 같은 형식인데, 수험생이 글 (나)를 논평하려면 논평 기준을 (가)에서 찾아야 합니다. 즉, 수험생은 글 (가)의 관점을 확인하고 (가)의 글쓴이가 되어 글 (나)를 비평해야 합니다. 이런 시험에서 수험생은 글 (가)의 관점에 반드시 동의해야 하며, 거부할 수 없습니다. 예컨대 수험생이 지닌 가치관에 상관없이, 사형 반대론자 쪽에서 찬성론자를 비판하라는 것과 같습니다.

논평할 때 출제자 또는 원 글 글쓴이가 지적할 수 있는 반론에 수험생이 충분히 대응하는 것이 좋습니다. '나도 거기까지 생각해 보았다'는 기분으로 정리하여야 깊이 있게 논평할 수 있습니다. 그럴 때 문장은 '물론 그 주장이 ~일 수 있다. 그러나 그것은 받아들이기 어렵다. 왜냐하면 ~라는 사실이 ~하기 때문이다. 더구나 ~이 ~라는 것만으로도 그 주장은 문제가 많다'와 같은 형식으로 정리하면 됩니다. 이런 구조에 따르면 논평 단락의 전형적인 모습은 다음과 같습니다.

> 골프는 사람들에게 권장할 만한 운동이다.(주장) 그런데 일부에서는 골프가 우리 국민과 맞지 않는다고 한다. 국토가 비좁아 비효율적이라는 것이다.(반론) 물론 일리가 없는 것은 아니다.(동조) 그러나 골프를 국토와 관련지어 판단하는 것은 문제가 많다. 왜냐하면 온 국토를 골프장으로 만드는 것이 아니기 때문이다. 더구나 골프장은 다른 산업적 용도로 쓸 수 없는 곳을 개발한다. 효율을 재는 기준이 다르므로 비효율적이라고 단언할 수 없다.(반박) 따라서 골프는 골프로 보고 즐겨야 한다.(주장)

❸ 논평은 '설명문식 요약하기'와 서술 관점이 다릅니다. 설명문식 요약하기는 다른 사람 글을 요약하되, 수험생이 글쓴이가 되어 상대방을 이해시킨다는 기분으로 양을 늘립니다. 논증의 큰 틀을 바탕으로 수험생이 원고량을 늘리는 것입니다.

이에 비해 논평은 수험생이 일정한 기준에 맞추어 다른 사람 글의 장단점을 따집니다. 즉, '나 같으면 이런 점에 초점을 맞추어 쓰겠다. 이 글은 이런 기준으로 보면 이래서 좋고, 저래서 잘못되었다'라며 글쓴이 견해를 판단하는 것입니다. 다음 글을 읽고 논평해 봅시다.

> ① 고령자 운전을 제한하는 것은 노인을 차별하자는 것이 아니라 생명을 존중하자는 것이다. ② 흔히들 '몸은 늙어도 마음은 이팔청춘'이라고 주장한다. ③ 그러나 노인들은 정신적, 신체적으로 필연적인 노화 과정을 경험한다. ④ 특히 두뇌 활동과 관련된 판단력과 운동 신경의 급속한 퇴화 속도는 불안정한 심리 상태의 원인이 된다. ⑤ 그리고 시력과 돌발 사태에 대처하는 반사 운동이 무뎌 안전 운전이 어렵다. ⑥ 판단력이 점점 떨어져 빈번하게 실수할 수밖에 없다. ⑦ 법으로 고령자들의 순간적인 실수를 방지한다면 수많은 생명을 건질 수 있다.

이 글에서 글쓴이 주장은 ①입니다. '고령자 운전을 제한하자'는 것입니다. 그런데 그 주장을 뒷받침하려고 ③에서 노화 과정을 거론하였습니다. 만약 누군가 이 말을 반박하여 신체가 불편한 장애인에게 국가에서 운전을 허락하는 것을 어떻게 설명할 수 있느냐고 비판하면 어떻게 대답할 참인지요? 즉, 이 글은 있을 수 있는 반박을 잠재우지 못했습니다.

핵심어 또는 핵심 문장을 살펴보아도 명확성에 문제가 많습니다. 예를 들어, 글쓴이는 '고령자, 노인'을 같은 의미로 지칭하였으나 신체적으로 몇 살까지를 노인으로 보는지가 분명치 않습니다. 또한 정신적 노화를 판단력 퇴화라고 하였으나 퇴화 정도를 어떻게 판단하고 분류하는지가 모호합니다.

정확성에도 문제가 있습니다. 글에서 밝힌 구체적 정보와 자료가 정확하지 않습니다. 판단력과 운동 신경이 급속하게 퇴화한다고 하였으나, '급속, 퇴화'를 구체적으로 밝히지 않아 어떻게 된다는 것인지 알 수 없습니다. 그리고 '노인'은 심리 상태가 불안정하다고 단정하고 신체 능력이 떨어지면 무조건 심리 상태가 불안정한 것으로 보았습니다. 이런 논리라면 신체 장애인은 모두 불안하게 사는 것으로 보아야 합니다. 자칫하면 일반화 오류에 빠집니다.

유관성과 타당성을 기준으로 논평해 봅시다. 유관성은 전체적으로 글이 한 문제에 집중되었는지, 타당성은 여러 근거가 그 주장을 필연적으로 아니면 개연적으로 뒷받침하는지를 말합니다. 이 글은 '고령자 운전을 제한하자'는 주장에 집중하였습니다. ③에서는 노화, ④에서는 퇴화를 근거로 고령자 운전을 제한하자고 하며, ⑤와 ⑥으로 좀 더 뒷받침하였습니다. 노화, 퇴화 때문에 '반드시(필연)'는 아니더라도 '어느 정도(개연)' 심신 능력이 떨어진다는 것은 인정할 수 있으므로, 유관성과 타당성은 받아들일 만합니다.

수용성으로 평가해 봅시다. 근거가 합리적으로 받아들일 만한지 살펴보면 ③과 ④는 글쓴이 주장을 뒷받침하는 근거가 될 수 있습니다. 다른 분야에서도 '노화, 퇴화'를 기준으로 활동을 제한하는지, 그것을 우리 사회가 어떻게 받아들이는지를 설명해야 합니다. 예를 들어, 장애인에게 국가에서 운전 면허증을 내주는 것과 어떻게 다른지 따위를 밝혀야 합니다. 그래야 주장의 일부라도 합리적으로 수용됩니다.

논의 폭과 깊이로 보면 이 글은 주장을 뒷받침하는 논거는 있으나 예상되는 반론을 검토하지 않았습니다. 게다가 뜬금없이 생명을 거론하며 마치 고령자가 순간적인 실수를 일상적으로 저지르고 생명을 해치는 가해자인 것처럼 표현하였습니다. 따라서 글쓴이의 이런 태도를 종합하여 논평하면 다음과 같습니다.

1. 명확성, 정확성, 유관성을 묶어서 논평할 때

이 글에서는 고령자 운전을 제한하자고 하였다. 그러나 '고령자, 노인'이라는 용어와 '노화, 퇴화'의 정도를 제대로 정의하지 않았다. 그래서 누구를 어떻게 하자는 것인지 분명치 않아 그 주장을 받아들이기 어렵다. 자칫하면 일반화 오류에 빠져 실효성 없는 주장이 되기 쉽다. 물론 노화, 퇴화를 상식적으로 받아들인다 해도, 그것이 곧 심리 상태 불안과 판단력 저하로 반드시 이어진다고 볼 수 없다.

2. 타당성, 수용성, 논의의 폭과 깊이를 묶어서 논평할 때

노화, 퇴화 때문에 어느 정도 심신 능력이 떨어진다는 것은 받아들일 만하다. 그러나 그 정도를 측정할 수 있는 기준이 분명치 않으므로 일괄적으로 적용할 수 없다. 신체 장애인은 장애 정도를 구체적으로 잴 수 있어 운전을 제한할 수 있다. 이것과 어떻게 다른지 설명하지 못하면 글쓴이 주장을 받아들일 수 없다. 특히 고령자 운전을 제한하자는 주장에 생명을 존중하자는 말을 넣은 것은 이 논의와 아무 상관이 없었다.

④ 논평 과정을 정리하면 다음과 같습니다. 제시문을 읽고 주장을 찾아 사실적으로 이해하는 과정은 요약 과정과 같습니다. 요약문을 읽으며 평가하고 싶은 곳, 문제점이 있는 곳, 좀 더 보완해야 할 곳, 설명이 충분치 못해 이해가 잘 안 되는 곳 따위에 밑줄을 긋습니다.

그리고 그 부분에서 자신 있는 곳, 충분히 비판할 수 있는 곳을 선택한 뒤 논평 기준을 이용하여 집중적으로 평가합니다. 물론 '글 (나)의 관점에서 글 (가)를 비판하라, 제시문 (마)에 주어진 최소한의 도덕성과 합리성의 조건들을 근거로 이 주장을 비판적으로 논하라'처럼 출제자가 논평 기준을 지시하면 그 기준에 따라야 합니다.

논평 과정

1. 제시문을 단순 요약하기
2. 논평의 기준 선택하기
3. 논평 대상이 될 만한 단어, 문장 찾기
4. 기준에 맞추어 문제점이 무엇인지를 지적하고, 왜 그런지 근거 대기
5. 글쓴이의 반박을 예상하여 재반박하기
6. 문장 수를 고려한 뒤 논평을 구조화하여 정리하기

⑤ 친구와 짝을 지어 논평을 연습할 때는 찬반이 분명한 글을 놓고 태도를 달리하는 것이 좋습니다. 예를 들어 자살을 개인 문제로 보는 글을 읽고, '갑'은 무조건 그 글에 찬성하고 '을'은 무조건 그 글에

반대하며 사회 문제라고 주장합니다.

이때 갑은 그렇게 주장하게 된 논거를 그 글에서 찾거나 자신이 생각하여 두 개쯤 종이에 적습니다. 그리고 그 종이를 을에게 주고 그 논거를 반박하라고 합니다. 을이 그 두 논거를 반박하여 그 밑에 적습니다. 사회 문제로 보는 기준을 말로 설명해도 됩니다.

그러면 다시 갑이 그 종이를 받아 반박한 것을 재반박하여 글로 적습니다. 그렇게 재반박하는 기준을 을에게 충분히 설명해야 합니다. 글이 어려우면 말로 보충합니다.

그리고 이번에는 처지를 바꾸어 을이 찬성하고 갑이 반대합니다. 다시 위 과정을 반복합니다. 즉, 을은 그렇게 주장하게 된 논거를 두 개쯤 다른 종이에 적습니다. 아까 갑이 적었던 논거를 피해 다른 논거를 언급하는 것이 좋습니다. 갑에게 주고 그 논거를 반박하라고 합니다. 그러면 갑은 그 두 논거를 반박하여 그 밑에 적습니다. 그것을 을이 재반박합니다.

연 습 문 제 18

다음 글을 읽고 물음에 답하세요.

> ① 미국은 초강대국으로 세계의 경찰이다. ② 그런데 이라크가 세계 질서를 파괴하려고 했다. ③ 그러므로 미국이 이라크를 평정한 것은 당연하다.

1. 핵심어를 하나 골라 그 의미가 명확하게 쓰였는지 논평해 보라.

2. ③처럼 주장하는 근거가 타당성이 있는지 논평해 보라.

연 습 문 제 19

다음 글을 읽고 물음에 답하세요.

> (가) 흔히 우리는 어린이들이 도덕적인 의사 결정이나 결단을 내리도록 권장해야 한다는 말을 한다. 그렇게 하도록 훈련하려고 어린이들에게 도덕적 딜레마를 제시하고, 자신이 그런 상황에 있을 경우 어떻게 할 것인가를 묻는다. 이러한 딜레마는 분명히 옳거나 그르게 보이지 않게끔 설정될 수가 있다. 왜냐하면 딜레마란 합리적 분석이나 평가가 쉽게 적용되

기 어려운 상황이기 때문이다.

예를 들어, 집에 불이 났는데 애완용 동물 중 하나밖에 구할 수 없다고 치고 어린이에게 어떤 동물을 구할 것인지 물어보는 식이다. 이런 질문은 어린이에게 쓸데없는 고민을 제공하는지도 모른다. 어린이에게 이런 결정을 내리라고 하는 것은 결국 어떤 동물이 죽기를 바라는지를 묻는 것이나 다름없다.

어린이에게 제시된 도덕적 딜레마가 해결하기 어려운데도 결정하라는 것은 무의미할 것이다. 차라리 이러한 난처한 상황을 제시하고 선택하게 하는 것보다 어떻게 해야 이런 난처한 경우를 예방할 수 있는지 묻는 것이 더 건설적이다. 이런 딜레마가 지니는 가치는 화재라는 불행을 미리 예방해야 한다는 필요성을 더욱 진하게 보여 주기 때문이다. 이와 마찬가지로 물에 빠진 사람 중에서 누구를 먼저 구할 것이냐 하는 문제보다는 어떻게 해야 물에 빠지지 않겠느냐고 묻는 것이 더 낫다.

재앙 앞에서 무력해지기 전에 재앙을 방지하도록 합리적으로 사고하는 능력을 길러 주어야 한다. 모든 가치문제가 판단하기 어려운 것이 아니라, 판단할 수 있는 정보가 부족하다거나 인식 능력이 떨어져 판단하지 못하는 경우가 더 많기 때문이다.

(나) 여우가 큰 물통에 빠져 나오지 못하고 있었다. 목이 마른 염소가 다가와 이런 사정을 모르고 여우에게 물이 먹을 만하냐고 물었다. 여우가 꾀를 내어 물맛을 칭송하며 염소에게 물통 안으로 들어오라고 유혹하였다. 염소가 별 생각 없이 물통 안으로 내려가 물을 마셨다. 잠시 뒤 여우가 염소에게 제안하였다.

"자네가 물통 벽에 대고 서 있으면 내가 먼저 올라가 자네를 끌어올리지."

이 말을 믿고 염소는 여우를 도와 밖으로 나가게 하였다. 그러나 여우는 자기 갈 길로 가며 염소를 꺼내 주려 하지 않았다. 그래서 염소가 물통 안에서 밖에다 대고 불평을 하였다. 그러자 여우가 염소를 비웃었다.

"이봐, 염소 친구, 자네는 머리가 참 나쁘네. 올라올 방법도 없이 무턱대고 내려가면 어떻게 하나?"

1. 원 글에 충실하게 간단히 요약하라(120~180자 안팎).

(가)

(나)

2. 글 (가)의 관점에 따라 여우의 어떤 점을 어떻게 검토해야 할지 두 단락으로 나눠 500자 안팎으로 논평하라.

다음 글을 읽고 물음에 답하세요.

(가) 데이터 스모그(data smog)는 단지 우리의 가정이나 전자 우편함에 날마다 배달되는 쓸데 없는 광고지와 정보 쓰레기 더미뿐만이 아니다. 그것에는 우리가 상당한 돈을 지불하는 정보, 우리가 꼭 필요로 하는 정보도 포함되었다. 현란하게 흥미를 끄는 퀵 커트(quick-cut)의 텔레비전 광고들과 24시간 최신 뉴스 속보들, 요청한 것은 물론 요청하지 않은 팩 스들, 저녁 시간 동안 잘못 걸려온 전화들, 애처롭게 호소하는 판촉 전화들, 그 시간을 전 후하여 우리가 열심히 방문했던 웹 사이트, 매달 탐독하는 산더미 같은 잡지들, 자유 시 간이 생길 때마다 손끝으로 돌려대는 수많은 채널들, 이 모든 것들이 데이터 스모그에 속 한다. (중략)

정보는 대체로 우리가 원했기 때문에 매체들은 우리 주변 어디에나 있다. 텔레비전, 전 화, 라디오, 호출기, 그리고 다른 각종 현대적 통신 도구들과 검색 보조 장치들은 이제 도 로와 테니스화처럼 흔하게 되었다. 이제 인간이 가는 곳 어디에든지 다양한 형태의 매체 들이 뒤따른다. 열차, 비행기, 자동차 안에서, 호텔 욕실에서, 조깅 코스나 등산길에서, 자 전거나 배 위에서조차도.

정보와 오락은 이제 우리가 원하는 방향으로 따라온다. 거대한 영상 스크린이 경기장을 장식하고, 극장 무대에 설치된다. 보통 크기의 텔레비전은 술집의 천장이나 공항 라운지에 걸리고, 소형 텔레비전은 최신 여객기의 개인 좌석 앞에 설치된다. 휴대전화 대화는 길거 리와 건물 안 복도에 새로운 풍경을 만들어 내고, 호출기와 랩톱 컴퓨터는 집까지 따라오 며, 휴가 중에도 우리 곁에 있다. (중략)

기사 형식의 광고에서 기사 내용과 상업적 메시지들 간의 경계가 교묘하게 흐려짐으로 써 스모그는 더욱 짙어진다. 그래서 종종 누가 무언가를 말하려고 하는 것인지, 아니면 단 지 무언가를 팔려고 하는 것인지를 판단하기 어려운 상태에 이르게 되었다. 점점 더 우리 의 비어 있는 공간들 대부분이 임대되고 있다. 도시의 보도, 거리, 공원, 쓰레기차 위에 첨단 기술의 광고 판매를 기획하고 있는, 애틀랜타 시의 마케팅 담당 공무원 조엘 배빗은 "이것이 어리석은 짓인가?" 하고 묻는다. "어리석지 않다. 대형 원형극장의 소유주뿐만 아 니라, 벤치에 앉아 나이키 모자를 쓰는 대가로 수백만 달러를 버는 마이클 조던 또한 광고 판매를 원한다. (중략) 만약 그렇게 해서 우리 시민들에게 도움이 될 수 있는 돈이 벌린다 면 무엇이 나쁘단 말인가?"

실제로 깨어 있는 모든 순간에 우리의 감각을 사로잡는 끊임없는 자극의 폭격이 어떤 점에서 해로운가? 이 문제에 대한 완전한 대답을 제공하는 것이야말로 메시지 과밀 사회에서 우리가 할 수 있는 가장 중요한 일들 중 하나이다. (중략)

1975년에 밀그램은 감각의 과부하가 도시 스트레스의 근원적 원인이라는 가설을 내놓았다. (중략) 밀그램의 자극 과부하 이론의 타당성이 확인됨으로써, 그의 이론은 1970년대 도시 거주자들뿐만 아니라 1997년의 데이터 스모그 희생자들에게도 적용 가능하게 되었다. 도시 거주자들이 일상적 삶 속에서 끊임없이 쏟아지는 엄청난 자극의 포화에 직면하게 됨에 따라, 이 이론은 수십 년 동안 발전해 온 정보화 시대의 특징을 잘 반영해 주고 있다.

데이비드 솅크, 《데이터 스모그》 중에서

(나) 맹자(孟子)가 양혜왕(梁惠王)을 만났더니, 왕이 맹자에게 말했다.

"노인께서 천리 길을 멀다 하지 않고 오셨으니, 장차 우리나라를 이롭게 하실 방도가 있으시겠지요?"

그러자 맹자가 대답했다.

"왕께서는 하필 이익을 말씀하십니까? 오직 인의(仁義)가 있을 뿐입니다. 왕께서 '어떻게 내 나라를 이롭게 할까?' 하고 말씀하시면, 대부(大夫)들은 '어떻게 내 집안을 이롭게 할까?' 하고 생각하고, 선비와 백성들은 '어떻게 내 몸을 이롭게 할까?' 하고 생각하게 될 것입니다. 상하가 서로 자기의 이익만을 취하면 나라가 위태로워집니다." 《맹자》 중에서

1. 원 글에 충실하게 제시문 (가)를 요약하라(200자 안팎).

2. 제시문 (나)에 나타난 관점을 정리하라(200자 안팎).

3. 제시문 (가)에 나타난 사회 현상을 제시문 (나)의 관점에서 비판하라(200자 안팎).

연 습 문 제 21

다음 글을 읽고 물음에 답하세요.

(1) 대학수학능력(수능) 시험이 끝났고, 논술이 언론에 크게 보도된다. 이에 편승하여 입시 학원에서는 대목이라도 만난 듯이 자신들의 논술 강좌를 선전하여 학부모의 호주머니를 노린다. 그러나 단언하건대, 그것들은 광고일 뿐이다. 그것은 얄팍한 상술일 뿐이지 대부분의 입시 학원에서 하고 있는 것은 '논술 공부'가 아니라 '논술에 대한 공부'일 뿐이다.

(2) 대형 학원들은 수능 시험 이후 논술 강좌를 개설해 수십에서 수백 혹은 수천 명의 학생을 모집한다. 50명에서 100명 혹은 그 이상의 학생들을 한 강의실에 몰아넣고 강사는 마이크를 들고 떠든다. 때로는 영화나 비디오 혹은 사진 자료들을 보여 준다. 철학, 문학, 역사, 과학 등 분야별로 권위자라는 사람들이 나와 해당 분야를 강의한다. 배경 지식을 길러 주겠다는 것이다. 그런다고 배경 지식이 늘어나겠는가. 수강료를 받은 체면치레는 해야 하니 그럴 수밖에 없을 것이다.

(3) 유명한 수영 선수들을 초청하여 그들의 수영 영법을 설명 들은 경험이 있는가? 비디오나 영화를 통해 올림픽 수영 경기 대회를 보면서 수영을 배웠는가? 수영에 관한 권위자가 마이크를 잡고 떠드는 '수영하는 법' 강의를 듣고 수영을 배웠는가? 전혀 아닐 것이다. 수영은 수영복을 입고 물속에 들어가야만 배울 수 있는 것이다. 수영은 강의를 통해서, 비디오를 통해서, 영화나 사진을 통해서 배우는 것이 아니다.

(4) 논술이 바로 그렇다. 유명 강사의 강의를 듣는다고 해서, 족집게라는 사람의 예상 문제 강의를 듣는다고 해서 논술글을 쓸 수 있는 것은 아니다. 수백 명 모아 놓고 떠드는 논술 강의는 '논술에 대한 것'일 뿐 논술글을 쓰는 데는 별 도움이 안 된다. 논술은 직접 글을 쓰면서 자신의 글에 스스로 논리와 체계를 잡아 나가며 배우는 것이다. 물론 선배 혹은 교사의 도움이 필요하다. 그러나 마이크에 대고 하는 강의를 듣고는 결코 논술글을 쓸 수가 없다. 진정한 논술 교육이 되려면 수강생이 10명을 넘어서는 곤란하다.

(5) 20명 혹은 30명, 때로는 수백 명이 되는 수강생이라면 그것은 논술 강의가 아니라 '논술에 대한 강의'라는 것을 명심하라. 그런 '논술에 대한 강의'를 절대로 듣지 마라. 비싼 돈 내고 학원으로 가 '논술에 대한 것'을 듣지 말고, 다니는 학교의 국어 선생님을 찾아가 '논술'을 배워라 .

1. 글 (1)에 있는 핵심어를 찾아 명확성을 기준으로 논평하라.

2. 정확성을 기준으로 글 (2)에 있는 정보가 분명한지를 평가하라.

3. 글이 전체적으로 한 문제에 집중되었는지 유관성을 중심으로 평가하라.

4. 글 (5)에 있는 '듣지 마라'라는 주장을 충분히, 또는 어느 정도 뒷받침하였는지 타당성 기준으로 평가하라.

5. 합리적 수용 가능성을 기준으로 글 (1)과 글 (4)를 평가하라.

6. 논의의 폭과 깊이를 기준으로 이 글 전체를 평가하라.

글쓰기 | 초급

500자 안팎으로 글을 쓸 때 효과적으로 구상하는 법을 알아봅니다.
다루려는 내용을 얼마나 한정하고 어떻게 집중해야 하는지를 익힙니다.

초급1 다음 글을 읽고 어느 한쪽에 서서 자신의 견해를 펼치세요(개요표에 문장을 써넣어 구상하되, 띄어쓰기를 포함하여 500자 안팎으로 쓸 것).

(1) 사회생활에서 범죄 수법이 갈수록 조직화, 강력화하여 민생 치안을 위해 경찰도 강해지지 않으면 안 됩니다. 외국 영화에서 본 것처럼 경찰도 강력 범죄자에게는 강력하게 대처해야 합니다. 이렇게 하려면 여러 여건을 갖추어야 하겠지만 경찰관들에게 우선 총기와 실탄을 지급하여 공권력의 의지를 보여 주어야 합니다.

(2) 어느 사회나 범죄는 있습니다. 사람들이 죄를 저지르는 원인도 다양합니다. 그런데 개인의 범죄를 사회적으로 판단하기도 전에 경찰이 현장에서 총을 쏜다는 것은 국민이 위임한 권리를 넘어서는 행동입니다. 외국의 예를 들었는데, 경찰이 총기와 실탄을 가졌다고 그 나라에서 강력 범죄가 줄어들었습니까?

● 개요표

서론 ① :

    ② :

본론 ① :

    ② :

    ③ :

결론 ① :

    ② :

함 께 풀 기

1-1. 문제의 성격을 알아봅시다!

　도로에서 경찰관 손짓에 따라 차량이 가고 섭니다. 경찰은 국가의 법과 질서를 상징합니다. 그런데도 경찰을 우습게 알고 범죄자들이 경찰관 앞에서 태연히 범죄를 저지르거나, 심지어 경찰관을 죽입니다. 이럴 경우 경찰의 정상적인 업무 집행 범위에 '총기 사용'을 넣을 것이냐는 문제이지요.

1-2. 어떤 순서로 구상해야 할까요?

　① 결론부터 결정합니다 : 할리우드 영화에서는 총 없이 사건이 진행되지 않습니다. 영화야말로 서부영화 시대부터 '폭력'을 예술로 만든 장르이지요. 대상이 '인디언'에서 '흑인'을 거쳐 '외계인'으로 바뀌었다는 것뿐입니다.

　영국 경찰을 아나요? 빨간색 제복을 입고 총 없이 돌아다녀도 국민의 사랑을 받는다는 군요. 여러분은 할리우드 영화처럼 우리 경찰에게 총과 실탄을 주고 싶습니까? 찬성과 반대 둘 중에서 하나만 선택하세요. '총을 주자'로 글 을 전개해 볼까요? 그럼 개요표 결론 ①에 '총과 실탄을 주자'라고 적어 보세요.

　이런 문제를 '논쟁 유도형'이라고 합니다. 그런데 찬성하는 쪽에도 긍정적인 면이 있고, 반대하는 쪽도 그 나름대로 이유가 뚜렷합니다. 그래서 수험생들은 대부분 양쪽 장점(또는 단점)을 비교하고 대충 끝냅니다. 그리고 적당히 '양다리'를 걸쳐 '이것도 옳고 저것도 옳으니, 조화를 이루어야 한다'는 식으로 결론을 내립니다. 그러나 이 문제는 한쪽에 서라고 하였으니, 태도를 분명히 밝혀야 합니다. 양다리를 걸치면 0점으로 처리합니다.

　② 그다음 본론을 생각합니다 : '총과 실탄을 주어야 하는 이유'를 생각해 보세요. 총을 주어야 하는 논거를 쓰는 것입니다. 그렇지 않으면 총을 주지 말자는 사람들이 어떻게 주장하는지를 생각하고 그 주장의 문제점을 반박해야 합니다. 먼저 하나만 생각해서 개요표 본론 ①에 적으세요.

　큰 틀만 한 줄로 잡으세요. 예를 들어볼까요? '총을 지급하지 않으면 안 되는 상황에 이르렀다' 또는 '총을 주지 말라는 주장에는 문제점이 많다'.

　③ 마지막으로 서론을 생각합니다 : 어떤 사람은 서론에서 글의 방향을 제시하려고 하는데, 1000자 이하에서는 그럴 필요가 없습니다. 1000자라고 하면 서론에 많아야 기껏 200자쯤(대여섯 문장) 씁니다. 말을 절제하여 내용을 효율적으로 담기도 바쁜데 본론의 방향을

서론에 쓸 필요가 없습니다. 현실 상황을 거론하는 것이 제일 무난합니다. 개요표 서론 ①
에 먼저 한 줄만 적으세요.

　④ 좀 더 뒷받침해 봅시다 : 출제자는 여기서 총기 사용 여부보다 여러분이 '왜 그렇게 결
정했는가?'를 알고 싶은 것입니다. 본론에 있는 한 줄을 좀 더 구체적으로 살펴 본론 ②, ③
에 적습니다. 그리고 결론을 뒷받침하여 ②에 적습니다. 마지막으로 서론을 뒷받침하여 ②
에 적습니다.

초급 2 다음 자료를 참고하여 한 나라의 역사를 다른 나라에서는 어떻게 평가해야 할지 자신의 견해를 서술하세요(개요표에 문장을 써넣어 구상하되, 띄어쓰기를 포함하여 500자 안팎으로 쓸 것).

(1) 어느 이슬람 국가 종교 지도자는 "하이힐을 신는 것은 불법"이라고 선언했다. 이슬람교는 하이힐을 신은 여성이 실제보다 키가 큰 것처럼 착각하게 하는 데 반대한다는 것이다. 이 조치로 앞으로 여성들이 하이힐을 신고 다니다가 순찰단에 적발되면 징계를 받게 된다.

(2) 3세기경 로마 제국에서 밸런타인은 서로 사랑하는 젊은이들을 황제의 허락 없이 결혼시켜 준 죄로 순교하였다. 그 사제의 제삿날이 '밸런타인 데이'이다. 이날을 서양에서는 실제로 많이 기억하지 않으나, 동양에서는 아주 널리 유행한다. 그것은 여성이 먼저 사랑을 '당당하게' 표현할 수 있는 날이기 때문이다. 그만큼 동양은 아직도 남성 중심 사회로, 남녀가 의사를 '대등하게' 주고받지 못한다.

● 개요표

서론 ① :

   ② :

본론 ① :

   ② :

   ③ :

결론 ① :

   ② :

2-1. 문제의 성격을 알아봅시다!

역사란 간단히 생각하면 '있는 그대로' 기록하면 될 것 같습니다. 그러나 과거에 있었던 사실을 적는다고 모두 역사가 되는 것은 아니겠지요. 예를 들어, 우리 부모의 만남이 우리 집안에서는 '역사적'인 사건이 되겠지만, 국가적으로 보면 흔하디흔한 일입니다.

그러므로 어떤 사건이 국가적으로 '역사적인 사건'이 되려면 '어떤 기준'에 따라 기록되어야 합니다. 그 기준을 어떻게 잡으며, 다른 나라가 주장하는 기준을 어떻게 해석할 것이냐는 문제이지요. 말하자면 역사를 객관적으로 봐야 하는 이유를 아는지 묻는 것입니다.

2-2. 어떤 순서로 구상해야 할까요?

① 결론부터 결정합니다 : 역사를 어떻게 보아야 하는지는 아주 어려운 질문입니다. 먼저 역사에 대한 태도를 결정하세요. 역사라는 단어가 무겁게 느껴진다고요? 쉽게 생각하면 '역사를 바로 보아야 한다'가 되겠지요. 좀 더 구체적으로 표현해 보세요. 생각해 낸 것을 개요표 결론 **1**에 적으세요. '바로'라는 단어가 막연한가요? 그렇다면 '객관적으로'라고 바꾸어 보세요. '객관적으로'와 비슷하게 쓰이는 말로는 '이성적으로, 냉정하게' 따위가 있습니다. 반대말은 '주관적으로'가 되고, 주관 대신 '선입관, 편견'이라는 단어로 표현할 수도 있습니다.

② 그다음 본론을 생각합니다 : 결론에 주장을 썼나요? 결론에 왜 그런 주장을 하게 되었나요? 생각나는 것이 있으면 개요표 본론 **1**에 적으세요. '(왜냐하면) ~이기 때문이다. (예를 들어) ~이기 때문이다'같이 결론을 뒷받침하는 논거를 한 줄로 써 보세요.

③ 마지막으로 서론을 생각합니다 : 간단히 문제를 언급하세요. 서론이 너무 장황하면 안 됩니다. 어떤 사람은 본론에서 다루어야 할 내용까지 씁니다. 서론 부분은 그야말로 '탐색'하는 곳이니 '탐색'하는 정도에서 끝내야 합니다. 현실 상황을 거론하세요. 개요표 서론 **1**에 먼저 한 줄만 적어 넣으세요.

④ 좀 더 뒷받침해 봅시다 : 사람들이 대부분 역사를 단순하게 파악하더군요. '흥선대원군'이 나오면 바로 '쇄국주의'와 연결하는 식입니다. 그러나 국사든, 세계사든 역사를 '주관적으로' 판단하면 '우물 안 개구리'가 되어 역사에서 교훈을 얻지 못합니다.

자, 본론에 있는 한 줄을 뒷받침하여 **2**, **3**에 적습니다. 그리고 결론을 뒷받침하여 **2**에 적습니다. 마지막으로 서론을 뒷받침하여 **2**에 적습니다.

초급3 다음 자료는 우리나라 사람들이 항상 '우리 식, 우리 민족'을 기준으로 삼아 판단하는 버릇에 대하여 설명한 것입니다. 우리나라 사람들이 '우리 것, 우리 핏줄'에 집착하는 이유를 역사적으로 살펴보고, '민족주의'가 궁극적으로 나아가야 할 방향을 제시하세요(개요표에 문장을 써넣어 구상하되, 띄어쓰기를 포함하여 500자 안팎으로 쓸 것).

미국에서 한국인 또는 한국계 교포가 운영하고 있는 150여 회사가 불법 선거자금을 제공한 혐의로 미 수사 당국의 조사를 받았다. 이 회사들은 하원의원 선거에서 어느 한국계 후보에게 미국 선거자금법에서 정한 상한선 100달러(약 12만 원)보다 더 많은 돈을 기부했다고 한다.

이런 일이 일어난 것은 그 회사 관계자들이 미국 사회를 한국 정치 풍토처럼 생각하고 선거자금 제공을 대수롭지 않게 여겼기 때문이다. 말하자면 후보의 국적을 법에 따라 인식하지 않고 '핏줄'을 보고 받아들인 것이다.

그러나 미국은 법을 아주 중시하는 사회로, 그 후보가 비록 한국계일지라도 국적은 엄연히 미국이니까 미국 법을 따라야 했다. 따라서 그 한국계 정치인은 미국 하원의원으로서 미국을 위해 일해야지, 한국 대표가 되어 한국이 얻을 이익을 대변해서는 안 된다.

● 개요표

서론 ① :

　　 ② :

본론 ① :

　　 ② :

　　 ③ :

결론 ① :

　　 ② :

3-1. 문제의 성격을 알아봅시다!

우리는 무심히 지나치지만 다른 나라 사람들은 한국인의 '핏줄' 집착을 아주 이상하게 생각합니다. 예를 들어, 한국도 이제는 먹고살 만한데 자기네 아이들(고아, 기아)을 제 나라에서 키우지 않고 해외로 입양시킨다는 것이지요.

서양 선진국 사람들은 다른 나라 아이를 제 자식과 다름없이 키우더군요. 어떤 외국인은 정신박약아와 지체장애아만 데려다 키웁니다. 우리나라 사람도 고아를 입양하지만, 그중 어떤 사람은 부모와 아기의 혈액형을 맞추고 생김새를 따집니다. 다른 사람에게 입양 사실을 숨기고 자신이 낳은 것처럼 속이기 위해서지요.

왜 그럴까요? 우리가 오랫동안 '족보, 혈통, 가문'을 따지며 살아서 그런가요? 대부분 나라가 다민족 국가인데, 우리가 오랫동안 단일 민족을 주장해서 그런가요?

3-2. 어떤 순서로 구상해야 할까요?

① 결론부터 생각하세요 : '민족'만 고집하는 것이 '국수적 사고'라는 것은 알지요? 고집스럽다는 것은 사고방식이 굳어 있다는 뜻입니다. 그러니 다른 것을 받아들일 여유가 있을까요? 과거에 잘한 것만 들먹여 추억만 되새기고 현재는 무시해도 좋은가요? 우리가 '세계 최초로 만든 어떤 것'이 있으면, 다른 나라에도 그런 게 있을 것 아닙니까?

자, 이쯤이면 '민족'이 부정적으로 작용하여서는 안 된다는 것을 알겠지요? '우리 민족'이 있으면 '다른 민족'도 있는 것입니다. 결론에 써야 할 말이 생각났나요? 개요표 결론 ①에 한 줄만 적어 보세요. 그래도 생각나지 않으면 앞에서 말한 것을 그대로 쓸까요? '우리 민족이 있으면 다른 민족도 있는 것이다.'

② 그다음 본론을 생각합니다 : 결론에 쓴 한 줄을 놓고 그 이유를 생각해 보세요. 문제에 '역사적으로 살펴보라'는 지시가 있었지요? '역사적으로 한민족이 왜 그런 정서를 갖게 되었을까, 어떤 문제가 있을까, 그것이 왜 문제가 될까?'를 생각해 보세요. 생각나는 것을 개요표 본론 ①에 한 줄만 적어 보세요.

조금 도와 드릴까요? '역사적으로 이러저러해서 그런 것 같다. 그러나 잘못하면 이러저러하게 되기 쉽다'라고 생각해 보세요. '역사적'이라는 말을 좀 더 구체적으로 쓰면 '단일 민족이라는 자부심으로 살았다. 외침이 많아 안으로 뭉쳐야 하니까 민족을 강조해 왔다'쯤 될 것입니다.

③ 마지막으로 서론을 생각합니다 : 용어를 정의하며 시작하거나, 어느 사실을 인용하면서 문제를 제기해 보세요. 생각난 것을 개요표 서론 **1**에 한 줄만 적어 넣으세요. 호기심을 끌려면 일화를 이용하는 것이 좋습니다.

예를 들어 '얼마 전 명동성당에서 외국인 노동자를 위해 대규모 미사를 열었다'처럼 시작하는 것이지요. 물론 서론 끝이 본론과 이어져야 합니다. '이것은 우리나라 사람들이 과거와 많이 달라졌다는 것을 보여 주는 일이었다'처럼 쓰면 됩니다.

④ 좀 더 뒷받침해 봅시다 : 과거에 중국이 자기 나라를 세계[國]의 가운데[中]에 놓고 다른 나라를 전부 '오랑캐'라고 불렀습니다. 그런 영향을 받은 것인지, 우리나라 사람들도 '세계화, 국제화'를 부르짖으면서 한쪽으로는 낯선 사람에게 '성, 본관, 고향, 몇 대 손'을 따져 '핏줄'을 확인하더군요.

이쯤이면 출제자 의도를 짐작할 수 있겠어요? 우리 민족이 민족적 자부심이 크더라도 구태여 남을 배척할 필요는 없잖습니까? 어느 조사에 따르면, 아시아에서 가장 배타적인 나라로 중국을 꼽았습니다. 2위 한국, 3위 인도네시아, 4위 인도였습니다. 외국인이 살기에 편한 나라는 1위 싱가포르, 2위 홍콩, 3위 베트남, 4위 일본이었습니다.

사실 세상에서 가장 뛰어난 민족이나 문화라는 것이 있겠습니까? 민족 문화란 어느 점에서 어떤 면이 좀 더 어떨 뿐이지요(문화 상대주의 관점). '민족'이 도대체 우리에게 무슨 의미입니까? 본론에 있는 한 줄을 좀 더 뒷받침하여 **2**, **3**에 적습니다. 그리고 결론을 좀 더 뒷받침하여 **2**에 적습니다. 마지막으로 서론을 좀 더 뒷받침하여 **2**에 적습니다.

다음 글을 참조하여 인간이 자신의 죽음을 선택할 수 있는 권리에 대하여 자기 견해를 밝혀 보세요(띄어쓰기를 포함하여 500자 안팎으로 쓸 것).

(1) 1995년 5월 오스트레일리아 자치 지역 '노던 테리토리'에서는 자치법으로 '말기 환자 권리법'을 제정하였다. 이 법은 회복이 불가능한 말기 환자에게 스스로 안락사를 선택할 권리가 있다는 것을 명문화하였다. 또 이 법 시행 규칙에는 환자가 의사의 확인을 받고 9일간의 말미를 둔 뒤 의사의 도움을 받아 죽음을 선택하도록 하였다. 그러나 이 법은 종교계를 중심으로 한 반대론자들의 운동으로 연방 의회에서 부결되었다.

(2) 다발성경화증을 앓는 영국 여성은 남편이 자기 죽음을 도와주면 처벌받는지를 법원에 문의하였다. 이에 2010년 2월 영국 정부는 안락사 조력자 범죄 기준을 발표하였다. 영국에선 앞으로 안락사 조력자를 기소할 때 사망자보다 조력자의 동기와 행위를 중심 근거로 삼는다.

● 개요표

서론 ① :

　　　② :

본론 ① :

　　　② :

　　　③ :

결론 ① :

　　　② :

4-1. 문제의 성격을 알아봅시다*!*

죽음에 대한 인식은 사람마다 다르고 민족마다 다릅니다. 예를 들어, 우리나라 사람은 죽어서도 꼭 고향에 묻히려고 하여, 죽은 뒤에도 이승과 저승을 연결시킵니다. 그러나 서양 사람들은 서부영화에서 보듯, 죽으면 거기에 묻힐 뿐이며 그것으로 이승과의 인연을 끝냅니다.

1996년 미국 해군 장성이 젊은 시절 찍은 사진 때문에 과거에 거짓말했던 사실이 드러날 지경에 이르자, 그 부끄러움을 어쩌지 못하고 권총으로 자결하였습니다. 사는 것이 죽는 것만 못하다고 생각하였겠지요.

그래도 미국 대통령을 비롯해 온 미국인들은 그 장성을 추모하였습니다. 요즈음같이 가치관이 흔들리는 세상에서 부끄러움을 아는 사람으로 존경한 때문이지요. 말하자면 동물은 본능에 따라 생존하는 반면, 사람은 이성적으로 어떻게 살 것인지에 관심을 두고 삽니다.

적극적 안락사가 왜 문제가 될까요? 적극적 안락사는 자살과 성격이 아주 다릅니다. 당사자가 의식이 뚜렷한 상태에서 죽기를 원하되, 주위 사람들이 도와주어야 가능합니다. 말하자면 자살을 사회적으로 공인하는 셈이지요.

그러니 종교인들로서는 적극적 안락사를 용납하기 어려울 것입니다. 신이 생명을 관장하듯, 죽음도 신이 담당해야 할 몫이라고 보니까요. 따라서 인간이 자기 의지로 죽음을 선택하고 사회가 그것을 인정한다는 것은 신의 섭리를 정면으로 부인하는 셈입니다. 물론 철학자들은 인간의 이성과 의지로 불가능한 것은 없다고 말할 것입니다.

자, 만일 당신이 환자이고 질병으로 고통스럽게 보내면서 죽느니만 못하다고 느낄 때 어떻게 하겠습니까? 철학자들이 학문 속에서 다루던 '사회에서 공인한 자살'을 이제 현실로 인정할 건가요?

4-2. 어떤 순서로 구상해야 할까요?

① 결론부터 생각하세요 : 먼저 인간이 자기 의지로 죽음을 선택한다는 것에 대해 생각해 보세요. 오죽하면 죽고 싶으랴 싶나요? 아니면 무슨 일이 있어도 죽어서는 안 된다고 보나요? 예, 아주 간단한 문제입니다. '죽게 하자, 죽일 수 없다' 가운데 하나만 선택해 보세요. 선택하였으면 개요표 결론 1 에 적어 넣으세요. 나중에 충분히 뒷받침하면 되니까 간단히 써도 됩니다.

② 그다음 본론을 생각합니다 : 결론을 그렇게 잡은 이유가 뭔가요? 환자가 현실적으로 받는 고통도 '인권'이라는 차원에서 다루자고요? 예, 좋습니다. 써야 할 양이 많지 않으니 한 가지만 잡아 집중적으로 뒷받침해 봅시다. 생각나는 것을 개요표 본론 ①에 한 줄만 적어 보세요.

반대하는 사람들은 어떻습니까? 의술을 사람 살리는 데 써야지, 죽이는 데 써서야 되겠느냐고요? 예, 좋습니다.

상대 쪽 의견을 반박하여도 좋습니다. '찬성론자들은 죽음을 너무 쉽고 간단하게 생각한다, 반대론자들은 사람을 목숨이 붙은 것으로만 판단하려고 한다.'

③ 마지막으로 서론을 생각합니다 : 오늘날 적극적 안락사를 이야기하는 까닭이 어디에 있다고 보나요? 죽고 사는 문제로 가슴 아팠던 일이 없었나요? 젊은이들은 죽는 문제를 심각하게 생각하지 않는 편입니다.

어떤 사람은 말끝마다 죽겠다고 하고, "이렇게 사느니 죽어 버릴 거예요"라고 쉽게 이야기합니다. '이렇게'가 도대체 '어떻게'입니까? 생각나는 것을 개요표 서론 ①에 한 줄만 적어 넣으세요. 전에 해외 토픽으로 이런 기사가 있었습니다. 미국에 사는 어떤 간호사가 말기 환자 수십 명을 죽게 도와줘 '살인 방조' 혐의로 체포되었다는군요.

④ 좀 더 뒷받침해 봅시다 : 죽음을 도와준 간호사가 어떤 생각에서 그런 행동을 했을까요? 제가 보기엔 인간적인 정 때문에 그런 것 같습니다. 서양 영화를 보면 말이 부상당해 회복하기 힘들 때 주인이 총을 쏴서 죽여 주더군요.

부상당한 전우가 고통스러워하면서 죽여 주기를 원할 때도 마찬가지입니다. 생명이 소중하다는 사실을 알면서도 살아서 고통 받으니 죽는 것이 더 낫다며 인간 스스로 '죽음'을 결정한 것입니다.

그렇다면 적극적 안락사는 '생명'이라는 원칙론(신의 섭리)과 '고통'이라는 현실론(인간다운 삶)의 갈등이라고 압축할 수 있군요. 쉽게 말해 '그래도 그게 아니다'와 '그런 줄은 알지만 그럴 수밖에 없다'가 부딪치는 문제입니다. 합리적인 것을 추구하는 사람들은 '죽음' 쪽을 선택할 것 같습니다.

자, 본론에 있는 한 줄을 좀 더 뒷받침하여 ②, ③에 적습니다. 결론을 뒷받침하여 ②에 적습니다. 마지막으로 서론을 좀 더 뒷받침하여 ②에 적습니다.

유학은 세계적 흐름으로, 공산국가였던 동유럽조차 정치 체제가 바뀌자 유학생이 나라 밖으로 쏟아져 나갔습니다. 그러나 최근 우리나라에서는 해외 유학자에 미성년자가 많이 끼어 있어 찬반 논쟁이 일고 있습니다. 미성년자 유학의 장단점을 들어 자신의 생각을 진술하세요(띄어쓰기를 포함하여 500자 안팎으로 쓸 것).

● 개요표

서론 1 :

2 :

본론 1 :

2 :

3 :

결론 1 :

2 :

함 께 풀 기

5-1. 문제의 성격을 알아봅시다!

세계무대가 좁아지면서 다른 나라에서 공부하는 것이 이제는 쉬워졌습니다. 유학을 통해 지적으로 열세인 나라의 국민이 더 넓은 세계로 나가 깊은 지식과 앞선 기술을 배웁니다. 물론 국내에서 발견하지 못했던 가능성을 찾아 능력을 발휘할 수도 있습니다. 어떤 부모는 장애인 자녀의 가능성을 찾아 주려고 선진국으로 떠나더군요. 국내에는 아직 그런 여건이 되어 있지 않으니까요.

이렇게 유학은 일찍 외국어를 배우고 외국 문화를 습득하여 넓은 시야를 갖게 해 줍니다. 민족이라는 틀, 편견과 독선 따위에서 벗어나 외국을 자연스럽게 받아들여 올바로 이해할 수 있지요. 또한 우리 문화도 좀 더 성숙해지고 우리 문화를 외국에 소개할 수도 있습니다. 그러나 이렇게 좋은 점만 있을까요?

타고난 능력을 제대로 갈고 닦는다는 의미로 보면 유학은 후천적으로 학습 환경을 제대로 갖추어 주자는 것입니다. 선천적 능력은 어쩔 수 없어도, 학습 효율을 높이는 것은 여건에 따라 얼마든지 가능하니까요.

그런데도 우리 사회에서 미성년자 유학을 우려하는 것은 미성년자 중에는 국내에서 적응하지 못하고 무작정 떠나는 사람도 있기 때문입니다(도피성 유학). 또는 부모의 과잉 기대 속에서 유학을 떠납니다.

이러니 유학의 목적은 사라지고 이국땅이라는 현실만 남습니다. 시험이 없고 경쟁자가 없고 보호자도 없고 자극도 없으니 미성년자가 자신을 다독여 가며 공부하는 것이 아주 힘듭니다. 그래서 이 문제는 미성년자 유학에 있을 수 있는 부작용도 한 번 검토해 보라는 것입니다.

5-2. 어떤 순서로 구상해야 할까요?

① 결론부터 결정합니다 : 이 문제는 논의를 좁혀야 합니다. 예를 들어, 우리나라는 부존자원이 없어서 인구를 효율적으로 써야 하기 때문에 유학이 많을수록 좋다는 식이어서는 안 됩니다. 이 문제에서는 이미 유학을 인정하고 있습니다. 공통 인식을 바탕으로 하는 문제에서 그 부분을 다시 확인하느라고 원고지를 낭비할 필요가 없지요. 자, 생각나는 것을 개요표 결론 ①에 먼저 한 줄만 적어 보세요.

조금 도와 드릴게요. 미성년자가 외국에 가서 공부하는 것을 어떻게 생각하나요? '좋다, 나쁘다, 신중해야 한다' 가운데 선택할 수 있습니다. 그것 말고는 결론에 쓸 것이 없습니다. 물론 나중에 더 뒷받침하면서 전망이나 제언을 덧붙일 수 있습니다. 찬성하는 사람이라면 '외국에 나가 있는 청소년이 동질성을 잃지 않도록 해야 할 것이다'를 보태면 됩니다.

② 그다음에 본론을 생각합니다 : 한 가지를 선택하였으면 그 근거를 본론에서 뒷받침해야 합니다. 그런데 주어진 문제에서 장단점을 찾아보라고 했지요. 그러니 결론에서 찬성을 주장하든, 반대를 내세우든 본론에서 미성년자 유학의 장단점을 서술해야 합니다.

즉, 어떤 것을 주장하든 본론을 구성하는 형식은 똑같습니다. 자, 짧은 글이니 장점 하나, 단점 하나만 찾아 본론을 두 단락으로 만든다는 기분으로 결론을 뒷받침해 봅시다. 개요표 본론 ①, ②에 하나씩 쓰세요.

조심할 것은 본론 앞쪽에서 상대방 의견에 동조하고 본론 뒤에 가서 자신의 의견을 뒷받침하도록 합니다. 예를 들어, 미성년자 유학을 반대하는 사람은 본론 앞쪽에 장점을 서술하고 본론 뒤에 가서 '그러나'로 시작하면서 단점을 거론하여야 결론과 자연스럽게 이어집니다.

만약 유학에 반대하여 문제점을 자세히 쓰고 싶다면 '서론(장점)−본론(문제점 1, 2)−결론(반대)'과 같이 구상해도 됩니다.

③ 그다음에 서론을 생각합니다 : 문제를 제기해 봅시다. 원칙적인 이야기를 해도 좋고 가볍게 시작하여도 괜찮습니다. 예를 들어 '유학은 꼭 필요한 것이여!' 또는 '방학이 되면 단기 연수에 참가하는 초등학생이 한 해 3000명쯤 된다더라'같이 시작하면 됩니다. 이래서 일상생활에서 일어나는 일들에 관심을 가져야 하는 것입니다. 신문을 보는 것이 가장 효율적인 방법이지요. 자, 생각나는 것을 개요표 서론 1에 한 줄만 적어 넣으세요.

④ 좀 더 뒷받침해 봅시다 : 본론에 있는 두 줄을 뒷받침하여 각각 빈 곳에 적습니다. 결론을 뒷받침하여 2에 적습니다. 마지막으로 서론을 뒷받침하여 2에 적습니다.

좀 더 알아볼까요? 우리나라에 공부하러 오는 사람들이 많습니다. 우리나라에서 배울 것이 있다고 판단한 사람들이지요. 못사는 나라 학생일 수 있고, 동양 문화나 한국 종교에 관심을 둔 사람일 수도 있습니다.

어느 유명 인사들의 '유학 시절'을 돌아보는 텔레비전 프로그램이 있었습니다. 우리가 아주 어렵던 시절에 많은 사람들이 자신의 가능성을 찾으려고 낯선 땅에 도전하였습니다. 우리나라에서 익히지 못했던 것을 선진국에서 배워 돌아온 사람이 많습니다. 물론 유학에 실패한 사람도 많았을 것입니다.

어떤 학자는 투자 가운데 가장 효율적인 것으로 '고급 인력 개발'을 듭니다. 아무리 부존 자원이 많아도 써먹을 사람이 없으면 아무 소용이 없기 때문이랍니다. 물론 이 문제에서는 미성년자가 유학하는 것이니 부작용도 많습니다. 비판론을 조금 더 확인해 봅시다.

'교육열이 높은 우리나라 부모들이 헛된 꿈에 빠져 자식들을 외국으로 무조건 내보낸다, 이질 문화에서 오는 정신적 충격을 이겨내기 어렵다, 미성년자는 자기 가치관이 여물지 못한 탓에 저질 문화를 무비판적으로 받아들이기 쉽다, 자칫하면 외국인처럼 사고하며 껍데기만 한국 사람인 국제 고아를 만들 수 있다, 쓸데없이 외화를 낭비하고 사대 정신이 생겨 우리 문화를 우습게 여길 수 있다.'

초급 6 한국의 현실에서 어느 가정이든 교육 문제에서 자유로울 수 없다고 한다. 그만큼 한국인은 교육 문제에 민감하고 교육 문제에 관심을 둔다는 것이다. 그러면서도 백년을 보고 계획을 세워야 하는 교육 정책이 때로는 방향을 잃고 흔들린다. '교육의 본질' 또는 '배움의 목적'이 어디에 있어야 하는지 자신의 견해를 밝혀라(띄어쓰기를 포함하여 500자 안팎으로 쓸 것).

● 개요표

서론 ①:

　　 ②:

본론 ①:

　　 ②:

　　 ③:

결론 ①:

　　 ②:

6-1. 문제의 성격을 알아봅시다!

'열린 교육'이니 '수요자 중심 교육'이니 '평생 교육'이니 하여 교육이라는 단어가 흔하게 쓰입니다. 그에 비해 교육의 본질이 무엇인지를 정확히 아는 사람은 드뭅니다. 학교에서 공부하는 것을 교육이라고 보는 정도이지요. 그나마 우리는 대부분 학교 교육을 대학 진학을 위한 수단으로 봅니다.

이렇게 '교육' 또는 '배움'이 어떤 목적의 수단이 되면, 목적이 변할 때마다 수단도 같이 변하게 마련이지요. 그래서 학교가 지금 정상적으로 운영되지 못하고 대학을 가기 위한 학원으로 바뀌었습니다.

이것은 우리에게 학교 교육을 통해 출세를 보장하던 풍토가 있었기 때문입니다. 가난한 집 수재가 고생 끝에 좋은 대학에 가고 사법 고시를 통과하면 굉장한 집안의 자녀와 결혼하고 출세한다고 믿어 왔지요. 그래서 지금도 대학수학능력시험 고득점자가 경제적으로 어려운 집 자녀이면 언론에서는 신나게 소설을 쓰고 신화를 만듭니다.

갓난아기가 산 속에서 늑대와 자라다 인간 세계로 돌아왔다는 이야기를 알 것입니다. 그런데 사람들은 그 아이를 인간으로 받아들이기 힘듭니다. 그 아이는 사람 모습을 하였지만 동물적 본능에 따라 행동하기 때문이지요.

그래서 예부터 우리는 교육을 통해 사람답지 않은 사람을 사람답게 만들어야 한다고 생각하였습니다. 공자는 그것을 한마디로 인(仁)이라고 표현하였습니다. 말하자면 자신의 덕성을 개발하여 다른 사람을 사랑할 줄 알아야 한다는 것이었지요.

그러니 오늘날 교육이 황폐화하였다는 것은, 공자의 기준으로 볼 때 사람들이 사람답지 못하며, 남을 제대로 사랑할 줄 모른다는 뜻입니다. 여러분이 학교에서 공부하면서 가끔 절망하는 이유도 역시 그런 것 아닙니까?

무엇 때문에 배우나요? 학교에서 또는 가정과 사회에서 청소년은 어떤 것을 익혀야 하나요? 논의를 좁혀도 좋습니다. 지금 사람들이 말하는 교육이 제대로 된 것이라고 보나요? 이 문제는 '배운다는 것'이 무엇을 의미하는지 한 번 생각해 보라는 것입니다.

6-2. 어떤 순서로 구상해야 할까요?

① 결론부터 생각해 봅시다 : 교육의 목표가 어디에 있어야 한다고 생각하는지를 먼저 결정해 보세요. 사람에 따라 얼마든지 다양하게 대답할 수 있어 무척 어려울 것 같습니다. 잘 안 되면 소극적으로 접근하여도 좋습니다.

'(어디로 가야 할지 모르겠지만) 최소한 지금 식으로 가면 안 된다'라고 써도 훌륭한 대답이 될 수 있습니다. 물론 여러분이 생각한 본질을 쓰고 뒷받침할 수 있으면 더욱 좋겠지요. 자, 생각해 낸 것을 개요표 결론 1에 한 줄만 써넣으세요.

같이 해 볼까요. 대답하기로 하면 아주 많습니다. '교육은 인간의 사회화를 도와야 한다, 교육의 본질은 자아 실현에 있다, 교육은 지덕체를 조화시켜야 한다, 더불어 사는 인간관계를 조성해야 한다, 전통 문화를 계승하여 창조 발전할 수 있도록 해야 한다, 교육은 무지에서 해방시키는 것이어야 한다.'

② 그다음 본론을 생각합니다 : 결론을 소극적으로 잡아 '이대로는 안 된다'라고 하였다면 어떤 점 때문에 그렇게 생각하였나요? 학교 또는 가정에서 여러분은 어떤 것이 제일 못마땅하였습니까? '이건 아닌데……' 싶었던 것을 기억해 보세요.

좀 더 쉽게 생각해 볼까요? 평소에 '(좋은) 대학에 가는 사람만 사람이고, 그렇지 않으면 사람으로 취급하지도 않는다'고 느꼈나요? 그렇다면 결론은 '교육이 학벌을 조장하는 수단이 되어서는 안 된다'가 될 테고, 그 이유가 본론 논거가 됩니다. 자, 여러분이 결론에 서술한 주장을 다시 한 번 보고, 그 주장에 '왜, 어째서'를 붙여 생각나는 것을 개요표 본론 1에 한 줄만 적어 보세요.

지금은 가난한 집 자녀가 성공한다는 신화가 깨졌습니다. 부잣집 아들이 부자되기가 더 쉽습니다. 경제적으로 여유가 있으니 해외 여행으로 견문을 넓히고, 자극이 많아서 생각도 깊어지지요. 반면, 그렇지 못한 사람은 생활하기에 바빠 다른 데 눈 돌릴 틈도 없이 눈앞의 이익에 매달립니다. 그러니 이런 출발의 차이를 국가에서 제도로 메워 주어야 합니다. 안정된 사회일수록 모든 사람에게 기회가 골고루 돌아갑니다. 따지고 보면 흔히 쓰는 '교육'이란 말도 아주 어려운 단어이지요.

③ 마지막으로 서론을 생각합니다 : 이런 문제를 출제한 이유를 생각해 보세요. 즉, 문제를 제기하는 것입니다. 예를 들어 '맞아, 지금 교육 현실이 이래' 또는 '그래, 사람들이 이런 식으로 우리 청소년을 대하면 안 되지. 이건 너무해'라고 생각했다면 이 문제를 풀어 나갈 실마리를 끄집어낸 것입니다. 생각난 것을 개요표 서론 1에 한 줄만 적어 보세요.

예를 들어 '입시철만 되면 온 사회가 아우성이다, 명문 대학에 진학하는 학생이 많을수록 명문 고등학교로 친다, 교육열이 지나치게 높으나 제대로 승화하지 못한다'처럼 쉽게 시작하여도 좋습니다. 조금 멋지게 시작하려면 서론에 교육을 정의하고, 현실이 그렇지 못하다는 것을 진단하면 아주 좋습니다.

④ 좀 더 뒷받침해 봅시다 : 교육은 학자에 따라 정의하는 내용이 다르고, 시대에 따라서

도 의미가 바뀌었습니다. 그러나 얼마 전까지 우리나라에서는 교육을 주로 '학습(익히는 것)'이라는 의미로 받아들여 남보다 많이 익혀서 똑똑하다는 소리를 듣고 성공해야 한다고 믿었습니다.

실제로 자녀 교육을 위해 부모는 모든 것을 희생하였지요. 특히 어려운 집안일수록 자식들을 많이 가르쳐 집안을 일으켜 세우고 개인적으로 부귀영화를 누리도록 강요하였습니다. 지금도 기성세대가 명문 대학, 명문 학과에 집착하는 것은 그런 관념이 남아 있기 때문입니다. 말하자면 교육을 세상 살아가는 효과적인 도구로 보았습니다.

그러나 좋은 대학을 나오고 출세를 하고서도 부정이나 비리를 예사로 저지르는 사람이 많습니다. 교육이 한 인간의 완성을 돕지 못했으니 그 사람은 제대로 교육된 사람이 아니지요. 교육은 한 인간의 내면 세계에 관한 문제인데, 교육을 밖에서 강제로 주입할 수 있다고 잘못 인식하였습니다. 교육을 통해 누구든 자신이 꿈꾸는 이상에 접근해 나갈 수 있어야 합니다.

가령 누군가 인간다운 삶을 추구한다면 지적, 정의적, 신체적으로 조화하는 방법을 일깨워 주는 것이 교육이어야 한다는 것입니다. 즉, 교육을 통해 사람들과 어떤 관계를 맺고 자신이 어떻게 자리 잡아야 할지를 깨닫습니다. 이것을 학자들은 '인간을 사회화하고 자아를 실현하게 한다'고 설명합니다.

자, 본론에 있는 한 줄을 좀 더 뒷받침하여 **2**, **3**에 적고, 결론을 좀 더 뒷받침하여 **2**에 적습니다. 마지막으로 서론을 좀 더 뒷받침하여 **2**에 적습니다.

11장

글쓰기 | 중급

500자 안팎과 700자 안팎으로 글을 쓸 때 어떻게 다른지를 알아봅니다.
필요에 따라 문장을 어떻게 보태거나 뺄지를 알 수 있습니다.

중급1 갈수록 수질 오염이 심해지자 정부는 한때 낚시 면허제를 도입하려다가 낚시꾼들이 반대하자 중단하였다. 다음 두 사람의 주장을 듣고 낚시 면허제 도입 여부에 대해 자신의 견해를 밝혀라(띄어쓰기를 포함하여 700자 안팎으로 쓸 것).

찬성 우리나라는 수질 오염으로 중병을 앓아요. 국민 건강을 심각하게 위협하지요. 그런데도 전국 낚시터에서 낚시꾼이 연간 떡밥 18,000여 톤을 물에 던져 물이 썩습니다. 더구나 그 낚시터가 대개는 저수지같이 상수원으로 쓰이는 물이지요. 일부 낚시꾼들이 버린 쓰레기와 먹다 남기고 간 음식 쓰레기도 아주 엄청납니다.

반돌 국민이 개인적으로 즐기는 여가를 행정적으로 규제하는 것은 문제가 많습니다. 이는 행정 편의적이며 관료적인 사고에서 나온 것으로, 500만 낚시꾼들이 단합하여 저지할 것입니다. 취미 생활조차 면허를 받아야 한다면 등산이나 수석 모으기 같은 취미도 형평을 고려하여 면허제를 도입해야 하지 않습니까?

찬성 낚시는 등산과 다릅니다. 예를 들어, 낚시꾼들이 어린 고기도 잡고 보호 어종이나 희귀 어종을 마구 잡을 때 자연 생태계에 미치는 영향력은 아주 큽니다. 그러므로 낚시할 능력이 있는지, 낚을 고기나 아는지, 쓰레기 처리 비용을 낼 수 있는지를 확인해야 합니다.

반돌 일부 낚시꾼의 몰지각한 행위는 지금 우리가 가진 법률만으로도 충분히 처벌할 수 있습니다. 저수지나 댐에서 이루어지는 불법 행위를 우리나라 공무원이 다 적발할 수 있을지 그 효율성이 의심스럽습니다. 수질 오염이나 생태계 훼손은 낚시꾼들의 양식에 달린 것인 만큼, 교육하거나 계도해서 고쳐야지, 규제하고 단속해서는 안 된다고 봅니다.

● 개요표

서론 ① :

  ② :

본론 ① :

  ② :

  ③ :

결론 ① :

    ② :

함 께 풀 기

1-1. 문제의 성격을 알아봅시다!

'낚시 면허'라는 말을 들어 봤나요? "낚시에 웬 면허?"라며 의아해하는 사람이 많겠지요? 일부 선진국에서만 시행한다니, 이 제도가 보편적인 것은 아닙니다. 두 사람 대화를 통해 짐작했겠지만, 환경부는 맑은 물을 확보하려는 차원에서 낚시 면허를 제도화하고 싶을 것입니다. 사람들이 물고기를 잡아도 그만, 못 잡아도 그만이라고 생각하며 낚시를 하면 신선이 따로 없을 테지요.

그러나 대부분 낚시꾼들은 고기를 많이 잡으려고 떡밥을 물에 던지는데, 이 떡밥이 물에서 썩어 부영양화가 일어납니다. 특히 저수지같이 흐르지 않는 물은 물고기도 살기 힘들 정도로 심하게 썩습니다.

이 문제는 면허제를 실시할 것인지, 말 것인지를 묻습니다. 간단히 대답하기로 하면, 그 둘 가운데 어느 하나를 선택하면 됩니다. 그렇지만 그 대답 뒤로는 면허제를 바라보는 시각이 각각 다릅니다. 먼저 규제하자는 사람들은 자연 환경을 걱정하면서 자연 보호를 위해 개인의 권리를 부분적으로 제한할 수 있다고 주장합니다.

그러나 반대하는 사람들은 사생활과 취미를 법으로 제한할 수 없으며, 규제가 합리성과 형평성을 잃어 근본적인 대책이 못 된다고 합니다. 당신은 어느 쪽에 서겠습니까? 자연을 보호하자는 쪽인가요? 아니면 개인의 권리를 규제하여서는 안 된다는 쪽인가요?

1-2. 어떤 순서로 구상해야 할까요?

① 결론부터 결정합니다 : 찬반을 묻는 문제이니 어느 쪽에 설지를 결정해야 합니다. 두 사람의 대화를 다시 한 번 읽어 보세요. 양쪽 주장에 일리가 있지만 그래도 그게 아니다 싶은 점이 있을 것입니다. 자, 태도를 결정하였으면 개요표 결론 ①에 '찬성, 반대' 가운데 하나를 골라 써 보세요.

② 그다음에 본론을 생각합니다 : 본론에 무엇을 쓸지 생각해 봅시다. 두 사람의 대화에서 어떤 부분에 주목하였나요? 그것이 본론에 써야 할 말입니다. 낚시 면허제 도입에 찬성

하겠다면 그 근거를 논리적으로 댈 수 있습니다. 그렇지 않으면 반대하는 쪽 주장의 허점을 차근차근 지적할 수 있습니다. 두 사람의 대화를 다시 한 번 살펴보세요.

예를 들어 찬성한다고 칩시다. 그러면 찬송이 이야기를 살펴 '바로 이거지!' 하는 부분을 골라 보세요. 없다고요? 그러면 반돌이 이야기를 살펴 '이건 아니지!' 하는 부분을 찾아보세요. 가령 반돌이가 '사생활을 간섭한다'고 주장하는데, 그 부분이 못마땅하면 '간섭한다'를 반박하여 개요표 본론 ①에 한 줄만 적어 보세요.

잘 생각나지 않나요? '공동체에서 사생활을 최고 가치로 볼 수 없다, 사생활이라도 공동체 규범 안에서만 용납할 수 있다'같이 쓰라는 것입니다.

③ 그 다음에 서론을 생각합니다 : '취미와 현대인'을 엮어 슬쩍 분위기를 잡을 수 있겠지요. 본론에서 낚시 면허제를 본격적으로 다루어야 하니 서론 끝이 본론과 연결되도록 구상해야 합니다. 자, 개요표 서론 ①에 한 줄만 적어 보세요.

④ 좀 더 뒷받침해 봅시다 : 여기에서는 낚시 면허제 도입에 찬성하는 쪽에서 설명을 하지요. 본론에 어떤 내용을 썼나요? 찬송이 이야기에서 '바로 이거야!' 하는 부분을 찾아 썼나요? 그렇다면 왜 그렇게 생각했는지 계속 뒷받침해 보세요. 만약 반돌이 주장을 반박하려고 '공동체에서 사생활을 최고 가치로 볼 수 없다'라고 하였다면 그렇게 반박한 이유를 대면서 계속 '물고 늘어져야' 합니다.

이렇게 상대방 주장의 허점을 논리적으로 공략하는 것을 '논파'라고 합니다. 써야 할 글이 짧으니 이것저것 늘어놓지 말고 한두 가지를 집중적으로 거론하는 것이 효율적입니다.

자, 본론에 있는 한 줄을 좀 더 뒷받침하여 ②, ③에 적습니다. 결론을 좀 더 뒷받침하여 ②에 적고, 마지막으로 서론을 뒷받침하여 ②에 적습니다.

다음 글을 읽고 다가올 새로운 세계에서 과학의 객관성 또는 윤리 기준은 어떠해야 하는지 자신의 견해를 밝히세요(띄어쓰기를 포함하여 700자 안팎으로 쓸 것).

영국에서는 심장을 기증하는 사람이 한 해에 서너 명뿐이라고 한다. 그래서 많은 선천성 심장 질환자들이 심장 기증을 기다리다 죽어 간다. 이에 영국 어느 한 연구소에서 암퇘지 수정란에 인간 유전자를 넣어 인간의 심장을 가진 돼지를 만들었다. 이런 심장을 값싸게 대량 생산하여 인체에 이식할 날이 멀지 않았다고 한다.

●개요표

서론 ① :

　　② :

본론 ① :

　　② :

　　③ :

결론 ① :

　　② :

2-1. 문제의 성격을 알아봅시다!

과학이 하루가 다르게 발달하여 공상과학 만화에 나오던 '인조인간'이 머잖아 등장할
수 있다더군요. 그래서 정부는 '유전자 재조합에 대한 안전성 평가 지침'을 확정하여 지난
1997년 7월부터 의약 관련 실험을 규제하고 있습니다. 즉, 인간 유전자를 재조합하여 사람
도 아니고 동물도 아닌 생명체를 만들어서는 안 됩니다. 선진국은 오래전부터 규제하였으
나 우리나라는 생명공학 기술 수준이 낮아 과거에는 크게 관심을 두지 않았습니다.

인조인간이 가능하다면 만화에서 본 것처럼 생각 없이 일만 잘하는 인간을 대량 생산하
여, 독재자는 전쟁을 꿈꿀 테고 기업인은 노조를 걱정하지 않을 것입니다. 그래서 이 문제
는 과학이 발달할수록 인간이 생각해 왔던 전통적 윤리관과 부딪쳐 갈등이 일어날 소지가
많다는 것을 설명합니다.

간단히 생각하기로 하면 돼지의 심장을 넣어서라도 살려야 하지 않겠느냐고 하지만, 나
중에는 그 기준이 어디까지 갈지 모릅니다. 지금 수준으로도 생물학에서 이종(異種) 결합
이 가능하다고 합니다.

미국 어느 연구팀이 한 동물에서 정원세포(정자 이전 단계의 세포)를 빼내 생쥐 고환에 이
식하였는데, 생쥐 고환에서 그 동물의 정자가 형성되더랍니다. 말하자면 불임 남성의 정원
세포를 추출하여 생쥐 고환에 넣어도 사람 정자가 형성될 수 있다는 뜻이지요.

이렇게 형성된 정자로 태어난 아이 문제를 어떻게 다루어야 할까요? 생쥐가 한 아이의 아
버지가 될 수 있다는 사실을 어떻게 보나요? 과학자의 작업을 어디까지 순수하게 봐야 할
까요? 과학의 객관성을 무조건 믿을 수 있나요?

2-2. 어떤 순서로 구상해야 할까요?

① 결론부터 결정합니다 : 학생들이 한 번쯤 생각해 본 문제라 의외로 결론이 간단할 것
같습니다. 자, 발달한 문명 속에서 과학 기술 자체가 문제가 있는 것일까요? 그렇지 않으면
인간의 윤리성에 문제가 있는 것일까요? 이제부터는 과학자들이 핵물질을 연구하면서 원
자폭탄으로 이용될 수 있는 가능성까지 염두에 두어야 합니까? 자, 결정했으면 개요표 결
론 **1**에 적어 넣으세요.

조금 도와 드릴게요. 문제에서 과학의 객관성이나 윤리 기준을 제시하라고 했습니다. 이
말은 과학이 어떤 가치와 무관하게 중립적일 수 있느냐는 것이고, 사람들이 어떻게 과학 기
술을 이용해야 할지 기준을 제시하라는 뜻이지요. 쉽게 말해 '과학 기술의 윤리'로 이해하
면 됩니다.

② 그다음에 본론을 생각합니다 : 결론에 쓴 주장의 논거를 대 봅시다. 오늘날 과학 기술이 인간 사회에 미치는 영향은 과거 어느 시대보다 막강합니다. 그래서 본론에서는 과학과 인간 사회의 관계를 설명하고, 과학 기술이 부정적 또는 긍정적으로 작용한 예를 들어 구체적으로 설명하면 무난할 것입니다. 제시문에 있는 과학 실험의 문제점을 찾아 설명하여도 좋습니다. 정 어려우면 생쥐 이야기를 자기 나름대로 정리하여 전달해도 좋습니다.

이때 조심해야 할 점은 '없는 이야기'를 소설처럼 상상해서 쓰면 안 된다는 것이지요. 예를 들어 《쥐라기 공원》의 공룡 이야기는 아직 상상의 세계일 뿐입니다. 설령 그것이 미래에 실현 가능성이 있다 하더라도 과학자들이 현실적으로 검증한 자료가 아니라서 설득력이 떨어집니다. 이야깃거리가 생각났으면 개요표 본론 ①에 한 줄만 적어 보세요.

③ 그다음에 서론을 생각합니다 : 문제를 제기하되, 결론과 짝을 이루어야 하니 일반적인 이야기로 시작하세요. '요즘 이래서 문제가 참 많다'쯤 잡으면 됩니다. 자, 개요표 서론 ①에 한 줄만 적어 보세요. 이쯤이면 좋습니다. '과학이 발달하면 무조건 행복해지는 것으로 안다, 물질적으로 풍요로워지는데도 정신적으로 방황한다.'

④ 좀 더 뒷받침해 봅시다 : 지금까지 사람들은 대체로 과학 기술 자체보다 그 기술을 이용하는 사람들에게 문제가 있는 것으로 보았습니다. 그래서 한때 과학자들은 "나는 발명했을 뿐이며, 나를 이용한 사람이 나쁘다"라고 주장하였습니다. 그러나 이제는 '지구촌'이라는 공동체에 살면서 영향력이 바로 미치기 때문에 자기 책임을 벗어나기 어렵습니다. 개인이든 국가든 국제 사회에 미치는 파장을 생각해야 합니다.

따라서 지금은 과학 기술이 아무리 가치중립적이라 하더라도, 개인은 그 기술의 후유증까지 고려해야 한다고 합니다. 예컨대 영국에서 처음 발병한 '광우병'은 생태계를 인위적으로 파괴하였습니다. 즉, 소에게 고기 사료를 먹여 발생했으니 동기가 순수했다 해도 도덕적 비난과 사회적 책임을 면할 수 없는 것이지요.

자, 본론에 있는 한 줄을 좀 더 뒷받침하여 ②, ③에 적습니다. 결론을 좀 더 뒷받침하여 ②에 적고, 마지막으로 서론을 뒷받침하여 ②에 적습니다.

다음 글을 참조하여 외래어 수용에 대한 자신의 견해를 밝혀 보라(띄어쓰기를 포함하여 700자 안팎으로 쓸 것).

(1) '밥집, 식당, 레스토랑'이라는 말은 비슷한 뜻을 가졌다. 그러나 많은 사람들이 순수한 우리말보다 외래어를 더 고상한 말로 생각하여 '밥집'은 싸구려 음식점으로, '레스토랑'은 고급 음식점이라는 의미로 쓴다.

(2) 확실한 클렌징은 기본, 스킨 컨트롤까지, 아모레 데일리 클렌징. **화장품 광고에서**

(3) 올 시즌 최고 이벤트이며 퍼펙트한 엔터테인먼트. 터프 가이의 모든 것을 보여 주는 하이라이트 쇼. **공연 광고에서**

(4) 그것은 디제시스 안에 치밀하게 데꾸바큐되어 있다는 점에서 뮤직비디오 식의 패스티쉬로는 설명될 수 없다. 서브 컬쳐들의 단편화와 그것들의 내러티브 요소로서의 치밀한 흡수가 하위 문화의 쓰레기들 또는 트래쉬 무비적 특성을 완전히 충족시킬 수 없다. **영화 잡지에서**

● 개요표

서론 1 :

   2 :

본론 1 :

   2 :

   3 :

결론 1 :

   2 :

3-1. 문제의 성격을 알아봅시다!

어떤 학자는 정보 사회를 '말이 넘치는 사회'로 풀이하더군요. 새로운 정보가 등장하면 결국 새로운 어휘가 탄생한다는 것이지요. 어휘가 풍부한 사회가 발달한 문화를 지녔다는 뜻입니다. 우리 생활 주변에 외국에서 들여온 문물에 붙은 이름은 거의 외국어 그대로입니다. 서구에서 탄생시킨 문물이니 어쩔 수 없을 테지요. 그러나 우리 일상용어조차 외래어로 쓰는 버릇은 어떻게 보아야 할까요?

예를 들어 '와이드한 화면, 업계를 리드하는 회사, 드라마틱한 사랑 이야기' 같은 말을 어떻게 생각하나요? 오죽하면 한글로 된 한국 잡지가 어려워, 중국 동포들이 우리말 배우기를 포기하겠습니까. 우리말 속에 외래어가 아주 많이 섞인 데다, 표기도 엉망이라 국어사전을 찾아도 나오지 않는다는 것입니다.

영어는 철자 하나, 한자는 획 하나만 틀려도 의미를 제대로 전달하지 못합니다. 우리말도 마찬가지입니다. 가령 '쵸코렡, 초컬릿, 쬬꼬렡' 따위로 적지만 '초콜릿'이 바른 표기이고, '카텐, 커텐'이라고 쓰지만 '커튼'으로 적어야 합니다. 우리말을 잘못 쓰면서도 부끄러워하지 않고 그나마 좋은 우리말조차 외래어로 바꾸어 씁니다.

슈바이처는 개인이 집단에 작용하는 힘보다 집단이 개인에 작용하는 힘이 크면, 그 문화는 몰락한다고 하였습니다. 잘못 쓰는 말이나 외래어가 개인을 지배하기로 하면 한글을 바탕으로 하는 문화는 살아남지 못하겠지요. 그런데 많은 사람들이 언어 문제가 나올 경우 "뜻만 통하면 되잖아요"라고 쉽게 대답하더군요.

하지만 이런 식으로 가다간 뜻이 전혀 통하지 않는 세상이 됩니다. 지금도 학생들은 같은 언어를 쓰면서도 고루한 어른과 대화하지 않으려고 하잖아요. '말해 보았자 뜻이 안 통한다'고 생각하기 때문입니다.

그러니 서로 다른 언어를 쓸 때는 뜻이 전혀 안 통할 것입니다. 위 예문들을 보세요. 표기만 한글일 뿐 무슨 소리인지 알 수 없습니다. 이미 우리 사회가 자기 의사를 제대로 전달하지 못하는 시대로 들어섰는지 모릅니다. 자, 여러분은 우리말 속에 외래어 섞는 것을 어떻게 보나요?

3-2. 어떤 순서로 구상해야 할까요?

① 결론부터 생각하세요 : 여러분이 내세워야 할 결론은 뻔합니다. 외래어를 엄청나게 끌어다 우리말에 섞어 쓰자고 하는 사람은 없겠지요. 그렇다면 아주 간단한 문제군요. 개요표 결론 **1**에 한 줄만 적어 보세요. 예를 들어 '우리말을 아끼자, 순수하고 품위 있는 모

국어를 사용하자'거나 '적당히 섞어 써야 한다, 주체적으로 수용하자' 중에서 고를 수 있습니다. 아마 대부분 학생들이 '외래어를 전혀 쓰지 않을 수 없으니, 섞어 쓰되 되도록 우리말로 바꿔야 할 것이다'같이 현실을 인정할 것입니다. 그 정도면 충분합니다.

② 그다음 본론을 생각합니다 : 결론을 그렇게 잡은 이유가 뭔가요? '빵, 담배, 고무'가 외국에서 들어온 말이라는 것을 아나요? 먼 옛날에도 문물을 교류하였고, 외래어가 들어왔습니다. 외래어는 우리말이 신경 쓰지 못하였던 부분을 채워 줍니다. 우리말을 더 풍성하게 합니다. 그러나 외래어 사용이 지나쳐 의사소통이 안 되면 같은 민족이라도 분열하기 쉽습니다.

캐나다에서는 영어와 프랑스어를 공용어로 쓰는데, 프랑스어를 주로 쓰는 퀘벡 주민들이 캐나다에서 독립하자고 주장하여 1995년에 투표로 의사를 확인하였습니다. 독립하자는 의견은 49.4%, 반대는 50.6%가 나와 겨우 5만 표 차이로 분리 독립에 실패하였습니다. 독립을 주장하는 사람은 앞으로 언제든지 반대자 25,000명만 설득하면 독립할 수 있습니다.

이렇게 몇백 년을 같은 나라로 살았어도 언어가 다르면 뜻이 서로 안 통하고, 그렇게 되면 생각도 달라지게 마련입니다.

자, 나중에 더 뒷받침하기로 하고, 이쯤에서 생각나는 것을 개요표 본론 [1]에 한 줄만 적어 보세요.

③ 마지막으로 서론을 생각합니다 : 오늘날 외래어 수용에 어떤 문제가 있나요? 그것을 생각해 내면 '문제 제기'로 써먹을 수 있습니다. 개요표 서론 [1]에 한 줄만 적어 넣으세요. 언어에 대한 속담이나 경구로 시작하여도 좋습니다.

④ 뒷받침해 봅시다 : '지구촌'이라는 말처럼 문화 교류는 세계적인 흐름입니다. 그래서 외래어 유입도 낯설지 않습니다. 문제가 되는 것은 쓰지 않아도 될 말까지 지적 허영심(문화 사대)에 사로잡혀 마구 쓴다는 점입니다. 대중가요 중에는 아예 가사가 절반쯤 영어로 된 것도 있고, 과자며 화장품 이름이 외래어로 표기되어 무슨 뜻인지 알 수 없습니다.

자신의 생각과 느낌을 말로써 상대방에게 확실히 전달할 수 없다면, 말의 가치를 잃은 것입니다. 즉 말하지 않은 것과 같습니다. 우리 사회 일부에서 언어도 외국산을 좋아하는 것 같습니다. 제 것(주체성)을 버리고 사는 '문화 사대주의자'들인 셈이지요. 프랑스에서는 자국민이 프랑스어를 쓰지 않으면 벌금을 물립니다. 우리가 그만큼은 본받지 못하더라도 새로 들여오는 말은 우리 사회가 공감할 수 있는 객관적 기준을 마련하여 다듬어 써야 할 것입니다.

자, 본론에 있는 한 줄을 좀 더 뒷받침하여 [2], [3]에 적습니다. 결론을 뒷받침하여 [2]에 적습니다. 마지막으로 서론을 좀 더 뒷받침하여 [2]에 적습니다.

중급4 다음 글을 읽고 문학의 순수성과 사회 참여에 대하여 자신의 견해를 밝혀 보세요(띄어쓰기를 포함하여 700자 안팎으로 쓸 것).

1970년대 고도성장이 노동자·농민의 소외와 함께 드리운 또 하나의 그늘은 향락 산업의 발흥이었다. 성장의 결실에서 소외된 계층이 몸부림치는가 하면, 소수의 성장 수혜자들은 개인적 쾌락을 위해 두툼해진 지갑을 열곤 했다. 이때 호스티스라는 직업이 일반화하였다. 이 여자들은 술집을 찾는 남자 손님들의 말상대 노릇을 하며 때로는 몸을 팔기도 하였으니, 봉건 시대 기생의 후예라 할 것이다.

신문 연재를 거쳐 1973년 출간된 《별들의 고향》은 이 새로운 직업여성을 본격적으로 등장시킨 소설로 이른바 '호스티스 문학'의 선도 구실을 하였다. 착하고 예쁜 처녀가 나락에 빠지는 것은 어려운 경제와 운명의 심술로 보아야 할 것이다. 경아는 가난 때문에 대학 1학년 때 학교를 그만 둔 뒤 믿었던 남성에게 버림받는다. 그리고 이러저러하다가 호스티스가 되었다.

그렇지만 작가 최인호는 《별들의 고향》에서 호스티스라는 직업의 연원과 현상에 관하여 사회·경제적 성찰을 보여 주지는 않는다. 소설은 오히려 경아 운명의 변천을 개인 차원의 '사나운 팔자'로 치부해 버려 독자의 동정적인 눈물을 자아낼지언정, 전형성의 요건을 충족시키지 못한다.

그래서 말초적 감각과 감상으로 독자의 비판 정신을 마비시켰다고 비난이 쏟아지기도 했다. 소설이 연재되던 시기에 소설 바깥에서는 박정희의 '10월 유신'이라는 독재 정치가 사회를 꽁꽁 묶어 놓았다. 그래도 그런 분위기가 소설 속 어디에도 끼어들지 못했다.

● 개요표

서론 1 :

2 :

본론 1 :

2 :

3 :

결론 ①:

　　 ②:

4-1. 문제의 성격을 알아봅시다!

　원래 우리나라에서 순수 문학 논란은 1920년대에 시작되었습니다. 그때는 지금처럼 사회 참여 문제를 따진 것이 아닙니다. 카프 문학이라고 하는 사회주의 계열 문학가들이 문학 자체를 수단으로 삼아 자신들의 이념을 선전하자, 그에 대한 반발로 시작되었습니다.

　쉽게 말하자면 어떤 목적을 위해 문학이 도구가 될 때, 그것을 문학으로 볼 수 없다고 주장하는 사람들이 순수 문학파였습니다. 그 당시 순수 문학파 사람들은 지금 문학 작품처럼 작품 속에 산 사람을 그리되, 그 시대를 고민하는 사람을 그리자고 주장하였습니다.

　오늘날 예술의 순수성 문제는 '사회 참여'에 대한 반대 개념으로 쓰입니다. 말하자면 그 시대의 사회상을 담지 않은 작품을 뜻하지요. 이런 작품은 사회에 관심을 두기보다 오로지 작품 속에 등장하는 한 인간의 고민에 관심을 둡니다. 흥미로운 이야깃거리를 펼치거나 재치, 일상적인 대화를 통해 정치·사회적 무게를 줄이지요.

　문학이든 음악이든 예술은 작가의 내면세계를 내보이는 것입니다. 예컨대 작품 내용이 현실과 동떨어졌어도 그때의 시대상을 전혀 반영하지 않을 수 없습니다.

　《걸리버 여행기》가 우리나라에서는 동화로 알려졌으나, 원래는 성인들의 금서 목록에 올랐던 책입니다. 이 책이 '소인'과 '거인'을 등장시켜 비현실적인 세계를 묘사한 것 같아도, 현실 세계에 있는 정치적 지배자와 피지배자를 빗대어 풍자하고 비판한 소설입니다.

　자, 여러분은 어떻게 생각하나요? 예술, 특히 문학에서 작가는 현실을 외면하고 한 인간의 행동 변화에만 관심을 둘 수 있을까요? 문학은 한 인간의 내면세계를 묘사하고 인간의 심리 변화에만 충실해야 할까요? 문학이 종교나 정치의 도구가 되기를 거부하고 예술가의 번득이는 영감과 예술적 창의성만을 담을 수 있을까요?

4-2. 어떤 순서로 구상해야 할까요?

　① 결론부터 생각하세요 : 먼저 두 가지 가운데 하나를 고르세요. 예를 들어 '순수 문학이 가능하다, 현실을 외면할 수 없다' 중에서 하나를 선택합니다. 태도를 분명히 하여야 논리를 펴기 쉽습니다. 개요표 결론 ①에 한 줄만 적어 보세요.

가령 결론을 '어느 정도 사회에 참여해야 할 것이다'로 잡게 되면 그 '어느 정도'를 구체적으로 설명해야 하기 때문에 본론에서 양쪽을 모두 다루어야 합니다. 즉 '어느 정도'에 매달려 그 부분이 아주 길어진다는 뜻입니다. 태도를 분명히 하는 것이 논증하기에 쉽습니다. 물론 둘 중 하나를 선택하라는 것이 아니니, 두 견해를 절충해도 됩니다.

② 그다음 본론을 생각합니다 : 결론을 그렇게 잡은 이유가 뭔가요? 예를 들어 '순수 문학은 사회 참여와 관련이 없는 것이라고 했지. 맞아, 아마 충분히 그럴 수 있을걸. 왜냐하면 김소월의 시가 사회 참여와 무슨 상관이 있겠어. 그런데도 많은 사람들에게 감동을 주잖아' 같은 식으로 생각의 꼬리를 잡아 나가 보세요. 자, 생각나는 것을 개요표 본론 1에 한 줄만 적어 보세요.

사회 참여를 주장하는 사람들도 마찬가지입니다. '순수 문학이라는 것이 가능할까? 문학이 보편적 감정을 표현한다 해도 톨스토이 작품에 러시아 정신이 안 담길 수 있을까?' '완벽하게 순수하다는 것이 가능할까? 어쩌면 그것은 현실을 외면하려고 쓰는 말이 아닐까? 만약 그게 사실이라면 그런 작가는 아주 비겁한 사람이지.' 이 중에서 한 가지만 골라 충분히 뒷받침하여 본론에 서술할 수 있으면 아주 훌륭한 글이 될 것입니다.

③ 마지막으로 서론을 생각합니다 : 문학의 사회 참여 문제가 왜 등장하였을까요? 오늘날 이 문제를 심각하게 고려해 보자는 것은 무슨 이유에서입니까? 생각나는 것을 개요표 서론 1에 한 줄만 적어 넣으세요.

우리 주변을 한 번 살펴봅시다. 요즘 잘 팔리는 책이 어떤 건가요? 컴퓨터 책과 역사 또는 상상의 세계를 다룬 책이라고요? 아니, 그것 말고 우리나라 소설이며 시를 살펴보세요. 가볍게 읽을 수 있거나 남녀 사랑을 주제로 한 것들이라고요? 예, 말하자면 1960~1970년대보다 경제적으로 여유가 생기면서 '오늘날 문학이 문장은 짧아지고 대화는 가벼워졌다' 싶더군요.

④ 좀 더 뒷받침해 봅시다 : 문학의 사회 참여를 주장하는 쪽의 논리는 이렇습니다. 문학이 사회 참여와 관계를 끊고 순수함에 주력한다 해도 작가의 경험, 상상력, 감정이 완벽하게 사회와 결별할 수는 없다는 것입니다. 예컨대 비교적 순수하다는 김소월의 시도 어떤 평론가는 "일제 강점기 우리 민족의 한을 서정적으로 표현하였다"라고 주장하지요.

말하자면, 일본 제국주의라는 단어가 시대적 무게로 김소월의 어깨를 짓눌렀다는 것입니다. 어렵게 말하기로 하면 '사회에 대한 무관심'은 작가가 본질적으로 시대를 의식한다는 증거이며, '무관심'이 아니라 '아주 더 큰 관심'이라고 합니다. 다만 겉으로 특별히 드러내지 않았을 뿐이라는 것이지요.

　순수성을 강조하는 사람들은 예술이 자율적이어야 한다고 말합니다. 예술이 다른 것의 수단이 되면 그 목적에 따라 예술을 평가하기 때문에 예술성이 떨어진다는 것입니다. 예술은 예술로 남아야 대중에게 감동과 기쁨을 주고 제 가치가 빛난다는 뜻입니다. 다시 말해 사회 활동과는 아주 다른, 창조적 영역으로 남아야 한다는 것이지요.

　본론에 있는 한 줄을 좀 더 뒷받침하여 ②, ③에 적습니다. 결론을 뒷받침하여 ②에 적습니다. 마지막으로 서론을 좀 더 뒷받침하여 ②에 적습니다.

중급5 1986년 4월 26일 새벽 1시 24분 구(舊) 소련 체르노빌에서 핵폭발 사고가 일어났다. 그 후 여러 나라에서 핵에 대한 태도를 바꿨으나, 원자력 발전소를 당장 폐쇄하거나 원자력 발전소 건설을 중단한 나라가 많지 않았다. 에너지 문제가 복잡하게 얽혔기 때문이다.

　미국은 1979년 펜실베이니아 주에서 방사선 누출 사고가 발생한 이후 원전 건설을 중단하였다. 그런데 2010년 미국은 원전 건설을 재개한다고 발표하였다. 한국 정부는 2010년 요르단 원전 수출을 계기로 "원전을 전략적으로 육성하겠다"고 밝혔다. 한국은 20기를 가동하며, 지금 8기를 짓는다. 우리 정부의 원자력 발전소 건설 계획을 두고 자신의 견해를 밝혀 보라(띄어쓰기를 포함하여 700자 안팎으로 쓸 것).

●개요표

서론 1 :

　　　2 :

본론 1 :

　　　2 :

　　　3 :

결론 1 :

　　　2 :

5-1. 문제의 성격을 알아봅시다!

원자력 발전소 건설 문제는 현실이 이상과 부딪쳐 생기는 갈등으로 보아야 합니다. 현실의 주체는 정부입니다. 경제 성장을 하려면 성장을 뒷받침하는 전력을 정부는 값싸게 안정적으로 공급해야 합니다. 그런데 우리나라는 전력을 생산할 수 있는 화석 연료(석탄, 석유)를 대부분 외국에서 수입하지요. 국제적으로 이 화석 연료를 돈을 주고 제대로 사기 힘들 때가 많고, 사 와도 보관할 곳이 마땅치 않습니다. 그나마 자원이 한정되어 머지않아 바닥날 참입니다.

이에 비하면 핵은 연료를 보관하기 쉽고 원료 수입도 안정적이며, 발전 용량이 늘어날수록 발전 단가가 떨어진다고 합니다. 그래서 과거에는 '제3의 불'이니 '꿈의 연료'이니 하며 아주 이상적인 에너지로 생각하였지요. 그러다 미국 드리마일 핵발전소, 소련 체르노빌 핵발전소 사건을 계기로 핵이 지닌 부정적 요소가 드러나자 사람들이 반발하기 시작하였습니다.

한국은 현재 20기를 가동하며 미국, 프랑스, 일본, 러시아에 이어 세계 5위입니다. 앞으로 계속 짓겠다고 합니다. 전 세계적으로 원자력 발전을 추진하는 나라는 대부분 아시아인데, 그중에서 우리나라가 적극적인 편입니다. 정부가 21세기 성장을 계획하면서 에너지 수급 방향을 원자력 발전으로 잡은 셈입니다.

여러분은 이런 계획을 어떻게 보나요? 화석 연료를 사용하는 발전소를 세우려고 해도 지금은 지역 주민들이 환경권을 주장하며 반대합니다. 더 잘 살려고 경제 성장을 계획하는데, 어떻게 에너지를 공급해야 할까요? 경제 성장을 포기해야 하나요?

5-2. 어떤 순서로 구상해야 할까요?

① 결론부터 생각해 봅시다 : 얼핏 생각하면 성장론자와 환경론자의 갈등인 것 같습니다. 그러나 본질을 살펴보면 그렇지 않습니다. 정부 의견은 '환경에 지장이 없다, 경제적이다'로 압축할 수 있고, 반핵 단체 주장은 '환경 파괴적이다, 비경제적이다'로 요약할 수 있습니다. 즉, 양쪽이 서로 '성장'은 인정하면서 '환경과 효율'로 싸웁니다. 한마디로 '환경'과 관련된 문제입니다. 자, 그러면 결론에 무엇이라고 써야 할까요? 개요표 결론 ①에 한 줄만 써 보세요.

어떻게 썼습니까? 따지고 보면 복잡하지 않습니다. '계획대로 밀고 나가자', 아니면 '그래서는 안 될 것이다' 중에서 하나를 선택하면 되잖습니까?

② 그다음 본론을 생각합니다 : 결론 한 줄을 뒷받침할 수 있도록 본론을 생각해 보세

요. 왜 그렇게 생각하였나요? 생각나는 것을 개요표 본론 **1**에 적어 보세요.

여기에서는 앞에서 배운 원리를 응용해 보세요. 가령 '계획대로 밀고 나가자'로 결론을 잡았다면, 그렇게 주장하는 논거를 대세요. 그렇지 않으면 '논파'의 원리를 이용하여 중설 반대론자의 주장에서 취약점을 찾아 반박하세요. 그러면 아마 이런 식이 될 것입니다. '환경에 대한 부작용은 걱정하지 않아도 된다.'

③ 마지막으로 서론을 생각합니다 : 문제를 제기합니다. 에너지에 대해 폭넓게 언급하면서 시작하여 서론 끝을 원자력 발전과 연결시켜 보세요. 이런 형태를 서론의 일반적 구조로 보는데, 넓게 시작하여 좁게 끝난다고 해서 '역삼각형'이라고 합니다. 개요표 서론 **1**에 한 줄만 적어 보세요.

'에너지의 중요성이 갈수록 절실하게 다가온다, 화석 에너지가 고갈되어 대체 에너지 개발이 시급해졌다, 우리나라에서 원자력 발전의 비중이 높아졌다.' 예, 이쯤이면 서론의 방향을 잘 잡은 셈입니다.

④ 뒷받침해 봅시다(반대하는 쪽에 서겠습니다.) : 지금 우리나라는 소비 전력의 절반쯤을 원자력 발전에 기댑니다. 어느 가정에서 한 달 전기 요금으로 3만 원이 나온다면 하루 1,000원쯤 쓰는 셈이지요. 이 전기 요금이 아주 싼 것입니다. 날마다 텔레비전, 밥솥, 전등 따위를 쓰고 냉장고는 1년 내내 꽂아 둡니다. 이렇게 냉장고를 하루 종일 쓰는 전기 요금이 300원도 안 됩니다. 이것이 모두 원자력 발전 덕분이지요. 당장 생각하기로 하면 원자력 발전소가 아주 고맙습니다.

그러나 원자력 발전에는 문제점이 많습니다. 화석 연료를 이용하는 발전소는 필요할 때마다 가동하는데, 원자력 발전소는 그게 안 됩니다. 어려운 말로 '비탄력적'이라고 합니다. 또 '생산 단가가 싸다'고 하지만, 전력 생산 비용을 따지는 기준에 따라 이야기가 달라집니다. 핵 원료를 수입하여 전기를 생산하기로 하면 쌉니다.

그러나 원자력 발전 설비가 낡으면 수리하고, 마지막에 가서 원자력 발전소를 폐기하여 핵폐기물을 저장소에 넣은 뒤 영구 보관해야 합니다. 처리 기술이 개발되는 날까지 무한정 저장하려면 그 비용이 엄청날 것입니다. 물론 후손에게 처리를 떠넘기는 셈이지요.

중국에서 지하 핵 실험을 해도 우리가 그 영향권에 있어 국제적으로 비난하는데, 우리 땅에서 원자력 발전소를 수십 기 가동한다는 것이 두렵습니다. 체르노빌 발전소 폭발 사건 후유증이 어떠하였는지 자료를 한 번 찾아보세요. 최소 900만 명이 영향을 받았다고 합니다.

자, 이 정도면 쓸거리가 많겠지요? 본론에 있는 한 줄을 좀 더 뒷받침하여 **2**, **3**에 적고 결론을 좀 더 뒷받침하여 **2**에 적습니다. 마지막으로 서론을 좀 더 뒷받침하여 **2**에 적습니다.

중급6 과거에는 대중가요 가수가 세종문화회관에서 공연하려 하였으나 성악가들이 반대하여 무산되었다. 그러나 지금은 〈열린 음악회〉라는 방송 프로그램에서 클래식 음악인과 대중가요 가수가 함께 노래한다. 또 창작 화가가 그린 그림을 디자인으로 채택하여 상품화한다. 순수 문화와 대중문화의 경계가 무너지는 것이 무엇을 의미하는지 자신의 견해를 서술하라(띄어쓰기를 포함하여 700자 안팎으로 쓸 것).

● 개요표

서론 ① :

　　　② :

본론 ① :

　　　② :

결론 ① :

　　　② :

함께 풀기

6-1. 문제의 성격을 알아봅시다!

　우리가 고전이라고 하는 것들이 알고 보면 대부분 서양 음악, 서양 미술, 서양 연극이더군요. 어려서부터 그렇게 교육받은 탓에 오페라를 익힌다고 하면 대단한 사람으로 여기는 반면, 판소리나 민요를 공부한다면 고리타분한 사람으로 봅니다.

　어느 음대 교수들이 "학문의 전당인 대학 캠퍼스에 유행가가 울려 퍼지면 학교 분위기가 흐려진다"고 주장하여 〈열린 음악회〉를 열지 못한 적이 있습니다. 말하자면 서양 음악이나 클래식은 고급 문화이고 순수하며, 우리 것과 대중가요는 저속하고 유치하다고 본 것이지요. 과거에는 이 두 문화를 누리는 계층이 확실히 구별되었습니다. 우리나라로 말하자면 양반들이 한시를 창작하고 감상할 때, 서민들은 판소리며 한글 소설을 즐겼습니다. 두 문화의 성격이 완전히 달라 서로 넘나들기 어려웠지요.

그러나 지금은 대중매체가 발달하여 두 문화를 즐기는 계층의 차이가 없습니다. 아무 때나 미디어에서 클래식과 판소리를 들을 수 있습니다. 순수 문화를 주장하는 사람들이 보면 예술의 가치가 대중문화에 잠식당한다고 개탄하겠으나, 민주주의가 자리 잡을수록 문화도 보편화하니 이것도 시대 흐름이라 하겠습니다.

예술적 가치가 높은 명작을 감상하는 데는 어려운 훈련 과정이 따릅니다. 이런 훈련 과정을 거치지 않은 사람에게 예술성 있는 문화는 어렵고 재미없는 것입니다. 더구나 서양 고전 음악은 대부분 왕족이나 귀족을 위해 만든 것이지, 땀 흘려 일하는 사람들 것이 아닙니다. 그러니 대중에게 익숙할 리 없습니다.

그래서 문화 감상법을 제대로 익히지 못한 학생들은 예술품을 앞에 놓고도 '이 왕관 값이 얼마나 할까, 이 오페라에 모두 몇 명이 나오지, 이 그림이 진짜인가?' 같은 생각만 합니다. 그래서 청소년들은 아무런 훈련 없이 쉽게 다가오는 대중문화가 친숙한 것이지요.

지금 '왜' 순수 문화가 길거리로 나와 대중에게 접근하려고 할까요? 창작이란 결국 남에게 자신을 내보이는 작업일 텐데, 아무도 알아주지 않는다면 예술가로서는 답답할 것입니다. 예술가라면 누구나 남들이 자신의 세계를 이해해 주기를 원할 테니까요. 그런데 지금 대중이 순수 문화를 멀리 하니, 반대로 순수 문화가 대중에게 접근하는 셈이지요. 즉, 대중화 사회에서 순수 문화가 더 이상 '고고한 척'해서는 살아남기 어렵게 되었습니다. 이 문제는 이런 문화적 흐름을 여러분이 아는지 확인하는 셈이지요.

6-2. 어떤 순서로 구상해야 할까요?

① 결론부터 생각해 봅시다 : 순수 문화에 익숙지 않은 학생들로서는 순수 문화 종사자들이 너무한다 싶을 것입니다. 학생들이 좋아하는 그룹 가수들에게 '예술의 전당'이나 '세종문화회관'을 쉽게 빌려 주면 좋겠지요. 그러나 문화를 다시 생각해 봅시다. '고전'이 시대와 장소를 뛰어넘어 사람들에게 보편적 감동을 주는 것이라면, 대중문화도 고전이 되려고 노력해야 합니다.

그런데 이런 목표는 생각지 않고 어느 가수가 돈 벌 궁리만 한다면 그 누구라도 반대할 것입니다. 자, 이쯤이면 오늘날 대중문화와 순수 문화의 만남이 무엇을 의미하는지 짐작할 수 있겠군요. 개요표 결론 ①에 써넣으세요.

그래도 잘 안 되나요? '어떤 형태의 문화든 대중에게 감동을 주려고 노력해야 한다, 문화가 경제 논리에 흔들려서는 안 된다, 문화를 구분한다는 것은 무의미한 일이다, 순수 문화는 좀 더 겸손해져야 한다, 문화의 보편화는 바람직한 일이다' 따위가 위에서 이야기한 것들입니다.

② 그다음 본론을 생각합니다 : 결론을 '두 문화가 만나는 것은 좋은 일이다'로 썼다면 그렇게 판단한 논거가 있을 것입니다. 예를 들어 '대중문화는 이러한 것이고, 순수 문화는 이러한 것이니까 서로 만나는 것이 당연하다'쯤 되겠지요.

그러니 여러분이 생각하는 대중문화의 속성(특징)이나, 문화가 궁극적으로 나아가야 할 목표 따위를 먼저 정의하는 것이 좋습니다. 물론 정의가 본론 앞쪽에 있어야 하고, 논거가 뒤에 와야 합니다. 자, 생각해 낸 것을 개요표 본론 **1**, **2**에 각각 한 줄씩 적어 보세요.

다시 한 번 정리해 봅시다. 만약 본론 앞쪽에서 '문화의 궁극적 목표는 아름다움[美]을 추구하는 것이다'라고 서술하였다면 뒤에 어떤 말을 써야 결론과 이어질지 생각해 보세요.

③ 마지막으로 서론을 생각합니다 : 문제를 제기합니다. 여기서는 이해하기 쉽도록 구체적인 사례로 설명하였습니다. 그러나 따지고 보면 우리 주변에 있는 것들이 모두 문화입니다. 어떤 화제로 관심을 모으렵니까? 자, 개요표 서론 **1**에 한 줄만 적어 보세요.

록 바이올리니스트 바네사 메이의 공연, 성악가 조수미의 드라마 배경 음악 참여 같은 이야기로 시작하면 어떨까요? 또 우리나라 대중가요 가수가 카네기 홀에서 공연한 일을 거론하면 어떨까요? 클래식 음악회에서 우리나라 청중의 관람 태도를 이야기하면서 시작해도 좋겠지요.

④ 좀 더 뒷받침해 봅시다 : 대중문화가 주로 즐거움을 준다면 순수 문화는 아름다움을 추구합니다. 대중문화는 다량 생산이 가능하여 희소가치가 없으며, 대중에 영합하다가 감각적으로 치닫기 쉽습니다.

반면 순수 문화는 전문적이라서 희소성이 있으나, 삶과 거리를 두고 관념 속에 머무를 때가 많습니다. 그래도 이 두 문화는 생명체 같아서 따로 나누어 생각할 수 없습니다. 두 문화는 원래 대립하던 것이 아니며 서로 독자적인 영역이었을 뿐입니다.

같은 사회에서 같은 사물을 두고도 의견이 여러 개로 갈라질 수 있다는 것을 인정하듯이, 다양한 문화 차이를 받아들여야 합니다. 그 사회가 추구하는 보편적 규범을 찾아 서로 보완하여 두 문화가 조화를 이루는 것이 오히려 두 문화 발전에 상승효과를 가져올 것입니다.

예를 들어, 순수 문화의 정신적 가치에 대중문화의 대중성을 결합시킬 수 있습니다. 더구나 지금은 대중매체가 발달하여 문화 향유층이 넓어지면서 그 경계가 모호해졌습니다.

자, 본론에 있는 두 줄을 좀 더 뒷받침하여 그 아래에 한 줄씩 더 적고, 결론을 좀 더 뒷받침하여 **2**에 적습니다. 마지막으로 서론을 좀 더 뒷받침하여 **2**에 적습니다.

중급 7 다음 글을 읽은 뒤 어떤 작품을 두고 예술과 외설로 가르는 기준을 생각해 보세요(띄어쓰기를 포함하여 700자 안팎으로 쓸 것).

(1) 간행물 윤리 위원회는 피카소, 드가의 그림이 실린 어떤 미술 전문 서적을 음란 도서로 규정하였다. 그 이유는 청소년이 보게 되면 성 충동을 일으킬 수 있다는 것이다.

(2) 언젠가 한국 연극 협회는 경찰 투입을 요구하여 연극을 못하게 막았다. 이 연극은 상업주의에 물든 '벗기기 연극'으로 예술성이 전혀 없는 외설물이며 우리 사회의 윤리, 도덕, 가치관을 훼손하였다는 것이다.

(3) 한국 누드모델 협회에서 창립 기념행사를 치르면서, 여자 누드모델 10여 명이 알몸으로 무대에 나와 여러 동작을 보여 주었다. 이를 두고 일부에서는 "열린 공간에서 많은 사람들을 대상으로 나체 공연을 해도 되느냐?"며 반발하였다.

(4) 한 보수 단체는 어느 미술 평론지를 놓고 저자와 출판사를 걸어 '음란 도서'로 검찰에 고발하였다. 문화계에서는 이를 두고 '보수적 윤리'를 내세운 폭력이라고 반발하였다. 이 책은 쿠르베, 김홍도 같은 세계적 작가의 그림이 담긴 작품집으로, 유명 박물관이나 미술관에서도 그 가치를 인정하는데 우리는 외설과 예술을 구분하지 못한다는 것이다.

● 개요표

서론 ① :

　　② :

본론 ① :

　　② :

결론 ① :

　　② :

7-1. 문제의 성격을 알아봅시다!

인류는 본디 성에 관심이 높았습니다. 종족 보존이라는 차원에서 '생명의 탄생'은 아주 신비한 일이고, 그 생명을 잉태하는 여자들은 숭배의 대상이 되었습니다. 그래서 공동체 초기에는 '위대한' 여자를 중심으로 모여 살았습니다(모계 사회). 세계 곳곳에서 발견되는 성을 소재로 한 문화가 대개 '다산(多産), 풍요'를 의미하는 것도 그 때문이지요. 그래서 오늘날 많은 사람들이 옛날 사람들의 소박한 성 표현물에서 생명을 느낍니다.

그러나 오늘날 성 풍토를 살펴보세요. 거의 벌거벗은 사람들이 야릇한 모습을 하고 물건을 선전합니다. 여자들의 벌거벗은 몸매가 자동차, 컴퓨터와 무슨 상관이 있습니까? 남자들의 우람한 몸매가 소화제, 가구와 무슨 관련이 있나요? 말하자면 상품의 본질을 외면한 채 사람의 성 특징만 강조하여 성을 상품화한 것입니다.

우리나라 사람들은 비교적 성 표현이 자유롭지 못한 유교 문화 속에서 살았지요. 그러다 산업 사회에 들어서면서 서구 자본주의를 받아들이자, 서구적 성 풍토가 빠르게 퍼졌습니다. 그래서 우리는 성에 대해 이중적인 기준을 지녔습니다.

즉, 겉으로는 유교적 분위기 때문에 엄숙하고 도덕적인 생활을 강요하고 청소년을 걱정하는 것 같습니다. 그러나 돌아서면 돈으로 거래할 수 있는 성 상품이 여기저기에 널렸습니다. 말하자면 우리는 서구에서 인간적인 권리로 마주 대하는 당당한 성을 배운 것이 아니라, 퇴폐적인 향락 풍토를 먼저 받아들인 셈입니다.

여기에 요즈음은 표현의 자유까지 내세워 성을 대담하게 드러냅니다. 영화나 연극 전체의 줄거리에서 특별한 의미가 없는데도 남녀가 등장하여 성행위를 할 때 여러분은 거기서 인간과 생명을 느낍니까? 아니면 동물적 본능과 충동을 느낍니까? 대가들의 누드 작품을 보면서 "참, 아름답다. 인간의 몸이란 정말 신비롭구나"라고 말합니까? 아니면 "와, 몸매 끝내준다. 정말 죽여준다. 안고 싶다"며 부러워합니까? 자, 이쯤이면 어느 쪽으로 글을 써 나가야 할지 감을 잡았지요?

7-2. 어떤 순서로 구상해야 할까요?

① 결론부터 생각해 봅시다 : 인간이 인간다울 수 있는 것은 이성이 있기 때문입니다. 예술은 인간이 자신을 드러내는 가장 이성적인 행위이고, 예술은 새로운 세계를 창조하는 것입니다. 그런데 그런 예술의 결과가 오히려 이성을 누르고 본능을 충동질한다면 그것을 궁극적으로는 예술이라고 할 수 없습니다.

따라서 그런 점에서 착안해야 합니다. '예술과 외설'을 구별하는 기준을 앞에서 좀 더 익히고 이 문제를 풀어 보세요. 자, 충분히 이해하였으면 개요표 결론 [1]에 한 줄만 써넣으세요.

조금 도와 드릴게요. 간단히 쓰자면 '생명, 인간성을 드러내야 예술이다'쯤 됩니다. 반대로 쓰면 '본능, 동물적 속성을 불러일으키면 외설이다'가 될 것입니다.

② 그다음 본론을 생각합니다 : 이 문제는 결론에 기준을 제시했으니 그 결론을 뒷받침할 수 있는 논거를 본론에 서술해야 합니다. 말하자면 논리적으로 전개하는 것도 중요하지만, 아는 지식을 모두 끌어내 설명하는 형식이라서 풀기가 어렵습니다.

즉, 아는 것이 없으면 쓸거리가 없는 셈이지요. 천천히 생각해 보고 개요표에 한 줄씩 적어 봅시다. 본론 [1]에는 '성의 본질이나 가치'를 설명하고, [2]에는 그것이 예술과 만났을 때 어떠해야 할지를 적어 보세요.

좀 쉽게 생각해 봅시다. 본론 [1]에는 '성은 이런 것이다, 사람들이 성을 이렇게 생각했다'를 적어 보세요. [2]에는 '그러므로 예술은 예술답게 이러이러한 방식으로 성을 표현해야 한다, 예술이 이러이러하면 안 된다'를 적어 보세요.

③ 마지막으로 서론을 생각합니다 : 문제를 제기하되, 생각이 떠오르지 않으면 앞 이야기를 보고 비슷하게 응용합니다. 멋지게 시작하려 하지 말고 '요즈음은 이게 참 문제야' 하는 기분으로 주변을 돌아보세요. 자, 개요표 서론 [1]에 한 줄만 적어 보세요.

예를 들어 '성이 상업적으로 이용되어 범람한다'라고 쓸 수 있으면 좋습니다. 너무 어렵나요? 그러면 '텔레비전 연속극에서 성을 지나치게 표현하여 경고를 받았다, 건전한 성 문화가 없어 많은 사람들이 우려한다, 청소년의 성 범죄가 사회적 분위기 때문에 늘었다'처럼 현실을 진단하며 시작해 보세요.

④ 뒷받침해 봅시다 : 어떤 사람은 성이 너무 야하면 외설이라고 하더군요. 야하다고 생각하는 정도는 얼마 만큼입니까? 노출이 심해야 하나요? 그러면 벌거벗은 사람을 형상화한 조각상이나 회화는 왜 외설이라고 하지 않습니까?

결국 어느 사회에서 특정 작품을 두고 예술과 외설을 가를 때는 그 사회에서 성이 어떤 식으로 표현되느냐가 기준이 될 것입니다. 말하자면 똑같은 사물이라도 시대와 장소에 따라 평가가 달라질 수 있는 셈이지요.

예컨대 우리나라에서는 유명한 화가의 누드화가 상업적으로 이용되었을 때 법원에서 '외설'로 판결하였습니다. 세계사적으로는 베토벤의 음악도 당시에는 성을 연상하게 한다며 '점잖은 자리에서 연주할 수 없는 음악'이라고 비난받았습니다.

따라서 성은 예술적 형상화와 밀접한 관련이 있어야 예술로 남을 것입니다. 소설의 맥락이든, 연극의 흐름이든 성이 등장할 때 등장해야지 마구잡이로 나와서는 안 된다는 뜻이지요. 말하자면 성을 순간순간 흥미 대상으로 이용하여 인간의 존엄성을 파괴하는 행위가 바로 외설이라는 것입니다.

자, 본론에 있는 두 줄을 좀 더 뒷받침하여 그 아래에 한 줄씩 더 적고, 결론을 좀 더 뒷받침하여 ②에 적습니다. 마지막으로 서론을 좀 더 뒷받침하여 ②에 적습니다.

중급 8 다음 자료를 참고하여 학교에서 이른바 '왕따' 현상이 퍼지게 된 사회적 원인을 생각하고 해결 방안을 제시해 보세요(띄어쓰기를 포함하여 700자 안팎으로 쓸 것).

㉮ 서울 시내 초등학교 고학년 중에서 '왕따'를 당한 학생이 전체의 20.9%쯤 된다.

㉯ '건방지다'가 괴롭히게 된 가장 큰 이유이며, 둘째로는 '힘이 없다', 셋째로는 '시키는 대로 하지 않는다', 넷째는 '공부를 잘한다'로 밝혀졌다.

㉰ 괴롭히는 기간은 대개 '일주일 정도'로 드러났으나 '석 달 이상'도 많았다.

㉱ 괴롭히는 방법으로는 '기분 나쁜 별명 부르기, 따돌리거나 욕하기, 때리기, 여러 사람 앞에서 창피 주기' 순이었다.

㉲ 대처하는 태도로는 '아무에게도 말하지 않았다'가 가장 많았는데 그것은 '말해 봐야 소용이 없어서, 나중에 더 괴로움을 당할까 봐, 자신의 약한 모습을 드러내기 싫어서, 친구들이 더 따돌릴까 봐'로 조사되었다.

● **개요표**

서론 [1] :

[2] :

본론 [1] :

[2] :

[3] :

결론 [1] :

[2] :

8-1. 문제의 성격을 알아봅시다!

'왕따'는 특정 학생을 집단적으로 해코지하는 것을 뜻합니다. 일본에서 유래하였으나, '인간다운 교육 풍토'를 잃은 나라에서 공통적으로 나타나는 현상으로, 특히 일본이 심하다는 것뿐입니다.

일본에서는 괴롭히는 대상이 주로 저항하지 않는 약자이거나 특이한 학생이라고 합니다. 특이한 학생이란 '남보다 더 뚱뚱하다, 더 말랐다, 공부를 아주 잘한다, 아주 못한다' 따위처럼 '보통'이 아닌 것뿐이지요. 사회학자들은 학생을 획일적으로 교육하여 각 개인이 지닌 개성을 무시하고 성적표로 학생들을 평가하면서 나타났다고 봅니다.

우리나라는 1960년대부터 경제가 급격히 발전하면서 학교에서는 새로운 산업 환경에 필요한 사람들을 주로 양성하였습니다. 그러다 보니 도덕 교육이나 인성 교육에 소홀하고 획일적인 학습이 이루어졌지요. 그때부터 우리나라 학교 현장도 황폐화하였습니다.

제2차 세계대전 후 일본은 경제 성장을 추구하고 인간을 인간답게 보는 교육에 소홀하면서 왕따가 등장하였습니다. 경제 대국인 일본의 젊은이들은 "우리는 그다지 큰 고통을 모른다. 그러나 짜릿한 즐거움도 없다"라고 말합니다. 획일적인 교육 풍토에서 비슷하게 자라 자극적이고 창의적인 일에 익숙하지 않습니다. 말하자면 왕따는 '가학적인 즐거움'을 제공하는 측면이 있습니다. 남을 괴롭히면서 즐거움을 느끼는 질병이라는 것이지요.

자, 우리나라에 왜 이런 병이 등장하였는지 짐작할 수 있습니까? 어떻게 생각하나요? 잘 산다는 것이 경제적 풍요만을 뜻하는 것은 아닙니다. 과거보다 잘 사는 오늘날에도 "옛날이 좋았어" 하는 사람도 많지요. 옛날이 좋았다면 어느 부분이 지금보다 좋았다는 것일까요?

8-2. 어떤 순서로 구상해야 할까요?

① 본론부터 생각합니다 : 원인을 먼저 생각하면 결론은 원인을 해결하는 방향이 됩니다. 원인－대책 문제는 본론부터 생각하세요. 우리 사회 청소년의 병폐인 만큼 사회적 원인이 비슷할 것입니다. 서로 이야기해 보세요. 개요표 본론 ①에 씁니다.

예를 들어 '친구나 이웃을 소중히 여기지 않는다, 입시 교육에 문제가 있다거나 인성 교육을 소홀히 했다'고 진단하면 됩니다. 급격한 산업화 탓에 전통 윤리가 무너졌다고 해도 좋습니다. '가정 교육이 전혀 이루어지지 않았다, 가정에서 이웃 존중하는 법을 가르치지 않았다'라고 써도 됩니다.

② 그다음 결론을 생각합니다 : 왕따를 없애려면 교육에서 가장 비중을 두어야 하는 점이

무엇일까요? 대책을 결론 단락에 쓴다면 본론 단락의 원인을 해결하는 내용이어야 합니다.

이때 본론에서 원인을 두 개 찾으면 결론에 써야 할 대책도 두 개여야 합니다. 물론 본론과 짝을 이루어야 하지요. 예를 들어, 본론에 '교육 풍토가 비인간적이다, 성적 위주로 평가한다'라고 하면 결론에서는 '인간 교육이 이루어져야 하며, 성적으로 평가하여서는 안 된다'라고 써야 합니다. 그 원인을 해결하는 대책을 묶어서 일반화하여 결론으로 삼아도 좋습니다.

너무 어렵게 생각하지 마세요. 우리 주위에서 어떤 일이 벌어졌을 때 '이랬으면 이런 일이 없었을 텐데……' 하지요. 사회(또는 교육)가 '이랬으면'이라니요? 자, 개요표 결론 **1**에 먼저 한 줄만 간단하게 적어 보세요.

가령 '왜 집단으로 모일까, 나쁜 일로 안 모이게 할 수는 없을까, 왜 괴롭히고 싶어 할까, 괴롭히는 일 말고 재미있는 일이 없을까, 왜 그렇게 세월을 보낼까, 왜 죄의식을 못 느낄까?' 따위를 생각해 보세요. 그러면 청소년을 위해 사회가 어떤 방향으로 나아가야 할지 떠오를 것입니다.

③ 그다음에 서론을 생각합니다 : 문제를 제기해 봅시다. 생각나는 것을 개요표 서론 **1**에 한 줄만 적어 넣으세요. 이런 문제를 왜 출제하였을까요? '맞아, 얼마 전만 해도 이러지는 않았는데……' 하는 것이 있으면 더 따져 보세요.

뉴스를 눈여겨본 사람이라면 '얼마 전 학원 폭력을 뿌리 뽑겠다고 대대적으로 단속하였다'로 시작하겠지요. 자기 나름대로 기억하는 왕따에 관한 숫자를 이용하여도 좋습니다. 예컨대 '일본에서는 왕따 때문에 한 해 10여 명 학생이 자살한다'처럼 쓰면 되겠지요. '일본에서 한 해 왕따 신고가 2만 건 정도라고 한다' 같은 것도 좋습니다.

④ 좀 더 뒷받침해 봅시다 : 우리 사회는 학교 폭력을 지금까지 관대하게 보았습니다. '친구들끼리 그럴 수 있지, 선생님이 그럴 수 있지, 남자가 그럴 수 있지, 부모가 그럴 수 있지' 하는 말들이 그런 사고를 드러내는 것이지요. 학교나 가정은 그 사회의 밑바탕인데, 이런 곳에서 학생들이 폭력에 길들여지면 성인이 되어서도 폭력을 휘두르기 쉽습니다.

말로 해결하지 못하고, 극단적으로 대립하거나 주먹을 휘두르는 것은 기초 단위에서 민주적인 사고를 훈련받지 못했기 때문입니다. 그 폭력이나 해코지 정도가 놀랍습니다.

통계에 따르면, 초등학생과 중학생 10명 가운데 4명이 부모한테 이유를 모른 채 맞거나, 8명 이상이 부모한테 맞고 컸다고 대답하였습니다. 또 7명 이상이 친구를 때려 본 것으로 조사되었습니다. 말하자면 기성세대도 제대로 교육받지 못하고 폭력을 물려준 셈이지요.

본론에 있는 한 줄을 뒷받침하여 **2**, **3**에 적으세요(원인을 두 개로 잡았으면 각각 한 줄씩 덧보태세요). 결론을 뒷받침하여 **2**에 적습니다. 마지막으로 서론을 뒷받침하여 **2**에 적습니다.

12장

글쓰기 고급

긴 글을 완성할 때 각 단락에서 효율적으로 확장하는 법을 알아봅니다.
쓰는 이의 창의를 어떤 식으로 드러낼지를 알 수 있습니다.

다음 글을 읽고 우리 사회에서 장애인 문제를 어떻게 풀어야 할지 자신의 의견을 서술하세요(띄어쓰기를 포함하여 1100자 안팎으로 쓸 것).

복지부가 밝힌 '1995년도 전국 장애인 실태 조사'에 따르면, 국내 장애인 105만 3000명(인구의 2.4%) 가운데 88.1%가 후천적 원인으로 장애인이 되었다. 이 조사는 5년마다 실시하는 것인데, 후천적 장애 비율이 1990년 82%, 1995년 88.1%, 2005년 89.0%였다. 특히 지체 장애인의 96%와 시각 장애인의 89%, 청각 장애인의 86%는 교통사고가 직접적인 원인이 되었다. 또 조사에 따르면, 장애인은 비장애인보다 생활비가 월 평균 10만 원 이상 더 들어가, 실제 소득은 정상적인 도시 노동자의 절반에 지나지 않았다. 그나마 열다섯 살이 넘은 장애인 중에서 32%만 직업이 있었다.

●개요표

서론 1 :

2 :

3 :

본론 1 :

2 :

3 :

결론 1 :

2 :

3 :

함께 풀기

1-1. 문제의 성격을 알아봅시다!

2005년 정부는 장애인을 214만 8000명으로 조사하였으나, 민간단체에서는 등록하지 않은 사람을 포함하여 약 400만 명(인구의 10%쯤)에 이른다고 보았습니다. 물론 신체 장애인뿐만 아니라 정신 장애인까지 포함한 숫자입니다. 다른 통계에 따르면, 한 해 약 30만 명이 새로이 장애인이 된답니다. 그래서 전문가들은 현재로는 정상적인 사람을 '잠재 장애인'이라고 부릅니다. 누구나 언제든지 장애인이 될 수 있다는 뜻이지요.

사람들이 지금은 건강하다고 해도 영원한 것이 아니니까, 비장애인도 '잠재 장애인'으로서 장애인 문제를 생각해 보라는 것입니다. 한 가구 한 가족을 평균 다섯 명으로 볼 때 400만 명이면 장애인이 두 집에 한 명꼴입니다. 그러므로 장애인 문제는 우리 집 문제이거나 우리 이웃집 문제로, 남 일이 아니라는 것입니다.

1-2. 어떤 순서로 구상해야 할까요?

① 결론부터 결정합니다 : 이 문제를 보고 무슨 말을 하고 싶습니까? 청소년은 육체적으로 젊고 혈기가 왕성하여 죽음이라든가 신체 장애를 대부분 자기 일로 받아들이지 않지요. 그러나 친구나 친척 가운데 장애인이 있으면, 처지를 바꾸어 자기가 그 사람이라고 생각해 보세요. 결론을 내리기 쉬울 것입니다.

'불쌍하다. 장애인들을 앞으로 이상하게 보지 말아야지. 근본적으로 도와줄 수 없을까?' 같은 생각이 들었나요? 그러면 결론을 잘 잡은 것입니다. 생각나는 것을 다듬어 개요표 결론 ①에 한 줄만 적어 보세요.

조금 도와 드리지요. 결론 첫 줄에 '홀로 설 수 있도록 근본적으로 도와주어야 한다' 또는 '일시적인 도움은 아무런 도움이 되지 않는다'를 써넣으세요.

② 그다음 본론을 생각합니다 : 결론에 쓴 주장의 논거를 대세요. '내가 왜 이런 주장을 하였을까?'를 생각해 봅니다. 생각나면 먼저 한 줄만 개요표 본론 ①에 적어 넣으세요.

결론에 '홀로 설 수 있도록 근본적으로 도와주어야 한다'라고 썼다면 우리 사회에서 장애인들이 현실적으로 홀로 서지 못한다고 생각해서 그런 주장을 했을 것 아닙니까? 어떤 모습을 보고 그런 생각을 했나요?

우리나라에서는 간단한 일거리조차 장애인들한테는 맡기지 않는다고요? 비장애인 중심으로 꾸려 나가며, 장애인에 대한 편견이 있다고요? 예, 그런 다양한 생각들이 떠올랐다면 사려 깊은 사람입니다. 하고 싶은 이야기는 나중에 늘리기로 하고, 그런 다양한 생각을 한

줄로 정리해 보세요. 이렇게 쓰면 어떨지요? '사람들이 장애인들과 더불어 살려고 노력하지 않는다.'

③ 마지막으로 서론을 생각합니다 : 이런 문제를 왜 출제하였을까요? 출제자는 학생들이 이런 문제를 어떻게 생각하는지 알고자 합니다. 우리나라에서도 이제 장애인 문제가 본격적인 사회 문제입니다. 멋있게 쓰려 하지 말고, 아는 대로 솔직히 쓰세요. 개요표 서론 ☐1 에 한 줄만 적어 넣으세요. 썩 좋은 것이 생각나지 않으면 간단히 '장애인 문제에 관심이 높아졌다'라고 써넣으세요.

④ 좀 더 뒷받침합시다 : 사람들이 건강을 잃고 나서야 건강의 소중함을 안다고 합니다. 어느 분은 자기가 장애인이 되니까 사람들이 무시한다며 서운해하더군요. 그렇다면 자기가 건강했을 때 이웃 장애인에게 사랑을 쏟았을까요?

전철에서 어떤 학생은 동냥하는 장애인에게 동전 몇 개를 주고는 "저 아저씨한테 확인 도장을 받아야 하는데……"라고 친구에게 속삭이며 웃더군요. 내신 성적에 들어가는 '봉사 활동 점수'를 빗대어 친구에게 농담을 한 것이지요.

건강한 사람들이 장애인에게 동전 몇 개를 주거나 대중교통에서 자리를 양보하는 것으로 장애인 문제가 해결된 것일까요? 그런 행동이 너무 단순하다는 것을 알겠지요? 장애인들이 거리를 돌아다니며 동냥하는 이유는 무엇일까요?

본론 한 줄을 뒷받침하여 ☐2, ☐3 에 적습니다. 다음에는 결론 문장을 뒷받침하여 ☐2, ☐3 에 적습니다. 마지막으로 서론 문장을 뒷받침하여 ☐2, ☐3 에 적습니다. 본론에 있는 ☐2 만 보고 다시 뒷받침하여 그 밑에 한 줄을 쓰고, ☐3 만 보고 또다시 좀 더 뒷받침합니다.

고급2 다음 자료를 통해 '경제의 외형 성장' 또는 '국민 총생산(GNP) 늘리기'를 최고로 여기는 주장을 비판하고, 우리가 추구해야 할 경제 정책의 방향을 논술하세요(띄어쓰기를 포함하여 1100자 안팎으로 쓸 것).

※국민 소득 1만 달러를 웃돈 시점의 각국 경제 지수 비교표(자료 : 한국은행)

국가 항목	한국(1995)	미국(1978)	일본(1984)	대만(1992)	싱가포르(1989)
국내 총투자율(%)	37.5	20.5	28.0	23.8	35.0
총저축률(%)	36.2	20.3	30.8	28.0	43.9
노동 소득 분배율(%)	60.7	73.7	68.9	64.7	–
경제 활동 참가율(%)	62.0	63.2	63.4	59.3	63.1
1주 평균 노동 시간	47.7	38.3(1979년)	40.6	46.5	46.6
주택 보급률(%)	84.2	110.3	110(1983년)	98.9	–
1인당 전력 소비량(주거용, kWh)	2,899(1993년)	3,224	1,045	1,313	735
승용차 보급률(대/1,000명)	97.1(1993년)	524	64.8	141.3	97

● 개요표

서론 ① :

　② :

　③ :

본론 ① :

　② :

　③ :

결론 ① :

　② :

　③ :

2-1. 문제의 성격을 알아봅시다!

어떤 전문가는 "우리나라의 국민 복지는 15%에서 많으면 60%까지 과장한다"고 말하더군요. 무슨 뜻이냐고요? 통계 숫자로 보면 그럴 듯한데, 실제로는 형편없다는 뜻입니다. 가령 2010년 평균 국민 소득이 2만 달러라고 하면, 그해 온 국민이 번 돈을 국민 수로 나눈 것입니다. 한 가족 네 명이 1년에 8만 달러를 벌었다는 뜻이지요. 집집마다 한 해 약 8000만 원을 번다면 모두 넉넉하게 부자로 살 것입니다. 그런데도 2만 달러를 현실로 느끼지 못합니다. 그것은 빵 하나가 있는데 한 사람이 절반을 먹고, 나머지 절반을 열 사람이 나누어 먹기 때문입니다. 말하자면 재벌 총수 한 사람이 몇백만 명 소득을 대신하므로, 실제로는 각자 2만 달러를 벌지 못합니다. 특정 소수가 아주 많이 차지하고, 나머지 다수가 조금씩 가졌다는 말이지요. 과거보다 '부익부 빈익빈' 현상이 심해졌습니다.

게다가 평균 2만 달러는 사고가 날 때 벌어들인 소득도 포함합니다. 예를 들어, 다리가 무너졌다면 정부 또는 지방 자치 단체에서 치료비와 배상비로 돈을 쓰고, 다리 복구비로 수백억 원을 들입니다. 이런 것이 모두 '(개인, 회사) 소득'으로 계산됩니다. 즉, 사고 처리비도 '복구 비용, 배상 비용, 의료 비용'에 들어가니 통계로는 삶의 질이 향상된 것처럼 보입니다.

과거에는 우리가 나눠야 할 빵덩이(국민 총생산 따위)를 키우느라고 고심하였지만, 이제는 그 빵덩이를 어떻게 나누느냐 하는 문제도 생각해야 합니다. 어려운 말로 하면 '분배적 정의'를 실천해야 하지요. 정치적 자유에서 경제적 자유로 가야 한다고 할까요.

그런데도 한쪽에서는 경제적 불평등을 고집스럽게 강요합니다. 있는 재산만으로 수입이 생겨 평생 놀고먹는 사람들(불로 소득자)이 많습니다. 정직하게 노동하며 먹고사는 사람들이 보면 이 사람들이 비난받아야 하는데, 노사 대립이 일어나면 일반인들은 대부분 노동자가 잘못했다고 비난합니다. 열심히 일해도 먹고살기 힘들다고 느끼면 노동자들은 이 사회를 공평하지 않다고 봅니다. 그렇게 되면 갈등이 생기고 사회 구조가 흔들립니다. 자, 여러분이 경제 정책 최고 결정권자라면 이렇게 복잡한 우리 사회를 어떤 사회로 만들고 싶습니까?

2-2. 어떤 순서로 구상해야 할까요?

① 결론부터 결정합니다 : 무슨 생각을 했나요? 경제적 문제, 즉 먹고사는 문제가 심각한 줄 몰랐을 것입니다. 한 개인이 열심히 일해도 제도적으로 뒷받침해 주지 못하면 한계가 있구나 싶을 것입니다. 우리 사회도 이제 경제적으로 성숙해야겠다 싶지요. '경제적으로 성숙해야 한다'는 것이 무엇을 의미하나요? 생각나는 것을 간단히 개요표 결론 **1**에 한 줄만 적으세요.

같이 생각해 볼까요? 학생들이야 아직 어리니 돈에 대해 어른들만큼 비정할 것 같지 않습니다. 자, 우리가 너니 나니 할 것 없이 고루 잘사는 사회로 갈 수 있다면 얼마나 좋을까요? 즉, 기본적인 생활이 충분히 보장되는 사회로 가야겠지요.

예컨대 농어촌 사람들이 동네에 병원이 없어 아플 때마다 서울로 가야 한다면, 소득이 적은 사람이 오히려 더 많이 지출(의료비, 교통비, 숙박비)하는 셈이지요. 그럴 때 국가가 해야 할 일은 뻔한 것 아닙니까? 농어촌에 병원을 많이 세워 최소한 비슷한 소득으로 비슷한 생활이 가능하도록 지원해야 할 것입니다.

② 그다음 본론을 생각합니다 : 국민 총생산에 어떤 문제점이 있는지 수업 시간에 배운 것을 떠올려도 좋습니다. '국민 총생산 늘리기에는 문제점이 많다'를 개요표 본론 [1]에 적어 넣으세요. 나중에 '첫째, 둘째'를 붙여 나가면서 한 단락씩 독립시키면 되니까, 조금 있다가 더 생각하기로 합시다.

③ 마지막으로 서론을 생각합니다 : 지금까지 우리 사회는 획일적인 가치관으로 사물을 판단하는 편이었지요. 그러나 사회가 점점 진전되면서 각 집단이며 개인이 추구하는 다양성도 인정합니다. 그러나 '눈부시게' 성장하던 과거의 환상 속에서 지금도 그때가 좋았다고 주장하는 사람이 많습니다. 한꺼번에 '왕창' 벌던 추억을 되새기는 것이지요. 불로 소득자들은 땅값이 쭉쭉 뛰어오르고 이자도 팍팍 올라야 가만히 앉아서 놀고먹을 수 있거든요. 그러나 어느 사회든 사회가 안정될수록 '일확천금'할 수 있는 기회는 줄어듭니다. 자, 어떤 기분이 드는지 개요표 서론 [1]에 한 줄만 적어 넣으세요.

④ 좀 더 뒷받침합시다 : 자료를 보면서 우리나라를 다른 나라와 비교해 보세요. 예를 들어, 1995년 우리나라 1주 평균 노동 시간이 미국의 1979년, 일본의 1984년보다 많습니다. 지금은 더욱 나빠졌습니다. 2007년 한국의 연간 노동 시간은 2316시간으로, 경제협력개발기구(OECD) 29개 회원국 가운데 10년째 1위를 하였습니다. 그렇게 열심히 일해도 고루 분배되지 않는군요(노동 소득 분배율 : 한국 60.7%, 미국 73.7%).

선진국은 말로만 되는 것이 아니라, 제도적으로 뒷받침하면서 경직된 사고를 바꿀 때 가능합니다. '사회 정의, 불로 소득, 빈부 격차 해소' 같은 단어를 넣어 본론을 뒷받침하여도 좋습니다. 본론에 있는 [1]을 뒷받침하여 문제점을 세 개만 잡아 [2], [3], [4]에 각각 하나씩 적습니다. 본론 [1]에서 GNP라는 용이를 설명해 봅시다.

결론 문장을 뒷받침하여 [2], [3]에 적습니다. 마지막으로 서론 문장을 뒷받침하여 [2], [3]에 적습니다. 본론 [2]만 보고 다시 뒷받침하여 그 밑에 한 줄을 쓰고, [3]만 보고 또다시 좀 더 뒷받침하며, [4]를 보고 좀 더 생각하여 뒷받침해 봅시다.

다음 글을 읽고 '환경적으로 건전하고 지속가능한 개발'이 무엇을 의미하는지 알아보고 환경 보호의 방향, 또는 경제 성장의 방향에 대해 자신의 견해를 서술하세요(띄어쓰기를 포함하여 1100자 안팎으로 쓸 것).

환경오염은 인간의 활동 중에서도 특히 경제 활동에서 유발된다. 생산·소비·폐기에 이르는 일련의 경제 활동에서 각종 오염 물질이 배출되기 때문이다. 따라서 경제 활동의 주체인 인구가 늘어날수록, 경제 활동이 왕성해질수록 환경오염은 점점 더 심각해진다.

지난 40년 동안 세계적으로 인구는 두 배로 늘었고, 경제 활동의 척도인 국민 총생산(GNP) 규모는 다섯 배나 커졌다. 이 수치만 보더라도 최근 들어 환경 문제가 최대 이슈로 대두되는 것이 당연하다. 즉, 경제 성장으로 인류가 물질적 풍요로움을 누리지만 이제 자연은 환경 문제라는 반대급부를 요구하는 셈이다.

물질의 풍요로움이 인류 복지를 증진하는 데 필요한 요소이나, 삶의 터전인 자연이 파괴된다면 물질 그 자체는 더 이상 의미가 없다. 자연 생태계가 감당할 수 있는 범위 내에서 경제 성장을 도모하자는 '환경적으로 건전하고 지속가능한 개발'이라는 개념을 1992년 리우 환경 회의에서 천명한 것도 이런 맥락에서 풀이해야 한다.

지속가능한 개발을 실현하려면 먼저 무분별한 경제 활동을 제약해야 한다. 예를 들어, 몬트리올 의정서에 의거하여 프레온 가스 등 오존층 파괴 물질 사용량을 세계적으로 엄격히 규제한 결과, 1970년대 초반 이래 커져 가던 남극의 오존홀이 줄어들었다. 그러므로 지속가능한 개발을 추구할 때 경제 활동 단위당 오염 물질 배출량을 줄이는 것이 아주 중요하다. 즉, 환경을 파괴하지 않으면서도 최대한 경제 성장을 도모하자는 것이다.

이를 위해서는 배출된 오염 물질을 철저히 처리해야 한다. 근본적으로는 오염 유발도가 낮은 산업 중심으로 산업 체제를 개편해야 한다. 즉, 환경 친화적인 산업 구조로 전환해야 한다. 물론 대폭적으로 환경에 투자하고 관련 기술을 개발하는 것이 아주 중요하다. 그래서 환경 보전 능력이 국가 경쟁력을 좌우하는 중요한 요소가 된다. 이제 환경 선진국만이 진정한 선진국이 되는 시대가 온 셈이다.

●개요표

서론 1 :

2 :

3 :

본론 ①:

　　 ②:

　　 ③:

결론 ①:

　　 ②:

　　 ③:

3-1. 문제의 성격을 알아봅시다*!*

　'환경'과 '성장'의 관계는 '달걀이 먼저냐, 닭이 먼저냐' 하는 질문과 비슷합니다. 어느 하나를 선택하기 힘들지요. 그러나 영국의 산업 발달을 산업 혁명이라고 부르듯, 지금까지 '경제 성장'이라는 말은 가난한 나라한테 '구원'이라는 뜻으로 쓰였습니다.

　말하자면 선진국이 '굶주림'에서 벗어나자 삶의 질을 따지는 것이지, 하루에도 수천 명씩 굶어 죽는 나라로서는 "환경이 밥 먹여 주냐?"고 항의할 만합니다. 환경 선진국이라는 나라도 세계 경제가 갈수록 힘들어지자 국토를 훼손하며 돈벌이에 나섭니다.

　시골에 가면 초가집이 시골답게 분위기를 잡아 주지요. 도시 사람들은 가끔 대하니까 초가집이 그냥 남기를 바랍니다. 그러나 그 초가집에 사는 사람들은 사는 게 여러 모로 불편할 것입니다. 도시 사람 보기 좋으라고 그렇게 불편하게 살아야 합니까?

　환경도 그런 것이 아닐까요? 경제 대국들이 당장 먹고살기 힘든 나라에게 환경 보호를 강요한다면 그야말로 '강자의 횡포'입니다. 따라서 여러분도 '무조건 환경을 보호해야 한다'고 대답할 일이 아니지요.

　환경 문제는 '경제 성장을 하면서도 환경을 제대로 보호할 수 있는가?'로 압축할 수 있습니다. 지금 물질적 풍요를 버리고 자연 상태로 돌아가는 것이 대안이 될 수 없습니다. 모든 인간들이 도시 문명을 버리고 원시로 돌아갈 수 있을까요?

따라서 이 문제는 방향이 이미 제시문에 있습니다. 이 글에서는 인간 사회의 이런 현실을 인정합니다. 경제 성장을 추진하면서 자연 환경도 보존하자는 것이고, 그 둘을 조화시켜 보자는 것입니다. 물론 무한 성장도 불가능합니다.

이 문제는 여러분이 우리 현실을 정확하고도 '구체적으로' 이해하는지 알아보겠다는 것이고, 경제 활동으로 생긴 환경 파괴는 결국 경제 선진국이 더 큰 책임을 져야 한다는 사실도 알아야 한다는 것이지요.

3-2. 어떤 순서로 구상해야 할까요?

① 결론부터 결정합니다 : 결론에 환경 보호의 방향이나 경제 성장의 방향을 쓰라고 했지요? 어느 것을 선택하여도 모두 같은 말입니다. 환경과 성장이 조화를 이루어야 한다고 했으니, '환경 없이 성장 없고, 성장 없이 환경 없다'일 테니까요. 어떤 방향으로 가야 한다고 생각하나요? '일회용품을 쓰지 말자, 기업은 오염 배출량을 줄여야 한다'라고 썼나요?

그렇다면 글의 흐름을 잘못 잡았습니다. 브라질 리우 환경 회의를 거론하기도 하는데, 그런 지엽적인 생각을 이 글의 결론으로 잡아서는 안 됩니다. 좀 더 '국제적으로' 생각해 보세요. 자, 간단히 다듬어 개요표 결론 **1**에 적어 보세요.

조금 도와 드릴까요? '환경은 전 세계적으로 협력하여 해결해야 한다, 경제 선진국이야말로 솔선수범해야 한다, 생산 주체인 기업은 존립 문제로 보고 환경 문제에 적극적으로 대처해야 한다.'

② 그다음 본론을 생각합니다 : 결론 문장을 보고 그 이유를 생각해 보세요. 여기서는 사고의 방향을 제한하니 그에 맞추어야 합니다. 즉 '환경적으로 건전하고 지속가능한 개발'이 무엇을 의미하는지 알아보라고 했지요?

제시문에서 확인할 수 있는 핵심은 환경 문제를 단순하게 생각지 말라는 것이며, 여러분이 대통령이라면 '경제 성장'을 포기하기가 힘들다는 것이지요. 또 여러분이 국제적으로 굶주리는 나라의 처지에 서서, 성장을 추진하면서도 어떻게 해야 선진국의 전철을 밟지 않을 수 있는지 생각해 보라는 것입니다.

제시문에 정답이 있으니 자세히 읽고 논리를 세워 보세요. 정 어려우면 밑줄을 그어 가며 다시 한 번 읽어 보세요. 생각나는 것을 개요표 본론 **1**에 적어 넣으세요.

결론에 '경제 선진국부터 솔선수범해야 한다'라고 썼다면 여러분이 그렇게 판단한 근거가 무엇입니까? 환경 문제는 경제 활동에서 비롯한 것이니, 후진국에는 죄가 없다고 생각했겠지요? 그래 놓고 지금 선진국이 후진국한테 책임을 미루는 것은 아닌지요. 그러니 오늘날 각국에서 추진하는 성장 계획은 그대로 놓아두고, 선진국부터 자기들이 과거에 저지른 환경 파괴 부분을 수습하여야 순서가 아니겠습니까?

조금 도와 드릴까요? 주어진 글대로 '각국이 추진하는 개발 계획을 인정해야 한다'쯤 쓰면 됩니다. 나중에 이 문장을 뒷받침하노라면 '환경적으로 건전하고 지속가능한 개발'이 무엇을 의미하는지 대답할 수 있습니다.

③ 마지막으로 서론을 생각합니다 : 이런 문제를 출제한 이유가 무엇일까요? 환경은 이제 사람들의 최대 관심거리입니다. 환경에서 잠시도 벗어나지 못합니다. 전에는 단순히 '버리지 말자'고 했지만, 그게 잘 안 되니까 지금은 '버리되 제대로 처리하자'로 바뀌었습니다. 그래서 이제는 환경 문제의 핵심을 제대로 보자고 합니다. 자, 아는 대로 개요표 서론 ①에 가볍게 써 보세요.

제시문의 앞부분을 모양 좋게 바꾸면 서론이 될 것입니다. 이것이 어려우면 일화를 서술하면서 시작해 보세요. 가령 '이제 주변에서 안심하고 마실 물조차 찾기 힘들어졌다, 황사 현상으로 하늘이 보이지 않았다'쯤 써도 됩니다.

④ 좀 더 뒷받침해 봅시다 : 해마다 봄이 되면 중국에서 황사가 날아옵니다. 이 문제를 우리나라 혼자 해결하기는 어렵습니다. 과거 소련에서 원자력 발전소가 파괴되었을 때 방사능 낙진이 사흘 만에 우리나라로 날아왔습니다. 이제 환경 문제는 어느 나라 혼자서 해결할 문제가 아닙니다. 후진국이 어떻게 해서라도 굶주림을 모면하려고 하는 것은 당연하지요.

나이지리아는 국토의 65%가 열대림이었는데, 지금은 거의 사라졌습니다. 선진국이 나무를 베지 못하게 하려면 후진국에 경제적 지원을 해 주어야 합니다. 몇몇 선진국 국민이 전 세계 자원의 80% 이상을 소비합니다.

'개밥 통조림, 고양이밥 통조림'을 만들어 짐승조차 잘 먹이는 선진국에서 후진국 국민이 굶어 죽는 것을 방치한다면 아무리 환경을 보호하자고 해도 설득력이 떨어질 것입니다. 경제 선진국이 반성하고 환경 보호 운동에 먼저 나서야 합니다.

개인은 일회용품을 덜 쓰면 되겠지만, 기업이 제품 생산 기준을 환경에 두지 않으면 소비자들이 그 기업의 생산 제품을 외면할 것입니다. 근본적으로는 선진국부터 산업 구조를 조정하고, 이 지구가 경제 성장을 감당할 수 있는 범위에서 삶의 질을 추구해야 합니다. 이미 국제 사회에서도 '그린라운드'라는 용어로 표현할 만큼 환경 규제가 심해집니다.

본론 한 줄을 좀 더 뒷받침하여 ②, ③에 적습니다. 그리고 결론 문장을 좀 더 뒷받침하여 ②, ③에 적습니다. 마지막으로 서론 문장을 뒷받침하여 ②, ③에 적습니다. 본론 ②만 보고 다시 뒷받침하여 그 밑에 한 줄을 쓰고, ③만 보고 또다시 좀 더 뒷받침합니다.

고급 4 다음은 미래에 일어날 수 있는 상황을 상상하여 쓴 글이다. 컴퓨터가 지금보다 더욱 발달하여 정보 혁명 시대가 현실로 다가왔을 때 사회에 미치는 역기능을 서술하라(띄어쓰기를 포함하여 1100자 안팎으로 쓸 것).

서기 2025년 8월, 한국은 인터넷 군사 통신망을 연결하여 미국, 러시아와 함께 태평양에서 군사 훈련을 하였다. 그런데 인터넷과 연결되어 있던 각국 국방부 주컴퓨터 모니터에 갑자기 엉뚱한 명령어가 올라오기 시작하면서, 각국 군사 지휘부는 한순간 혼란에 빠졌다.

대륙 간 탄도미사일이 저절로 발사되고, 상급 부대의 지시가 없었는데 전폭기 이륙 명령이 떨어져, 어느 목표 지점에 폭탄을 투하하는 것으로 컴퓨터 모니터에 나타났다. 각 단위 부대에서 다급하게 쏟아져 들어오는 보고와 하나도 맞지 않았다.

텔레비전에서는 세계 주요 도시가 미사일 공격을 받아 심각한 피해를 입었다고 보도하였다. 공격자가 누구인지, 원하는 것이 무엇인지 모르는 상황에서 각국 최고 통치자는 서로 통신망이 연결되지 않아 무엇을 어떻게 결정해야 할지 알 수 없었다. 인류는 불안에 떨며 다가오는 파멸을 두려워하였다. 이때 갑자기 '세계 평화의 노래'가 울려 퍼지며, 컴퓨터 모니터와 텔레비전에 메시지가 나타났다. "놀라지 마시오. 지금까지 있었던 모든 상황은 거짓이며, 모니터와 텔레비전 화면에만 나타난 것이지 실제 상황이 아닙니다. 이것은 전쟁을 좋아하여 끊임없이 훈련하는 자들에게 보내는 경고였습니다. ―세계 평화를 추구하는 사람."

사람들은 비로소 안도하였다. 알고 보니 이 사건은 지금까지 국제 경찰이 무수히 수사해 온 '사이버 테러'의 일종이었다. 다만 세계 모든 사람이 한순간에 믿을 만큼 프로그램이 과거보다 좀 더 정교했다는 것이 달랐다.

●개요표

서론 ①:

　　② :

　　③ :

본론 ①:

　　② :

결론 ① :

② :

③ :

함 께 풀 기

4-1. 문제의 성격을 알아봅시다!

농경 사회에서는 집안이나 사회에 어떤 큰일이 생기면 노인이 나서서 지혜를 냈습니다. 그것은 노인이 나이로도 어른이지만, 크고 작은 일을 겪으며 쌓은 경험이 풍부하기 때문입니다. 그러나 지금은 노인이 필요 없습니다. 과거에는 상상할 수 없었던 일들이 많이 일어나 새로운 방식으로 문제를 해결해야 하는데, 노인은 과거에만 매달리기 때문이지요.

노인이 익힌 지혜는 컴퓨터에 있어 언제든지 불러낼 수 있습니다. 지금은 정보가 넘쳐 납니다. 어느 교수가 참고 자료를 얻으려고 인터넷에 검색어를 입력하니 11,000개 항목이나 나타나, 자료에 묻혀 글을 쓸 수 없었답니다.

좀 더 본격적으로 정보 시대가 오고, 노인의 지혜와 인정을 배제하였을 때 이런 오류가 드러나지 않을까요? 컴퓨터만 있으면 미래가 무조건 풍요롭기만 할까요? 컴퓨터가 무엇인지조차 모르는 나라와 정보 선진국이 대등한 관계로 만날 수 있을까요?

문명 비판론자들은 현대 과학 발전의 부정적인 면을 확대하는 편입니다. 그러나 그렇게 확대하지 않아도 우리가 피부로 느끼는 것도 많습니다. 과거에는 선생님이 빨간색 색연필로 시험지에 동그라미를 쳐 주었지요. 선생님이 틀렸다고 그었다가도 나중에 다시 확인하여 맞은 것으로 해 주기도 합니다. 인간적인 정이 오고갈 수 있었던 셈입니다.

지금은 컴퓨터용 답안지에 표시해 놓으면 컴퓨터가 알아서 채점합니다. 채점 문제로 선생님을 찾아갈 일이 없습니다. 컴퓨터가 틀렸다면 틀린 것이지요. 편리해진 만큼 인간적 관계는 멀어지며, 사무적이고 기계적인 관계만 남습니다. 사회가 점점 복잡해지고 컴퓨터가 인간의 일을 거들수록 인정은 멀어지고 그만큼 사람들은 인정을 그리워합니다.

인간이 컴퓨터를 지배하지 않고 컴퓨터에 맞추어 살지 않을까요? 정보 사회가 되면 '장밋

빛 꿈'이 얼마든지 이루어지는 사회가 될까요? 그러나 세계 석학들은 오히려 부작용을 두려워하는 것 같습니다.

4-2. 어떤 순서로 구상해야 할까요?

① 본론부터 생각합니다 : 이 문제는 역기능으로 한정하였으니, 순기능을 서술하지 않도록 조심해야 합니다. 역기능을 서술하되 원고량을 생각하면 역기능 세 개는 많습니다. 자칫하면 글에 깊이가 없습니다. 역기능이 떠오르지 않으면 순기능을 생각하고 문제점을 찾아보세요. 이런 식입니다. '컴퓨터가 발달하여 정보 사회가 되면 어떤 것이 좋아질까? 그래, 서로 정보를 교환하고 어떤 일에 직접 관여하니까 참여 민주주의가 활성화하겠지. 그러면 거기에는 문제점이 없을까? 누군가 정보를 조작하여 여론을 몰고 갈 수 있잖을까?'

생각나는 역기능 두 개를 개요표 본론 [1], [2]에 차례로 한 줄씩 적어 넣으세요.

② 결론을 생각합니다 : 본론에 역기능을 썼으니, 역기능을 해결할 수 있는 대안을 내면 됩니다. 머릿속으로 그려 보세요. 본론을 뒤집으면 됩니다. 생각해 낸 것을 개요표 결론 [1]에 적어 보세요.

조금 도와 드릴까요? 결론 내용은 '그런 역기능이 있어서는 안 된다, 그런 역기능의 후유증을 이렇게 줄여야 한다'쯤 됩니다. 물론 본론에 어떤 역기능을 서술하였느냐에 따라 나중에 좀 더 구체적으로 뒷받침할 수 있습니다. 예컨대 '바람직한 인간 사회를 유지하려면 어찌어찌 해야 한다'식으로 쓸 수 있습니다.

③ 마지막으로 서론을 생각합니다 : 이런 문제를 출제한 이유가 무엇일까요? 나라와 기업이 온통 정보화를 부르짖습니다. 그런데 대부분 미래에 대한 낙관론을 바탕으로 정보 통신의 편리함만 강조합니다. 원격 화상 회의니, 원격 컴퓨터 진료니 하며 '장밋빛 환상'을 내세우지만, 주위를 둘러보면 가장 기본적인 의식주조차 해결하지 못하는 사람들도 많지요. 누구를 위한 정보화인지, 어느 나라를 위한 것인지 짚어 보세요.

자, 문제를 제기하되 냉정하고 차분히 시작하세요. 생각나는 것을 개요표 서론 [1]에 가볍게 써 보세요. 잘 생각나지 않으면 앞에 있는 말을 그대로 써도 좋습니다. '모든 사람들이 정보화 물결에 휩쓸려 사는 것 같다.'

④ 좀 더 뒷받침해 봅시다 : 컴퓨터가 발달한 미래 세계를 상상하여 쓴 영화와 소설이 세계적으로 인기를 끕니다. 예상하지 못할 만큼 사회가 빠르게 변하는 가운데 '불확실한 미래'가 궁금하여 이런 현상이 일어났겠지요. 정보 사회가 인간을 좀 더 풍요롭고 자유롭게

해 주는 과정이라면 그에 대한 낙관과 비관이 만만치 않습니다.

역기능으로는 '정보가 어느 소수에게 집중되어 빈부 격차가 깊어진다, 실업이 대량 발생하고 인간 소외가 심해진다, 정보에 대한 맹신으로 인간관계가 깨질 것이다, 감시가 일상화하여 사생활이 없어질 것이다'.

순기능으로는 '인간의 이성은 사회 문제를 스스로 해결해 왔다, 자원과 에너지 효율을 극대화하여 생산력이 증대될 것이다, 참여 민주주의를 실현할 수 있다, 정보를 공유하여 수직적인 관계에서 대등한 인간관계로 나아갈 것이다'.

자, 이 중에서 쓸 만한 것을 골라 뒷받침해 보세요. 본론에 있는 두세 줄을 좀 더 뒷받침하여 그 아래 줄에 각각 한 줄만 더 적습니다. 결론 문장을 좀 더 뒷받침하여 ②, ③에 적습니다. 마지막으로 서론 문장을 뒷받침하여 ②, ③에 적습니다. 그리고 다시 본론으로 가서 ③에 좀 더 구체적으로 뒷받침하세요.

다음은 요즈음 청소년 문화의 특징을 설명한 글입니다. 우리나라 현대 대중문화의 속성을 알아보고 청소년 문화의 부정적 요소로 보는 저속성, 유행성, 집단성, 몰개성 따위를 긍정적으로 평가해 보세요(띄어쓰기를 포함하여 1100자 안팎으로 쓸 것).

유행에 민감한 청소년은 '자기 확인'의 심리를 드러낸다. 많은 아이들이 '스트레스 해소'라는 말을 서슴지 않는 데서 알 수 있듯, 유행 추구는 욕구를 분출하는 행위이다. 공부만 강조되는 교육 제도를 보라. 교실에서 개성을 습득할 수 없는 학습 풍토를 보라. 대중문화를 즐긴 후 이에 따라 표현하는 시장밖에는 기댈 데가 없는 것이다. 아무리 어른들이 소비문화에 거부감을 갖더라도 그것이 아이들에게는 유일한 레크리에이션 과정이 된다. 유행에 심취하는 순간만이 '휴식'이고 일종의 '여가'이다.

이것은 적극적인 '개성 표현'이기도 하다. 학교생활에 소극적인 '문제 학생'이든, 완전히 학교를 거부한 '학업 이탈자'이든 그들의 옷을 보고 몸을 보면 '나는 이런 사람이다!' 하고 당당하고 즐겁게 외친다. 정도 차이는 있으나 유행에 대한 관심은 그들 인생에서 중요 사안이다. 평범하거나 모범적인 학생들의 경우에도 자기네들 사이에서 사회적 위치를 결정하는 것이 수업과 같은 공식적인 학교 시간대만은 아니다. 자기들이 스스로 큰 의미를 부여하는 일상생활이 사회적 위치를 결정한다. 예를 들어, 그 옷 어디서 샀냐고 물어볼 수 있는 쉬는 시간, 머리에 무스를 바르거나 옷을 사러 갈 수 있는 방과 후가 그러하다.

공작새가 깃털을 다듬고 세우듯 옷차림으로 자신을 표현하는 행위는 학생들에게 그야말로 '일거리'이다. 그것은 단순히 쉬는 것이나 스트레스를 푸는 것이 아니라, 학생들의 세계에서 가장 중요한 일이다. 공부만큼이나 주된 일이다. 머리 모양이나 장신구나 몸매를 통해 사춘기 아이들은 자신의 정체성을 표출한다. 메이커 운동화를 신는 순간, 자신은 어떤 부류가 되겠다고 결심하는 것이고, 실제로 한 학급에서 자신이 함께 놀 수 있는 또래가 결정되기도 한다. 어느 한 중학생은 유행하는 옷을 사 입으면서 함께 놀러 다니는 또래 친구들에게 소외될까 두려워서 유행을 따른다고 말하였다.

옷은 집단을 가르는 표시이기도 하다. 소속이 정해지면 자연히 비슷한 옷을 입게 된다. 유행하는 배낭과 운동화를 신지만, 머리 모양만은 학교에서 원하는 대로 짧은 머리를 고수하는 아이들은 대학에 들어가기 전까지 유흥가에 절대 가지 않겠다고 표시한 셈이다. 옷에 따라 자연스레 행동이 달라지기도 한다. 방과 후 교복을 캐주얼로 갈아입고 이대 앞으로 나들이 나온 소녀들을 보라. 그 아이들은 지금 입은 쫄티와 나일론 나팔바지에 따라, 여학생답던 걸음걸이는 온데간데없어진다. 주위를 의식하는 시선과 배낭을 멘 요즘 여대생들 특유의 몸짓을 흉내내는 제스처가 불쑥 나온다. 몸짓 하나하나에서, 몸뚱아리 자체를 통해 자신을 확인하는 매순간이다.

아이들은 민감하기 때문에 운동화 상표 같은 것뿐 아니라 훨씬 사소한 것, 즉 신발 크기 같은 부분에서도 유행을 식별한다. 심지어 똑같은 교복 속에서도 멋내기가 벌어진다. 학교가 권장하는 머리라 해도 그 속에서 0.5㎜ 차이, 무스를 발라 세우는 모양새, 미국 어떤 농구 선수의 머리 모양 등으로 멋의 종류를 나눈다.

● 개요표

서론 ① :

② :

③ :

본론 ① :

② :

③ :

결론 ① :

② :

③ :

함 께 풀 기

5-1. 문제의 성격을 알아봅시다!

　여러 대중매체의 발달로 문화가 집단화하면서 대중문화라는 이름으로 청소년에게 커다란 영향력을 미칩니다. 원래 우리 대중문화는 전통적으로 양반 문화의 상대적 개념으로 쓰였습니다. 그러나 오늘날 대중문화는 과거 농경 사회의 대중문화와 아주 많이 다릅니다. 예를 들어, 과거에는 대중문화가 자연 발생적이었으나 오늘날은 대부분 인위적으로 형성됩니다. 말하자면 지금은 텔레비전이 청소년들을 가르치는 셈입니다.

그래서 기성세대의 논리와 잘 맞지 않기 때문에 기성세대는 청소년의 놀이나 행위를 불안해합니다. 요즘 청소년들이 과거 젊은이보다 소비에 익숙하고 생산이나 절제에 익숙하지 않다는 것입니다. 감각적이며, 명분보다 실리를 더 챙긴다고 합니다. 물론 청소년들이 듬직하여 칭찬하는 말이 아닙니다. 불안해서 걱정하는 말이지요.

이 문제는 오늘날 대중문화의 속성을 정리하고, 청소년 속성을 모두 나쁘게 보아야 하는지에 대해 생각해 보라는 것입니다. 할 말이 많겠지요. 청소년은 기성세대의 생각처럼 대중문화에 휩쓸려 생각 없이 사나요? 오히려 기성세대야말로 고루한 논리를 청소년에게 강요하는 것은 아닐까요? 청소년 나름대로 우애와 우정을 쌓는데, 기성세대가 요즈음 청소년이 너무 이기적이라고 매도하는 것은 아닌지요? 하나밖에 모르는 어른들이 둘 속에서 사는 청소년을 이해하지 못하는 것은 아닌지요? 자, 청소년의 처지를 마음껏 변명하고 주장해 보세요.

5-2. 어떤 순서로 구상해야 할까요?

① 결론부터 결정합니다 : 이 문제는 결론을 생각하기가 어렵습니다. 상식적으로 결정해야 할 결론이 일정하지 않기 때문입니다. 사람마다 대답할 말이 각각 달라서 얼마든지 결론을 다양하게 잡을 수 있습니다. 그러나 따져 보면 쉽습니다. 논제에 숨은 명제는 청소년 문화를 긍정하라는 것입니다. 왜 그런지 알아봅시다.

논증의 큰 틀을 잡아 보세요. 문제에서 요즈음 청소년 문화의 특징을 설명하면서 우리나라 현대 대중문화의 속성을 알아보라니, 그것이 본론 ❶이 될 것입니다. 또 청소년 문화의 부정적 요소를 긍정적으로 평가하라고 했습니다. 그러니 어째서 긍정적인지를 본론 ❷에 써야 합니다. 그러면 본론 ❷에서는 그 앞에 있는 대중문화의 속성을 청소년 문화의 요소와 결부시켜 결론과 이어지도록 해야 흐름이 자연스럽지요. 정리해 봅시다.

본론 ❶ : 대중문화가 이러이러한 속성을 가졌다.
　　　 ❷ : 그것이 이러이러하고 저러저러하다.
결론 : 꼭 나쁘다고 볼 수 없다.

자, 결론에 써야 할 말을 정했겠군요. 생각해 낸 것을 개요표 결론 ❶에 적어 보세요.

② 본론을 좀 더 생각합시다 : 앞에서 설명한 것을 개요표 본론 ❶, ❸에 차례로 적어 넣으세요. 나중에 '첫째, 둘째'를 붙여 가며 뒷받침합시다. 그리고 대중문화의 속성을 몇 개 설명할 것인지를 결정해야 합니다. 만약 대표적인 속성 세 개를 설명하자면 그것이 청소년 문화에서 어떤 특성으로 나타나는지 본론에서도 세 개념을 설명해야 합니다. 자칫하면 본

론에 모두 여섯 개념을 늘어놓아야 합니다. 써야 할 원고량이 적당한지를 살펴보세요. 본론을 600자로 채운다면 하나를 100자씩 써야 합니다. 만약 속성을 좁혀서 둘만 쓰면 모두 네 개이므로 하나를 150자쯤으로 정리할 수 있습니다. 어차피 대중문화의 속성을 모두 설명할 수 없으니, 좁은 공간에서 깊이 있게 쓰려면 좁히는 것이 낫습니다.

③ 마지막으로 서론을 생각합니다 : 문제를 제기해 봅시다. 결론에서 청소년 문화를 긍정적으로 봅니다. 서론에는 '부정적으로 보는 현실'을 거론하여야 결론과 호응합니다. 관심을 끌 만한 '부정적인 이야깃거리'를 들어 보세요. 자, 생각나는 것을 개요표 서론 ①에 가볍게 쓰세요.

소리 박박 지르는 '오빠 부대'를 거론하면 어떻습니까? 어른들이 아주 꼴사나워하니까요. 배꼽티, 문신, 힙합 바지 따위를 예로 들어도 좋겠지요.

④ 좀 더 뒷받침해 봅시다 : 우리 사회에서 기성세대와 청소년 사이에 대화가 많이 모자랍니다. 서로 견해를 털어놓으면 상대방의 문화를 이해할 수 있을 텐데요. 기성세대도 청소년기를 거쳤으며, 당시 어른들이 "언제 철이 들까?" 하고 불안하게 바라보았습니다.

청소년은 기성세대와 무언가 달라야 합니다. 기성세대의 사고방식을 그대로 답습하면 역사에 발전이 없으니까요. 청소년 문화가 거칠다면 어른들이 조성한 상업 문화가 청소년을 오염시킨 것이지, 청소년이 잘못된 것은 아닙니다. 그래 놓고도 어른들이 모든 잘못을 청소년한테 뒤집어씌우는 것은 아닌지요?

사람들은 10년을 주기로 세대를 구분하는데, 학자들은 청소년 시기가 어정쩡하다고 해서 '주변인'이라고 일컫습니다. 어른도 아니고 어린이도 아닌 채 주변을 맴돈다는 뜻입니다. 그렇다면 청소년기가 아직 불안한 시기이니 잘못할 수 있다고 어른들이 관대하게 보아야 할 것입니다. 더구나 지금은 사회 변화가 심해 옛 사고방식으로 새로운 상황에 대처할 수 없습니다. 말하자면 청소년들은 어른들보다 앞으로 세상을 더 치열하게 살아야 하는 세대입니다.

자, 본론 ①을 '첫째, 둘째'로 나누어 본론 ①, ②에 각각 적습니다. ③을 '첫째, 둘째'로 나누어 본론 ③, ④에 각각 적습니다. 결론에 있는 것을 좀 더 뒷받침하여 결론 ②, ③에 적습니다. 마지막으로 서론 문장을 뒷받침하여 서론 ②, ③에 적습니다. 그리고 다시 본론으로 가서 좀 더 구체적으로 뒷받침하세요.

본론을 확장할 때 '대중문화의 속성' 두 가지(①, ②)를 각각 A, B라고 하고, 그것이 '청소년 문화에 끼친 영향' 두 개(③, ④)를 a, b라고 칩시다. 이 항목들을 늘어놓기로는 A → a → B → b 방식이 있고, 또는 A → B → a → b 방식도 있습니다. 앞은 하나 묻고 하나 대답하는 식이어서 이해하기 좋지만 항목이 많아지면 산만해 보입니다. 여기에서는 뒤처럼 한쪽으로 모아 놓고 설명하는 것이 짜임새 있고 단단해 보입니다.

고급6 어느 단체의 설문조사 결과에 따르면, 청소년은 대부분 자기를 진정으로 이해하는 사람이 없어 외롭다고 대답하였다. 그러나 한편으로는 자기 고민을 거의 친구들과 상의한다고 하였다. 청소년이 이렇게 친구를 두고 이중적 태도를 갖게 되는 원인을 살펴보고, 진정한 우정이 가능한지 자신의 견해를 밝혀 보라(띄어쓰기를 포함하여 1100자 안팎으로 쓸 것).

● 개요표

서론 1 :

2 :

3 :

본론 1 :

2 :

3 :

결론 1 :

2 :

3 :

함 께 풀 기

6-1. 문제의 성격을 알아봅시다!

학자에 따라서는 환경에 따라 인성이 결정된다고 봅니다. 선천적인 것도 있지만, 주변 사물과 사람에게 받는 영향에 따라 성품이 바뀐다는 것입니다. 우리 속담에 '친구 따라 강남

간다'는 말이 있습니다. 전통적으로 친한 친구에 대한 믿음이 예사롭지 않았던 것 같습니다. 그러므로 이런 주장이 부분적으로라도 설득력이 있다면, 어떤 친구를 만나 어떻게 사귀느냐에 따라 우리 삶의 모습이 바뀔 것입니다.

그래서 진정한 우정 또는 변함없는 믿음을 사람들은 한때 최고의 가치로 여겼습니다. 예를 들어, 가난한 집 아낙네가 남편 친구를 대접하려고 머리카락을 잘라 팔았다는 이야기가 있고, 친구를 믿고 친구 대신 감방에 갇혔다가 죽을 뻔했으나 그 친구가 약속을 지킨 탓에 임금이 크게 감탄하여 두 사람을 모두 풀어 주었다는 이야기도 있습니다.

그러나 현대에 들어 인간관계가 전통 사회의 가치관과 다르게 변하면서, 사람들은 진정한 우정을 과거의 유물로 여기는 것 같습니다. 예를 들어, 요즈음 청소년들이 갈수록 이기적으로 변하여 진정한 믿음을 찾아보기 어렵게 되었다는 식입니다.

'진정한'의 기준이 서로 다르면, 기성세대와 신세대의 견해 차이는 끝없이 평행선을 달릴 것입니다. 예를 들어, 기성세대가 '어떤 것은 친구에게 꼭 그렇게 해야 한다'라고 살아왔어도 신세대가 '그렇게 하는 것이 친구를 위하는 것일까?'라고 생각할 수 있다는 것을 인정해야 합니다. 오히려 신세대가 좀 더 합리적으로 친구를 대하는지 모릅니다. 말하자면 친구가 없어 외롭다거나 진정한 우정이 없다고 말하는 사람은 중국의 관중과 포숙아의 전설적인 우정을 생각하기 때문일 수도 있습니다.

그러나 '관포지교'는 그 당시에도 아주 드문 예라서 오늘날까지 사람들이 귀하게 생각하는 것입니다. 관포지교가 흔하게 있었다면 미담으로 전해져 내려오지 않았겠지요. 그 기준으로 보면 진정으로 나를 이해해 주는 친구가 없다고 하는 것이 맞습니다.

여러분은 진정한 우정을 어떻게 보나요? 친구를 위해서라면 무조건 자기를 내던질 수 있어야 진정한 우정인가요? 여러분은 친구를 위해 그렇게 헌신할 수 있습니까? 자기도 친구에게 잘 하지 못하면서 친구는 나한테 헌신해야 한다고 생각하는 것은 아닌가요?

6-2. 어떤 순서로 구상해야 할까요?

① 결론부터 결정합니다 : 이 문제는 조건이 주어져 있어 형식적 구성을 차근차근 갖추어 나가야 합니다. 먼저 진정한 우정이 가능한지를 물으니 그에 대한 대답부터 결정하세요.

진정한 우정이 불가능하다면 개요표 결론 **1**에 '진정한 우정이란 있을 수 없다'라고 쓰고 나중에 뒷받침할 때 좀 더 부연하세요.

진정한 우정이 가능하다면 '친구를 어떻게 대해야 할까?'를 생각해 보세요. 물론 친구이니까 잘 대해 주어야겠지요. 그 '잘'의 기준을 구체적으로 생각하고 개요표 결론 **1**에 적어 보세요. 여러분이 친구한테 서운하게 느꼈던 일을 뒤집어 서술하면 됩니다. 예컨대 '내가 아주 외로울 때 아무도 나를 알아주지 않았다'라고 느낀 적이 있었다면 '친구가 힘들어할 때 다독거려 줄 수 있어야 한다'라고 쓰면 되겠지요.

② 그다음 본론을 생각합니다 : 청소년이 이중적 행동을 하는 '원인'을 살펴보라고 하니 그 부분을 집중적으로 생각하여 개요표 본론 1에 간단히 적어 보세요.

진정한 우정이 불가능하다고 하는 사람은 본론 끝에 가서 이 부분을 '부정적으로' 강조하면 됩니다. 예컨대 '사람들이 관포지교를 꿈꾸지만 서로 마음을 열지 않는다, 마음의 벽을 완벽하게 헐 수 있는 우정이란 이론적으로만 가능하다'쯤 될 것입니다.

진정한 우정을 믿는 사람은 이 부분을 '긍정적으로' 강조하면 됩니다. 이를테면 '지금까지 진정한 우정을 일방적 희생으로 잘못 생각했다. 그래서 가까운 이웃을 두고 외롭다고 했다'쯤 됩니다. 이에 덧붙여 진정한 우정의 '현대적 기준'을 제시하고, 이 정도면 진정한 우정으로 보자고 하세요.

③ 마지막으로 서론을 생각합니다 : '오늘날 우정이 어떤 실정에 놓였을까, 이 문제를 두고 사회에서 어째서 말이 많을까?' 따위를 생각해 보고 개요표 서론 1에 간단하게 써 보세요.

수필가의 글을 인용하면 어떨까요? '어느 수필가의 독백처럼 사람들은 친구에게 아무것도 요구하지 않는 듯하나 실제로는 많은 것을 기대한다'같이 써 보세요.

④ 좀 더 뒷받침해 봅시다 : 청소년이 외롭다고 하는 것은 동성 친구든, 이성 친구든 자기 것으로 소유하려고 하기 때문입니다. 대등한 인간관계로 만나는 것이 아니라 눈앞의 이익에 따라 일시적으로 만납니다. 상대를 자기 뜻대로 움직이려 하고, 뜻대로 되지 않으면 우정이 금방 식어 버리며, 상대방이 나를 몰라 준다고 한탄합니다.

우정은 그 자체가 목적이 되어야 합니다. 우정은 고립감과 분리감을 극복하면서 각자의 특성을 유지시켜 주는 힘이기 때문이지요. 상대방의 특성을 인정해야지 자기 기준에 맞추어서는 안 됩니다. 가장 좋은 관계는 대가를 바라지 않고 줄 수 있을 때라고 하지만, 최소한 받으려고만 하지 않아도 외롭다는 말이 사라질 것입니다.

사랑 받고서 사랑하지 말고, 먼저 사랑하고 사랑 받아야 합니다. 그러나 대가족 제도 속에서 살던 때와 달리, 한 집에서 아이 한두 명을 키우는 부모들이 자녀를 과보호하면서 요즈음 청소년들은 사랑을 받으려고만 합니다. 말하자면 줄 것을 주고, 받을 것을 받는 것이 아니라, 서로 받을 것만 받으려 하니 인간관계가 매끄럽지 못한 것이지요.

본론 1에 있는 한 줄을 좀 더 뒷받침하여 본론 2, 3에 더 적습니다. 결론 문장을 좀 더 뒷받침하여 결론 2, 3에 적습니다.

이때 진정한 우정이 있다고 주장하는 사람은 어떻게 해야 가능한지를 결론에 좀 더 뒷받침하세요. 물론 본론과 짝을 이루어야 합니다. 가령 본론에서 '친구에게 많은 것을 기대하기 때문이다'를 원인으로 서술하였으면 결론에 '친구에게 많은 것을 기대하듯이 친구에게 베풀어야 한다'를 보태야 합니다. 서론에 있는 문장을 뒷받침하여 서론 2, 3에 적습니다. 그리고 다시 본론으로 가서 좀 더 구체적으로 뒷받침합니다.

3부

논술 문제의 이해와 풀이 과정

출제와 채점 과정을 알아봅니다.
기출 문제를 분석하여 시험 문제를 풀어 가는 과정을 익힙니다.
시험장에서 어떤 문제에 부딪혀도 대처할 수 있습니다.

1 채점은 이렇게 한다

1 논술 시험은 대부분 각종 자료를 주고 글을 쓰라고 합니다. 서너 문제를 묻고 짧은 글 여러 편을 쓰라는 곳도 있습니다. 그러나 논술 시험은 글짓기 백일장과 다릅니다. 문학이 주로 정서에 호소한다면, 논술글은 이성에 호소합니다. 그러므로 수험생은 논술글에서 일상적인 주장을 논증하되, 객관적이고 보편적인 논증 과정을 거쳐야 합니다. 자신의 느낌과 정서에 매달리다가 수필 또는 편견이 담긴 글로 끝나기 쉽습니다.

논문도 이성에 호소하나, 논문은 논술글에 비해 자유롭습니다. 논문은 글이 아주 길고, 쓰는 이가 결론을 정하되 다른 논문에서 다루지 않은 독창적인 것이어야 합니다. 낯선 것을 상대방에게 자세히 이해시키려니까 글이 길어집니다.

그러나 논술글은 시간과 장소가 제한되었고 원고량, 논제 조건, 유의 사항에 맞추어 써야 합니다. 특히 논술글은 출제자 의도에 따라 결론 방향을 정합니다. 수험생이 제시문을 제대로 이해하면 다른 수험생들과 주장 방향이 비슷합니다. 독창적이기 쉽지 않습니다.

2 논술글은 이해력 및 분석력, 논증력, 창의력, 표현력에 맞추어 채점 기준을 만든 뒤 평가합니다. 수험생은 그 기준에 맞추어 자기 생각을 효율적으로 정리해야 합니다. 대입 논술 시험이라면 그때까지 학습한 것을 바탕으로 시험장에서 제시한 조건을 지켜 수험생의 역량을 드러냅니다. 출제자는 그 결과를 측정하여 수험생을 비교하겠지요.

그런데 그 기준이 누가 보아도 타당해야 하고, 모든 수험생에게 공정하게 적용할 수 있어야 합니다. 이때 내용보다 형식이 공정한 편입니다. 내용 평가는 모호한 부분이 있으나, 형식 평가는 아주 분명합니다. 예를 들어 출제자가 '1200자 안팎으로 쓰되, 제시문 (가)에서 근거를 찾고, 구체적인 사례를 들어 설명하라'처럼 지시합니다.

그 기준에 맞추어 1200자를 많이 넘거나 모자라면 감점하겠지요. 제시문 (가)에서 근거를 찾지 않거나, 찾았어도 다른 제시문에서 찾으면 감점합니다. 말은 옳은데 구체적 사례로 설명하지 않으면 감점합니다. 그래서 논술 시험은 시조 시험을 치르는 것과 비슷합니다. 즉, 석 줄이라든지, 45자 안팎, 소재 등의 형식을 무시하면 제대로 된 시조로 평가받지 못합니다.

그리고 논술 시험은 운동 경기에 참가하는 것과도 비슷합니다. 운동 선수가 이 산 저 산을 뛰어다니며 자기 나름대로 훈련합니다. 그러다 시합에 참가하면 경기 방식에 따라야 합니다. 5분 동안 어떤 동작을 몇 번 넣으며, 그 과정에서 어떻게 동작하면 감점하고, 어떻게 동작하면 실격으로 처리한다는 규정에 따릅니다.

그러니 그 선수는 2분에 끝내면 안 되고, 5분을 넘어서도 안 되며, 5분에 끝냈어도 어떤 동작을 하면 실격 처리됩니다. 상대방과 싸워 쓰러뜨리는 경기가 아니라면 점수를 되도록 잃지 않거나, 점수를 많이 따야 우승합니다.

❸ 뛰어난 논술글은 남들이 예사로 본 것을 자기 나름대로 재해석하되, 평가 기준에 맞추어 일반화한 글입니다. 논술 시험은 잘 쓰는 시험이 아니라 제대로 본 것을 논리적으로 정리하는 시험이기 때문입니다. 만약 재해석하기가 어려우면 자기 견문을 이용하여 일반적 관점을 산뜻하게 이해시키면 됩니다. 즉, 아주 보편적인 것을 수험생의 취향과 색깔로 뒷받침하는 식입니다. 이때 냉소적인 비난보다 따뜻한 비판이 더 낫습니다. 논술 시험은 하늘이 준 능력을 드러내는 과정이 아닙니다. 잘 알고 제대로 연습하면 잘 쓸 수 있습니다.

❹ 시험 날짜를 정해 놓고 수험생들을 평가할 때 대학에서는 표현 시험이 아니라, 이해 시험으로 치르기 쉽습니다. 1주일 동안 수천, 수만 명을 채점해야 할 경우 표현 쪽은 채점하기 어렵고 이해 쪽은 채점하기 쉽기 때문입니다.

가령 이해(논제 분석) 단계에서 수험생이 출제자 의도를 모르면, 다음 단계에서 구구절절 표현해 보았자 '논제 파악 불량, 논지 이탈' 글로 간주합니다. 각 대학이 독해하기 어려운 제시문을 주거나, 제시문을 많이 주면 이해 과정에서 수험생을 쉽게 걸러낼 수 있습니다. 그래서 수험생은 제시문 때문에 고달프지만, 알고 보면 출제자도 괴롭고, 채점자는 평가 기준이 복잡하여 더 괴롭습니다.

그러므로 어느 대학이 쉬운 제시문을 주거나 한두 개만 주어서, 되도록 많은 수험생이 함축적 의미를 알게 하는 것은 바람직한 일입니다. 그것은 이해 분야로 평가하지 않고, 주로 표현 분야로 평가하겠다는 뜻입니다. 논술이 글쓰기 시험이니 이해보다 주로 표현을 평가하겠다는 것입니다. 뭘 묻는지는 쉽게 넘어가고, 어떻게 논증할지, 어떤 것으로 드러낼지에 중점을 두겠다는 뜻이지요.

❺ 채점자는 표현 단계에서 '논증의 큰 틀'을 평가하며 논거가 적절한지를 분명하게 평가합니다(논거 설정 능력). 그리고 논거를 뒷받침하는 사례가 있는지 없는지를 분명하게 평가할 수 있습니다(심층적·다각적 논의 능력). 논제에서 수험생 견문을 이용하라고 지시하는 것은 공허하고 매끈한 진술에서 벗어나 수험생이 좀 더 현실적이고 구체적인 사례로 논증하는지를 보겠다는 뜻입니다. 이

런 것은 수험생이 평소 먼 곳보다 가까운 현실에 관심을 돌리면 해결됩니다. 다음은 어느 대학이 밝힌 채점 기준입니다.

감점 대상 답안
- 글의 제목을 쓴 경우
- 문제나 제시문의 내용을 그대로 옮겨 쓴 경우
- 유사한 내용을 중복 서술한 경우
- 글씨를 읽을 수 없을 정도로 흘려 쓴 경우
- 단락이 너무 세분된 경우
- 어느 단락의 양이 지나치게 많거나 적은 경우
- 문장이 내용을 이해하기 어려울 정도로 긴 경우
- 원고지 사용법에서 크게 어긋난 경우
- 연필로 쓴 글을 지정 필기구로 입혀 쓰지 못한 경우
- 문장과 문장의 연결이 자연스럽지 못한 경우
- 단락과 단락의 연결이 자연스럽지 못한 경우
- 접속부사의 사용이 부적절하거나 남용된 경우

채점 제외 대상 답안
- 시험 도중에 부정 행위를 한 경우
- 개인의 인적 사항을 기록한 경우
- 두 색 이상 필기구를 사용한 경우
- 신원을 나타낼 수 있는 표시를 한 경우
- 지시한 분량에 크게 미치지 못한 경우
- 논제에서 요구한 답안을 작성하지 않은 경우

이처럼 채점 기준이 분명한 이유는 이것이 주로 형식과 관련되었기 때문이지요. 즉, 내용이 참신한지, 논거가 산뜻한지, 창의력이 있는지, 예시가 좋은지는 기준이 모호하므로 자칫하면 채점자 취향이 반영되기 쉽습니다.

그래서 채점자 여러 명이 답안지 하나를 각각 평가하되 어느 항목, 또는 전체 평점에서 점수 차이가 크면 그 채점자들의 점수를 모두 버립니다. 공정성을 잃었다고 보고 그 답안지를 다른 채점자가 다시 평가합니다.

최근 들어 수험생에게 짧은 글을 여러 개 쓰라고 하는 것은 이런 채점 과정의 오류를 줄이

려는 것입니다. 여러 글을 다양한 기준으로 평가하여 수험생의 이런저런 역량을 공정하게 평가하려고 합니다. 채점자 나이가 30~40대이므로 수험생은 젊은이다운 기개와 순수함, 열정을 보여 주면 됩니다. 채점자는 수험생에게서 희망을 보려는 사람이지, 어떻게 해서든 감점하려는 사람이 아닙니다.

2 논제를 이해하자

1 논제에는 반드시 논쟁거리가 있습니다. 제시문이 그것을 뚜렷하게 드러냅니다. 그러므로 논제를 잘 분석하면 출제자의 관심(논쟁거리)이 어떤 것인지를 알 수 있고, 제시문에서 무엇을 찾아 어떻게 논증할지를 추려낼 수 있습니다. 즉, 논제를 먼저 읽고 글의 틀(논증 구조, 형식)을 확인하고, 제시문에서 그 틀에 담을 내용(본질)을 찾아야 합니다.

설령 논제에서 요구하는 것이 까다로워도 수험생을 정확하게 도와주려는 것이니 두려워할 필요가 없습니다. 그 대학 기출 문제를 풀어 특성과 유형을 익혀 두면 그리 어렵지 않습니다. 평소에는 기출 문제로 '논증의 큰 틀' 잡기만 연습하여도 됩니다.

2 논제는 아주 다양하나, 대체로 제시문과 관련하여 다음처럼 묻습니다. 위에서 아래로 내려갈수록 선택 폭이 좁아집니다.

> 1. 제시문을 참조하여 논제에 답하라.
> 2. 제시문의 견해에 대하여 자신의 의견을 논술하라.
> 3. 제시문의 견해에서 어느 하나를 택하여 다른 견해를 비판하라.
> 4. 제시문 (가)의 견해로 제시문 (나)를 평가하라.

이 유형에서 1번이 수험생에게 가장 자유롭습니다. 제시문에서 드러내려는 것을 일반화하고, 그것을 바탕으로 자기 견해를 정리합니다. 그러나 자유로운 것이 쉬운 것은 아닙니다. 논의 범위가 넓어서 때로는 뭘 논의해야 하는지를 놓치기 쉽습니다.

2번은 제시문에서 찾아내 일반화한 것을 자기 나름대로 반드시 평가해야 합니다. 1번보다 논의 폭이 좁아졌습니다. 제대로 일반화하였는지, 적절하게 비판하였는지를 평가하므로 수험생은 1번보다 좀 더 분명하게 의견을 정리할 수 있습니다.

3번은 제시문 중에서 자기가 지지하는 쪽을 선택하고 반대쪽과 싸워야 합니다. 태도를 결정하였으므로 지지하는 쪽의 장점을 찾거나, 반대쪽의 문제점을 찾으면 됩니다. 태도가 분명하므로 논증하기가 좋습니다.

4번은 수험생의 태도에 상관없이 출제자가 지시하는 관점에서 그 반대쪽을 비판해야 합니다. 3번보다 훨씬 더 제한적입니다. 그래도 이쪽 관점에서 저쪽을 보는 것이니, 평소 어떤 주제를 놓고 자기 가치관과 상관없이 무조건 찬반으로 나누어 토론하였다면 그리 어렵지 않습니다. 논제를 제대로 이해하면 논증의 틀이 보입니다.

다음 논제를 보고 서론 – 본론 – 결론 단락에 각각 어떤 내용을 담아야 할지 구상해 보세요.

1. 이혼이 느는 원인을 살펴보라.
2. 이혼이 느는 원인을 살펴보고 견해를 밝혀라.
3. 이혼이 느는 원인을 살펴보고 어떻게 대처해야 할지를 말해 보라.

1번은 원인을 잘 아는지 평가하겠다는 것입니다. 그러므로 본론 1~3에 각각 원인을 담아 자세히 서술하면 됩니다. 결론에서는 가치 판단을 하지 않고 '이혼이 늘 수밖에 없다'는 식으로 현실을 인정하는 선에서 마무리합니다.

2번은 원인을 거론하되, 그 원인을 어떻게 생각하는지 자기 견해도 써야 합니다. 그러므로 결론 단락에 자기 견해를 적극적으로 밝혀야 합니다. 3번은 '원인 – 대책'을 쓰라고 하므로 공간을 고려합니다. 많이 담으려 하지 말고 범위를 좁혀 깊이 있게 서술해야 하지요. 각 논제를 소화하려면 다음처럼 구조화해야 합니다.

1. 서론 : 이혼이 늘었다.

　　본론 : 원인 1 – 경제적으로 여유가 없다.

　　　　　원인 2 – 갈등 해결 방식을 배우지 못했다.

　　　　　원인 3 – 사회가 가정을 배려하지 않는다.

　　결론 : 이혼이 늘 수밖에 없다. / 이혼이 느는 것은 당연하다. / 우리 현실이 드러난 것이다.

2. 서론 : 이혼이 늘었다.

　　본론 : 원인 1 – 경제적으로 여유가 없다.

　　　　　원인 2 – 갈등 해결 방식을 배우지 못했다.

　　　　　원인 3 – 사회가 가정을 배려하지 않는다.

　　결론 : 이혼을 개인 문제로 보아서는 안 된다. / 이혼은 사회 문제이다.

3. 서론 : 이혼이 늘었다.

　　본론 1 : 원인 1 – 경제적으로 여유가 없다.

원인 2 – 갈등 해결 방식을 배우지 못했다.

본론 2 : 대처 1 – 복지 제도를 확충한다.

대처 2 – 상대방을 인정하는 장치를 갖춘다.

결론 : 이혼을 개인 문제로 보아서는 안 된다. / 이혼은 사회 문제이다.

❸ 논제에서 공통점과 차이점을 서술하라든지, 두 사물을 비교하거나 대조하라면 논증의 큰 틀을 좀 더 정교하게 구상해야 합니다. 다음 논제를 어떤 형식에 담을지 구상해 보세요.

> 1. 스마트폰의 긍정적인 면을 서술하라.
> 2. 스마트폰과 휴대전화의 차이점을 서술하라.
> 3. 스마트폰을 휴대전화보다 좋아하는 이유를 서술하라.

1번은 긍정적인 면을 잘 아는지 평가하겠다는 것입니다. 그러니 부정적인 면을 자세히 쓸 필요가 없습니다. 본론 1~3에 장점을 쓰면 됩니다. 결론은 당연히 '스마트폰은 좋다'여야 합니다. 스마트폰을 긍정하는 것이 '숨은 명제'이기 때문입니다.

2번은 두 사물의 차이점을 쓰고, 그것을 바탕으로 결과를 추론하여 결론 단락에 자기 견해를 담으면 됩니다. 즉, 어느 것이 좋다거나 비슷하다고 하면 됩니다. 3번은 논제에서 스마트폰을 이미 긍정하였습니다. 그것이 '숨은 명제'입니다. 그러므로 휴대전화의 단점과 스마트폰의 장점을 서술해야 합니다. 이때 휴대전화의 문제점을 꼭 써야 합니다. 쓰지 않으면 1번 구조와 같아집니다. 각 논제를 구조화하면 다음과 같습니다.

1. 서론 : 스마트폰에 환호한다. / 일부에서 스마트폰을 부정적으로 본다.

본론 : 장점 1 – 휴대하며 업무를 처리할 수 있다.

장점 2 – 다양한 기능을 사용자가 추가할 수 있다.

장점 3 – 변화에 능동적으로 대처할 수 있다.

결론 : 스마트폰은 긍정적이다. / 스마트폰은 좋다.

2. 서론 : 스마트폰에 환호한다. / 스마트폰과 휴대전화의 공통점은 이렇다.

본론 1 : 휴대전화의 특징(장점-문제점)

2 : 스마트폰의 특징(장점-문제점)

결론 : 소비자는 스마트폰(또는 휴대전화)을 찾을 것이다. / 그게 그거다.

3. 서론 : 스마트폰에 환호한다. / 현대 소비자는 이렇다. / 휴대전화의 장점은 이렇다.

    본론 1 : 휴대전화의 문제점

        2 : 스마트폰의 장점 1

        3 : 스마트폰의 장점 2

    결론 : 소비자가 휴대전화보다 스마트폰을 좋아할 수밖에 없다.

3번은 결론에서 두 사물을 비교하였으므로 그 앞에 반드시 두 사물을 언급하여야 제대로 논증하는 것입니다. 만약 출제자 의도가 휴대전화의 문제점보다 스마트폰의 장점을 강조하는 것이라면 논증 구조를 다음처럼 단순하게 구조화하여야 집중력이 뛰어납니다.

3. 서론 : 현대 소비자에게 휴대전화는 이래서 문제이다.

    본론 1 : 스마트폰의 장점 1

        2 : 스마트폰의 장점 2

        3 : 스마트폰의 장점 3

    결론 : 소비자가 휴대전화보다 스마트폰을 좋아할 수밖에 없다.

4 논제를 이용하여 형식이 완성되면 그 형식에 채울 내용을 제시문에서 찾아야 합니다. 제시문은 논제와 아주 밀접한 글로, 출제자가 공연히 준 것이 아닙니다. 예를 들어, 사형 제도를 반대하는 논거를 쓰라고 할 때, 제시문이 없으면 각자 적절한 논거를 찾아야 합니다. 즉, 논거 범위가 아주 넓어집니다. 그래서 수험생도 많이 고민해야 하고, 채점자도 평가 기준을 마련하기가 어렵습니다.

그러나 제시문을 주면 수많은 논거 가운데 제시문에 있는 논거만 쓸 수 있습니다. 즉, 논거를 한정하였습니다. 이러면 채점자가 평가하기에 좋지만, 수험생도 제시문에서 논거를 찾으면 되므로 고마운 일입니다(제시문을 주는 이유는 77쪽 참조).

쓸거리가 충분한 사람도 논제를 이해하지 못하면 엉뚱한 소리를 늘어놓습니다. 또는 자기식으로 해석하여 논제를 변경합니다. 제시문이 어렵지 않은데도 평소 풀어 본 연습 문제와 같다고 착각하여 논제를 왜곡합니다. 그리고 출제자가 의도한 방향과 상관없이 글을 씁니다. 어느 대학에서는 그렇게 논제를 벗어난 답안지를 수험생의 절반 가까이 0점으로 처리하였습니다.

그러므로 논제를 이해하지 못했다고 지적받은 사람은 글을 쓰기 전에 어떤 것을 어떤 구조에 담을지 먼저 친구들과 이야기해 보세요. 예를 들어 "너는 그렇게 구조화할 거니? 나는 이렇게 할 참인데. 그러면 제대로 답변한 거야? 이렇게 하라는 거 아냐? 그렇게 쓰면 이런 부분이 빠지지 않을까?" 하고 이야기하다 보면 논제 방향이 잡힙니다. 실제로 글을 쓰지 않더라도 시험 보기 전까지 계속 이렇게 공부하면 논증의 큰 틀을 익힐 수 있습니다.

⑤ 제시문 자료는 시사를 반영하기도 하지만, 그 내용에 함축된 사실로 따지면 현대 문명을 비판하는 것이 많습니다. 근대화 또는 현대화 과정에서 인간이 소외되고 효율을 중시하면서 우리가 잃은 것, 반성할 것, 회복해야 할 것을 생각해 보는 문제입니다. 다음은 현대 사회의 문제점으로 지적되는 것들입니다.

> 1. 인간이 수단이 되었다(인간의 존엄성이 무시된다).
> 2. 과학 만능주의에 사로잡혔다(기계 문명을 맹신한다).
> 3. 인간보다 효율을 앞세운다(인간 소외가 깊어졌다).
> 4. 물질 중심 사고로 환경과 자연 파괴가 심하다(정신적 가치를 소홀히 한다).
> 5. 정보(기회, 경제적 이익)가 한 계층에 편중되었다(양극화하였다).
> 6. 사회적 약자를 잘 배려하지 않는다.
> 7. 서구 사회 가치관을 기준으로 판단한다(서구 지향적이다).
> 8. 자유주의 시장 경제를 신봉한다(황금 만능주의).
> 9. 사회가 계층으로 나뉘었다.
> 10. 다양성과 개성이 사라지고 획일화하였다.

3 논술 문제를 풀어 보자

◱ **논술글은 시험장에서 완성해야 합니다.** 주어진 시간에 완성하지 못하면 0점으로 처리합니다. 그러므로 시간을 어떻게 안배할지 평소 계산할 줄 알아야 합니다. 가령 시험 문제를 충분히 이해하고 무엇으로 채점자를 설득할지 아는데 시간이 모자라 글을 완성하지 못했다면, 가장 기본적인 것을 준비하지 못한 사람입니다.

논술글 작성 과정을 크게 나누면 '문제 분석 → 논증의 큰 틀 구상 → 문장 구상 → 정서 → 확인' 5단계를 거칩니다. 각 단계에서 시간이 얼마나 드는지 평소 재어 보아야 합니다. 물론 사람마다 조금씩 다릅니다. 군더더기 시간을 찾아 좀 더 효율적으로 이용해야 합니다. 여기에서는 90분에 1200자 쓰기를 기준으로 설명합니다. 이 5단계를 좀 더 잘게 쪼개면 다음과 같습니다.

1. 논제를 분석하여 어떤 형식으로 구조화할지를 구상한다.
2. 제시문을 분석하여 출제자의 의도를 확인한다. 제시문의 공통점과 차이점을 확인하여 함축적인 의미를 찾아낸다. 논제와 제시문을 연결하여 논쟁거리를 한 문장으로 정리한다.
3. 결론 단락 주장 문장을 계산하여 글의 방향을 잡는다.
4. 서론과 본론 논거로 주장을 뒷받침한다.
5. 각 단락 논거에 뒷받침 문장을 덧보태 한 단락으로 확장한다.
6. 구상한 문장을 답안지에 옮긴다.
7. 답안지에 옮긴 글을 읽으면서 고칠 것이 있으면 고친다.

● 1단계 : 문제 분석하기

1과 2번입니다. 이때 들이는 시간은 15분 정도인데, 자료가 많거나 어려우면 시간이 더 듭니다. 이 시간을 아끼지 말아야 합니다. 논제를 제대로 파악하지 못하면 0점이기 때문입니다. 물론 수험생이 풀 수 있는 문제를 출제하므로 겁내지 마세요.

논제가 풀어 본 문제와 비슷하여도 비슷할 뿐이지, 똑같은 것은 아닙니다. 그런 선입관 때문에 옛 것을 떠올려 쓰다가 논제를 왜곡하기 쉬우니 조심해야 합니다. 논제를 있는 그대로 받아들여 형식을 구상하고, 제시문에서 함축적인 의미를 찾아 내용을 채워야 합니다. 논제와 제시문에서 찾아낸 논쟁거리를 한 문장으로 정리합니다. 예를 들어 "결국 '퓨전을 어떻게 보아야 하는지'를 묻는 것이군" 하는 식입니다.

● 2단계 : 논증의 큰 틀 구상하기

3과 4번입니다. 이때 들이는 시간은 10분쯤 됩니다. 논제 방향을 찾았으니, 어떻게 주장할지를 생각합니다. 그리고 그 주장을 뒷받침하는 논거를 찾아 모두 4~5문장으로 서론-본론-결론 형식에 맞추어 '논증의 큰 틀'을 잡습니다. 출제자가 요구하는 형식이 있으면 그 지시에 따라야 합니다. 이때도 시간을 넉넉히 들입니다. 한 문장에 2분쯤 들입니다.

● 3단계 : 단락 확장하기

5번입니다. 각 단락 논거를 확장하여 각각 한 단락으로 확장합니다. 시간은 25분쯤 들이는데, 이 단계까지 전체 시간의 절반가량 이용하였습니다. 총 1200자이니까 30문장쯤 구상합니다. 앞에서 4~5문장을 구상하였으니, 나머지 문장을 구상합니다. 1분에 한 문장씩 생각하는 셈입니다. 옮기기 전에 충분히 읽고 논제를 정확히 반영하였는지, 유의 사항은 지켰는지, 문장 연결이 자연스러운지, 집중력이 있는지를 확인합니다. 한 번 옮기면 고치기 어려우니 제대로 구상해야 합니다.

● 4단계 : 정서하기

6번입니다. 구상한 문장을 모두 원고지에 옮깁니다. 글씨를 아무 생각 없이 천천히, 깨끗이, 크게 씁니다. 대체로 한 문장을 1분 동안 옮깁니다. 25분쯤 걸립니다. 이것저것 생각하면서 옮기면 시간이 더 걸립니다. 만약 문장을 옮기다가 고칠 곳이 보이면 구상을 제대로 못한 사람입니다. 그때 고치면 시간이 모자라거나 일관성, 정합성이 무너지기 쉽습니다. 처음 구상한 대로 그냥 옮기는 것이 좋습니다.

● 5단계 : 확인하기

7번입니다. 옮긴 글을 읽습니다. 충분히 계산한 내용이라서 쭉 읽을 수 있습니다. 나머지 15분쯤을 이용합니다. 내용을 다듬는 시간이 아닙니다. 띄어쓰기와 맞춤법, 단어 빠진 것, 문장의 흐름 따위를 확인하는 시간입니다. 고칠 곳이 있으면 두 줄을 긋고 고칩니다. 수정액을 이용하면 안 됩니다. 띄어쓰기와 붙여쓰기는 교정 부호를 이용하여 고칩니다.

2 어느 시험은 원고량에 제한을 두지 않습니다. 주어진 시간에 얼마든지 쓰라는 것입니다. 물론 많이 쓸수록 유리합니다.

자기 속내를 드러내면 낼수록 상대방을 더 잘 이해시킬 수 있습니다. 사람들은 상대방과 만나서 길게 이야기한 뒤 돌아서면서 대부분 "알고 보니 그런 사람이 아니더라"고 말합니다. 이렇게 충분히 이야기하면 상대방의 생각을 바꿔 놓을 수 있습니다. 따라서 한 단락에서 4문장보다 5문장이 유리하고, 5문장보다 6문장이 더 낫습니다.

그러나 문장을 많이 구상하다가 제한 시간을 넘겨 글을 완성하지 못할 수 있습니다. 이 경우 적절한 문장 수를 1분에 한 문장으로 잡으세요. 즉, 주어진 시간이 60분일 때 간단히 3으로 나누면 20인데, 20문장(800자) 안팎으로 구상합니다. 180분에 글을 세 개 써야 한다면 60문장(2400자)으로 글 세 개를 모두 해결해야 합니다. 사람과 문제마다 다르지만, 군더더기 시간을 줄이면 그 이상도 가능합니다.

다음 논제를 보고 논증의 큰 틀을 어떤 식으로 구조화할지 구상해 보세요(먼저 써 보고 나중에 모범 답안과 비교해 보세요. 써 보지 않으면 늘지 않습니다).

1. 과거에만 머물지 않고 새로운 것을 추구하는 태도는 미래 지향적인 삶을 위한 원동력이다. 이런 힘은 젊은 세대를 젊은이답게 해 준다. 그러나 새로운 것을 창조하고자 하는 동기가 무엇인지에 따라 평가가 달라진다. 이러 관점에서 제시문 (가)를 요약하여 서론으로 삼고, (나)에서 보여 준 '고죽'의 태도를 반박하라.

서론 :

본론 :

결론 :

2. 다음 제시문에서 저자가 비판하는 현대인의 행동 양식이 무엇인지 밝히고, 이러한 행동 양식이 어디에서 비롯하였으며, 이로 인한 인간 소외를 어떻게 극복할 수 있는지에 대해 논술하라.

서론 :

본론 :

결론 :

3. 다음 두 제시문을 토대로 언어의 단일화가 초래할 위험성이 어떤 것인지 우리 경제생활에서 쉽게 경험할 수 있는 사례를 예시로 들어 구체적으로 논하라.

서론 :

본론 :

결론 :

4. '공감의 확장'이라는 관점에서 다음 (가), (나), (다) 제시문을 비교하고, 이 제시문을 참조하여 공감과 도덕적 실천의 상관관계에 대해 자신의 견해를 논술하라.

서론 :

본론 :

결론 :

5. 인간은 때때로 극복하기 어려운 역경과 고통에 처한다. 그런데 이러한 상황을 이해하고 거기에 대처하는 방식은 사람에 따라 다르다. 카뮈의 소설 《페스트》에는 페스트 때문에 고통 받는 주민들의 사고와 행동이 나타난다. 제시문 (가), (나), (다)의 세 인물(기자, 신부, 의사)이 각각 역경에 대처하는 방식을 정리하고, 그들의 사고방식과 행동 양식을 자신의 인생관과 관련지어 비판적으로 논술하라.

서론 :

본론 :

결론 :

6. 인류 문명은 다양한 문화와 지식의 토대 위에서 이루어져 왔다. 그러나 사회의 변화에 따라 지식과 문화가 특정한 개인이나 집단에 귀속되기도 한다. 다음 세 제시문을 참조하여 이 문제가 오늘의 현실에 어떻게 작용하는지 구체적 사례를 들어 논술하라.

서론 :

본론 :

결론 :

7. 현대 사회에서는 개인의 자유와 공동체의 이해 간에 끊임없이 갈등과 긴장이 발생한다. 다음의 제시문을 참고로, 개인과 공동체 간의 바람직한 관계에 대한 자신의 견해를 구체적인 예를 들어 설명하라.

서론 :

본론 :

결론 :

8. 다음 제시문들은 국가를 이끌어가는 원리와 방법에 대한 동서고금의 다양한 생각들을 보여 준다. 제시문 (가), (나), (다)를 논의 근거로 삼아 현대적 의미의 리더십을 논술하라.

서론 :

본론 :

결론 :

9. 제시문 (가), (나), (다)는 현대 사회에 나타난 소비 현상과 관련된 글이다. 각각의 제시문에 함축된 내용을 반영하여, 소비 현상에 영향을 미치는 요인을 설명하고 현대 사회의 소비 특성에 대하여 논술하라.

서론 :

본론 :

결론 :

10. 제시문 (가)와 (나)에서 지적하는 민주주의 사회의 문제점에 대한 구체적인 예를 찾아 서술하고, 이와 관련하여 제시문 (다)와 (라)의 처지에서 '공동선'이 무엇이며, 민주주의 사회에서 '공동선'을 추구하는 것이 왜 필요한지를 논술하라.

서론 :

본론 :

결론 :

11. 다음 제시문 (1)은 개인이 지닐 수 있는 서로 다른 두 가지 삶의 태도를 보여 준다. 제시문 (2)는 사회적 조건과 개인적 행복 사이의 관계를 통하여 어떤 삶의 태도가 개인의 행복에 진정으로 도움이 되는가를 논의한 글이다. 이 두 제시문을 모두 활용하여 삶에 대해 어떤 태도를 지니는 것이 바람직한지를 논술하라. 단, 자신의 주장에 대하여 제기될 수 있는 반론과 그에 대한 대응을 논술에 포함하도록 하라.

서론 :

본론 :

결론 :

12. 이 글은 장자가 소개한 우화이다. 장자는 이 우화를 통하여 기계의 사용이 초래할 위험에 대하여 경고하였다. 물론 우화 속의 노인은 도구 또는 기계의 사용이 갖는 긍정적 측면을 전혀 고려하지 않은 채 부정적 측면만을 강조한다. 그러나 이 우화는 기술 문명을 무비판적으로 받아들이는 많은 현대인들이 되새겨 봄직한 경고를 담았다. 이러한 경고는 과학 기술 문명이 보편화된 현대 사회에서 우리 삶의 여러 측면에 적용될 수 있다.

특히, 현대 사회에서 컴퓨터가 일상의 중요한 도구로 등장하면서 원격 진료, 컴퓨터 통신, 재택근무, 화상 회의 등에서 나타나는 바와 같이, 가상공간 혹은 가상현실을 통한 삶의 영역이 확대되었다. 이는 우리의 인성에 어떤 방식으로든 영향을 미칠 것이다. 이러한 조류가 일반화하면 인성에 어떤 부정적 영향을 미칠 것인지에 대한 자신의 견해와 더불어, 컴퓨터 문명을 유지하면서 이 문제를 극복할 수 있는 방안을 논술하라.

서론 :

본론 :

결론 :

13. 다음 글을 읽고 '혼돈'을 긍정적으로 볼 수 있는 경우에 대하여 600자에서 800자 이내로 서술하라.

서론 :

본론 :

결론 :

14. 남성과 여성은 사회적으로 평등하게 살아야 한다. 이러한 전제를 바탕으로 다음 글에서 이야기하는 '여성 할당제'가 궁극적으로 여성 해방과 남녀평등이라는 이상에 도달할 수 있는 적합한 수단인지에 대하여 600자에서 800자 이내로 서술하라.

서론 :

본론 :

결론 :

15. 다음 글을 읽고 '환경 근본주의자'들이 내세우는 생활양식에서 현대 기술문명사회의 위기를 극복하는 데 도움이 될 수 있는 요소를 500자에서 700자 이내로 구체적으로 서술하라.

서론 :

본론 :

결론 :

다음 논제와 제시문을 읽고 물음에 답하세요.

1. 현대 문명사회가 안은 문제점의 근거를 무엇으로 보는지 아래 제시문에서 찾고, 문제점의
구체적인 예를 들어 제시문의 공통적인 논지가 결론이 되도록 논술하세요(1200자 안팎).

> (가) 일정한 지속에 형태를 아로새기는 것, 그것은 아름다움이 요구하는 것일 뿐 아니라 기
> 억이 요구하는 것이기도 하다. 형태 없는 것은 파악할 수도 없고, 기억할 수 없다. 느림
> 과 기억 사이, 빠름과 망각 사이에는 어떤 내밀한 관계가 있다. 지극히 평범한 상황 하
> 나를 가정해 보자. 거리를 걸어가던 웬 사내가 문득, 뭔가를 회상하고자 하는데 기억
> 이 나지 않는다. 그 순간 그는 자신의 발걸음을 늦춘다. 반면 자신이 방금 겪은 어떤 끔
> 찍한 일을 잊어버리고자 하는 자는 시간상 아직도 자기와 너무나 가까운, 자신의 현재
> 위치로부터 어서 빨리 멀어지고 싶다는 듯 자기도 모르게 걸음을 빨리 한다. 느림의 정
> 도는 기억의 강도에 정비례하고, 빠름의 정도는 망각의 정도에 정비례한다.
>
> (나) 속도는 기술 혁명이 인간에게 선사한 엑스터시(ecstasy)의 형태이다. 오토바이 운전자
> 와 달리, 뛰어가는 사람은 언제나 자신의 육체 속에 있다. 뛰면서 생기는 미묘한 신체
> 적 변화와 가쁜 호흡을 생각할 수밖에 없다. 뛸 때 그는 자신의 체중, 자신의 나이를 느
> 끼며, 그 어느 때보다도 더 자신과 자기 인생의 시간을 의식한다. 인간이 기계에 속도의
> 능력을 위임하자 모든 게 변한다. 이때부터 그의 고유한 육체는 관심 밖에 있게 된다. 그
> 는 비신체적 속도, 비물질적 속도, 순수한 속도, 속도 그 자체, 속도 엑스터시에 몰입한
> 다. 기묘한 결합─테크닉의 싸늘한 몰개인성과 엑스터시의 불꽃, 이런 곳에 느림의 즐거
> 움이 남아 있겠는가?
>
> (다) 만약 우리가 삶의 진정한 방향을 찾고자 한다면, 오늘날 시간이 어떻게 경험되는지를
> 정확하게 알 필요가 있다. 생겨나면서 즉시 소멸되는 정보의 범람, 속도와 가속도에 대
> 한 현대 사회의 맹목적 신앙, 우리의 일상생활을 지배하는 텔레비전 영상들은 어쩌면
> 시간을 빠르게 하거나 초월하게 하기보다는 시간을 잊게 하는 것은 아닐까? 이 물음이
> 의미가 있다고 여겨지는 순간 철학은 슬며시 고개를 내민다. 시간이 없으면 생각할 수
> 없기 때문이다. 급격하게 변하는 추세를 맹목적으로 따르기보다는 여유를 갖고 천천
> 히 생각하는 느림은 철학적 가치가 아닐까? **밀란 쿤데라, 《느림》 중에서**

1) 제시문(가)~(다)에서 현대 문명사회의 문제점이 잘 드러난 단어(또는 문장)를 찾아 밑줄을 모두 그은 뒤, 그것을 둘 또는 세 개로 일반화하여 정리하라.

　　①

　　②

　　③

2) 제시문을 읽고 공통점을 찾아 결론 단락에서 어떤 것을 주장할지를 정하라(주장 문장을 쓰고 모범 답안을 바로 확인하세요. 논제 방향이 잘못되면 다음 단계에서 논증의 큰 틀을 제대로 잡을 수 없습니다).

3) 서론 — 본론 논거를 구상하여 논증의 큰 틀을 구조화하라.

　　서론 :

　　본론 :

　　결론 :

함 께 풀 기

1-1. 논제에서 출제자는 '현대 문명사회가 안은 문제점의 근거'가 제시문에 있으니 찾아 보라고 합니다. 그러므로 그 지시에 따라 제시문을 읽으면서 이런 것은 현대 문명사 회에서 문제가 되겠다고 보이는 것에 밑줄을 긋습니다.

1-2. 가령 글 (가)에서 '빠름의 정도는 망각의 정도에 정비례한다'에 밑줄을 그었다면, 그 것이 무슨 뜻이고 현대 문명사회에서 왜 문제가 되는지를 생각한 뒤, 그 문장을 일 반화하여(함축한 뜻을 찾아) 본론 1의 논거로 삼습니다.

1-3. 만약 그 문장에서 '현대인은 서두르다가 많은 것을 잊었다(잃었다)'를 생각하였다면 방향을 잘 잡은 것입니다. 그러나 이 문장을 본론 1의 논거로 삼기에는 너무 넓으므로 '많은 것' 중에서도 특히 현대인이 무엇까지 잊어버리는지를 생각하여 서술 범위를 좁힙니다.

1-4. 예를 들어 '추억, 순수함, 배려, 인정, 주체성, 개성, 꿈, 신중함, 신념, 삶의 목적, 즐거움, 자아' 따위를 떠올려 본론 1의 논거를 '현대인은 서두르다가 꿈을 잊고 산다'로 좁힐 수 있습니다.

1-5. 이때 떠올린 단어를 이용하면 본론 2의 논거까지 결정할 수 있습니다. 즉, '현대인은 여유를 잃고 배려하지 못한다'를 본론 2의 논거로 잡아도 됩니다.

1-6. 이런 요령으로 글 (나)에서 현대 문명사회에서 문제가 된다고 생각하는 것에 밑줄을 긋고, 본론 2와 본론 3의 논거로 바꿉니다. 가령 글 (나)에서 '인간이 기계에 속도의 능력을 위임하자 모든 게 변한다'에 밑줄을 그었다면, 그 문장이 의미하는 것을 일반화해야 합니다. 예를 들어 '현대인은 속도에 매달리면서 인간을 가볍게 보기 시작했다, 현대인은 서두르면서 과정의 소중함을 놓쳤다, 현대인은 기술의 효용을 최고로 친다'처럼 바꿔야 합니다.

1-7. 이런 요령으로 글 (다)에서도 현대 문명사회에서 문제가 되는 것에 밑줄을 긋고 일반화하여 본론 3(또는 본론 4와 5)의 논거로 바꿉니다. 글 (다)에서 '환상, 착각, 맹신, 강박, 조급, 집착' 같은 단어를 떠올렸다면 방향을 잘 잡은 것입니다.

1-8. 이렇게 정리하고 그 논거를 두세 개로 합칩니다. 합칠 수 없으면 그 논거 중에서 마음에 드는 두세 개를 선택하여 본론 단락의 각 논거로 잡습니다. 원고량이 적으면 본론 2까지만 잡습니다.

1-9. 그리고 궁극적으로 이런 문제점을 현대인이 어떻게 극복해야 할지를 생각합니다. 즉, 제시문에서 요구한 '공통적인 논지'를 결론으로 잡습니다.

1-10. 본론 논거를 단락으로 확장할 때 반드시 구체적인 예시로 뒷받침해야 합니다.

2. 제시문을 바탕으로 우리 사회가 지닌 문제점을 지적하세요(1200자 안팎).

우리는 친한 사람들에게는 서로 양보하고 양반답게 행동하는 것이 일반적이다. 그러나 낯선 사람들에게는 방자하고 무례한 경우가 허다하다. 복잡한 버스 정류장이야말로 낯선 사람들이 모이고 흩어지는 대표적인 곳이 아닌가? 우리에게는 그러한 곳에 있어야 할 최소한의 예의인 줄 서기가 되지 않는다. 서로 밀치고 당기는, 그야말로 약육강식의 전투장을 방불케 한다. 하지만 그러한 와중에서도 혹시 안면이 있는 친지라도 만나게 되는 경우에는 당장에 얼굴에 웃음을 띠고 아낌없는 겸양지덕을 발휘해서 자리를 양보하려 한다. 그야말로 서로가 서로에게 이리로서 으르렁거리다가 한순간에 순한 양으로 변하고 만다. 낯선 공간 속에서의 이리는 친한 공간 속에서 양으로 표변하게 되는 것이다.

열차 안과 같은 낯선 공간에서도 옆자리에 앉은 사람이 나와는 상관없는 사람이라고 생각한다. 그래서 함부로 굴다가 우연히 상대방이 학교 선배이거나 친족 관계가 있다는 사실을 알면, 우리는 갑자기 태도를 바꾸어 예의 바른 사람으로 변하여 지금까지의 무례에 대해서 용서를 청한다. 이러한 윤리관은 행동 원리나 인격 구조의 이중성을 의미할 뿐만 아니라, 우리의 도덕적 행위 근거가 이성이나 어떤 보편적 원리에 따르지 않는다. 자연적이고 우연적인 관계인 혈연, 지연, 학연 등의 관계로 좌우되는 지극히 타율적인 원리에 따른다. 도덕적 성숙이 자율적이고 통일적인 도덕적 인격을 형성하는 데 있다면, 이는 빨리 청산되어야 할 것이 아닌가 생각된다.

1) 제시문에서 우리 사회가 지닌 문제점이 잘 드러난 단어(또는 문장)들을 찾아 밑줄을 모두 긋고, 그것을 두세 개로 일반화하여 정리하라.

①

②

③

2) 논제와 제시문을 읽고 결론 단락에서 어떤 것을 주장할지를 정하라(주장 문장을 쓰고 모범 답안을 바로 확인하세요. 주장 문장이 잘못되면 다음 단계에서 논증의 큰 틀을 잡을 것도 없습니다).

3) 서론−본론 논거를 구상하여 논증의 큰 틀을 구조화하세요.

서론 :

본론 :

결론 :

3. 현대의 생태, 생명 위기를 초래한 것은 기계적 세계관이라고 한다. 다음 제시문을 참고하여, 기계적 세계관의 한계는 무엇인지를 밝히고, 유기적 세계관이 그 대안이 될 수 있는지 자신의 견해를 밝혀라(1200자 안팎).

(가) 생명 복제 기술의 발달로 인간 복제가 현실화되기에 이르렀다. 이를 둘러싸고 많은 논란이 일고 있다. 복제를 찬성하는 견해는 과학이 객관적이며 가치중립적이라는 믿음에 바탕을 두거나 불임 문제 해결, 불치병 치료 등과 같은 공리적 효과에 근거한다.

한편 복제에 반대하는 견해는 생명이 기계론적 과학 탐구로는 이해되지 않는 초합리적이고 신비스러운 무엇이라는 관념을 기초로 한다. 특히 인간 복제를 인간 존엄성의 관점에서 바라보아야 한다며, 현대 문명의 반생명성에 대한 진지한 논의와 성찰을 요구한다.

따라서 생명 복제, 특히 인간 복제의 문제는 과학이나 법을 넘어 좀 더 본질적인 차원에서 접근해야 한다. 찬반 논란에서 알 수 있듯이, 각 견해는 서로 다른 세계관에 기초하므로 이 문제에 접근하려면 이들 세계관을 검토해야 한다.

(나) 기계적 세계관은 우주를 수많은 입자(부품)들의 결합체(기계)로 이해한다. 이 견해에서는 세계를 하나의 기계로 보기 때문에 자연현상을 원인과 결과의 관계로 설명하는 인과율 방식을 채택한다. 기계적 세계관은 인간 이성과 자연과학의 힘을 사유와 행동의 기준으로 삼고 필요에 의한 인위적 욕구 충족을 위해 테크놀로지의 무한 발전을 요구한다.

(다) 유기적 세계관은 세계와 사회를 유기적 존재(생명체)로 이해한다. 생명체는 생동하는 시스템으로 전체와 부분이 상호 작용하고 협력하여 스스로 조직을 유지, 발전시키는 존재이다. 유기적 세계관은 순환적이며 동시적인 작용으로 기능을 발휘하는 유기체를 설명하기 위해 상관적(相關的) 방식을 채택하고, '전체는 부분의 합(合)보다 크다'라는 전체론의 입장에 서 있으므로 전일적(全一的, holistic) 세계관이라고도 한다.

1) 제시문 (나)와 (다)에서 그 세계관의 특징을 잘 드러낸 단어를 찾아 밑줄을 모두 그은 뒤, 그것을 일반화하여 각각 한 문장으로 정리하라.

　(나)

　(다)

2) 논제와 제시문을 읽고 결론 단락에서 어떤 것을 주장할지를 정하라(주장 문장을 쓰고 모범 답안을 바로 확인하세요).

3) 서론 – 본론 논거를 구상하여 논증의 큰 틀을 구조화하라.

　서론 :

　본론 :

　결론 :

4. 글 (가)의 토끼가 인간이라고 가정하여 글 (가)와 (나)에 나타난 삶의 태도를 비교 분석하고 자신의 견해를 논술하세요(1200자 안팎).

(가) 한 옛날 깊고 깊은 산속에 굴이 하나 있었습니다. 토끼 한 마리 살고 있는 그것은 일곱 가지 색으로 꾸며진 꽃 같은 집이었습니다. 토끼는 그 벽이 흰 대리석이라는 것을 모르고 살았습니다. 나갈 구멍이라고 없이 얼마나 깊은지도 모르게 땅속 깊이에 쿡 박혀 든 그 속으로 바위들이 어떻게 그리 묘하게 엇갈렸는지 용히 한 줄로 틈이 뚫어져 거기로 흘러든 가느다란 햇살이 마치 프리즘을 통과한 것처럼 방 안에다 찬란한 스펙트럼의 여울을 쳐 놓았던 것입니다. 도무지 불행이라는 것을 모르고 자랐습니다. 일곱 가지 고운 무지개 색밖에 거기에는 없었으니까요.

그러던 그가 (중략) 이 깊은 땅속에도 사춘기는 찾아온 것이었고, 밖으로 향했던 그의 마음이 내면으로 돌이켜진 것입니다. 그는 생각하였습니다.

'이렇게 고운 빛을 흘러들게 하는 저 바깥 세계는 얼마나 아름다운 곳일까……'

이를테면 그것은 하나의 개안(開眼)이라고 할까. 혁명(革命)이었습니다. 이때까지 그렇게 탐스럽고 아름답게 보이던 그 돌집이 그로부터 갑자기 보잘것없는 것으로 비치기 시작했던 것입니다. '에덴' 동산에는 올빼미가 울기 시작한 것입니다. (중략)

생일날 그의 머리에 떠오른 생각은 그렇게 무서운 것이었습니다. 그는 그 창으로 나갈 수 없을까 하는 생각을 해 보았던 것입니다. (중략) 그는 창으로 기어 나가기 시작하였습니다. (중략) 마지막 코스를 기어 나갔습니다. 드디어 마지막 관문에 다다랐습니다.

이제 저 바위틈으로 얼굴을 내밀면 그 일곱 가지 색 속에 소리의 리듬이 춤추는 흥겨운 바깥 세계는 그에게 현란한 파노라마를 펼쳐 보이는 것입니다. 전율하는 생명의 고동에 온몸을 맡기면서 그는 가다듬었던 목을 바위 틈 사이로 쑥 내밀며 최초의 일별을 바깥 세계로 던졌습니다. 그 순간이었습니다.

쿡! 십 년을 두고 벼르고 기다리고 있었다는 것처럼 홍두깨가 눈알을 찌르는 것 같은 충격이었습니다. 그만 그 자리에 쓰러졌습니다. 얼마 후, 정신을 돌린 그 토끼의 눈망울에는 이미 아무것도 비쳐 드는 것이 없었습니다. 소경이 되어 버린 것입니다. 일곱 가지 색으로 살아온 그의 눈은 자연의 태양 광선을 감당해 낼 수가 없었던 것입니다.

그 토끼는 죽을 때까지 그 자리를 떠나지 않았습니다. 고향에 돌아가는 길이 되는 그 문을 그러다가 영영 잃어버릴 것만 같아서였습니다. 고향에 돌아갈까 하는 생각을 거죽에 나타내 본 적이 한 번도 없으면서 말입니다.

장용학, 《요한 시집》 중에서

(나) 오클랜드 섬과 샌프란시스코를 잇는 금문교에는 17개의 통행료 징수대가 있다. 나는 지금까지 수천 번도 넘게 그 징수대들을 통과했지만 어떤 직원과도 기억에 남을 만한 가치 있는 만남이 없었다. 그냥 날마다 기계적으로 돈을 내고 받고 지나갔을 뿐이다. 1984년 어느 날 아침, 나는 샌프란시스코에서의 점심 약속 때문에 다리를 건너기 위해 통행료 징수대들 중 하나로 차를 몰고 다가갔다. 그때 내 귀에 큰 음악 소리가 들렸다. 마치 파티석상에서 울려 퍼지는 댄스 뮤직이거나 마이클 잭슨이 콘서트라도 열고 있는 것 같은 요란한 음악이었다. (중략)

나는 통행료 징수대를 쳐다보았다. 그런데 그 안에서 한 남자가 춤을 추고 있었다. 내가 물었다. "지금 뭘 하고 있는 거요?" 그가 말했다. "난 지금 파티를 열고 있소." (중략)

몇 달 뒤 나는 그 친구를 다시 발견했다. 그는 통행료 징수대 안에서 음악을 크게 틀어 놓고, 아직도 혼자서 파티 중이었다. 내가 다시 물었다. "지금 뭘 하고 있는 거요?" 그가 말했다. "당신 지난번에도 똑같은 걸 물었던 사람 아니오? 기억이 나는구먼. 난 아직도 춤을 추고 있소. 똑같은 파티를 계속 열고 있는 중이라니까." (중략)

당신과 내가 사흘도 지겨워서 못 견딜 그런 좁은 공간 안에서 이 사람은 파티를 열고 있는 것이다. 나중에 그 사람과 나는 점심을 같이 먹었다. 그가 말했다. "다른 사람들이 내 직업을 따분하게 평가하는 걸 난 이해할 수 없소. 난 혼자만 쓸 수 있는 사무실을 갖고 있는 셈이고, 또한 사방이 유리로 되어 있소. 그곳에선 금문교와 샌프란시스코, 그리고 버클리의 아름다운 산들을 다 구경할 수 있소. 미국 서부의 휴가객 절반이 그곳을 구경하러 해마다 몰려오지 않소. 그러니 난 얼마나 행운이오. 날마다 어슬렁거리며 걸어와서는 월급까지 받으며 춤 연습을 하면 되거든요."

캔필드·한센, 《마음을 열어주는 101가지 이야기》 중에서

1) 글 (가)와 (나)에서 삶의 태도가 잘 드러난 단어를 찾아 밑줄을 모두 긋고, 그것을 일반화하여 각각 한 문장으로 정리하라.

(가)

(나)

2) (가)와 (나)에서 찾은 삶의 태도에 어떤 장단점이 있는지 정리하라.

(가)

(나)

3) 논제와 제시문을 읽고 결론 단락에서 어떤 것을 주장할지를 정하라(주장 문장을 쓰고 모범 답안을 바로 확인하세요).

4) 서론－본론 논거를 구상하여 논증의 큰 틀을 구조화하라.

서론 :

본론 :

결론 :

5. 제시문 (다)는 현대 사회에서 전형적으로 나타나는 합리성이 잘 드러난 예이다. 제시문 (가)와 (나)를 참조하여 (다)에 나타난 합리성이 갖는 특성을 구체적으로 설명하고, 현대 사회의 합리성을 비판하라(1200자 안팎).

> (가) 독일의 사회학자 베버는 서구 근대 사회의 진행 과정을 합리화의 과정으로 파악하고 있다. 베버에게서 합리화는 두 가지 차원을 지니고 있다. 하나는 문화적 합리화이다. 이 경우 합리화는 탈마술화, 즉 미신적 사고에서 벗어나 이성적 사고가 확대되어 가는

것을 의미한다.

다른 하나는 사회적 합리화이다. 이것은 주어진 목적에 가장 적합한 수단을 선택하는 경향의 확대라는 의미를 지니고 있으며, 자본주의 경제 구조와 관료적 근대 국가가 모두 이 합리화의 결과로 파악되고 있다.

합리화의 결과 근대 사회에서는 자율적인 인간과 인간의 인간에 대한 직접적이고 자의적인 지배로부터 해방된 인간이 출현하게 되지만, 그렇다고 합리화가 항상 긍정적인 측면만을 지니고 있는 것은 아니다.

고교 교과서 《사회·문화》 중에서

(나) 우리의 의지는 실제로 소망과 가치에 의해 이미 확정되어 있다. 그것은 오직 수단 선택 및 목표 설정 대안들의 측면에서만 더욱 상세하게 규정될 수 있다. 관건이 되는 것은 자전거 수리이든 아니면 병의 치료이든 간에 오직 적당한 기술과 돈을 마련하는 전략이며, 휴가 계획과 직업 선택을 위한 기획이다. 예를 들면 합리적 선택 이론의 형태가 그것이다. '나는 무엇을 해야 하는가?'의 물음이 실용적 과제들과 관련될 경우에는 효율성의 관점에서 이루어지는 관찰과 연구, 비교와 계산이 적절하다.

위르겐 하버마스, 《담론 윤리의 해명》 중에서

(다) 맥도날드는 들어오는 것에서부터 나가는 것에 이르기까지 속도를 높이기 위한 모든 것을 갖추었다. 인접한 곳에 설치된 주차장은 고객이 차를 쉽게 댈 수 있도록 해 준다. 계산대까지는 몇 발자국이 채 안 되며, 가끔 줄을 서기도 하지만 음식은 대체로 빨리 주문되고 전달되고 계산된다. 그리고 매우 제한된 메뉴는 먹는 사람의 선택을 쉽게 하여, 다른 식당에서의 다양한 선택과 대조를 이룬다. 음식을 받으면 식탁까지 몇 걸음 걸어가서는 곧바로 식사를 할 수 있다. 식사를 마치면 머뭇거릴 여지가 없기에 고객은 남은 휴지, 스티로폼, 플라스틱 쓰레기를 모아 가까운 휴지통에 버리고 자동차로 돌아가서는 다음 활동(대개의 경우 맥도날드화된) 장소로 이동한다.

근래에 패스트 푸드점 경영자들은 이 모든 과정에 있어서 운전자용 창구의 설치가 좀 더 효율적이라는 것을 발견했다. 맥도날드는 최초의 운전자용 창구를 1975년 오클라호마 시에 설치했고, 4년 만에 전체 점포의 절반 정도에 설치했다. 주차를 하고, 카운터까지 걸어가서 줄을 서고 주문하고 계산하고, 식탁으로 음식을 가져 가서 식사하고, 또 식사 후 쓰레기를 휴지통에 버려야 하는 귀찮고 비효율적인 과정을 거치는 대신, 운전자용 창구에서는 고객이 창구에 차를 세우고(물론 차도 줄을 서야 할 때가 있다) 주문과 계산을 마친 후, 음식을 받는 대로 다음 목적지로 향하면 된다. 보다 효율적이기를 원한다면 운전하면서 먹으면 된다. 운전자용 창구는 패스트 푸드점의 입장에서도 효율적이다. 그것을 이용하는 사람들이 늘어나면 늘어날수록 주차 공간, 식탁, 종업원의 필요성이 줄어들기 때문이다. 더욱이 고객이 쓰레기를 가지고 떠나기 때문에 별도의 쓰레기통을 설치하거나 정기적으로 쓰레기통을 비우는 사람을 고용할 필요도 없다.

조지 리처, 《맥도날드 그리고 맥도날드화》 중에서

1) 제시문 (가)와 (나)를 단순 요약하여 글쓴이가 말한 것을 한두 문장으로 정리하라.

(가)

(나)

2) 제시문 (다)에 있는 합리성의 특성 중에서 현대 사회에 문제가 될 만한 것을 찾아 밑줄을 모두 긋고, 그것을 두세 개로 일반화하여 정리하라.

①

②

③

3) 논제와 제시문을 읽고 결론 단락에서 어떤 것을 주장할지를 정하라(주장 문장을 쓰고 모범 답안을 바로 확인하세요).

4) 서론–본론 논거를 구상하여 논증의 큰 틀을 구조화하라.

서론 :

본론 :

결론 :

6. 제시문 (가)~(다)는 현대인이 처한 상황을 보여 준다. (가)~(다)에서 그 양상을 분석해 내고, (라)를 바탕으로 현대인이 처한 상황에서 야기되는 문제점을 극복할 수 있는 방안에 대하여 논술하라(1200자 안팎).

(가) 지난 몇십 년 사이 고객의 위상에 상당한 변화가 생겼다. 소매상점에서는 찾아오는 고객을 개인적으로 친절하게 대했다. 고객은 중요한 사람으로 대접받았고, 그의 일상까지도 상점의 주인과 함께 의논할 수 있었다. 물건을 사는 행위 그 자체에서 고객은 자기의 중요함과 품위를 느낄 수 있었다.

오늘날 백화점의 경우, 고객은 우선 거대한 건물과 수많은 점원들과 잔뜩 진열된 상품에 압도된다. 이 모든 것에 비해 그는 자기가 얼마나 보잘것없는 존재인가를 느끼게 된다. 백화점의 입장에서 보면, 인간으로서의 그는 아무런 중요성을 갖고 있지 않으며, 단지 한 사람의 '고객'일 뿐이다. 백화점은 고객을 놓치지 않으려고 하지만, 그는 단지 추상적인 고객으로서 대접받을 뿐이지 구체적인 고객으로서 중요시되지 않는다.

이런 상태는 현대의 광고 방법에도 잘 드러난다. 거대한 현대 광고는 상품의 효용성을 강조하여 합리적으로 소비자를 설득하기보다는 감성에 호소하거나 호기심을 자극한다. 즉 같은 일을 몇 번이고 반복하거나, 사교계의 부인과 유명한 권투선수에게 특정 상표의 담배를 물게 함으로써 권위 있는 이미지를 만든다거나, 아름다운 소녀의 성적인 자극을 내세워 비판력을 마비시키려고 한다거나, 어떤 셔츠나 비누를 구입함으로써 뭔가 전 생애가 갑자기 변화하는 듯한 그런 공상을 자극하기도 한다.

(나) 지나간 두 세기 동안 기계적인 생활 수단이 전 세계적 규모로 보급되었다. 그러나 이로 인해 내면생활이 풍요로워지거나 예술 창작과 향유에 쓰이는 시간적 여유가 많아지기는커녕 우리는 우리 자신이 기계화의 과정에 더욱 깊이 빠져 있는 것을 발견하게 된다. 심지어 우리의 상상력까지도 그 대부분이 내발적(內發的)인 것이 되지 못한다. 우리의 상상력은 기계에 비끄러매이거나, 라디오나 텔레비전의 도움 없이는 자체적 실재성을 보유할 아무런 힘도, 생존 능력도 갖지 못한다. 우리의 현재 상황을 17세기, 즉 기술면에서 비교적 원시적이던 그 시대의 상황과 비교해 보라. 그 당시 평범한 런던 시민들은 심지어 하인들을 뽑을 때에도 그가 저녁시간에 벌어지는 가족음악회에 한몫 낄 수 있을 만한 목소리를 가지고 있느냐를 고려하기도 했다. 오늘날 우리는 야외에서 기계의 도움 없이도 스스로 자유롭게 노래 부를 수 있다는 생각은 하지도 못하며, 휴대용 음향기기에서 흘러나오는 음악에 귀를 기울이면서 강변을 거니는 사람들을 자주 본다.

(다) 우리는 복도에서 헤어져서 사환이 지적해 준, 나란히 붙은 방 세 개에 각각 한 사람씩 들어갔다.

"화투라도 사다가 놉시다." 헤어지기 전에 내가 말했지만 "난 아주 피곤합니다. 하시고 싶으면 두 분이나 하세요"라고 안은 말하고 나서 자기의 방으로 들어가 버렸다.

"나도 피곤해 죽겠습니다. 안녕히 주무세요"라고 나는 아저씨에게 말하고 나서 내 방으로 들어갔다. 숙박계엔 거짓 이름, 거짓 주소, 거짓 나이, 거짓 직업을 쓰고 나서 사환이 가져다 놓은 자리끼를 마시고 나는 이불을 뒤집어썼다. 나는 꿈도 안 꾸고 잘 잤다.

다음 날 아침 일찍이 안이 나를 불렀다.

"그 양반 역시 죽어 버렸습니다." 안이 내 귀에 입을 대고 그렇게 속삭였다.

"예?" 나는 잠이 깨끗이 깨어 버렸다.

"방금 그 방에 들어가 보았는데 역시 죽어 버렸습니다."

"역시……." 나는 말했다. "사람들이 알고 있습니까?"

"아직까진 아무도 모르는 것 같습니다. 우린 빨리 도망해 버리는 게 시끄럽지 않을 것 같습니다."

"자살이지요?"

"물론 그것이겠죠."

나는 급하게 옷을 주워 입었다. 개미 한 마리가 방바닥을 내 발이 있는 쪽으로 기어오고 있었다. 그 개미가 내 발을 붙잡으려고 하는 것 같은 느낌이 들어서 나는 얼른 자리를 옮겨 디디었다.

밖의 이른 아침에는 싸락눈이 내리고 있었다. 우리는 할 수 있는 한 빠른 걸음으로 여관에서 떨어져 갔다.

"난 그 사람이 죽으리라는 걸 알고 있었습니다." 안이 말했다.

"난 짐작도 못했습니다"라고 나는 사실대로 얘기했다.

"난 짐작하고 있었습니다." 그는 코트의 깃을 세우며 말했다. "그렇지만 어떻게 합니까?"

"그렇지요. 할 수 없지요. 난 짐작도 못 했는데……." 내가 말했다.

"짐작했다고 하면 어떻게 하겠어요?" 그가 내게 물었다.

"씨팔 것, 어떻게 합니까? 그 양반 우리더러 어떡하라는 건지……."

"그러게 말입니다. 혼자 놓아두면 죽지 않을 줄 알았습니다. 그게 내가 생각해 본 최선의 그리고 유일한 방법이었습니다."

"난 그 양반이 죽으리라고는 짐작도 못 했다니까요. 씨팔 것, 약을 호주머니에 넣고 다녔던 모양이군요."

안은 눈을 맞고 있는 어느 앙상한 가로수 밑에서 멈췄다. 나도 그를 따라서 멈췄다.

그가 이상하다는 얼굴로 나에게 물었다.

"김형, 우리는 분명히 스물다섯 살짜리죠?"

"난 분명히 그렇습니다."

"나두 그건 분명합니다." 그는 고개를 한 번 기웃했다.

"두려워집니다."

"뭐가요?" 내가 물었다.

"그 뭔가가, 그러니까⋯⋯." 그가 한숨 같은 음성으로 말했다. "우리가 너무 늙어 버린 것 같지 않습니까?"

"우린 이제 겨우 스물다섯 살입니다." 나는 말했다.

"하여튼⋯⋯" 하고 그가 내게 손을 내밀며 말했다.

"자, 여기서 헤어집시다. 재미 많이 보세요" 하고 나도 그의 손을 잡으며 말했다. 우리는 헤어졌다. 나는 마침 버스가 막 도착한 길 건너편의 버스 정류장으로 달려갔다. 버스에 올라서 창으로 내어다보니 안은 앙상한 나뭇가지 사이로 내리는 눈을 맞으며 무언지 곰곰이 생각하고 서 있었다.

"

(라) 누구든, 그 자체로서 온전한 섬은 아니다.

모든 인간은 대륙의 한 조각이며, 대양의 일부이다.

만일 흙덩이가 바닷물에 씻겨 내려가면 대륙이나 모래톱이 그만큼 작아지듯,

그대의 친구들이나 그대 자신의 영지가 그리 되어도 마찬가지다.

나는 인류 속에 포함되어 있기 때문에 어느 사람의 죽음도 나를 감소시킨다.

그러니 누구를 위하여 종이 울리는지를 알고자 사람을 보내지 마라.

종은 그대를 위해 울리는 것이다.

[종:조종(弔鐘), 중세 유럽 마을에서 사람이 죽었을 때 그 사실을 알리고 죽은 사람을 애도하려고 쳤음.]

1) 제시문 (가)~(다)에서 현대인의 양상을 잘 드러낸 단어를 찾아 밑줄을 모두 긋고, 그것을 일반화하여 둘 또는 세 문장으로 정리하라.

   ①

   ②

   ③

2) 제시문 (라)에서 글쓴이가 궁극적으로 말하려는 단어를 문제 1)과 연계하여 찾아 밑줄을 긋고 일반화하라.

3) 논제와 제시문을 읽고 결론 단락에서 어떤 것을 주장할지를 정하라(주장 문장을 쓰고 모범 답안을 바로 확인하세요).

4) 서론−본론 논거를 구상하여 논증의 큰 틀을 구조화하라.

서론 :

본론 :

결론 :

7. 제시문 (가), (나), (다)는 환상, 신화, 축제 같은 비일상적인 것들의 의미를 기술하였다. 제시문 (라)에 대하여 찬반을 정하고 현대 사회에서 비일상성 또는 비현실성이 지니는 기능을 논하라(1200자 안팎).

> (가) 환상문학은 문화적 질서가 의존하고 있는 토대를 제시한다. 왜냐하면 그것은 무질서, 불법적인 것, 법과 지배적 가치 체계 바깥에 놓여 있는 것들을 짧은 순간 열어 보이기 때문이다. 환상적인 것은 문화의 말해지지 않은 부분, 보이지 않는 것, 즉 지금까지 침묵을 강요당하고 가려져 왔으며 은폐되고 부재하는 것으로 취급되어 온 것들을 추적한다. 다시 말해 환상문학은 꺾이지 않는 욕망, 즉 이미 존재하거나 실제로 보일 수 있도록 허용된 것들과는 대립되는, 아직 존재하지 않거나 또는 존재하도록 허용된 적이 없는 것, 들어 보지 못한 것, 보이지 않는 것, 상상적인 것에 관한 열망에 대해 말한다.

나아가 환상문학은 거부나 전복을 통해 급진적인 문화적 변형의 가능성을 확립하려 한다.

(나) 신화가 없다면 모든 문화는 건강하고 창조적인 자연적 능력을 잃게 된다. 신화로 둘러 싸인 지평선 속에서 비로소 문화의 움직임 전체는 하나로 통일, 완결되는 것이다. 상상 력과 아폴로적 꿈의 모든 힘들은 신화를 통해서야 비로소 정처 없는 방랑에서 구제된 다. 신화의 형상들은 보이지 않게 어디에나 존재하는 마적(魔的)인 파수꾼이어야 한다. 이 파수꾼의 비호를 받으며 젊은 영혼은 자라나게 되고, 어른은 자기 삶과 투쟁을 그 표식에 비추어 해석한다. 국가에 있어서도 신화적 토대보다 더 강력한 힘을 지닌 불문 율은 없다. 왜냐하면 신화적 토대는 국가를 신화적 표상으로부터 자라나게 하고, 국가 와 종교와의 관계를 보장해 주기 때문이다.

이제 신화에 의한 이끌림이 없는 추상적 인간, 추상적 교육, 추상적 풍습, 추상적 법 률, 추상적 국가를 상상해 보라. 그 어떤 고유한 신화에 의해서도 제어되지 않는 무절 제한 예술적 상상력의 방황을 눈앞에 그려 보라. 확고하고 신성한 근원을 갖지 못하여 자신의 모든 가능성을 고갈시키고, 그리하여 다른 문화에 기생할 수밖에 없는 어떤 문 화를 상상해 보라. 이것이 오늘날의 모습으로서, 신화를 말살하려 했던 저 소크라테스 주의가 초래한 결과이다. 이제 신화를 상실한 인간은 영원히 굶주리며 모든 지나간 것 들 사이에 서서 자신의 뿌리를 찾아 땅을 파헤치고 있다.

(다) 중세의 엄숙성은 한편으로는 두려움, 허약함, 비하, 굴종, 거짓, 위선의 요소들로, 다 른 한편으로는 폭력, 위협, 협박, 금지로 채워져 있었다. 이 엄숙성은 탄압과 강제와 금 지를 통해서 권력을 대변했다. 그러한 까닭에 중세의 엄숙성은 민중의 불신을 불러일 으켰다. 엄숙성은 공식적인 분위기를 담고 있었으며, 공식적인 모든 것처럼 거역할 수 없는 것으로 받아들여졌다. 그것은 억압적이었고, 두려움을 불러일으켰으며, 제약적 이었고, 왜곡했으며, 위선의 마스크를 썼다. 엄숙성은 금식(禁食)의 순간에도 탐욕스러 웠다. 그러나 축제의 광장과 주연(酒宴)의 식탁에서 그 가면이 벗겨지면 웃음, 바보스러 움, 무례함, 욕설, 패러디, 풍자를 통해서 다른 진실이 드러났다. 모든 두려움과 거짓은 세속적이고 육체적인 축제의 원리 앞에서 스러졌다.

(라) 소설에는 세 가지 의혹된 바가 있다. 헛것을 내세우고 빈 것을 천착하며, 귀신을 논하 고 꿈을 말하였으니 지은 사람이 첫 번째 의혹이요, 허황된 것을 감싸고 비루한 것을 고취시켰으니 논평한 사람이 두 번째 의혹이요, 귀중한 시간을 허비하고 경전(經典)을

등한시했으니 탐독하는 사람이 세 번째 의혹이다. 소설을 지은 것도 옳지 못한 일인데 무슨 심정으로 평론까지 붙여 놓았단 말인가? 평론한 것도 옳지 못한 것인데 《삼국지》 또는 《수호전》을 속집(續集)까지 만든 자가 있었으니, 그 비루함을 더욱 논할 나위가 없다. 슬프다! 더욱 심한 자는 음란한 더러운 일을 늘어놓고 괴벽한 설을 부연하여 보는 사람의 눈을 기쁘게 하기에 힘쓰면서 부끄러워할 줄을 모른다. 내가 일찍이 보건대, 소설들 서목(書目) 중에 연의(演義)를 개척한 것도 있는데, 비록 펼쳐 보지는 않았지만 그 명목만 보아도 너무 괴상하다.

1) 제시문 (라)를 단순 요약하여 글쓴이가 말한 것을 한 문장으로 정리하라.

2) 제시문 (라)의 태도에 찬성할지 반대할지를 정한 뒤, 그 견해를 한 문장으로 정리하라.

3) 논제와 찬반 태도를 연계하여 자신의 견해를 일반화하되, 한 문장으로 정리하라.

4) 논제와 제시문을 읽고 결론 단락에서 어떤 것을 주장할지를 정하라(주장 문장을 쓰고 모범 답안을 바로 확인하세요).

5) 제시문 (가)~(라)에서 결론 단락 주장을 뒷받침할 만한 단어를 찾아 밑줄을 모두 긋고, 그것을 일반화하여 둘 또는 세 문장으로 정리하라.

①

②

③

6) 서론-본론 논거를 구상하여 논증의 큰 틀을 구조화하라.

서론 :

본론 :

결론 :

논술글 평가하기

평가 기준에 따라 논술글을 평가해 봅니다.
다른 사람 글에서 장점을 찾아 익히고,
다른 사람이 저지른 오류를 극복할 수 있습니다.

1

논술글 평가하기

이 책은 혼자서도 공부할 수 있도록 만들었습니다. 그런데 독학하는 사람들이 답답해하는 점은 글을 썼을 때 자기 글이 어느 수준인지를 알 수 없다는 것이지요. 최선을 다해 쓴 글이라서, 자기 글에 애착이 생겨 객관적으로 보기가 쉽지 않고, 남이 봐 준다 해도 비판을 받아들이지 못합니다.

그러나 글은 남이 읽는 것을 전제로 쓴 것이니, 남이 자신을 평가한다는 사실을 인정하고 비판을 받아들여야 합니다. 그리고 다른 사람 글을 부지런히 평가하면서 그 글에서 약점을 찾아야 합니다. 그래야 자기도 글을 쓰면서 그런 실수를 되풀이하지 않습니다.

평가할 때는 먼저 전체 글의 방향과 논증 구조를 따집니다. 그래서 내용 전개와 논리가 제대로 구조화되었는지를 평가해야 합니다. 숲을 조감하여야 나무를 어떻게 배치할지를 알 수 있는 것과 같습니다. 그 다음에 각 단락의 내용을 살피고, 맨 마지막에 문장, 표현 기교, 맞춤법에 비중을 둡니다(논제 방향과 구조 → 단락 → 문장 → 단어).

논술 문장에 빨간색 줄을 긋고 효율적인 문장으로 바꾸어 주는 것은 평가 단계의 끝부분입니다. 그렇게 문장에만 매달리면 나무만 보다가 숲을 보지 못합니다. 남이 주로 봐 주어야 하는 것은 논제의 이해와 분석, 논증의 큰 틀입니다. 이 과정을 좀 더 잘게 쪼개면 다음과 같습니다.

> **평가 순서**
>
> 1. **서론, 본론, 결론이 어디까지이며, 본론 각 단락 원고량이 적절하였는지 살펴봅니다.** 원고량을 적절히 안배했는지? 본론 각 단락 원고량 차이가 심한 것은 아닌지?
>
> 2. **결론 단락에서 주장 문장을 찾아 살펴봅니다.** 주장이 분명한지? 너무 넓은 것은 아닌지? 논제를 이해하고 반영하였는지? 논제를 벗어나지 않았는지?
>
> 3. **서론-본론 각 단락에서 논거를 찾아 결론 주장을 뒷받침하는지를 확인합니다.** 논증이 합리적이고 객관적인지? 논거는 필요한 논거인지?(정합성) 서론-본론-결론이 일관성을 유지하는지?
>
> 4. **본론 각 단락 논거를 제대로 뒷받침하였는지를 살펴봅니다.** 일반적 진술(논거)과 구체적 진술

(뒷받침)을 구별하는지? 글에 깊이가 있는지? 집중력이 있는지? 객관성을 유지하는지? 뒷받침은 적절한지? 예시가 적절한지, 참신한지, 편견은 아닌지? 일반화 오류는 아닌지? 강요하는 것은 아닌지? '왜, 어째서'를 설명하는지?

5. **결론 단락 주장 문장과 뒷받침 문장을 살펴봅니다.** 비약하지 않았는지? 애국적 당위와 교훈적 훈계는 아닌지? 원고량이 적은 것은 아닌지?

6. **서론 단락에서 현실을 진단하고 문제를 제기하는지 확인합니다.** 너무 멀리서 시작하지 않았는지? 멋있게 쓰려고 장황하지는 않은지?

7. **문장의 효율을 따져 봅니다.** 문장이 간결한지? 주술이 호응하였는지? 영어식 문장은 없는지? 모호한 표현은 아닌지? 평서문으로 썼는지?

8. **단어가 제대로 쓰였는지 확인합니다.** 전환구는 제대로 붙였는지? 맞춤법은 지켰는지? 용어의 혼선은 없는지? 구어와 속어, 비어를 쓰지 않았는지?

9. **원고지 쓰는 법을 살펴봅니다.** 띄어쓰기와 단락 줄 바꾸기는 잘 지켰는지?

이런 과정에서 수험생의 차이를 점수화한 것이 채점 기준표입니다. 이 과정을 대체로 크게 4단계로 나눕니다.

1단계 : 자기주장을 결론 단락에서 분명히 드러내는지.
2단계 : 그런 주장을 잘 논증하여 구조화하는지.
3단계 : 구조화한 논거를 단락으로 잘 확장하는지.
4단계 : 표현에서 맞춤법, 원고지 쓰는 법 따위를 잘 지키는지.

이 단계에서 앞쪽 단계가 중요합니다. 1단계가 해결되어야 2단계로 넘어갑니다. 그리고 2단계를 넘어야 3단계가 평가됩니다. 즉, 1단계가 기본이면서 가장 중요한 단계입니다. 대체로 1단계와 2단계 배점이 높습니다. 물론 대학마다 모두 다릅니다.

3단계는 배점이 높아도 채점자가 제대로 평가하기 힘든 곳입니다. 그래서 수험생 평가 점수를 비슷하게 준다면 별 의미가 없습니다. 4단계는 최근 거의 비중을 두지 않습니다. 다시 말해 현재는 1, 2단계에서 대부분 합격과 불합격이 결정됩니다. 이런 과정을 서울대학교에서는 다음처럼 도표로 만들었습니다.

인문계열 평가 항목 및 평가 기준(서울대 2007년 2월 22일)

구 분	평 가 내 용 및 기 준
지시 사항 불이행	필기구 종류 및 색깔 위반(두 종류 이상의 필기구 사용) 응시자의 신원 노출
이해 분석력	논제에 대한 이해 분석 능력 제시문에 대한 이해 분석 능력 답안이 논제에 충실한 정도 제시문을 적절히 활용한 정도
논증력	**근거 설정 능력** – 주장에 대한 적절하고 분명한 논거 제시 – 주장과 논거의 논리적 타당성 – 논제에 대한 분명한 자기 의견 표현 – 자기 의견과 제시문의 연관성 **구성 조직 능력** – 전체 논의 전개의 정합성 및 일관성 유지 – 전체 논의 전개에 있어 논리적 비약 여부 – 글의 전체적인 흐름이 체계적이고 조직적으로 전개
창의력	**심층적인 논의 전개** – 주장이나 논거에 대해 스스로 가능한 반론 제기 – 논의에서 더 나아간 함축이나 귀결들에 대해 고려 – 논의가 전개되는 맥락이나 배경 상황에 대한 적절한 고려 – 묵시적인 가정이나 생략된 전제에 대한 고찰 **다각적인 논의 전개** – 발상이나 관점의 전환을 시도 – 가능한 대안들에 대한 고려 – 여러 이질적 개념들의 종합 – 암묵적으로 가정된 전제에 대한 비판적 고찰 **독창적인 논의 전개** – 주장이나 논거에 새로움 – 문제를 통찰함에 있어 특이함 – 관점이나 논의 지평에 참신함
표현력	**표현의 적절성** – 문장 표현의 매끄럽고 자연스러움, 적절한 비유 – 단락 구성 및 어휘의 적절성 – 맞춤법 등의 어법, 원고지 사용법 준수

이런 표를 이용하면 논술글 쓰기에서 자신이 어느 부분이 약한지를 잘 알 수 있습니다. 예를 들어, 결론 단락 주장 문장이 없거나, 모호하거나, 엉뚱하다고 평가된 사람은 기준표에서 '이해 분석력'이 떨어지는 사람입니다. 즉, 뭘 묻는지를 모르거나, 제시문을 왜 주었는지 모르는 사람입니다. 그런 사람은 자기 견해를 '표현'하지 못한 것이 아니라, 논제와 제시문을 '이해'하지 못한 것입니다. 그러므로 글쓰기보다 독해부터 연습해야 합니다.

고3 수험생이라면 대학수학능력시험(수능)이 끝나고 논술 시험을 치를 때까지 자신의 약점을 극복할 수 있습니다. 설령 그때까지 논술글을 한 번도 안 써 보았어도 그 기간 연습만으로 글솜씨를 키울 수 있습니다.

더구나 수능이 끝나면 다른 과목에 매달리지 않아도 됩니다. 남은 기간이 한 달이라고 해도 그것은 매일 한 시간씩 3년 동안 공부한 것과 맞먹습니다. 아주 충분합니다. 고3 수험생이 제대로 연습하면 논술글 쓰기가 하루아침에 됩니다. 남은 한 달에 다음 몇 가지를 실천해 보세요.

첫째, 견문을 넓히세요. 매일 한 시간쯤 신문 칼럼, 시사주간지, 읽기 자료 모음집 등을 읽고 그 글에서 말하고자 하는 것을 서론-본론-결론으로 정리하되, 각각 한두 줄 정도로 요약해 보세요. 각 단락에서 논거를 찾아 밑줄을 긋고 서론 문장, 본론과 결론 문장을 정리하여 그 구조를 머릿속으로 음미해 봅니다. 그 구조를 카드로 정리하여 틈틈이 꺼내 보면 더욱 좋습니다.

둘째, 기출 문제를 많이 풀어 보세요. 기출 문제를 보면서 논증의 큰 틀을 잘 궁리하여 간단하게 네댓 줄 문장으로 정리합니다. 다른 사람에게 그 구조가 자연스러운지 봐 달라고 부탁합니다. 친구 또는 선생님에게 그 개요표를 보여 주고 지도를 부탁하세요. 글의 구조를 제대로 잡지 못하면서 원고지부터 채우려 한다면 시간을 허비하기 쉽고, 나중에는 글쓰기를 더 어려워합니다. 어디에 문제가 있는지 모르기 때문에 글솜씨가 늘지 않습니다.

셋째, 지도교사 없이 하루에 글을 여러 편 쓰지 마세요. 하나를 쓰고 공부한 뒤 다음 글을 써야 합니다. 하루에 열 개를 써 보았자 그 솜씨로 열 개를 쓴 것뿐이라서, 이쪽에 있는 버릇이 저쪽에서도 드러납니다. 자기가 쓴 글을 지도교사가 봐 줄 수 있으면 '쓰고, 평가하고, 쓰고, 평가하고'를 반복하며 하루에 몇 개를 써도 됩니다. 지도교사가 없으면 독서를 많이 한 친구에게 보여 주세요. 그 친구를 스승으로 여기고 충고를 받아들여야 합니다.

넷째, 짧은 글부터 시작하세요. 기준에 맞추어 원고량을 늘리면 되니까, 처음에는 400자에

서론–본론–결론을 담아 자기 생각을 정리해 보세요. 자기 생각을 충분히 절제하여 400자에 담을 수 있으면 600자, 800자로 원고량을 점점 늘려 나갑니다. 처음부터 1000자가 넘는 글을 쓰게 되면 논증 방법을 익히지 않고 원고지 채우는 연습만 하는 꼴입니다. 그런 글은 각 단락의 집중력이 떨어집니다.

다섯째, 논술 시험을 치르기 1주일 전쯤 볼펜으로 쓰기, 원고지에 쓰기, 제한 시간에 글쓰기, 쓰기 전에 개요 짜기, 문장 개요를 원고지에 옮기는 시간 재기, 확인하기 등을 연습합니다. 시험장에서 어떤 사람은 시간이 모자라 답안지를 다 채우지 못합니다. 시험장에서 어떻게 시간을 안배해야 할지 평소에 훈련하지 않았기 때문입니다. 그러므로 시험 현장과 비슷한 조건에서 연습하여 시험장에서 다른 변수가 생겨도 당황하지 않도록 준비해야 합니다.

연 습 문 제 1

외래어를 우리말에 섞어 쓰는 것에 대해 자신의 견해를 밝히세요.

① 우리 생활 속에는 알게 모르게 외래어가 널리 쓰이고 있다. ② 또한 외래어가 그대로 우리말처럼 굳어 버린 것도 많다. ③ 글로벌 시대이니 외래어가 어느 정도 이용되는 것은 좋은 현상이다. ④ 하지만 도가 지나쳐 우리말보다 더 많이 쓰인다면 그것은 큰 문제이다.

⑤ 외래어가 많이 쓰이는 것은 세계화 시대로 인한 것도 있겠지만 사람들 인식에 문제가 있기도 하다. ⑥ 우리 한글보다 외래어를 쓰는 것이 더 유식해 보인다고 생각하기 때문이다. ⑦ 또한 이러한 생각으로 실생활에 외래어를 쓴 상점이 아주 많이 널려 있다. ⑧ 굳이 한글만으로도 간판을 만들 수 있는 곳도 밑자락에는 외래어가 들어가 있다.

⑨ 외래어가 어색하지 않은 것은 광고나 잡지 같은 매체에서 먼저 쓰기 때문에 정보를 받는 수용자에게 친근하게 느껴지기 때문이다. ⑩ 정보로 보면서 '저 광고는 영어가 저리 많아' 하고 느끼는 사람은 드물 것이다. ⑪ 오히려 영어가 없으면 뭔가 허전하다고 느끼는 사람이 많은 것 같다. ⑫ 이것은 외래어를 과도하게 받아들여 나타난 현상이다.

⑬ 외래어를 어느 정도 수용하는 것은 괜찮다. ⑭ 하지만 우리말보다 외래어가 더 친숙하다면 그것은 돌이켜 보아야 할 문제이다. ⑮ 21세기는 세계화 시대이다. ⑯ 지구촌이라는 말이 나올 정도로 세계 교류가 빈번해지는 마당에 외래어 수용은 당연한 일이지도 모른다. ⑰ 하지만 지나친 수용은 도리어 해가 된다는 사실을 잊어서는 안 된다.

1. 서론, 본론, 결론이 어디까지인지를 확인하여 안배가 잘 되었는지 따져 보세요.

2. 결론 단락에서 주장 문장을 찾아보세요.

3. 서론–본론 각 단락에서 논거를 찾아 결론 주장을 뒷받침하는지를 확인합니다.

4. 본론 각 단락 논거를 제대로 뒷받침하였는지를 살펴봅니다.

5. 결론 단락 주장 문장과 뒷받침 문장을 살펴봅니다.

6. 서론 단락에서 현실을 진단하고 문제를 제기하는지 확인합니다.

7. 이 글은 무엇이 가장 큰 문제이고, 어떻게 해야 그 문제를 극복할까요?

연 습 문 제 2

지방마다 사투리가 있어 때로는 한 지역의 말을 다른 쪽에서 이해하지 못한다. 표준말에 어떤 의미가 있는지를 살펴, 일상생활에서 되도록 표준말을 써야 하는 이유를 알아보자.

① 사람들은 언어를 통하여 자신의 생각이나 감정을 표현한다. ② 그럼 우리들이 표준말을 쓰는 이유는 무엇일까? ③ 사용하는 말이 서로 다르거나 발음이 정확하지 않거나 표기가 다르면 서로 의사소통이 이루어지지 않는다. ④ 그래서 표준말을 정해 놓았다. ⑤ 말하자면 표준말이란 국민 누구나 공통적으로 쓰도록 마련한 공용어이다.

⑥ 그런데 어느 날 테레비를 보니까 개그맨이 나와서 사투리를 이용하여 웃기는데, 참 재미있었지만, 가만히 들어 보니까 같은 뜻인데도 표현하는 법이 달라 알아들을 수 없었다. ⑦ 그러므로 표준말이 필요하다는 것을 느꼈다. ⑧ 그리고 테레비에서 사투리를 쓴다면 시청하는 사람들에게 좋지 않은 영향을 준다.

⑨ 예를 들어 어느 날 택시 기사가 경상도 할머니를 태웠을 때 기사가 "할머니, 어디 가시나요?" 하고 물으면 할머니는 "내는 경상도 가시나다"라고 대답할 것이다. ⑩ 실제로 나도 그런 일을 겪었다. 안동 외숙모가 "물건을 이기 갖다 놓으라"고 하는데, 나는 '이기'라는 말을 몰라서 심부름을 못해서 나중에 외숙모한테 혼났는데, 나중에 물어보니까 '이기'는 '여기에'라고 알려 주었다. ⑪ 그러니 서로 말이 통하려면 표준말을 꼭 배워야 한다고 생각한다.

⑫ 그리고 표준말을 왜 써야 하는지를 더 이야기해 보겠다. ⑬ 표준말은 국민 모두가 하나가 되는 길을 열어 주고, 친근감을 준다. ⑭ 사투리를 쓰면 같은 고장 사람끼리는 친근감을 얻지만, 지방이 다를 경우 친근감을 느끼기는커녕 사이가 서먹해질 것이다.

⑮ 같은 민족끼리 말이 안 통한다면 그것은 비극이다. ⑯ 그러니 표준말이 얼마나 고마운 것인가? ⑰ 그렇다. ⑱ 표준말은 서로 쉽게 이해하게 하며, 대화도 잘 통하게 해 준다. ⑲ 그러므로 우리나라 어느 곳에 가더라도 공적인 언어생활에서는 반듯이 표준말을 쓰도록 노력하자. ⑳ 표준어를 잘 알고 조금이나마 국가 발전에 기여를 해야겠다.

1. 서론, 본론, 결론이 어디까지인지를 확인하여 안배가 잘 되었는지를 따져 보세요.

2. 결론 단락에서 주장 문장을 찾아보세요.

3. 서론─본론 각 단락에서 논거를 찾아 결론 주장을 뒷받침하는지를 확인합니다.

4. 본론 각 단락 논거를 제대로 뒷받침하였는지를 살펴봅니다.

5. 결론 단락 주장 문장과 뒷받침 문장을 살펴봅니다.

6. 서론 단락에서 현실을 진단하고 문제를 제기하는지 확인합니다.

7. 문장과 단어를 잘 썼는지 따져 봅니다.

   1) 문장 ⑥에서 틀린 말을 찾아 고치고 문장을 짧게 끊되, 객관적인 말투로 바꾸어 보세요.

   2) 문장 ⑲에서 틀린 말을 찾아 고치고, 문장 서술어를 바꾸어 보세요.

8. 이 글은 무엇이 가장 큰 문제이고, 어떻게 해야 그 문제를 극복할까요?

학교에서나 가정에서 학생들을 체벌하는 경우가 많습니다. 이렇게 육체적으로 고통을 주어 가며 교육하는 것에 찬성할 것인지 반대할 것인지 하나를 선택하고, 그 이유를 대 보세요(800자 안팎).

① 나는 가정에서나 학교에서나 가끔씩은 매를 대야 한다고 생각한다. ② 왜냐하면 자기 아이 또는 제자가 나쁜 짓을 했는데 매를 대지 않는다면 그 아이는 그런 행동이 옳다고 생각하여 반드시 또 그런 행동을 할 수 있기 때문이다. ③ 그렇게 되면 자신의 잘못을 느끼지 못하고 계속 잘못을 반복할 것이다. ④ 그럼 본론에 매를 대도 좋다는 근거를 제시해 보겠다.

⑤ 요즈음 우리들의 가정을 살펴보면 잘못된 교육으로 인하여 나쁜 일을 많이 저지르는 것을 볼 수 있다. ⑥ 그 한 가지 예로 자기를 낳고 길러 주신 부모님을 단지 돈을 안 준다는 이유만으로 무참하게 죽이는 사람들이 그 예이다. ⑦ 그것은 말도 안 된다고 생각한다. ⑧ 부모님께 그런 짓을 하다니 괘씸한 생각이 든다. ⑨ 아마 어렸을 때 매를 맞지 않고 제 멋대로 자랐기 때문에 나쁜 사람이 되었을 것이다.

⑩ 수업 시간에 심한 꾸중, 더 나아가 매를 맞는 아이들을 보면 과장된 말이지만 좀 불쌍해 보인다. 왜냐하면 같은 반이면서 그 아이들만 매를 맞고 꾸중을 듣기 때문이다. ⑪ 어떤 때는 별 일도 아닌데 매를 맞기도 한다. ⑫ 재수 없이 걸린 것 같을 때도 있다.

⑬ 하지만 선생님들께서 우리들에게 매를 드시고 꾸중을 하시는 이유는 우리들이 하는 잘못된 행동으로 인해 아마도 무척 화가 나셔서 인 것 같다. ⑭ 그래서 그 점만은 우리들이 이해해 드려야 할 것 같다. ⑮ 매는 다른 사람이 아닌 나 자신을 위한 것이라는 깨달으면 매에 대한 인식이 좋아질 것이다. ⑯ 그렇기 때문에 나는 선생님들께서 우리들에게 매를 드시는 것은 당연하다고 생각한다.

⑰ 암튼 부모님께서나 선생님께서 우리들에게 매를 드시는 것을 무조건 나쁘다고 말하지 말고, 그런 말을 하기 전에 우리들이 먼저 모범을 보여 드려서 매를 드시는 선생님과 부모님께서 더 미안한 마음이 들도록 하자.

1. 서론, 본론, 결론이 어디까지인지를 확인하여 안배가 잘 되었는지 따져 보세요.

2. 결론 단락에서 주장 문장을 찾아 살펴봅니다.

3. 서론–본론 각 단락에서 논거를 찾아 결론 주장을 뒷받침하는지를 확인합니다.

4. 본론 각 단락 논거를 제대로 뒷받침하였는지를 살펴봅니다.

5. 결론 단락 주장 문장과 뒷받침 문장을 살펴봅니다.

6. 서론 단락에서 현실을 진단하고 문제를 제기하는지 확인합니다.

7. 문장과 단어를 잘 썼는지 따져 봅니다.

　1) 문장 ⑤와 ⑬의 밑줄 그은 곳에서 관형절을 없애고 우리말답게 바꾸어 보세요.

　2) 문장 ⑰에서 틀린 말을 찾아보세요. 문장을 짧게 끊되 객관적인 말투로 바꾸어 보세요.

8. 이 글은 무엇이 가장 큰 문제이고, 어떻게 해야 그 문제를 극복할까요?

'성(性)에는 책임이 따른다'는 말을 어떻게 생각하는지, 다음 글을 읽고 보수적이거나 자유적인 태도를 선택하여 자신의 견해를 서술하세요(800자 안팎).

> 1980년대 이후에 우리 사회의 성도덕이 크게 문란해졌다. 특히 여성의 성을 바탕으로 하는 향락 산업이 크게 번창하였다. 이로 말미암아 오늘날 성도덕의 문란이 사회 문제가 되었다. 이것은 사회적으로 전통적 성 윤리와 서구의 성 문화가 뒤섞인 상태에서 가치관을 제대로 확립하지 못했고, 개인적으로 성에 대한 무지에서 비롯된 것으로 본다.

① 요즈음 매스컴에 청소년을 성폭행한 사건 등이 보도되었는데, 비도덕적인 일들이 많아지면서 성 윤리에 관한 문제가 사회에 대두되고 있다. 성폭행 예방법 등이 신문에 자주 등장하고, 성 윤리에 관한 교과서가 채택되어 내년부터 학생들에게 가르쳐지게 된다.

② 이렇게 성과 관련해 많은 사건이 일어나고, 사회가 혼란해진 것은 무엇 때문일까? 아마도 우리들 각자의 성 의식에 문제가 있기 때문일 것이다. 그런 만큼 우리는 각자 올바른 성 윤리관을 갖추어야 하는 것이다.

③ 그렇다면 어떠한 입장이 가장 올바른 성 윤리관인가? 이것은 자신의 생각과 관점에 따라 달라질 수 있는 것이기 때문에 하나로 규정할 수는 없지만 성에 따른 책임과 관련해 나는 '온건한 보수주의'를 택하려 한다.

④ '성에는 책임이 따른다'는 말은 곧, 성 행위가 성적 쾌락을 위해 있는 것이 아니라 상대에 대한 사랑을 동시에 수반해야 한다는 것을 의미한다. 사랑과 성을 인간의 신체에 비유할 수 있다. 사랑을 정신에, 인간을 육체에 비유한다면, 육체와 정신이 함께 함으로써 한 인간의 몸을 구성하듯, 사랑과 성이 함께 함으로써 진정으로 성적인 욕구가 충족된다. 따라서 성 행위는 상대에 따라 식별되어 이루어져야 하며 상호간의 사랑과 서약을 전제로 해야만 한다. 이런 조건을 갖춘 성적 표현은 성을 충분히 누릴 자격이 있다고 판단된다.

⑤ 지금까지 다뤄 본 성 윤리관을 정리해 보자면 사랑과 성은 떼려야 뗄 수 없는 상호 보완적 관계이며, 그로써 자연적으로 성적 욕구가 충족된다고 보는 것이다.

⑥ 우리는 이러한 입장이 성을 대하는 올바른 태도라는 점을 상기하면서 성 윤리가 무너진 오늘날, 당당히 성을 바라보며 이해할 수 있어야 하겠다.

1. 서론, 본론, 결론이 어디까지인지를 확인하여 안배가 잘 되었는지 따져 보세요.

2. 결론 단락에서 주장 문장을 찾아 살펴봅니다.

3. 서론–본론 각 단락에서 논거를 찾아 결론 주장을 뒷받침하는지를 확인합니다.

4. 본론 각 단락 논거를 제대로 뒷받침하였는지를 살펴봅니다.

5. 결론 단락 주장 문장과 뒷받침 문장을 살펴봅니다.

6. 서론 단락에서 현실을 진단하고 문제를 제기하는지 확인합니다.

7. 문장과 단어를 잘 썼는지 따져 봅니다.

　1) ①과 ④단락에서 밑줄 그은 영어식 피동형 문장을 우리말답게 바꾸어 보세요.

　2) ⑤단락에서 밑줄 그은 곳을 빼고 다른 말로 바꾸어 보세요.

8. 이 글은 무엇이 가장 큰 문제이고, 어떻게 해야 그 문제를 극복할까요?

연 습 문 제 5

우리에게 엉뚱한 일들이 다른 문화에서는 당연하게 받아들여진다. 가령 '양심의 기준'이 나라마다 문화마다 환경마다 상대적으로 적용될 수 있는지, 언제 어디서든 절대적으로 지켜야 하는지 판단하기 어렵다. 다음 글을 읽고 '양심의 적용'을 논의의 기준으로 삼아 자신의 견해를 밝혀 보라(800자 안팎).

> 에스키모 족은 겨울에 다른 장소로 이동할 때 늙은 부모를 동행하지 않아 죽게 한다고 한다. 뉴기니 도부 족은 남의 물건 훔치는 것을 허용하며, 아프리카 누엘 족은 기형아를 출산하면 하마가 사는 강물에 던진다고 한다. 멜라네시아 어느 부족은 친절과 정직을 악덕으로 본다.

① 우리는 세상을 살면서 여러 가지 일들을 행한다. ② 그중에는 좋은 일도 있을 것이고 그렇지 못한 나쁜 일도 있을 것이다. ③ 그 나쁜 일을 했을 때 우리는 무엇인가가 마음에서 움직이는 것을 느낀다. 그것을 사람들은 양심이라고 말한다.

④ 그런데 지금까지 양심에 대한 많은 논란이 있어 왔다. ⑤ 어떤 이는 사람들은 양심을 가지고 태어나며, 또 어떤 이는 후천적으로 익힌 신념이 양심이라는 것이다. ⑥ 이에 대해 나의 의견을 다음에 몇 가지 적어 보겠다.

⑦ 첫째, 양심은 민족 또는 문화권에 따라 차이를 나타낸다. ⑧ 우리나라의 학생이나 젊은 이들은 버스 혹은 전철 안에서 나이 드신 분을 보면, 특별한 경우가 아니고서는 자리를 양보한다. ⑨ 그렇지 못했을 경우에 그의 내면에 있는 양심의 소리가 그를 괴롭힐 것이다. 하지만 유럽이나 아메리카에서는 자리를 양보하지 않았더라도 그러한 양심의 가책을 느끼지 못한다.

⑩ 둘째, 양심은 같은 민족 또는 문화권 내에서도 살아온 환경, 생활 방식, 생활 습관에 따라 개인차를 가진다. ⑪ 어떠한 쌍둥이가 있었는데 어릴 적에 부모를 여의었다고 가정하자. 그리고 한쪽 아이는 훌륭한 가문에 입양되어 좋은 교육을 받았고, 다른 한쪽은 그렇지 못한 환경에서 좋지 못한 일을 많이 저질렀다고 생각하자. 후에 누군가가 와서 둘 모두에게 똑같이 나쁜 짓을 했을 때, 전자는 양심 때문에 그에게 해를 끼치지 못할 것이고 후자는 어떠한 행동을 보일지 모른다.

⑫ 어떠한 사람이든지 태어날 때에는 다 똑같은 양심에 대한 가능성을 지니고 태어난다. ⑬ 하지만 성장하면서, 그 사회의 환경과 문화에 적응하면서 양심에 대한 개인차가 나타나는 것이다. ⑭ 따라서 양심은 어떠한 보편적이고 절대적인 것이 아니라, 문화와 환경 등 여러 가지 조건에 따라 상대성을 지니는 것이다.

1. 서론, 본론, 결론이 어디까지인지를 확인하여 안배가 잘 되었는지 따져 보세요.

2. 결론 단락에서 주장 문장을 찾아 살펴봅니다.

3. 서론–본론 각 단락에서 논거를 찾아 결론 주장을 뒷받침하는지를 확인합니다.

4. 본론 각 단락 논거를 제대로 뒷받침하였는지를 살펴봅니다.

5. 결론 단락 주장 문장과 뒷받침 문장을 살펴봅니다.

6. 서론 단락에서 현실을 진단하고 문제를 제기하는지 확인합니다.

7. 문장과 단어를 잘 썼는지 따져 봅니다.
   1) ①에서 밑줄 그은 말을 객관적인 어휘로 바꾸세요.
   2) ⑨에 있는 두 문장에 어떤 문제가 있는지 설명해 보세요.
   3) ⑪에 어떤 문제가 있는지 설명해 보세요.

8. 이 글은 무엇이 가장 큰 문제이고, 어떻게 해야 그 문제를 극복할까요?

절대 자유란 '완전한 자유'를 의미하고, 상대적 자유란 '제한적인 자유'를 말한다. 오늘날 대부분 국가는 상대적 자유를 바탕으로 사회를 꾸려 나간다. 현대 사회에서 상대적 자유의 한계를 어디까지로 보아야 할지 자기 견해를 밝히되, 본론에 구체적인 예를 들어 800자 안팎으로 논술하라.

① 인간은 자유롭고 싶다. 모든 속박에서 벗어나 자기 뜻대로 이루고자 한다. ② 그래서 사람들은 그 방법으로 자유와 평등을 발전시켜 왔다. ③ 오늘날도 이런 인류의 보편적 목적을 위해 노력하고 있다.

④ 자유와 평등은 일견 서로 상반되는 듯하다. 그러나 두 개념 모두 인류 생활 향상에 필수적이다. 자유와 평등의 관계는 마치 동전의 앞뒷면처럼 밀접한 사이이다. ⑤ 그래서 자유는 평등을 위해 일정한 한계를 <u>지니기 마련이다.</u> 절대적 자유는 있을 수 없다. ⑥ 따라서 상대적 자유를 택하게 되는데 그 조건은 다음 세 가지 자유 법칙으로 집약된다.

⑦ 첫째, 사회적으로 널리 인정된 행위여야 한다. ⑧ 그렇지 못해 남에게 불공정한 해를 끼치는 것은 그러한 해를 입는 것과 마찬가지로 자유라 할 수 없다.

⑨ 둘째, 자신의 이성적 판단에 비추어 합당해야 한다. ⑩ 자신의 판단에 반하는 행동을 하면서 자유를 느낄 수 없기 때문이다.

⑪ 셋째, 자신이 하고자 하는 일이어야 한다. ⑫ 내키지도 않는 일을 하면서 자유롭다 할 수 없기 때문이다. ⑬ 요약해서 상대적 자유는 '사회적 정의에 입각한 자율적 자유'라 할 수 있다. ⑭ 이러한 관점에서 생각하면 여러 가지 방종이 왜 '방종'인지 알 수 있다. 밤늦은 시간의 고성방가는 제1원칙에 위배되기 때문에 방종이며 마약 중독의 경우 제1원칙과 제2원칙에 반하므로 자유가 아니다. ⑮ 또 수험생의 타율적 공부도 제3원칙을 어겼으므로 자유롭다 할 수 없다.

⑯ 결국 남과의 조화로운 관계 속에서 자신이 하고픈 일을 하는 것이 진정한 자유이다. ⑰ 이것이야말로 인류가 누릴 수 있는 최대한의 자유이며 또한 상대적 자유의 한계이다.

1. 서론, 본론, 결론이 어디까지인지를 확인하여 안배가 잘 되었는지 따져 보세요.

2. 결론 단락에서 주장 문장을 찾아 살펴봅니다.

3. 서론─본론 각 단락에서 논거를 찾아 결론 주장을 뒷받침하는지를 확인합니다.

4. 본론 각 단락 논거를 제대로 뒷받침하였는지를 살펴봅니다.

5. 결론 단락 주장 문장과 뒷받침 문장을 살펴봅니다.

6. 서론 단락에서 현실을 진단하고 문제를 제기하는지 확인합니다.

7. 문장과 단어를 잘 썼는지 따져 봅니다.
   1) ④에서 밑줄 그은 곳을 바르게 고치세요.

   2) 문장 ⑰에 어떤 문제가 있는지 설명해 보세요.

8. 이 글은 무엇이 가장 큰 문제이고, 어떻게 해야 그 문제를 극복할까요?

대가족 중심으로 이루어지던 가족생활이 오늘날 핵가족 중심으로 변하였다. 그런데 요즈음에는 동거나 독신처럼 가족에 얽매이지 않는 사람도 늘었다. 미래에는 가족 제도가 어떻게 변할지를 전망하여 800자 안팎으로 논술하라.

① 현대 사회의 새로운 모습으로 가족 제도의 변화를 들 수 있다. ② 그 원인으로 산업 혁명으로 인한 1차 산업에서 2·3차 산업으로의 직업 구조 변화와 지속적인 여권 신장에 의한 여성의 적극적인 사회 진출을 이야기할 수 있다. ③ 이러한 원인으로 인해 그동안 우리 사회는 대가족 제도로의 변화를 겪게 되었다. ④ 그럼 미래 사회에서의 가족 제도는 어떤 모습일지 예견해 보도록 하자.

⑤ 미래 사회에는 독신자 수가 증가한다. ⑥ 개인의 경제적 능력 향상으로 말미암아 좀 더 완벽한 인격체로서 자신의 자유를 즐기려 하기 때문이다.

⑦ 독신자의 증가는 또 다른 의미의 가족 제도를 형성하게 된다. ⑧ 예를 들자면 비만 협회나 팬 클럽 같이 여러 사람들이 특정한 취미나 목적에 따라 서로의 공감대를 형성하며 지내는 경우이다. 우리가 이미 알고 있는 애정이나 혈연으로 얽혀진 가정의 의미와는 다르지만, 독신자들에겐 위와 같은 관계가 가족의 느낌이나 기능을 대신할 수가 있다.

⑨ 그러나 그렇다고 해서 현 가족 제도가 사라지는 것은 아니다. ⑩ 남녀가 사랑을 느끼고 가정을 이뤄 자녀를 출산하게 되는 것은 성의 본질이고 본능적인 행위이기 때문이다.

⑪ 다가오는 사회의 구성원들은 자신의 능력을 인정한다. ⑫ 그들은 가정을 위한 한 사람의 희생을 미덕으로 생각하기보다는 자아 발전을 위한 기회를 더 중요한 가치로 선택하고 그러한 방향으로 삶을 꾸며 나간다.

⑬ 이러한 현상들이 바람직한 의식으로 자리 잡기 위해서는 많은 노력이 필요하다. ⑭ 따라서 사회 한쪽에서는 이러한 변화에 따른 병폐를 조심스럽게 예측하며 새로운 의식 확립에 따른 방법론이 미리 준비되어야 할 것이다.

1. 서론, 본론, 결론이 어디까지인지를 확인하여 안배가 잘 되었는지 따져 보세요.

2. 결론 단락에서 주장 문장을 찾아 살펴봅니다.

3. 서론–본론 각 단락에서 논거를 찾아 결론 주장을 뒷받침하는지를 확인합니다.

4. 본론 각 단락 논거를 제대로 뒷받침하였는지를 살펴봅니다.

5. 결론 단락 주장 문장과 뒷받침 문장을 살펴봅니다.

6. 서론 단락에서 현실을 진단하고 문제를 제기하는지 확인합니다.

7. 문장과 단어를 잘 썼는지 따져봅니다.

1) ③, ④, ⑥, ⑫에서 밑줄 그은 곳은 영어를 직역한 듯한 글 버릇입니다. 우리말답게 바꾸어 보세요.

2) 문장 ②를 두 문장으로 나누세요. 밑줄 그은 곳을 확인하여 영어를 직역한 듯한 글 버릇을 버리고 우리말답게 바꾸어 보세요.

8. 이 글은 무엇이 가장 큰 문제이고, 어떻게 해야 그 문제를 극복할까요?

중생대 수억 년 번성하였던 공룡이 지구에서 자취를 감추었다. 공룡 멸종을 두고 '운석 충돌설, 화산 폭발설, 전염병설' 등 여러 학설이 제기되었다. 그런데 이 학설들의 공통점은 지구 환경이 급격하게 변하였다는 것이다. 공룡은 지구 변화에 적응하지 못하여 멸종하였다는 것이다. 오늘날 인간은 개발이라는 이름으로 자연을 파헤쳐 생태계와 지구 환경을 크게 변화시킨다. 자연과 인간 사회의 미래를 두고 자신의 견해를 밝혀 보라(800자 안팎).

① 세계가 산업 사회로 들어서면서부터 환경오염이 시작됐고, 근래에는 흔하던 물조차 사 먹을 정도로 환경오염이 심각해졌다. 또 지구 온난화, 엘니뇨 현상 등으로 환경 변화에 민감한 생물 종들의 서식처가 바뀌었다. ② 이러한 급격한 환경 변화가 인간의 생활에 어떠한 영향을 끼칠 것이며 결국 인간은 어떻게 될지 생각해 보기로 하자.

③ 생태계는 복잡한 그물 구조로 되었기 때문에 어느 한 가지 종이 멸종하더라도 다른 생물에는 커다란 영향을 주지 못한다. 한 먹이가 다 없어져 포식자의 수가 줄어들고 다시 다른 먹이들이 이상 번식을 하여도 결국엔 다시 균형을 회복한다. ④ 그러나 환경오염으로 인한 자연 환경의 커다란 변화는 스스로 회복하는 능력을 잃게 하고 생태계 전체의 균형이 깨뜨려 버린다.

⑤ 자연 환경의 변화를 일으키는 또 다른 원인은 인간이 다른 생물의 서식처를 빼앗는 데도 있다. 산을 깎고 바다를 메워 집과 공장을 지으니 그곳에 살았던 생물들은 다른 곳을 찾아 떠나거나 멸종해 버리고 만다. ⑥ 인구 과잉으로 사람이 지구를 뒤덮어 버리면 애완용 이외의 다른 생물들은 멸종할 것이다.

⑦ 환경오염, 인구 과잉으로 다른 생물들이 멸종해 버리면 결국 인간도 먼 옛날 자취를 감추어 버린 공룡처럼 될지도 모른다. ⑧ 인간은 반드시 다른 생물들과 공존해야 한다.

⑨ 다른 생물 없이도 살 수 있도록 과학 기술이 발전한다면 괜찮을지도 모르지만 거기까지 발전을 하지 못한 상태에서 개발만 하는 것은 시기상조가 아닐까 생각한다.

1. 서론, 본론, 결론이 어디까지인지를 확인하여 안배가 잘 되었는지 따져 보세요.

2. 결론 단락에서 주장 문장을 찾아 살펴봅니다.

3. 서론─본론 각 단락에서 논거를 찾아 결론 주장을 뒷받침하는지를 확인합니다.

4. 본론 각 단락 논거를 제대로 뒷받침하였는지를 살펴봅니다.

5. 결론 단락 주장 문장과 뒷받침 문장을 살펴봅니다.

6. 서론 단락에서 현실을 진단하고 문제를 제기하는지 확인합니다.

7. 문장과 단어를 잘 썼는지 따져 봅니다.

   1) ③에서 밑줄 그은 단정적인 서술어 '균형을 회복한다'를 개연 서술어 또는 인용 서술어로 바꾸어 보세요.

   2) ④를 우리말답게 다듬고 밑줄 그은 부분이 왜 문제인지 설명해 보세요.

8. 이 글은 무엇이 가장 큰 문제이고, 어떻게 해야 그 문제를 극복할까요?

연 습 문 제 9

유전자 재조합 기술, 핵에너지 이용, 맹독성 화학 물질 개발처럼 인류의 안정을 위협하는 과학 연구를 놓고 자율론자와 규제론자의 대화가 어떤 식으로 가능할지를 구체적으로 생각하여 논술하세요(800자 안팎).

① 과학적 연구 결과의 책임 주체를 과학자로 볼 것인가, 아니면 사회가 주체가 되어 과학자의 연구를 철저히 통제해야 할 것인가의 문제는 두 주장이 모두 부분적으로는 일리가 있기 때문에 섣불리 한쪽 편을 들기가 어렵다. ② 전자는 과학의 긍정적 이용 측면을 중시하고, 후자는 과학의 부정적 결과에 주시한다. ③ 자율론자는 과학 연구에 관해 과학자, 기술자의 양심을 믿으려 하고, 규제론자는 사회의 합법적 규제가 더 현실적이라고 주장한다. ④ 그렇다면 두 주장은 결코 타협점을 찾을 수 없는가?

⑤ 과학의 발전과 공동체의 안전은 모두 중요한 과제이다. ⑥ 만일 공동체의 안전은 제쳐 두고 모든 연구 활동과 결과에 따르는 책임을 과학자, 기술자의 자유 의지와 양심에 맡기면 비도덕적인 과학자에 의한 과학 기술 악용의 문제가 필연적으로 대두될 것이다. ⑦ 일본 지하철 독가스 사건, 컴퓨터를 이용해 미 국방성의 기밀문서를 빼낸 해커는 모두 현대의 최첨단 과학 기술을 오용한 예이다. ⑧ 그렇다고 모든 과학 활동을 철저히 국가나 사회가 감시하고 통제한다고 문제가 사라지지는 않는다. ⑨ 그 사회가 과학 기술의 올바른 발전을 위해 노력하지 않는다면 과학자 개인에 의한 과학 기술 남용보다 더 큰 화를 초래할 것이다. ⑩ 핵무기 확산 금지 조약 이후에도 일부 선진 국가에서 여전히 이루어지고 있는 핵실험은 전 세계에 불안을 조성하고 너도나도 핵무기를 갖추려는 경쟁 심리를 불러일으키고 있다. ⑪ 결국 그 사회가 건전한 과학 연구 정신을 갖추지 못하면 사회가 과학자를 지배 통제해 봤자 아무 소용없는 노릇이다.

⑫ 다시 말해, 과학자 개개인도, 국가나 사회도 모두 완벽하지는 않다. ⑬ 과학자는 연구의 자율성을 추구하되 인류에게 해가 될 위험한 연구는 그 사회의 적절한 감시와 통제를 받아야 한다. ⑭ 또한 사회도 과학자의 모든 활동을 간섭하고 나아가 지배하려는 태도는 지양해야 한다. ⑮ 서로가 상대를 견제함과 동시에 협력하고, 이해하려는 상대주의적 태도가 과학의 참된 발전을 가져올 것이다.

1. 서론, 본론, 결론이 어디까지인지를 확인하여 안배가 잘 되었는지 따져 보세요.

2. 결론 단락에서 주장 문장을 찾아 살펴봅니다.

3. 서론−본론 각 단락에서 논거를 찾아 결론 주장을 뒷받침하는지를 확인합니다.

4. 본론 각 단락 논거를 제대로 뒷받침하였는지를 살펴봅니다.

5. 결론 단락 주장 문장과 뒷받침 문장을 살펴봅니다.

6. 서론 단락에서 현실을 진단하고 문제를 제기하는지 확인합니다.

7. 문장과 단어를 잘 썼는지 따져 봅니다.
　1) 문장 ①에서 변명하는 말투를 찾아 빼 버리세요.

　2) 문장 ⑨와 ⑮에서 밑줄 그은 영어식 문장을 우리말답게 바꾸어 보세요.

8. 이 글은 무엇이 가장 큰 문제이고, 어떻게 해야 그 문제를 극복할까요?

영화 〈아일랜드〉는 복제 인간이 스폰서 인간을 위해 상업적으로 양육된다는 내용을 담았다. 그런데 현실에서도 인간 복제는 멀지 않은 것으로 알려졌다. 복제가 우리 생활에 미칠 영향에 초점을 맞추어 인간 복제에 대한 자신의 견해를 찬성, 반대, 제3의 견해 가운데 하나를 선택하여 논술하라.

　인간 복제는 남녀 어느 한쪽에서 유전자 전부를 받는다. 어떤 의미에서 인류 진화의 역사를 새로 써야 할지 모른다. 복제 찬성론자들은 죽은 가족을 대신할 수 있으며, 암 등에 대비하여 '이식용 장기'를 주문 생산할 수 있다고 주장한다. 특히 난치병으로 알려진 각종 질병 치료 분야에 획기적인 진전이 있을 것으로 본다.

　그러나 반대론자들은 복제 인간에 대한 인권 침해와 과학 기술의 부작용을 우려한다. 인간으로 성장할 수 있는 실험용 수정란을 폐기하는 것도 살인이라고 하였다. 심지어 인간과 다른 동물을 합성하였을 때 그 생명체를 인간으로 보아야 하는지도 논란거리라는 것이다. 특히 그런 진전은 소수 돈 많은 사람에게만 혜택이 돌아갈 것이라고 주장한다.

---

　① 어느 날 나는 뉴스에서 '인간 복제'가 되었다며 크게 방송 예고를 하는 것을 보게 되었다. ② 나는 초등학교 시절에 교과서에 나온 것이 현실이 되었다니, 놀라지 않을 수가 없었다. ③ 하지만 한편으론 걱정이 되었다. ④ 이렇게 되면 엄마 뱃속에서 나온 아이는 몇이나 될까? ⑤ 정말 이것이 잘된 일일까?

　⑥ 나는 인간을 제외한 것을 복제시키되 엄격한 규칙에 의해 장기 이식용이나 난치병 치료 분야 등에서만 인간 세포를 복제해야 된다고 생각한다. ⑦ 만약 인간을 복제한다고 가정하자. ⑧ 예시문에서 나왔듯이 인간으로 성장할 수 있는 수정란을 폐기하는 것이 살인과 마찬가지이기 때문이다. ⑨ 또 인간이 만든 인간이 너무나도 많아져 인간에 대한 가치관이 낮아지기 때문이다. ⑩ 엄격한 규칙이란 것은 왜 필요하며 어떤 것을 말하는 것일까? ⑪ 반대론자 주장에 따르면 장기 이식용의 혜택은 소수의 돈 많은 사람에게 돌아간다고 한다. ⑫ 그래서 엄격한 규칙이 필요한 것이다. ⑬ 첫째, 의료보험 혜택을 장기 이식이나 난치병에 걸린 사람들에게 주는 것이다. ⑭ 그러면 비용에 대한 부담이 줄어들 것이다. ⑮ 둘째, 장기 이식이 필요하거나 난치병에 걸린 사람들이 자신들의 이익을 위해 복제를 한다면 큰 벌을 내려서 피해를 줄이고 인간 세포 복사의 상업적인 면을 최대한 줄여야 한다. ⑯ 그리고 찬성론자들이 주장하는 것처럼 위대한 인물이나 죽은 가족을 대체한다면 인간에게는 단 한 번의 삶이 아니기 때문에 죽어도 다시 살 수 있다는 마음이 생겨서 최선을 다하여 살지 않을 것이다. ⑰ 위대한 위인도 마찬가

지다. ⑱ 그래서 삶에 대한 가치도 낮아질 것이다.

⑲ 따라서 우리는 인간에 대한 삶에 대한 가치가 변하기 전에 빨리 인간 복사에 대한 결정을 내려야 한다. ⑳ 나는 인간을 제외한 것을 복제시키되 엄격한 규칙에 따라 장기 이식용이나 난치병 치료 분야 등에서만 인간 세포를 복제해야 할 것이다.

1. 서론, 본론, 결론이 어디까지인지를 확인하여 안배가 잘 되었는지 따져 보세요.

2. 결론 단락에서 주장 문장을 찾아 살펴봅니다.

3. 서론–본론 각 단락에서 논거를 찾아 결론 주장을 뒷받침하는지를 확인합니다.

4. 본론 각 단락 논거를 제대로 뒷받침하였는지를 살펴봅니다.

5. 결론 단락 주장 문장과 뒷받침 문장을 살펴봅니다.

6. 서론 단락에서 현실을 진단하고 문제를 제기하는지 확인합니다.

7. 문장과 단어를 잘 썼는지 따져 봅니다.

　1) 문장 ⑧이 논술글로는 무슨 문제가 있는지 지적해 보세요.

　2) 문장 ⑬은 구조적으로 앞뒤가 호응하지 않습니다. 바로 잡아 보세요.

8. 이 글은 무엇이 가장 큰 문제이고, 어떻게 해야 그 문제를 극복할까요?

다음 글을 읽고 국가 간의 관계를 국제적으로 규제하는 것이 정당한지에 대해 논술하라.
단, 환경 문제를 바탕으로 하여 서술하라.

1972년 스톡홀름 선언 이후 점차 악화되는 지구 환경오염을 개선하고 선진국과 개발도상국(개도국) 간의 빈부 격차를 해소하려고 1992년 브라질 리우에서 유엔 환경 개발 회의를 열었다. 이 회의에 모두 178개국 대표단과 6천여 비정부기구가 모여 환경과 개발의 조화를 꾀하고 지구 환경을 훼손시키지 않는 지속가능한 개발을 실현하자고 지구 차원의 공동 노력을 추구하였다.

이 회의 과정에서 가장 걸림돌이 되었던 것은 환경 문제를 둘러싼 국가 간의 엇갈린 이해 관계였다. 그중에서도 선진국과 개도국 간에 첨예하게 이해가 대립하여 회의 막바지까지 진통을 겪었다. 선진국들은 지구 환경 보호를 위해 개도국의 경제 개발을 억제하고, 개도국들은 빈곤에서 벗어나려고 경제 개발이 불가피하다고 하였다.

이에 선진국들은 범세계적인 환경 보호 조치가 필요하며, 각 국가가 환경 보호 의무를 확실히 부담해야 한다는 사실과 오염자 부담 원칙을 강조하였다. 개도국들은 선진국들이 지구 환경 오염에 역사적이고 누적적인 책임을 져야 한다고 주장하였다. 그래서 개도국의 지속가능한 개발을 위해 선진국이 필요한 재정을 지원하고 기술을 이전해 주어야 한다고 주장하였다.

---

① 우리들의 선조들은 예로부터 자연을 사랑하고 아끼며 살아왔다. ② 주위의 환경을 생각하면서 자연과 더불어 살아왔다.

③ 그러나 서양의 경우는 다르다. ④ 그들은 자연을 정복하려고 했다. ⑤ 그들은 자신에게 이로운 것이라면 환경을 생각하지 않은 채 발전만을 생각하며 오로지 인간을 위해 살아왔다.

⑥ 그런데 언제부터인가 모르게 이런 서양의 정복적인 사상이 우리에게 많은 변화를 낳게 한 것이 사실이다. ⑦ 1970년대부터 우리는 발전 논리를 앞세우고 산업을 발전시키기 시작했다. ⑧ 도시에 근접한 하천이나 호수는 매우 더럽게 변해 갔고 공기도 매우 더럽혀졌다.

⑨ 그렇게 추구하던 물질적 풍요가 이제 현실로 다가오자 우리나라는 이제 환경에 대해 조금씩 관심을 가지기 시작했다. ⑩ 조금의 여유를 느끼게 된 것이다. ⑪ 하수 처리장을 짓고 쓰레기 종량제와 분리 수거 등 이제 우리 주위의 환경은 조금씩 나아지고 있는 실정이다. ⑫ 지금 우리나라는 조금 부유해지자 환경에 관심을 가지게 되었다.

⑬ 다른 나라들도 마찬가지일 것이다. ⑭ 선진국들은 몇십 년 전부터 이런 움직임을 보여 온 것이 사실이다. ⑮ 그러나 이런 움직임이 있다고 해서 선진국들이 환경 시설이 없는 개도국들

을 나무랄 수 있을까? ⑯ 천만의 말씀입니다. ⑰ 선진국도 한참 자신들의 나라를 발전시킬 당시에는 환경에 신경을 쓰지 못했을 것이다. ⑱ 그러나 자신들이 컸다고 해서 지금 한창 성장을 하고 있는 개도국들을 나무라는 것은 한마디로 '개구리 올챙이 적 생각 못하는' 격으로 이해할 수밖에 없다.

⑲ 그들은 자신이 진정 환경에 관심을 가지고 있다면 자신들이 가지고 있는 환경 기술을 값싸게 공급해야 되는 것이 아닐까? ⑳ 그렇게 함으로써 모든 나라가 환경에 굳이 신경 쓰지 않고 발전을 이룩하도록 하는 것이 선진국들이 진정으로 해야 하는 일이 아닐까?

㉑ 위의 경우에서 선진국에게 환경 기술을 전해 받은 개도국들은 커다란 발전을 손쉽게 이룩할 수 있을 것이다. ㉒ 그로 인해서 선진국에 대해 긍정적인 생각을 가지게 되며 결국 이로 인해 얻는 이익도 엄청날 것이다. ㉓ 국가 간의 관계를 국제적으로 규제하는 것이 필요하다고 생각된다.

㉔ 만약 국가 간의 관계를 규제하지 않는다면 강대국들의 연합이나 몇 개국의 연합체들이 등장한다면 개도국들은 거기에 효과적으로 대처하지 못할 것이다. ㉕ 그 예로 EU나 NAFTA를 들 수 있을 것이다. ㉖ 이런 조직체 소속 국가들은 서로 간의 무역이나 교류에 대해서 특혜를 주고 있는 것이 사실이다. ㉗ 만약 이런 것들을 가만히 방치한다면 그동안의 방식으로 살아가던 국가들은 커다란 손실을 입을 것이다. ㉘ 이런 강대국들의 횡포에 대항하는 방법으로 국제적으로 규제를 해서 해결하는 것이 바람직하다고 생각된다.

㉙ 여러 가지 이유에서 20세기 들어 국가 간의 관계가 복잡해지고 점점 자신들의 이익만을 위해 서로 아옹다옹했던 것이 사실이다. ㉚ 이런 복잡하게 얽힌 국가 간의 관계를 원활히 하기 위해서라도 국제적인 규제는 불가피하다고 생각된다. ㉛ 모든 국가의 실정에 맞는 국제법을 적용하여서 다가오는 21세기에는 국가 간의 관계에서 좀 더 성숙된 모습이 되기를 기대한다.

1. 서론, 본론, 결론이 어디까지인지를 확인하여 안배가 잘 되었는지 따져 보세요.

2. 결론 단락에서 주장 문장을 찾아 살펴봅니다.

3. 서론—본론 각 단락에서 논거를 찾아 결론 주장을 뒷받침하는지를 확인합니다.

4. 본론 각 단락 논거를 제대로 뒷받침하였는지를 살펴봅니다.

5. 결론 단락 주장 문장과 뒷받침 문장을 살펴봅니다.

6. 서론 단락에서 현실을 진단하고 문제를 제기하는지 확인합니다.

7. 문장과 단어를 잘 썼는지 따져 봅니다.

1) 문장 ⑥에 있는 '정복적인 사상'이라는 말이 낯섭니다. 좀 더 알기 쉬운 말로 바꾸어 보세요.

2) 문장 ㉛에서 서술어 '기대한다'의 주어는 '나'입니다. 신문 사설 논조 같은 '기대한다'를 빼고 좀 더 객관적인 서술어로 바꾸어 보세요.

8. 이 글은 무엇이 가장 큰 문제이고, 어떻게 해야 그 문제를 극복할까요?

《멋진 신세계》는 영국인 헉슬리가 1932년에 출판한 공상 과학 소설이다. 문명이 발달하여 과학이 모든 것을 지배하는 반유토피아적인 세상을 풍자하였다. 옛 문명을 보존한 나라 사람이 이 문명국에 살 수 없어 자살한다. 다음 글을 읽고 이 소설에 나타난 미래 사회의 몇 가지 특성을 제시하고, 현대 문명사회의 변화 방향에 대해 자신의 의견을 말하라.

(1) "우리는 앞당겨 운명을 결정해 주고 습성 형성을 해 줍니다. 우리는 영아를 배양하여 사회화된 성인으로 만들며 알파, 베타, 감마, 델타, 엡실론 형식으로 만들고, 또 앞날의 하수도 공사원, 혹은 앞날의 인공 부화 국장을 만들어 냅니다." 그들은 제11호 틀이 320미터 지점을 통과하는 것을 보았다. 키 작은 베타 마이너스 기계공이 드라이버와 스패너로 그곳을 통과하는 병의 혈액 대용품의 펌프를 부지런히 틀었다. 한 번 돌리고, 다시 또 한 번, 마지막으로 비틀고 난 후에 회전계를 흘깃 보고 나서 잠깐 멈추었다. 그는 두 발짝을 떼어 놓더니 다음 펌프에 이르러 같은 일을 되풀이하였다.

(2) 환한 어둠을 헤치고 그들은 틀 제9호의 170미터 지점에 이르렀다. 무더운 터널과 싸늘한 터널이 교차하였다. 강한 X선으로 싸늘함과 불쾌감이 어우러졌다. 따라서 병에 담길 때쯤에 태아는 싸늘함을 견딜 수 없게 하였다. 태아의 정신은 훗날 육체의 판단을 그대로 받아들일 수 있도록 도야되는 것이다. "우리는 그들이 더위 속에서 편히 살 수 있도록 습성 형성을 시켜 주고 있는 것입니다" 하고 포스터 씨는 말을 맺었다. "그리고 그것은……" 하고 국장 각하는 자못 정중한 어조로 말참견을 하였다. "행복과 미덕의 비결입니다. 모든 습성 형성이 노리는 것은 바로 그것입니다. 다시 말하면 피할 수 없는 사회적 운명을 모든 인간이 사랑하도록 만드는 것입니다."

① 전국에 몰아닥친 정보 열풍은 바야흐로 우리나라도 기술의 시대에 접어들었음을 알게 해 준다. ② 새로운 시대에 접어들면 으레 생기게 마련인 과도기적 문제들이 곳곳에서 드러나고 있지만 크게 우려할 것은 없어 보인다. ③ 다만 이 시점에서 반드시 짚고 나가야 할 기술의 분배에 관한 문제는 눈부신 성장에 가리워져 뒷전으로 밀려나 있다. ④ 기술의 분배 문제가 성장만큼 혹은 더욱 중요한 것이라는 점을 시급히 깨닫고 구체적인 대책이 강구되지 않는 한 새로운 사회의 풍요를 논한다는 것 자체가 시기상조이다.

⑤ 제시문은 세계 국가로 대변되는 소수의 절대 권력층이 인간의 기본적인 인권마저 유린하는 그야말로 디스토피아적인 미래 사회의 모습을 보여 준다. ⑥ 여기서 우리는 절대 권력의

본질이 무엇인지 알아볼 필요가 있다. ⑦ 그것은 바로 위에서 우려한 기술의 불평등한 분배가 탄생시킨 기술의 독점 세력인 것이다.

⑧ 인간의 기술은 끊임없이 발전하고 있다. ⑨ 그 한 예로 제시문이 당시 사회에 발표되었을 때만 하더라도 정말 공상 소설에서나 나올 법한 이야기였던 유전자 조작을 통한 인간의 인공 생산은 현재 인류의 걱정거리가 되었다. ⑩ 지금 우리에게 필요한 것은 기술 자체에 대한 무조건적인 부정으로 일관하는 편협한 자세가 아니다. ⑪ 세상에 모습을 드러낸 기술을 부정한다고 해서 문제가 해결되진 않는다.

⑫ 요즈음 기술이 인류에 미치는 영향력을 고려할 때 예전처럼 기술의 권리가 생산자에게만 있었던 시대는 지났다. ⑬ 소비자는 이것이 우리 모두의 문제라는 점을 깨닫고 적극적으로 나서서 우리가 행사할 수 있는 권리를 쟁취해야 한다. ⑭ 이때 비로소 우리는 소수의 기술 이용에 대한 독점을 막고 공정한 기술의 분배를 이룩할 수 있는 것이다.

⑮ 자유 의지를 상실한 채 그저 거대한 기계 속의 규격화된 한 부품으로 존재하는 인간의 모습을 통해서 국가의 목적 달성을 위해 인간의 권리가 어떻게 짓밟히고 있는가를 제시문은 극명하게 보여 준다.

⑯ 인간의 무한한 욕심은 불균등한 분배를 초래한다. ⑰ 그리고 불균등한 분배로 인하여 온갖 비인간적인 죄악이 일어났음을 우리는 역사를 통해서 알 수 있다. ⑱ 이제 더 이상 지난날의 잘못을 되풀이해서는 안 된다. ⑲ 기술의 독점 세력은 무너뜨리기가 과거 그 어떤 기득권 세력보다 힘들다는 점을 인식해서 파시즘, 인간 소외, 어쩌면 그보다 더욱 암담한 상황에 빠지기 전에 기술의 분배를 위한 구체적인 대안이 마련되어야 할 것이다. ⑳ 《멋진 신세계》는 우리에게 그런 노력을 요구하고 있다.

1. 서론, 본론, 결론이 어디까지인지를 확인하여 안배가 잘 되었는지 따져 보세요.

2. 결론 단락에서 주장 문장을 찾아 살펴봅니다.

3. 서론－본론 각 단락에서 논거를 찾아 결론 주장을 뒷받침하는지를 확인합니다.

4. 본론 각 단락 논거를 제대로 뒷받침하였는지를 살펴봅니다.

5. 결론 단락 주장 문장과 뒷받침 문장을 살펴봅니다.

6. 서론 단락에서 현실을 진단하고 문제를 제기하는지 확인합니다.

7. 문장과 단어를 잘 썼는지 따져 봅니다.

   1) 문장 ①에서 '열풍은 ~ 알게 해 준다'는 영어식 물주 구문입니다. 우리말답게 바꾸어 보세요.

   2) 문장 ⑰에서 '불균등한 분배'라는 말이 낯섭니다. 이러한 영어식 글 버릇을 우리말답게 바꾸어 보세요.

8. 이 글은 무엇이 가장 큰 문제이고, 어떻게 해야 그 문제를 극복할까요?

1판 1쇄 찍음 2019년 7월 8일
1판 1쇄 펴냄 2019년 7월 15일

지 은 이   한효석
펴 낸 이   김정호
펴 낸 곳   아카넷
책임편집   김일수
마 케 팅   이총석
제작·관리   박정은

출판등록   2000년 1월 24일(제406-200-000012호)
주   소   10881 경기도 파주시 회동길 445-3 2층
전   화   031-955-9510(편집) 031-955-9514(주문)
팩   스   031-955-9519
전자우편   acanet@acanet.co.kr
홈페이지   www.acanet.co.kr
페이스북   www.facebook.com/bookscope

ISBN 978-89-5733-633-5 53700

- 책값은 뒤표지에 있습니다.
- 잘못 만들어진 책은 구입하신 곳에서 교환해 드립니다.